About Pearson

Pearson is the world's learning company, with presence across 70 countries worldwide. Our unique insights and world-class expertise comes from a long history of working closely with renowned teachers, authors and thought leaders, as a result of which, we have emerged as the preferred choice for millions of teachers and learners across the world.

We believe learning opens up opportunities, creates fulfilling careers and hence better lives. We hence collaborate with the best of minds to deliver you class-leading products, spread across the Higher Education and K12 spectrum.

Superior learning experience and improved outcomes are at the heart of everything we do. This product is the result of one such effort.

Your feedback plays a critical role in the evolution of our products and you can contact us - reachus@pearson.com. *We look forward to it.*

सामान्य अध्ययन
पेपर-1

लेखक

● डॉ. शीलवंत सिंह ● सारिका

● डॉ. एस. एस. पाण्डेय ● वी.के. सिंह

● डॉ. ए. पी. सिंह ● रमेश पाण्डेय

सीनियर एडिटर —ऐक्विज़िशन्स: **शेरेल साइमन**
एडिटोरियल असिस्टेन्ट —डेवलपमेन्ट: **रक्षा शर्मा**
सीनियर एडिटर—प्रोडक्शन: **विपिन कुमार**

प्रस्तुत प्रकाशन का लक्ष्य ऐसी सूचनाएँ उपलब्ध कराना है जो वैध और विश्वसनीय माने जाने वाले स्रोतों से जुटाई गई हैं। यह किसी प्रकार की पेशेवर सलाह देने अथवा विश्लेषण करने का प्रयास नहीं है और न ही इसे इस रूप में देखा जाना चाहिए। यद्यपि इसमें निहित सूचनाओं की सत्यता और विश्वसनीयता की हर सम्भव जाँच करने की कोशिश की गई है, लेकिन इसके बावजूद प्रकाशन में रह गई किसी प्रकार की असावधानी-वश हुई गलतियों, चूक या त्रुटियों (टंकण या तथ्यात्मक) के कारण होने वाली हानि के लिए प्रकाशक अथवा लेखक उत्तरदायी नहीं है।

कॉपीराइट © 2018 पियर्सन इंडिया एजुकेशन सर्विसेज प्रा. लि.

इस पुस्तक की बिक्री इस शर्त के साथ की गई है कि प्रकाशक की पूर्वलिखित अनुमति के बिना यह पुस्तक अपने मूल आवरण अथवा जिल्द के अलावा किसी अन्य प्रकार से व्यापार द्वारा उधारी पर, पुन: विक्रय अथवा किराए पर न दी जाएगी और न ही बेची जाएगी। यही शर्त हर अगले क्रेता पर भी लागू होगी। प्रकाशक तथा कॉपीराइट मालिक की पूर्व अनुमति के बिना इस प्रकाशन के किसी भाग को छापना तथा इलेक्ट्रॉनिकी, मशीनी, फोटोप्रतिलिपि, रिकॉर्डिंग अथवा किसी अन्य विधि से पुन: प्रयोग पद्धति द्वारा इसका प्रसारण वर्जित है।

ISBN 978-93-868-7392-7 (पुस्तक)
ISBN 978-93-868-7390-3 (बॉक्स)

प्रथम मुद्रण

प्रकाशक: पियर्सन इंडिया एजुकेशन सर्विसेज प्राइवेट लिमिटेड, सीआईएन: U72200TN2005PTC0571228
पूर्व में ट्यूटर विस्टा ग्लोबल प्राइवेट लिमिटेड, दक्षिण एशिया में पियर्सन एजुकेशन के लाइसेंसी

मुख्य कार्यालय: 15वीं मंजिल, टॉवर-बी, वर्ल्ड ट्रेड टॉवर, प्लॉट नं. 1, ब्लॉक-सी, सेक्टर-16, नोएडा-201 301, उत्तर प्रदेश, भारत
पंजीकृत कार्यालय: चौथी मंजिल, सॉफ्टवेयर ब्लॉक, इल्नेट सॉफ्टवेयर सिटी, टी.एस.-140, ब्लॉक्स 2 एवं 9,
राजीव गांधी सालाय, तारामनी, चेन्नई-600 113, तमिलनाडु, भारत
फैक्स: 080-30461003, फोन: 080-30461060
www.in.pearson.com, E-mail: companysecretary.india@pearson.com

टाइपसेटर: सक्षम प्रिन्टोग्राफिक्स, दिल्ली
मुद्रक : थॉम्सन प्रेस (इंडिया) लिमिटेड़

भारतीय राजव्यवस्था एवं अभिशासन

विषय-सूची

भारतीय राजव्यवस्था एवं अभिशासन

प्रवृत्ति विश्लेषण एवं समग्र रणनीति

प्रत्येक सिविल सेवक को एक लोकतांत्रिक व्यवस्था के अन्तर्गत कार्य करना होता है। अत: हमें वर्तमान लोकतांत्रिक व्यवस्था के मूल्यों, अधिकारों एवं सरकार की संरचना अर्थात विधायिका, कार्यपालिका एवं न्यायपालिका से जुड़े विभिन्न अवधारणाओं को समझना चाहिए। इसके अलावा भारत की संघीय संरचना अर्थात् केन्द्र राज्य सम्बन्ध तथा भारतीय लोकतंत्र की विभिन्न व्यवहारिक समस्याएं जैसे—नागरिकता का प्रश्न, राज्यों का पुनर्गठन, राजनीतिक दल तथा चुनाव सुधार जैसे विषयों पर भी विभिन्न प्रश्न पूछे जाते हैं।

सिविल सेवा परीक्षा में भारतीय राजव्यवस्था का खण्ड, परीक्षा और उसके बाद के परिदृश्य (सफल होने के बाद) में सर्वाधिक महत्वपूर्ण खण्ड है। यह विषय अपनी विषय वस्तु की प्रकृति और प्रभाव के कारण अत्यन्त लोकप्रिय माना जाता है। दैनिक समाचारों का एक बड़ा भाग राजनीतिक गतिविधियों का समाचार होता है इसलिए इसकी विषय वस्तु जैसे—नागरिकों के अधिकार, सरकार का दायित्व, मतदान, राष्ट्रीय हित, राष्ट्रीय शासन, भारत-अमेरिका सम्बन्ध आदि के बाद में आम व्यक्ति के पास भी 'एक समझ' होती है। लेकिन सिविल सेवा परीक्षा के अभ्यर्थी के लिए आवश्यक है कि वह भारतीय राजव्यवस्था के बाद में 'एक क्रमबद्ध और विशिष्ट समझ' रखें। यही आवश्यकता भारतीय राजव्यवस्था की सरल, सहज और लोकप्रिय विषय वस्तु को क्लिष्ट, उलझाऊ और उबाऊ बना देती है। ऐसा हमारी गलत अध्ययन पद्धति के कारण होता है न कि विषय की प्रकृति के

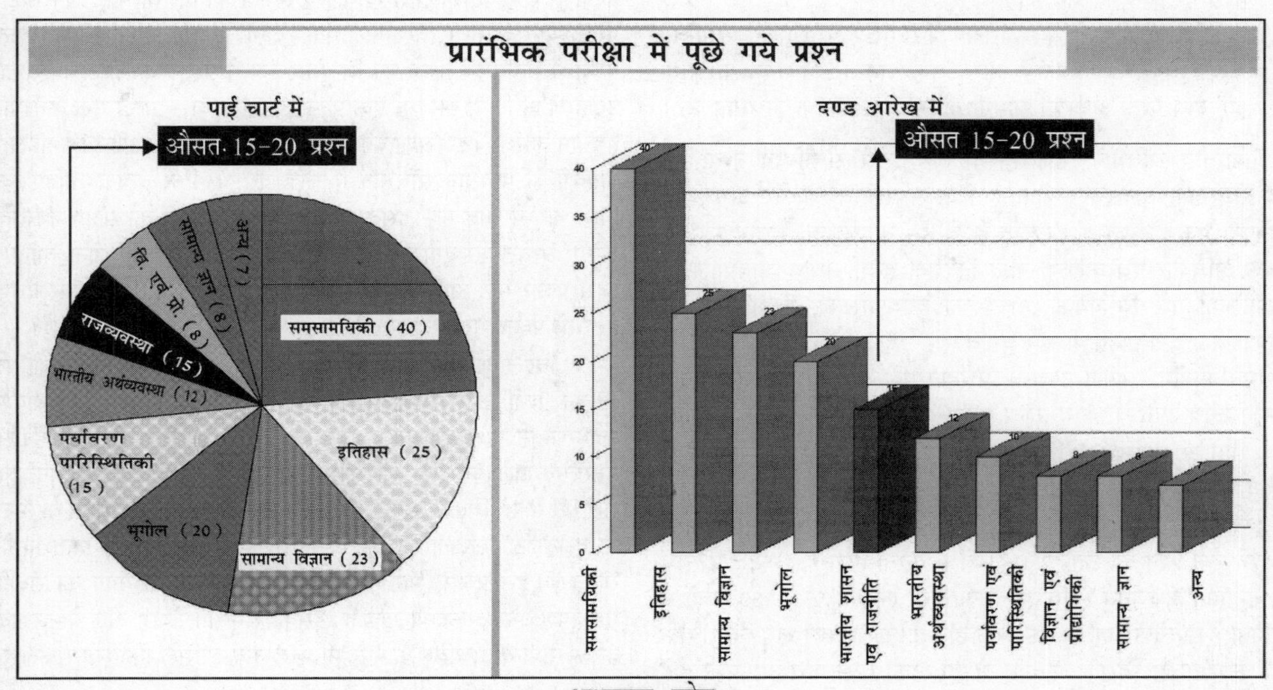

अध्ययन स्रोत

कारण। सिविल सेवा के सभी चरणों में भारतीय राजव्यवस्था की अपनी निश्चित और प्रभावी भूमिका है। प्रारंभिक परीक्षा में सामान्यत: इस खण्ड से 10-15 प्रश्न पूछे जाते हैं, जो सरल और सीधी प्रकृति के होने के कारण अन्य खण्डों की तुलना में आसानी से हल हो जाते हैं। यदि अनौपचारिक दृष्टि से देखें तो यह खण्ड व्यापक है क्योंकि संविधान के विकास, समसामायिक घटनाक्रम आदि विषय भी विषय वस्तु के रूप में भारतीय राजव्यवस्था की परिधि में शामिल हैं। दूसरे शब्दों में कहें तो उपरोक्त खण्डों के लिए इस खण्ड की विशिष्ट समझ होना आवश्यक है।

अध्ययन स्रोत

आधारभूत अध्ययन के रूप में एन.सी.ई.आर.टी. ओल्ड, सुभाष कश्यप, भारतीय संविधान डॉ. शीलवंत सिंह द्वारा, मुख्य परीक्षा हेतु एम.बी. पाइली के साथ-साथ समाचार पत्रों के सम्पादकीय और समसामयिक विषयों पर परिचर्चाओं को सुनें।

अध्ययन रणनीति

1. सम्बन्धित पुस्तकें क्रम से एक बार पढ़ें। तत्पश्चात् दूसरी बार के अध्ययन में पेंसिल या हाईलाइटर से परीक्षापयोगी तथ्यों, सूचनाओं, आंकड़ों, कथन, परिभाषा को रेखांकित कर लें और तृतीय चरण के अध्ययन के दौरान इसे नोट करें।
2. नोट करते समय किन-किन बिन्दुओं को लिखना है—एक रेखांकित ढांचा बना लें और फिर क्रमबद्धता के आधार पर उसे लिखें।
3. द्वितीय चरण में अध्ययन के दौरान प्रारंभिक परीक्षा में पूछे गये प्रश्नों को देखें और उसके अनुरूप सिर्फ उन्हीं बिन्दुओं पर फोकस करें जिस पर प्रश्न पूछे गये हैं।
4. तृतीय चरण में प्रारंभिक परीक्षा और मुख्य परीक्षा को समन्वित करके विषय सूची बनायें और उसके अनुसार अध्ययन करें तथा अनिवार्य/पूरक अध्ययन सामग्री को सूचीबद्ध करके अध्ययन करें।

भारतीय संविधान, राजव्यवस्था तथा इनसे सम्बन्धित तथ्यों की जानकारी रखना आवश्यक होता है जिन प्रमुख विषयों पर अभ्यर्थियों को अपनी पकड़ बनाने की जरूरत है, वे हैं—नागरिकता, संघीय स्वरूप, मौलिक अधिकार एवं कर्तव्य, नीति निदेशक तत्व, संघीय कार्यपालिका, न्यायपालिका एवं विधायिका, राज्य की कार्यपालिका, विधायिका एवं न्यायपालिका, चुनाव प्रक्रिया और चुनाव सुधार, दल-बदल संबंधी संशोधन, परिसीमन आयोग, आपात उपबन्ध, पंचायत एवं नगरपालिका, संवैधानिक सुधार, वित्तीय उपबन्ध, केन्द्र-राज्य संबंध, राजनीतिक शब्दावलियां आदि।

सामान्य अध्ययन के द्वितीय प्रश्न-पत्र में छठां, सातवां, आठवां और नौवां ये चार प्रश्न भारतीय राजव्यवस्था से संबंधित होते हैं। इनमें से पहले दो (प्रश्न संख्या 6 और 7) 30-30 अंकों के होते हैं। दिये गये दो प्रश्नों में से किसी एक प्रश्न का उत्तर 250 शब्दों में करना होता है। आठवें प्रश्न में तीन भाग होते हैं, जिनमें से किन्हीं दो का उत्तर लगभग 150-150 शब्दों में देना होता है। प्रत्येक भाग के 15 अंक होते हैं। नौवां प्रश्न लघु-उत्तरात्मक प्रकार का होता है, जिसके अन्तर्गत दो-दो अंकों वाले पांच उप-प्रश्न होते हैं। इनमें से प्रत्येक का उत्तर लगभग 20 शब्दों में देना होता है। इस प्रकार, भारतीय राजव्यवस्था से सीधे 100 अंकों के प्रश्न होते हैं। इतना ही नहीं, निर्धारित चार प्रश्नों के अलावा समसामयिकी राष्ट्रीय घटनाक्रम खंड के अन्तर्गत भी प्राय: एक प्रश्न भारतीय राजव्यवस्था से पूछ लिया जाता है उदाहरण के लिए वर्ष 2003 की मुख्य परीक्षा के प्रथम प्रश्न-पत्र के बारहवें प्रश्न का खंड 'क' लोकपाल विधेयक से संबंधित था, जो कि राजव्यवस्था के अन्तर्गत ही आता है।

इस खंड से सम्बन्धित प्रश्नों को हल करते समय इस बात का ध्यान रखें कि जहाँ तक संभव हो सके, अनुच्छेदों का प्रयोग अवश्य करें उदाहरणार्थ, यदि कार्यपालिका पर संसदीय नियंत्रण से सम्बन्धित प्रश्न पूछा जाता है तो उन अनुच्छेदों की चर्चा करना आवश्यक हो जाता है, जिनकी सहायता से संसद को कार्यपालिका पर नियंत्रण की शक्ति प्राप्त है। इसी प्रकार, मौलिक अधिकारों और राज्य के नीति-निदेशक सिद्धांतों की तुलना और संविधान के मूल ढांचे में संशोधन से सम्बन्धित प्रश्न का उत्तर लिखते समय सर्वोच्च न्यायालय द्वारा विभिन्न वादों (यथा-केशवानंद भारती, मिनर्वा -मिल्स आदि) में दिये गये निर्णयों का उल्लेख करना आवश्यक हो जाता है। ऐसा करने से आपके उत्तर की प्रामाणिकता बढ़ जाती है और निस्संदेह प्राप्तांकों में इजाफा होता है।

भारतीय राजव्यवस्था खंड से संबंधित प्रश्नों के बारे में एक बात और ध्यान देने योग्य है कि कई प्रश्न रिपीट होते हैं। वर्ष 2003 में ही पूछे गये अधिकतर प्रश्न ऐसे थे जो पिछले वर्षों में पूछे जा चुके हैं। इनमें से कई प्रश्न तो कई बार पूछे जा चुके हैं, जैसे राज्यपाल की विवेकाधीन शक्तियां, मृत्युदंड और राष्ट्रपति की क्षमा का प्रश्न, 44वां संशोधन, राज्यसभा की प्रासंगिकता, मूल कर्त्तव्य आदि से सम्बन्धित प्रश्न। अत: पिछले वर्षों के प्रश्नों से समुचित अभ्यास किया जा सकता है। निबंधात्मक प्रश्न मोटे तौर पर तथ्यात्मक तथा विश्लेषणात्मक, दोनों प्रकार के होते हैं। तथ्यात्मक प्रश्नों में महत्वपूर्ण तथ्यों को बिन्दुवार रूप में प्रस्तुत करना उचित रहता है उदाहरण के लिए, इस वर्ष एक प्रश्न पूछा गया था—प्रमुख मूल कर्तव्यों की पहचान कीजिए। इस प्रश्न की शुरूआत में यह बताना चाहिए कि पहले मूल कर्तव्यों के प्रावधान संविधान में जोड़े गये थे, फिर बताना चाहिए कि ये किस भाग में जोड़े गये। इसके बाद सभी मूल कर्तव्यों को संक्षेप में बिन्दुवार रूप में प्रस्तुत कर देना चाहिए और उत्तर की समाप्ति में बताना चाहिए कि जिस प्रकार मूल अधिकार और नीति निदेशक सिद्धान्त एक दूसरे के पूरक हैं, उसी प्रकार मूल कर्तव्य और मूल अधिकार भी परस्पर पूरक हैं।

विश्लेषणात्मक प्रश्नों में तथ्यों के साथ विश्लेषण किया जा सकता है। इन प्रश्नों के उत्तर में आपकी मौलिकता झलकनी चाहिए। यथावश्यक उदाहरणों के साथ समुचित एवं नियंत्रित सुझाव भी दिये जा सकते हैं। लघु-उत्तरात्मक प्रश्न ज्यादातर पारिभाषिक ही होते हैं, या फिर किसी अनुच्छेद या संशोधन से संबंधित हो सकते हैं। इनका उत्तर निर्धारित शब्द सीमा के अन्तर्गत 'टु द प्वाइंट' लिखना होता है, अत: इन प्रश्नों के पूरे अंक प्राप्त किये जा सकते हैं। इस प्रकार, भारतीय राजव्यवस्था सामान्य अध्ययन का सर्वाधिक महत्वपूर्ण और अंकदायी खंड है। इसकी समुचित तैयारी और बेहतर प्रदर्शन करके सामान्य अध्ययन के पेपर में अच्छे अंक हासिल किए जा सकते हैं।

विगत वर्षों के प्रश्नों के आधार पर विश्लेषण व अध्ययन रणनीति

क्र सं.	विषयवस्तु	2002	2003	2004	2005	2006	2007	2008	2009	2010	2011	2012	2013	2014	2015	2016	2017	विगत वर्षों के प्रश्नों के आधार पर परिक्षोपयोगी अध्ययन स्त्रोत
1.	भारत का संवैधानिक विकास	1	–	–	2	2	2	–	4	1	–	2	–	3	2	–	1	प्रमुख अधिनियम और उसके अभिलक्षण
2.	नागरिकता, मूल अधिकार, मूल कर्त्तव्य, राज्य के नीति निदेशक तत्व	1	2	1	1	2	2	1	1	1	–	1	1	1	2	–	4	प्रमुख प्रावधान उनकी विशेषताएं और वाद
3.	संघ एवं राज्य की कार्यपालिका, आपात संबंध	1	3	3	2	7	2	–	1	2	1	4	2	2	2	3	4	प्रमुख परिचय प्रावधान और प्रक्रिया
4.	विधान मंडल मंत्रिपरिषद्	3	–	2	4	–	–	1	–	–	2	5	3	4	1	–	4	गठन की प्रक्रिया और शक्तियां तथा अधिकार
5.	केंद्र–राज्य संबंध, प्रशासन, जम्मू कश्मीर राज्य	–	1	–	–	2	1	2	5	1	–	1	2	–	2	–	2	कार्य का विभाजन, वर्गीकरण, शक्तियां और अधिकार
6.	वर्ग विशेष उपबन्ध, अनुसूचित जनजाति क्षेत्र			–	–	1	–	–	–	–	–	–	2	1	0	–	1	विशेष वर्गों के लिए किए गए प्रावधान
7.	न्याय व्यवस्था (केंद्र एवं राज्य)	–	1	1	1	2	–	2	1	1	–	2	2	3	2	–	2	न्यायिक प्रक्रिया शक्तियां, वर्गीकरण अवधारणा
8.	निर्वाचन आयोग, राजभाषा	1	2	1	–	1	–	–	–	1	1	1	–	2	1	–	2	गठन की प्रक्रिया और शक्तियां तथा अधिकार
9.	पंचायती राजव्यवस्था व संविधान संशोधन अनुसूची	2	–	2	1	–	–	–	2	1	–	3	4	3	2	2	2	गठन की प्रक्रिया और शक्तियां तथा अधिकार प्रावधान
	कुल पूछे गए प्रश्न	9	9	10	11	17	7	6	14	8	4	19	16	19	14	5	23	

- संविधान सभा की ऐतिहासिक पृष्ठभूमि, भारतीय संविधान के स्त्रोत, राज्यों के निर्माण, नागरिकता के प्रावधान, मूल अधिकार और निदेशक तत्वों से संबंधित तथ्यात्मक और सूचनात्मक प्रश्न पूछे जाते हैं। कार्यपालिका, न्यायपालिका और विधायिका से संबंधित अवधारणात्मक प्रश्न और सूचना प्रश्न के साथ-साथ हाल ही के वर्षों में संघ विधायिका द्वारा बनाए गए प्रमुख अधिनियम और अध्यादेश तथा न्यायपालिका द्वारा दिए गए प्रमुख ऐतिहासिक फैसलों पर भी प्रश्न पूछे जाते हैं। संविधान के भाग, अनुच्छेद और अनुसूचियों, नियम और विनिमय से संबंधित सूक्ष्मतम विश्लेषण पर आधारित प्रश्न होते हैं। प्रमुख वैधानिक एवं संवैधानिक आयोग, समितियों, से प्रश्न पूछे जाते हैं जिसमें उसके गठन की प्रक्रिया एवं उसकी वार्षिक रिपोर्ट अथवा अंतिम रिपोर्ट से प्रश्न पूछे जाते हैं। केंद्र राज्य के संबंध प्रशासनिक वित्तीय बंटवारे से भी अधिकांश प्रश्न पूछे जाते हैं। भारतीय राजव्यवस्था एवं अभिशासन से संबंधित हाल के वर्षों की प्रमुख घटनाएं और उपलब्धियों से संबंधित प्रश्न होते हैं। प्रमुख संविधान संशोधन, अध्यादेश और सार्वजनिक लोक महत्व के अधिनयम के सभी प्रमुख प्रावधानों से प्रश्न पूछे जाते हैं।
- संविधान के अध्ययन के लिए आवश्यक है कि अभ्यर्थी एन. सी. ई. आर. टी की पुरानी पुस्तकें—हम अपना शासन कैसे चलाते हैं, सरकार के अंग, हमारी चुनौतियां और हमारी समस्याएं, भारतीय शासन एवं राजनीति लोकतंत्र की चुनौतियां और समस्या, भारतीय संविधान सिद्धांत और व्यवहार की पुस्तकों को क्रमशः तीन से चार बार पढ़ें।
- सुभाष कश्यप की, संविधान एक परिचय के बाद एम. बी. पाइली और डी. डी. बसु पुस्तकों का अध्ययन करें।
- परीक्षा उपयोगी तथ्यों को छांटकर विगत वर्षों में पूछे गए प्रश्नों के आधार पर पूरक अध्ययन सामग्री तैयार करें।

अनिवार्य पूरक अध्ययन विषय वस्तु

विषयवस्तु	अध्ययन की स्वरूप गत रणनीति
• संविधान की अनुसूचियाँ..	सघन विश्लेषण और अद्यतन (विषय वस्तु व अनुच्छेद) तथा संशोधन
• संविधान सभा..	महत्वपूर्ण आँकड़े (तुलनात्मक)
• संविधान के भाग व प्रमुख अनुच्छेद....................................	तुलनात्मक सारणीगत अध्ययन एवं तुलनात्मक सारणी
• सातवीं अनुसूची में वर्णित..	तीन सूचियों के महत्वपूर्ण विषय
• अग्रता अधिपत्र (Order of Precedence)......................	क्रमश: समानान्तर और ऊर्ध्वगामी दोनों
• सीटों की आवंटन सारणी और उसके सघन विश्लेषण................	लोकसभा, राज्य सभा, विद्यान सभा, विधान परिषद (आरक्षित सीट लोकसभा SC/SR)
• लोक सभा का कार्यकाल और उसके अध्यक्ष............................	प्रमुख पाँच विशेषताएँ (1 लोकसभा से 16वीं तक)
• भारत के उच्चाधिकारी...	नियुक्ति, मनोनीत, निर्वाचित व्यक्ति, पदावधि, पद से हटाने की प्रक्रिया, योग्यता, मुख्य विशेषताएँ, पाँच विशेषताएँ
• उच्च न्यायालयों के कार्यक्षेत्र और स्थान..............................	मुख्य विशेषताएँ, खण्डपीठ
• संघ के मंत्रालय/विभागों की सूची..	2017 तक
• संविधान संशोधन अधिनियम (1951-2017 तक).....................	संशोधन का क्रम, वर्ष, प्रभावित अनुच्छेद, संशोधित विषय
• संवैधानिक विकास..	चार्टर परिषद, घोषणा, अधिनियम (वर्ष, समयावधि, शासनकाल, पाँच प्रमुख विशेषताएँ)
• अंतरिम मंत्रिमण्डल..	प्रमुख विभाग (आजादी से पहले और बाद में)
• भारतीय संविधान के स्रोत...	स्वदेशी व विदेशी
• संघ और राज्य क्षेत्र...	सामान्य परिचय, भाग ABCD (नवीनतम तथ्य व आँकड़ों का विश्लेषण) और राज्यों के अलगाववादी क्षेत्र
• संसदीय समितियाँ..	गठन, समयावधि, सदस्य, कार्य एवं मुख्य विशेषताएँ
• संवैधानिक आयोग/वैधानिक आयोग..	प्रावधान, गठन का उद्देश्य, कार्य व हाल की प्रवृत्तियाँ
• संवैधानिक कथन..	कब, क्यों और किसके संदर्भ में कहा गया
• केंद्रशासित, अनुसूचित व जनजातीय क्षेत्र का शासन	किस प्रकार शासन है ?
• मान्यता प्राप्त राष्ट्रीय राजनीतिक दल.......................................	संस्थापक व स्थापना वर्ष, प्रमुख विशेषताएँ
• पंचायती राजव्यवस्था...	विविध तथ्य तथ्यात्मक, सूचनात्मक
• समकालीन राज-व्यवस्था..	शब्दावली और उसका महत्व
• संक्षिप्त राज्य परिचय (मानचित्र से).......................................	सघन विश्लेषण और वर्तमान स्थिति
• अध्यायवार..	त्वरित अध्याय संचिका (बिन्दुवार अध्ययन)
• राष्ट्रीय प्रतीक	
• केंद्रीय प्रशासनिक अधिकरण..	न्यायपीठों की राज्य क्षेत्राधिकारिता
• केंद्रीय न्यायिक अधिकरण..	न्यायपीठों की राज्य क्षेत्राधिकारिता
• संवैधानिक कथन..	विषय वस्तु के अनुसार कब और कहाँ
• 1 से 15वीं लोकसभा...	प्रत्येक लोकसभा की महत्वपूर्ण विशेषताएं
• संसदीय नियम	

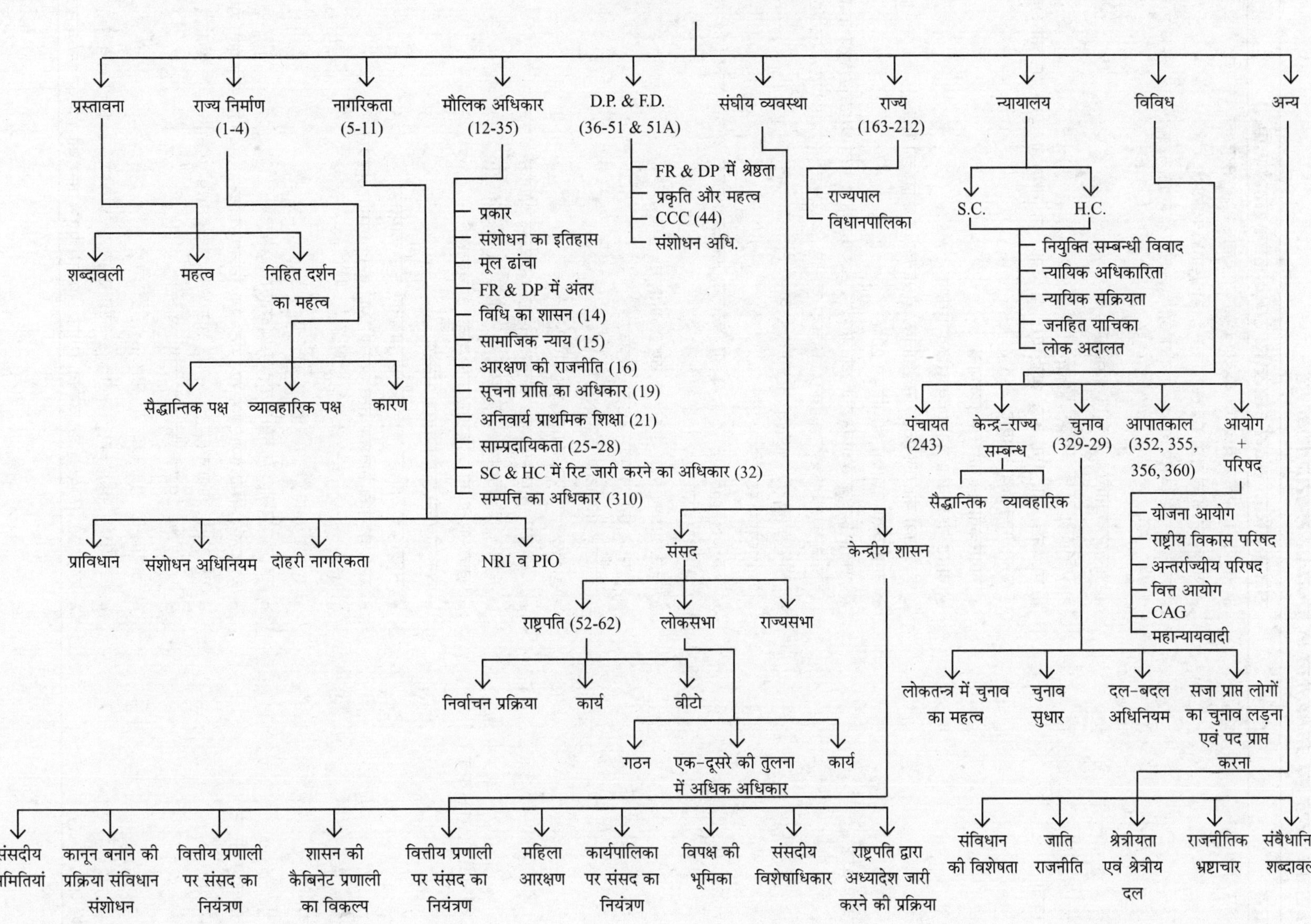
भारतीय राजव्यवस्था एवं अभिशासन
पाठ्यक्रम वर्गीकरण
प्रस्तावना
राज्य निर्माण (1-4)
नागरिकता (5-11)
मौलिक अधिकार (12-35)
D.P. & F.D. (36-51 & 51A)
संघीय व्यवस्था
राज्य (163-212)
न्यायालय
विविध
अन्य
शब्दावली
महत्व
निहित दर्शन का महत्व
सैद्धान्तिक पक्ष
व्यावहारिक पक्ष
कारण
प्रकार
संशोधन का इतिहास
मूल ढांचा
FR & DP में अंतर
विधि का शासन (14)
सामाजिक न्याय (15)
आरक्षण की राजनीति (16)
सूचना प्राप्ति का अधिकार (19)
अनिवार्य प्राथमिक शिक्षा (21)
साम्प्रदायिकता (25-28)
SC & HC में रिट जारी करने का अधिकार (32)
सम्पत्ति का अधिकार (310)
FR & DP में श्रेष्ठता
प्रकृति और महत्व
CCC (44)
संशोधन अधि.
राज्यपाल
विधानपालिका
S.C.
H.C.
नियुक्ति सम्बन्धी विवाद
न्यायिक अधिकारिता
न्यायिक सक्रियता
जनहित याचिका
लोक अदालत
पंचायत (243)
केन्द्र-राज्य सम्बन्ध
सैद्धान्तिक
व्यावहारिक
चुनाव (329-29)
आपातकाल (352, 355, 356, 360)
आयोग + परिषद
योजना आयोग
राष्ट्रीय विकास परिषद
अन्तर्राज्यीय परिषद
वित्त आयोग
CAG
महान्यायवादी
प्राविधान
संशोधन अधिनियम
दोहरी नागरिकता
NRI व PIO
संसद
केन्द्रीय शासन
राष्ट्रपति (52-62)
लोकसभा
राज्यसभा
निर्वाचन प्रक्रिया
कार्य
वीटो
गठन
एक-दूसरे की तुलना में अधिक अधिकार
कार्य
लोकतन्त्र में चुनाव का महत्व
चुनाव सुधार
दल-बदल अधिनियम
सजा प्राप्त लोगों का चुनाव लड़ना एवं पद प्राप्त करना
संसदीय समितियां
कानून बनाने की प्रक्रिया संविधान संशोधन
वित्तीय प्रणाली पर संसद का नियंत्रण
शासन की कैबिनेट प्रणाली का विकल्प
वित्तीय प्रणाली पर संसद का नियंत्रण
महिला आरक्षण
कार्यपालिका पर संसद का नियंत्रण
विपक्ष की भूमिका
संसदीय विशेषाधिकार
राष्ट्रपति द्वारा अध्यादेश जारी करने की प्रक्रिया
संविधान की विशेषता
जाति राजनीति
क्षेत्रीयता एवं क्षेत्रीय दल
राजनीतिक भ्रष्टाचार
संवैधानिक शब्दावली

भारतीय राजव्यवस्था एवं अभिशासन के विषयवार समसामयिक मुद्दे

विषयवस्तु	समसामयिक संदर्भ (भारतीय समकालीन संदर्भ सहित)
1. संघ और राज्य क्षेत्र	• राज्यों में अलगाववाद एवं अलगाववादी आंदोलन तथा राज्यों का पुनर्गठन, • राज्यों का विलय, गोरखालैंड विवाद, डोकलांग विवाद • संविधान में विशेष राज्य का दर्जा और उनकी स्वायत्तता के मुद्दे, हाल के वर्षों में गठित राज्य (तेलंगाना) • भारतीय मानचित्र प्रावधान अधिनियम • राज्यों, शहरों के परिवर्तित नाम
2. नागरिकता	• पी. आई. ओ., एन. आर. आई, एस. पी. आई. ओ. तथा ओ. आई. सी. की अवधारणाएँ और उनके मानक व अपवाद • नागरिकता देने का नया प्रावधान • दोहरी नागरिकता बनाम इकहरी नागरिकता • विदेशियों को राजनैतिक/ संवैधानिक/ वैधानिक अधिकार का मुद्दा • नागरिकता संशोधन अधिनियम 2016
3. मौलिक अधिकार	• सूचना अधिकार/जीवन की स्वतंत्रता का अधिकार/दया मृत्यु या इच्छा मृत्यु तथा समलैंगिकता का अधिकार तथा सहजीवन, ट्रांसजेंडर व्यक्ति (अधिकारों का संरक्षण) बिल 2016 • अभिव्यक्ति की आज़ादी–मानहानि, निवारण निरोधक कानून • अभिव्यक्ति–देशद्रोह • प्रेस, इलेक्ट्रॉनिक मीडिया, रेडियो, इंटरनेट, पिक्टोग्राफिकल आधारित प्रेस की स्वतंत्रता, सूचना अधिकार धारा 66ए रद्द • जाट आरक्षण रद्द, गुर्जर, पट्टीदार आंदोलन • राइट टू रीकॉल एवम राइट टू रिजेक्ट • सिटिज़न्स चार्टर, नोटा (NOTA) • इलेक्ट्रॉन परिवार एवं परमाणु परिवार • धर्मांतरण, अल्पसंख्यक, फतवा जारी करना असंवैधानिक है निजता का अधिकार, अनिवार्य मतदान, प्रतिनिधियों के योग्यता व शर्तों के प्रावधान का मुद्दा
4. राज्य के नीति निदेशक तत्व	• खाद्य सुरक्षा का अधिकार/स्वास्थ्य का अधिकार • वन जीव संरक्षण/पर्यावरण संरक्षण • सामाजिक आर्थिक कल्याण की योजनाएँ और कार्यक्रम • राज्य के नीति निदेशक तत्व और पी.आई.एल., एसपीईआईएल
5. मौलिक कर्तव्य	• नैतिकता बनाम कर्तव्य • राष्ट्रीय प्रतीक बनाम राष्ट्रद्रोह का मुद्दा • राष्ट्रीय सुरक्षा और हमारा कर्तव्य, वंदेमातरम विवाद
6. संघ की कार्यपालिका	• बहुदलीय संसद प्रणाली में राष्ट्रपति, पुनः विचार याचिका, राष्ट्रपति सक्रियता, राष्ट्रपति चुनाव
7. संसद	• प्रधानमंत्री कार्यालय की स्वतंत्रता और कार्यप्रणाली, परंपराए और नवीन प्रणाली • धनविधेयक प्रामाणीकरण के नियम व शर्तें • जे. पी. सी. बनाम पी. ए. सी., प्राकलन कमेटी • संसदीय विशेषाधिकार/संसदीय लोकतंत्र बनाम राष्ट्रपति शासन, 16वीं लोकसभा चुनाव
8. सी. ए. जी. (CAG)	• सी.ए.जी. (CAG) की वार्षिक रिपोर्ट और उस पर सरकार की भूमिका एवं कार्यवाही

(Continued)

विषयवस्तु	समसामयिक संदर्भ (भारतीय समकालीन संदर्भ सहित)
9. हाईकोर्ट एवं सुप्रीम कोर्ट	• न्यायिक सक्रियता बनाम अति न्यायिक सक्रियता, नवीन न्यायिक अवधारणाएं • कार्यपालिका, विधायिका और न्यायपालिका के बीच संबंधों में आ रहे बदलाव • न्यायिक सुधार तथा राष्ट्रीय न्यायिक नियुक्ति आयोग • न्यायिक पुनरावलोकन व न्याायिक अवमानना, विधिआयोग की राय • न्यायिक सक्रियतावाद, खण्डपीठ, सर्किट पीठ, संविधान पीठ • उपरचारात्मक याचिका, स्वत: संज्ञान, मीडिया ट्रायल • हाल ही के वर्षों में गठित विभिन्न प्रकार की नवीन अदालतें, प्राधिकरण और संविधान पीठ
10. राज्य कार्यपालिका/विधायिका	• विशेष राज्य और पैकेज की मांग, विशेष राज्य का दर्जा • राज्य में विधान सभा चुनाव • एन.सी.टी.सी. विवाद/ई.वी.एम. विवाद • राज्यों की स्वायत्तता का मुद्दा
11. विभिन्न संवैधानिक, वैधानिक	• राष्ट्रीय विधि आयोग की सिफारिशें, हाल की 268वीं सिफारिशें • संगठन/आयोग/समितियाँ • राष्ट्रीय परमाणु कमान प्राधिकरण • राष्ट्रीय सुरक्षा परिषद • आठवीं अनुसूची में उल्लिखित भाषाएँ • प्रमोशन में आरक्षण, धर्म, जाट, सवर्ण जाति और धर्म में आरक्षण • 7वाँ वेतन आयोग और उसकी सिफारिशें • राष्ट्रीय हरित न्यायाधिकरण के हाल के निर्णय
12. पंचायतीराज प्रणाली	• विकेन्द्रीकरण की अवधारणा और सरकार की नीतियां तथा अभिलक्षण
13. केन्द्र-राज्य संबंध	• वित्तीय बंटवारे को लेकर समस्या/योजना आयोग बनाम वित्त आयोग • कानून व्यवस्था एवं राज्यों की स्वायत्तता और स्वतंत्रता का मुद्दा • नदी जल विवाद के मुद्दे (राष्ट्रीय एवं अंतर्राष्ट्रीय)
14. संविधान एवं राजव्यवस्था के विभिन्न मुद्दे	• खाद्य सुरक्षा एवं मानक अधिनियम • कालेधन की रोक हतु विशेष जांच दल
15. वैधानिक मुद्दे	• जम्मू एवं कश्मीर मामलों का स्थानान्तरण/ जम्मू एवं कश्मीर की वर्तमान स्थिति • अफ्सपा पर सर्वोच्च न्यायालय का निर्णय • अरूणाचल में पुन: कांग्रेस सरकार तथा अरूणाचल के स्थलों का चीन द्वारा नामकरण • लोढ़ा, व सुब्रमणियम समिति पर रिपोर्ट • नवीन न्यायिक और सैन्य नियुक्तियाँ अफ्सपा व इरोम चानू शर्मिला • सरोगेसी विधेयक—2017
16. राजनैतिक मुद्दे	• अगस्ता-वेस्टलैंड रिश्वत मामला • नवीन विधान सभा चुनाव—2017 • पंचायत में अनिवार्य मतदान व योग्यता का मुद्दा

(Continued)

विषयवस्तु	समसामयिक संदर्भ (भारतीय समकालीन संदर्भ सहित)
17. सामाजिक एवं सांस्कृतिक मुद्दे	• विरासत में नये स्थल शामिल • शिक्षा, खनिज विभानन, वन, मत्स्ययन, महिला, बौद्धिक पर नवीन नीति • ग्रामोद्योग से भारत उदय अभियान • महाराष्ट्र सामाजिक बहिष्कार कानून • केरल भारत का प्रथम डिजिटल राज्य • प्रवासी दिवस 2016-2017 • वन, बाघ नीति
18. राष्ट्रीय महत्व के राजनैतिक विविध मुद्दे	• लोकतंत्र एवं उसका बदलता स्वरूप • नागरिक एवं सिविल समाज की भूमिका और महत्व • उदारीकरण, वैश्वीकरण का प्रस्तावना पर प्रभाव • स्वतंत्रता के बदलते पहलू और नवीन अवधारणा • आन्तरिक सुरक्षा बनाम बाह्य सुरक्षा • आतंकवाद और संगठित अपराध का संगठन • नक्सलवाद और कानून व्यवस्था तथा आन्तरिक सुरक्षा • समाजवाद का बदलता स्वरूप, पूंजीवाद और मार्क्सवाद • पंथनिरपेक्षता और धर्मनिरपेक्षता तथा अल्पसंख्यक और संविधान • भारत में संसदीय लोकतंत्र के 70 वर्ष क्या पाया क्या खोया • विकेन्द्रीकरण से लाभ तथा सामाजिक ऑडिटिंग • महिलाओं के विरूद्ध हिंसा और नारी स्वतंत्रता • समलैंगिकता तथा संविधान • रिट और उसकी अधिकारिता और स्वत: संज्ञान • कार्यपालिका, न्यायपालिका एवं विधायिका के बीच संबंधों में बदलाव तथा वैश्वीकरण का इस पर प्रभाव • निजी क्षेत्र में आरक्षण तथा प्रोन्नति में आरक्षण • प्रमुख विधेयक तथा संविधान संशोधन अधिनियम • चुनाव परिदृश्य व मुफ्त उपहार • बंधुआ मज़दूर पुनर्वास • खान व खनिज संशोधन विधेयक—2016-2017 • कॉल ड्राप व अनुच्छेद—14 • राष्ट्रीय महिला नीति—2016-2017 • ट्रांसजेंडरों के अधिकार • व्यवसायगत स्वच्छ जोखिम उच्च न्यायालय का निर्णय • शिक्षा नीति एवं शिक्षा में असमानता • बलात्कार पीड़िता पर राष्ट्रीय नीति • आन्तरिक सुरक्षा एवं कानून व्यवस्था • जम्मू कश्मीर व पाकिस्तान • न्यायधीश नियुक्ति से सम्बंधित 'मेमोरेंडम ऑफ प्रोसीजर' • राजनीतिक दलों को विदेश संस्थाओं द्वारा अधिनियम • हिन्दू उत्तराधिकार (संशोधन) अधिनियम

(Continued)

विषयवस्तु	समसामयिक संदर्भ (भारतीय समकालीन संदर्भ सहित)
	• विधायिका न्याय पालिका सर्वोच्चता • संसदीय विशेषाधिकार प्रेस की स्वतंत्रता • लोक अदालत एवं त्वरित न्याय • आरक्षण एवं संविधान • राज्यपाल की शक्तियां • धारा—377 समलैंगिकता • किशोर न्याय अधिनयम-2016 • राष्ट्रीय रक्त नीति • अद्यशिक्षण संस्थान आधार • राष्ट्रीय मानवाधिकार आयोग • राष्ट्रपति एवं राज्यपाल संरक्षण • राष्ट्रगान गाने से सम्बन्धित-मौलिक कर्त्तव्य • विज्ञापन एवं सर्वोच्च न्यायालय • नेशनल ज्यूडिशियल ओवर साइट कमेटी • अफ्सपा • समान नागरिक संहिता • अन्तर्राष्ट्रीय अपराध न्यायालय • सर्वोच्च न्यायालय और नेशनल कोर्ट फॉर अपील।

भारतीय राजव्यवस्था एवं अभिशासन

अध्याय 1

संविधान एवं संविधान का निर्माण

इस अध्याय में आप सीखेंगे किः

- ➤ संविधान क्या है और किसी भी संस्था/संगठन/देश को चलाने के लिए संविधान की आवश्यकता क्यों है।
- ➤ संविधान की विशेषताओं के द्वारा संविधान की जानकारी कैसे प्राप्त करें, संविधान के प्रकार एवं उसके महत्व क्या हैं।
- ➤ संविधान सभा की मांग क्यों और कैसे की गयी तथा भारत के संविधान का निर्माण किन परिस्थितियों में हुआ।

संविधान, देश की राजनीतिक व्यवस्था का बुनियादी ढांचा निर्धारित करता है। संविधान राज्य की विधायिका, कार्यपालिका और न्यायपालिका की स्थापना, उनकी शक्तियों का तथा दायित्व का सीमांकन करता है। प्रत्येक संविधान, उस देश के आदर्शों, उद्देश्यों व मूल्यों का दर्पण होता है। संवैधानिक विधि देश की सर्वोच्च विधि होती है, तथा सभी अन्य विधियां इसी पर आधारित होती हैं। संविधान स्वतंत्रता की अभिव्यक्ति करता है। यह नागरिकों के मूलभूत अधिकारों की रक्षा करने का उपबंध प्रदान करता है। प्रत्येक देश के संविधान का निर्माण वहां की विशेष परिस्थितियों को सम्मुख रखकर किया जाता है तथा प्रत्येक देश के इतिहास उसके सामाजिक, आर्थिक तथा राजनीतिक तथ्य संविधान के निर्माण का अवश्य प्रभावित करते हैं। संविधान यह स्पष्ट करता है कि समाज में निर्णय लेने की शक्ति किसके पास होगी और सरकार का गठन कैसे होगा? संविधान राज्य के निर्माण और सरकार का आधार होता है। यह सरकार द्वारा नागरिकों पर लागू किए जाने वाले कानूनों की सीमा तय करता है। यह सरकार की शक्तियों को सीमित भी करता है।

संविधान की विशेषता

सामान्य रूप से विविध संविधानों के अध्ययन एवं अनुभव के आधार पर एक अच्छे संविधान के निम्नलिखित लक्षण बतलाए जा सकते हैं—

- संक्षिप्तता श्रेष्ठ संविधान का एक आवश्यक लक्षण है और कुछ विद्वानों का विचार है कि संविधान जितना संक्षिप्त हो उतना ही अच्छा है। संविधान के अंतर्गत देश की शासन-व्यवस्था में सम्बन्धित मूल बातों का ही वर्णन किया जाना चाहिए और दिन-प्रतिदिन के राजनीतिक जीवन से सम्बन्धित विस्तार की बातें लिखकर संविधान की गरिमा को आघात नहीं पहुंचाया जाना चाहिए।
- स्पष्टता एवं निश्चितता संविधान का एक अत्यन्त आवश्यक गुण है। संविधान द्वारा व्यक्ति-व्यक्ति, शक्ति एवं सरकार और सरकार के विधि अंगों के पारस्परिक सम्बन्धों को निश्चित किया जाता है। स्पष्टता के अभाव में संविधान से सम्बन्धित इन विविध पक्षों में निरन्तर विवाद उत्पन्न होने की संभावना रहती है।
- संविधान का एक प्रमुख उद्देश्य शासन की मर्यादा सुनिश्चित करना और दूसरे व्यक्तियों एवं राज्यों के हस्तक्षेप से नागरिकों के अधिकारों एवं हितों की रक्षा करना होता है। नागरिकों के मौलिक अधिकारों का उल्लेख होने से नागरिकों की स्वतंत्रता एवं हित अधिक सुरक्षित हो जाते हैं और व्यवस्थापिका एवं कार्यपालिका नागरिकों के अधिकार के साथ मनचाहा खिलवाड़ नहीं कर पाते।
- शासन के विभिन्न विभागों को अपनी सीमा में रखने और इन विभागों के बीच उत्पन्न होने वाने विवादों के हल के लिए स्वतंत्र न्यायालयों का अस्तित्व न केवल उपयोगी वरन् आवश्यक है। नागरिकों के मौलिक अधिकारों के लिए भी स्वतंत्र न्यायालयों का अस्तित्व अनिवार्य है।

संविधान का वर्गीकरण

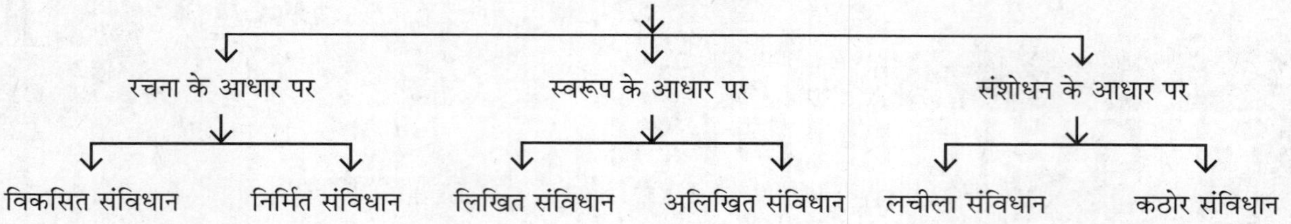

- रचना के आधार पर
  - विकसित संविधान
  - निर्मित संविधान
- स्वरूप के आधार पर
  - लिखित संविधान
  - अलिखित संविधान
- संशोधन के आधार पर
  - लचीला संविधान
  - कठोर संविधान

- मनुष्य एक विकासशील प्राणी है और आर्थिक एवं राजनीतिक व्यवस्था में परिवर्तन होने के साथ-ही-साथ संविधान में परिवर्तन होना भी अत्यन्त आवश्यक हो जाता है। इस प्रकार संविधान में परिवर्तनशीलता का होना नितान्त आवश्यक है।

संविधान का महत्व

संविधान द्वारा ही किसी राज्य के स्वरूप को निश्चित किया जा सकता है। संविधान ही सरकार के विभिन्न अंगों पर नियंत्रण स्थापित करता है और उन्हें तानाशाह होने से बचाता है। संविधान ही नागरिकों के मौलिक अधिकारों और कर्तव्यों की रक्षा करता है। संविधान एक ध्रुव तारे के समान है, जो शासक को हमेशा दिशा-निर्देश देता है और उसका मार्गदर्शन करता है। संविधान ही सरकार के विभिन्न अंगों के बीच संबंध बनाए रखता है और उसमें जो मतभेद पैदा होता है, उसे स्पष्ट करता रहता है। संविधान एक आइना है जिसमें उस देश के भूत, वर्तमान और भविष्य की झलक मिलती है। संविधान के अभाव में हम किसी राज्य (देश) की कल्पना नहीं कर सकते।

संविधान सभा एवं अंतरिम सरकार
(Constituent Assembly and Interim Government)

किसी भी राष्ट्र के शासन व्यवस्था का संचालन एक संविधान द्वारा होता है। संविधान की रचना का कार्य उस राष्ट्र की जनता के प्रतिनिधि निकाय द्वारा किया जाता है। जनता द्वारा चुने गए उस प्रकार के निकाय को 'संविधान सभा' कहा जाता है। सैद्धांतिक तौर पर संविधान सभा का विचार सर हेनरी मेन ने प्रस्तुत किया था। व्यावहारिक तौर पर सर्वप्रथम अमेरिका में संविधान निर्माण हेतु संविधान सभा गठित की गई थी।

संविधान सभा की मांग

- संविधान सभा के विचार की धारणा को सर्वप्रथम अभिव्यक्ति 1895 में उस 'स्वराज विधेयक' में मिली, जिसे लोकमान्य बाल गंगाधर तिलक के निर्देशन में तैयार किया गया था।
- संविधान सभा का विचार, जिसके द्वारा भारतीय स्वयं अपने देश के लिए संविधान का निर्माण कर सके, 1919 के अधिनियम के विरोध में अंतर्निहित था।
- 1922 में गांधी जी ने कहा था कि भारतीय संविधान भारतीयों की इच्छानुसार ही होगा।
- 1922 में ही एनी बेसेन्ट की पहल पर केन्द्रीय विधान मंडल के दोनों सदनों के सदस्यों की एक संयुक्त बैठक शिमला में आयोजित की गयी, जिसमें संविधान सभा के प्रश्न पर विचार करने के लिए सम्मेलन बुलाने का निर्णय लिया गया।
- जनवरी, 1925 में दिल्ली में हुए सर्वदलीय सम्मेलन के समक्ष कॉमनवेल्थ ऑफ इंडिया बिल को प्रस्तुत किया गया, जिसकी अध्यक्षता महात्मा गांधी ने की थी। उल्लेखनीय है कि भारत के लिए एक संवैधानिक प्रणाली की रूपरेखा प्रस्तुत करने का यह प्रथम प्रयास था।
- मई, 1928 में बंबई में आयोजित सर्वदलीय सम्मेलन में भारत के संविधान के सिद्धांत निर्धारित करने के लिए मोतीलाल नेहरू के सभापतित्व में एक समिति गठित की गई इस समिति की रिपोर्ट को 'नेहरू रिपोर्ट' के नाम से भी जाना जाता है।
- जून, 1934 में कांग्रेस कार्यकारिणी ने घोषणा की कि श्वेत पत्र (गोलमेज सम्मेलनों के बाद जारी किया गया श्वेत पत्र) का विकल्प यह है कि वयस्क मताधिकार के आधार पर निर्वाचित संविधान सभा द्वारा एक संविधान तैयार किया जाए।
- कांग्रेस ने 1936 के लखनऊ अधिवेशन में एक प्रस्ताव पारित कर घोषणा कि थी कि 'किसी बाहरी सत्ता द्वारा थोपा गया कोई भी संविधान भारत स्वीकार नहीं करेगा'
- 1940 के अगस्त प्रस्ताव में ब्रिटिश सरकार ने संविधान सभा की मांग को पहली बार अधिकारिक रूप से स्वीकार किया। भले ही स्वीकृति अप्रत्यक्ष तथा महत्त्वपूर्ण शर्तों के साथ थी।
- 1942 की क्रिप्स योजना को ब्रिटेन ने स्पष्टतया स्वीकार कर लिया, जिसके तहत भारत में एक निर्वाचित संविधान सभा का गठन किया जाना था, जो युद्ध के बाद भारत के लिए संविधान का निर्माण करेगी।
- 1946 के कैबिनेट मिशन के एक प्रस्ताव के द्वारा अंतत: भारत के संविधान के निर्माण के लिए एक बुनियादी ढ़ांचे का प्रारूप स्वीकार कर लिया गया, जिसे संविधान सभा का नाम दिया गया।

संविधान सभा का गठन

कैबिनेट मिशन योजना के प्रावधानों के अनुसार संविधान सभा का गठन 'नवम्बर 1946' में किया गया था। संविधान सभा में कुल 389 सदस्य थे, जिनमें 292 प्रांतों से तथा 93 देशों रियासतों से चुने गए थे और 4 कमिश्नरी क्षेत्रों से थे। ब्रिटिश प्रांत के प्रत्येक प्रांत को उसकी जनसंख्या के अनुपात में संविधान सभा में स्थान दिया गया था। स्थूल रूप से 10 लाख की जनसंख्या के लिए एक स्थान का अनुपात रखा गया था। प्रत्येक प्रांत के स्थानों की जनसंख्या के अनुपात में तीन प्रमुख सम्प्रदायों—मुस्लिम, सिक्ख तथा साधारण सम्प्रदाय

में बांटा गया था। संविधान सभा का प्रथम अधिवेशन 9 दिसम्बर, 1946 को हुआ था जिसमें डॉ. सच्चिदानन्द सिन्हा को सभा का अस्थायी अध्यक्ष नियुक्त किया गया था। 11 दिसम्बर, 1946 को हुई बैठक में डॉ. राजेन्द्र प्रसाद को संविधान सभा का स्थायी अध्यक्ष चुना गया तथा बी. एन. राव को संविधान सभा के संवैधानिक सलाहकार के पद पर नियुक्त किया गया। कलकत्ता विश्वविद्यालय के भूतपूर्व कुलपति प्रोफेसर हरेन्द्र कुमार मुखर्जी संविधान सभा के उपाध्यक्ष थे। संविधान सभा में कांग्रेस के सदस्यों की संख्या 208 थी जबकि मुस्लिम लीग की सदस्य संख्या मात्र 73 थी। चूंकि संविधान सभा में मुस्लिम लीग के निवाचित सदस्यों की संख्या (73) कांग्रेस (208) की तुलना में कम थी। फलत: उसने संविधान सभा की प्रथम बैठक से ही, संविधान सभा की कार्यवाहियों का बहिष्कार किया और पाकिस्तान की मांग रखी। 13 दिसम्बर, 1946 को जवाहर लाल नेहरू ने संविधान सभा में उद्देश्य प्रस्ताव प्रस्तुत कर संविधान के निर्माण का कार्य प्रारंभ किया।

उद्देश्य प्रस्ताव

13 दिसम्बर, 1946 को पं. जवाहरलाल नेहरू ने नए संविधान के उद्देश्यों के विषय में एक प्रस्ताव संविधान सभा में प्रस्तुत किया। इस उद्देश्य प्रस्ताव की कुछ विशेषताएं इस प्रकार हैं—

- भारत एक स्वतंत्र प्रभुसत्ता सम्पन्न गणराज्य होगा।
- सरकार के सभी अंगों की शक्तियां जनता से प्राप्त की जाएगी।
- भारत के लोगों को सामाजिक, आर्थिक न्याय, अवसर की समानता तथा कानून के समक्ष सभी स्तरों पर व्यक्तियों की समानता, विचार व्यक्त करने विश्वास, श्रद्धा, पूजा, व्यवसाय, संघ बनाने तथा कार्य की स्वतंत्रता और सुरक्षा दी जाएगी।
- भारत के सभी क्षेत्रों को मिलाकर एक संघ (Union) का निर्माण किया जाएगा।
- अल्पसंख्यक, पिछड़े तथा कबायली क्षेत्रों, शोषित तथा पिछड़ी श्रेणियों के लिए उचित सुरक्षा का प्रबन्ध किया जाएगा।
- गणतंत्र की क्षेत्रीय पूर्णता को स्थापित रखा जाएगा तथा इसके जल तथा वायु के प्रभुसत्ता-सम्पन्न अधिकारों को न्याय तथा अंतर्राष्ट्रीय कानून के अनुसार लागू किया जाएगा।
- उद्देश्य प्रस्ताव को संविधान सभा ने 22 जनवरी, 1947 को स्वीकार कर लिया। स्वतंत्र भारत के संविधान की प्रस्तावना भी इन्हीं उद्देश्यों पर आधारित है।

संविधान सभा की विभिन्न समितियां

22 जनवरी, 1947 को उद्देश्य प्रस्ताव की स्वीकृति के बाद संविधान सभा ने संविधान निर्माण की विभिन्न पहलुओं पर विचार करने के लिए अनेक समितियों का गठन किया। इन्हें दो वर्गों में विभाजित किया जा सकता है—

1. संविधान निर्माण की प्रक्रिया के प्रश्नों को हल करने के लिए गठित समितियां जैसे—प्रक्रिया समिति, वार्ता समिति, संचालन समिति एवं कार्य समिति।
2. संविधान निर्माण करने वाले समितियां जैसे—संघ संविधान समिति, प्रांतीय संविधान समिति, संघ शक्ति समिति, मूल अधिकारों एवं अल्पसंख्यकों आदि से संबंधित परामर्श समिति तथा प्रारूप समिति। इन सभी समितियों के केन्द्र में प्रारूप समितिं थी।

प्रारूप समिति

अध्यक्षः बी.आर. अम्बेडकर	**गठन— (29 अगस्त, 1947)**
अन्य सदस्य	(सात सदस्यीय)
1. श्री एन. गोपालास्वामी आयंगर	2. अल्लादि कृष्णास्वामी अय्यर
3. मोहम्मद साद्दुल्ला	4. के. एम. मुंशी
5. बी.एल. मित्र	6. डी.पी. खेतान

अन्य समितियां

समिति	**सदस्य संख्या**	**अध्यक्ष**
संघ संविधान समिति	15	जवाहरलाल नेहरू
प्रांतीय संविधान समिति	25	वल्लभ भाई पटेल
संघ शक्ति समिति	9	जवाहर लाल नेहरू
मूल अधिकार एवं अल्पसंख्यक समिति	54	वल्लभ भाई पटेल
कार्य संचालन समिति	3	कन्हैया लाल माणिक लाल मुंशी
झंडा समिति	—	आचार्य जे.बी. कृपलानी

संविधान का निर्माण

अक्टूबर 1947 में संविधान सभा के सचिवालय की परामर्श शाखा ने संविधान का प्रारूप तैयार किया। 15 नवम्बर, 1948 को प्रारूप संविधान पर अनुच्छेदवार विचार शुरू हुआ। प्रारूप संविधान प्रकाशित होने के बाद उसमें संशोधन करने के लिए 7635 सुझाव प्राप्त हुए जिनमें से 2473 सुझावों पर विचार किया गया। संविधान सभा में संविधान का प्रथम वाचन 4 नवम्बर 1948 तक चला। संविधान पर दूसरा वाचन 15 नवम्बर 1948 को प्रारम्भ हुआ, जो 17 नवम्बर 1948 ई. तक चला। संविधान सभा में संविधान का तीसरा वाचन 14 नवम्बर 1949 को प्रारंभ हुआ जो 26 नवम्बर 1949 तक चला। संविधान का तीसरा वाचन 26 जनवरी, 1949 तक चला जब संविधान सभा द्वारा निर्मित संविधान को अंतिम रूप से पास किया गया और संविधान को अंगीकार करके संविधान सभा ने यह सर्वोत्तम प्रलेख राष्ट्र को समर्पित किया। संविधान के कुछ अनुच्छेद 26 नवम्बर, 1949 के दिन लागू कर दिए गए पर शेष संविधान 26 जनवरी के दिन के ऐतिहासिक

महत्त्व के कारण 26 जनवरी, 1950 से लागू किया गया। संविधान सभा की अंतिम बैठक 24 जनवरी, 1950 को हुई और इसी दिन संविधान सभा द्वारा डॉ. राजेन्द्र प्रसाद को भारत का प्रथम राष्ट्रपति चुना गया। 26 जनवरी, 1950 से भारत एक गणराज्य के रूप में स्थापित हो गया। अंतिम रूप से स्वीकृत संविधान में 395 अनुच्छेद और 8 अनुसूचियाँ कायम की गई। अंतिम रूप से स्वीकृत संविधान के निर्माण में 2 वर्ष 11 माह और 18 दिन लगे, जबकि संविधान के प्रारूप पर 114 दिन तक चर्चा हुई। इस ऐतिहासिक कार्य पर लगभग 64 लाख रुपए व्यय हुए।

ध्यातव्य हो कि

नागरिकता, निर्वाचन एवं अंतरिम संसद से संबंधित उपबंधों तथा अस्थायी एवं संक्रमणकारी उपबंधों से संबंधित कुल 15 अनुच्छेदों (अनुच्छेद 5, 6, 8, 9, 60, 324, 366, 367, 372, 380, 388, 391, 392 और 393) को 26 नवम्बर, 1949 से लागू कर दिया गया। शेष संविधान 26 जनवरी, 1950 को लागू हुआ और इस तिथि को संविधान में उसके प्रारम्भ की तिथि कहा गया।

अंतरिम सरकार का गठन

संविधान सभा के सदस्यों को लेकर ही अंतरिम सरकार का गठन किया गया था। कैबिनेट मिशन के प्रावधानों के अनुसार संविधान सभा के निर्वाचन के बाद लॉर्ड वेवेल ने जवाहर लाल नेहरू को अंतरिम सरकार के गठन के लिए 14 अगस्त, 1946 को आमंत्रित किया, जिसके फलस्वरूप जवाहर लाल नेहरू ने 2 सितम्बर, 1946 को 14 सदस्यीय अंतरिम सरकार का गठन किया। मुस्लिम लीग ने जवाहर लाल नेहरू के नेतृत्व में गठित अंतरिम सरकार का बहिष्कार करते हुए 16 अगस्त, 1946 को प्रत्यक्ष कार्यवाही दिवस के रूप में मनाया। फलस्वरूप पूरे देश में साम्प्रदायिक दंगे शुरू हो गए। मुस्लिम लीग ने पूरे देश में अराजकता फैलाकर अंतरिम सरकार के कार्यों में व्यवधान डालने का प्रयास किया। बाद में पुन: राजनीतिक गतिरोध को दूर करने के लिए 26 अक्टूबर, 1946 को मुस्लिम लीग को अंतरिम सरकार में शामिल कर लिया गया। लीग के नेताओं ने अंतरिम सरकार में अधिकार तो लिए किन्तु उत्तरदायित्व नहीं लिया। अंतरिम सरकार में शामिल होने के बावजूद मुस्लिम लीग ने संविधान सभा में शामिल होने से इन्कार कर दिया। लेकिन जब मुस्लिम लीग की अनुपस्थिति में ही 11 दिसम्बर, 1946 को डॉ. राजेन्द्र प्रसाद की अध्यक्षता में संविधान सभा का गठन कर दिया गया। तो मुस्लिम लीग ने इस संविधान सभा का विरोध किया और अपने पाकिस्तान की मांग को और प्रखर रूप से तेज कर दिया।

स्वतंत्रता पूर्व गठित अंतरिम मंत्रिमण्डल (2 सितम्बर, 1946)

- अध्यक्ष — लार्ड माउण्ट बेटन (पहले अध्यक्ष वेवेल थे।)
- मंत्रिमण्डल के प्रधान व कार्यकारी परिषद के उपाध्यक्ष, — पण्डित जवाहर लाल नेहरू विदेशी मामले एवं राष्ट्र मण्डल सम्बन्ध
- गृह, सूचना तथा प्रसारण मंत्री — सरदार वल्लभ भाई पटेल
- रक्षा मंत्री — बलदेव सिंह
- शिक्षा मंत्री — सी. राजगोपालाचारी
- उद्योग तथा आपूर्ति मंत्री — डॉ. जॉन मथाई
- खाद्य एवं कृषि मंत्री — राजेन्द्र प्रसाद
- कार्य, खान तथा बन्दरगाह मंत्री — सी.एच. भाभा
- श्रम मंत्री — जगजीवन राम
- रेलवे मंत्री — आसफ अली
- वाणिज्य मंत्री — आई.आई. चुन्दरीगर
- वित्त मंत्री — लियाकत अली खां
- संचार मंत्री — अब्दुल रब नश्तर
- स्वास्थ्य मंत्री — गजनफर अली खां
- विधि मंत्री — जोगेन्द्र नाथ मण्डल

ध्यातव्य हो कि

प्रारम्भ में अंतरिम सरकार में मुस्लिम लीग के सदस्य शामिल नहीं थे परन्तु अक्टूबर 1946 में मुस्लिम लीग अंतरिम सरकार में सम्मिलित हो गयी।

संविधान सभा में दलीय स्थिति

- कांग्रेस — 208
- अछूत जाति संघ — 01
- मुस्लिम लीग — 73
- सिक्ख (कांग्रेस के अतिरिक्त) — 01
- यूनियनिस्ट पार्टी — 01
- साम्यवादी — 01
- यूनियनिस्ट मुस्लिम — 01
- स्वतंत्र (निर्दलीय) — 08
- यूनियनिस्ट शिड्यूल कास्ट — 01
- कृषक प्रजा पार्टी — 01
- कुल — 296

स्वतंत्रता के पश्चात् अंतरिम मंत्रिमण्डल (15 अगस्त, 1947)

- चक्रवर्ती राजगोपालाचारी — अध्यक्ष
- पण्डित जवाहर लाल नेहरू — उपाध्यक्ष व प्रधानमंत्री, विदेश, कॉमनवेल्थ सम्बन्ध व वैज्ञानिक शोध
- सरदार बल्लब भाई पटेल — गृह सूचना एवं प्रसारण मंत्री
- डॉ. भीमराव अम्बेडकर — विधिमंत्री
- सरदार बलदेव सिंह — रक्षामंत्री

- डॉ. राजेन्द्र प्रसाद — खाद्य तथा कृषिमंत्री
- मौलाना अबुल कलाम आजाद — शिक्षा मंत्री
- डॉ. जॉन मथाई — रेलवे एवं परिवहन
- बाबू जगजीवन राम — श्रम मंत्री
- सी.एच. भाभा — वाणिज्य मंत्री
- रफी अहमद किदवई — संचार मंत्री
- राज कुमारी अमृत कौर — स्वास्थ्य मंत्री
- आर.के. षट्मुखम् चेट्टी — वित्त-मंत्री
- डॉ. श्यामा प्रसाद मुख र्जी — उद्योग तथा आपूर्ति
- एन.वी. गाडगिल — खदान तथा ऊर्जा मंत्री

संविधान सभा में अल्पसंख्यक

- नेपाली — 1
- आंग्ल-भारतीय — 5
- सिक्ख — 5
- पिछड़ी जनजाति — 5
- पारसी — 3
- अनुसूचित जाति — 33
- ईसाई — 7
- मुस्लिम — 31

ध्यातव्य हो कि

कार्यकारी परिषद् के अध्यक्ष माउण्ट बेटन सिर्फ 15 अगस्त 1947 से 20 जून 1948 तक ही थे। इसके पश्चात् कार्यकारी परिषद् के अध्यक्ष चक्रवर्ती राजगोपालाचारी हो गये थे।

संविधान सभा में महिला सदस्य

- सरोजनी नायडू
- सुचेता कृपलानी
- राज कुमारी अमृत कौर
- मालती मौधरी
- रक्षायनी बेलायुयन
- पूर्णिमा बनर्जी
- दुर्गा बाई देश मुख
- विजय लक्ष्मी पंडित
- अम्मू स्वामी नाथन
- लीला राय
- कमला चौधरी
- हंसा मेहता

भारतीय संविधान के स्रोत

भारतीय स्रोत

- भारत सरकार अधिनियम, 1919
- नेहरू रिपोर्ट, 1928
- साइमन कमीशन रिपोर्ट, 1930
- भारत सरकार अधिनियम, 1935

1935 का भारत शासन अधिनियम

- अध्यादेश
- अनुच्छेद 143 (सुप्रीम कोर्ट से सलाह लेने की शक्ति)
- तदर्थ नियुक्तियां
- कैग (Cag)
- प्रशासनिक ब्यौरे
- लोक सेवा आयोग
- राज्यपाल
- त्रिसूची प्रणाली (केन्द्र सूची, राज्य सूची, समवर्ती सूची)
- आपातकाल (आपातकाल में मूल अधिकारों का निलम्बन जर्मनी से लिया गया है।)

विदेशी स्रोत

ब्रिटेन

- संसदीय प्रक्रिया
- विधि निर्माण प्रक्रिया
- संसदीय शासन प्रणाली
- संसदीय विशेषाधिकार (रिट, बंदी प्रत्यक्षीकरण, परमादेश आदि)
- एकल नागरिकता
- विधि का शासन
- राष्ट्रपति का अभिभाषण
- बहुमत प्रणाली (First Past—the Post-the Post System)
- विधि के समक्ष समानता।

संयुक्त राज्य अमेरिका

- राष्ट्राध्यक्ष का निर्वाचन
- राष्ट्रपति पर महाभियोग
- उपराष्ट्रपति का पद
- उच्चतम व उच्च न्यायालयों के न्यायाधीशों को हटाने की विधि
- मौलिक अधिकार
- संविधान की सर्वोच्चता
- न्यायालय की स्वतंत्रता
- संविधान संशोधन में राज्यों की विधायिका द्वारा अनुमोदन
- सामुदायिक विकास कार्यक्रम
- विधि का समान संरक्षण

ध्यातव्य हो कि

शक्तिशाली केन्द्र की परिकल्पना जिसमें अवशिष्ट शक्तियां (Residuary Power) केन्द्र को प्राप्त हो व राज्यों को केन्द्र से अलग होने की शक्ति प्राप्त नहीं है।

कनाडा

- संघीय शासन व्यवस्था
- राज्यों का संघ
- राज्यपाल का राष्ट्रपति के प्रसादपर्यन्त पद धारण करना।
- राज्यपाल द्वारा राष्ट्रपति के विचारार्थ प्रारक्षित करने का प्रावधान।

आस्ट्रेलिया

- समवर्ती सूची
- प्रस्तावना में इस्तेमाल की गई भाषा
- उद्देश्य में निहित भावानाएं
- प्रस्तावना की विशिष्ट भाषा

आयरलैण्ड

- नीति निदेशक तत्व
- राष्ट्रपति की निर्वाचन प्रणाली (आनुपातिक प्रतिनिधित्व प्रणाली)
- राज्य सदन में मनोनीत सदस्य (साहित्य, कला, विज्ञान, समाज सेवा)

जर्मनी

- आपातकाल में मूलअधिकारों का निलम्बन (आपातकाल, 1935 के अधिनियम पर आधारित है)

फ्रांस

- गणतांत्रिक व्यवस्था
- संविधान मे वयोवृद्ध सदस्यों को उचित स्थान

दक्षिण अफ्रीका

- संविधान में संशोधन करने की प्रक्रिया

सोवियत संघ

- मूल कर्तव्य, पंचवर्षीय योजना

जापान

- अनुच्छेद 21 की शब्दावली कानून द्वारा स्थापित प्रक्रिया

स्विट्जरलैण्ड

- सामाजिक नीतियों के संदर्भ में नीति निदेशक तत्वों का उपबंध

राष्ट्रीय प्रतीक

- राष्ट्रीय ध्वज – तिरंगा
- राष्ट्रीय चिन्ह – अशोक स्तम्भ
- राष्ट्रीय गान – जन गण मन
- राष्ट्रीय गीत – वन्दे मातरम्
- राष्ट्रीय पशु – बाघ
- राष्ट्रीय पक्षी – मयूर
- राष्ट्रीय पुष्प – कमल
- राष्ट्रीय खेल – हॉकी
- राष्ट्रीय फल – आम
- राष्ट्रीय कैलेण्डर – शक सम्वत

अध्याय सार संग्रह

- किसी राष्ट्र के संविधान में निहित दर्शन यह निर्धारित करता है कि वहां किस प्रकार की सरकार है।
- प्रत्येक संविधान उसके संस्थापकों एवं निर्माताओं के आदर्शों सपनों तथा मूल्यों का दर्पण होता है। वह जनता की विशिष्ट सामाजिक, राजनीतिक और आर्थिक प्रकृति, आस्था एवं आकांक्षाओं पर आधारित होता है।
- किसी देश का संविधान उस देश की राजनीतिक व्यवस्था जिसके अन्तर्गत उसके लोग शासित होते हैं, उसके मूलभूत ढांचे को स्पष्ट करता है।
- संविधान को देश का 'आधारभूत विधि' भी कहा जा सकता है, जो जनता के विश्वास व उनकी आकांक्षाओं को प्रतिबिम्बित करता है।
- किसी देश का संविधान नियमों अथवा विधियों को एक लिपिबद्ध आलेख भर नहीं हैं, बल्कि यह लोकतांत्रिक क्रियाशील संस्थाओं की आवश्यकताओं, अपेक्षाओं तथा आकांक्षाओं के साथ विकसित होने वाला एक सजीव दस्तावेज होता है, जो सरकार की नीतियों एवं कार्यों को संचालित करता है।
- संविधान उन समस्त लिखित और परम्पराओं पर आधारित अलिखित नियमों और कानूनों का समूह है जिनके आधार पर देश की शासन व्यवस्था का गठन किया जाता है।
- संविधान, सम्बद्ध देश के नागरिकों के लिए कुछ अधिकार सुनिश्चित करता है और उनके कर्तव्यों को भी परिभाषित करता है।
- संविधान सभा का गठन कैबिनेट मिशन योजना के प्रावधानों के अनुसार अप्रत्यक्ष रूप से राज्यों की विधान सभाओं द्वारा नवम्बर 1946 में किया गया था।
- संविधान सभा की प्रथम बैठक 9 दिसम्बर, 1946 को हुई थी इसकी अध्यक्षता डॉ. सच्चिदानन्द सिन्हा ने की थी तथा मुस्लिम लीग ने इसका बहिष्कार किया था।
- संविधान सभा के स्थाई अध्यक्ष डॉ. राजेन्द्र प्रसाद को चुना गया और संविधान सभा के उपाध्यक्ष डॉ. एच. सी. मुखर्जी बनाये गये।
- श्री बी.एन. राव को संविधान सभा के संवैधानिक सलाहकार पद पर नियुक्त किया गया।
- संविधान निर्माण के पीछे मुख्य रूप से जवाहरलाल नेहरू, सरदार बल्लब भाई पटेल, राजेन्द्र प्रसाद, मौलाना अबुल कलाम आज़ाद आचार्य जे.बी. कृपलानी, टी.टी. कृष्णामाचारी एवं डॉ. बी.आर. अम्बेडकर का मस्तिष्क था। कुछ प्रमुख व्यक्तियों ने डॉ. बी.आर. अम्बेडकर को 'संविधान का पिता' कहा है।
- प्रारूप समिति के एक सदस्य बी.एल. मित्र मात्र एक ही बैठक के बाद हट गये थे। उनके द्वारा रिक्त स्थान पर एन. माधव राव को लिया गया था।
- संविधान सभा का अंतिम (12वां) अधिवेशन 24 जनवरी, 1950 को हुआ। इस अवसर पर 308 सदस्यों ने पारित संविधान पर हस्ताक्षर किये।
- संविधान सभा में कुल 7635 संशोधन प्रस्तावित किये गये थे इनमें से 2473 संशोधन प्रस्तावों पर विचार किया गया था। भारतीय संविधान के निर्माण के निर्माण में कुल 63 लाख 96 हजार 729 रुपये का व्यय हुआ था।
- संविधान के निर्माण के लिए संविधान सभा ने 13 महत्त्वपूर्ण समितियां बनायी।
- 21 फरवरी, 1948 को प्रारूप समिति द्वारा तैयार भारतीय संविधान का प्रारूप संविधान सभा के अध्यक्ष को सौंप दिया गया।
- 22 जुलाई, 1947 को संविधान सभा ने राष्ट्रीय ध्वज का प्रारूप स्वीकार किया।
- 24 जनवरी, 1950 को संविधान सभा ने राष्ट्रगान को अंगीकृत किया।
- 26 नवम्बर, 1949 को भारतीय संविधान सभा को तदर्थ संसद, के रूप में परिवर्तित कर दिया गया।
- 26 जनवरी, 1950 को भारतीय संविधान लागू हुआ।
- भारतीय संविधान लगभग 300 पृष्ठों में है और यह विश्व का सबसे वृहद् संविधान है। जिसके निर्माण मे 2 वर्ष 11 माह 18 दिन का समय लगा जिसमें विधिनिर्माण 130 दिन का समय लगा।

2 अध्याय

प्रस्तावना

इस अध्याय में आप सीखेंगे किः

- प्रस्तावना क्या है और संविधान में प्रस्तावना को समाहित क्यों किया गया। प्रस्तावना का हमारी संविधान में क्या प्रभाव है और वर्तमान समय में प्रस्तावना में उल्लिखित आदर्शों और उद्देश्यों को प्राप्त करने में सरकार कहाँ तक सफल रही है।
- प्रस्तावना का महत्व और प्रस्तावना की संशोधन के संदर्भ में माननीय न्यायालय के मत क्या हैं और इस पर हमारी संसद को कहाँ तक शक्तियाँ प्राप्त हैं।

प्रत्येक संविधान का स्वयं एक दर्शन होता है। संविधान के दार्शनिक आधार से तात्पर्य उन नीतियों से है जिन पर संविधान और शासन प्रणाली आधारित होता है। संविधान की प्रस्तावना उन राजनैतिक, नैतिक, आर्थिक और धार्मिक मूल्यों को व्यक्त करती है जिन्हें प्रोत्साहित करने के लिए हमारा संविधान प्रतिबद्ध है। यह सत्ता के स्रोत, सरकारी प्रणाली और राजनैतिक व्यवस्था के लिए वांछनीय प्रयोजनों की विशिष्ट रूप से पहचान करती है। इसमें एक ऐसा दर्शन अंतर्निहित है जो उन आदर्शों और आकांक्षाओं को अपनी परिधि के अंदर समाहित किए हुए है जिनके प्रति राष्ट्रीय आंदोलन ने अपनी प्रतिबद्धता दर्शायी थी। किसी संविधान की प्रस्तावना से यह आशा की जाती है कि जिन मूलभूत मूल्यों तथा दर्शन पर संविधान आधारित हो तथा जिन लक्ष्यों तथा उद्देश्यों की प्राप्ति का प्रयास करने के लिए संविधान निर्माताओं ने राज्य व्यवस्था को निर्देशित किया हो उसका प्रस्तावना में समावेश हो। संविधान की प्रस्तावना में उन महान आदर्शों, मौलिक उद्देश्यों व लक्ष्यों का उल्लेख किया गया है, जिनके आधार पर भविष्य के भारत का निर्माण किया जाना था। भारतीय संविधान की प्रस्तावना में जिस मौलिक दर्शन का उल्लेख मिलता है, वास्तव में विभिन्न संविधान प्रावधान उन्हीं की पूर्ति का प्रयास है। भारतीय संविधान में निहित दर्शन, जिसकी अभिव्यक्ति प्रस्तावना में की गई है, वास्तव में उस युग का राजनीतिक दर्शन कल्याणकारी राज्य की ओर उन्मुख उदारवादी लोकतंत्र का दर्शन के अनुरूप था, जिसमें संविधान का निर्माण किया गया।

प्रस्तावना के प्रमुख तत्व

- **हम भारत के लोग**—इसका अर्थ है भारतीय संविधान भारतीय जनता को समर्पित है।
- **सम्पूर्ण प्रभुत्व सम्पन्न (Sovereign)**—इसका अर्थ है भारत अपने आंतरिक एवं वैदेशिक मामलों में बिना किसी बाह्य दबाव एवं प्रतिबद्धता के स्वतंत्र रूप से निर्णय लेने में सक्षम होगा।
- **समाजवादी (Socialistic)**—संविधान की प्रस्तावना में इस शब्द का उल्लेख 42वें संविधान संशोधन (1976) द्वारा किया गया। इसका उद्देश्य सभी उत्पादन के साधनों का राष्ट्रीयकरण करना नहीं है, अपितु आर्थिक शोषण को समाप्त करने से है। भारतीय संविधान में समाजवादी, शब्द के साथ लोकतंत्र शब्द जुड़ा है। अर्थात् जहाँ लोकतंत्रीय समाजवाद की अवधारणा है जिसमें प्रत्येक व्यक्ति अपनी क्षमता के अनुरूप अपना आर्थिक विकास कर सकता है। राज्य द्वारा इस उत्थान में किसी प्रकार की बाधा नहीं डाली जाएगी। राज्य कमजोर तबके के लोगों के आर्थिक उत्थान के लिए सहयोग प्रदान करेगा।
- **पंथ निरपेक्षता (Secular)**—राज्य यथासंभव राजकीय कार्यों जैसे अर्थव्यवस्था, शिक्षा, राजनीति तथा कानून आदि में धर्म का प्रयोग नहीं करेगा तथा सभी व्यक्तियों का कल्याण सुनिश्चित करेगा और सभी धर्मों के साथ समान व्यवहार करेगा। भारत में पंथ निरपेक्ष राज्य की स्थापना की गई है।

- एस.आर. बोम्मई बनाम भारत संघ मामला 1994 में सर्वोच्च न्यायालय द्वारा पंथनिरपेक्षता को संविधान के आधारभूत ढाँचे का अंग बताया गया। प्रस्तावना में इस शब्द को 42वें संविधान संशोधन (1976) द्वारा शामिल किया गया। पंथनिरपेक्ष भारतीय राज्य में—

1. सरकार न किसी धर्म के मानने वाले को प्रोत्साहन देगी और न ही किसी को हतोत्साहित करेगी।
2. भारत सरकार का कोई भी धर्म, राज्य धर्म नहीं होगा एवं सरकार सभी धर्मों एवं मतों का समान रूप से सम्मान करेगी तथा उन्हें अपने धर्म को पल्लवित एवं पुष्पित करने में बाधा उत्पन्न नहीं करेगी।
3. सरकारी विद्यालयों एवं महाविद्यालयों में धार्मिक शिक्षा नहीं दी जाएगी तथा सरकार से सहायता प्राप्त करने वाले शिक्षण संस्थानों में धार्मिक शिक्षा अनिवार्य नहीं की जायेगी।
4. अल्पसंख्यकों को अपनी रूचि की शिक्षण संस्थाएँ स्थापित करने का अधिकार होगा तथा वे अपनी भाषा-संस्कृति की रक्षा के लिए भी प्रयास कर सकते हैं।

- **लोकतंत्रात्मक (Democratic)**—इसका अभिप्राय यह है कि शासन की सर्वोच्च सत्ता जनता में निहित है। इसके अंतर्गत बिना किसी भेद-भाव के प्रत्येक वयस्क व्यक्ति को निर्वाचन प्रक्रिया में भाग लेने का अधिकार है। इस प्रकार की व्यवस्था में जनता के द्वारा निर्वाचित प्रतिनिधियों के द्वारा सरकार की स्थापना की जाती है और सरकार का संचालन जनता के हित में किया जाता है।

- **गणराज्य (Republic)**—ऐसा राज्य जिसका प्रमुख निर्वाचित होता है वंशानुगत नहीं। भारत में संसदीय सरकार की स्थापना करके तथा निर्वाचित राष्ट्रपति को राज्य का प्रमुख बनाकर प्रस्तावना में शामिल 'लोकतंत्रात्मक गणराज्य' शब्द की अभिपुष्टि की गई है।

प्रस्तावना के उद्देश्य—भारतीय संविधान की प्रस्तावना में पांच उद्देश्यों (न्याय, स्वतंत्रता, समता, बंधुत्व तथा राष्ट्रीय एकता व अखंडता) को स्पष्ट किया गया है। प्रस्तावना में भारत के समस्त नागरिकों को सामाजिक, आर्थिक और राजनैतिक न्याय की प्राप्ति की बात कही गयी है। इसके अंतर्गत भारत के प्रत्येक नागरिक को सामाजिक, आर्थिक और राजनीतिक न्याय प्राप्त करने का अधिकार होगा।

- **सामाजिक न्याय (Social Justice)**—जिसमें व्यक्ति-व्यक्ति में जाति व पंथ के आधार पर भेदभाव न हो, ऊँच-नीच की भावना न हो तथा समाज के सभी वर्गों के लोगों को अपने व्यक्तित्व के विकास का पूर्ण अवसर प्राप्त हो।
- **आर्थिक न्याय (Economic Justice)**—जिसमें देश की संपत्ति का नागरिकों में यथासम्भव समान वितरण हो ताकि अधिकाधिक व्यक्तियों को उसका अधिकाधिक लाभ प्राप्त हो सके। साथ ही प्रत्येक व्यक्ति को अपनी योग्यतानुसार धनोपार्जन के साधन उपलब्ध हों, किंतु किसी व्यक्ति को दूसरे व्यक्ति का आर्थिक शोषण करने का अधिकार न हो।
- **राजनैतिक न्याय (Political Justice)**—जिसमें देश के नागरिकों को अपने देश की शासन व्यवस्था में भाग लेने का अधिकार हो। अर्थात् राज्य के अंतर्गत समस्त नागरिकों को समान रूप से नागरिक और राजनैतिक अधिकार प्राप्त हों।

- **स्वतंत्रता (Freedom)**—लोकतंत्र की वास्तविक स्थापना तभी हो सकेगी जब स्वतंत्र और सभ्य जीवन के लिए आवश्यक न्यूनतम अधिकार समाज के प्रत्येक सदस्य को सुनिश्चित हो जाते हैं। साथ ही नागरिकों के व्यक्तित्व के पूर्ण विकास के लिए भी विभिन्न स्वतंत्रताओं का प्राप्त होना आवश्यक है। प्रस्तावना में व्यक्ति के इन आवश्यक अधिकारों का 'विचार, अभिव्यक्ति, विश्वास, धर्म और उपासना की स्वतंत्रता' के रूप में उल्लेख किया गया है।

- **प्रतिष्ठा व अवसर की समता (Equality of Opportunity)**—यहाँ समता से अभिप्राय है सामाजिक संरचना से असमानता को दूर करना और प्रत्येक व्यक्ति को प्रतिष्ठा व अवसर की समानता सुनिश्चित कराना, जिससे उसका सर्वोत्तम विकास हो सके।

संविधान में इस उद्देश्य को सुनिश्चित करने के लिए एक नागरिक और दूसरे नागरिक के बीच राज्य द्वारा किए जाने वाले सभी विभेदों को अवैध घोषित किया गया है।

- **बंधुता (Fraternity)**—प्रस्तावना में व्यक्ति की गरिमा को सुनिश्चित करने के लिए बंधुता को बढ़ाने का संकल्प व्यक्त किया गया है। ज्ञातव्य है कि सर्वप्रथम फ्रांसिसी अधिकारों के घोषणापत्र में और फिर संयुक्त राष्ट्रसंघ में मानव अधिकारों में बंधुता पर बल दिया गया।

भारतीय संविधान की उद्देशिका में बंधुत्व की यही भावना दृष्टिगोचर होती है। यह भारत जैसे देश के लिए और भी आवश्यक है क्योंकि यहाँ के लोग विभिन्न मूलवंश, धर्म, भाषा और संकृति वाले हैं।

- **राष्ट्र की एकता और अखंडता (Unity and Intergrity of the Nation)**—42वां संविधान संशोधन अधिनियम, 1976 द्वारा उद्देशिका में 'और अखंडता' शब्दों को जोड़कर अलगाववादी शक्तियों पर अंकुश स्थापित किया गया है और इस भावना का विकास किया गया है कि भारत के लोग सम्पूर्ण देश को अपनी मातृभूमि समझे।

प्रस्तावना का महत्त्व—भारतीय राजव्यवस्था लोकतंत्रात्मक है, जिसमें लोगों के मूल अधिकारों तथा स्वतंत्रता की गारंटी दी गयी है तथा राष्ट्र की एकता सुनिश्चित की गयी है। सज्जन सिंह बनाम राजस्थान राज्य के वाद में न्यायमूर्ति मधोलकर ने कहा था कि उद्देशिका पर 'गहन विचार विमर्श' की छाप है तथा उद्देशिका 'संविधान की विशेषताओं का निचोड़' है। गोलकनाथ बनाम पंजाब राज्य के मामले में न्यायमूर्ति हिदायतुल्लाह ने भी विचार व्यक्ति किया कि संविधान की उद्देशिका उन सिद्धांतों का निचोड़ है जिनके आधार पर सरकार को कार्य करना है। वह 'संविधान की मूल आत्मा है, शाश्वत है, अपरिवर्तनीय है।' भले ही प्रस्तावना को संविधान का अभिन्न अंग माना जाता है (केशवानंद भारतीय बनाम केरल राज्य), फिर

भी यह भी अपनी जगह सत्य है कि यह न तो किसी शक्ति का स्त्रोत है और न ही उसको किसी प्रकार सीमित करता है। प्रस्तावना को न्यायालय में प्रवर्तित नहीं किया जा सकता किंतु लिखित संविधान की उद्देशिका में वे उद्देश्य लेखबद्ध किये जाते हैं, जिनकी स्थापना और संप्रवर्तन के लिए संविधान की रचना होती है। प्रस्तावना का महत्त्व यह भी है कि जब कोई अनुच्छेद अस्पष्ट हो और उसका ठीक-ठीक अर्थ जानने में कठिनाई हो तो स्पष्टीकरण के लिए प्रस्तावना की भाषा का सहारा लिया जा सकता है। दूसरे शब्दों में, प्रस्तावना में संविधान निर्माताओं के आशय को समझने के लिए प्रस्तावना का सहारा लिया जा सकता है। प्रस्तावना संविधान की आत्मा है। वे स्वप्न जो हमने युगों से संजोए थे, इसमें परिलक्षित होते हैं। सभी संवैधानिक और संसदीय अधिनियमों की इसके प्रकाश में व्याख्या की जा सकती है। प्रस्तावना का महत्त्व इस कारण भी स्पष्ट होता है कि यह संविधान के स्वरूप, कार्यप्रणाली तथा राजनीतिक व्यवस्था को प्रकट करने के साथ-साथ भावी भारत के स्वरूप को भी चित्रित करती है। प्रस्तावना में 'हम क्या करेंगे, हमारा ध्येय क्या है और किस दिशा में जा रहे हैं' का उल्लेख है। वस्तुत: संविधान की प्रस्तावना से दो प्रयोजन स्पष्ट होते हैं प्रथम, प्रस्तावना यह स्पष्ट करती है कि संविधान के प्राधिकार के स्त्रोत क्या हैं और द्वितीय, संविधान किन उद्देश्यों को संवर्धित या प्राप्त करना चाहता है।

प्रस्तावना में संशोधन—केशवानन्द भारती बनाम केरल राज्य के वाद में यह प्रश्न सर्वप्रथम न्यायालय के समक्ष विचार के लिए उपस्थित हुआ था कि क्या अनुच्छेद 368 के तहत प्रस्तावना में संशोधन किया जा सकता है अथवा नहीं? इस संदर्भ में सरकार का यह तर्क था कि चूंकि प्रस्तावना संविधान का एक अंग है, अतएव अनुच्छेद 368 के अंतर्गत उसमें संशोधन किया जा सकता है। अपीलार्थी की ओर से यह कहा गया कि अनुच्छेद 368 द्वारा प्रदत्त संशोधन की शक्ति सीमित है। प्रस्तावना में संविधान का आधारभूत ढांचा निहित है, जिसे संशोधन करके नष्ट नहीं किया जा सकता है, क्योंकि इससे संवैधानिक ढाँचे का चरमरा जाना निश्चित है। उच्चतम न्यायालय ने बहुमत से इस मामले में यह निधारित किया है कि प्रस्तावना संविधान का भाग है, अत: इसमें संशोधन किया जा सकता है। किन्तु न्यायालय ने इसके साथ यह भी निर्धारित किया है कि प्रस्तावना के उस भाग में कोई संशोधन नहीं किया जा सकता है जो आधारभूत ढाँचे से सम्बन्धित है। संविधान के 42वें संशोधन अधिनियम, 1976 के पश्चात् यह स्पष्ट हो चुका है कि संसद को प्रस्तावना में संशोधन की शक्ति प्राप्त है, किन्तु जब तक केशवानंद भारती का निर्णय उलट नहीं दिया जाता, प्रस्तावना में किए गए संशोधन को कभी भी न्यायालय में चुनौती दी जा सकती है कि वह उसमें निहित आधारभूत ढाँचे में परिवर्तन है।

अध्याय सार संग्रह

- भारतीय शासन व्यवस्था के आधारभूत मूल्यों का वर्णन संविधान के प्रस्तावना में किया गया है।
- संविधान की आधारशिला—उद्देश्य प्रस्ताव संविधान का दर्शन प्रस्तावना (अम्बेडकर के अनुसार संविधान की आत्मा अनुच्छेद 32 है।)
- प्राय: प्रत्येक अधिनियम के प्रारम्भ में एक उद्देशिका होती है जिसमें कि उन उद्देश्यों का उल्लेख किया जाता जिनकी प्राप्ति के लिए उक्त अधिनियम पारित किया गया है।
- सर्वोच्च न्यायालय ने 'इन री वेरूबारी यूनियन (1960)' के वाद में इसे संविधान निर्माताओं के विचारों को जानने की कुंजी बताया है। लेकिन यह भी कहा कि प्रस्तावना संविधान का अंग नहीं हैं। 1973 में केशवानंद भारती वाद में प्रस्तावना को संविधान का अंग मान लिया गया और कहा गया कि यह संविधान की व्याख्या में सहायक है (यही वर्तमान में स्थिति है)।
- प्रस्तावना का आरम्भ 'हम भारत के लोग' शब्द से होता है। यह स्पष्ट करता है कि भारतीय संविधान का स्रोत भारतीय जनता है।
- समाजवादी शब्द 42वें संविधान संशोधन अधिनियम, 1976 द्वारा 2 जनवरी, 1977 को जोड़ा गया है।
- यह शब्द भी (पंथनिरपेक्षता) 42वें संविधान संशोधन अधिनियम, 1976 द्वारा 3 जनवरी, 1977 को प्रस्तावना में जोड़ा गया है।
- संविधान की प्रस्तावना में अखण्डता शब्द भी 42वें संविधान संशोधन अधिनियम, 1976 द्वारा 3 जनवरी, 1977 को जोड़ा गया।
- प्रस्तावना को न्यायालय द्वारा परिवर्तित नहीं कराया जा सकता है। इस बात की घोषणा सर्वोच्च न्यायालय ने यूनियन ऑफ इण्डिया बनाम मदन गोपाल (1957) के बाद में की थी।
- प्रस्तावना किसी संविधान का सबसे अधिक मूल्यवान अंग होता है। यह संविधान की आत्मा होती है, इसे हम संविधान की कुंजी के रूप में जानते हैं। यह एक उचित मानदण्ड है, जिसके आधार पर संविधान का मूल्यांकन किया जा सकता है। प्राय: प्रत्येक संविधान के प्रारम्भ में एक प्रस्तावना होती है जिसके आधार पर संविधान का मूल्यांकन किया जा सकता है। प्राय: प्रत्येक संविधान के प्रारम्भ में एक प्रस्तावना होती जिसके द्वारा संविधान के मूल उददेश्यों व लक्ष्यों को स्पष्ट किया जाता है।
- 'प्रभुत्व सम्पन्न' शब्द इस बात का द्योतक है, कि भारत का आंतरिक या बाह्य दृष्टि से किसी भी विदेशी सत्ता के अधीन नहीं है, यह संप्रभुता भारत के लोगों में निहीत हैं।
- हमारे संविधान में शासन की पद्धति के रूप में प्रतिनिधिक लोकतंत्र की कल्पना की गयी है।
- राजनैतिक न्याय से तात्पर्य है कि व्यक्ति को बिना किसी भेदभाव के समान राजनैतिक अधिकार प्राप्त थे।
- पंथ निरपेक्ष राज्य से तात्पर्य ऐसे राज्य से है जो किसी विशेष धर्म को राजधर्म के रूप में मान्यता नहीं प्रदान करता है बल्कि सभी धर्मों के साथ समान व्यवहार करते हुए उन्हें समान संरक्षण प्रदान करता है।
- संविधान की उददेशिका या प्रस्तावना का आधार पं. जवाहर लाल नेहरू द्वारा प्रस्तुत 'उददेश्य प्रस्ताव' है जिसे उन्होंने 13 दिसम्बर,1946 को (पं. नेहरू ने उददेश्य प्रस्ताव की रचना स्वयं की थी) संविधान सभा में प्रस्तुत किया था जिसे 22 जनवरी, 1947 को पारित किया गया।
- डॉ. सुभाष कश्यप ने कहा है कि, 'संविधान शरीर है तो प्रस्तावना उसकी आत्मा, प्रस्तावना आधारशिला है तो संविधान उस पर खड़ी अट्टालिका।'
- कन्हैया लाल मणिक लाल मुंशी ने प्रस्तावना को 'राजनीतिक जन्मपत्री' का नाम दिया है।
- संयुक्त राष्ट्र संघ के संविधान का, संयुक्त राज्य अमेरिका के संविधान (1787 बना व 7189 में लागू) का स्विटजरलैण्ड के संविधान (1874, आयरलैण्ड के संविधान का (1937),जापान के संविधान का (1946),पं. जर्मनी के संविधान का (1958)का आरम्भ प्रस्तावना से होता है।
- उच्चतम न्यायालय के पूर्व मुख्य न्यायाधीश श्री राजेन्द्र गडकर के अनुसार, संविधान की प्रस्तावना से संविधान का बुनियादी दर्शन का ज्ञान होता है।
- भारतीय संविधान की प्रस्तावना स्पष्ट रूप में तीन बातों पर प्रकाश डालती है—(1) संवैधानिक शक्ति का स्त्रोत क्या है (2) भारतीय शासन व्यवस्था कैसी है (3)संविधान के उद्देश्य या लक्ष्य क्या हैं ?
- डॉ. अम्बेडकर ने संविधान सभा में प्रस्तावना के सम्बन्ध में कहा था—इस प्रस्तावना में सदन के प्रत्येक सदस्य की यह इच्छा निहीत है कि संविधान अपना आधार अपनी शक्ति और अपनी प्रभुसत्ता लोगों से प्राप्त करें।
- न्यायमूर्ति सुब्बाराव ने गोलकनाथ बनाम पंजाब राज्य (1967) के मुकदमें कहा था 'प्रस्तावना किसी अधिनियम के मुख्य आदर्शों एंव आकांक्षाओं का उल्लेख करती है'।
- प्रस्तावना पर अंतिम मतदान करते समय संविधान सभा के अध्यक्ष डॉ. राजेन्द्र प्रसाद ने कहा था 'प्रस्ताव यह है कि उददेशिका संविधान का अंग बने।'
- 1919 का अधिनियम पहला ऐसा संवैधानिक अधिनियम था जिसमें प्रस्तावना का उल्लेख किया गया था।
- प्रस्तावना में संवैधानिक ढांचे के आधार स्वरूप सिद्धांतों की व्यापक अभिव्यक्ति की गई है। प्रस्तावना में उन स्त्रोतों की चर्चा की गई है, जिसमें संविधान प्राधिकार प्राप्त करता है।

3 अध्याय

संघ और उसका राज्य क्षेत्र

इस अध्याय में आप सीखेंगे किः

- भारत संघ का निर्माण राज्य क्या है और संघ राज्य तथा उसके वर्गीकरण के बारे में सीखेंगे।
- भारत में राज्यों का गठन कैसे हुआ? आज़ादी से पहले और आज़ादी के बाद इसका गठन कैसे हुआ।
- छोटे और बड़े राज्यों के लाभ-हानि के बारे में क्या जानकारी है साथ ही साथ यह सीखेंगे कि बड़े राज्य हमारे लिए अधिक फ ायदेमंद है या छोटे राज्य। राज्यों के गठन का आधार क्या और कैसे है।

भारतीय संविधान में भारत को 'राज्यों का संघ' घोषित किया गया है। प्रारूप समिति ने संघ शब्द का प्रयोग किया था। संविधान सभा में संविधान का प्रारूप प्रस्तुत करते समय समिति के अध्यक्ष डॉ. भीमराव अम्बेडकर ने कहा था कि, 'यद्यपि यह संविधान संरचना की दृष्टि से परिसंघ हो सकता है, किंतु विविधता में एकता का समालोचन करने के कारण इसे राज्यों का संघ कहा जाता है। राज्यों का संघ कहने के दो कारण हैं—पहला, भारतीय संघ राज्यों के बीच किसी सौदेबाजी या समझौते का परिणाम नहीं है और दूसरा संघ का कोई भी राज्य भारत स अलग होने के लिए स्वतंत्र नहीं है।

अनुच्छेदों पर चर्चा

संविधान के भाग 1 के तहत अनुच्छेद 1 से 4 तक में संघ एवं उसके राज्य क्षेत्रों की चर्चा की गई है—

अनुच्छेद 1 में कहा गया है कि भारत अर्थात् इण्डिया राज्यों का संघ होगा। परिसंघ तथा संघ दोनों प्रणाली में केन्द्र के साथ राज्य का सम्मिलन होता है। दोनों ही में केवल अंतर इतना है कि जहाँ परिसंघ में राज्य केन्द्र के साथ किसी संधि (समझौता) के तहत शामिल होता है तथा जब वह चाहे संधि से अपने को अलग कर सकता है परंतु संघ के संदर्भ में राज्यों को यह स्वतंत्रता नहीं रहती कि वह जब चाहे संघ से अलग हो जाये। भारतीय संविधान के तहत राज्यक्षेत्र के अंतर्गत तीन प्रकार के क्षेत्र सम्मिलित होते हैं—(1) राज्यों के राज्य क्षेत्र, (2) संघ राज्य का क्षेत्र तथा (3) ऐसे अन्य क्षेत्र जो अर्जित (ग्रहण) किये जाये। (संघ में केवल राज्यों से अलग हो जायें। भारतीय संविधान में संघ को अपनाया गया है परिसंघ जहाँ एक अस्थायी व्यवस्था होती है वहीं पर संघ एक स्था व्यवस्था होती है। परिसंघ के तहत केन्द्र निर्बल तथा राज्य सबल होते वहीं पर संघ के तहत केन्द्र सबल तथा राज्य निर्बल स्थिति में होती है भारत संघ के तहत प्रत्येक राज्य क्षेत्रों का नाम तथा उनके तहत आने वा क्षेत्रों का विस्तृत वर्णन संविधान के अनुच्छेद 1 के तहत प्रथम अनुसू में उपबन्धित किया गया है।

अनुच्छेद 2 में उपबंध किया गया है कि संसद विधि बनाकर स में नए राज्यों का प्रवेश या उनकी स्थापना कर सकती है। इसके लि सामान्यत: अंतर्राष्ट्रीय कानून का पालन किया जाना आवश्यक है लेकि इसकी शक्ति संसद को प्रदान किया गया है।

अनुच्छेद 3 के अधीन संसद को किसी राज्य से उसका राज्य क्षे अलग करके अथवा दो या अधिक राज्यों या राज्यों के भागों को मिला अथवा किसी राज्यक्षेत्र को किसी राज्य के भाग के साथ मिलाकर न राज्य के निर्माण की शक्ति प्राप्त है। संसद किसी राज्य का क्षेत्र बढ़ा घटा सकती है और साथ ही किसी राज्य की सीमाओं में या उसके न में परिवर्तन भी कर सकती है। उपरोक्त प्रयोजनों के लिये राष्ट्रपति क सहमति के बिना कोई भी विधेयक संसद के किसी भी सदन में पेश न किया जा सकता है। दूसरे, यदि विधेयक में शामिल प्रस्ताव किसी राज्य के क्षेत्र उसकी सीमाओं या उसके नाम को प्रभावित करता है तो व विधेयक राष्ट्रपति द्वारा संबंधित राज्य विधानमंडल के पास भेजा ज चाहिए। भारत राज्यक्षेत्र का अध्यर्पण करना हो तो संविधान में संशो

करना आवश्यक होगा। किन्तु यदि सीमा विवाद को निपटाया जाता है तो यह राज्यक्षेत्र का अध्यर्पण नहीं होगा। अत: कार्यपालिका को अधिकार दिया गया है।

नये राज्यों के निर्माण की प्रक्रिया—अनुच्छेद 3 में नये राज्यों के निर्माण तथा पहले से विधान राज्यों के क्षेत्रों, सीमाओं व नामों में परिवर्तन के संबंध में प्रावधान हैं। संसद साधारण बहुमत से पारित कानून द्वारा नये राज्यों के निर्माण तथा पहले से विद्यमान राज्यों के क्षेत्रों, सीमाओं या नामों में परिवर्तन कर सकती है। नये राज्यों के निर्माण तथा पहले से विद्यमान राज्यों के क्षेत्रों, सीमाओं या नामों में परिवर्तन से संबंधित कोई भी विधेयक राष्ट्रपति की अनुशंसा के बिना संसद के किसी भी सदन में नहीं लाए जा सकते। यदि राज्य-विधायिका उस निर्दिष्ट समय सीमा के अन्दर अपना मत नहीं देती, तो समय-सीमा बढ़ाई जा सकती है। संसद में ऐसे विधेयक प्रस्तुत करने से पहले इसे राष्ट्रपति एक निश्चित समय-समा के अंदर अपना मत देने के लिए सम्बद्ध राज्य-विधायिका को विचारार्थ भेजेगा। राज्य-विधायिका का उस विधेयक पर अपना मत न भी आया हो, तब भी संसद के किसी सदन में विधेयक को लाया जा सकता है। राज्य-विधायिका के दृष्टिकोण को स्वीकार करने के लिए या उसको क्रियान्वित करने के लिए संसद बाध्य नहीं है। प्रस्तावित व स्वीकृत ऐसे विधेयकों में संशोधन करते समय प्रत्येक बार सम्बद्ध राज्य विधायिका का मत माँगा जाना आवश्यक नहीं है।

अनुच्छेद 4—भारतीय संविधान के अनुच्छेद 4 में स्पष्ट किया गया है कि अनुच्छेद 2 तथा 3 के तहत नये राज्यों का गठन या उनके प्रवेश या विद्यमान राज्यों के नामों में या क्षेत्रों में परिवर्तन या सीमाओं में परिवर्तन के लिए बनायी गयी विधि अनुच्छेद 368 के तहत संविधान संशोधन नहीं मानी जायेगी। इसके लिए साधारण विधेयक की तरह साधारण बहुमत द्वारा पारित किया जा सकता है। भारतीय संविधान के तहत नये राज्यों का गठन सीमा क्षेत्रों तथा नामों में परिवर्तन तथा अर्जित करने का उपबन्ध किया गया है, परंतु भारतीय राज्य क्षेत्र को अलग करने या उसे अंतरित करने का कोई प्रावधान नहीं है।

संघ और उसके राज्य (भाग—1)

अनुच्छेद 1—संघ का नाम और राज्य क्षेत्र।
अनुच्छेद 2—नए राज्यों का प्रवेश या स्थापना।
2 (क)—सिक्किम का संघ के साथ संयुक्त किया जाना।
अनुच्छेद 3—नए राज्यों का निर्माण और वर्तमान राज्यों के क्षेत्रों, सीमाओं या नामों में परिवर्तन।
अनुच्छेद 4—पहली अनुसूची और चौथी अनुसूची के संशोधन तथा अनुपूरक आनुषांगिक और पारिणामिक विषयों का उपबंध करने के लिए अनुच्छेद—2 और अनुच्छेद—3 के अधीन बनाई गई विधियाँ।

भारत का राज्य क्षेत्र

- वर्तमान में संविधान की पहली अनुसूची में 29 राज्यों व 7 संघ राज्य क्षेत्र का उल्लेख है। 7वें संविधान संशोधन 1956 से पूर्व संघ से सम्बद्ध राज्यों की चार श्रेणियां थीं—

1. **'अ' श्रेणी के राज्य**—इसमें ब्रिटिश प्रदेशों को रखा गया। इस श्रेणी में निम्नलिखित राज्य थे—संयुक्त प्रान्त, बिहार, मध्य प्रांत, मद्रास, उड़ीसा, पंजाब, पश्चिमी बंगाल, असम, बम्बई।
2. **'ब' श्रेणी के राज्य**—इस श्रेणी में 1947 के पूर्व ब्रिटेन द्वारा शासित कुछ क्षेत्र तथा बड़ी-बड़ी देशी रियासतें शामिल की गई थी, जो निम्नलिखित थीं—जम्मू तथा कश्मीर, हैदराबाद, मैसूर राज्य, पटियाला तथा पूर्वी पंजाब की रियासतों का संघ, राजस्थान, सौराष्ट्र, ट्रावनकोर तथा कोचीन, विन्ध्य प्रदेश।
3. **'स' श्रेणी के राज्य**—इस श्रेणी में निम्नलिखित प्रदेश शामिल किए गए थे—अजमेर, भोपाल, बिलासपुर, कूच-बिहार, कुर्ग, दिल्ली, हिमाचल प्रदेश, कच्छ, मणिपुर, त्रिपुरा।
4. **'द' श्रेणी के राज्य**—इस श्रेणी में अण्डमान तथा निकोबार द्वीप को शामिल किया गया था।

- ज्ञातव्य है कि 1956 से पूर्व प्रथम अनुसूची में भाग 'अ', 'ब', 'स' राज्य आते थे और अर्जित किए गए राज्यों को भाग 'द' में रखा गया था।

भारत का राज्य क्षेत्र मूल संविधान में (1949 में)

भाग 'अ' राज्य	भाग 'ब' राज्य	भाग 'स' राज्य	भाग 'द' राज्य
1. असम	1. हैदराबाद	1. अजमेर	1. अण्डमान व निकोबार
2. बिहार	2. जम्मू-कश्मीर	2. भोपाल	2. अर्जित राज्य (यदि कोई हो)
3. मुम्बई	3. मध्य भारत	3. बिलासपुर	
4. मध्य प्रान्त	4. मैसूर	4. कूच-बिहार	
5. मद्रास	5. पटियाला व पूर्वी पंजाब की रियासतें	5. कोडकू	
6. उड़ीसा			
7. पंजाब			
8. संयुक्त प्रान्त			
9. पश्चिमी बंगाल			

छोटे राज्यों का मुद्दा

सकारात्मक पक्ष—स्वतंत्रता प्राप्ति के बाद से सरकार की भूमिका में बदलाव आए हैं। अब राज्य ने शुद्ध विधि व्यवस्था कायम रखने वाली एजेंसी से हटकर विकास प्रयोजक संगठन का स्वरूप धारण कर लिया

है। इस कार्य के लिए ज्यादा विस्तृत सरकारी मशीनरी की आवश्यकता होती है। इस मामले में छोटे राज्य कारगर साबित हो सकते हैं। राजकोषीय व्यवस्था में छोटे राज्य ज्यादा कारगर साबित होंगे। राज्य की जनता की प्रमुख आवश्यकताओं, मांगों और समस्याओं की ओर पहले की अपेक्षा छोटे होने के चलते ये ज्यादा ध्यान देकर हल और पूर्ति कर सकेंगे। भले ही उत्तर-पूर्व ने अच्छे परिणाम सामने नहीं लाए हों, लेकिन हिमाचल प्रदेश और हरियाणा ने निश्चित ही अच्छे परिणाम उपस्थित किए हैं। तीन नए राज्यों के गठन के बाद भी, अभी भी भारत में आधे से अधिक ऐसे राज्य हैं जो यूएसए के बराबर हैं और उनकी जनसंख्या यूएसए की जनसंख्या से चौगुनी है। इससे राज्यों के बीच अधिक प्रतिस्पर्धा होती है और इससे ये कई नये-नये प्रयोग और आविष्कार करते रहते हैं। छोटे राज्यों के समक्ष ज्यादा स्वरूप प्राथमिकताएं होंगी। भारत में केन्द्रीयकरण की समस्या केन्द्र और राज्य सरकारों के बीच नहीं है बल्कि राज्य सरकार और स्थानीय इकाइयों के बीच है। यह समस्या छोटे राज्यों में कम होगी। प्रशासनिक गुणवत्ता अच्छी होगी—प्रशासनिक ढांचे में पदानुक्रम कम होने की संभावना होती है जिससे निर्णय लेने वालों को प्राप्त होने वाली सूचना की गुणवत्ता में सुधार आते हैं और अनुप्रस्थ रूप में नियंत्रण की विस्तीर्णता कम होगी जिससे ज्यादा ध्यान दिया जा सकेगा।

नकारात्मक पक्ष—इससे क्षेत्रीय असंतुलन की बढ़ोत्तरी होगी जहां तक ढांचागत सुविधाओं का प्रश्न है—(क) झारखण्ड में कृषि भूमि अनुपात कम है, वनों और खनिजों की बहुतायत है—बिहार में कृषि भूमि रह गयी है, न वन हैं, न खनिज। (ख) छत्तीसगढ़ पिछड़ा है, वहां यातायात, शिक्षा आदि जैसी मूलभूत सुविधाओं की कमी है—उद्योग प्राय: नगण्य हैं और (ग) उत्तराखण्ड का पर्यटन ही एकमात्र राजस्व का जरिया है। (घ) आन्ध्र प्रदेश के भाग को निकालकर नये बनाये गये तेलंगाना राज्य में आधारभूत संरचना का अभाव है।

अलग राज्य की मांग—नये राज्यों के निर्माण के लिए अनेक माँगें हुई हैं जैसे विदर्भ (महाराष्ट्र), बोडोलैण्ड (असम), गोरखालैण्ड (पश्चिम बंगाल), कोडगु (कर्नाटक, पॉण्डिचेरी), दिल्ली, बुंदेलखण्ड, हरित प्रदेश (उत्तर प्रदेश) इत्यादि।

- एक अनेकतावादी समाज में नए राज्य के गठन से नए-नए राज्यों के गठन की मांग बढ़ेगी। वर्तमान में सात राज्यों की मांग चल रही है: पूर्वांचल, हरित प्रदेश और बुंदेलखण्ड (उत्तर प्रदेश), बोडोलैंड (असम में), गोरखालैंड (पश्चिम बंगाल में), विदर्भ (महाराष्ट्र में), सौराष्ट्र (गुजरात में)।
- इनकी राजधानी और भवनों को बनाने में अत्यधिक अनुपयोगी व्यय आएगा।
- केवल नए राज्य बनाने से भारत की समस्याओं को हल के लिए रामबाण नहीं मिल जाएगा—उत्तर-पूर्व का उदाहरण यह दर्शाता है कि छोटे राज्य होने से आर्थिक निष्पादन में सुधार नहीं आ जाते।
- इससे राज्य और केन्द्र के बीच नए झगड़े प्रारंभ हो जाते हैं।

राज्य	**संघीय क्षेत्र (केन्द्र शासित क्षेत्र) (1956 में गठित)**
1. आन्ध्र प्रदेश	1. दिल्ली
2. असम	2. मणिपुर
3. बिहार	3. त्रिपुरा
4. बम्बई	4. हिमाचल प्रदेश
5. जम्मू-कश्मीर	5. अंडमान निकोबार द्वीप समूह
6. केरल	6. लक्षद्वीप एवं मिनीकाय द्वीप
7. मध्य प्रदेश	
8. मद्रास	
9. मैसूर	
10. उड़ीसा	
11. पंजाब	
12. राजस्थान	
13. उत्तर प्रदेश	
14. पश्चिम बंगाल	

सन् 1950 के पश्चात् बनाए गए राज्य

• आन्ध्र प्रदेश	आन्ध्र प्रदेश अधिनियम, 1953 द्वारा चेन्नई राज्य के कुछ क्षेत्रों को निकालकर बनाया गया भाषायी आधार पर पृथक राज्य।
• गुजरात, महाराष्ट्र	1960 में मुम्बई राज्य को दो भागों गुजरात तथा महाराष्ट्र में विभाजित कर दिया गया।
• केरल	ट्रावनकोर-कोचीन की जगह बनाया गया (राज्य पुनर्गठन अधिनिश्म, 1956 के द्वारा)।
• कर्नाटक	राज्य पुनर्गठन अधिनियम, 1962 द्वारा असम राज्य से अलग बनाया गया नया राज्य।
• हरियाणा	पंजाब पुनर्गठन अधिनियम, 1966 द्वारा पंजाब के कुछ क्षेत्रों को निकालकर बनाया गया।
• हिमाचल प्रदेश	हिमाचल संघ राज्य क्षेत्र को हिमाचल प्रदेश राज्य अधिनियम, 1970 द्वारा राज्य का दर्जा प्रदान किया गया।
• मेघालय	संविधान के 23वें संशोधन अधिनियम, 1969 द्वारा इसे अलग राज्य के भीतर एक उपराज्य बनाया गया, पूर्वोत्तर क्षेत्र पुनर्गठन अधिनियम, 1971 द्वारा इसे पूर्ण राज्य का दर्जा प्रदान किया गया।
• मणिपुर, त्रिपुरा	पूर्वोत्तर क्षेत्र पुनर्गठन अधिनियम, 1971 द्वारा संघ राज्य क्षेत्र से पूर्ण राज्य का दर्जा प्रदान किया गया।

- सिक्किम — 36वें संविधान संशोधन अधिनियम, 1975 द्वारा इसे पूर्ण राज्य की मान्यता प्रदान की गई। (36वां संशोधन 1975 द्वारा इसे राज्य का दर्जा दिया गया था)।
- अरुणाचल प्रदेश — अरुणाचल प्रदेश अधिनियम, 1986 द्वारा संघ राज्य क्षेत्र से पूर्ण राज्य का दर्जा प्रदान किया गया।
- गोवा, दमन व दीव — पुनर्गठन अधिनियम, 1987 द्वारा संघ दमन और दीव राज्य क्षेत्र बना रहने दिया तथा गोवा को निकालकर राज्य का दर्जा प्रदान किया।
- छत्तीसगढ़ — यह राज्य मध्य प्रदेश से अलग करके बनाया गया है (स्थापना 1 नवम्बर, 2000)।
- उत्तरांचल — यह राज्य उत्तर प्रदेश से अलग करके बनाया गया है (स्थापना 9 नवम्बर, 2000)।
- झारखण्ड — यह राज्य बिहार राज्य से अलग करके बनाया गया है (स्थापना 15 नवम्बर, 2000)।
- तेलंगाना — यह राज्य आन्ध्र प्रदेश से अलग करके बनाया गया है (2 जून, 2014)।

राज्य पुनर्गठन आयोग और अनुशंसाएं

भारत द्वारा स्वतंत्रता प्राप्त करने के पहले से ही भारत में भाषा के आधार पर राज्यों के पुनर्गठन की मांग की जाती रही थी, लेकिन स्वतंत्रता प्राप्ति के बाद इस मांग में और अधिक वृद्धि हो गयी।

- स्वतंत्रता प्राप्ति के बाद, विभिन्न क्षेत्रों से भाषा के आधार पर राज्यों के पुनर्गठन की माँग उठने लगी।
- भाषा के आधार पर राज्यों के पुनर्गठन के मुद्दे पर अध्ययन के लिए संविधान सभा ने नवम्बर 1947 में 'एस.के. धर आयोग' का गठन किया।
- 'दर आयोग' की सिफारिशों पर विचार करने के लिए 1948 के अपने जयपुर अधिवेशन में कांग्रेस ने तीन सदस्यों वाली समिति गठित की।
- इसके तीन सदस्यों, जवाहर लाल नेहरू, वल्लभभाई पटेल तथा पट्टाभि सीतारमैया के नाम पर यह समिति जे.वी.पी. समिति के नाम से प्रसिद्ध हुई।
- इस समिति ने राज्यों के पुनर्गठन के लिए भाषा के आधार को स्वीकार नहीं किया।
- इस समिति ने सुझाव दिया कि सुरक्षा, एकता तथा राष्ट्र की आर्थिक सम्पन्नता को राज्यों के पुनर्गठन का आधार होना चाहिए इसकी सिफारिशों को 1949 में 'कांग्रेस कार्य समिति' ने स्वीकार कर लिया, परंतु दक्षिण के राज्यों विशेषत: तेलगू भाषी क्षेत्रों में भाषा के आधार पर राज्यों के पुनर्गठन की माँग जोर पकड़ने लगी।
- चूंकि तेलगूभाषी क्षेत्रों में आंदोलन हिंसक रूप लेने लगा, इसलिए कांग्रेस ने 1953 में तेलगूभाषी क्षेत्रों का आन्ध्र प्रदेश राज्य के रूप में पुनर्गठन स्वीकार कर लिया। (भाषायी आधार पर पहला राज्य आन्ध्र प्रदेश)
- इस समस्या के व्यापक अध्ययन के लिए भारत सरकार ने 1953 में फैजल अली की अध्यक्षता में एक 'राज्य पुनर्गठन आयोग' बनाया।
- आयोग के अन्य सदस्य थे—हृदयनाथ कुंजरू तथा के.एम. पाणिक्कर।
- 1955 में सौंपी गयी अपनी रिपोर्ट में आयोग ने भाषा के साथ अन्य पहलू को भी राज्यों के पुनर्गठन का आधार स्वीकार किया।
- इसने विभिन्न श्रेणियों के 27 राज्यों का पुनर्गठन, की बात की और 16 राज्यों व 3 केन्द्रशासित प्रदेशों में करने का सुझाव दिया।
- आयोग की अनुशंसाओं को प्रभावकारी बनाने के लिए संसद ने 'राज्य पुनर्गठन अधिनियम, 1956' पारित कर दिया। जिससे 14 राज्य तथा 6 केन्द्र शासित प्रदेश का निर्माण हुआ।

राज्य पुनर्गठन आयोग और इसकी अनुशंसाएँ

वर्ष	आयोग/व्यक्ति	अनुशंसा
1903	सर हर्बर्ट रिसले	बंगाल सरकार को लिखे गये पत्र में भाषाई आधार पर बंगाल के विभाजन का सुझाव दिया।
1911	लॉर्ड हार्डिंग	राज्य सचिव को लिखे गये पत्र में बंगाल विभाजन को निरस्त करने की मांग की जिसमें भाषा के मुद्दे को प्रमुखता दी गयी थी।
1918	मॉन्टेग्यू-चेम्सफोर्ड रिपोर्ट (भारतीय संवैधानिक सुधारों पर रिपोर्ट)	राज्यों के गठन के भाषाई एवं जातीय आधार को अस्वीकार किया परंतु छोटी इकाईयों पर बल दिया।
1928	मोतीलाल नेहरू रिपोर्ट	भाषा, जनेच्छा, जनसंख्या एवं भौगोलिक, आर्थिक तथा वित्तीय स्थिति को आधार माना।
1930	भारतीय स्टेच्युरी कमीशन (साइमन कमीशन)	जाति, धर्म, आर्थिक हित, भौगोलिक एकरूपता, गाँवों-शहरों में संतुलन इत्यादि को राज्यों के गठन का आधार माना किसी भी एक मुद्दे को नहीं बल्कि अनेक मुद्दों को गठन का आधार माना लेकिन गठन के फलस्वरूप प्रभावित क्षेत्रों की आपसी सहमति को गठन का आधार माना। भाषाई आधार को सशर्त स्वीकृति दी।

(Continued)

वर्ष	आयोग/व्यक्ति	अनुशंसा
1931	मैकडोनल आयोग	भारतीय स्टेच्युटरी कमीशन की अनुशंसा का समर्थन किया।
1936	भारतीय संवैधानिक सुधार संयुक्त समिति	इसकी अनुशंसा पर साम्प्रदायिक आधार पर सिंध प्रांत का गठन किया गया।
1948	धर आयोग	हालांकि इसने वर्तमान परिस्थितियों में भाषाई आधार पर राज्यों के पुनर्गठन का विरोध किया किन्तु प्रशासनिक सुविधा, इतिहास एवं भौगोलिक, सांस्कृति एवं आर्थिक आधार पर पुनर्गठन का समर्थन किया।
1948	जे.वी.पी. आयोग	प्रभावित जनता की आपसी सहमति आर्थिक, वित्तीय एवं प्रशासनिक मितव्ययिता पर जोर दिया एवं इन सबको ध्यान में रखते हुए भाषा को आधार बनाये जा सकने की संभावना से इनकार किया।
1953	फजल अली आयोग	राष्ट्रीय एकता, प्रशासनिक, आर्थिक, वित्तीय व्यवहार्यता एवं आर्थिक विकास अल्पसंख्यक हितों की रक्षा को पुनर्गठन का आधार माना। सरकार ने इस आयोग की अनुशंसा की कुछ परिवर्तन के साथ स्वीकार कर लिया एवं इसी अनुशंसा पर आधारित राज्य पुनर्गठन अधिनियम पारित किया (7वाँ संविधान संशोधन, 1956)।

केन्द्र शासित क्षेत्रों की स्थापना

केन्द्र-शासित क्षेत्र	स्थापना वर्ष
1. अंडमान-निकोबार द्वीप समूह	1947
2. पाण्डिचेरी	1956
3. दादरा एवं नागर हवेली	1961
4. लक्षद्वीप	1961
5. चण्डीगढ़	1966
6. दमन एवं दीव	1987
7. राष्ट्रीय राजधानी क्षेत्र-दिल्ली	1956, 1991 (69वाँ संशोधन 1991 में)

संविधान में 'विशेष राज्य' का दर्जा प्राप्त 'राज्य'

1969 — (1) असम, (2) नागालैण्ड, (3) जम्मू-कश्मीर,

1971 — (4) हिमाचल प्रदेश,

1972 — (5) मणिपुर, (6) मेघालय, (7) त्रिपुरा,

1975-76 — (8) सिक्किम,

1987-88 — (9) मिजोरम, (10) अरूणाचल प्रदेश और

2000 — (11) उत्तरांचल राज्य।

प्राप्तियाँ — विशेष राज्य का दर्जा प्राप्त राज्यों को 90% अनुदान, और 10% ऋण उदार शर्तों पर प्रदान किया जाता है।

विशेष राज्य का दर्जा प्राप्त करने के लिए शर्तें—

(1) राज्य के पर्वतीय और दुर्गम रास्तों में उत्पन्न स्थिति।

(2) कम आबादी

(3) सामरिक रूप से राज्य का महत्त्व

(4) आर्थिक और ढांचागत सुविधाओं की दृष्टि से राज्य का पिछड़ापन।

राज्यों को विशेष दर्जा देने का काम गाडगिल फार्मूले के आधार पर शुरू किया गया था।

अध्याय सार संग्रह

- स्वतंत्रता के समय भारत में 9 ब्रिटिश प्रांत तथा 542 देशी रियासतें थीं। देश रियासतों में से जूनागढ़ को जनमत संग्रह तथा हैदराबाद को सैन्य कार्यवाही द्वारा भारत में मिलाया गया।
- देशी रियासतों का भारत में विलय कराने के कारण सरदार वल्लभ भाई पटेल को 'भारत का बिस्मार्क' कहा जाता है।
- भाषा के आधार पर राज्यों का पुनर्गठन 1912 में किया गया था, जब बिहार, उड़ीसा और असम का गठन किया गया।
- स्वतंत्र भारत में भाषायी आधार पर बनने वाला प्रथम राज्य आंध्र प्रदेश था।
- सातवें संविधान संशोधन, 1956 द्वारा राज्यों के चार वर्गों (अ.ब.स.द.) को समाप्त कर दिया गया।
- राज्य पुनर्गठन अधिनियम, 1956 द्वारा भाषायी आधार पर राज्यों का पुनर्गठन किया गया। इसके अंतर्गत 14 राज्य और केन्द्र शासित प्रदेश थे।
- 1956 में फ्रांसीसी क्षेत्रों को मिलाकर छठे केन्द्र शासित प्रदेश पाण्डिचेरी का गठन किया गया।
- 1987 में गोवा को पूर्ण राज्य का दर्जा प्रदान किया गया।
- 1992 में संघशासित राज्य दिल्ली का नया नाम राष्ट्रीय राजधानी क्षेत्र दिल्ली रखा गया। (इसे बिना पूर्ण राज्य का दर्जा दिए)। यह बदलाव 69वें संविधान संशोधन अधिनियम 1991 के जरिए हुआ।
- हालांकि, संविधान में नये राज्यों के अर्जन, नये राज्यों के प्रवेश तथा निर्माण आदि का उपबंध किया गया हे, किन्तु इसमें भारतीय राज्य क्षेत्र को अलग करने या अंतरित करने का कोई प्रावधान नहीं है। इसलिए वेरूबाड़ी राज्य क्षेत्र के भाग को पाकिस्तान को हस्तांतरित करने के लिए नौवां संविधान संशोधन करना पड़ा था।
- जम्मू-कश्मीर राज्य की सीमा या नाम में परिवर्तन की कार्यवाही तभी प्रारंभ की जा सकती है, जब उस राज्य के विधान मंडल द्वारा इसका अनुमोदन कर दिया गया।
- नये राज्यों को गठित करने या विद्यमान राज्यों का अथवा सीमा में परिवर्तन का अधिकार संसद को है।
- राज्यों तथा संघ राज्य क्षेत्रों के नाम तथा प्रत्येक के अंतर्गत आने वाले राज्य क्षेत्रों का वर्णन संविधान के प्रथम अनुसूची में किया गया है।
- संघ राज्य क्षेत्रों का प्रशासन राष्ट्रपति द्वारा नियुक्त प्रशासक के माध्यम से राष्ट्रपति स्वयं चलाते हैं। जब तक कि संसद विधि द्वारा कोई अन्य व्यवस्था न करे।
- संविधान के अनुच्छेद—2 में यह प्रावधान किया गया है कि संसद विधि द्वारा ऐसे निर्बन्धनों और शर्तों पर जो यह ठीक समझे, भारत संघ में नये राज्यों का प्रवेश या उनकी स्थापना कर सकेगी।
- संसद सामान्य बहुमत से विधि बनाकर नये राज्यों की स्थापना कर सकती है और वर्तमान राज्यों के क्षेत्रों, सीमाओं और नामों में परिवर्तन कर सकती है।
- भारत की संसद में 36वाँ संशोधन अधिनियम 1975 पारित करके सिक्किम विधान सभा के अनुरोध पर और जनमत संग्रह के द्वारा सिक्किम को नये राज्य के रूप में भारत संघ में शामिल किया।
- जूनागढ़ रियासत को जनमत संग्रह के आधार पर भारत में फरवरी 1948 में मिलाया (जूनागढ़ का शासक पाकिस्तान भाग गया) गया।
- हैदराबाद की रियासत को सैन्य कार्यवाही करके नवम्बर 1948 में भारत में मिलाया गया।
- जम्मू-कश्मीर रियासत के शासक ने 26 अक्टूबर, 1947 को 'विलय पत्र' पर हस्ताक्षर करके अपनी रियासत को भारत में मिलाया।
- देशी रियासतों का भारतीय संघ में विलय कराने में महत्त्वपूर्ण योगदान सरदार पटेल, वी.पी. मेनन और लार्ड माउण्टबेटन का था।
- संविधान के अनुच्छेद 370 द्वारा जम्मू-कश्मीर को विशेष राज्य का दर्जा प्रदान किया गया है। इसका अपना पृथक संविधान है।
- राज्यों के पुनर्गठन से संबंधित 'दर आयोग' का गठन (1947-48) संविधान सभा के अध्यक्ष डॉ. राजेन्द्र प्रसाद ने किया था। इस समिति के अध्यक्ष इलाहाबाद उच्च न्यायालय के सेवानिवृत्त न्यायाधीश एस.के. दर थे।
- 'धर आयोग' के निर्णयों की परीक्षा करने और भाषाई आधार पर राज्यों के पुनर्गठन के मामले पर विचार करने के लिए कांग्रेस कार्य समिति ने अपने जयपुर अधिवेशन में जे.वी.पी. (जवाहर लाल नेहरू, वल्लभ भाई पटेल तथा पट्टाभि सीतारमैया) समिति का गठन (1948) किया।
- पं. नेहरू ने (तत्कालीन प्रधानमंत्री) तेलुगू भाषियों के लिए पृथक आंध्र प्रदेश बनाने की घोषणा की और इस प्रकार 1 अक्टूबर, 1953 को आंध्र प्रदेश राज्य का गठन हो गया। यह स्वतंत्र भारत में भाषा के आधार पर गठित पहला राज्य बना।
- फ्रांस की सरकार ने 1 नवम्बर, 1954 को अपनी सभी बस्तियाँ पाण्डिचेरी, यनम, माहे, चन्द्रनगर और कराईकल को भारत सरकार को सौंप दिया। 28 मई, 1956 ई. को इस सम्बन्ध में सन्धि पर हस्ताक्षर हो गए। फ्रांस द्वारा सौंपे गए इन क्षेत्रों को मिलाकर 'पाण्डिचेरी' संघ राज्य क्षेत्र का गठन किया गया।
- 18 दिसम्बर, 1961 ई. को भारत सरकार ने गोवा, दमन व दीव को मुक्त कराने के लिए पुर्तगालियों के विरुद्ध कार्यवाही की और उस पर अधिकार कर लिया (अंतर्राज्यीय न्यायालय ने मान्यता दी)।

4 अध्याय

नागरिकता

इस अध्याय में आप सीखेंगे किः

- नागरिक कौन हैं, नागरिकता किसे कहते हैं। और नागरिकता की व्यवस्था क्यों करनी पड़ी।
- भारत के नागरिक और विदेशी नागरिकों में क्या अन्तर है। नागरिकता प्राप्त करना कितना आवश्यक है।
- नागरिकता कैसे प्राप्त होगी तथा नागरिकता की प्राप्ति के तरीकों और उसके समाप्त करने के तरीकों के बारे में जानकारी प्राप्त होगी।

भारतीय संविधान में नागरिकता की कोई परिभाषा नहीं दी गई है। सामान्यत: 'नागरिक' शब्द से आशय किसी देश में स्थित वहाँ के उस व्यक्ति से होता है जिसे सामाजिक, आर्थिक और व्यावहारिक अधिकार स्वतंत्र रूप से प्राप्त होते हैं। दूसरे शब्दों में हम यह भी कह सकते हैं कि नागरिकता किसी देश के संविधान द्वारा उस देश के निवासियों को दिया गया वह राजनीतिक और सामाजिक विशेषाधिकार होता है जो उस देश के निवासियों के सिवा किसी अन्य व्यक्ति को प्राप्त नहीं होता है।

सामान्य रूप से नागरिकता दो प्रकार की होती है—इकहरी नागरिकता और दोहरी नागरिकता। **इकहरी नागरिकता**—भारतीय संविधान में इकहरी नागरिकता का उपबन्ध किया गया है। इकहरी या एक नागरिकता का अर्थ होता है कि किसी देश के नागरिकों को एक ही प्रकार की नागरिकता प्रदान की जाये। **दोहरी नागरिकता**—चाहे वह किसी भी राज्य के निवासी हों। अमेरिका के संविधान में संघीय संविधान को लागू करके वहाँ के नागरिकों को दोहरी नागरिकता प्रदान की गयी है। पहली अमेरिकी संघ और दूसरी प्रांत की जहाँ का वह रहने वाला है। भारत में भी अप्रवासी भारतीयों को दोहरी नागरिकता प्रदान की गई है।

अधिवास (Domicile)

अधिवास का अभिप्राय उस स्थान या घर से है जहाँ कोई व्यक्ति स्थायी रूप से अनिश्चित काल तक निवास करने के उद्देश्य से रह रहा हो, अधिवास स्थायी और वहाँ से न छोड़ने के इरादे को लेकर होता है—अधिवास दो प्रकार का होता है—(1) वास्तविक अधिवास, (2) अर्जित अधिवास। वास्तविक या मौलिक अधिवास वह अधिवास होता है जिसके अंतर्गत कानून उस व्यक्ति को अधिवास प्रदान करता है, जिसका कि जन्म हुआ है। यह अधिकार कानून द्वारा प्रदत्त होता है। इस प्रकार का अधिवास नागरिकता की प्रमुख विशेषता है। जबकि अर्जित अधिवास के अंतर्गत कोई भी वयस्क व्यक्ति अपनी इच्छानुसार किसी दूसरे देश का अधिवास अर्जित कर लेता है। किन्तु अर्जित अधिवास के लिए यह आवश्यक है कि वह व्यक्ति स्थाई रूप से अपना देश छोड़कर चला गया हो। अवयस्क और अविवाहित स्त्रियाँ स्वतंत्र नहीं होतीं, अत: उन्हें अपना अधिवास परिवर्तन करने की आज्ञा नहीं दी जाती। भारतीय संविधान का अनुच्छेद 5 अधिवास द्वारा नागरिकता को स्पष्ट करती है। इस अनुच्छेद के अनुसार इस संविधान के प्रारंभ होने पर प्रत्येक व्यक्ति जिसका भारत राज्य क्षेत्र में अधिवास है वह भारत का नागरिक होगा।

भारत में नागरिकता की व्यवस्था

भारत में केवल एक ही नागरिकता की व्यवस्था की गई है। यद्यपि भारत का संविधान संघात्मक है, फिर भी यहां नागरिकों को केवल एक ही नागरिकता प्रदान की गई है। जबकि विश्व के अन्य विशेषत: अमेरिकी और स्विट्जरलैंड के परिसंघीय संविधानों में दोहरी नागरिकता की व्यवस्था है। इन देशों में राष्ट्रीय नागरिकता के अतिरिक्त उस राज्य की नागरिकता भी प्राप्त होती है, जहां उस व्यक्ति का जन्म हुआ है अथवा जहां वह स्थायी

रूप से निवास करता है। किंतु भारत में ऐसा नहीं है यहाँ प्रत्येक व्यक्ति को एक ही नागरिकता प्राप्त है चाहे वह किसी भी राज्य का निवासी हो। भारतीय संविधान भारत में एक संघीय व्यवस्था की स्थापना करता है। अमेरिका सहित अधिकांश संघीय राज्यों में दोहरी नागरिकता की व्यवस्था है। लेकिन हमारा संविधान एकल नागरिकता अर्थात् भारत की नागरिकता को ही मान्यता देता है। यहां राज्यों की कोई अलग नागरिकता नहीं है। भारत में एकल नागरिकता अपनाने का मुख्य कारण है कि हमने देश की आवश्यकतानुसार संघीय सिद्धांत को संशोधित रूप में अपनाया है। संविधान लागू होने से पहले भारतीय नागरिक दो भागों में विभक्त थे—ब्रिटिश भारतीय नागरिक तथा भारतीय रियासतों के नागरिक।

नागरिक और विदेशियों को प्राप्त अधिकारों में अंतर

- मतदान करने का अधिकार केवल नागरिकों को ही प्राप्त है, विदेशियों को नहीं।
- कुछ मौलिक अधिकार हैं जो केवल भारत के नागरिकों को ही प्राप्त हैं, विदेशियों को नहीं। उदाहरण के लिए भारतीय संविधान के अनुच्छेद 15, 16 और 19, 29, 30 में वर्णित अधिकार केवल भारतीय नागरिकों को प्राप्त हैं।
- केवल नागरिक ही कुछ पदों के पात्र हैं जैसे—राष्ट्रपति का पद (अनुच्छेद 58(1)(क)), उपराष्ट्रपति का पद (अनुच्छेद 66(3)(क)), उच्चतम न्यायालय का न्यायाधीश (अनुच्छेद 124(3)), उच्च न्यायालय का न्यायाधीश (अनुच्छेद 217(2)), महान्यायवादी (अनुच्छेद 76(2)), राज्यपाल (अनुच्छेद 157), महाधिवक्ता (अनुच्छेद 165) ये पद केवल भारतीय नागरिकों के लिए ही हैं।
- इसके अतिरिक्त लोकसभा तथा प्रत्येक राज्य की विधानसभा के निर्वाचन के लिए मत देने का अधिकार (अनुच्छेद 326) और संसद सदस्य होने का अधिकार (अनुच्छेद 84) तथा राज्य के विधानमंडल का सदस्य होने का अधिकार (अनुच्छेद 191(1)(घ))। ये अधिकार केवल भारत के नागरिकों के लिए ही उपलब्ध हैं।

भारतीय संविधान में नागरिकता संबंधी अनुच्छेद

- **अनुच्छेद 5**—संविधान के प्रारंभ होने की तिथि पर वह प्रत्येक व्यक्ति जो भारतीय राज्य क्षेत्र का निवासी था, जो भारत में उत्पन्न हुआ हो या माता-पिता दोनों में से कोई भारत में जन्मा हो अथवा संविधान के प्रारंभ से पांच वर्ष पूर्व से भारत का निवासी रहा हो, वह भारत का नागरिक माना जायेगा।
- **अनुच्छेद 6**—पाकिस्तान से भारत आने वाले व्यक्ति की भारतीय नागरिकता के सम्बन्ध में प्रावधान किया गया है।
- **अनुच्छेद 7**—भारत से पाकिस्तान चले गये व्यक्तियों की नागरिकता के अधिकार का प्रावधान किया गया है। अनुच्छेद 7 में उन व्यक्तियों की नागरिकता के अधिकारों के सम्बन्ध में विशेष प्रावधान किए गये हैं जो 1 मार्च, 1947 के बाद पाकिस्तान प्रवास कर गये थे, किंतु बाद में भारत लौट आये थे।
- **अनुच्छेद 8**—संविधान के इस अनुच्छेद में विदेशों में रहने वाले भारतीय मूल के कुछ व्यक्तियों के लिए नागरिकता के अधिकार का उपलबंध है। ऐसे व्यक्तियों के लिए अनुच्छेद 8 में प्रावधान किया गया है कि कोई व्यक्ति या उसके माता-पिता या पितामह में से कोई भारत शासन अधिनियम, 1935 के अनुसार भारत में जन्मा हो और जो भारत और जो भारत के बाहर किसी देश में सामान्य रूप से निवास कर रहा हो, उसे भारत का नागरिक समझा जाएगा। लेकिन शर्त यह है कि उसे नागरिकता प्राप्ति के लिए समबद्ध देश में भारत के राजनयिक या कौंऊसिलीय प्रतिनिधि द्वारा भारत के नागरिक के रूप में पंजीकृत कर लिया गया हो।
- **अनुच्छेद 9**—यदि किसी व्यक्ति ने स्वेच्छा से विदेशी नागरिकता स्वीकार कर ली हो तो वह किसी उपबंध के अनुसार नागरिकता का अधिकार होते हुए भी भारत का नागरिक नहीं माना जाएगा। यह प्रावधान केवल उन लोगों से संबंधित है, जिन्होंने संविधान प्रारंभ होने के पहले स्वेच्छा से किसी विदेशी राज्य की नागरिकता प्राप्त कर ली थी।
- **अनुच्छेद 10**—इस अनुच्छेद में नागरिकता के अधिकारों के बने रहने का प्रावधान है। किसी नागरिक की नागरिकता का अधिकार, संसदीय विधान के अतिरिक्त किसी अन्य विधि से नहीं छीना जा सकता है। (इब्राहिम वजीर बनाम बम्बई राज्य—1954)।
- **अनुच्छेद 11**—इस अनुच्छेद के उपबंध के तहत देश की राष्ट्रीयता के संबंध में संसद को परिस्थिति के अनुकूल कानून बनाने का पूर्ण अधिकार दिया गया है। यह अनुच्छेद संसद को भारत की नागरिकता के अर्जन तथा निरसन के सम्बन्ध में तथा उससे संबंधित सभी विषयों के सम्बन्ध में विधि बनाने की शक्ति प्रदान करता है। इसी अनुच्छेद के आधार पर संसद के नागरिकता अधिनियम: 1955 पारित किया, जिसमें नागरिकता के अर्जन तथा निरसन की व्यवस्था की गयी है।

नागरिकता की प्राप्ति

मूल संविधान में नागरिकता प्राप्ति तथा समाप्ति का प्रावधान नहीं था बल्कि 1955 में अधिनियम बनाकर इसे लागू किया गया। नागरिकता अधिनियम 1955 के अनुसार भारत की नागरिकता पांच प्रकार से ग्रहण की जा सकती है—

1. **जन्म से नागरिकता**—जिस व्यक्ति का जन्म 26 जनवरी, 1950 को या उसके पश्चात् हो, जन्म से भारत का नागरिक होगा। यदि उसके जन्म के समय माता-पिता भारत के नागरिक हों या कोई एक हो। किन्तु इस नियम के दो अपवाद हैं—प्रथम, विदेश के राजनैतिक कर्मचारियों के भारत में उत्पन्न होने वाले बच्चे और द्वितीय, शत्रुओं के अधीन भारत के किसी भाग में उत्पन्न होने वाले इनके बच्चे।
2. **वंशानुगत द्वारा नागरिकता**—26 जनवरी, 1950 अथवा उसके पश्चात् भारत के बाहर जन्म लेने वाला बच्चा वंशानुक्रम से भारत का नागरिक होगा यदि उस समय उसका पिता भारत का नागरिक हो। लेकिन भारतीय कौन्सुलेट में एक निश्चित अवधि के भीतर पंजीकृत करा लें।

3. **पंजीकरण द्वारा नागरिकता**—संविधान में उल्लिखित उपबंधों के आधार पर जो व्यक्ति भारत का नागरिक नहीं है, परंतु निम्नलिखित शर्तों में से किसी एक से भी संबंधित हो, तो पंजीकरण द्वारा वह भारत का नागरिक बनने के योग्य है। ये शर्तें निम्नानुसार हैं—
   - भारतीय उद्‌गम के व्यक्ति जो साधारणतया भारत में रहते हैं, और विशेषतया पंजीकरण के लिए आवेदन प्रस्तुत करने के कम से कम 5 वर्ष (पहले 6 मास अवधि) पहले से भारत में रहते हैं।
   - भारतीय उद्‌गम के वे व्यक्ति, जो अविभाजित भारत से बाहर किसी देश अथवा स्थान में रहते हों।
   - वे स्त्रियां, जो भारतीय नागरिकों के साथ विवाह करें।
   - भारतीय नागरिक के अल्पवयस्क बच्चे।
   - राष्ट्रमंडल के राज्यों के तथा आयरलैंड गणराज्य के वयस्क और स्वस्थ बच्चे।
4. **राज्यक्षेत्र में मिल जाने से प्राप्त नागरिकता**—यदि कोई अन्य राज्यक्षेत्र भारत का भाग बन जाता है तो भारत सरकार यह विनिर्दिष्ट करेगी कि उस राज्यक्षेत्र के व्यक्ति भारत के नागरिक होंगे।
5. **देशीयकरण द्वारा नागरिकता**—कोई भी विदेशी नागरिक भारत सरकार को आवेदन करके भारतीय नागरिकता प्राप्त कर सकता है। लेकिन इसके लिए कुछ शर्तों की योग्यता अनिवार्य है, जो निम्नलिखित हैं—
   - वह जिस देश का नागरिक है उसकी नागरिकता का त्याग।
   - संबंधित देश में निश्चित अवधि तक निवास करना।
   - वह सच्चरित्र हो।
   - आवेदन-पत्र प्रस्तुत करने के तत्काल पूर्व कम से कम एक वर्ष भारत में निवास किया हो और इससे पहले 10 वर्ष से सम्बन्ध रहा हो।
   - संविधान में उल्लिखित भाषाओं में से किसी भी एक भाषा का ज्ञान पर्याप्त रूप से होना।
   - राष्ट्र के प्रति सकारात्मक आस्था का होना।

अपवाद (Exception)

- केन्द्रीय सरकार पूर्वोक्त वर्णित शर्तों में से सभी या किसी को उन व्यक्तियों के सम्बन्ध में लागू नहीं करेगी, जिन्होंने विज्ञान, कला, साहित्य, विश्वशांति या मानवीय प्रगति के हेतु विशिष्ट सेवा की हो। ऐसे व्यक्तियों को उपर्युक्त शर्तों के पूरी किये बिना ही देशीयकरण द्वारा नागरिकता प्रदान की जा सकती है।

नागरिकता की समाप्ति—जिस प्रकार कोई व्यक्ति किसी राज्य की नागरिकता प्राप्त कर सकता है, उसी प्रकार कोई भी नागरिक अपनी नागरिकता खो भी सकता है। सामान्यत: निम्नलिखित नियमों के अनुसार व्यक्ति की नागरिकता का लोप हो सकता है—

- **स्वैच्छिक त्याग**—भारतीय नागरिकता का स्वैच्छिक रूप से त्याग किया जा सकता है। यदि कोई व्यक्ति किसी अन्य राष्ट्र की नागरिकता प्राप्त करने के लिए भारत की नागरिकता का परित्याग करता है। तो उस पर कोई संवैधानिक अवरोध नहीं लगाया जा सकता, बशर्ते कि वह व्यक्ति किसी प्रकार के अपराध में लिप्त न रहा हो और पूर्णत: निर्दोष हो।
- **प्रवसन द्वारा**—जैसे ही कोई व्यक्ति भारत की नागरिकता का परित्याग कर किसी अन्य देश की नागरिकता अर्जित कर लेता है वैसे ही भारत की नागरिकता समाप्त हो जाती है।
- **वंचित विधि द्वारा**—यदि किसी व्यक्ति ने भारत की नागरिकता कपटता से अर्जित की है या उसने भारतीय संविधान के प्रति अभद्र या अप्रीतिपूर्ण व्यवहार प्रदर्शित किया है तो भारत सरकार उसे भारतीय नागरिकता से वंचित कर सकती है।
- **विवाह द्वारा**—जब कोई स्त्री या पुरुष किसी अन्य राष्ट्र के स्त्री या पुरुष से विवाह कर लेते है और अपनी स्थिति स्पष्ट नहीं करते तो उनकी भारतीय नागरिकता समाप्त हो जाती है।
- **विदेश में नौकरी द्वारा**—जब कोई व्यक्ति विदेश में जाकर सरकारी नौकरी करता है, तब वह अपने देश की नागरिकता खो देता है।
- **राष्ट्र विरोधी कार्य**—जब कोई व्यक्ति राष्ट्र विरोधी कार्य करता है तो उसकी नागरिकता समाप्त कर दी जाती है अर्थात् यदि कोई व्यक्ति फौज से भाग जाता है या देशद्रोह के अपराध में पकड़ा जाता है या किसी और अपराध के कारण दण्डित होता है तो उस व्यक्ति की नागरिकता को समाप्त कर दिया जाता है।
- **कुछ अन्य कारण**—इन कार्यों के अतिरिक्त अन्य भी कुछ ऐसे कारण है, जिनके नागरिकता का लोप हो सकता है जैसे—पागलपन, फकीरी, सन्यास ग्रहण इत्यादि।

प्रवासी भारतीयों से सम्बन्धित नागरिकता का प्रावधान (Provisions for NRIs)

प्रवासी भारतीय का वर्गीकरण

विभिन्न देशों मे उनकी स्थिति के अनुरूप प्रवासी भारतीयों को तीन मुख्य भागों में बांटा जा सकता है—

(1) भारतीय मूल के लोग (पी आई ओ—Person of Indian Origin)
(2) अप्रवासी भारतीय (एन आर आई—Non Resident Indians)
(3) भारतीय मूल के नागरिकता रहित लोग (एस.पी.आइ.ओ—Stateless Person of Indian Origin)

भारतीय मूल के लोग (पी.आई.ओ.)—प्रथम श्रेणी के लोग औपनिवेशिक ताकतों की साम्राज्यवादी नीतियों से जुड़े हुए हैं। ये लोग 'दस्तावेज व्यवस्था' (इण्डेंचर सिस्टम) के समय देशांतरण किए गए लोगों की संताने हैं। ये लगभग विश्व के सभी महाद्वीपों में करीबन 110 देशों में बसे हुए हैं। इन्होंने अपने देशांतरण के समय कई प्रकार की समस्याओं का सामना किया गया आज भी कई समस्याएं उनके समक्ष हैं। केवल मूल अंतर उनके कार्यशैली व प्रकार में देखनें को मिलता हैं। भारतीय मूल के ज्यादातर लोग

आज फिजी, म्यांमार, श्रीलंका, मॉरीशस, मलेशिया, पूर्व एवं मध्य अफ्रीका, वेस्ट इंडीज आदि देशों में रहते हैं। उन्हें पहले अपने औपनिवेशिक शक्तियों द्वारा तथा आज वहाँ स्थानीय लोगों के विरोधों का सामना करना पड़ा है। यद्यपि इनमें से अधिकतर आज वहां की आबादी बन गए हैं, तथापि कईयों को आज भी तीसरे देश हेतु देशांतरण करना पड़ा रहा है। अब यह केवल सांस्कृतिक व धार्मिक दृष्टि से ही भारतवर्ष के साथ जुड़े हुए हैं।

पी.आई .ओ (P.I.O.) कार्ड—भारत सरकार द्वारा पी.आई.ओ. स्कीम 1999 में आरंभ की गई थी। इसे सरकार ने 2002 में संशोधित किया जिसका उद्देश्य अपनी जड़ों की ओर लौटाने की यात्रा को अधिक सरल, आसान, और पूर्ण रूप से समस्याओं से मुक्त बनाना है। इसे पन्द्रह वर्षों तक वैध माना जाता है।

पी.आई.ओ. कार्ड धारकों के लाभ—भारत की यात्रा के लिए वीजा की आवश्यकता नहीं। छात्रा वीजा या रोजगार वीजा लेने की आवश्यकता नहीं। किसी एक भारत यात्रा के दौरान 180 दिन तक नहीं प्रवास करता है तो उसे पंजीकरण कराने से मुक्ति मिल जाएगी। पीआईओ कार्ड धारकों को आर्थिक, वित्तीय तथा शैक्षणिक क्षेत्रों में वही सुविधाएं प्राप्त होती हैं जो अनिवासी भारतीयों को मिलती है।

ओवरसीज सिटिजनशिप ऑफ इंडिया (ओसीआई) (Oversease Citizenship of India)—जनवरी 2006 में ओसीआई कार्ड की शुरूआत की गई। पहला कार्ड निवृत्ति राय को प्रदान किया गया। पहली बार वर्ष 2008 में प्रवासी भारतीयों को दोहरी नागरिकता प्रदान करने की घोषणा की गई थी। फरवरी, 2011 से ओसीआई कार्ड धारकों को मतदान का अधिकार दे दिया गया है। इसे सामान्यत: दोहरी नागरिकता भी कहा जाता है, इसके अंतर्गत अमेरिका, ब्रिटेन, स्विट्जरलैण्ड, नीदरलैंड सहित कुल 16 देशों (ऑस्ट्रेलिया, पुर्तगाल, फ्रांस, स्वीडन, न्यूजीलैंड, यूनान, साइप्रस, इटली, फिनलैंड, आयरलैंड) में बसे प्रवासी भारतीयों को ओवरसीज नागरिकता प्रदान करने का प्रावधान किया गया है। इन्हें बिना पासपोर्ट के आने-जाने की स्वतंत्रता होगी किंतु इन्हें कोई संवैधानिक पद प्राप्त करने का अधिकार नहीं होगा और नहीं उन्हें अनुच्छेद 16 द्वारा प्रदत्त अवसर की समानता का अधिकार होगा।

ओवरसीज सिटिज़नशिप ऑफ इंडिया के लाभ—ओसीआई प्राप्त व्यक्ति को आजीवन वीज़ा-मुक्त भारत यात्रा की सुविधा प्राप्त होती है, जबकि पीआईओ कार्ड धारक को यह सुविधा 15 वर्षों के लिए प्राप्त होती है। यदि पीआईओ कार्ड धारक अपनी किसी भी भारत यात्रा के दौरान 180 दिनों से अधिक ठहरता है तो उसे स्थानीय पुलिस अधिकारी के यहाँ अपना पंजीकरण कराने की आवश्यकता होती है, जबकि ओसीआई प्राप्त व्यक्ति को ऐसा करने की आवश्यकता नहीं होती, चाहे वह जितने भी दिनों तक भारत में निवास करें।

अप्रवासी भारतीय (एनआरआई) (Non Resident Indian Citizenship Amendment Act 1956)—अप्रवासी भारतीय एक नवीन स्थिति है जिसके अंतर्गत भारतीयों ने यूरोप व पश्चिमी एशिया की ओर देशांतरण किया। फेरा कानून के अंतर्गत अप्रवासी की परिभाषा इस प्रकार दी गई है—'अप्रवासी वह भारतीय नागरिक है जो अपनी नौकरी या व्यवसाय चलाने, या छुट्टियों हेतु देश से बाहर जाये तथा परिस्थितियों वश लम्बे समय तक बाहर रहने की इच्छा रखता हो।' सामान्तया वह व्यक्ति भारतीय पासपोर्ट रखता है या उसके माता-पिता या दादा-दादी भारतीय हैं या अविभाजित भारत में स्थाई रूप से निवास करता है। आमतौर से द्वितीय विश्व युद्ध के बाद बहुत सारे कुशल एवं अकुशल व्यक्ति अपने लिए नौकरी या आजीविका कमाने के अवसर प्राप्त करने हेतु इंग्लैण्ड या यूरोप के किसी अन्य देश में चले गए। 1970 के बाद बहुत सारे लोग पश्चिमी एशिया तेल से उत्पन्न स्थिति का लाभ उठाने वहां देशांतरण कर गए। 1990 के दशक में बहुत कुशल विशेषता प्राप्त लोग पहली दुनिया के देशों की ओर चले गए। बहुत अधिक संख्या में डॉक्टर, इंजीनियर, सॉफ्टवेयर विशेषज्ञ आदि अमेरिका में अवसरों को प्राप्त करने हेतु देशांतरण कर गए। ये सभी अप्रवासी आज भी अपनी मातृभूमि को एक बड़ी संख्या में धनराशि प्रत्यावर्तन के तौर पर भेजते हैं। लगभग हर वर्ष 3 बिलियन अमेरिकी डॉलर भारत में खाड़ी देशों के अप्रवासी भेजते हैं। 1991 में खाड़ी संकट के समय भारत में आये आर्थिक संकट के समय उनका महत्त्व अति स्पष्ट रूप से उजागर हुआ। इसके बाद पोखरन-2 के बाद की स्थिति, स्टेट बैंक ऑफ इण्डिया के रिसर्जेंट बांड एवं 'मिलेनियम बांड' के संदर्भ में भी इनका योगदान अति महत्त्वपूर्ण रहा।

भारतीय मूल के राज्यविहीन लोग (एसपीआईओ)—उपनिवेशवाद की समाप्ति के बाद विदेशो में बसे भारतीय मूल के लोगों नागरिकता विहीनता की स्थिति का सामना करना पड़ा है। कुछ लोगों को न तो उनकी सरकार ने वहां की नागरिकता प्रादन की तथा न ही उन्हें भारत भेजा गया। वे भारतीय मूल के 'राज्य-रहित' या 'नागरिक-रहित' लोग बन कर रह गये। वहां के राज्यों द्वारा संरक्षित जातीय राजनीति का शिकार हो गए हैं। कई देशों के संदर्भ में द्वि-पक्षीय समझौतों के बाद भी स्थिति में कोई बदलाव नहीं आया। यह समस्या कुछ देशों जैसे विशेषकर श्रीलंका, म्यांमार एवं कुछ पूर्वी अफ्रीका के देशों के संदर्भ में अत्यधिक चिन्ता वाली बनी रही।

नागरिकता संबंधी अधिनियम

नागरिकता अधिनियम, 1955
(Citizenship Act 1955)

नागरिकता अधिनियम (1955) संविधान लागू होने के बाद अधिग्रहण एवं नागरिकता के लोप होने के बारे में बताता है और इसके लिए राष्ट्रकूल नागरिकता की व्यवस्था करता है। इस अधिनियम को दो बार संशोधित किया गया। पहला नागरिकता (संशोधन) अधिनियम 1986 में एवं नागरिकता (संशोधन) अधिनियम 1992 में।

नागरिकता संशोधन अधिनियम, 1986

संशोधित अधिनियम के प्रावधान निम्न हैं—

1. भारत में जन्म लेने वाला कोई व्यक्ति यदि भारतीय नागरिक के रूप में पंजीकृत होना चाहता है, तो उसे भारत में लगातार पांच वर्षों से

रहने का प्रमाण पत्र प्रस्तुत करना होगा। इससे पूर्व यह अवधि छः माह थी।

2. किसी भी बच्चे (व्यक्ति) को भारत में जन्म लेने के कारण स्वत: नागरिकता नहीं दी जायेगी। जन्म के आधार पर मात्र उन्हीं लोगों को नागरिकता प्रदान की जा सकती है, जिनके माता-पिता में से कोई एक पहले से ही भारत का नागरिक रहा हो। इससे पूर्व के अधिनियम के मात्र जन्म लेने से ही स्वत: नागरिकता प्राप्त होने का प्रावधान था।
3. प्रवासी के रूप में रहने वाले विदेशी व्यक्ति के लिए देशीयकरण के आधार पर नागरिकता प्राप्त करने के लिए भारत में निवास करने की जो शर्त पूर्व में पांच वर्ष थी, उसे बढ़ाकर 10 वर्ष कर दिया गया।
4. इस संशोधन अधिनियम के पश्चात् भारतीय पुरुष से विवाह करने वाली विदेशी महिला को नागरिकता प्राप्त करने का अधिकार दिया गया।

नागरिकता संशोधन अधिनियम, 1992
(Citizenship Amendment Act 1992)

1992 में भारतीय संसद ने सर्वसम्मति से नागरिकता संशोधन विधेयक (1992) पारित किया जिसके अंतर्गत यह व्यवस्था की गई कि भारत से बाहर पैदा होने वाले बच्चे को, यदि उसकी मां (माता) भारत की नागरिक है तो उसे भारत की नागरिकता प्राप्त होगी। इससे पूर्व उसी दशा में भारत की नागरिकता प्राप्त होती थी, यदि उसका पिता भारत का नागरिक हो। इस प्रकार अब नागरिकता के प्रसंग में बच्चे की माता को पिता के 'समकक्ष स्थिति' प्रदान की गई है।

भारतीय नागरिकता अधिनियम, 2005
(Indian Citizenship Act, 2005)

भारतीय मूल के लोगों को दोहरी नागरिकता देने संबंधी भारतीय नागरिकता (संशोधन) अधिनियम 2005, नागरिकता अधिनियम, 1955 को संशोधित करता है जिसके अंतर्गत नागरिकता अधिनियम, 1955 की चौथी अनुसूची को नकाल दिया गया है। इसके अंतर्गत पाकिस्तान एवं बांग्लादेश को छोड़कर अन्य देशों में 26 जनवरी, 1950 के बाद जाकर बसे भारतीय मूल के सभी नागरिक भारत की नागरिकता प्राप्त करने के योग्य हैं। किसी अपराध में लिप्त या संदिग्ध आचरण वाले प्रवासी भारतीयों को दोहरी नागरिकता नहीं मिल सकेगी। लोकसभा/राज्यसभा/विधानसभा/विधान-परिषद् के चुनाव में भाग नहीं ले सकते हैं और न ही कोई संवैधानिक पद जैसे राष्ट्रपति, उपराष्ट्रपति, सर्वोच्च न्यायालय या उच्च न्यायालय के जज के पद पर नियुक्त हो सकते हैं। कृषि भूमि नहीं खरीद सकते।

नागरिकता संशोधन विधेयक, 2015 (Citizenship Amendment Bill–2015)—संसद के दोनों सदनों में नागरिकता (संशोधन) विधेयक 2015 (Citizenship Amendment Bill, 2015) को मार्च 2015 में स्वीकृति प्रदान की गई। यह विधेयक लोकसभा में 2 मार्च, 2015 को और राज्यसभा में 4 मार्च, 2015 को पारित हुआ। इस विधेयक में विदेशों मे रहने वाले भारतीय मूल के लोगों को भारतीय नागरिकता जैसी सुविधाए देने के उद्देश्य से नागरिकता अधिकार अधिनियम, 1955 में संशोधन क प्रस्ताव है। भारतीय संस्कृति एवं मूल्यों के प्रति समर्पित भारतवंशियों को मातृभूमि से जोड़ने के लिए लाया गया यह विधेयक अधिनियमित होकर दिसम्बर, 2014 में लाए गए और 6 जनवरी, 2015 को राष्ट्रपति द्वार हस्ताक्षर किये जाने के बाद अस्तित्व में आ गया। नागरिकता (संशोधन) अधिनियम 2015 के तहत प्रवासी भारतीय नागरिक और भारतीय मूल के व्यक्ति योजनाओं को विलय करने का प्रावधान है। हालांकि ओसीआइ कार्डधारकों को भारत में पूर्ण नागरिक के अधिकार नहीं होंगे (भारत मे खेती की जमीन खरीदने तथा राजनीतिक व अधिकारिक पद ग्रहण करने का अधिकार नहीं होंगे), तथापि भारत में निवास करने, कारोबार करने एवं अन्य अनेक मामलों में भारतीय नागरिकों के समान ही सुविधाएं उन्हे भारत में प्राप्त होंगी। नागरिकता (संशोधन) अधिनियम 2015 के कुछ प्रमुख प्रावधान निम्नलिखित हैं—

- भारत में विवाह करने वाले विदेशियों को भारतीय नागरिकता प्राप्त करने के लिए देश में एक वर्ष लगातार रहने की शर्त समाप्त होगी।
- भारतीय मूल के लोगों को आजीवन वीजा देने और भारत की अपनी प्रत्येक यात्रा या प्रवास के दौरान उन्हें स्थानीय थानों में हाजिर होने की शर्त से छूट देने का प्रावधान।
- भारतीय नागरिकों के ओसीआई नाबालिग बच्चों का प्रवासी भारतीय नागरिक (ओसीआई) के तौर पर पंजीकरण की शर्त को उदार बनाने का प्रावधान।
- धारा 7 ए के तहत पंजीकृत प्रवासी भारतीय के पति या पत्नी य भारतीय नागरिक के पति या पत्नी के लिए प्रवासी भारतीय नागरिक के तौर पर पंजीकरण का अधिकार होगा और जिनकी शादी दो वर्ष की अवधि के लिए पंजीकृत या कायम रही हो, वे तुरंत की इस धार के तहत आवेदन कर सकते हैं। ज्ञातव्य है कि भारतीय नागरिकत अधिनियम, 1955 में भूमि अधिग्रहण, कार्यमुक्ति, संकट, भारतीय नागरिकता की पहचान और अन्य संबंधित प्रावधान हैं। इस अधिनियम के तहत जन्म, पीढ़ी, पंजीकरण, विशेष परिस्थितियों में स्थान क विलय या किसी स्थान में शामिल किए जाने के साथ ही नागरिकत समाप्त होने और संकट के समय में भी भारतीय नागरिकता प्रदान किए जाने का प्रावधान है।

भारत मूल के कार्डधारक व्यक्ति (पीआईओ) एवं प्रवासी भारतीय नागरिक (ओसीआई) में अंतर

पीआईओ

1. गृह मंत्रालय योजना (19-8-2002) के अंतर्गत पीआईओ कार्ड धारक के रूप में पंजीकृत व्यक्ति पीआईओ कहलाता है।
2. वयस्कों के लिए स्थानीय मुद्रा में 15000 रूपये तथा 18 वर्ष तक की आयु बच्चों के लिए स्थानीय मुद्रा में 7500 रूपये शुल्क होता है।
3. पीआईओ कार्ड धारक व्यक्ति भारत में 15 वर्ष तक विचरण कर सकता है।

4. अफगानिस्तान, बांग्लादेश, भूटान, चीन, नेपाल, पाकिस्तान एवं श्रीलंका को छोड़कर अन्य सभी देशों में रहने वाले पीआईओ कार्ड प्राप्त कर सकते हैं।
5. पीआईओ कार्ड धारक व्यक्ति को भारतीय नागरिकता तभी मिल सकती है जब वह आवेदन देने से पूर्व 7 वर्षों से अधिक समय से भारत में रह रहा हो।
6. पीआईओ कार्ड धारक व्यक्ति को पहली बार भारत में रहने की अवधि 180 दिनों से अधिक होती है तो उसे स्थानीय पुलिस में रजिस्ट्रेशन कराना अनिवार्य होता है।

ओसीआई

1. नागरिकता अधिनियम, 1955 के प्रवासी भारतीय नागरिक के रूप में दर्ज व्यक्ति जो 2.12.2005 से लागू है, ओसीआई कहलाता है।
2. भारतीय मूल के कार्डधारक की स्थिति में 25 अमेरिकी डॉलर या समान स्थानीय मुद्रा शुल्क के रूप देना पड़ता है। विदेशी नागरिकों के लिए यह शुल्क 275 अमेरिकी डॉलर या समान स्थानीय मुद्रा होता है।
3. ओसीआई कार्ड धारक व्यक्ति बिना वीजा के पूरा जीवन भारत में निवास कर सकता है।
4. पाकिस्तान एवं बांग्लादेश को छोड़कर विश्व के सभी देशों के पीआईओ और ओसीआई कार्ड प्राप्त कर सकते हैं।
5. ओसीआई कार्ड धारक व्यक्ति भारतीय नागरिकता प्राप्त करने के लिए आवेदन देने से 1 वर्ष पहले से भार में रह रहा हो तो उसे आवेदन देने के 5 वर्ष बाद भारतीय नागरिकता मिल सकती है।
6. ओसीआई कार्ड धारकों को इससे छूट प्राप्त है।

अध्याय सार संग्रह

- भारतीय संसद ने 'भारतीय नागरिकता अधिनियम' 1955 ई. में पारित किया। नागरिकता संशोधन अधिनियम, 1986 में भारतीय संसद ने पुनः पारित किया। 1992 में नागरिकता कानून में भारतीय संसद ने पुनः संशोधन किया।
- संविधान के अनुच्छेद 15, 16, 19, 29 व 30 में वर्णित मूल अधिकार केवल भारतीय नागरिकों को ही प्राप्त हैं।
- उच्चतम न्यायालय ने प्रदीप जैन बनाम भारत संघ 1984 वाद में यह निर्णय किया है कि अनुच्छेद 5 के अधीन जिस एक अधिवास को मान्यता है वह है 'भारत का अधिवास'। भारत में राज्यों के अधिवास को मान्यता नहीं है।
- सेंट्रल बैंक ऑफ इंडिया लिमिटेड बनाम राम नारायण (1955) के वाद में तत्कालीन मुख्य न्यायाधीश श्री महाजन ने 'अधिवास' शब्द की परिभाषा निम्न प्रकार दी है, 'वह स्थान किसी व्यक्ति का अधिवास स्थान होता है जहाँ वह स्थायी रूप से निवास कर रहा हो और वर्तमान समय में उसे छोड़ने का कोई इरादा न हो'।
- अवयस्क का अधिवास पिता का अधिवास होता है और पत्नी अपने पति के अधिवास का अनुसरण करती है। विधवा अपने पूर्व पति का अधिवास तब तक रखती है जब तक वह स्वयं इसे न बदल दे।
- जब कोई भारतीय पुरुष नागरिकता का त्याग करता है तो उसके साथ-साथ उसके अवयस्क बच्चा पुनः भारतीय नागरिकता प्राप्त कर सकता है, यदि वह वयस्क होने के एक वर्ष के भीतर भारतीय नागरिक होने के बारे में घोषणा कर दे।
- देशीयकरण, रजिस्ट्रीयकरण, अधिवास और निवास के आधार पर बने हुए किसी भी नागरिक को भारत सरकार एक आदेश जारी करके उसको नागरिकता से वंचित कर सकती है, यदि भारत सरकार को यह लगे कि लोकहित के लिए यह उचित नहीं है कि उसे भारत का नागरिक बने रहने दिया जाए।
- कारपोरेशन या कम्पनी भारतीय नागरिकता की श्रेणी में नहीं आते अर्थात् नागरिकता में केवल प्राकृतिक व्यक्ति आते हैं, विधिक व्यक्ति नहीं।
- अनुच्छेद 19 में प्रयुक्त 'व्यक्ति' शब्द के अंतर्गत केवल प्राकृतिक व्यक्ति ही आते हैं कृत्रिम व्यक्ति नहीं। मूल अधिकार केवल प्राकृतिक व्यक्तियों को प्रादन किए गए हैं।
- भारतीय संविधान में समस्त भारत के लिए एकल नागरिकता का प्रावधान किया गया है।
- भारत सरकार के लिए यह आवश्यक है कि वह किसी नागरिक को उसके नागरिकता से वंचित करने के पहले, उस नागरिक को एक लिखित सूचना दे और उसमें उन आधारों का उल्लेख करे जिसके आधार पर उसे उसकी नागरिकता से वंचित किया जाना हो।

अध्याय 5

मौलिक अधिकार

इस अध्याय में आप सीखेंगे किः

- मौलिक अधिकार क्या हैं और इनकी आवश्यकता तथा वर्गीकरण के बारे में जानकारी प्राप्त होगी कि इनके क्या अभिलक्षण हैं और अन्य देशों से हमारे मौलिक अधिकार कैसे बेहतर हैं।
- मौलिक अधिकारों का विस्तार किस प्रकार हो रहा है तथा हाल के वर्षों में मा. न्यायालय ने कौन-कौन से महत्वपूर्ण निर्णय दिये हैं, के बारे में विशेष जानकारी प्राप्त होगी।
- हाल के वर्षों में शिक्षा और सूचना के अधिकार मिल जाने के बाद क्यों स्वास्थ्य के अधिकार की बात हो रही है।

लोकतंत्र में मौलिक अधिकार, वे अधिकार हैं जो किसी व्यक्ति के जीवन, स्वतंत्रता एवं अभिवृद्धि के लिए अनिवार्य है और जिन्हें राज्य के विरूद्ध न्यायपालिका का संरक्षण प्राप्त होता है। इनके अभाव में लोकतंत्र मात्र कल्पना होगा। किसी भी लोकतंत्र की असफलता इस बात पर निर्भर करती है कि देश की जनता को आमतौर पर कौन-सी नागरिक स्वतंत्रताएं प्राप्त है। वस्तुतः नागरिक स्वातंत्र्य ही मूल अधिकार है। प्रत्येक लोकतंत्र राज्य की सुरक्षा को ध्यान में रखते हुए अपने नागरिक को विकास के अधिक से अधिक से अधिक अवसर प्रदान करता है। प्रायः सभी लोकतंत्र इसी प्रयोजन के लिए मौलिक अधिकार की एक सूची अपने संविधान द्वारा प्रत्याभूत करके उन्हें कार्यपालिका तथा विधान मण्डल के अतिक्रमण से सुरक्षित रखते है। सिद्धांततः मौलिक अधिकारों का अर्थ हैं परिसीमित प्रशासन और परिसीमित प्रशासन का उदेश्य है कार्यपालिका और विधानमण्डल की स्वतंत्र अथवा सम्मिलित रूप में तानाशाही की प्रवृति पर प्रतिबंध लगाना। मौलिक अधिकार लोकतंत्र के आधार-स्तम्भ है। मूल अधिकारों से उन परिस्थितियों अथवा सुविधाओं का बोध होता है। जो व्यक्ति की अंतर्निहित शक्तियों को विकसित करने और उसे अपने व्यक्तित्व में पूर्णता प्रदान करने के लिए सामान्य रूप से अपरिहार्य मानी जाती है।

मूल अधिकारों की मांग

भारत में मौलिक अधिकारों की घोषणा के लिए सर्वप्रथम माँग तिलक द्वारा स्वराज बिल के तहत 1895 में की गई। 1925 में एनी बेसेंट द्वारा प्रस्तुत 'कॉमनवेल्थ आफ इंडिया बिल' में यह मांग की गई कि अंग्रेज़ों के समान भारतीयों को भी नागरिक तथा समता का अधिकार प्रदान किया जाए। 1927 में अंग्रेज़ों के मद्रास अधिवेशन में एक संकल्प पारित कर यह निर्धारित किया गया कि भारत के भावी संविधान का आधार मूल अधिकारों की घोषणा होनी चाहिए। 1928 में मोतीलाल नेहरू द्वारा प्रस्तुत की गई रिपोर्ट (नेहरू रिपोर्ट) में सभी मौलिक अधिकारों की माँग की गई। मार्च 1931 में कांग्रेस के करांची अधिवेशन तथा सितम्बर में द्वितीय गोलमेज सम्मेलन में गाँधी जी द्वारा मूल अधिकारों की माँग को दोहराया गया। लेकिन उसके बावजूद 1934में संयुक्त संसदीय समिति ने इस माँग को अस्वीकार कर दिया। फलस्वरूप, 1935 के भारत सरकार अधिनियम में मूल अधिकारों को शामिल नही किया गया । 1945 में भारत के संविधान के संबंध में सर तेज बहादुर सप्रु द्वारा प्रस्तुत रिपोर्ट में भारतीय संविधान में मूल अधिकारों को शामिल करने की सिफारिश की गई। संविधान सभा के गठन की योजना प्रस्तुत करने वाले कैबिनेट मिशन द्वारा यह सुझाव दिया गया कि मूल अधिकारों तथा अल्पसंख्यकों के अधिकारों की सिफारिश करने के लिये एक समिति का गठन किया जाना चाहिऐ। फलतः संविधान सभा ने बल्लभ भाई पटेल की अध्यक्षता में परामर्श समिति का गठन किया। परामर्श समिति द्वारा 27 फरवरी ,1947 को जे.बी. कृपलानी की अध्यक्षता में मौलिक अधिकारों से संबंधित एक उपसमिति गठित की गई। इसे मौलिक अधिकार समिति भी कहा जाता है। इसके सदस्य थे—मीनू मसानी, के.टी.

शाह, कृष्णास्वामी अययर, के.एम. मुंशी, के.एम. पाणिक्कर, राजकुमारी अमृतकौर, हरनाम सिंह, मौलाना आजाद, अम्बेडकर, हंसा मेहता तथा सरदार पटेल। उल्लेखनीय है कि परामर्श समिति तथा उपसमिति (मौलिक अधिकार समिति) की सिफारिशों के आधार पर ही संविधान में मूल अधिकारों को शामिल किया गया।

मूल अधिकारों का वर्गीकरण

भारतीय संविधान के भाग 3 में मूल अधिकारों को सात समूहों में वर्गीकृत किया गया था लेकिन 44वें संविधान संशोधन अधिनियम, 1978 द्वारा भारतीय संविधान में से सम्पत्ति के मूल अधिकार (अनुच्छेद 31) को मूल अधिकारों के समूह में से 20 जून,1979 से निकाल दिया गया। इसी अधिनियम द्वारा संविधान के भाग-12 में एक नया अध्याय 4 जोड़कर सम्पत्ति के अधिकार के अनुच्छेद 300 (क) के अंतर्गत रखा गया है जिसमें कहा गया है कि किसी व्यक्ति को उसकी सम्पत्ति से विधि के प्राधिकार से ही वंचित किया जाएगा,अन्यथा नहीं। इस प्रकार सम्पत्ति का अधिकार मूल अधिकार न होकर देश का सामान्य कानून बन गया है। उल्लेखनीय है कि 44वें संविधान संशोधन द्वारा अनुच्छेद 19 (1)(च) के तहत 'सम्पत्ति की स्वतंत्रता' का लोप कर दिया गया है और अब अनुच्छेद 19 के अंतर्गत नागरिकों को 6 स्वतंत्रताएं (मूल अधिकारों) ही प्राप्त हैं। वर्तमान में भारतीय संविधान में निम्नलिखित मूल अधिकारों लेखबद्ध किए गए हैं—

1. समता का अधिकार (अनुच्छेद 14-18)
2. स्वतंत्रता का अधिकार (अनुच्छेद 19-22)
3. शोषण के विरुद्ध अधिकार (अनुच्छेद 23-24)
4. धार्मिक स्वतंत्रता का अधिकार (अनुच्छेद 25-24)
5. संस्कृति और शिक्षा संबंधी अधिकार (अनुच्छेद 29-30)
6. संवैधानिक उपचारों का अधिकार (अनुच्छेद 32)

मूल अधिकार व सामान्य अधिकार में अंतर
(Difference in Fundamental Right and General Right)

मूल अधिकार	सामान्य अधिकार
• मूल अधिकार स्वयं संविधान द्वारा प्रदत्त होते हैं।	सामान्य अधिकार विधायिका द्वारा प्रदान किये जाते हैं।
• जटिल संशोधन प्रक्रिया के कारण ये प्राय: विधायिका की पहुँच से दूर ही रहते हैं।	इन्हें विधायिका कभी भी (सामान्य बहुमत द्वारा) समाप्त कर सकती है।
• ये संविधान द्वारा सुरक्षित होते हैं तथा उनके उल्लंघन की स्थिति में सीधे उच्चतम न्यायालय द्वारा उपचार प्रदान किया जाता है।	उनके उल्लंघन पर उपचार के लिये सामान्य न्यायालयों में जाना पड़ता है।
• इस अधिकार को प्राप्त कराने वाला इसका परित्याग नहीं कर सकता है।	इन अधिकारों को व्यक्ति जब चाहे त्याग सकता है।

केवल भारतीय नागरिकों को प्राप्त मूल अधिकार

कुछ मूल अधिकार ऐसे हैं, जो केवल भारतीय को ही प्राप्त हैं तथा इनका दावा विदेशी नागरिक नहीं कर सकते। ऐसे मूल अधिकार निम्नलिखित हैं—

- अनुच्छेद 15 —धर्म, मूलवंश, जाति, लिंग या जन्मस्थान के आधार पर कोई विभेद भेदभाव नहीं किया जा जाएगा।
- अनुच्छेद 16 —लोक नियोजन के विषय में अवसर की समानता।
- अनुच्छेद 19 —वाक् स्वातंत्र्य आदि विषयक कुछ अधिकारों का संरक्षण।
- अनुच्छेद 29 —अल्पसंख्यक वर्गों के हितों का संरक्षण।
- अनुच्छेद 30 —शिक्षा संस्थाओं की स्थापना और प्रशासन का अल्पसंख्यक वर्गों का अधिकार।

सकारात्मक अभिव्यक्ति वाले मूल अधिकार

- अनुच्छेद 25 —अंत:करण की और धर्म के अबाध रूप से मानने, आचरण और प्रचार की स्वतंत्रता।
- अनुच्छेद 29(1) —प्रत्येक नागरिक को प्राप्त अपनी विशेष भाषा, लिपि या संस्कृति बनाए रखने का अधिकार।
- अनुच्छेद 30(1) —धार्मिक या भाषायी अल्पसंख्यकों को अपनी रूचि की शिक्षण संस्था की स्थापना व प्रशासन का अधिकार।

नकारात्मक अभिव्यक्ति वाले मूल अधिकार

- अनुच्छेद 14 —राज्य किसी व्यक्ति को विधि के समक्ष समता या समान संरक्षण से वंचित नहीं करेगा।
- अनुच्छेद 15(1) —राज्य धर्म, मूलवंश, जाति, लिंग या जन्म स्थान के आधार पर नागरिकों में विभेद नहीं करेगा।
- अनुच्छेद 16(2) —राज्य लोक नियोजन में धर्म, जाति, लिंग आदि आधारों पर नागरिकों में विभेद नहीं करेगा।

केवल राज्य के विरुद्ध उपलब्ध मूल अधिकार

• विधि के समक्ष समता।	अनु.—14
• धर्म, मूलवंश, जाति, लिंग या जन्म स्थान के आधार पर विभेद का निषेध।	अनु.—15(1)
• लोक नियोजन में अवसर की समानता।	अनु.—16
• सेना या विद्या सम्मान के अतिरिक्त कोई उपाधि राज्य नहीं प्रदान करेगा।	अनु.—18(1)
• वाक् स्वातंत्र्य आदि विषयक अधिकारों का संरक्षण।	अनु.—19(1)
• प्राण और दैहिक स्वतंत्रता का संरक्षण।	अनु.—21
• कुछ दशाओं में गिरफ्तारी और निरोध से संरक्षण।	अनु.—22
• अंत:करण से धर्म मानने, आचरण करने व प्रचार की स्वतंत्रता।	अनु.—25

(Continued)

• धार्मिक कार्यों के प्रबंध की स्वतंत्रता।	अनु.—26
• किसी विशिष्ट धर्म की अभिवृद्धि के लिए करों से स्वतंत्रता।	अनु.—27
• कुछ शिक्षण संस्थाओं में धार्मिक शिक्षा की स्वतंत्रता।	अनु.—28
• अल्पसंख्यक वर्गों के हितों का संरक्षण।	अनु.—29
• शिक्षण संस्थाओं की स्थापना व प्रशासन का अल्पसंख्यक वर्ग का अधिकार।	अनु.—30

राज्य के साथ ही व्यक्तियों के भी विरुद्ध उपलब्ध मूलाधिकार

• धर्म, मूलवंश, जाति, लिंग या जन्म-स्थान के आधार पर सार्वजनिक स्थान पर प्रवेश अथवा उपयोग में विभेद का प्रतिषेध।	अनु.—15(2)
• अस्पृश्यता का अंत।	अनु.—17
• मानव के दुर्व्यापार व बेगार आदि व बलात्‌श्रम का निषेध	अनु.—23(1)
• कारखानों आदि में बालकों के नियोजन का प्रतिषेध।	अनु.—24

मूल अधिकारों का निलंबन या परिसीमन

मूल अधिकारों का निलंबन या परिसीमन किया जा सकता है। मूल अधिकार पर युक्तियुक्त निर्बंधन अधिरोपित किये जा सकते हैं जिनके संबंध में अनुच्छेद 19 से 19 में प्रावधान किया गया हैं। अनुच्छेद 15क तथा 15 के अनुसार सामाजिक उद्देश्यों के प्रवर्तन जैसे महिलाओं बच्चों तथा पिछड़ी जातियों के कल्याण के लिए राज्य मूल अधिकारों में हस्तक्षेप कर सकता है। अनुच्छेद 34 के अनुसार जब किसी क्षेत्र में सेना विधि प्रर्वतन में हो तब संसद विधि द्वारा मूल धिकारों पर निर्बंधन अधिरापित कर सकती है। जब देश अनुच्छेद 352 के अधीन राष्ट्रीय आपात लागू किया गया हो तब अनुच्छेद 19 द्वारा प्रदत्त मूल अधिकारों का स्वत: निलम्बन हो जाता है और राष्ट्रपति अधिसूचना जारी कर अन्य मूल अधिकारों को समाप्त कर सकता है लेकिन अनुच्छेद 20 तथा अनुच्छेद 21 द्वारा प्रदत्त अधिकार कभी भी समाप्त नहीं किये जा सकते। संसद संविधान मे संशोधन करके मूल अधिकारों को निलम्बित कर सकती है लेकिन ऐसा करते समय वह संविधान के मूल ढांचे को नष्ट नहीं कर सकती हैं।

मौलिक अधिकारों की विशेषताएँ

भारतीय संविधान द्वारा अपनाए गए मौलिक अधिकार की अपनी विशेषताएँ हैं—

- **अत्यधिक विस्तृत मौलिक अधिकार**—भारतीय संविधान में वर्णित मौलिक अधिकार विश्व के अन्य किसी भी संविधान में वर्णित मौलिक अधिकार से विस्तृत तथा पेचिदा है। एक सम्पूर्ण अध्याय (भाग-3 अनुच्छेद 12 से 35 तक) में मौलिक अधिकारों का वर्णन मिलता है।
- कुछ अधिकार सभी लोगों को प्राप्त हैं—भारत में जो लोग रह रहे हैं, चाहे वह भारत के मूल नागरिक हैं या नहीं कुछ अधिकार दिए गये हैं जैसे—जीवन की सुरक्षा, धार्मिक स्वतंत्रता, शोषण के विरुद्ध अधिकार आदि।
- **कुछ अधिकार केवल भारतीयों को ही प्राप्त हैं**—जैसे सरकारी पदों पर नियुक्ति के लिए अवसरों की समानता, भाषण और अभिव्यक्ति की स्वतंत्रता, सभा सम्मेलन और समुदायों के निर्माण की स्वतंत्रता, देश के किसी भी भाग में बस जाने की स्वतंत्रता, देश के एक भाग से दूसरे भाग में आने-जाने की स्वतंत्रता। विदेशियों को इस प्रकार की स्वतंत्रताएं नहीं दी गई हैं।
- **अधिकार असीमित नहीं हैं**—देश की एकता, अखण्डता और राष्ट्र की प्रगति के लिए अधिकारों पर उचित प्रतिबंध लगाने की व्यवस्था है। किसी भी व्यक्ति को मनमाने ढंग से काम करने की अनुमति नहीं दी जा सकती। ऐसे सभा सम्मेलनों पर सरकार प्रतिबंध लगा सकती है, जिससे देश की जनता में सांप्रदायिक भावना की वृद्धि होती है तथा जिससे देश की शांति व्यवस्था प्रभावित होती है। ऐसे समाचार पत्रों पर प्रतिबंध लगाया जा सकता है जो देश की एकता और अखण्डता के विरुद्ध है।
- **सरकार कोई ऐसा कानून नहीं बना सकती जिससे मौलिक अधिकारों का हनन होता हो**—संविधान यह घोषणा करता है कि 'राज्य कोई ऐसा कानून नहीं बनायेगा जिससे मूल अधिकार सीमित हों'। इतना ही नहीं नगर निगम, नगर पालिका, जिला बोर्ड और पंचायतें भी 'राज्य' की ही सत्ता का बोध कराती हैं। दूसरे शब्दों में विधान मण्डल, कार्यपालिका, स्थानीय सरकारें तथा अन्य बहुत से निकाय ऐसा कोई कानून नहीं बना सकते जिससे मौलिक अधिकारों का उल्लंघन होता हो।
- **मौलिक अधिकारों की रक्षा के लिए संवैधानिक व्यवस्था**—भारतीय संविधान में मौलिक अधिकारों की रक्षा की व्यवस्था की गई है। अनुच्छेद 32 के अनुसार, नागरिकों को यह अधिकार दिया गया है कि अधिकारों के संरक्षण के लिए सर्वोच्च न्यायालय या उच्च न्यायालय की शरण ले सकते हैं। नागरिक अधिकारों के अतिक्रमण की दशा में न्यायालय समुचित आदेश या लेख, जिसके अंतर्गत बंदी प्रत्यक्षीकरण, परमादेश प्रतिषेध, अधिकार-पृच्छा और उत्प्रेषण लेख भी आते हैं, जारी कर सकता है। अनुच्छेद 226 उच्च न्यायालयों को भी मौलिक अधिकारों की रक्षा का अधिकार देता है।
- **मौलिक अधिकार अदालतों द्वारा लागू कराये जा सकते हैं**—संविधान हमें यह अधिकार देता है कि हम मौलिक अधिकार को लागू कराने के लिए उच्चतम न्यायालय अथवा उच्च न्यायालय की शरण ले सकें।
- **संविधान संशोधन करके मौलिक अधिकार सीमित किए जा सकते हैं**—गोलकनाथ मुकदमे में उच्चतम न्यायालय ने यह निर्णय दिया है कि संविधान में ऐसा कोई संशोधन नहीं किया जा सकता जिससे कि मौलिक अधिकारों में कमी या कटौती होती हो। किन्तु केशवानंद भारती मुकदमें में उच्चतम न्यायालय ने यह भी कहा कि संविधान में संशोधन करके मूल अधिकारों को सीमित किया जा सकता है। 1980 के मिनर्वा मिल्स केस में उच्चतम न्यायालय ने पुन: यह बात दोहराई।

मौलिक अधिकारों का महत्व

मौलिक अधिकारों का महत्त्व एवं उपयोगिता निम्नलिखित तर्कों से सिद्ध होती है—

- **स्वतंत्रता**—भारत की स्वतंत्रता को बनाए रखने के लिए मौलिक अधिकारों का संविधान में होना अनिवार्य था। ये मौलिक अधिकार भारतीय लोगों को स्वतंत्रता प्रदान करते हैं।
- **व्यक्तित्व का विकास**—मौलिक अधिकारों द्वारा प्रदान की गई सुविधाएँ भारण्तीय नागरिकों के व्यक्तित्व के विकास को विश्वसनीय बनाती हैं। इन मौलिक अधिकारों द्वारा भारतीय नागरिकों को अनेक प्रकार की स्वतंत्रताएँ दी गई हैं, ताकि वे अपने व्यक्तित्व का उचित विकास कर सकें।
- **निरंकुशता पर प्रतिबंध**—कोई भी सरकार, मौलिक अधिकारों के विरुद्ध कानून नहीं बना सकती। संविधान में यह स्पष्ट व्यवस्था है कि मौलिक अधिकारों का उल्लंघन करने वाला कानून उस सीमा तक रद्द समझा जाएगा जिस सीमा तक वह मौलिक अधिकारों का उल्लंघन करता है।
- **कानून का शासन**—कानून के शासन का अर्थ है कि कोई भी व्यक्ति या संस्था कानून का उल्लंघन नहीं कर सकती। मौलिक अधिकारों ने भारत में कानून का शासन स्थापित करने में महत्त्वपूर्ण योगदान दिया है।
- **समानता**—मौलिक अधिकारों ने न केवल वैधानिक समानता बल्कि सामाजिक और राजनैतिक समानता भी स्थापित की है। संविधान के अनुच्छेद 17 में अस्पृश्यता को समाप्त किया गया है।
- **धर्मनिरपेक्ष राज्य**—भारत एक धर्म-निरपेक्ष राज्य है। मौलिक अधिकारों ने भारत को धर्मनिरपेक्ष राज्य बनाने में महत्त्वपूर्ण योगदान दिया है। अनुच्छेद 25 से 28 तक नागरिकों को धार्मिक स्वतंत्रता का अधिकार दिया गया है।
- **अल्पसंख्यकों के लिए पवित्र घोषणाएँ**—भारत में अनेक धार्मिक और भाषायी अल्पसंख्यक समुदाय रहते हैं। मौलिक अधिकारों द्वारा अल्पसंख्यकों को कुछ विशेष सांस्कृतिक और शैक्षणिक अधिकार दिए गए हैं। इन मौलिक अधिकारों द्वारा अल्पसंख्यकों को यह विश्वास दिलाया गया है कि सरकार उनके साथ किसी भी आधार पर कोई भेदभाव नहीं करेगी।
- **भारतीय लोकतंत्र का मूल आधार**—समानता, स्वतंत्रता और भ्रातृभाव लोकतंत्र के मूल आधार हैं। भारतीय संविधान में लिखित इन मौलिक अधिकारों से लोकतंत्र के मूल आधारों की स्पष्ट झलक मिलती है।
- **दलित वर्गों के लिए पवित्र घोषणाएँ**—मौलिक अधिकार विशेष तौर पर दलित वर्गों के लिए पवित्र घोषणा है। संविधान में समानता के अधिकार को अंकित करके व्यक्तियों के भीतर जाति, धर्म, नस्ल, जन्म के आधार पर भेदभाव को समाप्त करने का एक सशक्त यत्न किया गया है।

मूल अधिकारों की आलोचना

मूल अधिकारों की व्यापक आलोचना की गई है। आलोचकों ने इस बात का उल्लेख किया है कि एक तरफ तो संविधान मूल अधिकारों को प्रदान करता है और दूसरी तरफ उन्हें छीन लेता है, जसपत राय कपूर इस संबंध में कहते हैं कि मूल अधिकारों के भाग को इस तरह कहा जाना चाहिए 'मूल अधिकारों की सीमाएं' या 'मूल अधिकार एवं उसमें निहित सीमाएं'। इसमें महत्त्वपूर्ण सामाजिक एवं आर्थिक अधिकारों की व्यवस्था नहीं है जैसे सामाजिक सुरक्षा का अधिकार, काम का अधिकार, रोजगार का अधिकार, विश्राम एवं सम्मान का अधिकार आदि। ये अधिकार उत्तर लोकतांत्रिक देशों के नागरिकों को प्राप्त हैं और भी समाजवादी संविधानों जैसे रूस एवं चीन में ऐसे अधिकारों की व्यवस्था है। इनकी व्याख्या स्पष्ट एवं धुंधली है। कई जुमले एवं शब्द जैसे 'सार्वजनिक आदेश', 'अल्पसंख्यक', 'उचित प्रतिबंध', 'सार्वजनिक हित' आदि सही से व्याख्यायित नहीं हैं। इन्हें समझाने के लिए जिस भाषा का इस्तेमाल किया गया है, वह एक आम आदमी के समझने के लिए काफी जटिल है। ऐसा आरोप भी लगाया जाता है कि संविधान को वकीलों द्वारा वकीलों के लिए बनाया गया है। सर आइवर जेनिंग्स ने भारतीय संविधान को 'वकीलों के लिए स्वर्ग' की संज्ञा दी है। इनमें व्यापकता एवं स्थायित्व का भाव नहीं है जैसा कि संसद इनमें कटौती कर सकती है या समाप्त कर सकती है। उदाहरण के लिए संपत्ति के मूल अधिकार का 1978 में समाप्त कर दिया गया। संसद में बहुमत वाले राजनीतिज्ञों का एक हथियार जैसा बन गए। न्यायक्षेत्र को बनाया गया 'मूल ढांचे का सिद्धांत' जिसमें मूल अधिकारों में कटौती या उनको समाप्त करने की सीमाएं केवल संसद में निहित हैं। इनके क्रियान्वयन का स्थगन राष्ट्रीय आपातकाल के समय (सिवा अनुच्छेद 20 और 21 के) इन अधिकारों पर एक और प्रतिबंध हैं। यह व्यवस्था लोकतांत्रिक व्यवस्था की जड़ों को काटती हैं। न्यायिक प्रक्रिया आम आदमी के लिए काफी खर्चीली है इसलिए आलोचक कहते हैं कि भारतीय समाज में अधिकार सुविधा मूलतः धनाढ्य लोगों के लिए है। आलोचकों का मत है कि निवारक हिरासत की व्यवस्था (अनुच्छेद 22) मूल अधिकारों के पाठ की खास भावना से दूर करती है। यह राज्य की विवेक शून्य शक्ति के जरिए व्यक्तिगत स्वतंत्रता को नकारती है। यह आलोचना को न्यायोचित ठहराती है कि भारत का संविधान व्यक्तिगत अधिकारों की तुलना में राज्य के अधिकारों की ज्यादा व्यवस्था करता है।

मूल अधिकारों का स्थगन

नागरिकों को संविधान द्वारा प्रदत्त किए गए मूल अधिकार निरपेक्ष एवं असीम नहीं हैं। विविध परिस्थितियों में अनेक आधारों पर इन पर युक्तियुक्त प्रतिबंध लगाए जा सकते हैं और इन्हें सीमित किया जा सकता है। अनेक परिस्थितियों में इनमें संशोधन किए जा सकते हैं तथा कई दशाओं में इनको स्थगित भी किया जा सकता है। निम्न परिस्थितियों में मूल अधिकारों का स्थगन किया जा सकता है—

1. **संकट काल में**—संकट काल में अर्थात् जब आपात की उद्घोषणा लागू हो, तब मूल अधिकारों को स्थगित कर दिया जाता है। बाहरी आक्रमण, युद्ध तथा आंतरिक अशांति के कारण जब राष्ट्रपति आपातकाल की उद्घोषणा करता है, तो उस दौरान अनुच्छेद 19 की

मूलभूत छह स्वतंत्राओं को राज्य द्वारा स्थगित किया जा सकता है। ऐसी आपात उद्घोषणा के दौरान राष्ट्रपति एक पृथक आदेश जारी कर न्यायालयों को भी भाग-3 में वर्णित मूल अधिकारों की रक्षा करने से रोक सकता है किंतु ऐसा आदेश यथाशीघ्र संसद के समक्ष रखा जाना चाहिए।

2. **सुरक्षा बलों आदि से संबंधित व्यक्तियों के बारे में**—संसद को सेना, सुरक्षा बलों, गुप्तचर सेवाओं आदि के सदस्यों के मूल अधिकारों के उपभोग को सीमित या समाप्त करने की शक्ति है। इन सेवाओं में अनुशासन बनाए रखने की दृष्टि से ऐसा किया जाना आवश्यक है।
3. **जहाँ फौजी कानून लागू हो**—उन क्षेत्रों में जहाँ फौजी कानून (मार्शल लॉ) लागू होता है, वहाँ के नागरिकों के मूल अधिकारों का अतिक्रमण करने की शक्ति संसद के पास है। संसद को यह अधिकार है कि सार्वजनिक सुरक्षा एवं शांति के लिए जिन क्षेत्रों में फौजी कानून लागू किया गया है, वहाँ फौजी अधिकारियों द्वारा किए गए किसी कार्य को मान्यता प्रदान कर उन्हें अदण्डनीय घोषित कर दे तथा नागरिकों के मूल अधिकार स्थगित कर दे।
4. **संविधान में संशोधन के द्वारा**—संसद को यह शक्ति प्राप्त है कि सार्वजनिक हित में मूल अधिकारों पर प्रतिबंध लगाकर उन्हें सीमित कर सकती है और उनमें अनुच्छेद 368 के अंतर्गत आवश्यक संशोधन भी कर सकती है। यद्यपि 1967 के गोलकनाथ मामले में उच्चतम न्यायालय ने मूल अधिकारों को असंशोधनीय माना था किंतु 1973 के केशवानंद भारती मामले में उच्चतम न्यायालय ने अपने पूर्व निर्णय को उलटते हुए कहा कि संसद मूल अधिकारों में संशोधन कर सकती है। संसद ने अपनी इस शक्ति का प्रयोग करते हुए 44वें संशोधन द्वारा सम्पत्ति के मूल अधिकार को समाप्त ही कर दिया। किन्तु संविधान संशोधन द्वारा संविधान के मूल ढाँचे में परिवर्तन नहीं किया जा सकता। उच्चतम न्यायालय के अनुसार 'कानून का शासन' मूल ढाँचे का अंग है। तद्नुसार अनुच्छेद 14 में दिये गये 'कानूनी समानता का अधिकार' तथा अनुच्छेद 32 में दिये गये 'संवैधानिक उपचारों का अधिकार' असंशोधनीय है।

सूचना का अधिकार (Right to Information)

- किसी भी लोकतांत्रिक व्यवस्था के लिए सूचना के अधिकार का व्यापक महत्त्व है। विश्व के अनेक विकसित देशों में इस अधिकार को मान्यता दी गयी है। जर्मनी के संविधान में अभिव्यक्ति की स्वतंत्रता के साथ-साथ नागरिकों को सूचना का अधिकार भी प्रदान किया गया है।
- सामान्यत: सूचना के अधिकार का अर्थ जानने के अधिकार से लगाया जाता है। सूचना के अधिकार की सर्वप्रथम परिभाषा सम्भवत: संयुक्त राष्ट्र महासभा द्वारा की गयी थी। 10 दिसंबर, 1948 को महासभा द्वारा जारी मानवाधिकारों की विश्व घोषणा में विभिन्न शीर्षकों के अंतर्गत एक सौ से अधिक मानवाधिकारों की सूची दी गयी है।
- इस सूची में नागरिक और राजनैतिक अधिकारों के अंतर्गत मद संख्या 19.2 में सूचना के अधिकार का उल्लेख किया गया है। इस अधिकार में भौगोलिक सीमाओं से परे मौखिक, लिखित, मुद्रित अथवा किसी भी अन्य माध्यम से सभी तरह की सूचनाओं और विचारों को चाहने, प्राप्त करने या प्रदत्त करने का अधिकार शामिल है। इसका स्पष्ट आशय यह है कि सूचना का अधिकार वाक् एवं अभिव्यक्ति की स्वतंत्रता का एक भाग है जो सभी सदस्य देशों द्वारा स्वीकार्य हैं।
- अनुच्छेद 19(1) (क) में वाक् एवं अभिव्यक्ति की स्वतंत्रता में सूचना का अधिकार भी शामिल है। सर्वोच्च न्यायालय ने अनेक न्यायिक निर्णयों में सूचना के अधिकार को अनुच्छेद 19(1) (क) को अन्तर्विष्ट माना है।

भारत में सूचना का अधिकार

- सूचना के वैधानिक अधिकार के लिए भारत में 90 के दशक में गैर-सरकारी स्तर पर जनान्दोलन का संचालन किया गया। ब्रिटिश शासनकाल से चले आ रहे ऑफिशियल सीक्रेट्स एक्ट के तहत सरकारी कामकाज में गोपनयीता का विरोध करते हुए सरकारी कामकाज में पारदर्शिता, जवाबदेहिता एवं उत्तरदायित्व के लिए सूचना के अधिकार की मांग की गयी।
- राजस्थान में सामाजिक कार्यकर्ता अरूणा रॉय के नेतृत्व में मजदूर किसान शक्ति संगठन, दिल्ली में परिवर्तन संस्था, महाराष्ट्र में सामाजिक कार्यकर्ता अन्ना हजारे, टिहरी गढ़वाल में चेतना आंदोलन आदि अनेक संगठनों, पत्रकारों, जागरूक नागरिकों द्वारा राष्ट्रीय स्तर पर सूचना के अधिकार के लिए निरंतर मांग की गयी।

सूचना का अधिकार अधिनियम, 2005: एक नजर में

धारा	उपबंध	विषय-वस्तु
3	सूचना का अधिकार	सभी नागरिकों को ऐसा अधिकार प्राप्त होगा।
5	जन सूचना अधिकारी	केन्द्रीय जन सूचना अधिकारियों या राज्य जन सूचना अधिकारियों आदि के पदनाम।
6	सूचना प्राप्ति हेतु अनुरोध	शुल्क के साथ लिखित अनुरोध या इलेक्ट्रॉनिक विधि से अनुरोध।
7	अनुरोध का निपटारा	सामान्य मामलों में अनुरोध की तिथि से 30 दिनों के भीतर परंतु यदि सूचना किसी व्यक्ति के जीवन या स्वतंत्रता को प्रभावित करती है तो इसे 48 घंटे के भीतर प्राप्त किया जा सकता है।
8	सूचना जो उपलब्ध नहीं करायी जा सकती	भारत की संप्रभुता, सुरक्षा, राज्य के सामरिक, वैज्ञानिक और आर्थिक हित को प्रभावित करने वाली सूचना निषिद्ध सूचना, गुप्त सूचना प्राप्त नहीं की जा सकती।

(Continued)

धारा	उपबंध	विषय-वस्तु
9	अस्वीकृति का आधार	उस स्थिति में सूचना प्रदान नहीं की जाएगी यदि इससे किसी व्यक्ति के कॉपीराइट का उल्लंघन होता है।
11	तीसरे पक्ष के लिए सूचना	तीसरे पक्ष के अनुरोध पर विचार किया जाएगा।
12	केन्द्रीय और राज्य	केन्द्र और राज्य सरकारों को शक्तियां प्रदान की गईं।
13	सूचना आयोग का गठन	सूचना के अधिकार का क्रियान्वयन तथा संरक्षण।
19	अपील	निर्णय के लिए विनिर्दिष्ट समय के समाप्त होने के पश्चात् 30 दिनों के भीतर अथवा निर्णय की तारीख से 30 दिनों के भीतर, वरिष्ठ सूचना अधिकारी के समक्ष अपील की जा सकती है।
20	जुर्माना	केन्द्रीय सूचना आयोग या राज्य सूचना आयोग जैसा मामला भी हो में आवेदन प्राप्त किए जाने या सूचना प्रस्तुत किए जाने तक अधिकतम 25,000/—रुपए की सीमा के अध्याधीन 250/—रुपए प्रतिदिन के हिसाब से जुर्माना लगााया जाएगा। अगर तय सीमा अवधि में सूचना मुहैया नहीं करायी गयी।
23	क्षेत्राधिकार	न्यायालय को शिकायत, अपील आदि को निपटाने का क्षेत्राधिकार नहीं है।

- विभिन्न जागरूक संगठनों ने सूचना के अधिकार के लिए 'राष्ट्रीय अभियान' नामक संगठन भी गठित किया। राष्ट्रीय स्तर पर सूचना के अधिकार हेतु एक कारगर कानून की आवश्यकता 24 मई 1997 को मुख्यमंत्रियों के सम्मेलन में अनुभूत की गई थी। केन्द्र सरकार द्वारा एच.डी.शौरी के नेतृत्व में सूचना के अधिकार और सरकार में खुलापन तथा पारदर्शिता लाने के लिए गठित कार्यदल द्वारा प्रस्तुत मसौदे के आधार पर सूचना स्वतंत्रता विधेयक बना।
- राष्ट्रीय जनतांत्रिक गठबंधन सरकार के समय दिसम्बर 2003 में संसद द्वारा सूचना स्वतंत्रता अधिनियम 2002 पारित किया गया किंतु यह अधिसूचित नहीं हो सका। दिसम्बर 2004 में संयुक्त प्रगतिशील गठबंधन सरकार (यूपीए) द्वारा सूचना का अधिकार विधेयक 2004 प्रस्तुत किया गया। जिसे जून 2005 के आरंभ में राष्ट्रपति ए.पी.जे. अब्दुल कलाम ने बहुप्रतीक्षित सूचना के अधिकार विधेयक को अपनी मंजूर दे दी और यह 12 अक्टूबर, 2005 से लागू हो गया। इस कानून में मानव अधिकारों के हनन के अलावा अन्य परिस्थितियों में केन्द्र सरकार की गुप्तचर एजेंसियों और सुरक्षा संगठनों को इसके दायरे से बाहर रखा गया है।
- इसमें विशेष परिस्थितियों में सूचना का खुलासा नहीं करने की छूट भी दी गयी है। इस कानून के दायरे में केन्द्र सरकार एवं राज्य सरकारों के अलावा पंचायती राज संस्थाएं, स्थानीय निकाय और प्रत्यक्ष एवं अप्रत्यक्ष रूप से सरकार से अनुदान प्राप्त करने वाले गैर-सरकारी संगठनों को शामिल किया गया है।
- किसी व्यक्ति को इस कानून के तहत लिखित रूप में या इलेक्ट्रॉनिक माध्यम से केन्द्रीय जन सूचना अधिकारी अथवा राज्य जनसूचना अधिकार के यहाँ आवेदन पत्र के साथ अपेक्षित सूचना के लिए निर्धारित शुल्क (10 रुपये) भी जमा करना होगा।
- सूचना अधिकारी आवेदन मिलने के 30 दिन के अंदर सूचना उपलब्ध करायेगा अथवा धारा 8 व 9 में प्रदत्त किसी भी एक कारण के आधार पर आवेदन को अस्वीकार करेगा।
- यदि सूचना किसी व्यक्ति के जीवन से संबंधित होगी तो जन सूचना अधिकारी को इस संबंध में आवेदन मिलने पर 48 घंटे के भीतर अपेक्षित जानकारी देनी होगी।

मूल अधिकारों से संबंधित अनुच्छेद (अनुच्छेदः 12—35)

अनुच्छेद—12

- संविधान का अनुच्छेद 12 राज्य शब्द की परिभाषा करता है। राज्य शब्द के तहत इस भाग में जब तक कि संदर्भ से अन्यथा अपेक्षित न हो, राज्य के अंतर्गत भारत की सरकार और संसद तथा राज्यों में से प्रत्येक राज्य की सरकार और विधानमण्डल तथा भारत के राज्य क्षेत्र के भीतर या भारत सरकार के नियंत्रण के अधीन सभी स्थानीय और अन्य प्राधिकारी हैं। अर्थात् राज्य 'शब्द' के तहत निम्नलिखित सम्मिलित हैं—

1. भारत सरकार	**2.** संसद
3. राज्य सरकार	**4.** राज्य विधान मण्डल
5. सभी स्थानीय प्राधिकारी तथा	**6.** अन्य प्राधिकारी

- संसद कानून बनाकर अन्य प्राधिकारी को इसमें शामिल कर सकती है।
- प्राधिकारी से तात्पर्य किसी ऐसे व्यक्ति या निकाय से है जिन्हें विधि, उपविधि, आदेश या अधिसूचना आदि बनाने या जारी करने की और परिवर्तित करने की शक्ति है।
- स्थानीय प्राधिकारी के अंतर्गत नगरपालिकाएं, डिस्ट्रिक्ट बोर्ड, ग्राम पंचायत, माइलिंग सेटलमेंट बोर्ड आदि संस्थाएं आती हैं।
- अन्य प्राधिकारी के अंतर्गत ऐसे प्राधिकारी या निकाय आते हैं जो संविधान या किसी अन्य संस्था द्वारा सृजित किए जाते हैं और जिन्हें विधि, उपविधि आदि बनाने की शक्ति प्राप्त होती है किंतु उनके द्वारा सम्प्रभु शक्ति का प्रयोग आवश्यक नहीं है।

अनुच्छेद—13

भारतीय संविधान का अनुच्छेद 13 मूल अधिकारों का प्रहरी है यही वह अनुच्छेद है जिस पर व्यक्तियों के मूल अधिकार का स्तंभ खड़ा हुआ है। अनुच्छेद 13(1) कहता है कि संविधान प्रवर्तित होने के पहले जो विधियाँ

भारत में लागू थीं वह उस मात्रा तक शून्य मानी जाएंगी जिस मात्रा तक वह संविधान के भाग 3 के उपबंधों से असंगत होगी। अनुच्छेद 13(2) कहता है कि राज्य ऐसी कोई भी विधि नहीं बनाएगी जो भाग 3 के तहत प्राप्त अधिकारों को छीनती या अल्पीकरण करती है। ऐसी विधि उस मात्रा तक शून्य होगी जो संविधान के उल्लंघन में बनायी गयी है। यह पृथक्करणीयता के सिद्धांत से संबंधित है। अनुच्छेद 13(3) के तहत विधि का बल रखने वाला कोई अध्यादेश, आदेश, उपविधि, नियम उपनियम, अधिसूचना रूढ़ि तथा प्रथा इसके तहत आती है। इस प्रकार के विधियों द्वारा यदि मूलाधिकार का अतिक्रमण होता है तो उन्हें न्यायालय में चुनौती दी जा सकती है।

समता का अधिकार (अनुच्छेद—14 से 18) (Right to Equality)

उस में 'कानून के शासन' को परिभाषित किया गया है। अनुच्छेद—14 में यह उपबन्धित किया गया है कि 'भारत राज्य क्षेत्र में किसी व्यक्ति को विधि के समक्ष समता से अथवा विधियों के समान संरक्षण से राज्य द्वारा वंचित नहीं किया जाएगा'। इस में दो शब्दों का प्रयोग किया गया है विधि के समक्ष समता तथा विधियों के समान संरक्षण। विधि के समक्ष समता का तात्पर्य है कि किसी भी व्यक्ति को विशेषाधिकार प्रदान नहीं किया जाएगा, सभी व्यक्ति कानून की नजर में समान होंगे अर्थात् कानून सभी व्यक्तियों पर समान रूप से लागू होगा। विधि का समान संरक्षण का तात्पर्य है कि समान परिस्थिति वाले प्रत्येक व्यक्तियों के साथ समान व्यवहार करना। असमान परिस्थिति में असमान व्यवहार किया जा सकता है इसी कारण अपवाद दिखायी देता है, जैसे—

1. विदेशी कूटनीतिज्ञों को न्यायालय की अधिकारिता से मुक्ति प्राप्त है।
2. अनुच्छेद—361 के तहत राष्ट्रपति तथा राज्यपाल को विशेष अधिकार।
3. संसद/राज्य विधान मण्डल के सदस्यां को प्राप्ति विशेषाधिकार आदि।

वर्गीकरण के आधार—1. राज्य के पक्ष में विभेद। 2. भौगोलिक स्थिति के आधार पर। 3. कराधान विधियों के सम्बन्ध में। 4. एक व्यक्ति स्वयं एक वर्ग माना जा सकता है। 5. विशेष न्यायालय और विशेष प्रक्रिया व सम्बन्ध में। 6. प्रशासनिक अधिकारियों की विवेकाधीन शक्तियों के संदर्भ में।

अनुच्छेद—15

अनुच्छेद 15(1) के तहत राज्य किसी नागरिक के विरुद्ध केवल धर्म, मूलवंश, जाति, लिंग या जन्मस्थान या इनमें से किसी के आधार पर कोई विभेद नहीं करेगा। अनुच्छेद 15(2) के तहत कोई नागरिक केवल धर्म, मूलवंश जाति, लिंग, जन्मस्थान या इनमें से किसी के आधार पर—1. दुकानों, सार्वजनिक भोजनालयों, होटलों और सार्वजनिक मनोरंजन के स्थानों में प्रवेश या 2. पूर्णतः या अंशतः राज्यनिधि से पोषित या साधारण जनता के प्रयोग के लिए समर्पित कुओं, तालाबों, स्नानघरों, सड़कों और सार्वजनिक समागम के स्थानों के उपयोग के सम्बन्ध में किसी भी निर्भिकता, दायित्व, निर्बन्धन, या शत्रु के अधीन नहीं होगा। अनुच्छेद 15(3) के तहत राज्य को स्त्रियों और बालकों के लिए कोई विशेष उपबन्ध करने से निवारित (न रोकना) नहीं करेगी। अनुच्छेद 15(4) को प्रथम संविधान द्वारा संशोधन 1951 में जोड़ा गया, इसके तहत इस अनुच्छेद या अनुच्छेद 29 के खण्ड (2) की कोई बात राज्य को सामाजिक और शैक्षिक दृष्टि से पिछड़े हुए नागरिकों के किन्हीं वर्गों की उन्नति के लिए या अनुसूचित जातियों और अनुसूचित जनजातियों के लिए कोई विशेष उपबन्ध करने से निवारित नहीं करेगा। अनुच्छेद 15(5) यह बिल हाल ही में पारित गए 93वें संविधान संशोधन (2006) से प्रेरित है जिसके द्वारा संविधान में अनुच्छेद 15(5) को सम्मिलित किया गया है। 93वां संविधान संशोधन राज्यों को सरकारी तथा सरकार द्वारा अनुदान प्राप्त शिक्षण संस्थानों (निजी संस्थान भी) में आरक्षण के लिए विशेष प्रावधान बनाने की शक्ति प्रदान करता है। अल्पसंख्यकों के शिक्षण संस्थान इसमें सम्मिलित नहीं है।

अनुच्छेद—16

अनुच्छेद 16 के तहत लोक नियोजन के विषय में अवसर की समता. इस अनुच्छेद में उपबन्ध किया गया है कि राज्य के तहत किसी पद पर नियोजन या नियुक्ति के संदर्भ में सभी नागरिकों को समान अवसर दिया जायेगा था इनको धर्म, मूलवंश, लिंग, जन्मस्थान, निवास या इसमें से अन्य किसी आधार पर न तो किसी नागरिक को अयोग्य समझा जाएगा और न ही उनमें विभेद किया जाएगा।

- अनुच्छेद 16 के कुछ अपवाद स्वीकार किये गये हैं जो निम्नलिखित हैं—

1. संसद विधि द्वारा संघ के राज्यों को अधिकार दे सकती है कि वे अपने अधीन किसी नियोजन (पद) के हेतु उस राज्य के निवास विषयक योग्यता की अपेक्षा करें। जैसे आन्ध्र प्रदेश, उत्तराखण्ड में समूह 'घ' भर्ती के संदर्भ में किया गया है।
2. अनुच्छेद 16(3) के तहत वर्तमान समय में सिर्फ जम्मू-कश्मीर राज्य के सम्बंध में उपबंध प्रवर्तित है जो कि अनुच्छेद 370 के तहत सरकारी नौकरियों में निवास सम्बन्धी विषयक अपेक्षा की जा सकती है।
3. अनुच्छेद 16(4) के अनुसार राज्य पिछड़े हुए नागरिकों के ऐसे किसी वर्ग के पक्ष में जिनका प्रतिनिधित्व राज्य के विचार में राज्य तहत के सेवाओं में पर्याप्त नहीं है नियुक्तियों या पदों के आरक्षण के हेतु विधि बना सकती है (पिछड़े वर्गों को सरकारी नौकरियों में आरक्षण)।
4. अनुच्छेद 16(5) के तहत् धार्मिक संस्थाओं मे धर्म के आधार पर नियुक्ति किया जा सकता है।

अनुच्छेद—(17)

अस्पृश्यता का उन्मूलन किया जा चुका है और उसका किसी भी रूप में आचरण निषिद्ध है।

- राज्य तथा व्यक्ति दोनों किसी भी रूप में अस्पृश्यता नहीं करेंगे। 'अस्पृश्यता' से उपजी किसी भी अयोग्यता को लागू करना अपराध होगा, जो विधि के अनुसार दण्डनीय होगा। इस अनुच्छेद के तहत संविधान स्वयं किसी दण्ड का विधान नहीं करता है। बल्कि संसद/राज्य विधान मण्डल विधि बनाकर इसे लागू करेगी। संसद ने 'अस्पृश्यता (अपराध) अधिनियम, 1955' क्रियान्वित की जा सकती है। जो अस्पृश्यता के आचरण के लिए दण्ड का विधान करता है। अस्पृश्यता कानून को अधिक कठोर बनाने के लिए इस अधिनियम को

'अस्पृश्यता (अपराध) संशोधन अधिनियम, 1976' के द्वारा संशोधित कर दिया गया। मूल अधिनियम का नाम बदलकर 'नागरिक अधिकार (संरक्षण) अधिनियम, 1976' रखा गया। संविधान में अस्पृश्यता को परिभाषित नहीं किया गया है बल्कि उच्चतम न्यायालय ने देवराजी बनाम पदमन्ना (1958) वाद मतें इसे परिभाषित किया है।

अनुच्छेद—18

उपाधियों का उन्मूलन—भारतीय संविधान का अनुच्छेद 18 उपाधियों और उपहारों के उन्मूलन को उपबन्धित करता है। इस अनुच्छेद के अनुसार—1. सेना या विद्या सम्बन्धी उपाधि के सिवाय, अन्य कोई भी उपाधि राज्य द्वारा प्रदान नहीं की जाएगी। 2. भारत का कोई भी नागरिक किसी विदेशी राज्य से कोई उपाधि स्वीकार नहीं करेगा। 3. कोई भी व्यक्ति, जो भारत का नागरिक नहीं है, राज्य के अधीन लाभ या विश्वास के किसी पद को धारण करते हुए किसी विदेशी राज्य से कोई उपाधि, राष्ट्रपति की सम्पत्ति के बिना स्वीकार नहीं करेगा। 4. राज्य के अधीन लाभ या विश्वास का कोई पद धारण करते हुए कोई भी व्यक्ति राष्ट्रपति की सम्पत्ति के बिना, विदेशी राज्य से या उसके अधिन किसी भी रूप में कोई भेंट, उपलब्धि, या पद स्वीकार नहीं करेगा।

अतः यह अनुच्छेद स्पष्ट करता है कि कोई भी उपाधि बिना राष्ट्रपति की स्वीकृति के प्राप्त नहीं की जा सकेगी। भारत सरकार स्वयं भी अपने नागरिकों को सम्मानित करने के लिए 'भारत रत्न', 'पद्म विभूषण' आदि की उपाधियाँ प्रदान करती है, किंतु सेना सम्बन्धी उपाधि तथा विद्या सम्बन्धी उपाधि प्राप्त नहीं की जा सकती है। विदेशों से भी कोई उपाधि नहीं प्राप्त की जा सकती। सरकारी कर्मचारियों को भी इस बात के लिए उपबन्धित किया गया है कि वे अपने पद पर रहते समय कोई उपाधि, भेंट, उपलब्धि या पद ग्रहण नहीं कर सकते। किंतु राष्ट्रपति की स्वीकृति से उन्हें ऐसी उपाधि भेंट पद या उपलब्धि दी जा सकती है।

- जनवरी 1954 में राष्ट्रपति की दी अधिसूचना द्वारा इन राष्ट्रीय सम्मानों का औपचारिक रूप से प्रारंभ हुआ। लेकिन 1977 में जनता पार्टी ने इस पर रोक लगा दी तथा सुप्रीम कोर्ट ने इस रोक को हटा लिया और पुनः 1980 से इसे दिया जा रहा है।

स्वतंत्रता का अधिकार (अनुच्छेद—19 से 22)

भारतीय संविधान के अनुच्छेद 19 से 22 तक में स्वतंत्रता के अधिकार को उपबन्धित किया गया है। व्यक्तिगत स्वतंत्रता मूल अधिकारों में सर्वोच्च स्थान रखती है। अनुच्छेद 19 में भारत के 'सभी नागरिकों' को निम्नलिखित स्वतंत्रताएँ प्रदान की गई हैं—

भाषण और अभिव्यक्ति की स्वतंत्रता, सभा करने की स्वतंत्रता, संघ बनाने की स्वतंत्रता, भ्रमण की स्वतंत्रता।

आवास की स्वतंत्रता, सम्पत्ति अर्जन, धारण, धारण और व्ययन की स्वतंत्रता (इसे 44वें संविधान संशोधन कर कानूनी अधिकार बना दिया गया है)। पेशा, व्यवसाय, वाणिज्य और व्यापार की स्वतंत्रता। व्यक्तिगत स्वतंत्रता सभी मौलिक अधिकारों में सर्वाधिक महत्त्वपूर्ण है। अनुच्छेद 19 से अनुच्छेद 22 तक 4 अनुच्छेद मिलकर व्यक्तिगत स्वतंत्रता से संबंधत अध्याय निर्मित करते हैं, जो मौलिक अधिकारों के भाग का मेरूदण्ड है।

भाषण और अभिव्यक्ति की स्वतंत्रता का अधिकार—भारतीय संविधान के अनुच्छेद 19(1) (क) में नागरिकों को भाषण और अभिव्यक्ति की स्वतंत्रता का अधिकार प्रदान किया गया है। इस अनुच्छेद के अनुसार सभी नागरिकों को भाषण और अभिव्यक्ति की स्वतंत्रता का अधिकार प्राप्त होगा। भाषण और अभिव्यक्ति का अर्थ होता है कि प्रत्येक नागरिक अपने विचार एवं मत को बिना किसी रोक-टोक के स्वतंत्रतापूर्वक प्रकट कर सकता है। इस प्रकार की अभिव्यक्ति शब्दों, लेखों और मुद्रण व चित्रों के द्वारा प्राप्त हो सकती है। वाक् और अभिव्यक्ति की स्वतंत्रता में निम्नलिखित स्वतंत्रताएँ भी सम्मिलित हैं—

1. प्रेस की स्वतंत्रता,
2. विज्ञापन की स्वतंत्रता,
3. प्रदर्शन धरना और हड़ताल,
4. चलचित्र।

भाषण और अभिव्यक्ति की स्वतंत्रता का निर्बन्धन (Restriction of Freedom of Speech and Expression)

भारतीय संविधान के अनुच्छेद 19(2) में उल्लिखित किया गया है कि युक्तियुक्त आधारों पर भाषण और अभिव्यक्ति की स्वतंत्रता पर निर्बन्धन लगाया जा सकता है। ये निर्बन्धन अग्रलिखित आधार पर लगाये जा सकते हैं—

1. राज्य की सुरक्षा, 2. विदेशी राज्यों से मैत्रीपूर्ण सम्बन्धों के हित में, 3. सार्वजनिक व्यवस्था, 4.शिष्टाचार या सदाचार के हित में, 5. न्यायालय-अवमानना, 6. मानहानि, 7. अपराध उद्दीपन के मामले, 8.भारत की संप्रभुता और अखण्डता।

सभा करने की स्वतंत्रता—भारतीय संविधान का अनुच्छेद 19(1)(ख) भारतीय नागरिकों को इस बात की स्वतंत्रता प्रदान करता है कि वे शांतिपूर्वक बिना हथियार के सभा कर सकते हैं। इस अधिकार में सार्वजनिक सम्मेलन, सभा और जूलूस आदि भी शामिल है। इस अधिकार के लिए यह आवश्यक है कि सभा कानूनी रूप से की जा रही है। भारतीय दण्ड संहिता की धारा 141 निम्नलिखित शर्तों के होने पर किसी सभा को गैरकानूनी और अवैध ठहराती है—

1. जबकि सभा का उद्देश्य किसी कानून या कानूनी आदेशिका के निष्पादन का विरोध करना है।
2. जबकि सभा का उद्देश्य शरारत या अतिचार करना है।
3. जबकि सभा का लक्ष्य किसी की सम्पत्ति पर बलपूर्वक कब्जा करने का हो।
4. सरकार के प्रति आपराधिक बल प्रयोग की धमकी देना।
5. गैरकानूनी रूप से किसी व्यक्ति से गैरकानूनी कार्य कराना।

यदि सभा का रूप हिंसात्मक हो जाता है या सभा से लोक व्यवस्था भंग होने की आशंका होती है तो ऐसी सभा गैरकानूनी होगी और उसे भंग कराया जा सकता है। सभा करने की स्वतंत्रता पर भी प्रतिबंध या निर्बन्धन लगाया जा सकता है। निम्नलिखित आधारों पर राज्य सरकार सभा एवं सम्मेलन करने की स्वतंत्रता पर प्रतिबन्ध लगा सकती है—

- अनुच्छेद 19(3) के तहत सभा करने की स्वतंत्रता पर दो प्रतिबंध लगाया गया है—

1. भारत की प्रभुता और अखण्डता
2. लोक व्यवस्था

संघ बनाने की स्वतंत्रता—भारतीय संविधान के अनुच्छेद 19(1) के अंतर्गत भारतीय नागरिकों को संघ या संस्था बनाने की स्वतंत्रता प्रदान की गई है। संघ या संस्था बनाने की इस स्वतंत्रता में नागरिकों को यह भी अधिकार प्रदान किया है कि वे इस संस्था या संघ का संगठन और प्रबन्ध भी देखें। भारतीय संविधान के अनुच्छेद 19(4) के अंतर्गत संस्था या संघ बनाने के अधिकार पर राज्य सरकार को यह अधिकार प्रदान किया गया है कि वह जनहित में कानून बनाकर ऐसे अधिकार पर प्रतिबन्ध लगाये। भारत की संप्रभुता और अखण्डता के हितों की रक्षा के लिए संघ या संस्था बनाने की स्वतंत्रता पर निर्बन्धन लगाया जा सकता है। सार्वजनिक व्यवस्था को सुचारू बनाये रखने के लिए निर्बन्धन लगाया जा सकता है। सदाचार के हितों की रक्षा के लिए युक्तियुक्त प्रतिबन्ध लगाये जा सकते हैं।

भ्रमण की स्वतंत्रता—भारतीय संविधान के अनुच्छेद 19(1)(घ) में भारतीय नागरिकों को समस्त भारत में स्वतंत्र रूप से निर्बाध भ्रमण करने की स्वतंत्रता प्रदान की गई है। इस अधिकार में नागरिकों को यह अधिकार दिया गया है कि वे भारत के किसी भी स्थान पर बेरोकटोक घूम सकते हैं। किंतु भ्रमण की स्वतंत्रता के अधिकार पर भी युक्तियुक्त निर्बन्धन लगाये जा सकते हैं। भारतीय संविधान के अनुच्छेद 19(5) में भ्रमण की स्वतंत्रता पर राज्य द्वारा निम्नलिखित प्रतिबन्ध लगाये जा सकते हैं—1. साधारण जनता के हित में युक्तियुक्त निर्बन्धन लगाये जा सकते हैं। किसी अनुसूचित जाति, जनजाति के हितों की सुरक्षा के लिए ऐसे प्रतिबन्ध युक्तियुक्त होंगे।

आवास की स्वतंत्रता—भारतीय संविधान के अनुच्छेद 19(1)(ङ) में भारतीय नागरिकों को समस्त भारत में समान रूप से किसी भी स्थान पर निवास करने की स्वतंत्रता का महत्त्वपूर्ण अधिकार प्रदान किया गया है, दूसरे शब्दों में हम यह कह सकते हैं कि भारत में सभी नागरिकों को यह अधिकार प्रदान किया गया है कि वे बिना किसी अधिकारी या राज्य की पूर्व अनुमति के किसी भी स्थान पर निवास कर सकते हैं। किंतु इस अधिकार पर भी युक्तियुक्त प्रतिबन्ध लगाया जा सकता है। भारतीय संविधान के अनुच्छेद 19(5) के अंतर्गत आवास या निवास की स्वतंत्रता के इस अधिकार पर राज्य निम्नलिखित आधारों पर युक्तियुक्त निर्बन्धन लगा सकती है—1.जनहित में और 2. अनुसूचित जातियों के हितों की रक्षा के लिए ऐसा निर्बन्धन युक्तियुक्त होगा।

पेशा, व्यवसाय, वाणिज्य और व्यापार की स्वतंत्रता—भारतीय संविधान के अनुच्छेद 19(1)(छ) में भारतीय नागरिकों को भारत मतें कोई भी पेशा, व्यवसाय, वाणिज्य और व्यापार की स्वतंत्रता प्रदान की गयी है। भारत में प्रदत्त यह अधिकार भी पूर्ण नहीं है। भारतीय संविधान के अनुच्छेद 19(6) के अनुसार राज्य कानून बनाकर निम्नलिखित आधारों पर किसी भी व्यक्ति को पेशा, व्यवसाय, व्यापार या कारोबार करने या चलाने से रोक सकता है—1. साधारण जनता के हित में और विशेष रूप से, 2. विशेष प्रकार के जैसे तकनीकी व्यवसायों के लिए आवश्यक तकनीकी योग्यताएँ निर्धारित करके, या 3. राज्य द्वारा या राज्य के स्वामित्व या नियंत्रण के अधीन किसी निगम द्वारा किसी व्यापार, कारोबार या उद्योग का पूर्ण या आंशिक एकाधिकार ग्रहण करके।

निवारक निरोध कानून (Preventive Detention Laws)

केन्द्र सरकार द्वारा अब तक निम्नलिखित निवारक निरोध कानून लागू किए गए हैं—

- निवारक निरोध अधिनियम, 1950
- आंतरिक सुरक्षा अनुरक्षण, अधिनियम, 1971
- आवश्यक वस्तु का काला बाजारी निरोध एवं आपूर्ति संरक्षण अधिनियम, 1979
- विदेशी मुद्रा संरक्षण और तस्करी निवारण अधिनियम (COFEOSA), 1974
- राष्ट्रीय सुरक्षा कानून (रासुका), 1980
- आतंकवाद तथा विध्वंसक गतिविधियां (निवारक) अधिनियम (टाडा), 1985.
- आतंकवाद निरोधक अधिनियम (पोटा), 2002
- गैर कानूनी गतिविधियाँ (निवरण) अधिनियम, 2004

आईपीसी की धाराओं में कार्रवाई

अभिव्यक्ति की आजादी के अधिकार 19(1)(ए) के दुरूपयोग की दशा में या भारतीय दण्ड संहिता (आईपीसी) की विभिन्न धाराओं में केस दर्ज हो सकता है। इसमें मानहानि (धारा 499), देशद्रोह (धारा 121, 124ए), अश्लील सामग्री प्रसारण (धारा 292) धाराएं शामिल हैं।

अनुच्छेद—20—कार्योत्तर विधियों से संरक्षण—किसी व्यक्ति को उसी विधि के तहत दण्डित किया जा सकता है जो उसके अपराध करने के समय में प्रभाव में रही हो। **दोहरे दण्ड से संरक्षण**—व्यक्ति को किसी एक अपराध के लिए दोहरा दण्ड नहीं दिया जा सकता है। **आत्म-अभिशंसन से संरक्षण**—व्यक्ति को अपने ही विरुद्ध गवाही देने के लिए बाध्य नहीं किया जा सकता है।

अनुच्छेद—21—जीवन में वैयक्तिक स्वतंत्रता—अनुच्छेद 21 जीवन एवं वैयक्तिक स्वतंत्रता की प्रत्याभूति प्रदान करता है। इसके अनुसार किसी व्यक्ति को उसके जीवन या वैयक्तिक स्वतंत्रता से कानून द्वारा स्थापित प्रक्रिया के अनुसार ही वंचित किया जाएगा। यह अधिकार नागरिकों एवं गैर-नागरिकों दोनों का प्राप्त है। ए.के. गोपालन के मामले (1950) में उच्चतम न्यायालय ने जीवन एवं वैयक्तिक स्वतंत्रता का शाब्दिक अर्थ ही ग्रहण किया था, अर्थात् जीवन एवं वैयक्तिक स्वतंत्रता का अर्थ व्यक्ति के देह अथवा शरीर से संबंधित स्वतंत्रता के रूप में ही लिया गया था। किंतु 1978 के मेनका गाँधी मामले में अपने निर्णय के अंतर्गत न्यायालय ने 'जीवन एवं वैयक्तिक स्वतंत्रता' की व्याख्या

अनुच्छेद 19 में वर्णित छह स्वतंत्राओं, अन्य मूल अधिकारों एवं राज्य के कुछ नीति निदेशक तत्वों के प्रकाश में की है। इस निर्णय के अनुसार जीवन का अर्थ मात्र 'शारीरिक अस्तित्व' नहीं है बल्कि उसके आगे 'शोषणमुक्त मानवीय गरिमा' के साथ जीने से है। यह व्यापक अधिकार है जिसमें निम्न बातें शामिल हैं—

1. **बन्दीकृत व्यक्ति के अधिकार**—भारतीय संविधान के अनुच्छेद 21 में यह उपबन्धित किया गया है कि कोई व्यक्ति विधि द्वारा स्थापित प्रक्रिया के सिवाय किसी प्रकार अपने जीवन और वैयक्तिक स्वतंत्रता से वंचित नहीं किया जाएगा।

   निम्न मूल अधिकारों को अनुच्छेद 21 के अंतर्गत समाहित किया गया है—एकान्तता का अधिकार मूल अधिकार में समाविष्ट है। मानव गरिमा के साथ जीने का अधिकार। प्रदूषण मुक्त जल एवं वायु के उपयोग का अधिकार। एकान्त कारावास के विरुद्ध संरक्षण का अधिकार। सार्वजनिक स्थानों पर धूम्रपान का निषेध। हथकड़ी लगाने के विरुद्ध संरक्षण। पुलिस अभिरक्षा में मृत्यु के विरुद्ध संरक्षण। बलात्कार से पीड़ित महिला का अंतरिम प्रतिकार पाने का अधिकार। विदेश यात्रा का अधिकार (मेनका गाँधी और सतवन्त सिंह बनाम पासपोर्ट अधिकारी)। जीविकोपार्जन का अधिकार। शिक्षा का अधिकार। आहार पाने का अधिकार। अनुच्छेद 21 के अंतर्गत जीने के अधिकार में मरने का अधिकार सम्मिलित नहीं है (ग्यान बनाम पंजाब राज्य, 1996।) पर्यावरण मुक्त जल एवं वायु के उपभोग का अधिकार। नि:शुल्क विधिक सहायता का अधिकार। शीघ्र परीक्षण का अधिकार। चिकित्सा सहायता पाने का अधिकार। आश्रय का अधिकार। श्रम जीवी महिलाओं का यौन उत्पीड़न से संरक्षण (विशाखा बनाम राजस्थान राज्य)।
2. **सार्वजनिक उद्देश्य एक पूर्व शर्त**—सर्वोच्च न्यायालय ने 9 अगस्त 2011 को अपने एक दिए गए फैसले में कहा है कि संविधान के अनुच्छेद—300क के तहत किसी व्यक्ति को उसके संपत्ति से वंचित करने के लिए सार्वजनिक उद्देश्य एक पूर्व शर्त होना चाहिए। सार्वजनिक उद्देश्यों के लिए किसी व्यक्ति के संपत्ति अधिग्रहण अनेक संभावित घटनाओं को जन्म दे सकता है। जिनमें आजीविका का हनन जिससे अनुच्छेद—21 का उल्लेख होता है।
3. **सेक्शन—309 को अनुच्छेद—21 के तहत समाप्त करने की याचिका**—केन्द्र सरकार जल्द ही भारतीय अपराध संहिता की धारा, 309 जो कि आत्महत्या के प्रयास करने से संबंधित है, को खत्म कर सकती है। विधि आयोग की इस संस्तुति को आपराधिक संहिता से हटाने के लिए आवश्यक 25 राज्यों ने अपनी सहमति दे दी है। ऐसे मामलों में दुर्भाग्यशाली व्यक्ति को सद्भावना, प्यार, सही सलाह और उपयुक्त उपचार की आवश्यकता होती है और निश्चित तौर पर ऐसे व्यक्ति को जेल नहीं भेजा जाना चाहिए। दिल्ली हाईकोर्ट में एक गैर सरकारी संगठन ने संविधान के उपबंधों के विरुद्ध तथा संविधान के अनुच्छेद 21 के उल्लंघन के आधार पर इसे समाप्त करने के लिए जनहित याचिका दायर की है।

   सेक्शन—309 को हटाने से सार्वजनिक प्राधिकरण, राज्य या समाज आत्महत्या को रोकने के अपने उत्तरदायित्व से मुक्त नहीं हो जाते हैं। संविधान का अनुच्छेद—21 जो जीवन के अधिकार से संबंधित है, यह मरने का अधिकार प्रदान नहीं करता है क्योंकि इससे देश में आत्महत्या की दर बढ़ जायेगी। इसके अलावा जहां जीवन का अधिकार एक प्राकृतिक अधिकार है वहीं आत्महत्या, अप्राकृतिक तौर पर अपने जीवन को समाप्त कर देना है।

अनुच्छेद—21 के तहत भारतीय और गैर-नागरिक समान—न्यायालय का मानना है कि भारतीय संविधान के अनुच्छेद—21 (जीवन और स्वतंत्रता का अधिकार) के अंतर्गत भारतीय नागरिकों एवं गैर-नागरिकों को समान अधिकार प्राप्त है। दिल्ली के एक स्थानीय न्यायालय ने यह बात केन्द्र सरकार के उस आदेश को रद्द करते हुए कहा जिसमें एक तमिल शरणार्थी को वापस श्रीलंका भेजने का आदेश दिया गया था। यह शरणार्थी पिदले 20 वर्षों से भारत में रह रहा है। वर्तमान समय में शरणार्थी समस्या का समाधान फार्नर एक्ट-1946 के अनुसार किया जाता है। न्यायालय ने कहा कि जहां तक भारतीय संविधान के अनुच्छेद—21 का सवाल है, यह नागरिकों के साथ-साथ गैर-नागरिकों के साथ भी समान बर्ताव को सुनिश्चित करता है। एक ऐसे शरणार्थी को उसके जन्म स्थान वाले देश में भेजने का आदेश देना, जहाँ उसे सुनिश्चित तौर पर उत्पीड़न का डर है। फार्नर एक्ट-1946 कानून की प्राथमिक और सबसे बड़ी खामी यह है कि इसमें 'शरणार्थी' शब्द का जिक्र तक नहीं है और भारत में निवास कर रहे लोगों के लिए 'विदेशी' शब्द का इस्तेमाल किया गया है। इन सबके बावजूद वर्ल्ड रिफ्यूजी सर्वे-2007 के अनुसार, भारत में 435900 शरणार्थी निवास कर रहे थे। भारत आने वाले ज्यादातर शरणार्थी पड़ोसी देशों में व्याप्त आंतरिक या वाह्य अशांति, राजनीतिक उत्पीड़न या मानवाधिकारों के उल्लंघन होने के कारण आते हैं। वर्तमान समय में भारत में कई देशों के शरणार्थी रह रहे हैं। जैसे—चीन के तिब्बत इलाके से, नेपाल, श्रीलंका, म्यांमार, बांग्लादेश आदि।

शिक्षा का अधिकार (अनुच्छेद 21क)—सर्वोच्च न्यायालय ने मोहिनी जैन के मामले में शिक्षा के अधिकार को मूल अधिकार का दर्जा दिया। संविधान (86वाँ संशोधन) अधिनियम, 2002 के द्वारा अनुच्छेद 21(क) जोड़कर एक नया मूल अधिकार बनाया गया है। इसके द्वारा राज्य को यह कर्तव्य सौंपा गया है कि वह 6 से 14 वर्ष की आयु के सभी बालकों को नि:शुल्क और अनिवार्य शिक्षा प्रदान करेगा। इस अधिकार की आपूर्ति के लिए राज्य समुचित शिक्षा समवर्ती विषय है इसलिए राज्य और संघ दोनों ही विधि बना सकते हैं। 1 अप्रैल 2010 से शिक्षा का अधिकार विधेयक-2008 को पूर्णत: लागू कर दिया गया है। विदेश जाने का अधिकार—मेनका गाँधी बनाम भारत संघ (1978) के बाद में विदेश भ्रमण का अधिकार एक मूल अधिकार घोषित किया गया। कहा गया कि प्राण का अधिकार केवल भौतिक अस्तित्व तक ही सीमित नहीं है वरन् मानव गरिमा को बनाए रखते हुए जीने का अधिकार है। अत: दैहिक स्वतंत्रता में संचरण की स्वतंत्र्त्ता अर्थात् इच्छानुसार कभी भी तथा कहीं भी जाने की स्वतंत्रता शामिल है। एकान्तता के अधिकार

राजगोपालन बनाम तमिलनाडु राज्य 1994, सुप्रीम कोर्ट। जीविकोपार्जन का अधिकार—नि:शुल्क विधिक सहायता। सड़क पर व्यापार करना—चिकित्सा सहायता पाने का अधिकार। शिक्षा पाने का अधिकार—आश्रय का अधिकार।

शिक्षा का अधिकार अधिनियम, संवैधानिक (Right to Education Act, Constitutional)

उच्चतम न्यायालय की पांच-सदस्यीय संविधान पीठ ने प्रमाती शैक्षिक और सांस्कृतिक ट्रस्ट और अन्य बनाम भारत संघ और अन्य (2014) के मामले में न केवल बच्चों की नि:शुल्क और अनिवार्य शिक्षा अधिनियम, 2009 को वैध एवं संवैधानिक घोषित की है बल्कि इस अधिनियम को पारित करने के लिए उत्प्रेरक संवैधानिक प्रावधानों अर्थात् अनुच्छेद 15(5) और अनुच्छेद 21ए, जिन्हें क्रमश: संविधान (93वां संशोधन) अधिनियम, 2005 एवं संविधान (86वां संशोधन) अधिनियम, 2002 के द्वारा जोड़ा गया था, को भी संवैधानिक माना है। किंतु न्यायालय ने अधिनियम के उस प्रावधान को असंवैधानिक घोषित कर दिया है, जो संविधान के अनुच्छेद 30(1) के अंतर्गत अल्पसंख्यक शिक्षण संस्थाओं के संवैधानिक अधिकारों को प्रभावित करता था। इसका आशय यह है कि शिक्षा का अधिकार अधनियम, 2009 का वह प्रावधान जो निर्धन एवं असहाय वर्ग के 25 प्रतिशत बच्चों को विद्यालय में आरक्षण दिए जाने का प्रबंध करता है, अल्पसंख्यक वर्ग के विद्यालयों पर लागू नहीं होगा। मुख्य न्यायाधीश न्यायमूर्ति आर.एम. लोढ़ा की अध्यक्षता वाली पांच-सदस्यीय पीठ ने 6 मई, 2014 को इस मामले में निम्नलिखित निर्णय दिया है—संविधान का अनुच्छेद 15(5) जिसे संविधान (93वें संशोधन) अधिनियम, 2005 के द्वारा जोड़ा गया है और जिसमें सामाजिक और शैक्षिक दृष्टि से समाज के पिछड़े अनुसूचित जाति या जनजाति के सदस्यों के 6 से 14 वर्ष के बच्चों को नि:शुल्क और अनिवार्य शिक्षा प्रदान करने के लिए राज्यों को कानून बनाने के लिए सशक्त किया गया है, संवैधानिक है, और इससे निजी शिक्षण संस्थाओं के किसी अधिकार का अनुच्छेद 19(1)(जी) के अंतर्गत उल्लंघन नहीं होता है। संविधान के अनुच्छेद 21-ए, जिसे संविधान (86वां संशोधन) अधिनियम, 2002 के द्वारा जोड़ा गया है जिसमें प्रावधान किया गया है कि 'राज्य, विधि के द्वारा जैसा कि वह निर्धारित करे 6 वर्ष से 14 वर्ष तक के बच्चों को नि:शुल्क और अनिवार्य शिक्षा प्रदान करेगा', संविधान के आधारभूत ढांचे को नष्ट नहीं करता है और न ही यह देश के संविधान की पंथनिरपेक्षता की अवधारणा को प्रभावित करता है। बच्चों को नि:शुल्क और अनिवार्य शिक्षा, अधिनियम, 2009 के प्रावधान वैध और संवैधानिक हैं और यह अनुच्छेद 14, 19(1)(जी) के अंतर्गत निजी शिक्षण संस्थाओं के किसी अधिकार का उल्लंघ नहीं करते हैं किंतु जहां तक इसके प्रावधान संविधान के अनुच्छेद 30(1) के अंतर्गत आने वाली अल्पसंख्यक शिक्षण संस्थाओं के प्रबंधन एवं प्रवेश संबंधी शिक्षण संसाओं के प्रबंधन एवं प्रवेश संबंधी नियमों को प्रभावित करते हैं, वे संविधान के अधिकारिता हैं, अर्थात् इसके प्रावधानों को, विशेषकर आरक्षण के प्रावधानों को उन पर थोपा नहीं जा सकता है। राजस्थान की गैर-सहायता प्राप्त निजी शिक्षण संस्थाओं की ओर से अनेक रिट याचिकाएं इस अधिनियम के उस प्रावधान को चुनौती देते हुए प्रस्तुत की गई थीं कि वर्ष 2009 के अधिनियम के द्वारा 25 प्रतिशत निर्धन छात्रों को प्रवेश देने के लिए उन्हें बाध्य किया जाना अनुच्छेद 19(1)(जी) के अंतर्गत प्रदत्त उनकी शैक्षिक वृत्ति, उपजीविका, व्यापार या कारोबार करने की स्वतंत्रता के अधिकार का उल्लंघन करता है तथा यह भी कि अनुच्छेद 15(5) के द्वारा अल्पसंख्यकों को छूट प्रदान किए जाने से संविधान का आधारभूत ढांचा नष्ट होता है और इसकी पंथनिरपेक्षता की अवधारणा प्रभावित होती है।

संविधान का प्रावधान जो विवाद का कारण रहा

- **अनुच्छेद 15(5)**—इस अनुच्छेद की और अनुच्छेद 19(1)(जी) की कोई भी बात राज्य को नागरिकों के सामाजिक और शैक्षिक दृस्टि से पिछड़े वर्ग के लोगों के या अनुसूचित जाति या अनुसूचित जनजाति के लोगों के उन्नयन के लिए विशेष प्रावधान करने के लिए, विशेषकर संविधान के अनुच्छेद 30(1) के अंतर्गत आने वाली शैक्षिक संस्थाओं से भिन्न निजी शैक्षिक संस्थाओं में, चाहे वे राज्य के द्वारा सहायता प्राप्त हों अथवा नहीं, प्रवेश से संबंधित विधि बनाने के द्वारा प्रावधान करने के लिए निवारित नहीं करेगी।
- **अनुच्छेद 21ए—शिक्षा का अधिकार**—'राज्य 6 वर्ष से 14 वर्ष से तक के बच्चों को, ऐसे तरीके से जैसा कि राज्य विधि के द्वारा नियत करे, नि:शुल्क और अनिवार्य शिक्षा प्रदान करेगा'।
- **बच्चों को नि:शुल्क और अनिवार्य शिक्षा अधिनियम, 2009**—यह अधिनियम 26 अगस्त, 2009 को राजपत्र में प्रकाशित किया गया। कुल 38 धाराओं में संकलित इस अधिनियम की धारा 4 देश के 6 से 14 वर्ष तक के बच्चों को पास के स्कूल में नि:शुल्क और अनिवार्य शिक्षा का अधिकार प्रदान करती है, जिसके लिए राज्य, समुचित/स्थानीय प्राधिकारी/माता-पिता सभी के कर्तव्य नियत किए गए हैं। इस अधिनियम की धारा 12(1)(सी) के अनुसार, निजी स्कूलों में ऐसे बच्चों के प्रवेश के लिए सरकार प्रबंध कर सकती है, जो निर्धन एवं असहाय हैं। यह अधिनियम भी मोहिनी जैन एवं उन्नीकृष्णनन बनाम आंध्र प्रदेश राज्य (1993) 4SSC 645 के मामले में उच्चतम न्यायालय के द्वारा पारित किए गए निर्णय के अनुपालन में पारित किया गया। यद्यपि इसके पूर्व 8 6वां एवं 93वां संविधान संशोधन अधिनियम लाया गया।

अनुच्छेद 22—अनुच्छेद 22 में उन प्रक्रियात्मक शर्तों को उपबन्धित किया है, जिनमें विधानमण्डल किसी निश्चित प्रक्रिया को विहित करता है। भारतीय संविधान के अनुच्छेद 22(1) और (2) में किसी अपराध के सम्बन्ध में गिरफ्तार व्यक्तियों को निम्नलिखित अधिकार प्रदान किये गये हैं—1. गिरफ्तारी के कारणों को शीघ्रातिशीघ्र बताये जाने का अधिकार। 2. अपनी पसन्द के वकील से परामर्श करने और बचाव करवाने का अधिकार। 3.गिरफ्तारी के बाद 24 घण्टों के अंदर किसी मजिस्ट्रेट के समक्ष पेश किये जाने का अधिकार। 4. 24 घण्टे से अधिक निरोध मजिस्ट्रेट के आदेश से ही हो सकता है। उपर्युक्त अधिकार यद्यपि सभी व्यक्तियों को

प्रदान किया गया है। किंतु अनुच्छेद 22 का खण्ड (3) इसका अपवाद निरूपित करता है। इसके अनुसार अग्रांकित व्यक्तियों को इस अधिकार से वंचित किया गया है—1. शत्रु देश का निवासी। 2. कोई निवारक निरोध कानून के अधीन व्यक्ति। निवारक निरोध कानून किसी गैर-कानूनी कार्य को रोकने के लिए होता है, न कि किसी गैर कानूनी कार्य के लिए किसी व्यक्ति को दण्ड देने के लिए। उदाहरण के लिए आतंकवाद को रोकने के उद्देश्य से निर्मित कानून-आतंकवादी गतिविधि निरोधक अधिनियम (पोटा), आतंकवादी एवं विध्वंसक गतिविधि अवरोधक अधिनियम (टाडा) 1987, आंतरिक सुरक्षा व्यवस्था अधिनियम (मीसा) 1971, राष्ट्रीय सुरक्षा अधिनियम 1983, तस्करी रोकने के उद्देश्य से निर्मित कानून, गुंडा संरक्षण एवं निरोधक अधिनियम 1974 आदि निवारक निरोध से संबंधित कानून जो समय-समय पर प्रचलित रहे हैं। निवारक नजरबंदी संबंधी कानून बनाने की शक्ति केन्द्र व राज्य दोनों को प्राप्त है। विश्व के अन्य देशों में केवल आपातकाल में निवारक निरोध की व्यवस्था लागू की जाती है, किंतु भारतीय संविधान आपात और शांति दोनों समय के लिए निवारक निरोध की व्यवस्था करता है।

संरक्षण—अनुच्छेद 22 के खण्ड 4 के खण्ड 7 के अंतर्गत व्यक्ति को कतिपय परिस्थितियों में निवारक नजरबंदी से संरक्षण प्रदान किया गया है। अनुच्छेद 22 के खण्ड (4) के अनुसार किसी संभावित अपराध को रोकने के लिए नजरबंद किए गए व्यक्ति को तीन माह से अधिक की अवधि के लिए नजरबंद नहीं किया जा सकता। तीन माह से अधिक नजरबंदी के लिए 'सलाहकार बोर्ड' (जो ऐसे व्यक्तियों से मिलकर गठित होगा, जो उच्च न्यायालय के न्यायाधीश हैं या रह चुके हैं या नियुक्त होने के योग्य हैं) की सहमति आवश्यक है। अनुच्छेद 22(5) के अंतर्गत ऐसे व्यक्ति को नजरबंदी के आधार जानने का अधिकार है तथा वह व्यक्ति नजरबंदी आदेश के विरुद्ध अभ्यावेदन कर सकता है। अनुच्छेद 22 का खण्ड (7) संसद को निवारक निरोध अर्थात् नजरबंदी का उपबंध करने वाला ऐसा कानून बनाने का अधिकार देता है, जिसमें यह निश्चित उल्लेख हो कि किसी व्यक्ति को किन परिस्थितियों में, किस वर्ग या वर्गों के मामलों में, अधिकाधिक कितनी अवधि के लिए नजरबंद किया जा सकता है। इसके द्वारा सलाहकार बोर्ड की स्थापना (22(7)(क)) और उसके द्वारा अपनाई जाने वाली प्रक्रिया (22(7)(ग)) का भी उपबंध निहित है। संसद द्वारा अपनी इस शक्ति के प्रयोग में निम्नलिखित अधिनियम पारित किये गये हैं। यथा—

1. **निवारक निरोध अधिनियम 1950 (Preventive detention Act)**—में संसद द्वारा पारित यह अधिनियम 31 दिसंबर, 1969 तक लागू रहा। इसके अंतगत नजरबन्दी की अवधि एक वर्ष थी।
2. **आंतरिक सुरक्षा व्यवस्था अधिनियम, 1971 (Internal Security System Act 1950)**—निवारक निरोध अधिनियम के स्थान पर 7 मई, 1971 को यह अधिनियम राष्ट्रपति के अध्यादेश द्वारा लागू किया गया, जिसे बाद में (जून, 1971) कानूनी दर्जा प्रदान किया गया। इसके तहत किसी व्यक्ति को परामर्शदाता मण्डल के परामर्श के बिना आपातकाल में 21 माह तक नजरबन्द किया जा सकता था। 44वें संविधान संशोधन के कारण यह अधिनियम अप्रैल 1979 में स्वत: समाप्त हो गया।
3. **विदेशी मुद्रा संरक्षण और तस्करी निवारण अधिनियम 1974**—आर्थिक जगत में इसे राष्ट्रीय सुरक्षा कानून का दर्जा प्राप्त है। 19 दिसम्बर 1974 से लागू इस अधिनियम के तहत आरंभ में निरोध की अवधि एक वर्ष थी किंतु 13 जुलाई 1984 से उसे दो वर्ष कर दिया गया है।
4. **राष्ट्रीय सुरक्षा अधिनियम 1980**—जन साधारण में 'रासुका' के नाम से चर्चित इस अधिनियम का जन्म 1980 में एक अध्यादेश द्वारा हुआ था। इसका उद्देश्य देश की एकता, अखण्डता और सम्प्रभुता को खतरा पैदा करने वाले या साम्प्रदायिकता अथवा जातीय दंगों को प्रेरित करने वाले व्यक्तियों को निरुद्ध करना था। 1981 में इसे कानूनी दर्जा प्रदान किया गया तथा जून 1984 में इसमें संशोधन कर, इसे और कठोर बना दिया गया।
5. **आतंकवाद एवं विध्वंसक गतिविधि (निरोध) अधिनियम, 1985 (टाडा)**—निवारक निरोध कानूनों में यह सबसे कठोर कानून था। देश में आतंकवाद एवं विध्वंसक गतिविधियों पर अंकुश लगाने के उद्देश्य से यह अधिनियम 1985 में लागू किया गया था। इस अधिनियम के अंतर्गत आतंकवादी गतिविधियों में संलिप्त किसी अभियुक्त को 180 दिनों (6 माह) तक पुलिस हिरासत में रखा जा सकता था तथा एक बार दण्डाधिकारी के समक्ष उपस्थित कर पुन: अगले 180 दिनों तक हिरासत में रखा जा सकता था। 23 मई, 1995 को इस कानून की अवधि समाप्त हो जाने के कारण यह कानून समाप्त हो गया।
6. **आतंकवाद निरोधी अधिनियम, 2002 (पोटा)**—देश में आतंकवाद पर अंकुश लगाने के उद्देश्य से 2 अप्रैल, 2002 को के 'टाडा' के स्थान पर इस नये आतंकवाद निरोधी अधिनियम 'पोटा' को लागू किया गया था। इसके अधीन किसी भी मामले में दर्जा प्राथमिकी की पुष्टि महानिदेशक एवं संबंधित समीक्षा समिति द्वारा क्रमश: 10 दिन एवं 1 माह के भीतर किया जाना आवश्यक था। साथ ही गिरफ्तार अभियुक्तों की सूचना तत्काल परिवार को देने और पुलिस हिरासत की अधिकतम अवधि 30 दिन निर्धारित थी। 21 सितम्बर, 2004 को केन्द्र सरकार द्वारा जारी अध्यादेश के जरिये इस अधिनियम को रद्द कर दिया गया। ज्ञातव्य है कि यह अधिनियम 26 मार्च, 2002 को संसद के संयुक्त अधिवेशन में पारित किया गया था।
7. **गैर कानूनी गतिविधियाँ (निवारण) अधिनियम, 2004**—यह कानून मूलत: 1967 ई. में बनाया गया था। जिसे 2004 में पोटा के समाप्त हो जाने के पश्चात् संशोधन करके अध्यादेश द्वारा 21 सितम्बर 2004 को प्रभावी किया गया। इसमें राष्ट्र विरोधी गतिविधियों में शामिल लोगों के लिए मृत्युदण्ड तक का प्रावधान किया गया है।

मुम्बई आतंकी हमले (26 नवंबर, 2008) के पश्चात् ऐसी घटनाओं से सशक्त ढंग से निपटने हेतु 'राष्ट्रीय जांच एजेंसी'

(एन.आई.ए.) विधेयक के साथ-साथ गैर.कानूनी गतिविधियाँ निवारक अधिनियम में भी संशोधन हेतु विधेयक प्रस्तु किया गया था। 31 दिसम्बर, 2008 को राष्ट्रपति के अनुमोदन के बाद यह कानून प्रभावी हो गया। ध्यातव्य है कि 'निवारक निरोध' विषय को संविधान की समवर्ती सूची में रखा गया है। अतः भारत में केन्द्र और राज्य दोनों को ही निवारक निरोध कानून बनाने का अधिकार प्राप्त है। 'महाराष्ट्र, मध्य प्रदेश तथा जम्मू-कश्मीर आदि राज्यों ने पहले ही अपने लिए निवारक निरोध कानून बना रखा है।

शोषण के विरुद्ध अधिकार (Right Against Exploitation)

अनुच्छेद—23 व 24 के अंतर्गत शोषण के विरुद्ध मूल अधिकार प्रदान किया गया है। अनुच्छेद 23 मानव-दुर्व्यापार, बलात्श्रम आदि पर प्रतिबंध लगाता है तथा अनुच्छेद 24 के अंतर्गत कारखानों आदि में बालकों में बालकों के नियोजन पर रोक लगाया गया है।

बलात्श्रम का प्रतिषेध (Prohibition of Forced Labour)— अनुच्छेद 23(1) के द्वारा मानव का दुर्व्यापार और बेगार तथा इसी प्रकार का अन्य बलात्श्रम प्रतिनिषिद्ध कर दिया गया है तथा इसका उल्लंघन घोषित किया गया है। ध्यातव्य है कि संविधान के अंतर्गत अस्पृश्यता के बाद दण्डनीय माना जाने वाला यह दूसरा कार्य है। अनुच्छेद 23 द्वारा प्रदत्त संरक्षण राज्य तथा व्यक्ति दोनों के विरुद्ध प्राप्त है। 'मानव दुर्व्यापार' का अर्थ अत्यन्त व्यापक है। न्यायालय द्वारा समय-समय पर निर्वाचित मानव दुर्व्यापार एवं बेगार शब्द में निम्नलिखित शामिल हैं। यथा—1. दासप्रथा, 2. बेगार अथवा बलात्श्रम, 3. मनुष्यों का वस्तुओं की भांति क्रय-विक्रय, 4. स्त्रियों एवं बच्चों का अनैतिक व्यापार तथा5. बंधुआ-मजदूरी आदि।

अफस्पा (AFSPA)

'अफस्पा' अर्थात् सशस्त्र सेना विशेषाधिकार अध्यादेश (Armed Forces Special Powers Act) असम एवं मणिपुर में सशस्त्र विद्रोह को दबाने के लिए अपनाया गया एक कानून है। यह कानून ब्रिटिश भारत में 1942 के भारत छोड़ो आंदोलन को दबाने के लिए बनाये गये कानून का ही प्रतिकृत है। इसे सितम्बर 1957 में अधिनियमित एवं मई, 1958 से लागू किया गया। इसके अंतर्गत सुरक्षा बलों, जिनमें अर्ध-सैनिक बल भी शामिल हैं, को अधोलिखित विशिष्ट अधिकार प्रदान किये गये हैं। यथा—

1. बिना किसी पूर्व सूचना के प्रभावी क्षेत्र में प्रवेश करने, तलाशी लेने एवं गिरफ्तार करने का अधिकार।
2. कानून-व्यवस्था बनाए रखने के लिए आवश्यकता पड़ने पर गोली चलाने का अधिकार।
3. इसके अलावा विद्रोही अभियान के विरुद्ध सुरक्षा बलों द्वारा किये गये किसी भी तरह के मानवाधिकार उल्लंघन की स्थिति में उन पर मुकदमा चलाने हेतु केन्द्र सरकार की अनुमति लेने की आवश्यकता आदि विशेषाधिकारों से क्षेत्रीय निवासियों में काफी आक्रोश व्याप्त है। इस कानून के विरोध में चल रहे आंदोलनों के कारण इस अधिनियम की समीक्षा के लिए न्यायमूर्ति वी.पी. जीवन रेड्डी की अध्यक्षता में नवम्बर, 2004 में एक समिति गठित की गई थी। समिति ने अपना सुझाव जून, 2005 में प्रस्तुत कर दिया था। किंतु सरकार ने समिति के सुझाव का पालन करना आवश्यक नहीं समझा। ध्यातव्य है कि आफ्सपा के अंतर्गत किसी भी क्षेत्र को अशांत घोषित करने तथा वहां यह अधिनियम लागू का प्रावधान राज्य सरकारों के लिए था। परंतु, 1972 में एक संशोधन द्वारा इसे लागू करने का अधिकार केन्द्र सरकार (राज्यपाल केन्द्र सरकार का प्रतिनिधि होने के कारण इसे लागू करने का अधिकार रखता है। को प्राप्त हो गया। साथ ही, केन्द्र सरकार उसे कहीं भी लागू करने का अधिकार रखती है।

   अतः उक्त प्रकार के कार्य अनुच्छेद—23(1) के द्वारा प्रतिनिषिद्ध हैं तथा उनका उल्लंघन अपराध है।

अनुच्छेद—23 द्वारा घोषित अपराध के लिए अनुच्छेद—35 के अंतर्गत संसद को दण्ड विहित करने के लिए विधि बनाने की शक्ति प्रदान की गयी है। संसद ने अपनी इस शक्ति के प्रयोग में 'बन्धुआ मजदूरी प्रणाली उन्मूलन अधिनियम 1976' तथा 'महिला एवं बाल अनैतिक व्यापार (निवारण) अधिनियम 1986' पारित किया है।

अनुच्छेद—23 का खण्ड (2), खण्ड (1) अपवाद है। इसके अंतर्गत राज्य को सार्वजनिक प्रयोजनों हेतु अनिवार्य सेवा लागू करने का अधिकार है, किंतु राज्य ऐसी सेवा लागू करते समय केवल धर्म मूलवंश जाति या वर्ग के अथवा इनमें से किसी आधार पर नागरिकों के मध्य भेदभाव नहीं करेगा।

दीना बनाम भारत संघ (1983) सर्वोच्च न्यायालय के मामले में यह निर्णय दिया गया कि कैदियों को अपने काम के लिए उचित मजदूरी पाने का हक है। उचित पारिश्रमिक बिना काम कराना बलात् श्रम है और इससे अनुच्छेद—23 का उल्लंघन होता है।

बालकों के नियोजन का प्रतिषेध (Prohibition of Employment of Children)

अनुच्छेद 24 में 14 वर्ष से कम आयु के बालकों के कारखानों, खानों तथा अथवा अन्य किसी जोखिम पूर्ण कार्य में नियोजन का निषेध किया गया है। इसका उद्देश्य कम आयु के बालकों के स्वास्थ्य एवं जीवन की रक्षा करना तथा शोषण से बचाना है। ध्यातव्य है कि इस अनुच्छेद द्वारा अधिरोपित निषेध अत्यांतिक है, अर्थात् इसका कोई अपवाद नहीं है।

ज्ञातव्य है कि 10 अक्टूबर, 2006 को केन्द्र सरकार द्वारा—बालश्रम (प्रतिषेध एवं विनियमन) अधिनियम—1986 के तहत् एक अधिसूचना जारी कर घरों व होटलों में बालश्रम पर प्रतिबंध लगा दिया गया है। इस अधिनियम के अनुसार खतरनाक सूची में शामिल 13 व्यवसायों में से किसी व्यवसाय में किसी बालक (5 से 14 वर्ष) का नियोजन अपराध है। इसके

लिए 3 माह से 1 वर्ष तक का कारावास या 10 हजार से 20 हजार तक का अर्थदण्ड या दोनों प्रकार के दण्ड का प्रावधान है।

धर्म की स्वतंत्रता का अधिकार (Right to Freedom of Religion)

भारतीय संविधान की उद्देशिका में समस्त नागिरकों को विचार, अभिव्यक्ति, विश्वास, धर्म और उपासना की स्वतंत्रता प्राप्त कराने का संकल्प व्यक्त किया गया है। संविधान के भाग तीन, अनुच्छेद 25 से 28 के अंतर्गत इस संकल्प को मूर्तरूप दिया गया है। अनुच्छेद 25 से 28 सभी व्यक्तियों के लिए, चाहे वे विदेशी हों या भारतीय, धार्मिक स्वतंत्रता के अधिकार को प्रदान करता है। 42वें संविधान संशोधन द्वारा उद्देशिका में 'पंथनिरपेक्ष' शब्द जोड़कर इस बात को और स्पष्ट कर दियागया है। पंथ निरपेक्षता से तात्पर्य है कि राज्य सभी धर्मों के प्रति तटस्थता और निष्पक्षता का व्यवहार करेगा। ज्ञातव्य है कि पंथनिरपेक्षता पर आधारित प्रथम प्रजातंत्र की स्थापना संयुक्त राज्य अमेरिका में हुई थी। संविधान में धार्मिक स्वतंत्रता शब्द का प्रयोग अत्यन्त व्यापक अर्थों में धार्मिक अल्पसंख्यकों की संतुष्टि को ध्यान में रखकर किया गया है।

अंतःकरण आदि की स्वतंत्रता (Freedom of Conscience of Religion)

अनुच्छेद 25 का खण्ड(1) प्रत्येक व्यक्ति को अंत:करण की स्वतंत्रता और धर्म के अबाध रूप से मानने, आचरण करने तथा प्रचार करने का अधिकार प्रदान करता है। अंत:करण की स्वतंत्रता और धर्म के अबाध रूप से मानने, आचरण करने तथा प्रचार करने का अधिकार प्रदान करता है। अंत:करण की स्वतंत्रता से तात्पर्य व्यक्ति की आंतरिक स्वतंत्रता से है। जिसके तहत् वह अपनी इच्छानुसार अपने आराध्य के साथ सम्बन्ध स्थापित करता है। धर्म को मानने से तात्पर्य है, निर्बाध रूप से खुलकर अपने आस्था एवं विश्वास की घोषणा करना। धर्म के आचरण से अभिप्राय है अपने धर्म के जुड़े हुए कर्मकाण्ड करना, कर्तव्यों का पालन करना तथा अपने धार्मिक विश्वास को प्रकट करना। धर्म के प्रचार के अंतर्गत अपने धार्मिक विचार को दूसरों के समक्ष प्रकट करना तथा उसको मानने के लिए समझाना-बुझाना आता है। किंतु किसी व्यक्ति को लालच या दबाव के अधीन अपना धर्म परिवर्तन करने हेतु प्रेरित करना इसके अंतर्गत नहीं आता है। स्टैनी स्लाव बनाम मध्य प्रदेश के मामले में निर्णय दिया गया कि धर्म की स्वतंत्रता में दूसरों का धर्म परिवर्तन कराने की स्वतंत्रता शामिल नहीं है।

अन्य मूल अधिकारों की भांति धार्मिक स्वतंत्रता का अधिकार भी अत्यांतिक नहीं है। अनुच्छेद 25 का खण्ड (1) तथा (2) राज्य को उस पर निर्बन्धन लगाने की शक्ति प्रदान करते हैं।

अनुच्छेद 25(1) के अनुसार राज्य निम्न आधारों पर व्यक्ति की धार्मिक स्वतंत्रता पर विधि द्वारा निर्बन्धन आरोपित कर सकता है—यथा—

- लोक व्यवस्था
- सदाचार
- स्वास्थ्य

समय-समय पर सर्वोच्च न्यायालय ने उपरोक्त आरोपित निर्बन्धन पर अपने निर्णयों द्वारा प्रकाश डाला है। यथा—

1. गो-वध को इस्लाम की अनिवार्य प्रथा (बकरीद के अवसर पर) नहीं माना गया है। अत: लोक-व्यवस्था के संदर्भ में इसे विधि द्वारा प्रतिषेध किया जा सकता है।
2. प्रलोभन या बल पूर्वक धर्मांतरण पर प्रतिबंध।
3. मानव खोपड़ियों के साथ तांडव नृत्य या घातक हथियारों केसाथ सार्वजनिक जुलूस को सदाचार एवं लोकव्यवस्था के मद्देनजर प्रतिबंधित करना।
4. धर्मांतरण से सम्बद्ध जिन लौकिक गतिविधियों का विनियन राज्य कर सकता है, उनके सम्बन्ध में विधि के अनुरूप कार्यवाही की जानी चाहिए।

अनुच्छेद 25 (2) के अनुसार धार्मिक स्वतंत्रता के होते हुए भी राज्य निम्नलिखित के सम्बन्ध में विधि का निर्माण कर सकता है। यथा—

1. धार्मिक आचरण से सम्बद्ध किसी आर्थिक, वित्तीय, राजनैतिक या अन्य लौकिक क्रियाकलाप का विनियमन या निर्बन्धन करने वाली, या
2. सामाजिक कल्याण या सुधार के लिए उपबन्ध करने वाली अथवा
3. हिन्दूओं की धार्मिक संस्था को उनके सभी वर्गों के लिए खोलने का उपबन्ध करने वाली।

ध्यातव्य है कि यहाँ 'हिन्दू' शब्द के अंतर्गत बौद्ध, जैन तथा सिक्ख धर्म को मानने वाले लोग भी आते हैं। उपरोक्त अनुच्छेद के अंतर्गत कृपाण धारण करना और उसे लेकर चलना सिक्ख धर्म के मानने का अभिन्न अंग है।

धार्मिक कार्यों के प्रबंधन की स्वतंत्रता (Freedom to Manage Religious Affairs)

अनुच्छेद—26 के अंतर्गत धार्मिक कार्यों की प्रबन्धन की स्वतंत्रता दी गयी है। यह स्वतंत्रता व्यक्तियों को नहीं बल्कि धार्मिक सम्प्रदायों को दी गयी है। धार्मिक सम्प्रदाय किसी विशेष धर्म में विश्वास करने वाले व्यक्तियों का एक ऐसा समूह है जो एक विशिष्ट नाम से संगठित है—यथा—रामकृष्ण मिशन। अनुच्छेद 26 के अनुसार—प्रत्येक धार्मिक सम्प्रदाय या उसके अनुभाग को निम्नलिखित अधिकार प्राप्त हैं—

1. धार्मिक प्रयोजन के लिए संस्थाओं की स्थापना और पोषण का।
2. अपने धर्म विषयक कार्यों के प्रबन्धन का।
3. जंगम और स्थावर सम्पति के अर्जन और स्वामित्व का।
4. जंगम और स्थावर समिति का विधि के अनुसार प्रशासन का।

किंतु राज्य उक्त अधिकारों पर लोक व्यवस्था, सदाचार और स्वास्थ्य के आधार पर निर्बन्धन लगा सकता हैं।

ध्यातव्य है कि यह अधिकार सिर्फ व्यक्तियों द्वारा स्थापित संस्थाओं को प्राप्त है। यदि कोई संस्था संसद के अधिनियम द्वारा स्थापित की जाय तो उसे धार्मिक कार्यों में प्रबन्धन की स्वतंत्रता नहीं होगी यथा—अलीगढ़

मुस्लिम विश्वविद्यालय जो संसद के अधिनियम द्वारा स्थापित किया गया है, उसे धार्मिक कार्यों में प्रबन्धन की स्वततंत्रा प्राप्त नहीं है।

धार्मिक अभिवृद्धि हेतु कर से मुक्ति
(Freedom from Payment of Taxes for promotion of any Particular Religion)

अनुच्छेद—27 में यह प्रावधान है कि किसी भी व्यक्ति कोई ऐसा कर देने के लिए विवश नहीं किया जा सकता, जिसकी आय को किसी विशेष धर्म या धार्मिक सम्प्रदाय की अभिवृद्धि के लिए व्यय किया जाता है।

अर्थात् अनुच्छेद —27 कर लगाने का निषेध करता है न कि शुल्क लगाने का। कर बिना सेवा के एक अनिवार्य धन की वसूली है, जबकि शूल्क सेवा के बदले राज्य द्वारा वसूला जाने वाला धन है। अत: यदि राज्य किसी धार्मिक सम्प्रदाय के लिए कोई कार्य करता है तो उस कार्य के लिए उस धार्मिक सम्प्रदाय के लोगों से वह शुल्क वसूला सकता है।

शिक्षण संस्थाओं के बारे में स्वतंत्रता

अनुच्छेद—28 का खण्ड (1) राज्य निधि से पूर्णत: पोषित शिषण संस्थाओं में धार्मिक शिक्षा दिये जाने का निषेध करता है। अनुच्छेद 28 (2)इसका अपवाद है। इसके अनूसार यदि कोई शिक्षण संस्था जिसकी स्थापना किसी ऐसे विन्यास या न्याय के अधीन हुई, जिसके तहत् उस संस्था में धार्मिक शिक्षा देना आवश्यक है, तो ऐसी संस्था में धार्मिक शिक्षा दी जा सकती है।

अनुच्छेद–28(3) में यह प्रावधान किया गया है कि किसी व्यक्ति को, राज्य से एक मान्यता प्राप्त या राज्य निधि से सहायता प्राप्त शिक्षण संस्थाओं में दी जाने वाली धार्मिक शिक्षा में भाग लेने अथवा उसमें की जाने वाली धार्मिक उपासना मे उपस्थित होने के लिए बाध्य नहीं किया जा सकता।

किंतु यदि उस व्यक्ति ने अथवा यह अवयस्क है तो उसके संरक्षक ने इसके लिए अपनी सहमति दी है तो उसे धार्मिक शिक्षा मे भाग लेने या धार्मिक उपासना में उपस्थित होने के लिए विवश किया जा सकता है।

संस्कृति और शिक्षा सम्बन्धी अधिकार
(Cultural and Educational Right)

भारत की सांस्कृतिक विविधता को संरक्षित करने के उद्देश्य से संविधान के अंतर्गत 'संस्कृति और शिक्षा सम्बन्धी अधिकार' को अनुच्छेद—29 व 30 के अंतर्गत पाँचवें मूल अधिकार के रूप में स्थान दिया गया है। जहाँ अनुच्छेद—29 के अंतर्गत अल्पसंख्यक वर्गों के हितों को संरक्षण प्रदान किया गया है, वहीं अनुच्छेद—30 अल्पसंख्यक वर्गों को शिक्षण संस्थाओं की स्थापना और प्रशासन का अधिकार प्रदान करता है।

अल्पसंख्यक वर्गों के हितों का संरक्षण
(Right to Conserve Interest of Minorities)

अनुच्छेद—29(1) के अनुसार—भारत के प्रत्येक नागरिक को जिसकी अपनी विशेष भाषा, लिपि या सांस्कृतिक है, उसे बनाये रखने का अधिकार होगा। भारत के सुदूर क्षेत्रों में ऐसी अनेक आदिवासी जनजातियाँ बसती हैं, जिनकी अपनी विशिष्ट भाषा, लिपि और संस्कृति है। इसकी सुरक्षा, भारत की सांस्कृतिक विविधता को बनाये रखने के लिए आवश्यक है। इसी उद्देश्य की पूर्ति के लिए उक्त प्रावधान किया गया है। उल्लेखनीय है कि न्यायिक निर्णय के अनुसार भाषा, लिपि और संस्कृति को संरक्षित करने का अधिकार नागरिकों के सभी वर्गों (चाहे वे अल्पसंख्यक हैं या बहुसंख्यक) को प्राप्त है।

अनुच्छेद—29(2) शिक्षण संस्थाओं में प्रवेश के अधिकार के बारे में है। इसके अनुसार ऐसी किसी भी शिक्षण संस्था में जो राज्य द्वारा पोषित या राज्य निधि से सहायता प्राप्त है, किसी नागरिक के प्रवेश देने से केवल धर्म, जाति, मूलवंश, जाति, भाषा या इनमें से किसी आधार पर वंचित नहीं किया जा सकता।

शिक्षण संस्थाओं की स्थापना
(Right to Establish Educational Institutions)

अनुच्छेद—29, अल्पसंख्यकों को जहाँ अपनी भाषा लिपि तथा संस्कृति को संरक्षित करने का अधिकार प्रदान करता है। वहीं इस अधिकार के प्रयोग के लिए उन्हें अनुच्छेद 30(1) के अंतर्गत शिक्षण संस्थायें स्थापित करने का अधिकार दिया गया है। इसके अनुसार भाषा या धर्म पर आधारित सभी अल्पसंख्यक वर्गों को अपनी रूचि की शिक्षण संस्थाओं की स्थापना और प्रशासन का अधिकार होगा। सेन्ट जेवियर कॉलेज, अहमदाबाद बनाम गुजरात राज्य के वाद में कहा गया कि अल्पसंख्यक वर्ग को शिक्षण संस्था के प्रशासन के अधिकार में, प्रबंधन समिति के गठन का, शिक्षण के माध्यम को विनिश्चित करने का तथा शैक्षणिक व प्रशासनिक नीति के निर्धारण का अधिकार भी शामिल है। अनुच्छेद—30 (2) राज्य द्वारा शिक्षण संस्थाओं में विभेद का निषेध करता है। इसके अनुसार राज्य किसी शिक्षण संस्था को सहायता देने में इस आधार पर भेद-भाव नहीं करेगा कि वह किसी अल्पसंख्यक वर्ग के प्रबंधन में है।

ज्ञातव्य है कि अनुच्छेद 30(1), अनुच्छेद 29(2) के अधीन है। अत: राज्य पोषित या राज्य निधि से सहायता प्राप्त किसी अल्पसंख्यक शिक्षा संस्था में किसी नागरिक को प्रवेश देने से केवल धर्म, मूलवंश, जाति या भाषा के आधार पर मना नहीं किया जा सकता।

ध्यातव्य है कि अनुच्छेद—30 द्वारा प्रदत्त अधिकार नागरिक तथा गैर-नागरिक दोनों को प्राप्त है जबकि अनुच्छेद—29 द्वारा प्रदत्त अधिकार केवल नागरिकों को ही प्राप्त है।

भाग तीन के अपवाद

अनुच्छेद—33, संविधान के भाग तीन का अपवाद है। अनुच्छेद 13(2) में यह प्रावधान है कि राज्य कोई ऐसी विधि नहीं बनायेगा जो भाग—3 द्वारा प्रदत्त मूल अधिकारों को छीनती है या कम करती है, किंतु अनुच्छेद—33, संसद को यह शक्ति प्रदान करता है कि वह कुछ विशिष्ट वर्गों के सम्बन्ध में विशिष्ट प्रयोजनों की पूर्ति हेतु अधिकारों को निर्बन्धित या निराकृत करने वाली विधि बना सकती है। इस प्रकार अनुच्छेद—33, अनुच्छेद—13(2)

के प्रभाव से बहर है। अनुच्छेद—33 के अनुसार संसद निम्नलिखित वर्गों के सम्बन्ध में, उनके कर्तव्यों के उचित पालन और उनमें अनुशासन सुनिश्चित करने के उद्देश्य से विधि द्वारा यह अवधारित कर सकेगी कि, भाग—3 द्वारा प्रदत्त किसी मूल अधिकार को किस सीमा तक निर्बन्धित या निराकृत किया जाय। यथा—

1. सशस्त्र बलों के सदस्यों, या
2. लोक व्यवस्था के दायित्वाधीन बल के सदस्यों या
3. आसूचना ब्यूरो या तत्सम्बन्धी किसी अन्य संगठन में नियोजित व्यक्तियों, या
4. उक्त बल, ब्यूरो या संगठन हेतु स्थापित दूर संचार प्रणाली में नियोजित व्यक्तियों के सम्बन्ध में।

ध्यातव्य है कि अनुच्छेद—33 के अंतर्गत केवल संसद को विधि बनाने की शक्ति दी गयी है राज्य विधानमण्डलों को नहीं।

जब सेना विधि (मार्शल लॉ) लागू हो

अनुच्छेद—34 भारत के किसी राज्य क्षेत्र में सेना विधि के लागू होने पर, संसद की विधि बनाने की शक्ति के सम्बन्ध में है। इसके अनुसार जब भारत के किसी भाग में सेना विधि लागू हो तथा किसी सरकारी कर्मचारी या प्राइवेट व्यक्ति ने 'व्यवस्था बनाये रखने के लिए कोई कार्य किया है, तो संसद विधि द्वारा उनकी क्षतिपूर्ति कर सकता है तथा इस दौरान ऐसे क्षेत्र में सेना विधि के अधीन पारित दण्डादेश, दिये गये दण्ड, आदेशित समपहरण या किये गये अन्य कार्य को विधिमान्य कर सकती है। संसद द्वारा इस हेतु निर्मित विधि को इस आधार पर न्यायालय में चुनौती नहीं दी जा सकती है कि वह मूल अधिकारों का उल्लंघन करती है।

संसद की विधि बनाने की शक्ति

अनुच्छेद—35 के अंतर्गत संसद से यह अपेक्षा की गयी है कि वह उन कार्यों के लिए जिन्हें भाग—3 के अंतर्गत अपराध घोषित किया गया है (यथा—अनुच्छेद 17 व 23), दण्ड का प्रावधान करने के लिए विधि बनायेगी तथा यह स्पष्ट किया गया है कि अनुच्छेद—16(3), 32(3), 33 व 34 के अंतर्गत दिये गये विषयों पर और भाग तीन के अधीन घोषित अपराध हेतु दण्ड का प्रावधान करने के लिए 'विधि बनाने की शक्ति' सिर्फ संसद को होगी राज्य विधानमण्डलों को नहीं। इस प्रकार अनु-35 के तहत निर्दिष्ट विषयों के सम्बन्ध में, राज्यों की अधिकार पर रोक लगाते हुए सिर्फ संसद को विधि बनाने की शक्ति दी गई है।

संवैधानिक उपचारों का अधिकार (अनुच्छेद 32)

अनुच्छेद 32

संविधान में नागरिकों के न केवल मौलिक अधिकारों का वर्णन किया गया है बल्कि उन मौलिक अधिकारों की सुरक्षा की व्यवस्था भी की गयी है। डॉ. अम्बेडकर ने इस अनुच्छेद को संविधान की आत्मा कहा है। अधिकारों की रक्षा का भार सुप्रीम कोर्ट और हाई कोर्ट को सौंपा गया है। अनुच्छेद 32 द्वारा इन न्यायालयों को कुछ लेख अथवा आदेश जारी करने के अधिकार दिए गए हैं। अधिकारों की रक्षा करने के लिए न्यायालयों को निम्नलिखित आदेश जारी करने के अधिकार दिए गए हैं—

- **बंदी प्रत्यक्षीकरण (हैबियस कॉरपस) (Habeas Corpus)**—हैबियस कॉरपस का अर्थ है, 'शरीर को हमारे समक्ष पेश करो'। बंदी प्रत्यक्षीकरण का आदेश न्यायालयों की ओर से उस समय जारी किया जाता है जब किसी व्यक्ति को नजरबंद किया गया हो। जिस व्यक्ति को बंदी बनाया गया है वह स्वयं अथवा उसके संबंधी या मित्र या वकील न्यायालय से यह प्रार्थना करते हैं कि 'बंदी बनाये जाने का कारण अस्पष्ट और अनिश्चित है'। यदि न्यायालय यह समझे कि किसी व्यक्ति को अनुचित ढंग से बंदी बनाया गया है तो वह यह आदेश दे सकता है कि बंदी बनाये गये व्यक्ति की स्वतंत्रता तुरंत बहाल की जाय।
- **परमादेश (Mandamus)**—इसका अर्थ होता है 'हम आदेश देते हैं'। जब कोई व्यक्ति, संस्था, निगम अथवा न्यायालय अपने सार्वजनिक कर्तव्यों की पूर्ति न करे तो सुप्रीम कोर्ट या हाई कोर्ट यह आदेश दे सकता है कि कर्तव्यों की पूर्ति की जाये। सार्वजनिक कर्तव्यों की पूर्ति के लिए न्यायालय इस तरह के आदेश जारी करते हैं, निजी कर्तव्यों की पूर्ति के लिए नहीं।
- **प्रतिषेध (Prohibition)**—इसका अर्थ है 'मना करना'। यह आदेश केवल न्यायिक अधिकारियों के विरुद्ध ही जारी किए जा सकते हैं, कार्यपालिका के विरुद्ध नहीं। जब कोई न्यायालय अपने अधिकार क्षेत्र के बाहर जा रहा हो या फिर कोई ऐसा कार्य कर रहा जो उसके अधिकार क्षेत्र न हो तो उच्चतम न्यायालय तथा उच्च न्यायालय उसे ऐसा करने से रोक सकते हैं।
- **अधिकार पृच्छा (Qua. Warranto)**—इसका अर्थ है 'तुम्हें क्या हक है'? जब कोई व्यक्ति ऐसे पदाधिकारी के रूप में कार्य करने लगता है जिसके रूप में कार्य करने का उसे वैधानिक रूप से अधिकार नहीं है तो न्यायालय अधिकार.पृच्छा के आदेश द्वारा उस व्यक्ति से पूछता है कि वह किस आधार पर इस पद पर कार्य कर रहा है और जब तक वह इस प्रश्न का संतोषजनक उत्तर नहीं देता, वह कार्य नही कर सकता।
- **उत्प्रेषण लेख (Writ of Certiorari or Induction Articles)**—इसका अर्थ है—'और अधिक सूचित करो'। इस लेख के द्वारा उच्च न्यायालय किसी निम्न न्यायालय को यह आदेश देता है कि किसी केस से संबंधित कागजात या उसमें जो निर्णय हुआ है उन सबको उसके पास भेज दिया जाय। ऐसा करने के दो उद्देश्य हैं—
    1. वह केस उस न्यायालय में न चलकर उच्च न्यायालय में चलाया जा सके।
    2. यदि न्यायालय द्वारा दिया गया निर्णय न्याय के विरुद्ध हो तो उस फैसले को रद्द करके उसके स्थान पर दूसरा निर्णय दिया जा सके
- **अनुच्छेद 33**—के तहत संसद सशस्त्र बलों या पुलिस बलों के मूल अधिकारों को निलंबित कर सकती है।

- **अनुच्छेद 34**—के अनुसार यदि किसी क्षेत्र में सैनिक शासन प्रवृत्त है तो इस स्थिति में उस क्षेत्र के लोगों के मौलिक अधिकारों को निलंबित किया जा सकता है।
- **अनुच्छेद 35**—अनुच्छेद 33 और 34 के संदर्भ में कानून बनाने की शक्ति संसद को प्राप्त है, राज्य विधान मंडल को नहीं।

जनहित याचिका—जनहित याचिका एक ऐसा सार्वजनिक शक्तिशाली अस्त्र है जिसे भारत में विधायिका व कार्यपालिका के कानूनी दायित्वों को लागू करने के लिये न्यायपालिका ने प्राप्त किया है। इसका उद्देश्य न्याय देना तथा लोगों के हित के संवर्द्धन में सहायता करना है। इसकी व्याख्या एक ऐसी याचिका के रूप में की जा सकती है जिसका संबंध अधिकांश लोगों के हित-संरक्षण से है। आस्ट्रेलिया न्यायिक जनहित याचिका का जन्मदाता है। भारत में इसके जन्मदाता जस्टिस पी.एन. भगवती तथा उच्च न्यायालय को है। अपने अनेक आदेशों के माध्यम से सर्वोच्च न्यायालय ने जनहित याचिका से संबंधित नियमों को विकसित किया है। सार्वजनिक हित के लिये जागरूक कोई व्यक्ति या संस्था जनहित याचिका दायर कर सकती है। एक पोस्टकार्ड को भी रिट याचिका के रूप में माना जा सकता है। न्यायालय द्वारा दी गई राहत प्रायः राज्य को निर्देश या आदेश के रूप में होती है, जिसमें प्रभावित पक्षों का मुआवजा भी शामिल है।

जनहित याचिका ने चार प्रमुख उद्देश्यों को पूरा किया है—

1. इसने लोगों को उनके अधिकारों तथा उन्हें क्रियान्वित कराने के लिये न्यायपालिका के रूप में संस्थागत व्यवस्था के प्रति अत्यंत जागरूक बना दिया है। यह कहा जाताहै कि जनहित याचिका ने न्यायपालिका का लोकतंत्रीकरण कर दिया है।
2. जनहित याचिका द्वारा सर्वोच्च न्यायालय ने अनुच्छेद—32 व अनुच्छेद—226 की उदार व्याख्या करते हुए मौलिक अधिकारों के क्षेत्र को अत्यंत व्यापक बना दिया है।
3. इसने कार्यपालिका तथा विधायिका को लोगों के प्रति अपने संवैधानिक दायित्वों के निर्वाह के लिये बाध्य किया है।
4. इसने लोगों को भ्रष्टाचार मुक्त प्रशासन तथा रहने योग्य पर्यावरण प्रदान करने का एक प्रयास किया है।

अध्याय सार संग्रह

- मूल अधिकारों को सर्वप्रथम अमेरिका में पूर्ण संवैधानिक स्तर प्रदान किया गया है।
- सर्वप्रथम अमेरिका के सुप्रीम कोर्ट के चीफ जस्टिस द्वारा मारबरी बनाम मेडिसन (1803) के वाद में न्यायिक पुनर्विलोकन का सिद्धांत प्रतिपादित किया गया था।
- भारतीय संविधान के भाग—3 में अनुच्छेद 12.35 तक मूल अधिकारों का वर्णन किया गया है।
- विधि के शासन की स्थापना करना, संविधान में मूल अधिकारों को समावेशन करने का एक उद्देश्य है।
- मूल अधिकारों के प्रयोग पर युक्तियुक्त निर्बन्धन लगाये जा सकते हैं तथा यह आन्तरिक अधिकार नहीं है।
- भारत में मौलिक अधिकारों को (गोलकनाथ मामले में श्री सुब्बाराव ने कहा था) नैसर्गिक और अप्रतिदेय अधिकार माना है। मेनका गाँधी-वाद में भी और गोलकनाथ वाद में भी व्यक्त मत की पुष्टि की गई। न्यायमूर्ति बेग ने कहा है कि मौलिक अधिकार ऐसे अधिकार हैं जो स्वयं संविधान में समाविष्ट हैं।
- मौलिक अधिकार न केवल संघ व राज्य सरकारों की शक्तियों पर ही प्रतिबंध लगाते हैं अपितु उनके माध्यम से प्रत्येक ऐसी संस्था, जिसको कानून बनाने का अधिकार है, पर भी प्रतिबंध लगाया जा सकता है।
- आस्ट्रेलिया जनहित याचिका का जन्मदाता है। जनहित याचिका ने न्यायपालिका को लोकतंत्रीकरण कर दिया है।
- उच्चतम न्यायालय ने अपने एक निर्णय (अप्रैल 2004) में यह व्यवस्था दी है कि किसी फिल्म अथवा वृत्तिचित्र के मध्य में राष्ट्रगान आने से दर्शकों को खड़ा होना अनिवार्य नहीं है।
- स्वीडन विश्व का पहला ऐसा देश है जिसने अपने नागरिकों को 1766 में सूचना का अधिकार प्रदान किया। यहाँ सामान्य जन को सरकारी कागजात उपलब्ध होना अधिकार है तथा इसकी अनुपलब्धता अपवाद स्वरूप है।
- उच्चतम न्यायालय ने अपने एक फैसले में कहा था कि 'अधिकार ही मौलिक है, अधिकारों के प्रतिबंध मौलिक नहीं हो सकते'।
- जसवंत राय कपूर ने संविधान सभा में कहा था कि 'हमें मूल अधिकार वाले अध्याय का नाम मौलिक अधिकार का निरोध अथवा मौलिक अधिकार एवं उन पर निरोध रखना चाहिए'।
- संविधान के अनुच्छेद 22(3) में उल्लिखित है कि अनुच्छेद 22(1) और 22(2) में उपबन्धित अधिकार उस व्यक्ति को नहीं मिलते जो विदेशी शत्रु हैं या जो निवारक नजरबंदी के कानून के अनुसार गिरफ्तार किया गया हो।
- डी.डी. बसु के अनुसार, 'निवारक नजरबंदी का अर्थ है बिना मुकदमा चलाए किसी व्यक्ति की नजरबंदी। ऐसी परिस्थितियों में अधिकारियों के पास मिलने वाले सुबूत कानूनी अभियोग लाने या कानूनी सबूतों द्वारा दण्ड दिलाने के लिए काफी नहीं, फिर भी उसकी नजरबंदी के लिए काफी हो'।

अध्याय 6

राज्य के नीति निदेशक सिद्धांत

इस अध्याय में आप सीखेंगे किः

- वे कौन सी परिस्थितियां थी जब नीति निदेशक तत्वों को संविधान में समाहित करते हुए इन्हें वाद योग्य नहीं बनाया गया।
- नीति निदेशक तत्वों के द्वारा कैसे सामाजिक, आर्थिक एवं राजनैतिक क्षेत्र में प्रगति हो सकती है।
- सामान्य नागरिक आचार्य संहिता क्या है और इसकी आवश्यकता भारत जैसे विविध सामाजिक सांस्कृतिक देश में कैसे अपनी भूमिका अदा करेंगी।

अर्थ एवं उद्देश्य

राज्य के नीति निदेशक तत्व केन्द्र अथवा राज्यों की सरकारों और देश के प्रशासको के लिए एक आचार संहिता प्रदान करते हैं। जिसका पालन समय-समय पर इन्हें करना पड़ता है, क्योंकि ये तत्व उन उद्देश्यों को प्रतिपादित करते हैं, जो भारत के राज्य का आधार हैं। राज्य के नीति निदेशक तत्व संविधान की प्रस्तावना में उद्धत सामाजिक, आर्थिक और राजनैतिक न्याया तथा स्वतंत्रता, समानता और बंधुत्व का महत्त्व इसलिए भी है, क्योंकि ये नागरिकों के प्रति राज्य के सकारात्मक दायित्व हैं। भारतीय संविधान के चौथे भाग में राज्य के नीति निदेशक तत्वों का वर्णन किया गया है। विश्व में केवल आयरलैण्ड के संविधान में ही इसका वर्णन मिलता है। राज्य के नीति निदेशक तत्व वे विचार हैं जिन्हें संविधान निर्माताओं ने भविष्य में बनने वाली सरकारों के समक्ष एक पथ-प्रदर्शक के रूप में रखा है। ये संविधान के वास्तविक उद्देश्य को दर्शाते हैं। डॉ. राजेन्द्र प्रसाद के शब्दों में, 'राज्य नीति के निदेशक सिद्धांतों का उद्देश्य जनता के कल्याण को प्रोत्साहित करने वाली सामाजिक व्यवस्था का निर्माण करना है'। देश की मौलिक अधिकार परामर्शदात्री समिति ने यह स्वीकार किया था कि इन्हें प्रशासन के मूलभूत सिद्धांत माना जाये। प्रत्येक सरकार का यह कर्तव्य होगा कि इन्हें क्रियान्वित करे। डॉ. अम्बेडकर के शब्दों में, 'उनकी (संविधान निर्माताओं) यह इच्छा थी कि कितनी ही प्रतिकूल परिस्थितियाँ क्यों न हों सरकार को चाहिए कि वह इन्हें पूर्ण करने का प्रयत्न करे'। उच्चतम न्यायालय ने भी कई निर्णयों में कानूनों की वैधता की जांच करने में इन सिद्धांतों को प्राथमिकता दी है। अनुच्छेद 37 के अनुसार, मूल अधिकार न्यायालय द्वारा प्रवर्तनीय है जबकि तत्व न्यायालय द्वारा प्रवर्तनीय नहीं है। अत: मूल अधिकार को न्यायालय द्वारा लागू कराया जा सकता है किंतु निदेशक तत्वों को न्यायालय द्वारा लागू नहीं कराया जा सकता।

नीति निदेशक तत्वों के सिद्धांत

नीति निदेशक तत्व तीन सिद्धांतों पर आधारित हैं—समाजवादी अथवा आर्थिक सुरक्षा सम्बन्धी, गाँधीवादी तथा बौद्धिक उदारवादी सिद्धांत। इसके अलावा एक सामान्य सिद्धांत भी है। इनका विस्तारपूर्वक वर्णन इस प्रकार है—

समाजवादी सिद्धांत

अनुच्छेद 39 के अनुसार राज्य लोक-कल्याण और न्याय की प्राप्ति के लिए अपनी नीति का इस प्रकार निर्देशन करेगा कि—समस्त नागरिकों को समान रूप से जीवन-निर्वाह के पर्याप्त साधन प्राप्त हो सकें। जन-कल्याण हेतु समाज के भौतिक साधनों के स्वामित्व और नियंत्रण का समुचित वितरण हो। जनहित के विरुद्ध धन के केन्द्रीयकरण को रोका जाये। पुरुषों तथा स्त्रियों को समान कार्य के लिए समान वेतन मिले। श्रमिक पुरुषों, स्त्रियों और बालकों के स्वास्थ्य और शक्ति का तथा बच्चों की बाल्य-अवस्था का दुरूपयोग न हो, ऐसी परिस्थितियों का विरोध किया जाये जिसमें नागरिकों को अपनी

सामर्थ्य एवं आयु के प्रतिकूल रोजगारों का अनुसरण करने के लिए विवश होना पड़े। काम पाने, शिक्षा पाने तथा बेकारी, बुढ़ापा और अंगहीनता की दशाओं में सार्वजनिक सहायता प्राप्त करने के अधिकार का प्रावधान करेगा। राज्य काम की यथोचित और मानवोचित दशाओं का तथा प्रसूति सहायता की व्यवस्था करेगा। कानून अथवा आर्थिक संगठनों द्वारा ऐसी परिस्थिति पैदा की जाए जिससे कृषि उद्योगों तथा अन्य क्षेत्रों में श्रमिकों को कार्य तथा निर्वाह योग्य मजदूरी तथा उत्तम-स्तर और अवकाश तथा सामाजिक और सांस्कृतिक सु अवसर प्राप्त हो। राज्य जनता के दुर्बलतर भागों विशेषकर अनुसूचित जातियों तथा अनुसूचित जन-जातियों की शिक्षा तथा अर्थ संबंधी हितों का विशेष रूप से संरक्षण एवं उन्नति की व्यवस्था का प्रयास करेगा।

गांधीवादी सिद्धांत

नीति निदेशक तत्वों पर गांधीवादी विचारधारा का सबसे अधिक प्रभाव दृष्टिगोचर होता है। गांधीवादी सिद्धांतों को संविधान का आधार बनाने के पक्ष में संविधान निर्माता स्वतंत्रता संग्राम के समय से ही थे। गांधीवादी दर्शन पर आधारित निम्नलिखित तत्वों को संविधान के इस भाग में स्थान दिया गया है—राज्य ग्राम पंचायतों का संगठन करेगा और इन पंचायतों को ऐसी शक्तियां प्राप्त होंगी जिससे कि वे स्वायत्त शासन की इकाई के रूप में काम कर सके। राज्य समाज के दुर्बलतम वर्गों, विशेषकर अनुसूचित जातियों एवं जन-जातियों के शैक्षणिक तथा आर्थिक हितों की वृद्धि के लिए प्रयास करेगा। राज्य गांवों के कुटीर उद्योगों को वैयक्तिक तथा सहकारी आधार पर बढ़ाने का प्रयास करेगा। राज्य कृषि एवं पशुपालन का वैज्ञानिक ढंग से संचालन करेगा, गौवंश की रक्षा करेगा, विशेषकर बछड़ों, दूध देने वाले तथा भारवाही पशुओं की नस्ल को सुधारने और उनके वध-निषेध हेतु प्रयास करेगा। राज्य मादक वस्तुओं का, केवल चिकित्सा का उपयोग छोड़कर, निषेध करे।

बौद्धिक उदारवादी सिद्धांत

इस वर्ग में उन निदेशक तत्वों को रखा जा सकता है जिन पर उदारवादियों का प्रभाव पड़ा है—राज्य सभी भारतीय क्षेत्र में नागरिकों के लिए समान सिविल संहिता प्रदान कराने की कोशिश करेगा। राज्य चौदह वर्ष तक की अवस्था वाले सभी बच्चों की नि:शुल्क और अनिवार्य शिक्षा देने की व्यवस्था करेगा। राज्य कृषि और पशु-पालन का आधुनिक तथा वैज्ञानिक ढंग पर संगठन करेगा। राज्य देश की न्यायपालिका को कार्यपालिका से अलग रखेगा। राज्य द्वारा राष्ट्रीय महत्त्व के स्मारकों, कलात्मक या ऐतिहासिक महत्त्व के स्थानों की सुरक्षा का प्रबंध किया जाएगा। राज्य द्वारा नागरिकों के लिए एक समान कानून संहिता बनाने का प्रयास किया जाएगा। अंतर्राष्ट्रीय क्षेत्र में निम्नलिखित नीति के अनुपालन का प्रयास करेगा—

(क) अंतर्राष्ट्रीय शान्ति और सुरक्षा की प्रगति का।

(ख) राष्ट्रों के बीच न्यायपूर्ण एवं सम्मानपूर्ण सम्बन्धों को बनाये रखने का।

(ग) संगठित लोगों के एक दूसरे से व्यवहारों में अंतर्राष्ट्रीय कानून और संधियों के प्रति आदर का भाव बढ़ाने का तथा

(घ) अंतर्राष्ट्रीय विवादों को मध्यस्थता द्वारा निपटाने के प्रयास के लिए प्रोत्साहन का।

सामान्य सिद्धांत—संविधान लागू होने के बाद से सरकार ने पंचवर्षीय योजनाओं के आधार पर कृषि, उद्योग, शिक्षा, स्वास्थ्य, नौकरी व कार्य के साधनों में वृद्धि तथा राष्ट्रीय आय तथा लोगों के रहन-सहन के स्तर को ऊँचा उठाने के प्रयास किये हैं। युवक वर्ग व बालकों की शोषण से रक्षा करने के लिए अनेक कानून बनाये हैं—जैसे—कर्मचारी राज्य बीमा अधिनियम, कर्मचारी क्षतिपूर्ति अधिनियम आदि। छुआछूत को दूर करने का प्रयास किया है, अनुसूचित और पिछड़ी-जातियों के बच्चों को शिक्षा देने के लिए छात्रावृत्ति की व्यवस्था है। प्राथमिक शिक्षा नि:शुल्क देने के प्रयास जारी हैं यद्यपि वे अधूरे हैं। लोकतांत्रिक विकेन्द्रीकरण और सामुदायिक विकास योजनाओं द्वारा ग्राम पंचायतों और पंचायती राज्य व्यवस्था को अधिक सशक्त बनाया जा रहा है। आर्थिक समानता स्थापित करने के लिए तथा धन के केन्द्रीकरण को रोकने के लिए सरकार ने सार्वजनिक क्षेत्र के बड़े उद्योगों का राष्ट्रीयकरण किया है।

संविधान के अन्य भागों में निदेशक सिद्धांत—भाग 4 में समाविष्ट निदेशक सिद्धांतों के साथ-साथ राज्य से संबंधित ऐसे कुछ और निर्देश सिद्धांत भी संविधान के अन्य भागों में समाहित हैं जो न्याययोग्य नहीं हैं। ये हैं—

1. अनुच्छेद 350क राज्य को और राज्य के अंदर प्रत्येक स्थानीय अधिकारी को यह निर्देश देता है कि भाषाई दृष्टि से अल्पसंख्यक समूहों से संबद्ध बच्चों को प्रारंभिक चरण में उनकी मातृभाषा में शिक्षा दी जाए।
2. अनुच्छेद 351 को यह आदेश देता है कि वह हिन्दी भाषा के प्रचार-प्रसार को प्रोत्साहन दे और इसे इस तरह विकसित करे कि यह भारत की जटिल बहुलतावादी संस्कृति के सभी तत्वों की अभिव्यक्ति का एक माध्यम बन जाए।
3. अनुच्छेद 335 यह आदेश देता है कि अनुसूचित जातियों और जनजातियों के सदस्यों के दावों का प्रशासन की दक्षता बनाए रखते हुए ध्यान दिया जाएगा। इस लिहाज से संघ या किसी राज्य के विभिन्न मामलों के परिप्रेक्ष्य में विभिन्न सेवाओं और पदों पर नियुक्ति की दृष्टि से प्रशासनिक कौशल को निरंतर बरकरार रखा जाना चाहिए।

यद्यपि अनुच्छेद 335, 350क और 351 में समाविष्ट निदेशक तत्व या सिद्धांत भाग 4 में शामिल नहीं है, न्यायालयों ने उन पर समान रूप से ध्यान दिया है और इस सिद्धांत को चरितार्थ किया है कि संविधान के सभी हिस्सों का एक साथ सिंहावलोकन होना चाहिए।

नीति निदेशक तत्वों का महत्व

नीति निदेशक तत्वों की रचना व्यापक जनहित तथा लोक-कल्याण को दृष्टि में रखकर ही की गई थी, इसलिए जनमत ही इनके पीछे अनुशक्ति है। कोई भी सरकार आसानी से जनमत को अपने प्रति विमुख किए बिना इनकी अवहेलना नहीं कर सकती। इतना ही नहीं अनेक न्यायिक निर्णयों द्वारा अब इन्हें न्यायिक मान्यता भी प्राप्त हो गयी है। आज न्यायपालिका ने भी इन्हें राष्ट्र की इच्छा का प्रतीक मान लिया है। सर्वोच्च न्यायालय ने इन्हें

अनेक निर्णयों में देश के शासन में मूलभूत तत्वों के रूप में मानकर संविधान की पवित्रता प्रदान की है। नीति निदेशक तत्व संविधान का अंतरंग अंग है। इसलिए वे इसकी रक्षार्थ कृत-संकल्प हैं। अनेक बार न्यायपालिकाओं ने संविधान की व्याख्या करते समय निदेशक तत्वों को दृष्टिगत रखा है। जब कभी न्यायपालिका के सम्मुख कोई संवैधानिक कठिनाई उत्पन्न हुई है, न्यायपालिका ने संविधान की प्रस्तावना तथा राज्य के नीति-निर्देश तत्वों को ध्यान में रखकर संविधान को समझने का प्रयास किया है। ये सिद्धांत नीति-निर्माण में सरकार की सहायता करते हैं तथा इनका उल्लंघन नैतिक दृष्टिकोण से उतना ही घातक हो सकता है, जितना मौलिक अधिकारों का। वास्तव में देखा जाय तो नीति निदेशक तत्व तथा मौलिक अधिकारों में किसी प्रकार का मूल विरोधाभास नहीं है। ये दोनों एक-दूसरे के परस्पर विरोधी नहीं अपितु, पूरक एवं सहायक हैं। प्रसिद्ध अंग्रेज़ विद्वान एलेन ग्लेडहिल ने कहा है 'यदि भारतीय संविधान को अपना पवित्र स्वरूप बनाए रखना है और यदि इसको स्थाई रखना है तो किसी भी लोकप्रिय व्यक्ति के लिए ऐसा व्यवस्थापन प्रस्तावित करना कठिन होगा जिसका आधार मौलिक अधिकार अथवा नीति निदेशक तत्व न हो। मौलिक अधिकारों अथवा नीति निदेशक तत्वों से विरोध रखने वाला वैधानिक प्रस्तावों को विरोधी दल असंवैधानिक कहकर अस्वीकृत कर देंगे'। नैतिक आदेशों को अव्यावहारिक अथवा मूल्यहीन कहकर उनका अवमूल्यन नहीं किया जा सकता। ऐसे अनेक दृष्टान्त प्रस्तुत किये जा सकते हैं जिनसे यह सिद्ध होता है कि जीवन में नैतिक मूल्यों एवं आदर्शों का एक महत्त्वपूर्ण स्थान है तथा जिनके कारण अनेक बिगड़े हुए व्यक्ति सुधर गये हैं। यही विचार एलेन ग्लेडहिल ने भी व्यक्ति किए हैं। उनके शब्दों में 'अनगिनत व्यक्तियों के जीवन नैतिक आदेशों के फलस्वरूप सुधरे हैं और ऐसे उदाहरण भी अवश्य मिल जायेंगे, जबकि उच्च नैतिक आदर्शों का राष्ट्र के इतिहास पर प्रभाव पड़ा है'।

निदेशक तत्वों का क्रियान्वयन

पहला संविधान संशोधन अधिनियम (1951) भूमि सुधारों के क्रियान्वयन के लिये था। चौथे, सत्राहवें, पच्चीसवें, 42वें तथा 44वें संशोधन अधिनियमों में इसी का अनुगमन किया गया। 73वाँ संशोधन अधिनियम (1992) अनुच्छेद 40 (ग्राम पंचायत) के क्रियान्वयन की दिशा में एक कदम था। ताजमहल जैसे ऐतिहासिक स्मारकों के संरक्षण का कार्य भारतीय पुरातत्व सर्वेक्षण (ASI) को दिया गया है जो अनुच्छेद 49 के प्रावधान का अनुपालन है। भारतीय पुरातत्व सर्वेक्षण ने 1992 के उत्तरार्ध में जगन्नाथपुरी मंदिर का क्षय से संरक्षण का कार्य हाथ में लिया। अनेक योजनाएँ जैसे—मादक पेयों के प्रतिषेध हेतु कुछ राज्यों की नीति (यथा—1993 में आन्ध्र प्रदेश) अनुच्छेद 47 का ही अनुसरण है। हरित क्रांति तथा जैव—प्रौद्योगिकी में शोध का एक लक्ष्य कृषि व पशुपालन का आधुनिकीकरण भी है, जो कि अनुच्छेद 48 का अनुसरण है। पर्यावरण संरक्षण अधिनियम, 1986, वन्य जीवन अधिनियम, राष्ट्रीय वन नीति, 1980 आदि कुछ ऐसे कदम हैं जो अनुच्छेद 48(क) के क्रियान्वयन की दिशा में लिये गए हैं। 1995 में केन्द्र सरकार ने राष्ट्रीय पर्यावरण न्यायाधिकरण की स्थापना की। जिला स्तर पर कुद न्यायिक शक्तियों से कार्यपालिका के कार्य को अलग करने के लिए आपराधिक प्रक्रिया संहिता में किया गया संशोधन अनुच्छेद 50 का अनुसरण है। अंतर्राष्ट्रीय शांति को सुनिश्चित करने के लिये भारत ने अनेक प्रयास किये हैं। यथा—संयुक्त राष्ट्र की शांति स्थापना की कार्यवाहियों में भाग लेना (सोमालिया, सियरा लियोन आदि), गुटनिरपेक्ष आंदोलन का प्रारंभ व नेतृत्व करना इत्यादि। मनरेगा जैसे कार्यक्रम अनु-43 के तहत चलाये जा रहे हैं।

मौलिक अधिकार एवं निदेशक सिद्धांतों में अंतर

मौलिक अधिकार न्यायालयों द्वारा लागू हो सकते हैं, जबकि राज्य नीति के निदेशक तत्व न्यायालय द्वारा लागू नहीं कराये जा सकते हैं अर्थात् मौलिक अधिकार-वाद योग्य हैं जबकि नीति निदेशक तत्व-वाद योग्य नहीं हैं। मौलिक अधिकार नकारात्मक तथा सकारात्मक दोनों है, जबकि नीति निदेशक सिद्धांत सिर्फ सकारात्मक हैं। मौलिक अधिकारों का लक्ष्य राजनैतिक लोकतंत्र की स्थापना है जबकि नीति निदेशक तत्वों द्वारा आर्थिक लोकतंत्र एवं कल्याणकारी राज्य की स्थापना का प्रयास किया गया है। मौलिक अधिकार आत्यंतिक नहीं, उन पर कुछ प्रतिबंध हैं, जबकि नीति निदेशक सिद्धांतों पर कोई प्रतिबन्ध नहीं है। मौलिक अधिकारों को (अनुच्छेद 20 तथा 31 में वर्णित अधिकारों को छोड़कर) अनुच्छेद 352 के अंतर्गत घोषित आपातकालीन स्थिति में निलंबित किया जा सकता है, जबकि निदेशक तत्वों को किसी भी स्थिति में निलंबित नहीं किया जा सकता है। मूल अधिकार का विषय व्यक्ति है। यह व्यक्तियों को प्रदान कर राजनीतिक लोकतंत्र की स्थापना की गयी है, जबकि नीति निदेशक तत्वों द्वारा आर्थिक लोकतंत्र तथा कल्याणकारी राज्य की स्थापना का प्रयास किया गया है।

मूल अधिकार तथा राज्य के नीति निदेशक सिद्धांत के मध्य न्यायिक निर्णय—मूल अधिकार एवं नीति निदेशक तत्वों में सर्वोच्चता के प्रश्न को लेकर स्वतंत्रता के पश्चात् विविध समय एवं परिस्थितियों पर निम्नांकित स्थिति उत्पन्न हुई-सर्वप्रथम मद्रास राज्य बनाम चम्पाकम दोराइराजन (1951) के मामले में उच्चतम न्यायालय के समक्ष यह प्रश्न विचार के लिए आया कि मूल अधिकार और निदेशक तत्वों के विरोध की स्थिति में किसे सर्वोच्चता दी जाये। न्यायालय ने निर्णय दिया कि भाग 4 एवं भाग 3 के मध्य विरोध होने पर न्यायालय में मौलिक अधिकारों (भाग 3) को अधिमान (महत्त्व) दिया जायेगा। नीति निदेशक तत्वों को मूल अधिकारों के सहायक रूप में उल्लेखित किया गया है। नीति निदेशक तत्वों को प्रभावी बनाने के लिए 1951 में प्रथम, 1955 में चौथा संशोधन किया गया। केरल एजुकेशन बिल के मामले में इसे चुनौती दी गयी। उच्चतम न्यायालय ने मत व्यक्ति किया कि यद्यपि नीति निदेशक तत्व मूल अधिकारों पर अविभावी नहीं हो सकते हैं, तथापि मूल अधिकारों के विस्तार को निर्धारित करते समय नीति निदेशक तत्वों की उपेक्षा नहीं की जा सकती। 25वें संविधान संशोधन अधिनियम 1971 द्वारा संसद ने नीति निदेशक तत्वों के महत्त्व को बढ़ा दिया। इस संशोधन द्वारा अनुच्छेद 31 में एक नया अनुच्छेद 31(ग) जोड़ा गया जो राज्य को अनुच्छेद 39(ख) और (ग) में उल्लेखित निदेशक तत्वों को, कार्यान्वित करने के लिए विधि बनाने की शक्ति देता है। ऐसी विधि इस आधार पर शून्य नहीं होगी कि वह अनुच्छेद 14 एवं 19 के द्वारा

प्रदत्त मूल अधिकारों का अतिक्रमण करती है। इस प्रकार 25वें संशोधन द्वारा अनुच्छेद 39(ख) और (ग) में उल्लेखित निदेशक तत्वों को मूल अधिकारों पर प्रभावी बनाया गया। केशवानन्द भारती बनाम केरल राज्य के मामले में 25वें संविधान संशोधन में उल्लेखित निदेशक तत्वों के महत्त्व को स्वीकृत करते हुए इस निर्णय में न्यायाधिपति हेगड़े और मुखर्जी ने निदेशक तत्वों के संबंध में कहा कि संविधान का भाग 4 उस सामाजिक तथा आर्थिक क्रांति को लाने के लिए बनाया गया था जिसकी पूर्ति स्वतंत्रता के बाद ही होनी थी। भाग 4 की उपेक्षा का अर्थ है, संविधान में उपबंधित शक्ति राष्ट्र को दिलाई गयी दशाओं तथा उन आदर्शों की अपेक्षा करना जिन पर हमारे संविधान का निर्माण किया गया है। निदेशक-तत्वों का निष्ठापूर्वक पालन किये बिना संविधान में परिकल्पित कल्याणकारी राज्य की प्राप्त असंभव है। 42वें संवैधानिक संशोधन अधिनियम 1976 द्वारा अनुच्छेद 31(ग) का विस्तार करते हुए भाग 4 के सभी नीति निदेशक तत्वों को मौलिक अधिकार पर प्राथमिकता दी गयी है। 9 मई 1980 को मिनर्वा मिल बनाम भारत संघ के मामले में उच्चतम न्यायालय के पांच न्यायाधीशों की पूर्ण खण्डपीठ ने 4:1 के बहुमत से 42वें संविधान संशोधन द्वारा किये गए अनुच्छेद 31(ग) के विस्तार को असंवैधानिक घोषित करते हुए इसे संविधान के 'मूलभूत ढांचे' का उल्लंघन घोषित किया। इस निर्णय के अनुसार न्यायालय के नीति निदेशक तत्वों को कार्यान्वित करने के लिए मूल अधिकारों को समाप्त करना आवश्यक नहीं है। मूल अधिकार और नीति निदेशक तत्व एक दूसरे के पूरक हैं। मिनर्वा मिल्स में 31ग के विस्तार को (42वां संविधान संशोधन) समाप्त कर यह निर्धारित किया गया है कि अनुच्छेद 31(ग) किसी विधि को तभी संरक्षण प्रदान कर सकेगा जब वह अनुच्छेद 39(ख) तथा (ग) के निदेशक तत्वों को कार्यान्वित करने के लिए हो तथा वह अनुच्छेद 14, 19 में वर्णित मौलिक अधिकारों का उल्लंघन करते हों।

नीति निदेशक तत्वों का वर्गीकरण

1. सामाजिक आर्थिक न्याय सम्बन्धी निदेशक तत्व

(क) अनुच्छेद—38—सामाजिक और आर्थिक न्याय पर आधारित सामाजिक व्यवस्था।

(ख) अनुच्छेद—39—आर्थिक न्याय की स्थापना में अनुसरणीय नीति तत्व।

(ग) अनुच्छेद—39क—समान न्याय और निःशुल्क विधिक सहायता।

2. सामाजिक सुरक्षा सम्बन्धी निदेशक तत्व

(क) अनुच्छेद—41—कुछ अवस्थाओं में काम शिक्षा तथा लोक सहायता प्राप्त करने का अधिकार।

(ख) अनुच्छेद—42—काम की न्याय और मानवोचित अवस्थाओं का उपबंध।

(ग) अनुच्छेद—43—कामगारों के लिए जीवन-निर्वाह और मजदूरी।

(घ) अनुच्छेद—43क—उद्योगों के प्रबन्ध में कामगारों का भाग लेना।

(च) अनुच्छेद—46—समाज के कमजोर वर्ग, अनुसूचित जाति व जनजाति की शिक्षा और उनके हितों की उन्नति।

(छ) अनुच्छेद—45—बच्चों को निःशुल्क एवं अनिवार्य शिक्षा।

(ज) अनुच्छेद—47—आहार, पौष्टिक भोजन और जीवन—स्तर को ऊँचा करने का कर्तव्य।

3. सामाजिक कल्याण सम्बन्धी निदेशक तत्व

(क) अनुच्छेद—44—नागरिकों के लिए समान सिविल संहिता।

(ख) अनुच्छेद—48—कृषि और पशुपालन संगठन।

(ग) अनुच्छेद—48क—पर्यावरण की सुरक्षा तथा वनों एवं वन्यजीवों की सुरक्षा।

(घ) अनुच्छेद—49—राष्ट्रीय स्मारकों, स्थानों तथा वस्तुओं का संरक्षण।

(च) अनुच्छेद—50—न्यायपालिका का पृथक्करण।

(छ) अनुच्छेद—51—अंतर्राष्ट्रीय शांति और सुरक्षा की अभिवृद्धि

अध्याय सार संग्रह

- न्यायालय द्वारा नीति निदेशक तत्वों का प्रवर्तन नहीं कराया जा सकता है, परंतु ये देश के शासन के लिए मूलभूत हैं तथा विधि निर्माण में इन तत्वों को प्रवर्तित करना राज्य का मूलभूत कर्तव्य है।
- डॉ. भीमराव अम्बेडकर ने राज्य के नीति निदेशक सिद्धांत के सम्बन्ध में कहा था कि ये भारतीय संविधान की अनोखी विशेषतायें हैं। इनमें एक कल्याणकारी राज्य का लक्ष्य निहित है।
- राज्य के नीति निदेशक तत्व में आर्थिक सामाजिक प्रशासनिक सिद्धांत अंतर्निहित हैं।
- भारतीय संविधान के 25वें तथा 42वें संशोधन द्वारा राज्य के नीति निदेशक तत्वों के महत्त्व को विशेष स्थान दिया गया क्योंकि उन्हें मूल अधिकारों पर सर्वोच्चता प्रदान की गयी है।
- राज्य के नीति निदेशक तत्वों को कार्यान्वित करने वाली विधियों को इस आधार पर चुनौती नहीं दिया जा सकता है कि वे अनुच्छेद 14 तथा 19 में प्रदत्त मूलाधिकार का अतिक्रमण करती है।
- मूल अधिकार तथा राज्य के नीति निदेशक तत्वों में मुख्य अंतर यह है कि नीति निदेशक तत्वों का न्यायिक प्रवर्तन सम्भव नहीं है, जबकि मूल अधिकार के सम्बन्ध में ऐसा सम्भव है।
- सरकार द्वारा बनाये गये कानून संविधान के नीति निदेशक तत्व पर अधिक आधारित हैं।
- राज्य के नीति निदेशक सिद्धांत सकारात्मक प्रकृति के हैं क्योंकि राज्य को निश्चित कार्यों को करने के लिए निर्देश देते हैं जबकि मूल अधिकार की प्रकृति नकारात्मक है क्योंकि ये राज्य को कुछ कार्यों को न करने के लिए निर्देश देते हैं।
- डॉ. पायली के अनुसार, 'निदेशक तत्व भारतीय प्रशासकों के आचरण के सिद्धांत हैं'।
- ग्रेनविल आस्टिन ने राज्य के नीति निदेशक सिद्धांतों को 'आर्थिक स्वाधीनता की घोषणा' कहा है।
- प्रो. के.टी. शाह ने नीति निदेशक तत्व के बारे में कहा है कि, 'यह एक ऐसा चेक है जिसका भुगतान बैंक की इच्छा पर छोड़ दिया गया है'।
- भारतीय संविधान के नीति निदेशक तत्व फेबियन समाजवाद की स्थापना करते हैं।
- नीति निदेशक तत्वों का लक्ष्य भारत में समाजवादी एवं कल्याणकारी राज्य की स्थापना करना है।
- मिनर्वा मिल्स वाद में उच्चतम न्यायालय ने कहा कि 'मूल अधिकार और राज्य के नीति के निदेशक तत्व परस्पर पूरक हैं—एक के लिए दूसरे का त्याग आवश्यक नहीं है'।
- डॉ. भीमराव अम्बेडकर ने कहा था, 'यदि कोई सरकार निदेशक तत्वों की उपेक्षा करती है, तो उसे निश्चित ही इसके लिए मतदाताओं के समक्ष उत्तरदायी होना पड़ेगा'।
- संविधान के अनुच्छेद 38 और 39 में विधिशास्त्र क 'वितरण-न्याय' का सिद्धांत निहित है। कानून बनाने की दृष्टि से 'वितरण-न्याय' की अवधारणा का तत्पर्य है—नागरिकों के बीच असमानता (विषमता) को समाप्त करना।
- 'नीति निदेशक तत्वों का लक्ष्य है' 'आर्थिक लोकतंत्र' की स्थापना करना, जो राजनैतिक लोकतंत्र से भिन्न है।
- प्रो. के.सी. हवीयर ने नीति निदेशक तत्वों को 'उद्देश्यों एवं आकांक्षाओं का घोषणा पत्र' कहा है।
- एम.सी. छागला ने कहा था कि, 'यदि इन निदेशक सिद्धांतों को अच्छी प्रकार व्यावहारिक रूप दिया जाए तो हमारा देश पृथ्वी पर स्वर्ग बन जाए'।
- टी.टी. कृष्णामाचारी ने नीति निदेशक तत्वों को भावनाओं का सच्चा कूड़ेदान कहा है।
- जेनिंग्स के अनुसार—आने वाली सदी में ये तत्व नि:संदेह निरर्थक हो जाएंगे।

7 अध्याय

मौलिक कर्तव्य

इस अध्याय में आप सीखेंगे किः

- मौलिक कर्तव्य क्या हैं तथा इन्हें संविधान में समाहित किये जाने के कारण क्या हैं। संविधान में उल्लिखित 11 मौलिक कर्तव्यों की आवश्यकता और महत्व के बारे में सीखेंगे।
- आज के दौर में मौलिक कर्तव्यों का अनुपालन करना क्यों आवश्यक है तथा इनके अनुपालन से कौन-कौन सी ऐसी समस्याएँ हैं जो कि समाप्त हो जायेंगी।

जिस प्रकार राज्य द्वारा नागरिकों को कुछ अधिकार दिये जाने आवश्यक होते हैं उसी प्रकार नागरिकों के भी राज्य के प्रति कुछ कर्तव्य होते हैं। अधिकारों का अभिप्राय है कि मनुष्य को कुछ स्वतंत्रताएं प्राप्त होनी चाहिए, जबकि कर्तव्यों का अर्थ है कि समाज के व्यक्ति के ऊपर कुछ ऋण हैं। समाज का उद्देश्य, किसी व्यक्ति का विकास न होकर सभी मनुष्यों के व्यक्तित्व का समुचित विकास है। इसलिए प्रत्येक व्यक्ति के अधिकार के साथ कुछ कर्तव्य जुड़े हुए हैं। अधिकार व कर्तव्य एक ही सिक्के के दो पहलू हैं क्योंकि कोई भी अधिकार दूसरे व्यक्ति का कर्तव्य होगा। अधिकार व कर्तव्यों को एक-दूसरे से अलग नहीं किया जा सकता। प्रजातंत्रीय शासन-प्रणाली में जनता की भागीदारी अधिक होती है तो कर्तव्यों का वहन भी जनता के द्वारा समझदारी से किया जाना चाहिए। संयुक्त राज्य अमेरिका सदृश अधिकांश पश्चिमी राज्यों का संविधान नागरिकों के अधिकारों को महत्त्वपूर्ण स्थान देता है, परंतु उसके कर्तव्यों का उल्लेख नहीं करता है। जापान, इटली जैसे देश अपवाद हैं जिसने उदारपंथी लोकतंत्र के पाश्चात्य 'मॉडल' को अपनाने के साथ-साथ अपने संविधान में अनेक प्रकार के कर्तव्यों को भी स्थान दिया है। इन्हें रूस-चीन जैसे देशों में विशेष स्थान दिया गया है परंतु वर्तमान में लगभग सभी देशों में भी इसे अपनाया जा रहा है।

संविधान में मूल कर्तव्यों की आवश्यकता

संविधान संशोधन समिति (डॉ. स्वर्ण सिंह की अध्यक्षता में) के अधिकांश सदस्यों का विचार था कि जहाँ भारतीय संविधान में मूल अधिकारों का उल्लेख है, वहीं मूल कर्तव्यों को भी उल्लेख होना चाहिए, क्योंकि उनके अनुसार अधिकार और कर्तव्यों का भी उल्लेख होना चाहिए, क्योंकि उनके अनुसार अधिकार और कर्तव्य एक दूसरे के पूरक और अन्योन्याश्रित होते हैं। 42वें संविधान संशोधन द्वारा अनुच्छेद 51(क) नये भाग-4-क के अंतर्गत अन्तः स्थापित किया गया और उसमें दस मूल कर्तव्यों का उपबंधित किया गया। बाद में 86वाँ संशोधन 2002 द्वारा एक अन्य कर्तव्य जोड़ा गया। संविधान के उपबंध पर ध्यान देने पर स्पष्ट हो जाता है कि भारतीय संविधान ने जहाँ मूल अधिकारों से सम्बन्धित है वहीं उन मूल अधिकारों पर प्रतिबन्ध अधिरोपित करने के लिए भी उपबन्ध है, अप्रत्यक्ष रूप से वहाँ कर्तव्यों को ही अधिरोपित किया गया है। रामशरण बनाम भारत संघ (1989) में यह विनिश्चित किया गया कि संविधान के भाग-4 के अनुच्छेद 51-क में उपबन्धित मूल कर्तव्यों के प्रवर्तन के लिए या उल्लंघन करने के लिए संविधान में कोई उपबंध नहीं है किंतु यदि कोई विधि इन कर्तव्यों को प्रभावी करने के लिए है तो न्यायालय ऐसी विधि को अनुच्छेद 14 या अनुच्छेद 19 के सम्बन्ध में युक्तियुक्त मानेगा और उसे असंवैधानिक घोषित नहीं करेगा।

संविधान में उल्लिखित 11 मौलिक कर्तव्य

मूल संविधान में मौलिक कर्तव्यों का समावेश नहीं किया गया था, 1976 में स्वर्ण सिंह समिति की सिफारिशों के आधार पर 42वें संविधान संशोधन अधिनियम द्वारा संविधान के भाग 4(क) में अनुच्छेद 51(ए) में दस मौलिक कर्तव्यों को जोड़ा गया। वर्ष 2002 में 86वें संशोधन द्वारा 11वें मौलिक कर्तव्य को जोड़ा गया है। संविधान में उल्लिखित 11 मौलिक कर्तव्य इस प्रकार हैं—

1. भारत के प्रत्येक नागरिक का यह कर्तव्य होगा कि वह संविधान का पालन करें और उसके आदर्शों, संस्थाओं, राष्ट्रध्वज और राष्ट्रगान का आदर करे।
2. स्वतंत्रता के लिए हमारे राष्ट्रीय आंदोलन को प्रेरित करने वाले उच्च आदर्शों को हृदय में संजोए रखे और उनका पालन करे।
3. भारत की प्रभुसत्ता, एकता और अखण्डता की रक्षा करना प्रत्येक नागरिक का परम-पवित्र कर्तव्य है।
4. देश की रक्षा करें और जब कभी राष्ट्र की सेवा का आह्वान हो, तो राष्ट्र की सेवा के लिए तत्पर रहे।
5. भारत में धार्मिक, भाषायी, प्रादेशिक और वर्गीय विभिन्नताएं मौजूद हैं। इसलिए विभिन्न समुदायों के बीच सामंजस्य और भाई-चारा बनाए रखना प्रत्येक नागरिक कर्तव्य है। नागरिकों का कर्तव्य है कि वे उन प्रथाओं का बहिष्कार करें जो महिलाओं के सम्मान के विरुद्ध हैं।
6. हमारी समन्वित संस्कृति की गौरवशाली परम्परा का महत्त्व समझें और उनका प्रशिक्षण करें।
7. प्राकृतिक पर्यावरण जिसके अंतर्गत वन, झील, नदी और अन्य जीव भी हैं, की रक्षा और उनका संवर्धन करे तथा प्राणीमात्र के प्रति दया भाव रखे।
8. वैज्ञानिक दृष्टिकोण अपनाए तथा 'मानववाद' और 'अन्वेषण व सुधार की भावना' का विकास करे।
9. सार्वजनिक संपत्ति की रक्षा करें और हिंसा से दूर रहें।
10. व्यक्तिगत और सामूहिक गतिविधियों से सभी क्षेत्रों में उत्कर्ष की ओर बढ़ने का सतत् प्रयास करें, जिससे राष्ट्र निरंतर बढ़ते हुए प्रगति और उपलब्धि की नवीन ऊँचाईयों को छू सके।
11. अभिभावकों का यह कर्तव्य होगा कि वे अपने छह वर्ष से चौदह वर्ष की आयु के बच्चों को शिक्षा प्राप्त करने के अवसर प्रदान करें। इसे 86वें संशोधन द्वारा जोड़ा गया है।

मूल कर्तव्यों का वर्गीकरणः एक दृष्टि में

नैतिक कर्तव्य	राजनीतिक कर्तव्य	विशेष कर्तव्य
1. स्वतंत्रता संघर्ष के उच्च आदर्शों का पालन करना।	1. संविधान, राष्ट्रध्वज तथा राष्ट्रगान का आदर करना।	1. प्राकृतिक वातावरण को संरक्षण करना।
2. राष्ट्र की सामंजस्यपूर्ण संस्कृति को बनाए रखना।	2. भारत की प्रभुता, एकता संस्कृति को बनाए रखना।	2. सार्वजनिक सम्पत्ति की सुरक्षा और अखण्डता की रक्षा करना।
3. वैज्ञानिक दृष्टिकोण तथा मानववाद और ज्ञानार्जन तथा सुधार की भावना का विकास करना।	3. देश की रक्षा और राष्ट्र सेवा के लिए तत्पर रहना।	
4. प्रत्येक क्षेत्र में व्यक्तिगत तथा सामूहिक उन्नति का प्रयास करना।		
5. समान बन्धुत्व की भावना का विकास करना।		
6. 6 से 14 वर्ष के बच्चों को प्राथमिक शिक्षा का अवसर प्रदान करेगा।		

मौलिक कर्तव्यों का क्रियान्वयन

संविधान में ऐसा कोई प्रावधान नहीं है जिसके द्वारा इसमें से किसी कर्तव्य का प्रत्यक्ष रूप से क्रियान्वयन संभव है। इनके उल्लंघन को रोकने के लिए कोई प्रावधान भी नहीं है परंतु यह आशा की जा सकती है कि किसी कानून की संवैधानिकता को निर्धारित करने के क्रम में यदि कोई न्यायालय यह पाता है कि इनमें से किसी एक कर्तव्य का मूर्त रूप देना है तो इसे अनुच्छेद 14 या 19 के आलोक में इस तरह के किसी कानून को 'युक्तिसंगत' समझने का अधिकार है। सर्वोच्च न्यायालय का मानना है कि चूंकि ये कर्तव्य किसी नागरिक के लिए अनिवार्य हैं राज्य को भी स्पष्टत: इसी लक्ष्य की प्राप्ति के लिए अग्रसर होना चाहिए। अत: न्यायालय इन मुद्दों पर और उपयुक्त मामलों में उचित निर्देश दे सकता है। जहां किसी विधि के एक से अधिक निर्वचन संभव हो, न्यायालय नागरिकों के मल कर्तव्यों संबंधों उपबंधों का सहारा ले सकते हैं। रामप्रसाद बनाम उत्तर प्रदेश राज्य में इलाहाबाद न्यायाल ने कहा कि संविधान से भाग 4(क) का समावेश होने से नागरिकों के कर्तव्यों के अनुपालन का मामला संवैधानिक विधि के क्षेत्र में आ गया है और अब इस पर विचार किया जा सकता है। संविधान नागरिकों से अपेक्षा करता है कि वह अपने दायित्वों का निर्वाह आधे मन से नहीं, बल्कि पूरी निष्ठा के साथ करेंगे। शासक और विधायक, मंत्री, सांसद और प्रशासक सभी को न केवल नागरिकों के कर्तव्यों का ज्ञान होना चाहिए, अपितु नागरिक होने के नाते अपने मूल कर्तव्यों के पालन के प्रति भी पूर्णतया सचेत रहना चाहिए।

मूल कर्तव्य और नीति निदेशक तत्वों में तुलना

मूल कर्तव्य नागरिकों को संबोधित है। राष्ट्र नागरिकों से अपेक्षा करता है कि वे कुछ कर्तव्यों का पालन करें, वे राष्ट्र के लक्ष्यों को प्राप्ति के लिये सक्रिय सहभागी हैं मात्र दर्शक नहीं। निदेशक तत्व संविधान द्वारा सभी सरकारों के लिये बताए गए ध्येय हैं। राज्य का यह कर्तव्य है कि विधि के निर्माण में उन सिद्धांतों को लागू करे (अनुच्छेद 37) किंतु यदि कोई राज्य किसी तत्व को लागू नहीं करता है तो उसे दंडित नहीं किया जा सकता। इसके लिये कोई विधिक अनुशासित नहीं है। एक मात्र अनुशासित जनता की राय है। इसी प्रकार कर्तव्यों के साथ भी कोई अनुशस्ति नहीं जुड़ी है। प्रत्येक नागरिक को चाहिए कि वह अंतर्मुखी होकर विचार करे और इन कर्तव्यों को करने का प्रयास करे। अनुशासित उसे स्वयं लगानी होगी। कानून की संवैधानिकता को पुष्ट करने के लिये न्यायालय निदेशक तत्वों पर दृष्टि डालते हैं। इसी प्रकार उचित मामलों में न्यायालय मूल कर्तव्यों पर भी समुचित ध्यान देंगे। न्यायालय ऐसी विधि को विधिमान्य ठहराएंगे जो ऐसे कार्य से प्रतिबद्ध करती है जो कर्तव्यों का उल्लंघन है। मूल कर्तव्य मूल्यवान दिशा दर्शन करते हैं और संविधान के निर्वचन में सहायक हो सकते हैं। न्यायालय ने यह निर्णय किया है कि जब राज्य संवैधानिक मूल्यों को छोड़कर भटकने लगे तो इन कर्तव्यों को उपकरण बनाकर उस पर नियंत्रण करना चाहिए।

मौलिक कर्तव्यों की आलोचना

हर नागरिक का यह दायित्व है कि वह संविधान और कानूनों का पालन करे, देश की सुरक्षा के लिए कटिबद्ध रहे तथा सार्वजनिक सम्पत्ति को नुकसान न पहुंचाए। इस दृष्टि से यदि कर्तव्यों को लें तो वे निर्विवाद माने जायेंगे, परंतु जिस रूप में कर्तव्य हमारे संविधान में रखे गए हैं, उससे विद्वान संतुष्ट नहीं हैं। इसलिए संविधान के इस भाग की आलोचना निम्न आधारों पर की गई है—इसे आंतरिक आपातकाल के दौरान जबकि देश के विचारक, विद्वान, विधिवेत्ता तथा राजनीतिक दलों के नेता व कार्यकर्ता जेलों में बंद थे, उस समय 42वें संशोधन द्वारा इन कर्तव्यों को एकांगी रूप में संविधान में जोड़ दिया गया। इस संबंध में जनता, उसके नेताओं को व समाज बुद्धिवादी वर्ग को इस पर विचार करने का अवसर ही प्राप्त नहीं हुआ और सत्तारूढ़ दल के द्वारा मनमाने ढंग से इसकी रचना कर दी गई। आलोचकों का कहना है कि, संविधान में ऐसे शब्दों का प्रयोग करना चाहिए जिनका अर्थ बिल्कुल स्पष्ट हो, परंतु 'कर्तव्यों' वाले भाग में कुछ ऐसे शब्दों का इस्तेमाल किया गया है, जिनका मनमाना अर्थ लगाया जा सकता है जैसे—'मिली-जुली संस्कृति', 'वैज्ञानिक दृष्टिकोण', 'अन्वेषण और सुधार की भावना' तथा 'मानववाद' आदि ऐसे ही शब्द हैं, जिनका अर्थ सर्वदा अस्पष्ट है। कई ऐसे कर्तव्य हैं जिन्हें मात्र दोहराया गया है। उदाहरण के लिए, तीसरा कर्तव्य कहता है कि नागरिक को भारत की सम्प्रभुता की रक्षा करनी चाहिए, लगभग यही बात चौथे कर्तव्य में इन शब्दों में रखी गई कि नागरिकों को देश की रक्षा करनी चाहिए। छठे कर्तव्य के अंतर्गत जिस 'मिली-जुली संस्कृति' की बात कही गई है, लगभग वही बात पांचवे कर्तव्य में भी आ गई है। स्वर्ण सिंह समिति ने यह सुझाव दिया था कि मौलिक कर्तव्यों की अवहेलना करने वालों को दण्ड दिया जाए और उसके लिए उचित कानूनों का निर्माण किया जाए, परंतु अभी तक ऐसा कुछ नहीं किया गया है। वास्तव में कर्तव्यों के वर्तमान रूप को देखते हुए दण्ड की व्यवस्था का प्रावधान करना उचित प्रतीत नहीं होता

मौलिक कर्तव्यों का महत्व

भारतीय संविधान में नागरिकों के मौलिक अधिकारों का वर्णन तो किया गया था, परंतु मौलिक कर्तव्यों को संविधान में सम्मिलित नहीं किया गया था। इससे भारतीयों को अपने अधिकारों की जानकारी तो हो गई, परंतु उन्हें यह पता न चल सका कि उनके कर्तव्य क्या हैं। नागरिकों की कर्तव्य विमुखता किसी राष्ट्र के लिए घातक होती है। भारतीय संविधान में शामिल किए गए मौलिक कर्तव्य विवादहीन हैं। इन पर विभिन्न राजनीतिक दलों में मतभेद नहीं हैं। ये कर्तव्य भारतीय संस्कृति के अनुकूल हैं। इनमें से अधिकतर कर्तव्यों का वर्णन हमारे धर्मशास्त्रों में मिलता है। सभी विद्वान इस बात पर सहमत हैं कि मौलिक कर्तव्यों का पालन भारत को प्रगतिशील राष्ट्र बनाने के लिए आवश्यक है। मौलिक कर्तव्यों के पीछे कोई कानूनी शक्ति या बल नहीं है बल्कि इनका स्वरूप नैतिक माना जाता है। कर्तव्यों के नैतिक स्वरूप को सामाजिक सम्मान की दृष्टि से देखा जाता है। मौलिक कर्तव्य एक मार्ग दर्शक का कार्य करते हैं। मौलिक कर्तव्यों के पालन द्वारा व्यक्ति उच्च आदर्शों को प्राप्त कर सकता है। कर्तव्यों का पालन सामाजिक एवं राष्ट्रीय विकास के लिए बहुत महत्त्व रखता है। अधिकार और कर्तव्य एक सिक्के के दो पहलू हैं। हम अपने मौलिक अधिकारों का आनंद तभी उठा पाएंगे यदि हम अपने मौलिक कर्तव्यों का पालन करें। जिस राष्ट्र के नागरिकों ने अपने कर्तव्यों को महत्त्व दिया है और मानवता, समाज एवं राष्ट्र को प्रमुखता दी है वह राष्ट्र प्रगति के पथ पर आगे बढ़ा है। मौलिक कर्तव्य, राष्ट्र प्रेम, त्याग सेवा एवं बलिदान की भावना पैदा करते हैं जो राष्ट्र निर्माण के लिए आवश्यक हैं।

अध्याय सार संग्रह

- संविधान में मूल कर्तव्यों के प्रवर्तन अथवा इनके उल्लंघन के निवारण के लिए कोई उपबन्ध नहीं किया गया है।
- इसके लिए 42वां संविधान संशोधन संसद को यह शक्ति प्रदान करता है कि वह विधि बनाकर दोषी व्यक्तियों को दण्डित करने की व्यवस्था करे। लेकिन अभी तक संसद ने इस संदर्भ में कोई भी विधि नहीं बनाई है।
- यहाँ पर एक महत्त्वपूर्ण तथ्य यह है कि ऐसे सभी देश जहाँ पर मौलिक कर्तव्य को संविधान में शामिल किया गया है वहाँ पर उन्हें काम पाने का अधिकार भी दिया गया है।
- एक भूखे एवं नंगे व्यक्ति की पहली प्राथमिकता उसका पेट भरना होता है उससे यह आशा करना कि वह किसी कर्तव्यों का पालन भी करेगा एक हास्यास्पद अवधारणा ही मानी जाएगी।
- उच्चतम न्यायालय ने यह निर्णय दिया है कि कर्तव्य नागरिकों का आबद्धकर है। अतएव राज्य को इन तथ्यों को प्राप्त करने का उत्कृष्ट प्रयास करना चाहिए,जैसे—वन संरक्षण, वन्य जीव और पर्यावरण की रक्षा जिनके लिए अनुच्छेद 51-क के खण्ड (छ) में आदेश दिया गया है। अतएव न्यायालय समुचित मामलों में उपयुक्त निर्देश दे सकता है।
- मूल कर्तव्यों का संविधान में समावेश स्वर्ण सिंह समिति (1974) की सिफारिशों के आधार पर 42वें संविधान संशोधन 1976 द्वारा जोड़ा गया है।
- वर्ष 2002 में 86वें संविधान संशोधन द्वारा संविधान में 11वां मौलिक कर्तव्य जोड़ा गया है।
- भारतीय संविधान में नागरिकों के लिये मूल कर्तव्यों की प्रेरणा कुछ अंश तक पूर्व सोवियत संघ के संविधान से मिली थी।
- मूल कर्तव्यों के पालन न किये जाने पर दण्ड की कोई व्यवस्था न होने से मूल कर्तव्यों को न्यायालय में वाद योग्य नहीं बनाया जा सकता है।
- मूल कर्तव्यों को भंग करने के लिये यद्यपि संविधान में कोई व्यवस्था नहीं की गई है। लेकिन संसद को यह शक्ति प्रदान है कि वह कानून बनाकर मूल कर्तव्यों के उल्लंघन की दशा में दोषी व्यक्तियों के लिये दण्ड की व्यवस्था करे।
- राष्ट्रीय ध्वज फहराना मौलिक कर्तव्य नहीं बल्कि इसे मौलिक अधिकार की श्रेणी में रखा गया है।
- मूल कर्तव्य मूल्यवान दिशा दर्शन करते हैं। जिसका पालन भारत को प्रगतिशील राष्ट्र बनाने के लिए आवश्यक है।

8 अध्याय

संघीय कार्यपालिका

इस अध्याय में आप सीखेंगे किः

- संघीय कार्यपालिका क्या है। इसका वर्गीकरण और इसके अन्तर्गत आने वाले प्रमुख प्राधिकारियों की शक्तियाँ, कार्य और उनके अधिकार क्षेत्र, उनके नियुक्ति निर्वाचन अथवा मनोनयन के बारे में सीखेंगे।
- संवैधानिक पदों पर बैठे प्रमुख उच्च अधिकारियों की नियुक्ति निर्वाचन कैसे होता है और वे अपनी शक्तियों का प्रयोग कैसे करते हैं?

राष्ट्रपति (President)

ब्रिटेन की साम्राज्ञी की तरह ही भारत का राष्ट्रपति राज्य देश का औपचारिक प्रमुख होता है और संघ की वास्तविक शक्ति मंत्रिमंडल में निहित होती है। ब्रिटेन की साम्रज्ञी और भारत के राष्ट्रपति के पद में मूलभूत अंतर यह है कि ब्रिटेन में साम्राज्ञी का पद वंशानुगत होता है, जबकि भारत का राष्ट्रपति एक निर्वाचक मंडल द्वारा निर्वाचित किया जाता है।

अनुच्छेद 52 के अनुसार भारत का एक राष्ट्रपति होगा, जो देश का प्रथम नागरिक तथा संवैधानिक अध्यक्ष होगा। **अनुच्छेद 53** के अनुसार राष्ट्रपति में संघ की सम्पूर्ण कार्यपालिका शक्ति निहित होती है तथा उसका प्रयोग वह संविधान के तहत स्वयं या अपने अधीनस्थ अधिकारियों द्वारा करता है। अधीनस्थ अधिकारियों से तात्पर्य केन्द्रीय मंत्रिमंडल से है। राष्ट्रपति कोई भी कार्य मंत्रिमंडल के सलाह से करता है।

राष्ट्रपति में रक्षा बलों (जल सेना, वायु सेना तथा थल सेना) की सर्वोच्च कमान निहित है वह उसका प्रयोग विधि द्वारा विहित प्रकिया द्वारा करता है। केन्द्र की समस्त कार्यपालिकीय शक्तियाँ राष्ट्रपति के नाम से की जाती है।

राष्ट्रपति पद की अर्हता
(Eligibility of Post of President)

अनुच्छेद 58 के अनुसार राष्ट्रपति के पद के लिए प्रत्याशी वे सभी व्यक्ति हो सकते हैं जो—

1. भारत का नागरिक हो तथा
2. वह 35 वर्ष की आयु पूरी कर चुका हो तथा
4. वह लोक सभा के लिए निर्वाचित होने की योग्यता रखता हो।
5. भारत सरकार के या किसी राज्य सरकार के अधीन अथवा इन दोनों सरकारों में से किसी के नियंत्रण में किसी स्थानीय या अन्य प्राधिकारी के अधीन लाभ का पद धारण नहीं करता है।

राष्ट्रपति उपराष्ट्रपति, राज्य के राज्यपाल और संघ अथवा राज्यों के मंत्रियों के पद को लाभ का पद नहीं माना जाता है। राष्ट्रपति के योग्यता में उसे विकृत चित्त अर्थात् मानसिक रूप से अस्वस्थ नहीं होना चाहिए तथा वह दिवालिया न हो तथा संसद द्वारा निर्मित विधि के तहत वह अयोग्य नहीं ठहराया गया हो। उस व्यक्ति को किसी संसदीय निर्वाचक मण्डल में मतदाता के रूप में पंजीकृत होना चाहिए।

राष्ट्रपति का निर्वाचन (Election of the President)

भारत के राष्ट्रपति का निर्वाचन अप्रत्यक्ष निर्वाचन पद्धति द्वारा किया जाता है। यहाँ जनता प्रत्यक्ष रूप से राष्ट्रपति का चुनाव नहीं करती। राष्ट्रपति के निर्वाचन में मतदाता ऐसे सदस्य होते है जो संसद के दोनों सदनों (लोक सभा राज्य सभा)के निर्वाचन सदस्य तथा राज्यों के विधान सभाओं के निर्वाचित सदस्य होते हैं। भारतीय संविधान के 70 वें संशोधन 1992 द्वारा अब यह उपबन्ध किया गया है कि अनुच्छेद 54 के तहत राज्य शब्द के अंतर्गत राष्ट्रीय राजधानी दिल्ली, पुडुचेरी तथा संघीय क्षेत्र के सभी विधान सभाओं के निर्वाचित सदस्य भी राष्ट्रपति के निर्वाचन में मतदाता की हैसियत से हिस्सा लेंगे। राष्ट्रपति का निर्वाचन अनुपातिक प्रतिनिधित्व पद्धति के तहत एकल संक्रमणीय मत प्रणाली

द्वारा किया जाता हैं। अनुच्छेद 55 के तहत राज्य के एक निर्वाचित विधायक के मत का

$$\text{मूल्य} = \frac{\text{उस राज्य की कुल जनसंख्या}}{\text{उस राज्य की विधानसभा में निर्वाचित कुल सदस्य}} \times 1000$$

इस विभाजन में शेष 500 से अधिक आता है तो भागफल में 1 और जोड़ कर विधायक पद का मूल्य निकाल लिया जाता है।

- एक निर्वाचित सासंद के मत का मूल्य

$$\frac{\text{राज्यों की विधान सभाओं के कुल निर्वाचित सदस्यों को निर्धारित किये गये कुल मतों का योग}}{\text{संसद के कुल निर्वाचित सदस्यों की संख्या}}$$

- यदि शेष 1/2 से अधिक बचता है तो भागफल में 1 जोड़ कर सांसद पद का मूल्य निकाल लिया जाता है।

राष्ट्रपति पद के लिए उसी व्यक्ति को सफल घोषित किया जाता है जो कुल वैध मतों के आधे से कम से कम एक मत अधिक अर्थात् 50% से अधिक प्राप्त करता है। इसे न्यूनतम कोटा कहा जाता है। अत: मतगणना के समय सबसे पहले प्रथम वरीयता के मतों की गणना की जाती है।

न्यूनतम कोटा = कुल पड़े वैध मत / 2 + 1

राष्ट्रपति के निर्वाचन सम्बन्धी सभी विवादों की जाँच तथा निपटारा सर्वोच्च न्यायालय करेगा तथा उसका निर्णय अन्तिम होगा। जो व्यक्ति राष्ट्रपति पद के लिए न तो उम्मीदवार है और ही निर्वाचक है वह राष्ट्रपति के निर्वाचन वैधता को चुनौती नहीं दे सकता है।

राष्ट्रपति के निर्वाचन के लिए प्रत्याशी के लिए कम से कम 50 मतदाताओं द्वारा प्रस्ताव तथा 50 मतदाताओं द्वारा अनुमोदित होना चाहिए। 1998 से पहले यह संख्या 10 थी। राष्ट्रपति के लिए जमानत की राशि 15000 रु. है। किसी उम्मीदवार द्वारा कुल वैध मतों का 1/6 भाग मत न प्राप्त न करने पर उसकी जमानत की राशि जब्त हो जाती है।

राष्ट्रपति की पदावधि (Tenure of President)

(**अनुच्छेद 56**) के अनुसार निर्वाचित राष्ट्रपति अपने पदग्रहण की तारीख से पाँच वर्ष तक पद ग्रहण किये रहेगा। राष्ट्रपति पाँच वर्ष की अवधि के समाप्ति के पश्चात् भी अपना पद ग्रहण तब तक किये रहेगा जब तक की उसका उत्तराधिकारी अपना पद ग्रहण न कर लें। राष्ट्रपति अपने अवधि से पहले भी अपने पद से उपराष्ट्रपति को सम्बोधित तथा हस्ताक्षरित त्याग पत्र प्रदान कर अपने पद का त्याग कर सकता है।

हटाया जाना

(**अनुच्छेद 61**) के अनुसार राष्ट्रपति को उसके पद से महाभियोग प्रक्रिया द्वारा हटाया जा सकता है—

- संविधान के अतिक्रमण के आधार पर राष्ट्रपति के ऊपर महाभियोग लगाया जाता है।
- संसद के किसी भी सदन के 14 सदस्य 14 दिन पूर्व सूचना के साथ संकल्प प्रस्तावित करने का आशय प्रकट करे।
- यह संकल्प उस सदन की कुल सदस्य संख्या के 2/3 बहुमत से पारित होना चाहिए।
- दूसरा सदन इसकी जाचँ करेगा, इस जाचँ में राष्ट्रपति को उपस्थित होने का अधिकार है।
- यदि आरोप सही सिद्ध होते है तथा दूसरा सदन भी 2/3 बहुमत से प्रस्ताव प्रारित करता है तो राष्ट्रपति को उसी दिन त्याग पत्र देना होगा।

राष्ट्रपति द्वारा शपथ—

राष्ट्रपति अपना पद ग्रहण करने के पश्चात अनुच्छेद 60 के अनुसार भारत के मुख्य न्यायाधीश या उसकी अनुपस्थिति में उच्चतम न्यायालय के उपलब्ध वरिष्ठतम न्यायाधीश के समक्ष अपने पद के कार्यपालन की शपथ लेता है। राष्ट्रपति के शपथ पत्र का प्रारूप इस प्रकार का होता है—'मैं ईश्वर की शपथ लेता हूँ, सत्यनिष्ठा से प्रतिज्ञा करता हूँ कि मैं श्रद्धापूर्वक भारत के राष्ट्रपति के पद का कार्यपालन (अथवा राष्ट्रपति के कृत्यों का निर्वहन) करूंगा तथा अपनी पूरी योग्यता से संविधान और विधि का परिरक्षण, संरक्षण और प्रतिरक्षण करूंगा और मैं भारत की जनता की सेवा, कल्याण में निरन्तर रहूंगा'।

राष्ट्रपति की शक्तियाँ (Powers of the president)

भारतीय संविधान द्वारा कार्यपालिका शक्तियां भारत के राष्ट्रपति में निहित की गई हैं। कार्यपालिका शक्तियों के अतिरिक्त राष्ट्रपति को अन्य शक्तियाँ भी प्राप्त हैं। राष्ट्रपति की शक्तियों को दो भागों में बांटा जा सकता है: शांतिकालीन शक्तियां तथा संकटकालीन शक्तियाँ।

शांतिकालीन शक्तियां—1. कार्यकारी शक्तियाँ, 2. वैधानिक शक्तियाँ, 3. वित्तीय शक्तियाँ तथा 4. न्यायिक शक्तियाँ

कार्यकारी शक्तियां (Executive Powers)

राष्ट्रपति संघ का सर्वोच्च कार्यपालिका प्रमुख है। संविधान की धारा 53(1) के अनुसार संघीय सरकार की समस्त कार्यपालिका शक्तियां राष्ट्रपति को दी गई हैं था वह इन शक्तियों का प्रयोग स्वयं अथवा अधीनस्थ पदाधिकारियों द्वारा करता है। राष्ट्रपति की कार्यकारी शक्तियां इस प्रकार हैं:

1. **प्रशासनिक शक्तियां**—भारत का समस्त शासन उसी के नाम पर चलाया जाता है। प्रशासन सम्बन्धी कार्यों में सलाह और सहायता देने के लिए एक मंत्रिपरिषद होती है, जिसका नेता प्रधानमंत्री होता है।
2. **सैनिक शक्तियां**—वह देश की जल, स्थल और वायु सेना का सर्वोच्च सेनापति है। वह सेना के उच्च अधिकारियों की नियुक्ति करता है। वह राष्ट्रीय रक्षा समिति का अध्यक्ष है।
3. **विदेशी सम्बन्धों की शक्तियां**—राष्ट्रपति को विदेशी मामलों में भी बहुत से अधिकार प्राप्त हैं। राष्ट्र का अध्यक्ष होने के नाते राष्ट्रपति अंतर्राष्ट्रीय क्षेत्र में भारत का प्रतिनिधित्व करता है।

वैधानिक शक्तियां—इंग्लैण्ड के सम्राट की भांति राष्ट्रपति संसद का अभिन्न अंग है। यद्यपि वह संसद के किसी सदन का सदस्य नहीं होता फिर भी उसे

अनेक वैधानिक शक्तियां प्राप्त हैं—1. संसद का अधिवेशन तथा सत्रावसान करना। 2. राज्यसभा के लिए 12 सदस्यों को मनोनीत करना। 3.लोकसभा में 2 एंग्लो-इण्डियनों को मनोनीत करना। 4. संसद के अधिवेशनों का उद्घाटन और सम्बोधन करना। 5. संयुक्त अधिवेशन बुलाना। 6. संसद के नाम संदेश भेजना। 7. अध्यादेश जारी करने की शक्ति।

संविधान के अनुच्छेद 123 के तहत राष्ट्रपति को अध्यादेश जारी करने की शक्ति प्रदान की गयी है। राष्ट्रपति द्वारा जारी अध्यादेश का वही प्रभाव होता है, जो संसद द्वारा पारित तथा राष्ट्रपति द्वारा अनुमोदित अधिनियम का होता है, लेकिन अंतर यह होता है कि अधिनियम का प्रभाव स्थायी होता है जबकि अध्यादेश अस्थायी होता है।

राष्ट्रपति के द्वारा अध्यादेश संसद के विस्तारित काल में उस समय जारी किया जाता है, जब राष्ट्रपति को यह विश्वास हो जाए कि ऐसी परिस्थिति उत्पन्न हो गयी है, जिसके अनुसार अविलम्ब कार्यवाही करना आवश्यक है। राष्ट्रपति द्वारा जारी अध्यादेश का प्रभाव मात्र 6 माह तक रहता है, यदि 6 माह के अंदर संसद द्वारा अनुमोदन न किया जाए तो अध्यादेश स्वत: निष्प्रभावी हो जाता है। यदि संसद के एक सदन का सत्र चल रहा हो और दूसरे सदन का सत्र स्थगित हो, तब भी अध्यादेश जारी किया जा सकता है क्योंकि संसद का एक सदन कोई विधेयक पारित कर उसे कानून बनाने के लिए सक्षम नहीं है।

वित्तीय शक्तियां (Financial Powers)—राष्ट्रपति को यह अधिकार है कि वह वित्त मंत्री द्वारा वार्षिक आय-व्यय का ब्यौरा अथवा बजट संसद के सम्मुख रखवाए। राष्ट्रपति की स्वीकृति के बिना कोई भी धन विधेयक संसद के समक्ष प्रस्तुत नहीं किया जा सकता तथा न ही कोई कर लगाने वाला बिल उसकी सिफारिश के बिना प्रस्तुत किया जा सकता है।

न्यायिक शक्तियां (Judicial Powers)

राष्ट्रपति सैनिक न्यायालयों द्वारा दी गई सजा तथा जिन व्यक्तियों को मृत्यु दण्ड दिया गया हो या किसी ऐसे कानून के विरुद्ध अपराध करने के लिए दण्ड दिया गया हो, जिसका सम्बन्ध ऐसे विषयों के साथ हो जो कि संघीय कार्यपालिका के अधिकार क्षेत्र में आता हो, क्षमादान दे सकता है, उसके दण्ड को स्थगित कर सकता है तथा दण्ड में कमी कर सकता है। क्षमादान का अधिकार अनुच्छेद 72 राष्ट्रपति को क्षमादान का अधिकार प्रदान करता है यदि-दण्ड अथवा दण्डादेश संघीय कानून के विरुद्ध अपराध के लिए दिया गया हो। दण्ड अथवा दण्डादेश कोर्टमार्शल (सैन्य न्यायालय) द्वारा दिया गया हो। मृत्युदण्ड दिया गया हो। राष्ट्रपति के क्षमादान के अधिकारों में क्षमता, लघुकरण, परिहार, विराम तथा प्रतिलम्बन, सम्मिलित हैं। राष्ट्रपति के क्षमादान की शक्ति न्यायाधीश से स्वतंत्र है तथा एक कार्यपालिका संबंधी अधिकार है। किन्तु, अधिकार के उपयोग के समय राष्ट्रपति अपीली न्यायालय की भूमिका नहीं निभाते।

भारत में मृत्युदण्ड का प्रावधान केवल जघन्य मामलों में ही है। जब एक बार अपराधी को दोषी और उसके लिए दण्ड सुना दिया जाता है तो उसे यह अधिकार होता है कि वह इस निर्णय और दण्ड के खिलाफ अपील कर सकता है। इस प्रक्रिया में दो से तीन साल तक लग जाता है। इन सभी जगह यदि मृत्युदण्ड की सजा बरकरार रहती है तो फिर राष्ट्रपति के पास दया याचिका पेश की जा सकती है। इसमें राष्ट्रपति केन्द्रीय मंत्रिमंडल के परामर्श पर ही कोई निर्णय ले पाता है। लेकिन राष्ट्रपति इस अधिकार का मनमाना उपयोग नहीं कर सकता है। राष्ट्रपति द्वारा लिए गए निर्णय की न्यायिक समीक्षा की जा सकती है। भारतीय संविधान के अनुच्छेद 72 के तहत राष्ट्रपति को यह क्षमा करने को शक्ति प्राप्त है। इसे कोई व्यक्ति अधिकार के रूप में मांग नहीं सकता।

राष्ट्रपति द्वारा क्षमादान
(Pardoning Powers of the President)

- **क्षमा (Pardon):** इसका तात्पर्य दण्ड से मुक्ती प्रदान करना है।
- **प्रविलम्बन (Repeive):** इसका तात्पर्य विधि द्वारा निहित दंड के अस्थायी स्थगन से है।
- **परिहार (Remission):** इसके अंतर्गत दण्ड की प्रकृति में परिवर्तन किए बिना दण्ड की मात्रा को कम कर दिया जाता है।
- **लघुकरण (Commutation):** इसका अर्थ दण्ड की प्रकृति में परिवर्तन करना है। दण्ड की मात्रा में परिवर्तन नहीं होता।
- **विराम (Respite):** दण्ड की मात्रा तथा प्रकृति दोनों में अंतर करना

संकटकालीन शक्तियां
(Emergency Powers of the President)

भारतीय संविधान द्वारा राष्ट्रपति को आकस्मिक संकट के समय बहुत अधिक शक्तियां दी गई हैं। वे शक्तियां न केवल विस्तृत ही हैं, अपितु एक लोकतंत्रीय राज्य प्रणाली में बहुत असाधारण भी हैं। ये संविधान सम्बन्धी शक्तियों से अधिक महत्त्वपूर्ण हैं।

राष्ट्रपति को संकटकालीन शक्तियों का वर्णन संविधान में 18वें भाग में किया गया है। निम्नलिखित तीन प्रकार की अवस्थाओं में राष्ट्रपति को संकटकाल की घोषणा करने का अधिकार प्राप्त है:

1. युद्ध, विदेशी आक्रमण तथा शस्त्र विद्रोह से उत्पन्न संकट।
2. किसी अन्य में संवैधानिक मशीनरी के फेल हो जाने के कारण उत्पन्न संकट।
3. देश में आर्थिक अथवा वित्तीय संकट के कारण उत्पन्न परिस्थिति।

राष्ट्रपति की वीटो शक्ति
(Veto Power of the President)

भारत के राष्ट्रपति की वीटो शक्ति अत्यांतिक, निलंबनकारी और जे.बी. (पॉकेट) वीटो का संयोजन है—

1. **आत्यांतिक वीटो (Absolute Veto)**—इंग्लैण्ड के क्राउन के पास इस वीटों का परमाधिकार है। यदि वह किसी विधेयक को अनुमति नहीं देता है तो संसद में मतों के होते हुए भी वह विधि नहीं बन सकता है। भारत में निजी विधेयकों के संदर्भ में यह लागू होता है।
2. **विशेषित वीटो (Qualified Veto)**—वीटो 'विशेषित' तब हो जाता है जब विधान मण्डल के असाधारण बहुमत से उसका अध्यारोहण

किया जा सकता है और उस बहुमत से विधेयक को कार्यपालिका के वीटो को रौंदकर, अधिनियम बनाया जा सकता है। अमेरिकी राष्ट्रपति का वीटो इसी वर्ग का है। यह वीटो एक ऐसा माध्यम है, जिससे कार्यपालिका विधान के दोष दिखाकर उस विधानमण्डल से पुनर्विचार करा सकती है किंतु अंत में विधान मण्डल असाधारण बहुमत ही प्रभावी होता है। भारत में नहीं पाया जाता है।

3. **निलंबनकारी वीटो (Suspensive Veto)**—जब कोई कार्यपालिका वीटो इस प्रकार का होता है कि विधान मण्डल का सामान्य बहुमत उसका अध्यारोहण कर सकता है तो उसे निलंबनकारी वीटो कहते हैं। फ्रेंच राष्ट्रपति का वीटो इसी प्रकार का है। भारत मे भी यह पाया जाता है।
4. **जेबी वीटो (पॉकेट वीटो) (Pocket Veto)**—यह अमेरिका के राष्ट्रपति के पास है। जब कोई विधेयक प्रस्तुत किया जाता है तो वह चाहे तो न उस पर हस्ताक्षर करे और न उसे 10 दिन के भीतर लौटाये। भारत में समय सीमा निर्धारित नहीं है, अतः इसका प्रयोग राष्ट्रपति कर सकता है। 1986 में संसद ने भारतीय डाकघर संशोधन विधेयक पारित किया था, परंतु राष्ट्रपति ज्ञानी जैल सिंह ने इसे न तो अनुमति दी और न ही इंकार किया। अभी तक यह राष्ट्रपति के प्रयोग का प्रथम उदाहरण है।

राष्ट्रपति की वैवेकीय शक्तियाँ (Descretionary Powers of the President)

संवैधानिक परम्परा के अनुसार राष्ट्रपति अधोलिखित विवेकीय शक्तियों (Discretionary Power) का प्रयोग करता है जो इस प्रकार हैं—

1. यदि लोकसभा चुनाव में खण्डित जनादेश (Broken Mandate) प्राप्त होता है तो राष्ट्रपति प्रधानमंत्री की नियुक्ति में अपने विवेक का प्रयोग करता है और सामान्यतया ऐसे दल या गठबंधन के नेता को सरकार बनाने के लिए आमंत्रित करता है जो उसकी राय में सदन में विश्वास मत प्राप्त कर सकता है।
2. सामान्यतया मंत्रिपरिषद की सलाह पर राष्ट्रपति लोकसभा का विघटन (Dissolution) कर देता है, किंतु यदि कोई सरकार लोकसभा में अपना बहुमत खो देती है अथवा उसके विरुद्ध अविश्वास प्रस्ताव पारित हो जाता है और मंत्रिपरिषद लोकसभा में विघटन की सिफारिश करती है तो राष्ट्रपति ऐसी सिफारिश को मानने के लिए बाध्य नहीं है। यहाँ वह स्वविवेकानुसार ही कार्य करता है।
3. यदि प्रधानमंत्री का आकस्मिक निधन हो जाता है तथा सत्ताधारी पार्टी किसी व्यक्ति को अपना नया नेता नहीं चुन पाती है तो राष्ट्रपति अपने विवेक से सत्ताधारी पार्टी के किसी व्यक्ति को प्रधानमंत्री नियुक्त कर सकता है। उल्लेखनीय है कि प्रधानमंत्री इंदिरा गाँधी की हत्या के पश्चात् ऐसी ही स्थिति उत्पन्न हुई थी।
4. ऐसी स्थिति में जबकि मंत्रिपरिषद ने लोकसभा में अपना विश्वास खो दिया हो किंतु त्यागपत्र देने को तैयार न हो तो राष्ट्रपति स्वविवेक से सरकार को बर्खास्त कर सकता है।
5. अनु. 74 के अनुसार मंत्रिपरिषद की सलाह को तथा अनु. 311 के अनुसार संसद द्वारा पारित विधेयक को पुनर्विचार के लिए वापस करने में भी राष्ट्रपति अपने विवेकाधिकार का प्रयोग करता है। जब वह जेबी वीटो (पॉकेट वीटो) का प्रयोग करता है तब भी अपने विवेक का प्रयोग करता है, क्योंकि वह स्वविवेक से ही विधेयक पर अनुमति न देने या पुनर्विचार हेतु वापस न भेजने का निर्णय करता है।

राष्ट्रपति की उन्मुक्तियाँ एवं विशेषाधिकार (Immunities and Privileges of the President)

संविधान के अनु. 361 के अनुसार भारत के राष्ट्रपति व राज्यपालों को कई उन्मुक्तियाँ तथा विशेषाधिकार प्रदान किये गये हैं जो निम्न हैं—

- राष्ट्रपति या राज्यपाल को अपने पदीय कर्तव्यों के निर्वहन में किये गये कार्यों के लिए किसी न्यायालय में उत्तरदायी नहीं ठहराया जा सकता है।
- राष्ट्रपति या राज्यपाल के विरुद्ध उसकी पदावधि के दौरान कोई भी दाण्डिक कार्यवाही (Criminal Proceedings) न तो संस्थित की जायेगी और न ही जारी रखी जायेगी।
- राष्ट्रपति या राज्यपाल द्वारा पद-ग्रहण के पूर्व या पश्चात् अपने वैयक्तिक हैसियत में किये गये किसी कार्य के लिए, उसकी पदावधि के दौरान किसी नयायालय में कोई सिविल कार्यवाही न तो संस्थित की जायेगी और न ही जारी रखी जायेगी।
- राष्ट्रपति या राज्यपाल के विरुद्ध उनकी पदावधि के दौरान उनकी गिरफ्तारी या कारावास के लिए किसी न्यायालय द्वारा कोई आदेश जारी नहीं किया जाएगा।
- राष्ट्रपति या राज्यपाल द्वारा पद ग्रहण के पूर्व या पश्चात् अपने वैयक्तिक हैसियत में किये गये किसी कार्य के लिए, उसकी पदावधि के दौरान किसी न्यायालय में सिविल कार्यवाही तब तक संस्थित नहीं की जायेगी तब तक कि उसे इसकी सूचना दो माह पूर्व न दे दी गयी हो।

उपराष्ट्रपति (Vice-President)

भारतीय संविधान में उप-राष्ट्रपति पद की भी व्यवस्था की गई है। जब किसी कारण से राष्ट्रपति का पद रिक्त हो जाता है तब उप-राष्ट्रपति-पद सम्भाल लेता है, परन्तु वह अधिक से अधिक 6 महीने तक ही राष्ट्रपति-पद पर रह सकता है, क्योंकि 6 महीने के अंदर-अंदर नये राष्ट्रपति का चुनाव होना आवश्यक है। भारत में उपराष्ट्रपति अमेरिका के उप-राष्ट्रपति की तरह राज्यसभा का अध्यक्ष भी होता है। संविधान के अनुच्छेद-63 के अनुसार भारत का एक उपराष्ट्रपति होगा जो राज्यसभा का पदेन सभापति होता है तथा अपनी पदावधि के दौरान अन्य कोई लाभ का पद ग्रहण नहीं करता है।

उपराष्ट्रपति पद के लिए योग्यता
(Eligibility for Vice President)

अनुच्छेद 66(3) के अनुसार किसी व्यक्ति को उपराष्ट्रपति के पद को धारण करने के लिए निम्न योग्यताएं होनी चाहिए—1. वह भारत का नागरिक हो। 2. उसकी आयु 35 वर्ष से कम न हो। 3. उसमें राज्यसभा का सदस्य बनने की योग्यता होनी चाहिए। 4. उसे केन्द्र सरकार तथा राज्य सरकार या किसी स्थानीय या अन्य अधिकारी के तहत लाभ के पद पर नहीं होना चाहिए। 5. अनुच्छेद 66(2) के अनुसार, उपराष्ट्रपति संसद के किसी सदन का या किसी राज्य के विधानमण्डल के किसी सदन का सदस्य नहीं होगा और यदि होता है तो यह समझा जाएगा कि उसने उस सदन में अपना स्थान उपराष्ट्रपति के रूप में अपने पद ग्रहण की तारीख से रिक्त कर दिया है।

उपराष्ट्रपति पद की पदावधि
(Tenure of the Vice President)

उपराष्ट्रपति जिस दिन पद ग्रहण करेगा उस तिथि से 5 वर्ष तक के लिए वह अपने पद पर बना रहेगा। उपराष्ट्रपति अपने कालावधि के समापन के पश्चात् भी तब तक अपने पद पर बना रहेगा जब तक कि उसका उत्तराधिकारी अपना पद ग्रहण नहीं कर लेता है।

उपराष्ट्रपति चाहे तो अपने कार्यकाल के समाप्ति के पूर्व भी राष्ट्रपति को अपना त्याग पत्र देकर अपने पद से मुक्त हो सकता है (अनुच्छेद 67)। उपराष्ट्रपति का पद यदि किसी कारणवश कालावधि के पूर्व ही रिक्त हो जाये तो शीघ्र ही नया चुनाव कराके निर्वाचित उपराष्ट्रपति पद के तारीख से 5 वर्ष तक कार्य करेगा।

उपराष्ट्रपति का निर्वाचन
(Election of the Vice President)

उपराष्ट्रपति का निर्वाचन संसद के दोनों सदनों के सभी सदस्यों से मिलकर गठित होने वाले निर्वाचक मंडल द्वारा किया जाता है। इसका निर्वाचन भी 'आनुपातिक प्रतिनिधित्व पद्धति' के अनुसार एकल संक्रमणीय मत प्रणाली द्वारा होता है तथा ऐसे निर्वाचन में मतदान गुप्त होता है। उपराष्ट्रपति के निर्वाचन सम्बन्धी विवादों का जाँच एवं निर्णय सर्वोच्च न्यायालय करेगा तथा उसका निर्णय अंतिम होगा (अनुच्छेद 66)। उपराष्ट्रपति के उम्मीदवार के नामांकन पत्र पर 20 मतदाताओं का हस्ताक्षर प्रस्तावक के रूप में होना चाहिए तथा 20 अन्य मतदाताओं का हस्ताक्षर अनुमोदन के रूप में होना चाहिए तथा 15000 रु. की जमानत राशि जमा की जानी चाहिए।

उपराष्ट्रपति को हटाने के लिए राज्यसभा द्वारा बहुमत के द्वारा प्रस्ताव पास होना चाहिए तथा इसे लोक सभा भी अपनी सहमति प्रदान किया है (अनुच्छेद 67)। उपराष्ट्रपति को हटाने के लिए राज्यसभा में प्रस्ताव की नोटिस 14 दिन पूर्व देनी आवश्यक है।

उपराष्ट्रपति अपने कार्यकाल के समाप्ति के पश्चात् दुबारा निर्वाचित होने की पात्रता रखता है। अभी तक डॉ. राधाकृष्णन भारत के दो बार उपराष्ट्रपति होने का गौरव प्राप्त किया है।

उपराष्ट्रपति के कार्य एवं शक्तियाँ
(Functions and Powers of the vice President)

उपराष्ट्रपति राष्ट्रपति के कर्तव्यों का निर्वहन करते समय राज्य सभा के सभापति के कर्तव्यों का पालन नहीं करता है तथा सभापति के सभी लाभों वेतन, भत्ते आदि का भी हकदार नहीं होगा। राष्ट्रपति की मृत्यु, पद त्याग, महाभियोग, बीमारी, अनुपस्थिति इत्यादि अवस्थाओं में राष्ट्रपति के स्थान पर राष्ट्रपति के कार्यों का निर्वहन उपराष्ट्रपति वापस पुनः कार्य पर लौट नहीं आता है। उपराष्ट्रपति जब राष्ट्रपति के कार्यों का निर्वहन करता है तो वह उन सभी उपलब्धियों, भत्तों, विशेषाधिकारों, शक्तियों, उन्मुक्तियों आदि का उपयोग व उपभोग का अधिकारी होगा। (अनुच्छेद 65) उपराष्ट्रपति निर्वाचित होने के पश्चात् अपने पद की शपथ राष्ट्रपति के समक्ष या उसके अनुपस्थिति में राष्ट्रपति द्वारा नियुक्त व्यक्ति के समक्ष शपथ ग्रहण करेगा। यदि किसी समय राष्ट्रपति के अनुपस्थिति में उपराष्ट्रपति उसके कार्यों का सम्पादन करता है परंतु यदि दोनों अनुपस्थित रहे तो सर्वोच्च न्यायालय का मुख्य न्यायाधीश कार्यवाहक राष्ट्रपति के कार्यों का सम्पादन करेगा तथा यदि उपरोक्त तीनों व्यक्ति अनुपस्थित रहते हैं तो सर्वोच्च न्यायालय के वरिष्ठतम न्यायाधीश राष्ट्रपति के कार्यों का सम्पादन करेगा। उपराष्ट्रपति चूंकि राज्य सभा का सदस्य नहीं होता है इसलिए उसे मत देने का भी अधिकार नहीं है। कार्यवाहक राष्ट्रपति के रूप में कार्य करने के दौरान उपराष्ट्रपति राज्यसभा का सभापति के रूप में कार्य नहीं करता। सभापति का कार्य उपसभापति द्वारा किया जाता है।

राष्ट्रपति तथा उपराष्ट्रपति की तुलना

राष्ट्रपति (President)	उपराष्ट्रपति (Vice-President)
1. निर्वाचन एक निर्वाचक मण्डल द्वारा होता है, राज्यसभा तथा लोकसभा के निर्वाचित सदस्य तथा राज्य के विधान सभाओं के निर्वाचित सदस्यों से मिलकर बनता है।	1. निर्वाचन एक निर्वाचक मण्डल द्वारा होता है जिसका निर्माण संसद के दोनों सदन राज्यसभा तथा लोकसभा के सभी सदस्यों से मिलकर बनता है। इसमें विधानमण्डल के सदस्य सम्मिलित नहीं होते।
2. निर्वाचन आनुपातिक प्रतिनिधित्व पद्धति की एकल संक्रमणीय पद्धति द्वारा होता है।	2. निर्वाचन आनुपातिक प्रतिनिधित्व पद्धति की एकल संक्रमणीय पद्धति द्वारा होता है।

(Continued)

राष्ट्रपति (President)	उपराष्ट्रपति (Vice-President)
3. भारत का नागरिक होना चाहिए।	3. भारत का नागरिक होना चाहिए।
4. 35 वर्ष की आयु पूरी कर चुका हो।	4. 35 वर्ष की आयु पूरी कर चुका हो।
5. लोकसभा का सदस्य निर्वाचित होने के लिए अहित।	5. राज्यसभा का सदस्य निर्वाचित होने के लिए अहित होना चाहिए।
6. भारत सरकार के या किसी राज्य सरकार के या इनके अधीन किसी प्राधिकारी के अधीन लाभ का पद धारण करने वाला नहीं होना चाहिए।	6. राष्ट्रपति के ही समान व्यवस्था है।
7. पदावधि पद ग्रहण करने की तारीख से 5 वर्ष।	7. पदावधि पद ग्रहण करने की तारीख से 5 वर्ष।
8. पांच वर्ष से पूर्व उपराष्ट्रपति को सम्बोधित लेख द्वारा अपना त्यागपत्र दे सकता है।	8. पांच वर्ष से पूर्व राष्ट्रपति को सम्बोधित लेख द्वारा अपना पद त्याग सकता है।
9. महाभियोग की प्रक्रिया से हटाया जा सकता है।	9. राज्यसभा के सदस्यों के बहुमत के संकल्प द्वारा, जिसे लोकसभा की अनुमति प्राप्त हो, हटाया जा सकता है।

केन्द्रीय मंत्रिपरिषद (Central-Council of Ministers)

संसदीय शासन प्रणाली के तहत केन्द्रीय मंत्रिपरिषद जिसका कि नेतृत्व प्रधानमंत्री करता है, वास्तविक कार्यपालिका होती है। देश का प्रशासन सुचारू रूप से चलाने तथा देश को प्रगति के पथ पर ले जाना इसी का दायित्व होता है।

अनु. 53 में कहा गया है कि संघ की कार्यपालिका शक्ति राष्ट्रपति में निहित होगी। संविधान के अनुच्छेद 74(1) के अनुसार राष्ट्रपति के कार्यों के सम्पादन तथा उसे सलाह मन्त्रणा देने हेतु एक मंत्रिपरिषद होगी। जिसका प्रधान प्रधानमंत्री होती है। अनुच्छेद 75(1) के अनुसार प्रधानमंत्री की नियुक्ति राष्ट्रपति करेगा तथा अन्य मंत्रियों की नियुक्ति राष्ट्रपति प्रधानमंत्री के सलाह पर करेगा।

अनुच्छेद 75(2) के अनुसार मंत्रीगण राष्ट्रपति की इच्छा केअनुसार अपने पद पर बनें रहेंगे। अनुच्छेद 75(3)के अनुसार मंत्रिपरिषद सामूहिक रूप से लोक सभा के प्रति उत्तरदायी होती है। अनुच्छेद 75(4)के अनुसार सभी मंत्रियों को अपना पद ग्रहण करने से पहले राष्ट्रपति के समक्ष पद और गोपनीयता की शपथ लेनी होती है। मंत्रि परिषद में तीन स्तरीय मंत्री होते है—1) कैबिनेट मंत्री या मंत्रिमण्डल, 2) राज्य मंत्री, 3) उपमंत्री

कैबिनेट मंत्री ही मंत्रिमण्डल के सदस्य होते हैं। ये अपने विभागों के अध्यक्ष होते हैं। राज्य मंत्री, कैबिनेट मंत्रियों के कार्यों में सहायता करते हैं। कभी कभी इन्हें भी विभागों का कार्य स्वतंत्र रूप से दे दिया जाता है। उप मंत्री मंत्रिमण्डल के सदस्य नहीं होते ये कैबिनेट मंत्रियों के सहायक के रूप में कार्य करते हैं। नीति-निर्धारित करने वाली सर्वोच्च संस्था कैबिनेट ही होती हैं।

मंत्रिपरिषद का निर्माण

प्रधानमंत्री अपने दल के प्रतिभा सम्पन्न नेताओं को राष्ट्रपति के माध्यम से मंत्रियों के रूप में नियुक्त कर मंत्रिपरिषद कर निर्माण करता हैं मंत्री, राष्ट्रपति के प्रसादपर्यन्त पद धारण करते हैं। मंत्रिपरिषद सामूहिक रूप से लोकसभा के प्रति उत्तरदायी होती है मंत्री अपने पद और गोपनीयता की शपथ राष्ट्रपति के समक्ष लेते हैं कोई मंत्री, जो निरंतर छह मास की अवधि तक संसद के किसी सदन का सदस्य नहीं रहता है, उस अवधि की समाप्ति तक मंत्रीपद धारण नहीं कर सकता।

राष्ट्रपति अनिवार्यत: बहुमत दल के नेता को ही प्रधानमंत्री पद के लिए आमंत्रित करता है कुछ परिस्थितियों में राष्ट्रपति को प्रधानमंत्री नियुक्ति में स्वविवेक से कार्य करने का अवसर मिल सकता है।—(1) उस समय जब लोकसभा में किसी भी दल का बहुमत अस्पष्ट हो। (2) उस समय जब बहुमत वाले दल में कोई निश्चित नेता नहीं रहे या प्रधानमंत्री पद के प्रभावशाली दावेदार हों। (3) राष्ट्रपति संकट के समय राष्ट्रपति, लोकसभा को भंग करके कुछ समय के लिए स्वेच्छा से काम चलाऊ सरकार का नेता मनोनीत कर सकता है।

मंत्रिपरिषद की संरचना

संविधान केवल मंत्रियों का उल्लेख करता है। वह मंत्रिपरिषद के मंत्रियों, उप-मंत्रियों के रूप में मंत्रियों के किसी वर्गीकरण या श्रेणीक्रम का उल्लेख नहीं करता। लेकिन मंत्रिपरिषद का उल्लेख करता है मंत्रिमंडल का गठन कैबिनेट मंत्रियों के कार्यों में सहायता देने के लिए जब राज्य मंत्रियों और उपमंत्रियों को नियुक्त किया जाता है तो इन समस्त मंत्रियों के समूह को 'मंत्रिपरिषद' कहा जाता है।

मंत्रिपरिषद और मंत्रिमंडल में अंतर

मंत्रिपरिषद (Council of Misnisters)	मंत्रिमंडल (Cabinet)
1. यह एक बड़ा निकाय है जिसमें 60 से 70 मंत्री होते हैं।	1. यह एक लघु निकाय है, जिसमें 15 से 20 मंत्री होते हैं।
2. इसमें मंत्रियों की तीनों श्रेणियां—मंत्री, राज्य मंत्री व उपमंत्री होते हैं।	2. इसमे केवल कैबिनेट मंत्री शामिल होते हैं। अत: यह कैबिनेट मंत्रिपरिषद का एक भाग है।
3. यह सरकारी कार्यों हेतु एक साथ बैठक नहीं करती है। इसका कोई सामूहिक कार्य नहीं है।	3. यह एक निकाय की तरह है। यह सामान्यत: हफ्ते में एक बार बैठक करती है और सरकारी कार्यों के संबंध में निर्णय करती है। इसके कार्यकलाप सामूहिक होते हैं।
4. इसे सभी शक्तियां प्राप्त हैं परंतु कागजों में।	4. ये वास्तविक रूप में मंत्रिपरिषद की शक्तियों का प्रयोग करती है और उसके लिए कार्य करती है।
5. इसके कार्यों का निर्धारण मंत्रिमंडल तथा ये निर्देश सभी मंत्रियों पर बाध्यकारी हैं।	5. यह मंत्रिपरिषद को राजनैतिक निर्णय लेकर निर्देश देती है।
6. यह मंत्रिमंडल के निर्णयों का अनुपालन करता है।	6. यह मंत्रिपरिषद द्वारा अपने निर्णय के अनुपालन की देख-रेख करती है।
7. यह सामूहिक रूप से लोकसभा के प्रति उत्तरदायी है।	7. यह मंत्रिपरिषद को उसकी लोकसभा के प्रति सामूहिक जिम्मेदारी को लागू करती है।

कैबिनेट (Cabinet)

कैबिनेट मंत्री सरकार की नीतियों को निर्धारित करते हैं, विनिश्चय करते हैं और प्रत्येक ऐसे आवश्यक विषय पर विधेयकों का प्रारूप तैयार करते हैं जिन्हें वे विधि रूप में पास कराना चाहते हैं और इसके बाद संसद को अधिकार देते हैं कि वह उनकी नीतियों और विनिश्चयों पर विचार करें तथा आवश्यक मतदान के आधार पर उन्हें स्वीकार करे। व्यावहारिक दृष्टिकोण से कार्यपालिका की शक्ति का प्रयोग कैबिनेट द्वारा ही किया जाता है। मूल संविधान में 'कैबिनेट' शब्द का उल्लेख नहीं किया गया था।

मंत्रियों का कार्यकाल (Tenure of Ministers)

संविधान के अनुच्छेद 75(2) के अनुसार भी मंत्री राष्ट्रपति की इच्छा पर्यन्त अपने पद पर आसीन रहेंगे किन्तु व्यावहारिक दृष्टिकोण से राष्ट्रपति की इच्छा का अभिप्राय प्रधानमंत्री की इच्छा है। संसदीय शासन का सिद्धान्त यह है कि जब तक मंत्रिमंडल को लोकसभा का विश्वास प्राप्त है तब तक वह अपने पद पर कायम रह सकता है। यदि कोई मंत्री अयोग्य सिद्ध हो अथवा वह प्रधानमंत्री की नीतियों से सहमत न हो तो प्रधानमंत्री उस मंत्री को त्यागपत्र देने के लिए विवश कर सकता है और यदि त्यागपत्र नहीं देता है तो प्रधानमंत्री के परामर्श से राष्ट्रपति उसे बर्खास्त कर सकता है।

उत्तरदायित्व

सामूहिक उत्तरदायित्व (Collective Responsibility)—अनुच्छेद 75(3) के अनुसार मंत्रिपरिषद लोकसभा के प्रति सामूहिक रूप से उत्तरदायी होती है। मंत्रिमंडल की यह संवैधानिक बाध्यता है कि विधानमंडल के निर्वाचित सदन का विश्वास खोते ही शीघ्र पदत्याग कर दे। यह सामूहिक उत्तरदायित्व लोकसभा के प्रति है चाहे मंत्री राज्यसभा के भी हो। यदि किसी मंत्री के विरुद्ध अविश्वास प्रस्ताव लाया जाता है तो संपूर्ण मंत्रिमंडल के लिए पदत्याग करना आवश्यक हो जाता है अथवा पदत्याग न करके मंत्रिमंडल, राष्ट्रपति को विधानमंडल को भंग करने का परामर्श देता है, क्योंकि सदन निर्वाचन मंडल के मत का सही प्रतिनिधित्व नहीं करता है।

राष्ट्रपति के प्रति व्यक्तिगत उत्तरदायित्व—राज्य के प्रधान के प्रति व्यक्तिगत उत्तरदायित्व का सिद्धांत अनुच्छेद 75(2) में समाविष्ट है- मंत्री राष्ट्रपति के प्रसादपर्यंत अपने पद पर बने रहेंगे। यद्यपि समूहिक रूप से मंत्रीगण विधानमंडल के प्रति उत्तरदायी होते हैं, किंतु वे व्यक्तिगत रूप से कार्यपालिका के प्रधान के प्रति उत्तरदायी होंगे और विधानमंडल का विश्वास प्राप्त होने पर भी उन्हें पदच्युत किया जा सकेगा। व्यावहारिक दृष्टिकोण से व्यक्तिगत रूप में मंत्रियों को पदच्युत करने के लिए प्रधानमंत्री ही राष्ट्रपति को सलाह देता है इसलिए राष्ट्रपति की यह शक्ति वास्तव में प्रधानमंत्री की अपने सहकर्मियों के संदर्भ में प्राप्त अप्रत्यक्ष शक्ति है, जैसा कि इंग्लैंड में है।

मंत्रियों का विधिक उत्तरदायित्व—भारतीय संविधान द्वारा विधिक उत्तरदायित्व का सिद्धान्त, जैसा कि इंग्लैण्ड में हैं, अंगीकार नहीं किया गया है। इंग्लैण्ड में सम्राट बिना किसी मंत्री के हस्ताक्षर के कोई लोक कार्य नहीं कर सकता। जबकि भारत में मंत्रियों के दायित्व की संकल्पना और उसका विकास, प्रतिनिधियात्मक लोकतंत्र के सर्वोच्च सिद्धांतों के

आधार पर किया गया है। भारत में राज्य के उन कार्यों के लिए मंत्रियों का कोई कानूनी उत्तरदायित्व नहीं होता जो राष्ट्रपति के नाम से किए जाते हैं। उनके बारे में प्रमाणीकरण के रूप में प्रति-हस्ताक्षर की अपेक्षा मंत्री से नहीं की जाती बल्कि उसकी अपेक्षा सरकार के किसी सचिव से की जाती है।

संविधान में यह उपबंभ भी है कि कार्यपालिका के प्रधान को मंत्रियों ने क्या परामर्श दिया था, इसके विषय में न्यायालय कोई जाँच नहीं कर सकेंगे। यदि राष्ट्रपति का कोई कार्य, उसके द्वारा बनाए गए नियमों के अनुसार भारत सरकार के किसी सचिव द्वारा अधि प्रमाणित किया जाता है तो उस कार्य के लिए कोई मंत्री उत्तरदायी नहीं हो सकता।

प्रधानमंत्री (Prime Minister)

प्रधानमंत्री देश की राजनीतिक व्यवस्था की धुरी है इसे 'देश का हृदय स्थल', 'गुरूत्वाकर्षण का केन्द्र', 'राजनीतिक शासक' और 'सर्वोच्च शासक' की संज्ञा दी जाती है। जहां राष्ट्रपति देश का औपचारिक या संवैधानिक शासक है, वहीं प्रधानमंत्री को देश का वास्तविक शासक समझा जाता है। संविधान के अनुच्छेद-74 में यह प्रावधान है कि राष्ट्रपति को उसके कार्यों में सहायता एवं परामर्श देने क लिए एक मंत्रिपरिषद होगी जिसका प्रधान प्रधानमंत्री होगा।

प्रधानमंत्री विधायिका तथा कार्यपालिका दोनों का वास्तविक प्रधान होता है तथा मंत्रियों व राष्ट्रपति के बीच संवाद के लिए सेतु का कार्य करता है। मंत्रिपरिषद का प्रधान होने के नाते प्रधानमंत्री मंत्रिपरिषद क बैठकों की अध्यक्षता करता है।

लोकसभा में बहुमत दल के नेता को ही राष्ट्रपति प्रधानमंत्री नियुक्त करता है। परंतु यदि किसी पार्टी को स्पष्ट बहुमत न मिला हो तो सबसे बड़े दल को यदि चह भी न हो तो चुना पूर्व सबसे बड़े गठबन्धन वाली पार्टी के नेता को प्रधानमंत्री नियुक्त करता है तथा साथ ही साथ एक निर्धारित समय के भीतर लोकसभा में मंत्रिमंडल के प्रति विश्वास होने का प्रयास प्रस्तुत करने को राष्ट्रपति कह सकता है।

प्रधानमंत्री ऐसे व्यक्ति को भी बनाया जा सकता है जो कि दोनों सदनों का सदस्य नहीं है परंतु इसके लिए यह आवश्यक है कि उसको छः मास के भीतर संसद का सदस्य बनना अनिवार्य है।

प्रधानमंत्री की संवैधानिक स्थिति
(Constitutional Position of the Prime Minister)

प्रधानमंत्री लोकसभा में बहुमत का नेता तथा मंत्रिपरिषद का निर्माता होता है। राष्ट्रपति उसकी सलाह पर अन्य मंत्रियों की नियुक्ति करता है और विभागों का वितरण करता है। प्रधानमंत्री किसी समय अपनी मंत्री-परिषद में परिवर्तन कर सकता है, मंत्रियों के विभागों को बदल सकता है। वह मंत्रियों को पदोन्नत कर सकता है और उन्हें पद-मुक्त करने के लिए राष्ट्रपति से सिफारिश कर सकता है।

प्रधानमंत्री को मंत्रिमंडल के गठन में व्यापक शक्तियां प्राप्त हैं। प्रधानमंत्री ही मंत्रिमंडल का संचालन कर उसकी बैठकों की अध्यक्षता करता है। उसके द्वारा मंत्रिमंडल का नेतृत्व, निर्देशन और नियंत्रण किया जाता है। वह विभिन्न मंत्रालयों में समन्वय स्थापित करता है तथा मंत्रिमंडल के कार्यों की समीक्षा करता है।

मंत्रिमंडलीय सचिवालय पर भी उसका नियंत्रण होता है। वह समय-समय पर राष्ट्रपति को केन्द्रीय मंत्रिमंडल द्वारा लिये गये निर्णयों से तथा देश की राजनीतिक स्थिति से अवगत कराता है। प्रधानमंत्री संसद का नेता होता है। संसद की गरिमा और प्रतिष्ठा को कायम रखने में उसकी अहम भूमिका होती है विपक्षी दलों के साथ राष्ट्रीय मामलें पर विचार-विमर्श करके सहमति प्राप्त करना प्रधानमंत्री का दायित्व है।

प्रधानमंत्री की वास्तविक स्थिति
(Prime-Minister as a Real Executive)

संसदीय शासन प्रणाली में प्रधानमंत्री का स्थान अद्वितीय है। वह संसद तथा कार्यपालिका दोनों पर नियंत्रण रखता है। भारत का प्रधानमंत्री कितने भी शक्तिशाली व्यक्तित्व का हो, संविधानिक व्यवस्थाएं और अभिसमय प्रधानमंत्री पद को जो भी शक्ति प्रदान करते हैं, उससे प्रधानमंत्री निरंकुश नहीं बन सकता है।

प्रधानमंत्री को अपनी नीतियों के सफल कार्यान्वयन के लिए राज्यों के मुख्यमंत्रियों को साथ लेकर चलना पड़ता है। उनके युक्तिसंगत दबाव को वह सहन करता है। अपने उत्तरदायित्व के प्रति सदा मुख्यमंत्री अपने सद्परामर्श से प्रधानमंत्री को निरंकुशता की ओर नहीं जाने देते।

यद्यपि राष्ट्रपति प्रधानमंत्री की मंत्रणानुसार अपनी शक्तियों और कार्यों का निर्वहन करता है, लेकिन वह अपने सद्परामर्श, अपनी सामयिक चेतावनी आदि माध्यम से प्रधानमंत्री के ऐसे कदमों पर प्रभाव डाल सकता है जो निरंकुशता की ओर बढ़ रहे हों। विरोधी दलों की रचनात्मक आलोचना प्रधानमंत्री को निरंकुशता की ओर जाने से रोकती है।

यदि केन्द्र में एक ही दल को स्पष्ट बहुमत प्राप्त न हो या जो बहुमत मिले वह बहुमत कम सदस्यों का हो तो यह स्थिति प्रधानमंत्री को नियंत्रित रखती है। संविधान-विरोधी कानून को असंवैधानिक घोषित करने की जो शक्ति न्यायपालिका को होती है वह भी प्रधानमंत्री को बड़ी सीमा तक नियंत्रित रखती है। संविधान में एक निष्पक्ष निर्वाचन आयोग की व्यवस्था की गई जो प्रत्यक्ष तथा परोक्ष दोनों रूपों में चुनाव सम्बन्धी मामलों में प्रधानमंत्री की निरंकुशता पर प्रतिबंध लगाती है।

प्रधानमंत्री के कार्य एवं शक्तियां
(Functions and powers of the Prime Minister)

प्रधानमंत्री मंत्रीपरिषद् का प्रधान होता है। प्रधानमंत्री पद की बागडोर संभालने के बाद उसका पहला कर्तव्य मंत्रिपरिषद की रचना करना होता है। संविधान में यह स्पष्ट उपबन्ध है कि मंत्रीपरिषद् के मंत्रियों की नियुक्ति राष्ट्रपति प्रधानमंत्री के परामर्श से करेगा। मंत्रीपरिषद् के गठन के पश्चात् प्रधानमंत्री मंत्रीपरिषद् के सदस्यों में विभागों का बंटवारा करता है। इस कार्य में प्रधानमंत्री लगभग पूर्ण स्वतंत्र होता है। प्रधानमंत्री मंत्रियों के विभागो में समन्वय स्थापित करता है। वह मंत्रियों के विभागों में परिवर्तन कर सकता है। प्रधानमंत्री अपने मंत्रियों को उनके विभागों से संबंधित कार्यों के सम्बन्ध में निर्देश दे सकता है।

प्रधानमंत्री न केवल मंत्रीपरिषद् के निर्माण और अंत बल्कि उसके संचालन में भी केन्द्रीय भूमिका निभाता है। प्रधानमंत्री मंत्रीमंडल की बैठकों की अध्यक्षता करता है। वह मंत्रिमंडल की कार्यवाहियों का संचालन करता है, मंत्रिमंडल में विभिन्न बातों का निर्णय मतदान के आधार पर होता है, लेकिन व्यवहार में प्रधानमंत्री का परामर्श ही निर्णायक होता है। मंत्रीपरिषद् का प्रधान होने के साथ-साथ प्रधानमंत्री लोकसभा में बहुमत दल का नेता होता है। लोकसभा में बहुमत दल का नेता होना ही प्रधानमंत्री की शक्ति का आधार है।

प्रधानमंत्री लोकसभा में बहुमत दल का नेता होता है। इसी आधार पर वह लोकसभा का नेता भी होता है। बहुमत के समर्थन के आधार पर ही वह लोकसभा में गतिविधियों को नियंत्रित करता है। कानून निर्माण के समस्त कार्य में प्रधानमंत्री ही नेतृत्व प्रदान करता है। वार्षिक बजट सहित सभी सरकारी विधेयक उसके निर्देशानुसार ही तैयार किये जाते हैं। प्रधानमंत्री राष्ट्रपति तथा मंत्रिमंडल को एक-दूसरे से जोड़ने वाली कड़ी है। अन्य मंत्रियों का व्यक्तिगत रूप से शासन के संबंध में राष्ट्रपति से प्रत्यक्ष औपचारिक संबंध नहीं होता है। प्रधानमंत्री इसमें माध्यम का कार्य करता है। अनु—78 के अनुसार मंत्रीपरिषद् के निर्णयों तथा प्रशासन संबंधी कार्यों की सूचना राष्ट्रपति को प्रधानमंत्री से ही दी जाती है।

प्रधानमंत्री देश का नेता होता है। वह अंतर्राष्ट्रीय क्षेत्र में भारत का प्रतिनिधित्व करता है। वह विदेश नीति पर अपना नियंत्रण रखता है। किन देशों से किस प्रकार के सम्बन्ध रखते हैं, यह निर्णय प्रधानमंत्री ही करता है। भारतीय संविधान में जो आपातकालीन शक्तियां राष्ट्रपति को सौंपी गयी हैं, उनका वास्तव में प्रयोग प्रधानमंत्री तथा उसका मंत्रिमंडल ही करता है। राष्ट्रपति शासन किस राज्य में लागू किया जाए, कब समाप्त किया जाए, इसका निर्णय प्रधानमंत्री तथा उसका मंत्रिमंडल ही करता है।

प्रधानमंत्री कार्यालय (Prime-Minister Office)

सरकार के प्रमुख होने और मुख्य कार्यकारी अधिकारी होने के नाते प्रधानमंत्री देश की राजनैतिक और प्रशासनिक व्यवस्था में बहुत महत्त्वपूर्ण एवं प्रामाणिक भूमिका निभाता है। अपनी इन जिम्मेदारियों को निभाने के लिए उसे प्रधानमंत्री कार्यालय द्वारा सहायता प्रदान की जाती है। प्रधानमंत्री कार्यालय (पीएमओ) एक स्टॉफ एजेंसी है, जो प्रधानमंत्री को सचिव स्तरीय सहायता और महत्त्वपूर्ण सलाह भी देती है। यह भारत सरकार में उच्च् स्तरीय निर्णय प्रक्रिया में महत्त्वपूर्ण भूमिका निभाती है, हालांकि यह एक संविधानेत्तर निकाय है।

प्रधानमंत्री कार्यालय को, कार्य वितरण नियम 1961 के अंतर्गत भारत सरकार के एक विभाग का दर्जा हासिल है। इसके अधीन अथवा इसमें जुड़ा हुआ अन्य कोई कार्यालय नहीं है। यह वृहत संरचना एक समानांतर प्रशासन चलाती है, अर्थात् केन्द्र सरकार के हर मंत्रालय/विभाग का यहां पर एक प्रतिरूप है। इस प्रथा ने मंत्रालयों के गौरव और विभागयी नौकरशाही को कमजोर बनाया है।

आलोचकों द्वारा प्रधानमंत्री कार्यालय विभिन्न संज्ञाओं से विभूषित किया गया है। जैसे—'सुपर कैबिनेट', 'माइक्रो कैबिनेट', 'सुपर मिनिस्टरी', 'सुपर अथॉरिटी', 'भारत सरकार', 'भारत सरकार की सरकार' आदि। प्रधानमंत्री कार्यालय के कार्यों के संबंध दो बातें ध्यान देने योग्य हैं—

1. यह केन्द्र सरकार के एक अवशोषित उत्तराधिकारी के रूप में कार्य करता है। अर्थात् यह उन सभी ऐसे मामलों को देखता है जो किसी मंत्रालय या विभागों को नहीं दिए गए हैं।
2. इसका प्रधानमंत्री के केन्द्रीय मंत्रिमंडल के अध्यक्ष के रूप में निभाए जाने वाली जिम्मेदारियों से कोई सरोकार नहीं है। मंत्रिमंडल के मामले केन्द्रीय सचिवालय द्वारा देखे जाते हैं जो कि प्रधानमंत्री के निर्देश के अंतर्गत कार्य करता है।

कार्य (Functions)

प्रधानमंत्री कार्यालय के निम्नलिखित कार्य हैं—प्रधानमंत्री के सरकार के प्रमुख के रूप में उसकी समस्त जिम्मेदारी में सहायता करना, केंद्रीय मंत्रालयों /विभागों और राज्य सरकारों के बीच समन्वय रखने में सहायता करना। प्रधानमंत्री की योजना आयोग एवं राष्ट्रीय विकास परिषद के अध्यक्ष के रूप में सहायता करना। प्रधानमंत्री के जनसंपर्कों जैसे प्रेस और आम जनता के साथ संबंधों की देखभाल करना। उन सभी संदर्भों को देखना जो नियम के अंतर्गत प्रधानमंत्री के पास आते हैं। प्रधानमंत्री द्वारा नियमानुसार आदेशित मामलों की जांच में सहयोग करना। राष्ट्रपति, राज्यपालों व विदेशी प्रतिनिधियों के साथ समन्वय स्थापित करना। प्रधानमंत्री के 'विचार स्रोत' के रूप में कार्य करना।

उप प्रधानमंत्री (Deputy-Prime Minsiter)

संविधान में उपप्रधानमंत्री पद का कोई प्रावधान नहीं है। किंतु समय-समय पर राजनीतिक कारणों से सत्तारूढ़ दल द्वारा संवैधानिक प्रावधानों से हटकर उप प्रधानमंत्री की नियुक्ति की गई। इस प्रकार यह विशुद्ध रूप से एक राजनीतिक पद है। अब तक कुल आठ (8) व्यक्तियों को उपप्रधानमंत्री नियुक्त किया गया है। सर्वप्रथम पण्डित जवाहर लाल नेहरू के प्रधानमंत्री काल में सरदार बल्लभ भाई पटेल को उप प्रधानमंत्री के पद पर नियुक्त किया गया था, जो 1947 से 1950 तक इस पद पर रहे।

संवैधानिक दृष्टि से उप प्रधानमंत्री और मंत्रीमंडल के अन्य मंत्रियों की स्थिति में कोई अंतर नहीं होता है। उप्रधानमंत्री मंत्री के रूप में ही शपथ लेता है किंतु व्यवहारिक दृष्टि से वह प्रधानमंत्री के बाद दूसरे स्थान पर होता है। इसे मंत्रिमण्डल के वारिष्ठम मंत्री का दर्जा भी कहा जा सकता है। उप प्रधानमंत्री का कोई अधिकार प्राप्त नहीं है। वह प्रधानमंत्री की अनुपस्थिति में उसके सभी कार्यों को करता है किंतु वह प्रधानमंत्री की मृत्यु या त्याग पत्र के पश्चात् उसका पद ग्रहण नहीं करता हैं। क्योंकि प्रधानमंत्री की मृत्यु या त्याग पत्र के पश्चात मंत्रिपरिषद का विघटन कर दिया जाता है।

उल्लेखनीय है कि अब तक कुल 7 बार मंत्रिमण्डल द्वारा उपप्रधानमंत्री पद का स्पष्ट किया गया है। किंतु अब तक उप प्रधानमंत्री नियुक्त किये जाने वाले व्यक्तियों की संख्या 8 है। इसका कारण है यह कि 1979 में प्रधानमंत्री मोरारजी देसाई ने दो उप प्रधानमंत्री चौधरी चरण सिंह (वरिष्ठ)

तथा जगजीवन राम (कनिष्ठ)को नियुक्त किया था। चौधरी देवी लाल को दो बार (वी.पी सिंह तथा चन्द्रशेखर कार्यलय में) उप प्रधानमंत्री बनाया गया था। भारत में अब तक नियुक्त उप प्रधानमंत्रियों की तालिका इस प्रकार है—

उपप्रधानमंत्री	वर्ष
सरदार बल्लभ भाई पटेल	1747
मोरार जी देसाई	1967
चौधरी चरण सिंह	1979
जगजीवन राम	1979
एस.बी. चौहाण	1980
चौधरी देवी लाल	1989
चौधरी देवी लाल	1990
लाल कृष्ण आडवाणी	2002

भारत का महान्यायवादी (Attorney General of India)

संविधान के अनुच्छेद 76 में भारत के 'महान्यायवादी' पद की व्यवस्था गई है। राष्ट्रपति कानूनी मुद्दों पर भारत सरकार को परामर्श देने और समय-समय पर सौंपे गए कानूनी किस्म के अन्य कर्तव्यों को निष्पादित करने के लिए महान्यायवादी के पद पर किसी ऐसे व्यक्ति की नियुक्ति करता है जिसके पास सर्वोच्च न्यायालय का न्यायधीश नियुक्त होने के लिए अपेक्षित योग्यताए हैं।

महान्यायवादी, भारत सरकार का सर्वप्रथम विधि अधिकारी होता है। यह राष्ट्रपति के प्रसादपर्यन्त पद धारण करेगा जो राष्ट्रपति अवधारित करे। उसकी सहायता के लिए एक सालिसिटर जनरल एवं दो अतिरिक्त सालिसिटर जनरल नियुक्त किए जाते हैं। भारत का महान्यायवादी मंत्रिमंडल का सदस्य नहीं होता है (ब्रिटेन का महान्यायवादी सदस्य होता है।) वह भारत सरकार के विरुद्ध न तो सलाह दे सकता है और न ही वकालत कर सकता है।

कार्य—महान्यायवादी के निम्नलिखित प्रमुख कार्य हैं—भारत सरकार को विधि संबंधी ऐसे विषयों पर सलाह देना और विधिक स्वरूप के ऐसे अन्य कर्तव्यों का पालन करना जो राष्ट्रपति उसको समय-समय पर निर्देशित करे या सौंपे। उन सभी कृत्यों का निर्वहन करना जो उसको संविधान या तत्समय प्रवृत किसी अन्य विधि द्वारा या उसके अधीन प्रदान गए हों। सर्वोच्च-न्यायालय में सुने जाने वाले ऐसे सभी मुकदमों में भारत सरकार की ओर से वकालत करना, जिनका संबंध भारत सरकार से हो।

अधिकार—महान्यायवादी को निम्नलिखित अधिकार प्राप्त हैं—उसे लोकसभा अथवा राज्यसभा में या संसद के दोनों सदनों के संयुक्त अधिवेशन में भाग लेने भाषण देने का अधिकार प्राप्त है। परंतु उसे वह मतदान में भाग नहीं ले सकता क्योंकि वह संसद का सदस्य नहीं होता। (अन. 88) वह किसी संसदीय समिति का सदस्य भी बन सकता है पर वह उस समिति में मतदान का अधिकारी है। उस अपनें कर्तव्यों के पालन के लिए भारत के राज्यक्षेत्र में सभी न्यायालयों में सुनवाई का अधिकार हैं।

महान्यायवादी और महाधिवक्ता में अंतर

महान्यायवादी (अनु. 76) (Attorney General)	महाधिवक्ता (अनु. 165) (Advocate General)
• राष्ट्रपति सर्वोच्च न्यायालय के न्यायाधीश नियुक्त होने के लिये योग्य व्यक्ति को इस पद पर नियुक्त करता है।	• राज्यपाल उच्च न्यायालय के न्यायाधीश की योग्यता रखने वाले व्यक्ति को इस पद पर नियुक्त करता है।
• यह राष्ट्रपति के प्रसाद पर्यन्त पद धारण करता है।	• राज्यपाल के प्रसाद पर्यन्त पद धारण करता है।
• इसके सहयोग के लिये सॉलिसिटर जनरल की नियुक्त की जाती है।	• राज्य स्तर पर सॉलिसिटर जनरल का पद नहीं पाया जाता बल्कि सरकारी वकील ही सहायता करते हैं।
• केन्द्र स्तर पर सरकार का प्रथम विधि अधिकारी है।	• राज्य स्तर पर प्रथम विधि सलाहकार है, अर्थात् सर्वोच्च विधि अधिकारी होता है।
• यह संसद के किसी भी सदन बोलने या उसकी कार्यवाही में भाग लेने का अधिकार रखता है, लेकिन संसद में मतदान नहीं कर सकता है, क्योंकि सदस्य नहीं होता।	• यह विधानमंडल के किसी भी सदन में बोलने या उसकी कार्यवाही में भाग लेने का अधिकार रखता है, लेकिन विधानमंडल में मतदान नहीं कर सकता है, क्योंकि सदस्य नहीं होता।
• इसका वेतन राष्ट्रपति निर्धारित करता है। सामान्यत: सर्वोच्च न्यायालय के न्यायाधीश के बराबर।	• इसका वेतन राज्यपाल निर्धारित करता है। उच्च न्यायालय के न्यायाधीश के बराबर होता है।
• यह पद पर रहते हुए वकालत कर सकता है, शर्त यह है कि भारत सरकार से संबंधित मुकदमा न हो।	• यह पद पर रहते हुए वकालत कर सकता है शर्त यह है कि राज्य सरकार से संबंधित न हो।

भारत का नियंत्रक तथा महालेखा परीक्षक (Comptroller and Auditor General of India, CAG)

भारत का नियंत्रक एवं महालेखा परीक्षक केन्द्र एवं राज्यों दोनों स्तरों पर देश की संपूर्ण वित्तीय प्रणली को नियंत्रित करता हैं। संविधान के भाग-5 अनुच्छेद 148 के अनुसार भारत में एक अन्य महत्त्वपूर्ण पद नियंत्रक महालेखा परीक्षक का होगा जो देश की राज्यों और केंद्र दोनों स्तरों की वित्तीय प्रणाली का नियंत्रक करेगाा। इसकी नियुक्ति राष्ट्रपति द्वारा की जाती है।

वह भारत की संपरीक्षा और लेखा प्रणालियों का प्रधान होता है। इस दायित्व के समुचित निर्वहन के क्रम में यह अत्यंत आवश्यक है कि यह पद कार्यपालिका के नियंत्रण से मुक्त हो इसलिए इसे एक स्वायत संस्था का रूप दिया गया है। भारत के नियंत्रक तथा महालेखा परीक्षक को संवैधानिक सत्ता प्राप्त है। भारतीय संविधान के अध्याय पांच, अनुच्छेद 148 से लेकर अनुच्छेद 151 तक नियंत्रक तथा महालेखा परीक्षक कह नियुक्ति, कार्य एवं अधिकारों का वर्णन मिलता है। यह पद अखिल भारतिय स्तर का है जो संघ तथा राज्यों की वित्तीय व्यवस्था को नियंत्रिक रखता है।

भारत में लेखा-परीक्षक विभाग की स्थापना 1905 ई. में की गयी तथा 1919 के अधिनियम के द्वारा इसे स्वतंत्र निकाय का दर्जा प्रदान किया गया था। 1905 ई. में जब भारत का नया संविधान लागू हुआ तब इसका नाम महालेखा परीक्षक से बदलकर नियंत्रक एवं महालेखा परीक्षक रखा गया।

नियुक्ति एवं सेवा शर्तें

अनुच्छेद 148 के अनुसार, नियंत्रक एवं महालेखा परीक्षक की नियुक्ति राष्ट्रपति अपने हस्ताक्षर और मुद्रा सहित अधिपत्र द्वारा करेगा और उसे उसके पद से केवल उसी तरह हटाया जायेगा जिस प्रकार उच्चतम न्यायालय के न्यायाधीश को हटाया जाता है। पद ग्रहण करने से पहले वह निर्धारित कानून के अनुसार राष्ट्रपति के समक्ष शपथ ग्रहण करता है संसद उसका वेतन तथा सेवा की शर्ते निर्धारित करती है। एक बार नियंत्रक तथा महालेखा परीक्षक नियुक्त हो जाने के बाद उसके वेतन, पेंशन, सेवा निवृत्ति की आयु के बारे में उसके हित के विरुद्ध परिवर्तन नहीं किया जा सकता।

कार्यकाल (Tenure)

नियंत्रक एवं महालेखा परीक्षक का कार्यकाल 6 वर्ष का होता है। इस पद के लिए अधिकतम आयु-सीमा का निर्धारण नहीं किया गया है। अवकाश या पदत्याग के बाद वह भारत का राज्य सरकार के अधीन किसी लाभ के पद को ग्रहण नहीं कर सकता।

नियंत्रक तथा महालेखा परीक्षक का कार्यकाल का प्रशासिनक व्यय भारत के संचित निधि मे से होता है। भारत का नियंत्रक एवं महालेखा परीक्षक किसी भी समय त्याग पत्र दे सकता है। यह त्याग पत्र उसकी अपनी लिखावट में और भारत के राष्ट्रपति को संबोधित होना चाहिए। कैग को महाभियोग जैसी प्रक्रिया द्वारा ही उसके पद से हटाने का प्रावधान है।

अनुच्छेद 124(4) के अंतर्गत सर्वोच्च न्यायालय के किसी न्यायाधीश को पद से हटाने के लिए जो विधान है वही नियंत्रक और महालेखा परीक्षक के लिए भी होता है। इसके अंतर्गत प्रत्येक सदन द्वारा बहुमत से एक प्रस्ताव पारित किया जाता है। और इसके बाद उस सदन के उपस्थित और मतदान करने वाले दो-तिहाई बहुमत द्वारा उसे अपने पद से हटाया जा सकता है। पद हटाने जाने की यह प्रक्रिया केवल कदाचार या अक्षमता सिद्ध होने की स्थित में ही सम्पन्न की जा सकती है।

नियंत्रक एवं महालेखा परीक्षक के कार्य

नियंत्रक एवं महालेखा परीक्षक के दो महत्त्वपूर्ण कार्य है—नियंत्रक के रूप में इसका कर्तव्य है कि वह इस बात पर ध्यान दे कि भारत की संचित निधि की संसद द्वारा बनाये गये कानूनों के अनुसार ही समस्त धनराशि निकाली जाये, एवं सार्वजनिक लेखों के महालेखा निरीक्षक के रूप में उसका कर्तव्य यह देखना है कि समस्त सरकारी धन का व्यय संसद द्वारा पारित कानूनों एवं नियमों के अनुसार किया जा रहा है अथवा नहीं।

अन्य कार्य

नियंत्रक एवं महालेखा परीक्षक संघ तथा राज्यों की सरकारों के हिसाब-किताब की लेखा-परीक्षा करता है। इसे इस बात पर भी ध्यान रखना पड़ता है कि अभिलेख में जिस धन का वितरण दिया गया है वह प्रस्तुत योजना के लिए वैध रूप से प्राप्त था या नहीं। साथ ही जिस कार्य में धन लगाया गया है वह जरूरी था कि नहीं।

वह केन्द्र और राज्यों को आवश्यकतानुसार ऐसी सूचना प्रदान करेगा जो उन्हें वार्षिक विवरण तैयार करने के लिए अनिवार्य है। वह केन्द्र एवं राज्यों के किसी विभाग द्वारा तैयार कये गये ऋण, जमा, भुगतान, अग्रिम निर्माण एवं लाभ-हानि से संबंधित लेन-देन की जांच करने का भी कार्य करता है।

नियंत्रक एवं महालेखा परीक्षक केन्द्र तथा राज्य सरकार के अनुरोध पर किसी भी सरकारी विभाग की आय-व्यय की जांच करता है। वह केन्द्रीय अथवा राज्य सरकारों के द्वारा रखे जाने वाले व्यापारिक एवं निर्माण कार्य संबंधी कार्यों के लाभ-हानि के विवरणों की लेखा-परीक्षा करता है। सरकार के अनुरोध पर वह स्थानीय संस्थाओं की लेखा-परीक्षा करने जैसे कर्तव्यों का निर्वाह करता है।

नियंत्रक एवं महालेखा परीक्षक अपने संवैधानिक कर्तव्य, विभिन्न विभागों में कार्यरत अधिकारियों के माध्यम से करता है। केन्द्र तथा राज्य सरकारों के लेखों की जांच के बाद महालेखाकार द्वारा केन्द्र तथा प्रत्येक राज्य सरकार के लिए अलग-अलग जांच प्रतिवेदन किये जाते हैं।

भारत के नियंत्रक एवं महालेखा परीक्षक की स्वतंत्रता एवं सुरक्षा कवच के तहत संविधान में निम्नलिखित व्यवस्था की गई है—

इसे कार्यकाल की सुरक्षा मुहैया कराई गई है। इसकी नियुक्ति राष्ट्रपति द्वारा की जाती है, किन्तु इसे पद से दोनों सदनों के संयुक्त समावेदन पर ही राष्ट्रपति द्वारा हटाया जा सकता है। इसके वेतन और सेवा की शर्तें विधिक होती हैं अर्थात् इन्हें संसद अधिकथिक करती है। इसकी पदावधि के दौरान इनमें कोई अलाभकारी परिवर्तन नहीं किया जा सकता।

यह लेखा विभाग के कार्यालय में काम करने वाले कर्मचारियों की सेवा शर्तों और प्रशासनिक दायित्वों को राष्ट्रपति के साथ मिलकर तय करता है। अनुच्छेद 148(5) अनुसार नियंत्रक एवं महालेखा परीक्षक और उसके कर्मचारियों के वेतन तथा प्रशासनिक व्यय भारत की संचित निधि से किया जाता है। महालेखा परीक्षक की स्वतंत्रता कायम रखने के लिए संसद ने अपनी शक्ति का प्रयोग करते हुए 1971 में नियंत्रक महालेखा परीक्षक (सेवा की शर्तें) अधिनियम पारित किया, जिसमें 1976 में कुछ संशोधन किए गए।

कैग की भूमिका—इसकी स्थापना सर्वप्रथम 1860 में अंग्रेज़ों ने की थी। सर एडमंड ड्रूमंड सबसे पहले महालेखा परीक्षक बनाए गए थे। उस वक्त इसका काम प्रशासन की कार्यप्रणाली पर निगरानी रखना और देश में खर्च किए जा रहे धन के हिसाब की जांच करना था। नरहरि राव स्वतंत्र भारत के पहले महालेखा परीक्षक बनाए गए थे।

कैग रिपोर्ट की जांच—वित्त मंत्रालय द्वारा कैग रिपोर्ट संसद में रखने के बाद अगर उसमें किसी गड़बड़ी की तरफ इशारा किया गया है। अगर मामला सरकारी कंपनियों से जुड़ा होता है तो वह इसकी जांच 'कमेटी ऑन अंडरटेकिंग' (सीपीयू) से कराती है। इन जांच समितियों की खास बात यह होती है कि इसमें सत्ता पक्ष के नेताओं के अलावा विपक्ष के नेता भी शामिल होते हैं।

अध्याय सार संग्रह

- अनुच्छेद 53 में कहा गया है कि संघ की सभी कार्यपालिका सम्बन्धी शक्ति राष्ट्रपति में निहित होगी।
- भारत में संसदीय व्यवस्था को अपनाया गया है। अत: राष्ट्रपति नाममात्र की कार्यपालिका है तथा प्रधानमंत्री और उसका मंत्रिमण्डल वास्तविक कार्यपालिका है।
- भारत के राष्ट्रपति पद पर कोई भी भारत का नागरिक, जो कि निर्धारित योग्यताएं पूरी करता है, पदासीन हो सकता है।
- भारत का राष्ट्रपति बनने के लिए व्यक्ति की आयु कम से कम 35 वर्ष की होनी चाहिए।
- राष्ट्रपति बनने वाला व्यक्ति लोक सभा का सदस्य निर्वाचित होने की योग्यताएं पूरी करता हो।
- निर्वाचक मण्डल में राज्य सभा, लोक सभा और राज्यों की विधान सभाओं के निर्वाचित सदस्य होते हैं। नवीनतम् व्यवस्था के अनुसार पुडुचेरी तथा दिल्ली विधान सभा के निर्वाचित सदस्यों को भी इस निर्वाचक मण्डल में सम्मिलित किया गया है।
- राष्ट्रपति पद के उम्मीदवार के लिए 50 सदस्य प्रस्तावक तथा 50 सदस्य अनुमोदक होंगे।
- राष्ट्रपति का निर्वाचन अप्रत्यक्ष आनुपातिक प्रतिनिधित्व पद्धति के अनुसार एकल संक्रमणीय मत प्रणाली के अनुसार होता है।
- राष्ट्रपति का कार्यकाल 5 वर्ष का होता है। वह पुनर्निर्वाचन का पात्र भी है तथा पांच वर्ष से पूर्व महाभियोग लगाकर ही उसे पद से हटाया जा सकता है। वह अपना त्यागपत्र उपराष्ट्रपति को देकर स्वयं पद से हट सकता है।
- 42वें संविधान संशोधन 1976 के अनुसार राष्ट्रपति के निर्वाचन में जनसंख्या से आशय 1971 की जनगणना द्वारा अभिनिश्चत जनसंख्या से है, ऐसा वर्ष 2000 तक के लिए तय था किन्तु 84 वें संशोधन 2001 से इसे 2026 तक बढ़ दिया गया है।
- संसद के जिस सदन में महाभियोग का प्रस्ताव प्रस्तुत किया जाता है, उसके एक-चौथाई (1/4) सदस्यों द्वारा हस्ताक्षरित आरोपपत्र राष्ट्रपति को 14 दिन पूर्व दिया जाना आवश्यक है।
- आरोपपत्र (राष्ट्रपति को) दिए जाने के 14 दिन बाद ही सदन में महाभियोग का संकल्प प्रस्तुत किया जा सकता है।
- जिस सदन में संकल्प प्रस्तुत किया जाये, उसकी कुल सदस्य संख्या के दो-तिहाई (2/3) बहुमत से संकल्प पारित होना चाहिए।
- दूसरा सदन राष्ट्रपति पर लगाए गए आरोपों की जांच करेगा।
- जब दूसरा सदन, राष्ट्रपति पर लगाए गए आरोपों की जांच कर रहा हो, तो राष्ट्रपति स्वयं या अपने वकील (प्रतिनिधि) के माध्यम से लगाए गए आरोपों के संबंध मे अपना पक्ष प्रस्तुत करेगा और स्पष्टीकरण देगा।
- यदि दूसरा सदन भी राष्ट्रपति पर लगाए गए आरोपों को सही पाता है और कुल सदस्य संख्या के दो-तिहाई (2/3) बहुमत से संकल्प का अनुमोदन कर देता है तो महाभियोग की कार्यवाही पूर्ण हो जाती है।
- अन्य किसी कारण से, यथा-राष्ट्रपति की मृत्यु आदि से स्थायी रूप से राष्ट्रपति का पद रिक्त हो जाता है, तो उपराष्ट्रपति तुरन्त राष्ट्रपति पद पर कार्य करना प्रारंभ कर देगा, तथा नए राष्ट्रपति द्वारा पद धारण करने तक कार्य करता रहेगा।
- यदि किसी कारणवश चुनाव में विलम्ब हो जाए तो पदासीन राष्ट्रपति ही तब तक पद पर बना रहता है। जब तक कि नया राष्ट्रपति पद ग्रहण न कर ले, उल्लेखनीय है कि इस समय उपराष्ट्रपति राज्यसभा में सभापति के रूप में कार्य नहीं करेगा।
- राष्ट्रपति की बीमारी या अन्य किसी कारण से राष्ट्रपति पद पर हुई अस्थायी रिक्ति के समय उपराष्ट्रपति राष्ट्रपति के रूप में कार्य करता है।
- 42वें संविधान संशोधन अधिनिमय 1976 ने राष्ट्रपति को मंत्रिपरिषद की सलाह मानने के लिए 'बाध्य' कर दिया है।
- 44वें संविधान संशोधन द्वारा राष्ट्रपति को मंत्रिपरिषद की सलाह को केवल एक बार पुनर्विचार के लिए प्रेषित करने का अधिकार दिया गया है। यदि मंत्रिपरिषद अपने विचार पर टिकी रहती है, तो राष्ट्रपति उसकी सलाह को मानने के लिए बाध्य होगा।
- राष्ट्रपति संसद के सदनों को आहूत करने, सत्रावसान करने और लोक सभा का विघटन करने की शक्ति रखता है।
- राष्ट्रपति लोक सभा के प्रत्येक साधारण निर्वाचन के पश्चात् प्रथम सत्र के प्रारम्भ में तथा प्रत्येक वर्ष के प्रथम सत्र के आरंभ में एक साथ संसद के दोनों सदनों में प्रारम्भिक अभिभाषण करता है।
- लोक सभा अध्यक्ष एवं उपाध्यक्ष के पद खाली होने की स्थिति में राष्ट्रपति उस पद के लिए लोक सभा के किसी भी सदस्य को नियुक्त कर सकता है और यही कार्य राज्य सभा में सभापति तथा उपसभापति की अनुपस्थिति में भी करता है।
- राष्ट्रपति को लोक सभा में एंग्लो-इण्डियन समुदाय के दो व्यक्ति (अनु. 331) तथा राज्य सभा में 12 सदस्य, कला, साहित्य, विज्ञान, समाज सेवा के क्षेत्र से मनोनीत करने का अधिकार है।
- राष्ट्रपति वार्षिक वित्तीय विवरण, नियंत्रक महालेखा परीक्षक का प्रतिवेदन, वित्त आयोग की सिफारिश तथा अन्य आयोग की रिपोर्ट संसद में प्रस्तुत करवाता है।
- कुछ विषयों से सम्बन्धित विधेयक संसद में प्रस्तुत करवाने से पूर्व राष्ट्रपति की अनुमति आवश्यक होती है, जैसे—राज्यों की सीमा परिवर्तन और धन विधेयक।

- राष्ट्रपति किसी भी विधेयक को अनुमति दे सकता है। उसे पुनर्विचार के लिए वापस भेज सकता है तथा उस पर अपनी अनुमति रोक सकता है लेकिन धन विधेयकों पर राष्ट्रपति को अनिवार्य रूप से अनुमति देनी होती है तथा उसे पुनर्विचार के लिए भी वापस नहीं भेज सकता है। संविधान संशोधन विधेयक के लिए भी इसी प्रकार का प्रावधान है।
- यदि राष्ट्रपति द्वारा संसद को पुनर्विचार के लिए वापस किया गया विधेयक पुनः विचार करने के पश्चात् राष्ट्रपति की अनुमति के लिए प्रस्तुत किया जाता है, तो इस पर वह अनिवार्य रूप से अनुमति देगा।
- राष्ट्रपति सर्वोच्च न्यायालय के मुख्य न्यायाधीश तथा अन्य न्यायाधीशों की और उच्च न्यायालय के मुख्य न्यायाधीश की नियुक्ति करता है।
- राष्ट्रपति किसी सार्वजनिक महत्त्व के विषय पर उच्चतम न्यायालय से अनुच्छेद 143 के अधीन परामर्श ले सकता है। लेकिन वह परामर्श मानने के लिए बाध्य नहीं है।

9 अध्याय

भारतीय संसद

इस अध्याय में आप सीखेंगे किः

- भारतीय संसद की संरचना उसके अधिकारी, सदस्यों की शक्तियों और संसदीय समितियों की कार्यप्रणाली तथा उनके अधिकार और शक्तियों के बार में व्यवहारिक जानकारी कैसे प्राप्त होगी।
- भारतीय संसदीय शासन व्यवस्था की बदलती प्रवृत्तियों के बारे में क्या जानकारी है।

संसद भवन का शिलान्यास 12 फरवरी, 1921 को ड्यूक ऑफ कनाट ने किया था। इस महती काम को अंजाम देने में छह वर्षों का लंबा समय लगा। इसका उद्घाटन तत्कालीन वायसराय लॉर्ड इरविन ने 18 जनवरी, 1927 को किया था। इसमें 12 द्वार हैं जिसमें गेट नंबर 1 मुख्य द्वार है। संसद का स्थापत्य नमूना अद्‌भुत है। मशहूर वास्तुविद लुटियन्स ने भवन का डिजाइन तैयार किया था।

1935 के भारतीय शासन अधिनियम में केन्द्र में द्विसदनीय व्यवस्थापिका की स्थापना की गई थी, जिसे संविधान के द्वारा संसद नाम दिया गया है। भारतीय संसद की रचना राष्ट्रपति, लोकसभा व राज्यसभा से होती है। संविधान में इसका उल्लेख भाग 5, अध्याय 2 और 3 में 79 से 123 के अंतर्गत किया गया है।

राज्यसभा (Rajya Sabha or Council of States)

संविधान के अनुच्छेद के अनुसार राज्यसभा संसद का द्वितीय या उच्च सदन है जिसकी अधिकतम सदस्य संख्या 250 निर्धारित है। इनमें से 238 सदस्य राज्यों एवं संघ-क्षेत्रों के अप्रत्यक्ष रूप से निर्वाचित प्रतिनिधि होते हैं। 12 ऐसे सदस्यों को राष्ट्रपति नामांकित करता है जो साहित्य, कला, विज्ञान और सामाजिक सेवा के क्षेत्र में विशिष्ट ज्ञान का अनुभव रखते हैं।

राज्यसभा में 'राज्यों की समानता' के सिद्धांत को नहीं अपनाया गया है। प्रतिनिधित्व का आधार राज्य की जनसंख्या को बनाया गया है। अत: अधिक जनसंख्या वाले राज्यों का राज्यसभा में अधिक प्रतिनिधित्व होता है। राज्यसभा के सदस्यों का निर्वाचन राज्य की विधानसभाओं में निर्वाचित सदस्यों द्वारा आनुपातिक प्रतिनिधित्व-पद्धति के अनुसार एकल संक्रमणीय मत द्वारा होता है। उसके लिए उन सभी योग्यताओं का होना आवश्यक है जो संसद सदस्य के लिए आवश्यक मानी जाती है।

राज्यसभा एक स्थायी सदन है। लोकसभा की भांति राज्यसभा कभी भंग नहीं होती, किन्तु प्रत्येक दो वर्ष के उसके एक तिहाई सदस्यों की सदस्यता समाप्त हो जाती है। उनके स्थान पर नए निर्वाचित सदस्य आ जाते हैं। इस प्रकार एक सदस्य का कार्यकाल छ: वर्ष का है। भारत का उपराष्ट्रपति राज्यसभा का पदेन सभापति होता है। सभापित की अनुपस्थिति में राज्यसभा का सभापतित्व उप-सभापति करता है जो सदन का सदस्य होता है और सदन के द्वारा ही निर्वाचित किया जाता है।

राज्यसभा को स्थाई और निरंतर चलने वाली संस्था बनाकर हमारे संविधान-निर्माताओं ने दूरदर्शिता का परिचय दिया है। सदस्यों के आवर्तन की पद्धति के कारण न केवल सदन की निरंतरता बनी रहती है वरन् हर राज्य की विधानसभा को यह अवसर मिल जाता है कि वह समय-समय पर इस सदन में कुछ नए सदस्यों का निर्वाचन करती रहे। राज्यसभा में वर्तमान दलीय शक्ति और प्रत्येक राज्य में व्यापक समकालीन, दृष्टिकोण और मनोवृत्ति परिलक्षित होती रहती है परिणामस्वरूप, राज्यसभा में सदैव नवीनता व्याप्त रहती है। समय-समय पर नया रक्त-संचार होने के कारण यह सदन हमेशा वर्तमान सामाजिक समस्याओं के सम्पर्क में रहता है। फलत: राज्यसभा में अनुभवी और योग्य व्यक्तियों का ही प्रतिनिधित्व संभव हो पाता है।

लोकसभा (Lok Sabha or House of the People)

यह लोकप्रिय सदन है जिसका निर्वाचन जनता द्वारा वयस्क मताधिकार के आधार पर प्रत्यक्ष निर्वाचन पद्धति द्वारा किया जाता है। निर्वाचन-क्षेत्रों

के लिए आवंटित स्थानों का निर्धारण इस प्रकार किया जाता है कि प्रत्येक राज्य को दिए गए स्थानों और उसकी जनसंख्या का अनुपात समस्त राज्यों के लिए, जहां तक व्यवहार्य हो, एक जैसा बना रहे, परंतु यदि किसी राज्य की जनसंख्या 60 लाख से कम है तो उपर्युक्त विधि का उपयोग नहीं किया जा सकेगा।

संविधान के अनुच्छेद 82 के अन्तर्गत प्रत्येक जनगणना के पश्चात् विभिन्न राज्यों में लोकसभा के स्थानों का आवंटन करने संबंधी तथा राज्यों के निर्वाचन क्षेत्रों का पुन: समायोजन करने के लिए संसद को अधिकृत किया गया है, वह इस विषय पर विधान की संरचना करे तथा समुचित निर्देशन प्रदान करे, लोकसभा में अनुसूचित जातियों एवं अनुसूचित जनजातियों के लिए स्थानों के आरक्षण की व्यवस्था भी की गई है।

लोकसभा यदि पहले ही विघटित कर दी जाए तो अपने प्रथम अधिवेशन की तारीख से पांच वर्ष तक चालू रहेगी। राष्ट्रपति इस अवधि से पहले उसे विघटित कर सकता है। संकटकाल की स्थिति में लोकसभा में एक समय में एक वर्ष की वृद्धि की जा सकती है, परंतु घोषणा के प्रवर्तन की समाप्ति के बाद किसी भी दशा में यह अवधि छ: मास के लिए ही बढ़ायी जा सकती है।

लोकसभा की अर्हताएं एवं अनर्हताएं—लोकसभा का सदस्य बनने के लिए किसी भी व्यक्ति में ये अर्हताएं होनी चाहिए—वह भारत का नागरिक हो, 25 वर्ष से कम आयु का न हो, तथा वे सब अन्य अर्हताएं होनी चाहिए जो संसद निश्चित करे। उसे भारत में प्रभुसत्ता तथा अखण्डता के प्रति शपथ लेनी होती है।

संसदीय विशेषाधिकार—संसदीय विशेषाधिकार का तात्पर्य ऐसे अधिकारियों तथा उन्मुक्तियों से है, जो संसद या राज्य विधानमंडल के प्रत्येक सदन, उसके सदस्यों तथा समितियों का सामूहिक रूप से तथा व्यक्तिगत रूप से प्राप्त होता है। संसदीय विशेषाधिकार का उद्देश्य संसद या राज्य विधानमण्डल की स्वतंत्रता, प्राधिकार तथा गरिमा की रक्षा करना है। संविधान के अनुच्छेद 105 तथा 194 हमारे विधानमंडलों को वही विशेषाधिकार प्रदान करते हैं जो हाउस ऑफ कामन के हैं। ये स्वतंत्र उपबंध है और यह अर्थान्वयन नहीं किया जाना चाहिए कि ये मूल अधिकारों को प्रत्याभूत करने वाले भाग-3 के अधीन है। प्रत्येक सदन के विशेषाधिकारों को दो समूहों में विभाजित किया जा सकता है—

1. सदस्यों द्वारा व्यक्तिगत रूप से प्रयोग किए जाने वाले विशेषाधिकार निम्न हैं—
   - गिरफ्तारी से उन्मुक्ति (अपराधिक तथा निवारक निरोध के संदर्भ में छूट नहीं दिया गया है)
   - साक्षी के रूप में उपस्थिति में छूट
   - वाक् स्वातंत्र्य
   - संसद सदस्यों को अपने निर्वाचन क्षेत्र के लिए 5 करोड़ प्रतिवर्ष खर्च के लिए दिये जाते हैं।
2. सदस्यों के सामूहिक विशेषाधिकार निम्न हैं—
   - सदन की कार्यवाहियों को प्रकाशित करने तथा अन्य को प्रकाशित करने से रोकने का अधिकार।
   - जो व्यक्ति सदन का सदस्य न हो उसे सदन के बाहर निकालने का अधिकार।
   - सदन के आंतरिक मामलों को विनियमित करने तथा सदन के भीतर उत्पन्न होने वाले मामलों को निबटाने का अधिकार।
   - सदन के सदस्यों तथा बाहरी व्यक्तियों को सदन की विशेषाधिकारों का उल्लंघन करने के लिए दण्डित करने का अधिकार।
   - सदन की कार्यवाही को न्यायालय द्वारा जांच करने से रोकने का अधिकार।
   - किसी सदस्य की गिरफ्तारी, नजरबंदी, दोषसिद्धि, कारावास तथा रिहाई के संबंध में सूचना प्राप्त करने का अधिकार।
   - सदन की किसी गोपनीय बैठक की कार्यवाहियों तथा निर्णयों को प्रकट करने पर रोक संबंधी अधिकार।

राज्यसभा तथा लोकसभा में अंतर

राज्यसभा	लोकसभा
1. राज्यसभा एक स्थायी सदन है जिसे कभी कोई भंग नहीं कर सकता। प्रत्येक दो वर्ष पश्चात् एक-तिहाई सदस्य अवकाश ग्रहण कर लेते हैं तथा उतने ही नव-निर्वाचित हो जाते हैं।	1. लोकसभा स्थायी सदन नहीं है। इसका कार्यकाल 5 वर्ष है तथा इससे पहले भी इसे राष्ट्रपति, प्रधानमंत्री की सलाह पर भंग कर सकता है, नई लोकसभा का चुनाव 6 माह के भीतर हो जाना चाहिए।
2. राज्यसभा की सदस्य संख्या 250 है। इसमें सभी राज्यों को समान प्रतिनिधित्व नहीं दिया गया है। जनसंख्या के आधार पर सदस्य चुने जाते हैं। इसमें 12 सदस्य राष्ट्रपति किसी क्षेत्र में विशिष्ट योगदान करने वालों को नामित करता है।	2. संसद में अधिकतम 552 सदस्य हो सकते हैं जिसमें 2 सदस्य राष्ट्रपति द्वारा नामित होते हैं।
3. राज्यसभा के सदस्यों का चुनाव संबंधित राज्यों की विधानसभाएं आनुपातिक प्रतिनिधित्व के आधार पर निर्वाचित करती है।	3. जनता द्वारा लोकसभा के सदस्य सार्वजनिक एवं गुप्त मतदान द्वारा चुने जाते हैं यह जनसंख्या के आधार पर चुने जाते हैं।

(Continued)

राज्यसभा	लोकसभा
4. राज्यसभा का सभापति इसका सदस्य नहीं होता।	4. लोकसभा के अध्यक्ष तथा उपाध्यक्ष इसके सदस्य होते हैं तथा इनका चुनाव सदन के सदस्यों द्वारा किया जाता है।
5. धन विधेयक राज्यसभा में प्रस्तुत या पुनर्स्थापित नहीं किया जा सकता है।	5. धन विधेयक केवल लोकसभा में ही पुनर्स्थापित किया जा सकता है।
6. धन विधेयक के सम्बन्ध में राज्यसभा को केवल सिफारिशें करने का अधिकार है। 14 दिन का समय मिलता है। यदि इस समय में विधेयक वापस नहीं होता है पारित समझा जाता है।	6. लोकसभा राज्यसभा की सिफारिशें मानने के लिए बाध्य नहीं है। धन-विधेयक के संबंध में लोकसभा को अंतिम एवं वास्तविक अधिकार है।
7. मंत्रिपरिषद राज्यसभा के प्रति उत्तरदायी नहीं होती।	7. मंत्रिपरिषद केवल लोकसभा के प्रति उत्तरदायी होती है।

लोकसभा का अध्यक्ष (Speaker of the Loksabha)

भारत के लोकसभाध्यक्ष का पद, प्रतिष्ठा, गौरव और गरिमा का है। लोकसभा में सभी अध्यक्षों ने अभी तक अपनी निष्पक्षता और गरिमा को बनाए रखा है। अध्यक्ष राजनीतिक दल से जुड़ा व्यक्ति होता है। भारत में अध्यक्ष शासक दल से और उपाध्यक्ष विपक्ष से बनाये जाने की परम्परा विकसित की जा रही है। इसका उद्देश्य अध्यक्ष की निष्पक्षता को बनाये रखना है।

लोकसभा अध्यक्ष अपनी शक्तियों और प्रभाव में ब्रिटिश हाऊस ऑफ कामन्स के अध्यक्ष से अधिक शक्तिशाली है। लोकसभा की शक्तियों का प्रतीक है। लोकसभा का अध्यक्ष-पद, जिसे 1947 से पहले सभापति कहा जाता था, 1921 से चला आ रहा है। मॉण्टेग्यू-चेम्सफोर्ड सुधारों के अंतर्गत पहली केन्द्रीय विधानसभा बनी थी। भारत में सर्वप्रथम इस पद पर सर फ्रेडरिक व्हाइट को मनोनीत किया गया था। गणेश वासुदेव मावलंकर स्वतंत्र भारत के प्रथम लोकसभा अध्यक्ष थे।

अध्यक्ष का निर्वाचन

भारत में निश्चित तिथि पर अध्यक्ष का निर्वाचन राष्ट्रपति के आदेश पर, लोकसभा के सदस्य करते हैं। इसके पूर्व प्रस्तावक, अनुमोदक तथा प्रत्याशी की सहमति के साथ नामांकन किया जाता है और निर्वाचन बहुमत के आधार पर होता है। बहुमत दल अर्थात् शासक दल की ओर से प्रधानमंत्री प्रस्तावक होते हैं। बहुमत का समर्थन प्राप्त व्यक्ति निर्वाचित घोषित हो जाता है।

अध्यक्ष का कार्यकाल, उसकी पदमुक्ति, वेतन एवं भत्ते

अध्यक्ष और उपाध्यक्ष लोकसभा के सदस्य रहने तक पद पर बने रहते हैं, तत्पश्चात् उन्हें अपना पद रिक्त करना होता है, किन्तु लोकसभा के विघटित हो जाने के बावजूद अध्यक्ष नवनिर्वाचित लोकसभा के प्रथम अधिवेशन तक अपने पद पर बने रहते हैं। अध्यक्ष और उपाध्यक्ष अपने पदों से त्यागपत्र दे सकते हैं। वे लोकसभा के तत्कालीन समस्त सदस्यों के बहुमत से पारित किए गए एक प्रस्ताव द्वारा अपने पद से हटाए जा सकते हैं। ऐसा कोई प्रस्ताव तब तक प्रस्तावित नहीं किया जा सकता है जब तक कि उसे प्रस्तावित करने के अभिप्राय की कम से कम 14 दिन की पूर्व सूचना न दे दी गई हो। लोकसभा की किसी बैठक में जब अध्यक्ष को हटाने के लिए कोई प्रस्ताव विचाराधीन हो, तब अध्यक्ष और जब वह उपाध्यक्ष के विरुद्ध हो तो उपाध्यक्ष उपस्थित रहने पर भी बैठक की अध्यक्षता नहीं करेंगे। ऐसी बैठक की कार्यवाहियों में वह भाग लेकर अपना मत दे सकता है, किन्तु मत समान होने की दशा में उसे निर्णायक मत देने का अधिकार नहीं होगा। अध्यक्ष को ऐसे वेतन और भत्ते दिए जाएंगे जिसे संसद विधि द्वारा नियत करे।

लोकसभा अध्यक्ष की शक्तियां और कार्य

भारत में लोकसभा अध्यक्ष का पद ब्रिटेन के हाउस ऑफ कामंस के स्पीकर के समान है। वह लोकसभा का प्रमुख होता है। इसका मुख्य उत्तरदायित्व सदन का कार्य शांति एवं व्यवस्थित ढंग से चलाना है। सदन के भीतर और सदन से संबंधित सभी मामलों में अंतिम प्राधिकार इसी का है। अध्यक्ष पद के साथ स्वतंत्रता और निष्पक्षता के दृष्टिकोण का विशेष महत्त्व है। इसे कई रूपों में देखा जा सकता है। वरीयता क्रम में इसका स्थान राष्ट्रपति, उपराष्ट्रपति और प्रधानमंत्री के बाद आता है। इसके वेतन और भत्ते भारत के संचित निधि पर भारित होते हैं, अर्थात् संसद में इस पर मतदान नहीं हो सकता। इसके आचरण पर मूल प्रस्ताव के अतिरिक्त चर्चा नहीं हो सकती है। अध्यक्ष राजनीतिक रूप से तटस्थ होता है। वह किसी दल विशेष से संबंध रखते हुए भी सक्रिय दलीय राजनीति में भाग नहीं लेता है और न ही किसी दल का पद धारण करता है।

अध्यक्ष सदन के कार्य का संचालन करता है तथा उसकी कार्यवाहियों को विनियमित करता है। वह संवैधानिक प्रावधानों तथा 'लोकसभा के प्रक्रिया तथा कार्य संचालन नियमों' के अनुसार ही इन कार्यों को संपादित करता है। संसदीय मामलों में उसका फैसला अंतिम होता है। सदन संबंधी क्रिया-कलापों के बारे में अस्पष्टता की स्थिति में इसका फैसला अंतिम होता है। उसके निर्णय को न तो चुनौती दी जा सकती है और न ही उसकी आलोचना की जा सकती है। सदन के वातावरण को अव्यवस्थित करने के कारण अध्यक्ष किसी सदस्य को सदन से चले जाने के लिए कह सकता है अथवा उसे सदन से निलंबित भी कर सकता है।

अध्यक्ष इस बात का फैसला करता है कि क्या सदस्य विशेष का अथवा सदन के विशेषाधिकार भंग का मामला प्रथम द्रष्टव्य बनता है अथवा

नहीं। लोकसभा के संसदीय समितियों के गठन में उसकी महत्त्वपूर्ण भूमिका स्थापित होती है। समितियों के सभापति की नियुक्ति अध्यक्ष ही करता है। समितियां उसी के नियंत्रण और निर्देशन में कार्य करती हैं। कुछ समितियों की अध्यक्षता वह स्वयं ही करता है, जैसे—कार्य मंत्रणा समिति, सामान्य प्रयोजन समिति तथा नियम समिति।

संविधान अध्यक्ष को एक विशेष शक्ति प्रदान करता है कि किसी विधेयक के बारे में अगर यह संदेह हो कि वह धन विधेयक है अथवा नहीं तो उसका फैसला अंतिम होगा। यह अध्यक्ष की एक विवेकिक शक्ति है। अध्यक्ष के इस फैसले को किसी न्यायालय में प्रश्नगत नहीं किया जा सकता है। अध्यक्ष सदन का प्रतिनिधित्व करता है। वह सदन की गरिमा तथा सदन की स्वतंत्रता का प्रतिनिधित्व करता है। संसदीय संस्कृति के निर्माण में अध्यक्ष की भूमिका बहुत ही महत्त्वपूर्ण होती है। वर्तमान समय में जबकि संसदीय संस्कृति का पतन हो रहा है अथवा विधायिका जैसी संस्था की छवि राजनीति के अपराधीकरण के अन्तर्गत धूमिल हो रही है, अध्यक्ष की निष्पक्षता और क्रियाशीलता का विशेष महत्त्व है।

लोकसभा के महासचिव (General Secretary of Loksabha)

लोकसभा महासचिव सदन का महत्त्वपूर्ण अधिकारी होता है। वह सभी संसदीय क्रिया-कलापों प्रकियाओं तथा प्रथाओं के संदर्भ में अध्यक्ष का, सदन का तथा सदस्यों का सलाहकार होता हैं। एक स्थायी अधिकारी के रूप में वह सभापटल का प्रमुख अधिकारी होता है। वह संसदीय परंपराओं और प्रथाओं का रक्षक होता है।

महासचिव का राजनीतिक मामलों से कोई संबंध नहीं होता है। इससे अपेक्षा की जाती है कि उसका दृष्टिकोण दलगत राजनीति से रहित तथा निष्पक्ष हो, क्योंकि सदन संबंधी क्रियाकलापों में उसकी भूमिका बहुत ही व्यापक होता है। इसे उन अधिकारियों में से चुना जाता है जिन्होंने सदन के सचिवालय में विभिन्न पदों पर कार्य करते हुए सराहनीय किए गए हैं जिससे कि वह अपना कार्य निष्पक्ष एवं निर्भीक होकर कर सके। सदन में उसकी आलोचना नहीं की जा सकती है तथा सदन के बाहर उसके सदन संबंधी क्रिया-कलापों पर चर्चा नहीं की जा सकती है। वह सीधे अध्यक्ष के प्रति उत्तरदायी होता है।

महासचिव के कार्य (Functions of the General Secretary)

महासचिव राष्ट्रपति की ओर से सदन के अधिवेशन में उपस्थित होने के लिए सदस्यों को आमंत्रण जारी करता है, वह अध्यक्ष की अनुपस्थिति में विधेयकों को प्रमाणित करता हैं। सदन की ओर से संदेश भेजता है। वह अध्यक्ष की ओर से सदस्यों मंत्रियों तथा अन्य पत्र व्यवहार करता है।

वह सदन और इसके सचिवालय के वित्त एवं लेखाओं पर नियंत्रण रखता है। वह सदन का कार्यवाही वृतांत तैयार करवाता हैं। महासचिव का यह कर्त्तव्या है कि सचिवालय के सांगठनिक स्वरूप को हमेशा इस प्रकार बनाए रखे जिससे कि संसदीय कार्य कुशलतापूर्वक किया जा सके। वह संसदीय कार्यों के लिए राष्ट्रीय और अंतर्राष्ट्र्य घटनाओं की जानकारी रखता हैं।

महासचिव अपने अधिकार से बहुत से विधायी, प्रशासनिक एवं कार्यपालिका कृतियों का निर्वहन करता है। वह सदस्यो को सेवाएं एवं सुविधाएं उपलब्ध कराता है। वह सदन के परिसर में सुरक्षा को भी सुनिश्चित करता है। संसदीय संग्रहालय और अभिलेखागार के सर्वोच्च अधिकारी के रूप में वह संसद की विरासत का रक्षक होता है। वह संसदीय दल के सचिव के रूप में राष्ट्रमंडल संसदीय संघ और अंतराष्ट्रीय संघ की भारत शाखा गतिविधियों का भी आयोजन करता है। लोकसभा अध्यक्ष के नाम से बहुत से ऐसे कार्य करता है जो अध्यक्ष के कार्यक्षेत्र है। इस प्रकार का कार्य वह अध्यक्ष की ओर स उसकी सहमति से ही करता है।

चूंकि महासचिव को संसदीय क्रियाकलापों एवं प्रथाओं के बारे में बहुत अनुभव होता है,अत: कई विधोयकों का निर्माण के सन्दर्भ में तकनीकी जानकारी प्राप्त करनें एवं संसदीय गतिविधियों के बारे में जानकारी प्राप्त करने के एक स्रोत के रूप में भी होता है।

उपाध्यक्ष (Deputy Speaker)

लोकसभा के सदस्य सदन के उपाध्यक्ष का चुनाव करते हैं। उपाध्यक्ष के चुनाव में साधारण बहुमत की प्रक्रिया अपनायी जाती है। उपाध्यक्ष तब तक अपने पद पर बना रहता है जब तक वह सदन का सदस्य रहता है। वह लोकसभाध्यक्ष को अपना त्यागपत्र देकर अपना पद छोड़ सकता है, अपने पद से लोकसभा के सदस्यों द्वारा पारित संकल्प के आधार पर उसे हटाया जा सकता है। लोकसभाध्यक्ष की तरह यहां भी 14 दिनों की पूर्व सूचना अनिवार्य है। उपाध्यक्ष पदों कें लिए सामान्यतया विपक्ष के किसी सदस्य को चुना जाता है।

उपाध्यक्ष के कार्य

लोकसभा अध्यक्ष की अनुपस्थिति में उपाध्यक्ष सदन की अध्यक्षता करता है। उपाध्यक्ष अपने दल की राजनीति में भाग तो ले सकता है, परंतु व्यवहार में वह सदन में अपनी निष्पक्षता बनाए रखने के लिए जहां तक हो सके विवादास्पद मामलों से अपने को अलग रखता है।

संसद की शक्तियां

विधायी शक्तियां

संसद का मुख्य कार्य विधि निर्माण है। गैर वित्त विधेयक संसद के किसी भी सदन में प्रस्तावित हो सकते है, किन्तु कोई विधेयक अधिनियम तभी बन सकता हैं जब वह संसद के दोनों सदनों द्वारा पारित हो गया है और उस पर राष्ट्रपति ने अपनी स्वीकृति दे दी हो। यदि किसी विधेयक को किसी सदन एक सदन द्वारा संशोधित कर दिया गया है तो उस संशोधन पर दूसरे सदन की भी स्वीकृति आवश्यक है। असहमति की अवस्था में अथवा यदि किसी विधेयक के किसी एक सदन में भेजे जाने के 6 माह तक उक्त सदन विधेयक को पास करके नहीं लौटाता तो राष्ट्रपति दोनों सदनों की संयुक्त बैठक को आमंत्रित करता हैं।

वित्तीय शक्तियां—संसद को भारत सरकार के कोष पर कारगर नियंत्रण रखने का अधिकार दिया गया हैं। वित्तीय विधेयक के संबंध में राज्यसभा की स्थिति लोकसभा की अपेक्षा दुर्बल है, क्योंकि-ऐसे विवाद उठने पर कि कोई विधेयक वित्त-विधेयक है अथवा नहीं, लोकसभा के अध्यक्ष का निर्णय ही अन्तिम माना जाता है। वित्त-विधेयक लोकसभा मे ही प्रस्तातिव होते है, राज्यसभा में नहीं। वित्त-विधेयक पर राज्यसभा की स्वीकृति का विशेष महत्त्व नहीं रहता क्योंकि जब लोकसभा द्वारा पारित वित्तीय विधेयक राज्यसभा में भेजा जाता है तो राज्यसभा को विधेयक की प्राप्ति की तारीख तक 14 दिनों के भीतर विधेयक को मूल रूप में या संशोधन सहित लौटा देना होता है और लोकसभा को अधिकार है कि वह राज्यसभा की सिफारिशों को स्वीकार करे या न करे। यदि राज्यसभा वित्तीय विधेयक को 14 दिन के भीतर लोकसभा को नहीं लौटाती तो विधेयक उस रूप में दोनों सदनों द्वारा पारित समझा जाता है जिस रूप में वह लोकसभा द्वारा पारित किया गया था।

निर्वाचन सम्बन्धी शक्तियां

संसद के दोनों सदनों के निर्वाचित सदस्य और राज्य विधान-मण्डलों सदस्य मिलकर राष्ट्रपति के निर्वाचक-मण्डल की रचना करते हैं। संयुक्त अधिवेशन में सम्मिलित, संसद के दोनों सदनों कं सदस्यों द्वारा उप-राष्ट्रपति का निर्वाचन किया जाता है। लोकसभा अपने अध्यक्ष और उपाध्यक्ष का निर्वाचन करती है। तथा राज्यसभा अपने उपसभापति का निर्वाचन करती है।

प्रशासकीय शक्तियां—मंत्रि-परिषद लोकसभा के प्रति उत्तरदायी है। राज्यसभा का देश की कार्यपालिका पर कोई वास्तविक नियंत्रक नहीं हैं। मंत्रि-परिषद के उत्तरदायित्व का अभिप्राय यह है कि वह लोकसभा की विश्वासपात्र बने रहने तक ही सत्तारूढ़ रहेगी। लोकसभा का यह दायित्व है कि वह शासन के विभिन्न क्रिया-कलापों पर दृष्टि रखे। लोकसभा के पास नियंत्रण के कई उपाय है, जैसे—शासन के विभिन्न कार्यों की सूचना मांगना, शासन कार्यों की आलोचना करना आदि। यद्यपि राज्यसभा कार्यपालिका से प्रश्नों के उत्तर मांगती है, कार्यपालिका की आलोचना करती है और लोकसभा के सामान ही स्थगन प्रस्ताव का अधिकार रखती है तथा लोकसभा के समान ही ऐसा प्रस्ताव पास कर सकती है कि जिसमें आग्रह किया हो कि शासन को एक विशेष प्रकार की नीति पर चलाना चाहिए।

संवैधानिक शक्तियां

संसद के दोनों सदनों की स्वीकृति पर ही संविधान में संशोधन हो सकता है। संशोधन संबंधी विधेयक किसी भी सदन में प्रस्तावित किया जा सकता है पर यह आवश्यक है कि संसद के प्रत्येक सदन में सम्पूर्ण सदस्य संख्या के बहुमत से तथा उपस्थित एवं मतदान करने वाले सदस्यों के 2/3 (दो तिहाई) मतदान से यह संशोधन विधेयक पारित हो तथा राष्ट्रपति अपनी स्वीकृति दे। संविधान में कुछ ऐसे भी विषय रखे गए हैं जिनमें संशोधन करने से पूर्व राज्य विधान-मंडलों की स्वीकृति लेने की आवश्यकता नहीं है और जिन्हें अकेले संसद ही संशोधित कर सकती है।

अतः स्पष्ट है कि 'संसद का प्रधानकार्य देश के लिए कानून बनाना, सरकार की आवश्यकताओं के लिए धन उपलब्ध कराना और राज्य सेवाओं के लिए आवश्यक धनराशि का विनियोग करना है। संसद को संविधान मे निर्धारित प्रक्रिया के अनुसार राष्ट्रपति पर महाभियोग लगानें ,उच्चतम न्यायालय तथा उच्च न्यायालयों के न्यायाधीशों, मुख्य निर्वाचन आयुक्त और लेखा नियंत्रक तथा महालेखा परीक्षक को उनके पदों से हटाने कर अधिकार प्राप्त है।

मंत्री-परिषद सामूहिक रूप से लोकसभा के प्रति उत्तरदायी होती है। प्रत्येक कानून के लिए संसद के दोनों सदनों की स्वीकृति प्राप्त करना आवश्यक है। यद्यपि वित्त संबंधी कानूनों की राष्ट्रपति द्वारा सिफारिश की जानी चाहिए, परंतु केवल लोकसभा को ही उन पर स्वीकृति प्रकट करने तथा स्वीकृति देने से मना करने का अधिकार प्राप्त है।

संविधान द्वारा अथवा स्वयं अपने ही प्रक्रिया-नियमों द्वारा लगाई गई सीमाओं को छोड़कर सार्वजनिक समस्याओं पर विचार करने तथा सरकार के विभिन्न विभागों के कार्यों की समीक्षा करने का संसद का अधिकार असीमित है। संकटकालीन स्थिति में संसद को राज्य-सूची में दिए विषयों पर भी कानून बनाने का अधिकार प्राप्त हो जाता है। उन कुछ मामलों को छोड़कर जिनमें संविधान के अनुच्छेद 368 के अंतर्गत कम से कम आधे राज्यों के विधान-मण्डलों का अनुसमर्थन अपेक्षित है।

संसद सर्वोच्च नहीं

सर्वोच्च न्यायालय के प्रधान न्यायाधीश न्यायमूर्ति एस.एच. कपाड़िया की अध्यक्षता वाली पांच न्यायाधीशों की संविधान पीठ ने एक महत्त्वपूर्ण निर्णय में संविधान को संसद से ऊपर का दर्जा दिया है। पीठ ने अपने निर्णयों में यह भी बताया कि कोई भी कानून जो किसी व्यक्ति को निजी स्वार्थ से उसकी निजी संपत्ति से वंचित करे, वह गैर-कानूनी और अनुचित होगा। यह कानून के शासन को कमजोर करेगा, जिसकी न्यायिक समीक्षा की जा सकती है।

संसदीय प्रक्रिया (Parliamentary Procedure)

गैर सरकारी विधेयक

गैरसरकारी विधेयक से आशय ऐसे विधेयक से है जो मंत्रिमण्डल के किसी सदस्य के अलावा संसद के किसी सदन के सदस्य द्वारा प्रस्तुत नहीं किये जा सकते हैं। अपितु ये संबंधित सदन के सचिवालय में प्रस्तुत किये जाते हैं। गैर-सरकारी सदस्यों के विधेयकों और संकल्पों पर प्रत्येक शुक्रवार के दिन या ऐसे अन्य दिन जो अध्यक्ष नियत करे ढाई घंटे तक विचार होता है। यदि संसद के दोनों सदनों में किसी विधेयक को लेकर विरोधा-भाष उत्पन्न हो जाए तो राष्ट्रपति दोनों सदनों की संयुक्त बैठक बुला सकता है जिसकी अध्यक्षता लोकसभा का अध्यक्ष करेगा।

धन विधेयक (Money Bill)

धन विधेयक राष्ट्रपति के सहमति द्वारा लोकसभा में प्रस्तुत किया जाता है। धन विधेयक के सम्बन्ध में लोकसभा का एकाधिकार है। लोकसभा द्वारा पारित धन विधेयक राज्य सभा के पास भेजा जाता है। राज्य सभा यदि

14 दिन के भीतर विधेयक को संशोधन सहित या रहित नहीं भेजता है तो यह विधेयक पारित मान लिया जाता है। यदि राज्य सभा द्वारा विधेयक को संशोधन सहित लोक सभा को भेजा जाता है तो यह लोकसभा के विवेक पर है कि उस संशोधन को विधेयक में शामिल करे या बिना संशोधन किये ही उसे पारित कर दे। कोई विधेयक धन विधेयक समझा जाता है यदि उसमें निम्न में सभी या किन्हीं विषयों से सम्बन्धित उपबंध है—

1. किसी कर का अधिरोपण, उत्सादन, परिहार, परिवर्तन या विनियमन
2. सरकार द्वारा धन उधार लेने का विनियमन
3. भारत की संचित निधि या आकस्मिक निधि की अभिरक्षा, ऐसी निधि में धन जमा करना या उसमें से धन निकालना।
4. भारत की संचित निधि से धन का विनियोग।
5. किसी व्यय को भारत की संचित निधि पर भारित घोषित करना या ऐसे किसी व्यय की रकम को बढ़ाना।
6. भारत की संचित निधि या भारत के लोक लेखा मद से धन प्राप्त करने अथवा ऐसे धन की अभिरक्षा।
8. उपखंड 1 से 6 में से निर्दिष्ट किसी विषय का अनुषांगिक कोई विषय।

वित्त विधेयक (Finance Bill)

साधारणतया वित्त विधेयक ऐसे विधेयक को कहते हैं जो राजस्व या व्यय से संबंधित होता है। किन्तु अनुच्छेद 117 के अनुसार जिन वित्त विधेयकों को अध्यक्ष द्वारा प्रमाणित नहीं किया जाता है वे दो वर्ग के होते हैं। पहले वर्ग में वे विधेयक आते हैं जिनमें अनुच्छेद 110 में शामिल विषयों में कोई शामिल है, किंतु उसमें केवल मात्र वही विषय नहीं है। जैसे किसी विधेयक में कराधान में कराधान खण्ड है किंतु वह केवल कराधान से सम्बन्धित नहीं है। कोई सामान्य विधेयक जिसमें भारत की संचित निधि व्यय करने वाले उपबन्ध हैं। प्रथम वर्ग के विधेयक के लिए धन विधेयक के समान दो लक्षण हैं—वह राज्यसभा में प्रारंभ नहीं किया जा सकता है तथा राष्ट्रपति की अनुमति पेश करने के लिए आवश्यक है। किंतु वह धन विधेयक नहीं है अत: राज्यसभा को ऐसे वित्त विधेयक को नामंजूर करने या उसमें संशोधन करने की शक्ति है, एक सामान्य विधेयक की भांति। इस पर संयुक्त बैठक हो सकती है।

दूसरे वर्ग का विधेयक एक सामान्य विधेयक की तरह है। वह किसी भी सदन में प्रारंभ किया जा सकता है। दोनों सदनों की संयुक्त बैठक का भी प्रावधान है।

धन विधेयक और सामान्य विधेयक में अंतर

धन विधेयक (Money Bill)	सामान्य विधेयक (General Bill)
• धन विधेयक केवल लोकसभा में पेश किया जाता है, राज्यसभा में नहीं।	• सामान्य विधेयक को संसद के किसी भी सदन में पेश किया जाता है।
• धन विधेयक को प्रस्तुत करने से पूर्व राष्ट्रपति की अनुमति आवश्यक होती है।	• सामान्य विधेयक को पेश करने के लिए राष्ट्रपति की पूर्वानुमति आवश्यक नहीं है।
• धन विधेयक के सम्बन्ध लोकसभा को अत्यांतिक अधिकार प्रदान किया गया है।	• सामान्य विधेयक के सम्बन्ध में दोनों सदनों को समान अधिकार प्राप्त है।
• धन विधेयक के संबंध में संयुक्त अधिवेशन का प्रावधान नहीं है।	• सामान्य विधेयक पर दोनों सदनों में मतभेद होने पर राष्ट्रपति संयुक्त अधिवेशन बुला सकता है।
• धन विधेयक को राष्ट्रपति पुनर्विचार के लिए वापस नहीं कर सकता है।	• सामान्य विधेयक को राष्ट्रपति एक बार पुनर्विचार के लिए वापस कर सकता है।
• धन विधेयक केवल सरकार के द्वारा ही प्रस्तावित किये जाते हैं।	• साधारण विधेयक संसद के किसी भी सदन के किसी भी सदस्य द्वारा प्रस्तावित किये जा सकते है।
• धन विधेयक को दूसरे सदन में भेजने के पूर्व लोकसभा के अध्यक्ष को इस बात का प्रमाण पत्र देना पड़ता है कि वह धन विधेयक है।	• साधारण विधेयक को दूसरे सदन में भेजने के पूर्व लोकसभा के अध्यक्ष के प्रमाण पत्र की आवश्यकता नहीं होती है।
• धन विधेयक को राज्यसभा केवल 14 दिन तक अपने पास रोक सकती है।	• राज्यसभा साधारण विधेयक को 6 महीने तक रोक सकती है।

विनियोग विधेयक (Appropriate Bill)

अनुदान सम्बन्धी सभी मांगे जब लोकसभा द्वारा स्वीकार कर ली जाती है तो वे सब मांगे तथा जितना भी व्यय संचित निधि से होना है उन सभी को मिलाकर एक विधेयक की शक्ल दे दी जाती है। इसे वार्षिक विनियोग कहते हैं। विनियोग विधेयक केवल लोकसभा में पेश किया जाता है तथा लोकसभा जिन अनुदानों को स्वीकृति प्रदान करती है। उन पर कोई संशोधन पेश नहीं किया जा सकता है। विनियोग विधेयक आवश्यक है क्योंकि बिना इसकी स्वीकृति के संचित निधि से कोई राशि नहीं निकाली जा सकती है। सभी विधेयक दोनों सदनों द्वारा पारित किये जाने

के पश्चात् राष्ट्रपति की अनुमति के लिए भेजे जाते हैं। राष्ट्रपति उन पर अपनी अनुमति देना अथवा धन विधेयकों के अतिरिक्त, अन्य विधेयकों को संसद के पुनर्विचार के लिए भेज सकता है यदि संसद पुनः पारित कर दे तो उसे हस्ताक्षर करने होंगे।

संसद में बजट (Budget in Parliament)

संविधान ने बजट को 'वार्षिक वित्तीय विवरण' कहा है। लेकिन 2014 में बनी NDA सरकार ने रेलवे बजट को आम बजट में सम्मिलित कर दिया हैं। वर्ष 2017 का बजट एक साथ प्रस्तुत किया गया। 'बजट' शब्द का संविधान में कहीं उल्लेख नहीं है। 'वार्षिक वित्तीय विवरण' का उल्लेख संविधान के अनुच्छेद 112 में किया गया है। भारत सरकार के दो बजट होते हैं, रेलवे बजट और आम बजट। पहले बजट में सिर्फ रेलवे मंत्रालय का आय-व्यय शामिल होता है। आम बजट में भारत सरकार के सभी मंत्रालय के आय-व्यय का विवरण होता है। रेलवे बजट को आम बजट से एकवोर्थ कमेटी की सिफारिश पर 1924 में अलग किया गया। इसके कारण निम्नलिखित हैं—

1. रेलवे वित्त में लचीलापन बताना।
2. रेलवे को नीति निर्धारण के अवसर उपलब्ध कराना।
3. आम राजस्व के स्थायित्व की सुरक्षा जिसमें रेल राजस्व के सालाना बजट का हिस्सा सुरक्षित हो।
4. रेलवे को अपने विकास के लिए कार्यरत करना।

बजट पेश किये जाने के पश्चात् 75 दिनों के भीतर संसद द्वारा इस पर विचार करके पास किया जाना और उस पर राष्ट्रपति की अनुमति प्राप्त हो जाना आवश्यक है। सामान्य बजट की कुल 109 मांगें होती हैं जिसमें 103 माँगे असैनिक व्यय के लिए तथा 6 मांगें प्रतिरक्षा व्यय के लिए होती हैं। रेल बजट की 23 माँगे होती हैं। भारत में आम बजट फरवरी के अंतिम कार्य दिवस को प्रस्तुत किया जाता है।

संसदीय समितियाँ (Parliamentary Committees)

संसद अपना बहुत-सा कार्य संसदीय समितियों के माध्यम से करती है। दूसरे देशों की भांति आज भारत में भी संसदीय समितियां महत्त्वपूर्ण भूमिका निभा रही हैं। चूंकि सदन का कार्य दिन प्रतिदिन बढ़ता ही जा रहा है, दूसरी ओर भारत में लोकसभा में 545 सदस्य हैं तथा राज्य सभा में 250 सदस्य। सदन में प्रत्येक विषय पर विस्तार से चर्चा या जांच पड़ताल नहीं हो पाती है। इनके पास समय भी कम होता है जिसमें अनेक कार्य निपटाने होते हैं। अतः संसद की समितियां किसी मामले की विस्तार से जांच-पड़ताल कर, उसके लाभ-हानि तथा उसमें क्या सुधार किया जाए इत्यादि ब्यौरा तैयार कर अपनी रिपोर्ट सदन को देती है।

किसी मामले में समितियों द्वारा तकनीकी तथा व्यापक जांच करने से सदन का बहुमूल्य समय बच जाता है। संसदीय समितियां वह होती हैं जिसमें—

- स्पीकर/सभापित द्वारा सदस्यों को 'मनोनीत' किया जाता है।
- सदन द्वारा निर्वाचित भी किया जा सकता है।
- समितियां स्पीकर/सभापति के निर्देश में कार्य करती हैं।
- अपनी रिपोर्ट सदन को या स्पीकर/सभापति को पेश करती हैं।

1. **स्थायी समितियां**—स्थायी समितियों का निर्माण समय-समय पर प्रतिवर्ष सदन द्वारा निर्वाचित की जाती हैं या फिर स्पीकर/सभापति द्वारा मनोनीत की जाती है।
2. **तदर्थ समितियां**—तदर्थ समितियों का निर्माण आवश्यकतानुसार सदन या स्पीकर/सभापति द्वारा विशिष्ट मामलों पर विचार करने के लिए किया जाता है। ऐसी समितियां अपना काम करने के बाद समाप्त हो जाती हैं।

सदन की समितियां

ये प्रमुख रूप से चार प्रकार की होती हैं—

कार्यमंत्रणा समिति

राज्य सभा तथा लोकसभा में एक कार्यमंत्रणा समिति होती हैं। राज्यसभा की इस समिति में उपसभापति सहित 11 सदस्य होते हैं। राज्य सभा का सभापति समिति का पदेन सभापति होता है। लोकसभा की इस समिति में स्पीकर सहित 15 सदस्य होते हैं। स्पीकर इस समिति का पदेन सभापति होता है। सभापति /स्पीकर समिति को मनोनीत करता है यह समिति तब तक कार्य करती है जब तक कि समिति गठित न हो जाए।

कार्य—समिति का प्रमुख कार्य हैं, सरकार द्वारा लाये जाने वाली विधायी तथा अन्य को निपटाने के लिए कितना समय निर्धारित किया जाए। समिति खुद भी सरकार को सिफारिश कर सकती है कि वह कोई विषय, विशेष सभा में चर्चा के लिए प्रस्तुत करे और उस चर्चा के लिए समय निर्धारित करने सिफारिश कर सकती है। राज्यसभा में समिति यह भी सिफारिश करती है कि गैर-सरकारी सदस्यों के विधेयकों तथा सकंल्प पर चर्चा के लिए कितना समय निर्धारित किया जाए।

समिति ऐसे कार्यों को भी करती है। जो उसे स्पीकर या राज्यसभा के सभापति द्वारा समय-समय पर सौंपे जाते हैं। समिति के अन्दर कोई भी फैसला सर्वसम्मति से लिया जाता है। समिति द्वारा अपनी सिफारिश प्रतिवेदन के रूप में सदन में पेश की जाती है। सदन ऐसे प्रतिवेदन को स्वीकार करती है या उसमें संशोधन कर सकती है।

निजी सदस्य या गैर सरकारी विधेयकों तथा संकल्प संबंधी समिति

यह लोकसभा की समिति है। इसमें 15 सदस्य होते हैं। उपाध्यक्ष इस समिति का सभापति होता है।,

कार्य—संविधान में संशोधन करने वाले गैर सरकारी सदस्यों के विधेयकों को लोकसभा में पेश करने से पूर्व खूब अच्छी जांच-पड़ताल करनी पड़ती

है, तथा विधेयकों तथा संकल्पों के लिए समय के साथ-साथ काम भी निर्धारित करती है। राज्य सभा में ऐसी समिति नहीं होती है।

सदन मे अनुपस्थित रहने वाले सदस्यों से संबंधित समिति

लोकसभा की इस समिति में 15 सदस्य होते हैं तथा राज्य सभा में ऐसे मामलों पर सदन खुद विचार करता है।

कार्य—जब कोई सदस्य सदन की बैठकों से बिना अनुमति लिए 60 दिन तक या इससे अधिक दिन तक अनुपस्थित रहता है। ऐसे मामलों की जांच करना, इस समिति का प्रमुख कार्य है। समिति यह भी विचार करती है कि क्या अनुपस्थिति साफ की जाए या सदस्य का स्थान रिक्त घोषित कर दिया जाए। समिति सदन की बैठकों से अनुपस्थिति की अनुमति के लिए सदस्यों से प्राप्त सभी प्रार्थना-पत्रों पर विचार करती है।

नियम समिति

यह समिति राज्य सभा लोक सभा दोनों में होती है। राज्स सभा में इस समिति में सभापति तथा उपसभापति सहित 16 सदस्य होते हैं तथा लोकसभा के इस समिति में स्पीकर सहित 15 सदस्य होते हैं। स्पीकर समिति का पदेन सभापति होता है।

कार्य—यह समिति सदन के कार्य संचालन तथा प्रक्रिया-संबंधी मामलों पर विचार करती है। संबंधित नियमों में यह आवश्यक संशोधन के लिए सिफारिश भी कर सकती है।

वित्तीय समितियां

संसद की तीन वित्तीय समितियां हैं—

1. लोकसभा की प्राक्कलन समिति
2. लोकसभा लोक लेखा समिति
3. सरकारी उपक्रमों संबंधी समिति।

तीनों वित्तीय समितियां एक वर्ष के लिए सदन द्वारा निर्वाचित की जाती हैं। निर्वाचन आनुपातिक प्रतिनिधित्व के सिद्धांत के अनुसार एकल संक्रमणीय मत द्वारा किया जाता है। मंत्रीगण इन समितियों के सदस्य नहीं होते, सभापति, स्पीकर के द्वारा मनोनीत किया जाता हैं। समितियों के निष्कर्ष सिफारिश के रूप में पेश किये जाते हैं।

प्राक्कलन या अनुमान समिति (Estimate Committee)

इस समिति में लोकसभा के 30 सदस्य होते हैं। राज्य सभा में ऐसी समिति नहीं होती है। यह समिति 'स्थाई मितव्ययिता समिति 'के रूप में कार्य करती है। इसके सुझाव सरकारी फिजूल-खर्ची पर रोक लगाने का काम करते हैं। समिति इस बात पर प्रतिवेदन प्रस्तुत करती है। कि अनुमानों में निहित नीति के अनुकूल किस प्रकार की मितव्ययिता, संगठन में सुधार या प्रशासन में सुधार संभव है। प्रशासन में कार्यकुशलता तथा मितव्ययिता लाने कें लिए समिति वैकल्पिक नीतियों का सुझाव देती है। समिति इस तथ्य की जांच करती है कि अनुमानों में निर्धारित नीति की सीमा के अंतर्गत धन का वितरण ठीक प्रकार से किया गया है या नहीं। अनुमानों को संसद में प्रस्तुत किए जाने की रीति के बारे में सुझाव देना एवं ऐसे अनुमानों की जांच करना जो सदन अथवा स्पीकर द्वारा विशेष रूप में सौंपे जायें।

लोक लेखा समिति (Public Account Committee)

इसका गठन पहली बार 1921 में किया गया था। उसका पहला अध्यक्ष गवर्नर जनरल की कार्यकारी परिषद के वित्त सदस्य डब्ल्यू एम.हेली को बनाया गया था। 1949 तक कार्यकारी परिषद के वित्त सदस्य ही इसके अध्यक्ष सदस्य होते है। 1950 से यह एक संसदीय समिति बन गई जो लोकसभा अध्यक्ष के नियंत्रण में कार्य करती है। 1967 से इस समिति के अध्यक्ष पद पर किसी विपक्षी सांसद को नियुक्त किया जानें लगा। 1981 से पहले इस समिति की रिपोर्ट तथा सिफारिश पर कोई 'एक्शन टेकन रिपोर्ट' प्रस्तुत नहीं की जाती थी, लेकिन 1982 में पहली बार संबंधित मंत्रालय एवं विभाग द्वारा सांसद में कार्यवाही रिपोर्ट प्रस्तुत की जाने लगी।

इसे सबसे पुरानी वित्तीय समिति होने का गौरव प्राप्त है। इस समिति में 22सदस्य होते है लोक सभा के 15 तथा राज्य सभा के 7 सदस्य। समिति का सभापति विपक्ष के किसी सदस्य को नियुक्त किया जाता है। सदस्यों का चुनाव आनुपातिक प्रतिनिधित्व सिद्धांत के अनुसार एकल संक्रमणीय मत, द्वारा किया जाता है। मंत्रियों को इस समिति में शमिल नहीं किया जाता है।

लोक लेखा समिति के कार्य—समिति का मुख्य कार्य है भारत सरकार के लिए व्यय के लिए सदन द्वारा प्रदान की गई राशियों का विनियोग दर्शाने वाले लेखाओं की जांच करना। यह पता लगाना कि धन संसद प्राधिकृत रूप से खर्च किया गया है। क्या धन उसी प्रयोजन के लिए खर्च किया गया है ? जिसके लिए वह प्रदान किया गया था। यदि सरकार के किसी वित्त वर्ष में निर्धारित राशि से अधिक धन का खर्च करती है तो समिति यह पता लगाती है कि अतिरिक्त धन सरकार ने क्यों खर्च किया, क्या ऐसा करना जरूरी था ?

समिति देश के वित्तीय मामलों के संचालन में भ्रष्टाचार, अपव्यय जैसी कमियों को भी उजागर करती है जिससे भविष्य में वित्तीय मामलों में गड़बड़ी न हो। समिति संबंधित मंत्रालय द्वारा की गयी फिजूलखर्ची की जांच कर, उसकी आलोचना करती है और फिजूलखर्ची न हो इसके बारे में अपने सुझाव देती है। समिति यदि आवश्यक समझे तो सरकारी नियमों, निर्माण-संस्थाओं स्वायत्तशासी एवं अधिस्वायत्तशासी के लेखा विवरणों और लाभ-हानि सहित आय-व्यय की जांच करती है।

उन सभी मामलों में नियंत्रक एवं महालेखा परीक्षक के प्रतिवेदन पर विचार करना, जिनके संबंध में राष्ट्रपति ने उनसे किन्हीं प्राप्तियों की लेखा परीक्षक करने की अपेक्षा की हो। भारत का नियंत्रक-महालेखा परीक्षक समिति के कार्यों में सहायता करता है, नियंत्रक-महालेखा परीक्षक समिति की बैठकों में भाग ले सकता है।

यद्यपि समिति अनियमितताएं तभी प्रकाश में लाती हैं जब वे हो चुकी होती हैं। हानि पहुंच चुकी होती है या फिजूल खर्च हो चुका होता है फिर

भी समिति द्वारा किए जाने वाले जांच पड़ताल से सरकार पहले ही सावधान रहती है तथा वह कोशिश करती है कि वित्तीय मामलों में अनियमितताएं न आने पाए।

सरकारी उपक्रमों से संबंधी समिति

इस समिति में 22 सदस्य होते हैं जिसमें राज्य सभा के 7 तथा 15 लोकसभा से। इनके सदस्यों का निर्वाचन होता है। इस समिति का कार्यकाल एक वर्ष का होता है। मंत्रीगण इस समिति के सदस्य नहीं होते हैं। भारत में अनेक सरकारी कंपनियां और निगम हैं जिनसे सरकार की बहुत अधिक धनराशियां लगी हुई हैं, अतः इनके कार्यों पर नियंत्रण रखने के लिए 'सरकारी उपक्रमों संबंधी समिति' का गठन किया गया है।

लोकसभा की प्रक्रिया तथा कार्य संचालन निगमों की चतुर्थ अनुसूची में वर्णित सरकारी उपक्रमों के प्रतिवेदन तथा लेखाओं की जांच करना। सरकारी उपक्रमों के विषय में नियंत्रक तथा महालेखा परीक्षक के प्रतिवेदनों की जांच करना। सरकारी उपक्रमों की स्वायत्तता और कार्यकुशलता के संदर्भ में यह जांच करना कि क्या सरकारी उपक्रमों के कार्य पूर्णरूप से व्यापार सिद्धांतों और विवेकपूर्ण वाणिज्यिक प्रथाओं के अनुरूप चल रहे हैं।

समिति उन कार्यों की भी जांच करती है जिसे सदन द्वारा या स्पीकर द्वारा विशेष रूप से सौंपे जाते हैं। स्पष्ट है कि समिति के जांच के दायरे में उत्पादन, सामान्य अर्थव्यवस्था में अंशदान, सहायक उद्योगों का विकास, रोजगार के अवसर पैदा करना, उपभोक्ताओं के हितों का संरक्षण आदि आता है।

जांच समितियां

याचिका समिति (Litigation Committee)

प्रत्येक सदन की एक याचिका समिति होती है, इसमें लोकसभा से 15 तथा राज्यसभा से 10 सदस्य है। इसका कार्य ऐसे प्रत्येक याचिका की जांच करना है जो सदन में पेश किए जाने के बाद समिति को सौंपी जाती है। समिति विशिष्ट शिकायतों पर सदन में प्रतिवेदन पेश करती है। समिति भविष्य में ऐसी शिकायतें न हों, इसलिए इसके रोकथाम के लिए उपाय भी सुझाती है। समिति विभिन्न व्यक्तियों तथा संघों से प्राप्त पत्रों, तारों तथा आवेदनों पर भी विचार करती है, जो याचिकाओं से संबंधित नियमों के अंतर्गत नहीं आता है। इनकी समस्याओं को निबटाने के लिए निर्देश देती है। यह समिति पीड़ित एवं शोषित व्यक्तियों को न्याय दिलाने तथा संसदीय समर्थन प्रदान करने में महत्त्वपूर्ण कार्य कर चुकी है। समिति 'सार्वजनिक शिकायत समिति' के रूप में कार्य करती है।

विशेषाधिकार समिति (Privilege Committee)

विशेषाधिकार समिति का गठन दोनों सदनों में सभापति/स्पीकर द्वारा प्रतिवर्ष किया जाता है। इसमें लोकसभा से 15 सदस्य और राज्यसभा से 10 सदस्य होते हैं।

समिति संसद और संसद सदस्यों की शक्तियों और उनकी प्रतिष्ठा की रक्षा करने में महत्त्वपूर्ण भूमिका निभाती है। जब कभी सदन के सदस्यों के विशेषाधिकार भंग होता है। समिति ऐसे प्रत्येक प्रश्न की जांच करती है तथा यह भी पता लगाती है कि विशेषाधिकार भंग हुआ है कि नहीं, यदि भंग हुआ है तो इसके बारे में अपनी सिफारिश प्रस्तुत करती है। सिफारिशों को कार्यान्वित कैसे किया जाय इसका भी सुझाव देती है। सदन में समिति की सिफारिशें प्रायः स्वीकार कर ली जाती हैं।

छानबीन करने वाली समितियां

अधीनस्थ विधान संबंधी समिति

संसद के प्रत्येक सदन की अपनी अधीनस्थ विधान संबंधी समिति है। राज्यसभा तथा लोकसभा में इसके 15-15 सदस्य होते हैं। इसके सदस्यों को सभापति/स्पीकर द्वारा मनोनीत किया जाता है। समिति प्रत्येक वर्ष पुनर्गठित की जाती है। मंत्रीगण इस समिति के सदस्य नहीं होते हैं।

अधीनस्थ विधानसमिति का मुख्य कार्य इस बात की जांच करना है कि क्या नियम, विनियम, उपनियम, उपविधि आदि बनाने के लिए संविधान द्वारा प्रदत्त अथवा संसद द्वारा प्रत्यायोजित शक्तियों का प्रयोग कार्यपालिका के द्वारा उस प्रत्यायोजन के अंतर्गत समुचित रूप से किया जा रहा है या नहीं। समिति ऐसे सभी विधेयकों की जांच करती है जिनका उद्देश्य किसी अधीनस्थ अधिकारी को विधान बनाने की शक्तियां प्रत्यायोजित करना हो।

समिति इस बात की भी जांच करती है कि क्या प्रत्यायोजित अधिकार के अंतर्गत नियमों या आदेशों के द्वारा कोई कर तो नहीं लगाया जा रहा है? तथा क्या संचित निधि में से किसी व्यय का प्रस्ताव है, इससे न्यायालयों के अधिकार क्षेत्र में प्रत्यक्ष या परोक्ष रूप से रूकावटें तो नहीं हैं। इसके प्रकाशन में या इन्हें संसद के समक्ष रखने में विलंब तो नहीं हुआ। समिति जांच के बाद सदन को अपना प्रतिवेदन प्रस्तुत करती है। जिसमें प्रत्यायोजित शक्तियों को कम करने या उसमें संशोधन करने का सुझाव देती है। समिति ने प्रशासन के अधिकारों के दुरूपयोग को रोकने में महत्त्वपूर्ण भूमिका निभायी है इससे नागरिकों के अधिकारों की रक्षा हुई है, अधीनस्थ एजेंसियां भी समिति के जांच पड़ताल करने के कारण अपने अधिकारों का दुरुपयोग करने से डरती हैं।

आश्वासन संबंधी समिति (Assurance Committee)

संसद के प्रत्येक सदन में सरकारी आश्वासनों संबंधी समिति गठित की गई है। राज्यसभा में इस समिति में 10 सदस्य तथा लोक सभा में 15 सदस्य हैं। समिति के सदस्यों को सभापति/स्पीकर मनोनीत करता है। समिति का कार्यकाल एक वर्ष का होता है। सदन में मंत्रियों द्वारा समय-समय पर अनेक प्रकार के आश्वासन दिये जाते हैं, साथ ही वे प्रतिज्ञाएं एवं वचन भी देते हैं। यह समिति इस बात की जांच करती है कि वह मंत्री अपने इन कर्तव्यों का पालन कर रहा है या नहीं।

इस समिति के रहने से सदन के सदस्य सदैव सचेत रहते हैं कि सदन में उतने ही आश्वासन दिए जाएं जितने वे पूरा कर सकें। कोई मंत्री या सदस्य सदन को झूठे आश्वासन नहीं दे सकता है यदि वह ऐसा करता है तो समिति उसके आश्वासनों की ओर ध्यान दिला देती है।

सभापटल पर रखे गए पत्रों संबंधी समिति

यह समिति संसद के प्रत्येक सदन द्वारा गठित की जाती है। लोकसभा में इस समिति के 15 सदस्य और राज्यसभा में 10 सदस्य हैं। समिति सभा पटल पर रखे गए सभी पत्रों की संवैधानिकता की विस्तृत जांच करती है तथा इन पत्रों में पाए गए दोषों के बारे में अपनी रिपोर्ट प्रस्तुत करती है। समिति इस बात की भी जांच करती है कि क्या पत्रों को सभापटल पर रखने में विलंब हुआ है।

अनुसूचित जातियों तथा अनुसूचित जनजातियों के कल्याण संबंधी समिति

इस समिति के 30 सदस्य (लोकसभा के 20 तथा राज्यसभा के 10) हैं। दोनों सदनों में इन सदस्यों का निर्वाचन होता है। इनका निर्वाचन प्रतिवर्ष होता है। मंत्रीगण इस समिति के सदस्य नहीं होते हैं।

संविधान के अनुच्छेद 338(2) के अंतर्गत अनुसूचित जातियों तथा अनुसूचित जनजातियों के आयुक्त द्वारा दिए गए प्रतिवेदनों पर विचार करना और संघ सरकार, जिसमें संघ राज्य क्षेत्रों के प्रशासन भी शामिल हैं के क्षेत्राधिकार के अंदर आने वाले मामलों के बारे में संघ सरकार द्वारा दिए जाने वाले उपायों को प्रतिवेदित करना। सरकार के नियंत्रणाधीन सेवाओं तथा पदों में, जिनमें सरकारी क्षेत्रों के उपबंधों, संविहित और अर्द्ध-सरकारी निकायों तथा संघ राज्य क्षेत्रों में नियुक्तियां भी शामिल हैं। संघ सरकार द्वारा किए गए उपायों पर विचार करना।

संघ राज्य क्षेत्रों में अनुसूचित जातियों तथा अनुसूचित जनजातियों के कल्याण संबंधी कार्यक्रमों के कार्यकरण के बारे में प्रतिवेदन देना। समिति यह भी सुनिश्चित करती है कि इन अनुसूचित जातियों तथा अनुसूचित जनजातियों के लिए संवैधानिक रक्षा को प्रभावी ढंग से किस प्रकार कार्यान्वित किया जाए।

निष्कर्ष के रूप में कह सकते हैं कि यह समिति अनुसूचित जातियों एवं अनुसूचित जनजातियों के कल्याण संबंधी सभी कार्यों को करती है।

उपलब्ध कराने वाली समितियां

संसद के दोनों सदनों को अनेक प्रकार की सुविधाएँ उपलब्ध करायी जाती हैं, जिससे वे अपने कर्तव्यों का पालन ठीक ढंग से कर सके। संसद की कुछ ऐसी ही समितियां हैं जो इनकी सुविधाओं का ध्यान रखती है और समस्याओं का जांच करती है। ये समितियां हैं—

1. आवास समिति
2. सामान्य प्रयोजन समिति
3. ग्रंथालय समिति
4. संसद सदस्यों के वेतन तथा भत्ते संबंधी संयुक्त समिति

तदर्थ समितियां (ADHOC Committees)

तदर्थ समितियां आवश्यकतानुसार गठित की जाती हैं। ये अपना काम करने के बाद समाप्त हो जाती हैं। ये समितियां प्रमुख हैं—

1. प्रवर या संयुक्त प्रवरसमिति: सदन में इस समिति का निर्माण किसी महत्त्वपूर्ण विधेयकों पर विचार करने के लिए किया जाता है। सदन में प्रस्ताव पास किया जाता है कि संबंधित विधेयक को प्रवर समिति के पास भेज दिया जाए। यह समिति विधेयक जांच के दौरान विशेषज्ञों से भी विचार-विमर्श करती है और सदन में अपनी रिपोर्ट पेश करती है।
2. रेलवे अभिसमय समिति
3. खेल अध्ययन समिति
4. सदस्यों के आचरण संबंधी समिति
5. विशिष्ट प्रयोजन से संबंधित समिति इत्यादि।

विभिन्न समितियां और उसकी सदस्य संख्या एवं कार्य

	समिति	कुल सदस्य	लोक सभा	राज्य सभा	कार्य
1.	लोक लेखा समिति	22	15	7	विभिन्न मंत्रालयों के व्यय और नियंत्रक एवं महालेखा परीक्षक के प्रतिवेदन पर विचार विमर्श
2.	प्राक्कलन समिति	30	30	–	सरकार को वित्तीय नीतियों के संबंध में सुझाव देना।
3.	सार्वजनिक उपक्रम समिति	22	15	7	सीएजी के प्रतिवेदनों एवं सार्वजनिक उपक्रमों के लेखा ब प्रतिवेदनों की समीक्षा और संविक्षा करना है।
4.	विशेषाधिकार समिति (दोनों सदनों के लिए पृथक-पृथक)		15	10	संसद के किसी सदन या अध्यक्ष द्वारा विशेषाधिकार उल्लंघन से संबंधित प्रेषित मामलों का परीक्षण करना है।
5.	प्रवर समिति	–	30		विधेयकों की समीक्षा करना (दोनों के लिए पृथक-पृथक)
6.	संयुक्त प्रवर समिति	45	30	15	विधेयकों की समीक्षा करना।
7.	कार्य मंत्रणा समिति	–	15	11	सरकारी विधेयकों का समय निश्चित करने हेतु (दोनों सदनों के लिए पृथक-पृथक)।

(Continued)

समिति	कुल सदस्य	लोक सभा	राज्य सभा	कार्य
8. याचिका समिति	–	15	10	प्रत्येक याचिका की जांच करना (दोनों सदनों के लिए पृथक-पृथक)।
9. नियम समिति	–	15	16	सभा के प्रक्रिया व कार्य-संचालन के मामलों पर विचार करना (दोनों सदनों के लिए पृथक-पृथक)।
10. सरकारी आश्वासन समिति	–	15	10	मंत्रियों द्वारा दिए गए आश्वासनों, वचनों और प्रतिज्ञाओं आदि की जांच करना और उनके बारे में प्रतिवेदन देना।
11. अनुसूचित जातियों तथा	30	20	10	अनुसूचित जातियों तथा अनुसूचित जनजातियों के
अनुसूचित जनजातियों के				संवैधानिक रक्षोपायों की कार्यान्वित पर निगरानी
जनकल्याण संबंधी समिति				रखना।
12. अधीनस्थ विधान संबंधी	–	15	15	यह जांच करना कि संविधान द्वारा प्रत्यायोजित नियम,
समिति				विनियम, उपनियम, उपविधिक आदि बनाने की कार्यपालिका की शक्ति प्रत्यायोजत सीमा के अंदर प्रयुक्त की जा रही है या नहीं।
13. ग्रन्थालय समिति	9	6	3	संसद के ग्रंथालय संबंधी कार्यों को देखने के लिए गठन।

नवीन समिति प्रणाली

लोकसभा की नियम समिति द्वारा 1991 में की गई सिफारिश के अनुसार भारत में 17 संसदीय समितियों को गठित किया गया। 2004 में इनकी संख्या बढ़ाकर 24 कर दी गयी है। इन समितियों का उद्घाटन तात्कालिक उपराष्ट्रपति के.आर. नारायणन द्वारा 31 मार्च, 1993 को किया गया। इन समितियों का गठन विभिन्न मंत्रालयों की बजट मांगों, उनकी वार्षिक रिपोर्टों, विधेयकों और सरकार की दीर्घकालिक नीतियों पर विचार करने के लिए किया गया है। इन समितियों का कार्य सरकार के कामकाज की समीक्षा करना है।

नवीन समिति प्रणाली के अनुसार गठित की जाने वाली इन समितियों में से प्रत्येक में कुल 45 सदस्य होंगे, जिनमें से 30 सदस्य लोकसभा से और 15 सदस्य राज्यसभा से होंगे। इन समितियों के सदस्य एक वर्ष के मनोनीत किए जाते हैं और इसके लिए प्रत्येक राजनीतिक दल के नेता अपने सदस्य का नाम पीठासीन अधिकारी को देता है। समिति के अध्यक्ष की नियुक्ति पीठासीन अधिकारी करता है एवं विभिन्न राजनीतिक दलों के सदस्यों की संख्या में अनुपात में दल के सदस्यों के समिति में शामिल किया जाता है।

लेखानुदान (Vote on Account)

चूंकि बजट संबंधी समस्त कार्य, जो बजट के पेश किये जाने से आरम्भ होता है और अनुदानों की माँगों पर चर्चा मतदान तथा विनियोग विधेयक और वित्त विधेयक के पारित होने पर समाप्त होता है, सामान्यतः चालू वित्तीय वर्ष में पूरा नहीं हो पाता, इसलिये संविधान में ऐसा उपबन्ध किया गया है, जिसके अंतर्गत लेखानुदान द्वारा अग्रिम अनुदान देने की शक्ति लोकसभा को दी गई है। जिसमें सरकार अनुदानों की मांगों पर मतदान होने तथा विनियोग विधेयक और वित्त विधेयक के पारित होने तक अपना कार्य चला सके।

सामान्यतः लेखानुदान की स्वीकृति दो महीनों के लिये ली जाती है और इसकी राशि अनुदानों की विभिन्न माँगों के अधीन समस्त वर्ष के लिये प्राक्कलित व्यय के छठे भाग के बराबर होती है। यदि किसी निर्वाचन वर्ष में, यह पूर्वानुमान हो कि सभा को मुख्य अनुदानों और विनियोग विधेयक को पारित करने में अधिक समय लग सकता है तो लेखानुदान की स्वीकृति अधिक समय अर्थात् तीन से चार माह तक के लिये जी जा सकती है। प्रथानुसार लेखानुदान को एक औपचारिकता माना जाता है और इसे लोकसभा किसी चर्चा के बिना ही स्वीकार करती है। बजट पर सामान्य चर्चा समाप्त होने के पश्चात् और अनुदानों की माँगों पर चर्चा आरम्भ करने से पूर्व लोकसभा द्वारा लेखानुदान स्वीकृत किया जाता है। रेल बजट के सम्बन्ध में, जिसे 31 मार्च से पहले स्वीकार किया जाता है, किसी निर्वाचन वर्ष को छोड़कर जब ऐसा करना आवश्यक हो, कोई लेखानुदान स्वीकृत नहीं किया जाता है।

अनुपूरक तथा अतिरिक्त अनुदानों की मांगें
(Demand for Supplementary and Excess Grants)

संसद द्वारा स्वीकृत राशि से अधिक राशि उसकी मंजूरी के बिना व्यय नहीं किया जा सकता। यदि किसी सेवा विशेष पर चालू वित्तीय वर्ष में व्यय किये जाने के लिये प्रधिकृत कोई राशि उस वर्ष के प्रयोजनों के लिए अपर्याप्त पाई जाती है या जब उस वर्ष के बजट में अपेक्षित किसी नई सेवा के लिये चालू

वित्तीय वर्ष में अनुपूरक या अतिरिक्त व्यय करने की आवश्यकता पैदा होती है, तो राष्ट्रपति संसद के दोनों सदनों के समक्ष उस व्यय की प्राक्कलित राशि दिखाने वाला एक और विवरण प्रस्तुत होती करवाता है।

यदि किसी वित्तीय वर्ष में किसी सेवा पर उस और उस वर्ष के लिये अनुदत्त राशि से अधिक व्यय हो जाता है, तो राष्ट्रपति लोकसभा ऐसे अतिरिक्त व्यय के लिये मांगे प्रस्तुत करवाता है। ऐसे अतिरिक्त व्यय के सभी मामलों की और नियंत्रक और महा-लेखा परीक्षक द्वारा विनियोग लेखाओं संबंधी अपने प्रतिवेदन के माध्यम से संसद का ध्यान दिलाया जाता है। तत्पश्चात् अतिरिक्त व्यय के इन मामलों की छानबीन लोक लेखा समिति द्वारा की जाती है, जो सभा को प्रस्तुत किये जाने वाले अपने प्रतिवेदन में इनको विनियमित करने के बारे में अपनी सिफारिश पेश करती है।

अनुपूरक अनुदानों की मांगे वित्तीय वर्ष का अन्त होने से पूर्व पेश और स्वीकार की जाती है,जबकि अनुदानों की अतिरिक्त माँगें वास्तव में धन व्यय किये जाने के पश्चात् तथा उस वित्तीय वर्ष, जिसके संबंध में वे है,के समाप्त होने के पश्चात् प्रस्तुत की जाती हैं। अनुपूरक अनुदानों की मांगों पद वाद-विवाद केवल उन मदों तक ही सीमित रहता है जिन्हें कि प्रस्तुत किया गया हो,और जहाँ तक चर्चाधीन मदों की व्याख्या करने या उन्हें स्पष्ट करने के लिये आवश्यक न हो, मूल अनुदानो पर या उनसे सम्बन्धित नीति पर कोई चर्चा नहीं हो सकती।

प्रत्ययानुदान और अपवादानुदान (Exceptional Grant)

अनुच्छेद 116 के अंतर्गत लेखानुदान, प्रत्ययानुदान के द्वारा संचित निधि से धन निकालने का उल्लेख किया गया है। जब किसी सेवा की पहली महता या राष्ट्रीय आपात के कारण सरकार को धन की अप्रत्याशित मांग को पूरा करने के लिये निधियों की आवश्यकता हो और जिसके संबंध में ऐसा ब्योरा देना संभव न हो जो कि वार्षिक वित्तीय विवरण से सामान्यतया दिया जाता है, जब ऐसी स्थिति में सदन बिना दिये प्रत्ययानुदान के माध्यम से अप्रत्याशित माँग की पूर्ति कि लिये अनुदान स्वीकृत कर सकता है।

अपवादानुदान एक ऐसा अनुदान है जो किसी वित्तीय वर्ष की चालू सेवा का भाग नहीं हाता हैं। संसद को किसी विशेष प्रयोजन के लिये इसे स्वीकार करने की शक्ति प्राप्त है। तथापि आज तक ऐसी कोई माँगें संसद में प्रस्तुत नहीं की गई है। इसकें अलावा, संघ राज्य क्षेत्र और राष्ट्रपति के शासनाधीन राज्यों बजट भी लोकसभा में पेश किये जाते हैं। ऐसे मामलों में केन्द्र सरकार को बजट संबंधी प्रक्रिया अध्यक्ष द्वारा किये गये परिवर्तनों के साथ अपनाई जाती हैं।

संसद में प्रश्न प्रक्रिया

प्रश्नकाल (Question Hour)

संसद के सम्बन्ध में प्रश्नकाल का तात्पर्य उस अवधि से है, जिसमें संसद सदस्यों द्वारा लोकसभा महत्त्व के किसी मामले पर जानकारी प्राप्त करने के लिए मंत्रिपरिषद से प्रश्न पूछे जाते हैं। यह समय संसद के दोनों सदनो में प्रत्येक बैठक (प्रतिदिन) के प्रारम्भ में एक घंटे का होता हैं। प्रश्नकाल के दौरान भारत सरकार से सम्बन्धित मामले उठाये जाते हैं। सार्वजनिक स्थिति का सामना करने के लिए, लोगों की शिकायतें दूर करने के लिए तथा किसी प्रशासनिक त्रुटि करने, के लिए सरकार कार्यवाही करे।

विभिन्न प्रकार के प्रश्न

1. **तारांकित प्रश्न (Starred Question)**—जिन प्रश्नों का उत्तर सदस्य तुरन्त सदन चाहता है, अर्थात् मौखिक उत्तर दिया जाता है। उसे तारांकित प्रश्न कहा जाता है तारांकित प्रश्नों के अनुपूरक प्रश्न भी पूछे जा सकते हैं।
2. **अतारांकित प्रश्न (Unstarred Question)**—जिन प्रश्नों का उत्तर सदस्य लिखित चाहता है, उन्हें अतारांकित प्रश्न कहा जाता है। अतारांकित प्रश्नों का उत्तर सदन में नहीं दिया जाता और इन प्रश्नों के अनुपूरक प्रश्न नहीं पूछे जाते।
3. **अल्प सूचना प्रश्न (Short Notice Question)**—जो प्रश्न अविलम्बनीय लोक महत्त्व का हो तथा जिन्हें साधारण प्रश्न के लिए निर्धारित 10 दिन की अवधि से कम समय में सचूना देकर पूछा जा सकता है, उन्हें अल्प सूचना प्रश्न कहा जाता हैं।
4. **गैर सरकारी सदस्य से पूछे जाने वाले प्रश्न**—संसद में मंत्रिपरिषद् के सदस्यों के अतिरिक्त अन्य सदस्यों, जिन्हें गैर सरकारी सदस्य कहा जाता है, से भी प्रश्न पूछे जा सकते है। जब प्रश्न का विषय किसी ऐसे विधेयक या संकल्प अथवा सदन के कार्य के किसी अन्य विषय से सम्बन्धित हो, जिसके लिए वह सदस्य उत्तरदायी रहा हो।

आधे घंटे की चर्चा

जिन प्रश्नों का उत्तर सदन में दे दिया गया हो, उन प्रश्नों से उत्पन्न होने वाले मामलों पर चर्चा लोकसभा में तीन दिन तथा सोमवार, बुधवार तथा शुक्रवार को बैठक के अंतिम आधे घंटे में की जा सकती है। राज्यसभा मे ऐसी चर्चा किसी दिन जिसे सभापति नियत करे, सामान्यत: 5 से 5:30 बजे तक नियत की जा सकती है। ऐसी चर्चा का विषय पर्याप्त लोक महत्त्व का होना चाहिए तथा विषय हाल के किसी तारांकित, या अल्प सूचना के प्रश्न का विषय रहा हो और जिसके उत्तर को किसी तथ्यात्मक मामले के आगे स्पष्टीकरण आवश्यक हो। ऐसी चर्चा को उठाने की सूचना कम से कम तीन दिन पूर्व दी जानी चाहिए।

शून्य काल (Zero-Hour)

संसद के दोनों सदनों में प्रश्नकाल के ठीक बाद के समय को शून्य काल कहा जाता है। यह 12 बजे प्रारम्भ होता है और 1 बजे तक चलता है। शून्य काल का राज्यसभा या लोकसभा की प्रक्रिया तथा संचालन नियम में कोई उल्लेख नहीं है। इस काल अर्थात् 12 बजे से 1 बजे तक के समय को शून्यकाल कहा जाता है। इस काल के दौरान सदस्य अविलम्बनीय महत्त्व के मामलों को उठाते हैं तथा उन पर तुरंत कार्यवाही चाहते हैं।

संसद में मामले उठाने की प्रक्रिया

आधे घंटे की चर्चा को छोड़कर संसद में किसी प्रश्न को पूछकर उसका उत्तर पाने में कम से कम 10 दिन का समय लगता है, जिस कारण किसी

अविलम्बनीय या सार्वजनिक महत्त्व के मामलों को उठाने की प्रक्रिया के सम्बन्ध में संसद के दोनों सदनों की प्रक्रिया तथा संचालन के नियमों के मामलों को उठाने की प्रक्रिया विहित की गयी है। इन नियमों में दो प्रकार के मामलों का उल्लेख है और उनको संसद में उठाने की कई प्रक्रियाएं विहित हैं।

प्रस्ताव (Motion)

1. स्थगन प्रस्ताव:– स्थगन प्रस्ताव पेश करने का मुख्य उद्देश्य किसी अविलम्बनीय लोक महत्त्व के मामले की ओर सदन का ध्यान आकर्षित करना है। जब इस प्रस्ताव को स्वीकार कर लिया जाता है, तब सदन अविलम्बनीय लोक महत्त्व के निश्चित मामले पर चर्चा करने के लिये सदन का नियमित कार्य रोक देता है। इस प्रस्ताव को पेश करने के लिए निम्नलिखित तत्व आवश्यक हैं:

- मामले का स्वरूप निश्चित हो,
- मामले का आधार तथ्यात्मक हो,
- मामले में विलम्ब किया जाना उचित न हो, तथा
- मामला लोक महत्त्व का हो।

स्थगन प्रस्ताव के लिए उचित विषय हैं—देश की राजनीतिक स्थिति, अराजकता, बेरोजगारी, रेल दुर्घटनाएं, मिलों का बन्द हो जाना, सामान्य अंतर्राष्ट्रीय स्थिति। जो सदस्य स्थगन प्रस्ताव पेश करना चाहता है, उसे प्रस्ताव पेश करने के दिन 10 बजे सुबह प्रस्ताव की सूचना अध्यक्ष/सभापति, सम्बनिधत मंत्री तथा महासचिव को देना चाहिए। यदि अध्यक्ष को समाधान हो जाए कि वह मामला नियमानुकूल है, तो वह प्रस्ताव पेश करने की अनुमति देता है। प्रश्नकाल की समाप्ति के बाद सदन की अनुमति से प्रस्ताव पेश किया जाता है और ऐसे प्रस्ताव पर विचार-विमर्श शाम 4 बजे से लेकर 6:30 बजे तक होता है। इसे सरकार के विरुद्ध 'निन्दा प्रस्ताव' भी कहते हैं।

2. **ध्यानाकर्षण प्रस्ताव (Adjourn Motion):** इस प्रस्ताव के माध्यम से सदन का कोई सदस्य अध्यक्ष/सभापति की अनुमति से अविलम्बनीय लोक महत्त्व के किसी मामले की ओर किसी मंत्री का ध्यान आकर्षित करता है कि वह इस मामले पर एक संक्षिप्त वक्तव्य दे। मंत्री ऐसे प्रस्ताव पर या तो तुरंत वक्तव्य दे सकता है या किसी अन्य तिथि को वक्तव्य देने के लिए समय की मांग कर सकता है। इस प्रस्ताव के मुख्य स्त्रोत दैनिक समाचार पत्र होते हैं तथा कभी-कभी वे किसी सदस्य की निजी जानकारी के आधार पर या उसके अपने निर्वाचकों के साथ हुए पत्र व्यवहार के आधार पर दी जा सकती है। ध्यानाकर्षण प्रस्ताव से संबंधित नियम 1954 में बनाया गया था। यह प्रस्ताव सुबह 10 बजे लिखित रूप में दिया जाता है।

3. **अल्पकालीन चर्चाएं (Short Term Discussion):** गैर सरकारी अविलम्बनीय लोक महत्त्व के मामले को सदन के ध्यान में लाने के लिए अल्पकालीन चर्चा उठा सकता है। अल्पकालीन चर्चा उठाने की प्रथा 1953 से प्रारंभ की गयी। इस चर्चा को उठाने के लिए मामले का संक्षेप में उल्लेख करते हुए और उसके कारणों की स्पष्ट व्याख्या करते हुए सदस्य, जो चर्चा उठाना चाहता है, द्वारा महासचिव को सूचना देनी होती है। ऐसी सूचना पर दो अन्य सदस्यों के हस्ताक्षर होना चाहिए। इस चर्चा की स्वीकार्यता के सम्बन्ध में अध्यक्ष/सभापति निर्णय करता है और यदि उसका समाधान हो जाता है कि मामला अविलम्बनीय तथा पर्याप्त महत्त्व का है और उसे शीघ्र ही सदन में उठाना आवश्यक है तो वह सूचना को स्वीकार कर सकते हैं। ऐसी चर्चा के लिए सप्ताह में दो दिन का समय नियत किया जा सकता है, जो कार्य मंत्रणा समिति की सिफारिश पर की जाती है। सामान्यत: ऐसी चर्चा मंगलवार तथा गुरूवार को स्वीकार की जाती है।

नियम (Regulation)

नियम 377: जो मामले व्यवस्था के प्रश्न नहीं होते या जो प्रश्नों, अल्प सूचना प्रश्नों, ध्यानाकर्षण प्रस्तावों आदि से सम्बन्धित नियमों के अधीन नहीं उठाये जाते, वे नियम 377 के अधीन उठाये जाते हैं। जो सदस्य इस नियम के अधीन मामला उठाना चाहता है, वह संक्षेप में मुद्दों, जिन्हें वह उठाना चाहता है, के साथ उसके उठाने के कारण ही लिखित सूचना महासचिव को देता है। मामला नियम 377 के अधीन उठाने योग्य हैं या नहीं, इसका निर्णय अध्यक्ष करता है। इसके अंतर्गत लोक महत्त्व के मामलों तथा सदस्य के निर्वाचन क्षेत्र से संबंधित मामलों को उठाया जाता है।

नियम 184: नियम 184 के तहत विचार के साथ मतदान की भी व्यवस्था है, जबकि नियम 193 में केवल विचार होता है मतदान नहीं।

नियम 388: इस नियम के तहत यह प्रावधान है कि सदन में सारे नियमों को किनारे कर किसी भी विषय पर चर्चा की जा सकती है। यह नियम उस दौरान चर्चा में आया था, जब अगस्त 2011 में अन्ना हजारे का जन लोकपाल विधेयक के लिए, बहु-चर्चित अनशन जारी था।

नियम 193: इस नियम के तहत सार्वजनिक महत्त्व के किसी विषय पर सदन का कोई सदस्य अल्पकालीन चर्चा के लिए नोटिस दे सकता है। ध्यातव्य है कि इस नियम के अंतर्गत चर्चा के उपरांत मत विभाजन का प्रावधान नहीं है।

नियम 115: संसद सदस्यों को किसी अन्य सदस्य या मंत्री के वक्तव्य में त्रुटि होने पर आपत्ति दर्ज कराने का अधिकार इस नियम के तहत प्रदान किया गया है। जिसके बारे में सम्बंधित सदस्य या मंत्री को अपनी सफाई देनी होती है।

अविश्वास प्रस्ताव (Non-Confidential Motion)

अविश्वास प्रस्ताव केवल लोकसभा की कार्यवाही के साथ जुड़ा हुआ है। इसे लोकसभा में विपक्षी दल या विपक्षी दलों द्वारा प्रस्तुत किया जाता है। इसके लिए कम से कम लोकसभा के 50 सदस्यों द्वारा अनुसमर्थन आवश्यक है। इस प्रस्ताव के द्वारा मंत्रिपरिषद में अविश्वास प्रकट किया जाता है।

निन्दा प्रस्ताव (Censure-Motion)

सरकार की नीतियों की अलोचना करने के लिए विपक्षी दल के सदस्यों द्वारा किसी मंत्री विशेष या शासन के विरुद्ध निन्दा प्रस्ताव रखा जाता है। निन्दा प्रस्ताव के पारित हो जाने के बाद सरकार को त्यागपत्र नहीं देना पड़ता है।

निन्दा प्रस्ताव और अविश्वास प्रस्ताव

निन्दा प्रस्ताव	अविश्वास प्रस्ताव
• यह मंत्रिपरिषद की कुछ नीतियों या कार्य के खिलाफ निन्दा के लिए लाया जाता है।	यह मंत्रिपरिषद में लोकसभा के विश्वास के निर्धारण हेतु लाया जाता है।
• यदि यह लोकसभा में पारित हो जाए तो मंत्रिपरिषद को त्यागपत्र देना आवश्यक नहीं है।	यदि यह लोकसभा में पारित हो जाए तो मंत्रिपरिषद को त्यागपत्र देना ही पड़ता है।
• लोकसभा में इसे स्वीकारने का कारण बताना आवश्यक होता है।	लोकसभा में इसे स्वीकार करने का कारण बताना आवश्यक नहीं होता है।
• यह किसी एक मंत्री या मंत्रियों के समूह या पूरे मंत्रिपरिषद के विरुद्ध लाया जा सकता है।	यह सिर्फ पूरे मंत्रिपरिषद के विरुद्ध ही लाया जा सकता है।

कटौती प्रस्ताव (Cut-Motion)

अनुदानों की मांगों की राशियों में कमी करने वाले प्रस्ताव 'कटौती प्रस्ताव' कहलाते हैं। कटौती प्रस्तावों को तीन श्रेणियों में रखा जा सकता है—(1) नीति निरनुमोदन कटौती, (2) मितव्ययिता कटौती और (3) सांकेतिक कटौती। सबसे प्रभावी कटौती प्रस्ताव प्रथम श्रेणी का कटौती प्रस्ताव होता है। प्रस्तावक मांग में अंतर्ग्रस्त नीति का निरनुमोदन करता है। इसके अतिरिक्त 'मितव्ययिता कटौती' प्रस्ताव होता है जिसका उद्देश्य व्यय में मितव्ययिता लाने की दृष्टि से मांग की राशि में रुपये (एक राशि विशेष) की कमी की जाये।

कम करने के लिए सुझाई गई राशि मांग में एक मुश्त राशि की कमी करने के बारे में हो सकती है या मांग में से किसी मद को हटाने अथवा उसमें कमी करने के बारे में हो सकती है। अंतिम कटौती प्रस्ताव 'सांकेतिक कटौती' प्रस्ताव होता है, जिसमें कहा जाता है 'कि मांग की राशि में 100 रुपये कम किये जायें।' ऐसे कटौती प्रस्ताव पर चर्चा उसमें विर्निदिष्ट शिकायत तक ही सीमित रहती है, जो भारत सरकार के उत्तरदायित्व के क्षेत्र में होती है। कटौती प्रस्ताव के रूप में, इस प्रस्ताव का सबसे अधिक प्रयोग किया जाता है।

सामान्यतया, मूल प्रस्ताव और उससे संबंधित कटौती प्रस्ताव पर सदन में एक साथ चर्चा की जाती है और उसे मतदान के लिए रखा जाता है। अत: कटौती प्रस्ताव के माध्यम से अनुदानों की मांगों पर चर्चा आरम्भ की जाती है। चर्चा के पश्चात् सर्वप्रथम कटौती प्रस्तावों को निपटाया जाता है और उसके बाद अनुदानों की मांगे सदन में मतदान के लिए रखी जाती है। कटौती प्रस्ताव विपक्ष के सदस्यों द्वारा पेश किए जाते हैं। उनके स्वीकार हो जाने में तात्पर्य होता है सरकार की निन्दा। किन्तु सदन में बहुमत की सरकार होने से उनके स्वीकृत होने की आशा ही नहीं होती। अत: कटौती प्रस्ताव अनुदानों संबंधी मांगों पर चर्चा प्रारंभ करने के प्रतीक मात्र होते हैं।

संसद द्वारा विधि निर्माण की प्रक्रिया

संसद मूलत: एक केन्द्रीय विधानमंडल है। विधायिक के रूप में इसका प्रमुख काम है विधि का निर्माण करना। लोकतांत्रिक व्यवस्था में विधि के शासन की संकल्पना महत्त्वपूर्ण होती है। उच्चतम न्यायालय ने 'विधि के शासन' को संविधान का आधारभूत लक्षण के रूप में स्वीकार किया है। प्रशासन के अंतर्गत विधि मौलिक होता है क्योंकि विधि ही सरकार के विभिन्न अंगों को अपने शक्तियों के प्रयोग के लिए अधिकृत करता है तथा उसे नियंत्रित भी करता है। भारतीय संविधान लिखित है तथा संविधान के उपबंध संसद (विधायिका) को विधि निर्माण के लिए अधिकृत करता है। चूंकि संसद लोगों की सामान्य इच्छा का प्रतिनिधित्व करती है, अत: उससे अपेक्षित कि वे ऐसे विधि का निर्माण करे जो जनता के आर्थिक-सामाजिक राजनीतिक आवश्यकताओं की पूर्ति करे तथा उस विधि में जनसामान्य की आशाएं एवं इच्छाएं प्रतिबिम्बित हो।

विधेयक निर्माण की प्रक्रिया

जैसे ही कोई विधायी प्रस्ताव सामने आता है तो संबंधित मंत्रालय यह देखता है कि इसके विधि रूप में आने पर इसके राजनीतिक प्रशासनिक वित्तीय और अन्य परिणाम क्या हो सकते हैं। यदि अन्य मंत्रालय और राज्य सरकारें भी उनसे संबंधित हो तो उसका परामर्श लिया जाता है। प्रस्ताव के विधिक एवं संवैधानिक पहलुओं पर विधि मंत्रालय और भारत के महान्यायवादी का परामर्श लिया जाता है। प्रस्ताव के सभी पहलुओं की जांच करने के बाद उसे अनुमोदन के पश्चात् विशेषज्ञों एवं अधिकारियों की सहायता से प्रस्ताव को विधेयक का रूप दिया जाता है। विधेयक के सदन में पेश किये जाने सेलेकर उसके अनुमोदन तक प्रत्येक सदन में उसके तीन वाचन होते हैं अर्थात् संसद की विधायी प्रक्रिया तीन वाचनों में पूरा होती है।

प्रथम वाचन

इसके अंतर्गत विधेयक को सदन में पेश किया जाता है। यह विधेयक का प्रथम वाचन है। सामान्यत: इस अवस्था में विधेयक पर चर्चा नहीं होती है, लेकिन विधेयक पेश करने के प्रस्ताव का यदि इस आधार पर विरोध होता है कि वह संसद के विधायी क्षमता से बाहर है तो पीठासीन अधिकारी इस पूर्ण चर्चा की अनुमति दे सकता है।

द्वितीय वाचन

यह संसद में विधायी प्रक्रिया का सबसे महत्त्वपूर्ण चरण होता है, इसके अंतर्गत 3 उपचरण होते हैं—

प्रथम चरण (साधारण बहस की अवस्था)—इस चरण में विधेयक पर सामान्य चर्चा होती है। इस चरण में सदन चाहे तो विधेयक को सदन की प्रवर समिति या दोनों सदनों की संयुक्त समिति को सौंप सकता है, अथवा विधेयक पर राय जानने के लिए उसे परिचालित कर सकता है या सदन सीधे उस पर विचार कर सकता है।

द्वितीय चरण (समिति का अवस्था)—सदन आवश्यकतानुसार विधेयक को यदि प्रवर या संयुक्त समिति को सौंपता है तो समिति उस पर विचार करती है। समिति इसमें विशेषज्ञों का या सरकारी निकायों की मदद भी ले सकती है जो इस विधायन में रूचि रखते हों। विस्तृत तौर पर जांच एवं अध्ययन के पश्चात् यदि समिति आवश्यक समझती है तो वह विधेयक के संदर्भ में सदन को अपना प्रतिवेदन देती है।

यदि विधेयक पर राय जानने के लिए उसे परिचालित करने का प्रस्ताव स्वीकृत होता है तो उस सदन का सचिवालय सभी राज्य सरकारों और संघ राज्य क्षेत्रों को पत्र भेजकर उनसे कहलाता है कि वे विधेयक से संबंधित स्थानीय निकायों, व्यक्तियों या संस्थाओं, समूहों की राय आमंत्रित करने के लिए अपने-अपने राजपत्रों में उसे प्रकाशित करें। इस प्रकार राज्यों के द्वारा राय जानने की अवधि 3 महीने की अन्तर्गत होती है। राय प्राप्त होने के पश्चात् इस पर सदन विचार करती है कि विधेयक को प्रवर या संयुक्त समिति के पास भेज दिया जाय। विधेयक पर प्रवर या संयुक्त समिति अपना प्रतिवेदन देती है।

तृतीय चरण (विचार विमर्श की अवस्था)—इस चरण में विधेयक पर विस्तृत चर्चा होती है। विधेयक के विभिन्न प्रावधानों पर सदन द्वारा इस पर वाद-विवाद होता है।

तृतीय वाचन

इस वाचन में केवल विधेयक को स्वीकार करने या अस्वीकार करने के संबंध में चर्चा होती है। इस चरण में विधेयक में कोई संशोधन नहीं किया जा सकता है। यदि सदन का बहुमत से पारित कर देता है तो विधेयक पारित हो जाता है। इसके बाद सदन का पीठासीन अधिकारी विधेयक पर विचार और स्वीकृति के लिए दूसरे सदन में भेज देता है। एक सदन से पारित होने के बाद दूसरे सदन में भी विधेयक का प्रथम, द्वितीय और तृतीय वाचन होता है।

राष्ट्रपति की स्वीकृति

संसद के दोनों सदनों द्वारा पारित विधेयक स्वीकृति के लिए राष्ट्रपति के पास भेज दिया जाता है।

अध्याय सार संग्रह

- राष्ट्रपति की पदमुक्ति के बाद अधिकतम 6 महीने के भीतर राष्ट्रपति का चुनाव हो जाना आवश्यक है।
- राष्ट्रपति पद के लिए यदि किसी प्रत्याशी को कुल मतों के छठे भाग के बराबर मत नहीं मिलते तो उसकी जमानत की राशि जब्त हो जाती है।
- राष्ट्रपति संसद के किसी भी सदन का सदस्य न होकर भी किसी भी सदन की बैठक में जा सकता है।
- राष्ट्रपति के नाम और उसकी अनुमति से ही प्रतिवर्ष बजट वित्तमंत्री द्वारा संसद (लोकसभा) में पेश किया जाता है।
- भारत की आकस्मिक निधि पर राष्ट्रपति का पूर्ण नियंत्रण होता है। वह संसद की स्वीकृति के बिना इसमें से अचानक पड़ने वाले खर्चों के लिए कुछ धन सरकार को दे सकता है अर्थात् खर्च कर सकता है।
- डॉ. ए.पी.जे. अब्दुल कलाम ऐसे प्रथम राष्ट्रपति हैं जो किसी भी राजनीतिक दल के सदस्य नहीं रहे।
- राष्ट्रपति को वेतन और भत्ता भारत की संचित निधि से दिया जाता है।
- उपराष्ट्रपति जब राष्ट्रपति के रूप में कार्य करता है तो उसे राष्ट्रपति की सभी शक्तियाँ और उन्मुक्तियाँ प्राप्त होती हैं।
- उपराष्ट्रपति अपने पदावधि के समाप्ति के बाद भी तब तक अपने पद पर बना रहात है जब तक उसका उत्तराधिकारी अपना पद ग्रहण नहीं कर लेता है।
- उपराष्ट्रपति अपने पद का वेतन नहीं ग्रहण करता वरन् वह राज्यसभा के सभापति की हैसियत से वेतन प्राप्त करता है।
- गोपाल स्वरूप पाठक, बी.डी. जत्ती, मोह मद हिदायतुल्ला, कृष्णकांत ऐसे उपराष्ट्रपति हैं जो राष्ट्रपति नहीं बने।
- एक ही व्यक्ति जितनी बार चाहे राष्ट्रपति के पद पर निर्वाचित हो सकता है, इस पर कोई सीमा निर्धारित नहीं की गई है।
- राष्ट्रपति की बीमारी या अन्य किसी कारण से राष्ट्रपति पद पर हुई अस्थायी रिक्ति के समय उपराष्ट्रपति राष्ट्रपति के रूप में कार्य करता है।
- राष्ट्रपति या उपराष्ट्रपति के निर्वाचन से सम्बन्धित संदेह और विवाद का निर्धारण उच्चतम न्यायालय करेगा।
- संसद द्वारा पारित कोई भी विधेयक तभी कानून बनता है जब उस पर राष्ट्रपति के हस्ताक्षर हो जाते हैं।
- यदि उपराष्ट्रपति द्वारा संसद को पुनर्विचार के लिए वापस किया गया विधेयक पुन: विचार करने के पश्चात् राष्ट्रपति की अनुमति के लिए प्रस्तुत किया जाता है तो उस पर अनिवार्य रूप से अनुमति देगा।
- संविधान में राष्ट्रपति को किसी विधेयक को अनुमति न देने या अनुमति देने अथवा वापस करने की समय सीमा निर्धारित नहीं की गई है।
- राष्ट्रपति, जब संसद का सत्र न चल रहा हो तथा किसी विषय पर तुरंत विधान बनाने की आवश्यकता हो तो अध्यादेश द्वारा विधान बना सकता है।
- 44वें संविधान संशोधन द्वारा यह अभिनिर्धारित किया गया है कि राष्ट्रपति के अध्यादेश निकालने की परिस्थितियों को असद्‌भावनापूर्ण होने का संदेह होने पर न्यायालय में चुनौती दी जा सकती है।
- राष्ट्रपति किसी सार्वजनिक महत्त्व के प्रश्न पर उच्चतम न्यायालय से अनुच्छेद 143 के अधीन परामर्श ले सकता है, लेकिन वह यह परामर्श मानने के लिए बाध्य नहीं है।
- केन्द्र सरकार में मंत्रियों की अधिकतम संख्या लोकसभा की कुल सदस्य संख्या के 15 प्रतिशत से अधिक नहीं हो सकती।
- लोकसभा द्वारा मंत्रिपरिषद् के विरुद्ध या प्रधानमंत्री के विरुद्ध अविश्वास प्रस्ताव पारित करके इसे पद से हटाया जा सकता है।?
- भारत का महान्यायवादी न तो संसद का सदस्य होता है और न ही मंत्रिमण्डल का सदस्य होता है, लेकिन वह किसी भी सदन में अथवा उनकी समितियों में बोल सकता है। किंतु उसे मत देने का अधिकार नहीं है।
- नियंत्रक महालेखा परीक्षक की पदावधि पद ग्रहण की तिथि से छ: वर्ष होगी, लेकिन यदि इससे पूर्व वह 63 वर्ष की आयु प्राप्त कर लेता है तो वह अवकाश ग्रहण कर लेता है।
- राज्यसभा में 250 से अधिक सदस्य नहीं हो सकते। इसमें 238 सदस्य राज्य तथा संघ राज्य क्षेत्रों के प्रतिनिधि एवं 12 सदस्य राष्ट्रपति द्वारा नाम निर्दिष्ट किए जाते हैं।
- भारत में संसदीय प्रणाली की सरकार स्थापित की गई है। ऐसी शासन प्रणाली में राज्य का मुखिया नाममात्र का संवैधानिक मुखिया होता है। शासन की वास्तविक शक्ति मंत्रिपरिषद के हाथों में होती है।
- संघीय कार्यपालिका राष्ट्रपति, उपराष्ट्रपति, प्रधानमंत्री और मंत्रिपरिषद से मिलकर बनी है।
- प्रधानमंत्री को नियुक्त करने के सम्बन्ध में राष्ट्रपति स्वतंत्र नहीं है।
- राष्ट्रपति उसी व्यक्ति को प्रधानमंत्री नियुक्त कर सकता है जो लोकसभा में बहुमत प्राप्त दल का नेता हो॥
- प्रधानमंत्री यदि 6 माह के अंदर संसद सदस्य नहीं बन पाता है तो वह छ: माह की समाप्ति पर प्रधानमंत्री नहीं रह जायेगा।
- प्रधानमंत्री अपने मंत्रिपरिषद के किसी सदस्य की बर्खास्तगी के लिए राष्ट्रपति से सिफारिश कर सकता है तथा राष्ट्रपति उसकी सिफारिश मानने के लिए बाध्य है।
- मंत्रिपरिषद के सदस्यों में विभागों के वितरण की शक्ति प्रधानमंत्री में ही निहित है और वह किसी भी समय मंत्रियों के विभागों में फेरबदल कर सकता है।
- मंत्रिपरिषद का लोकसभा में बहुमत समाप्त हो जाने पर उसे त्याग-पत्र दे देना आवश्यक है।
- लोकसभा का अध्यक्ष और उपाध्यक्ष अपना पद संभालने पर शपथ (प्रतिज्ञा) नहीं लेता। वह लोकसभा सदस्य की ही शपथ लेता है।

- लोकसभा अध्यक्ष को लोकसभा की बैठक स्थगित करने का या गणपूर्ति न होने की दशा में बैठक निलम्बित करने की शक्ति प्राप्त है। उसे यह भी शक्ति प्राप्त है कि वह अपने विवेक से सदस्य को मातृभाषा में बोलने की अनुमति दे दे, जो अपने विचार हिन्दी या अंग्रेज़ी में भली-भाँति व्यक्त नहीं कर सकता।
- लोकसभा की कतिपय समितियों जैसे 'कार्य मंत्रणा समिति', 'सामान्य प्रयोजन समिति', 'नियम समिति' लोकसभा अध्यक्ष के नेतृत्व में ही कार्य करती है और अध्यक्ष इनका सभापति होता है।
- संसद का सबसे महत्त्वपूर्ण कार्य कानून बनाना है। विधान सम्बन्धी सभी प्रस्ताव विधेयक के रूप में संसद के सामने रखे जाते हैं।
- भारत का राष्ट्रपति संसद का अंग होता है तथापि वह दोनों सदनों में से किसी भी सदन में न तो बैठता है, न ही उनकी चर्चाओं में भाग लेता है।
- निन्दा प्रस्ताव मंत्रिपरिषद के विरुद्ध या किसी एक मंत्री के विरुद्ध या कुछ मंत्रियों के विरुद्ध कोई ऐसा कार्य न करने के लिए या उनकी किसी नीति के विरोधस्वरूप पेश किया जाता है।
- संसद में जिस दिन बजट पेश किया जाता है उस दिन बजट पर चर्चा नहीं की जाती है। बजट पर दो अवस्थाओं में चर्चा की जाती है अर्थात् 'सामान्य चर्चा' और उसके बाद विस्तार में 'अनुदानों की माँगों पर चर्चा और मतदान'।
- के. आर. नारायणन भारत के प्रथल दलित राष्ट्रपति हैं तथा प्रतिभा पाटिल प्रथम महिला राष्ट्रपति हैं।
- लोकसभा को यह शक्ति दी गई है कि वह बजट की प्रक्रिया पूरी होने तक (किसी कारणवश आवश्यक हो) किसी वित्तीय वर्ष के एक भाग के लिए लेखानुदान पारित कर (पेशगी अनुदान) सकती है।
- संसद में जो विधेयक मंत्री प्रस्तुत करते हैं वे विधेयक सरकारी विधेयक कहलाते हैं और जो विधेयक संसद सदस्य द्वारा (चाहे वह संसद सदस्य सत्तापक्ष का हो या प्रतिपक्ष का) संसद में प्रस्तुत किए जाते हैं वे विधेयक गैर-सरकारी विधेयक कहलाते हैं
- जिस सदन में विधेयक पेश किया जाता है उसके द्वारा पास किए जाने के पश्चात् उसे सहमति के लिए इस आशय के संदेश के साथ भेजा जाता है। वहाँ विधेयक फिर तीन अवस्थाओं में गुजरता है।
- संविधान के उपबंधों के अधीन राष्ट्रपति को यह शक्ति प्राप्त है कि वह उस विधेयक पर, यदि वह विधेयक लोकसभा के विघटित हो जाने के कारण व्यपगत न हो गया हो तो, विचार करने और मतदान कराने के प्रयोजन में दोनों सदनों को संयुक्त बैठक के लिए आमंत्रित करे।
- भारतीय संविधान में संसदीय समितियों के बारे में विशेषरूप से कोई उपबन्ध नहीं किया गया है, परंतु अनेक अनुच्छेदों में (अनुच्छेद 88 और 105 में) इनका उल्लेख है।

अध्याय 10

राज्य सरकार तथा संघ राज्य क्षेत्र

इस अध्याय में आप सीखेंगे किः

- राज्य सरकार की संरचना, उसके कार्य क्षेत्र, शक्ति और महत्व के बारे में जानकारी क्या है।
- राज्यों के साथ संघीय शासन प्रणाली और संघ राज्य क्षेत्रों के लिए उच्च न्यायालय की आवश्यकता पर विशेष जानकारी कैसे प्राप्त होगी।

राज्य विधान मण्डल (State Legislature)

भारतीय संविधान में प्रत्येक राज्य के लिए एक विधानमण्डल का प्रावधान है। प्रत्येक राज्य का विधानमण्डल राज्यपाल तथा एक या दो सदनों से मिलकर बनता है। राज्य व्यवस्थापिका के प्रथम अथवा निम्न सदन को विधानसभा तथा द्वितीय या उच्च सदन को विधान परिषद् कहा जाता है।

राज्य विधान परिषद (State Legislative Council)

राज्य विधानमण्डल का उच्च सदन विधान परिषद है जिसमें नामनिर्देशित एवं परोक्ष रूप से निर्वाचित सदस्य होते हैं। भारतीय संविधान के प्रवर्तन के समय, 26 जनवरी, 1950 को छः राज्यों—उत्तर प्रदेश, पश्चिम बंगाल, मद्रास, बम्बई, पंजाब एवं बिहार के विधान मण्डल में दो सदनों की व्यवस्था करने के लिए अनुच्छेद 168 में उपबन्ध किया गया था। 1950 के उपरांत कुछ राज्यों में विधान परिषदें स्थापित की गई, जबकि कुछ राज्यों में विधान परिषदों को समाप्त किया गया। वर्तमान में उत्तर प्रदेश, महाराष्ट्र, कर्नाटक, बिहार, जम्मू-कश्मीर, आन्ध्र प्रदेश एवं तेलंगाना सात राज्यों में विधान परिषदें सृजित हैं। यद्यपि संविधान के सातवें संशोधन द्वारा यह व्यवस्था की गई थी कि मध्य प्रदेश में विधान परिषद का गठन किया जाएगा, लेकिन अभी तक विधान परिषद का गठन नहीं किया गया है। नवगठित राज्य झारखण्ड, उत्तराखण्ड और छत्तीसगढ़ में विधान परिषद की व्यवस्था नहीं है।

राज्य विधान परिषद की संरचना (Structure of the State Legislative Council)

संविधान के अनुच्छेद 171 के अनुसार राज्य विधान परिषद के सदस्यों की समस्त संख्या उस राज्य के विधान सभा के कुल सदस्यों की संख्या से 1/3 से अधिक नहीं होगी, किंतु किसी भी दशा में विधान परिषद के सदस्यों की संख्या 40 से कम न होगी। संसद को विधान परिषद के गठन के सम्बन्ध में कानून बनाने का अधिकार है, किन्तु जब तक संसद ऐसा न करे तब तक विधान परिषद के सदस्यों का निर्वाचन अप्रत्यक्षी रूप से एकल संक्रमणीय मत द्वारा होगा। सदस्यों का निर्वाचन मण्डल द्वारा होगा जिसके निम्नलिखित सदस्य होते हैं:—

1. राज्य की नगरपालिका, जिला बोर्ड एवं अन्य स्थानीय प्रतिनिधि संस्थाओं द्वारा विधान परिषद के एक तिहाई सदस्य चुने जाते हैं।
2. राज्य के किसी विश्वविद्यालय से स्नातक नागरकों के निर्वाचक मण्डल द्वारा सदस्यों के बारहवें भाग का निर्वाचन किया जाता है। नागरिकों को स्नातक की डिग्री लिए हुए तीन वर्ष होने आवश्यक है।
3. माध्यमिक विद्यालय तथा महाविद्यालयों में तीन वर्षों से शिक्षणरत अध्यापकों के द्वारा निर्मित निर्वाचक मण्डल विधान परिषद के 1/12 सदस्यों का निर्वाचन करते हैं।
4. एक तिहाई सदस्य विधान सभा सदस्यों द्वारा उन सदस्यों में से चुने जाते हैं जो वर्तमान में विधानसभा के सदस्य नहीं है (इसमें गुप्त मतदान की जगह खुला मतदान 2003 से लागू कर दिया गया है)।
5. शेष 1/6 सदस्य राज्यपाल द्वारा नामजद किये जाते हैं। साहित्य, कला, विज्ञान, सहकारी आंदोलन एवं समाजसेवा में विशिष्ट स्थान रखने वाले व्यक्तियों को राज्यपाल द्वारा मनोनीत किया जाता है।

राज्यविधान परिषद के निर्वाचन क्षेत्रों का गठन परिसीमन आयोग के द्वारा किया जाता है। वह आदेश पारित कर राज्य विधान परिषद के निर्वाचन क्षेत्र के विस्तार को तथा प्रत्येक निर्वाचन क्षेत्र को आवंटन में मिले स्थानों की संख्या को अवधारित करता है। राष्ट्रपति द्वारा समय-समय पर आदेश

जारी कर विभिन्न प्रांतों की विधान परिषद के लिए भिन्न-भिन्न स्थान नियत किये गये हैं।

विधान परिषद के सदस्यों के लिए अर्हता

विधान परिषद का सदस्य चुने जाने के लिए वही व्यक्ति योग्य होगा जो:

1. भारत का नागरिक हो,
2. कम से कम तीस वर्ष की आयु पूर्ण कर चुका हो, तथा
3. संसद द्वारा निश्चित की गयी योग्यता धारण करता हो।

संसद ने राज्य विधान परिषद की सदस्यता के लिए लोक प्रतिनिधित्व अधिनियम 1951 द्वारा निम्नलिखित अर्हताएं निश्चित की हैं—राज्य विधान परिषद का सदस्य चुने जाने के लिए किसी व्यक्ति को उस राज्य के किसी विधानसभा के निर्वाचन क्षेत्र का निर्वाचन होना चाहिए। राज्यपाल द्वारा राज्य विधान परिषद में कोई व्यक्ति तभी मनोनीत किया जायेगा जब उस राज्य का मूल निवासी हो।

सदस्यता के लिए निर्हताएँ

संविधान के अनुच्छेद 191 के अनुसार विधान परिषद की सदस्यता के लिए निम्नलिखित व्यक्ति अयोग्य होंगे—

1. यदि वह व्यक्ति केन्द्र अथवा राज्य सरकार के अधीन कोई लाभ का पद ग्रहण करता है।
2. यदि वह विकृतचित्त, दिवालिया है।
3. यदि वह भारत का नागरिक नहीं है या किसी विदेशी राज्य की नागरिकता स्वेच्छा से स्वीकार कर चुका है या किसी विदेशी राज्य के प्रति निष्ठा को स्वीकार किये हुए है।
4. यदि वह संसद के किसी कानून के अधीन अयोग्य घोषित कर दिया गया है।

इसके अतिरिक्त 52वें संविधान संशोधन द्वारा दल परिवर्तन के आधार पर निरर्हता का उपबन्ध किया गया है कि यदि कोई व्यक्ति 10वीं अनुसूची में उल्लेखित किसी निरर्हता को प्राप्त कर लेता है तो सदन में उसकी सदस्यता समाप्त हो जाएगी।

विधान परिषद की अवधि

विधान परिषद का राज्य सभा की तरह कभी अवसान नहीं होता है। इसके एक तिहाई सदस्य प्रति दूसरे वर्ष पदमुक्त होते हैं। इस प्रकार विधान परिषद राज्य व्यवस्थापिका का स्थायी सदन है। प्रत्येक सदस्य का कार्यकाल 6 वर्ष का होता है।

विधान परिषद की बैठक एवं गणपूर्ति (Quroum)

विधान परिषद की वर्ष में दो बार बैठक तथा दो बैठकों के मध्य 6 माह से अधिक का अंतराल नहीं होना चाहिए। विधानपरिषद की गणपूर्ति तभी होती है जब उसके सदस्यों में से कम से कम 10 प्रतिशत सदस्य उपस्थित हों, किन्तु यह संख्या 10 से कम नहीं होनी चाहिए।

विधान परिषद के पदाधिकारी

विधानपरिषद के सदस्य अपने सदस्यों में से सदन कार्यसंचालन के लिए सभापति तथा उपसभापति का चुनाव करते हैं। सभापति तथा उपसभापति तब तक अपने पद पर बने रहते हैं, जब तक वे सदन के सदस्य होते हैं। इससे पूर्व सभापति उपसभापति को, उपसभापति सभापति को त्यागपत्र देकर पदमुक्त हो सकते हैं। इसके अतिरिक्त ये उक्त सदन के बहुमत द्वारा पारित प्रस्ताव से 14 दिन की पूर्व सूचना देते हुए हटाये जा सकते हैं।

विधान परिषदों की सदस्य संख्या

राज्य	स्थानीय संस्थाओं से निर्वाचित	स्नातकों द्वारा निर्वाचित	शिक्षकों द्वारा निर्वाचित	विधानसभा	राज्यपाल द्वारा मनोनीत	कुल सदस्य
1. उत्तर प्रदेश	36	8	8	38	10	100
2. बिहार	24	6	6	27	12	75
3. महाराष्ट्र	22	7	7	30	12	78
4. कर्नाटक	21	6	6	21	9	63
5. जम्मू-कश्मीर	6	–	2	22	6	36
6. आन्ध्र प्रदेश	–	–	–	–	–	58
7. तेलांगना	–	–	–	–	–	40

विधान सभा

विधान सभा जनता के प्रतिनिधियों का सदन है। संविधान के अनुच्छेद 170 के अनुसार राज्य विधानसभा के सदस्यों की संख्या पाँच सौ से अधिक एवं साठ से कम नहीं होगी। राज्य के चुनाव क्षेत्रों से वयस्क मताधिकार के आधार पर प्रत्यक्ष मतदान द्वारा विधानसभा का चुनाव होता है।

वर्तमान में संविधान के 84वें संशोधन अधिनियम 2001 द्वारा खण्ड (क) के नियमों के अनुसार वर्ष 2026 तक स्थिर कर दी गयी है, अर्थात् सन् 2026 की जनसंख्या गणना तक राज्य विधानसभाओं के चुनाव क्षेत्रों के पुनर्गठन की आवश्यकता नहीं होगी। संविधान के अनुच्छेद 333 के अनुसार राज्यपाल को यह शक्ति है कि यदि उसकी राय में आंग्ल-भारतीय समुदाय का विधानसभा में पर्याप्त प्रतिनिधित्व नहीं है तो वह उस समुदाय का एक सदस्य नाम निर्दिष्ट कर सकता है (23वें संविधान संशोधन 1969 से संख्या केवल एक कर दी गयी)।

विधान सभा के सदस्यों के लिए अर्हता

संविधान के अनुच्छेद 173 के अनुसार विधानसभा की सदस्यता के लिए संविधान द्वारा वही योग्यता विहित है जो लोकसभा के सदस्यों के लिए निर्धारित है, अर्थात—

1. वह भारत का नागरिक हो,
2. वह 25 वर्ष की आयु पूर्ण कर चुका हो,
3. वह भारत सरकार या किसी राज्य सरकार के अधीन लाभ के पद पर न हो,
4. संसद द्वारा बनायी गई किसी विधि के अधीन विधि निर्धारित शर्तों को पूर्ण करता हो,
5. वह अन्य निर्धारित शर्तें पूर्ण करता हो, अर्थात् वह दिवालिया, पागल न हो एवं उसने अन्य विदेशी राज्य के प्रति निष्ठा व्यक्त न की हो।

विधानसभा की अवधि

विधान सभा का कार्यकाल 5 वर्ष है। 42वें संविधान संशोधन द्वारा इस अवधि को बढ़ाकर 6 वर्ष कर दिया गया, किंतु जनता पार्टी शासनकाल में पुन: 44वें संविधान संशोधन द्वारा यह समय घटाकर 5 वर्ष कर दिया गया। राज्यपाल राज्य विधान सभा को समय से पूर्व भंग कर सकता है, यह राज्यपाल का विवेकाधिकार है जिसे किसी भी न्यायालय में चुनौती नहीं दी जा सकती है। आपातकाल में संसद में विधि निर्माण द्वारा विधान मण्डल का कार्यकाल एक वर्ष के लिए बढ़ाया जा सकता है। आपातकाल के समाप्त होने के बाद इसका बढ़ा हुआ समय 6 माह तक रह सकता है। सामान्य अवस्था में 5 वर्ष के पश्चात् विधान सभा स्वत: भंग हो जाती है।

विधान सभा के पदाधिकारी

राज्य विधानसभा में दो पदाधिकारी होते हैं—अध्यक्ष तथा उपाध्यक्ष। इन दोनों पदाधिकारियों का निर्वाचन विधान सभा सदस्यों द्वारा सदन की प्रथम बैठक में किया जाता है। अध्यक्ष की अनुपस्थिति में उपाध्यक्ष उसके कर्तव्यों को निर्वहन करता है। यदि अध्यक्ष तथा उपाध्यक्ष दोनों के पद रिक्त हो तो विधानसभा दूसरे अध्यक्ष तथा उपाध्यक्ष का निर्वाचन करती है।

विधान सभा अध्यक्ष के कार्य एवं शक्तियाँ—राज्य विधान सभा का अध्यक्ष राज्य विधानसभा का संरक्षक, व्यवस्थापक एवं सदन के कार्यों का निष्पक्ष निर्णायक है। लोकसभा के अध्यक्ष के अनुरूप ही राज्य विधान सभा अध्यक्ष की स्थिति शक्तियाँ एवं कर्तव्य हैं। विधान सभा अध्यक्ष से यह अपेक्षित है कि एक बार अध्यक्ष के महत्त्वपूर्ण पद पर पीठासीन होने के बाद वह दलगत राजनीति से ऊपर उठकर कार्य करे। अध्यक्ष विधान सभा में व्यवस्था एवं मर्यादा को बनाये रखते हुए विधानसभा की बैठकों की अध्यक्षता करता है। विधानसभा में उसकी अनुमति के बिना कोई प्रस्ताव नहीं रखा जा सकता है। वह संविधान तथा प्रक्रिया सम्बन्धी नियमों की व्याख्या करता है। वह सभा की बैठकों की अध्यक्षता करने के साथ उसे सम्बोधित कर सकता है। वह सदन में अव्यवस्था की स्थिति में सभा की कार्यवाही को स्थगित, सभा की कार्यवाही के दौरान प्रयुक्त अशिष्ट एवं असंसदीय शब्दों को कार्यवाही से निष्कासित कर सकता है। उसके पास अनुशासनात्मक शक्ति है, जिसकी तुलना 'हाउस ऑफ कामन्स' से की जा सकती है। वह सदन में आपत्ति एवं प्रक्रिया से सम्बन्धित प्रश्नों पर अपने निर्णय देता है। वह सदन के नियमों का उल्लंघन करने पर किसी भी सदस्य को सभा से निष्कासित या निलम्बित कर सकता है। वह सदन का स्थगन/निलम्बन कर सकता है। कोई विधेयक धन विधेयक है या नहीं इसका निर्णय अध्यक्ष ही करता है। दल-बदल पर उठे किसी प्रश्न पर अंतिम निर्णय देने का अधिकार अध्यक्ष को है। सामान्यत: विधानसभा का अध्यक्ष सभा में मतदान नहीं करता, किंतु गतिरोध की स्थिति में निर्णायक मत देता है। विधानसभा अध्यक्ष द्वारा दी गयी व्यवस्थाओं को सदन में चुनौती नहीं दी जा सकती है। वह सदन का निलम्बन या सत्रावसान कर सकता है।

राज्य विधान मण्डल की शक्तियां एवं कार्य

विधान मण्डल राज्य विधायिका का अंग है, इसका प्रमुख कार्य विधि निर्माण है और विधि निर्माण उन सभी विषयों पर किया जाता है, जिनका उल्लेख राज्य सूची में है। राज्य विधानमण्डल के प्रमुख कार्य एवं शक्तियां निम्नांकित हैं—

विधायी शक्तियां

राज्य विधान मण्डल संविधान की 7वीं अनुसूची में वर्णित विषयों पर विधान निर्माण कर सकता है। इसके साथ ही राज्य विधानमण्डल समवर्ती सूची में वर्णित विषयों पर भी कानून बना सकता है। समवर्ती सूची के विषयों पर संघ एवं राज्य दोनों कानून बना सकते हैं, किंतु दोनों में विरोध होने पर संघ की विधि मान्य होगी। यदि विधानमण्डल द्वारा समवर्ती सूची के विषयों पर पारित विधेयक राष्ट्रपति की सहमति के लिए आरक्षित रखा जाता है और राष्ट्रपति हस्ताक्षर कर देता है तो उस विषय पर बनाया गया केन्द्र का कानून राज्य पर लागू नहीं होगा।

राज्य विधानमण्डलों में दो प्रकार के विधेयक प्रस्तावित किये जाते हैं। साधारण विधेयक तथा वित्त विधेयक। दोनों को पारित होने के लिए विभिन्न चरणों से होकर गुजरना पड़ता है।

सामान्य विधेयक के सम्बन्ध में प्रक्रिया

- सामान्य विधेयक राज्य व्यवस्थापिका के किसी भी सदन में अर्थात् राज्य विधान परिषद अथवा राज्य विधान सभा में प्रस्तुत किया जा

सकता है। विधानमण्डल के दोनों सदनों द्वारा पारित होने के बाद ही कोई विधेयक कानून बनता है। विधान सभा सदस्य किसी विधेयक को प्रस्तुत कर उसके सम्बन्ध में वक्तव्य देता है। विधेयक का विरोध होने की स्थिति में विरोधी को कारण स्पष्ट करना होता है। इस तरह विधेयक को रखना प्रथम वाचन कहलाता है।

- विधेयक का द्वितीय चरण अर्थात् द्वितीय वाचन में विधेयक पर विस्तृत खण्डश: एवं शब्दश: विचार-विमर्श तथा विवाद होता है। विधेयक पर कभी-कभी सीधे विचार-विमर्श होता है अथवा कभी उसे समिति को सौंप दिया जाता है। सार्वजनिक महत्त्व या विवाद से सम्बन्धित विधेयक को जनता की राय लेने के लिए प्रकाशित किया जाता है। यदि विधेयक को समिति को सौंपने का निर्णय होता है तो विषय के विशेषज्ञों की समिति, जिसमें विरोधी दल के सदस्यों का भी प्रतिनिधित्व हो, के द्वारा विस्तृत विचार-विमर्श एवं मतदान के पश्चात् विधेयक तृतीय वाचन में जाता है।
- तृतीय वाचन में विधेयक पर समग्र चर्चा होती है और उसमें व्याकरणिक त्रुटियाँ दूर की जाती हैं और दूसरे सदन के पास भेज दिया जाता है।
- विधान परिषद् पहली बार तीन माह की देरी कर सकता है पुन: एक माह भी देरी कर सकता है इस तरह कुल चार माह की देरी कर सकता है। संयुक्त बैठक का प्रावधान नहीं है।

कार्यपालिका शक्तियां

राज्य विधानमण्डल को कुछ कार्यपालिका सम्बन्धी उत्तरदायित्वों का भी वहन करना होता है। राज्य की कार्यपालिका राज्य के लोकप्रिय सदन विधानसभा के प्रति उत्तरदायी होती है तथा विधानसभा का विश्वास प्राप्त करने तक पद पर बनी रहती है। राज्य विधान सभा या विधान मण्डल निम्न प्रकार से मंत्रिपरिषद या कार्यपालिका पर नियंत्रण रखती है—

1. राज्य विधानमण्डल के सदस्य मुख्यमंत्री या मंत्रियों से नीति सम्बन्धी या पूरक प्रश्न पूछ सकते हैं।
2. विधानमण्डल आय-व्यय या बजट सम्बन्धी विचार-विमर्श के दौरान विधानसभा या विधान परिषद के सदस्य सार्वजनिक कठिनाइयों को भी सदन के सामने प्रस्तुत कर सकते हैं।
3. मंत्रिपरिषद के विरुद्ध निन्दा प्रस्ताव या स्थगन प्रस्ताव पारित किया जा सकता है।
4. परिस्थितियों के अनुसार यदि आवश्यकता हो तो अविश्वास प्रस्ताव परित करके मंत्रिपरिषद को समय से पूर्व पदच्युत भी कर सकती है।

किंतु कार्यपालिका पर नियंत्रण की उक्त सैद्धांतिक नियंत्रण है। राज्य के बजट को विधान मण्डल द्वारा ही स्वीकृति प्रदान की जाती है। वित्तीय मामलों में विधानसभा की शक्तियाँ विधान परिषद से अधिक है। वित्त विधेयक विधान सभा में ही प्रस्तावित किया जाता है, साथ ही विधान सभा द्वारा पारित वित्त विधेयक को विधान परिषद 14 दिन से अधिक नहीं रोक सकती है।

विधान परिषद के सुझावों को मानना विधान सभा में ही अनुदानों की मांगों पर मतदान बजट में निहित राशियों में कटौती, आरोपित करों में छूट दी जा सकती है। वित्त पर नियंत्रण सार्वजनिक लेखा समिति तथा अनुमान समिति के माध्यम से किया जाता है। वित्तीय आपातकाल में संसद राज्य विधान सभा को वित्त सम्बन्धी निर्देश दे सकती है तथा राज्य के वित्त विधेयक को अपने समक्ष प्रस्तुत करके उसमें संशोधन या परिवर्तन कर सकती है।

संविधान संशोधन की शक्ति

सामान्यत: संविधान संशोधन की प्रक्रिया में भारतीय संघ की इकाइयों को प्रस्तावित करने का अधिकार नहीं है, लेकिन कुछ विषयों में राज्यों के विधानमण्डलों की स्वीकृति आवश्यक होती है। संविधान के 73वें संविधान संशोधन विधेयक पर देश के आधे विधानमण्डलों की स्वीकृति प्राप्त की गयी थी। वर्तमान में महिला आरक्षण विधेयक के संदर्भ में आधे या आधे से ज़्यादा राज्यों के अनुसमर्थन की आवश्यकता पड़ेगी।

राज्य व्यवस्थापिका की उक्त शक्तियों से स्पष्ट है कि संघ की व्यवस्थापिका के समान ही राज्य विधान के व्यवस्थापिका सदनों को पर्याप्त शक्तियाँ प्राप्त हैं किंतु विधान परिषद की स्थिति विधान सभा की अपेक्षा कम महत्त्व की है। विधान परिषद आदि आंशिक रूप से निर्वाचित तथा आंशिक नामांकित सदस्यों से मिलकर बनी है। यह विभिन्न हितों का प्रतिनिधित्व करती है। विधान परिषद का अस्तित्व ही विधान सभा की इच्छा पर निर्भर करता है। विधान सभा को यह शक्ति है कि वह संसद के अधिनियम द्वारा द्वितीय सदन की समाप्ति के लिए संकल्प पारित कर सकती है।

राज्य विधानमण्डल के विशेषाधिकार

अनुच्छेद 194 के अनुसार राज्य के विधानमण्डल को संघ की संसद के विशेषाधिकारों (अनुच्छेद 105) के समान विशेषाधिकारों की शक्तियाँ प्राप्त हैं। प्रत्येक सदन इस बात का निर्णायक है कि उसके विशेषाधिकार क्या हैं तथा किसी मामले में इन विशेषाधिकारों का उल्लंघन हुआ। न्यायालय इस संदर्भ में सदन के विनिश्चय में हस्तक्षेप नहीं करेगी। विधान मण्डल के प्रत्येक सदन को ऐसे विशेषाधिकारों को भंग करने के लिए या अवमानना के लिए दण्ड देने की शक्ति है।

राज्यपाल (Governor)

संघ और राज्य दोनों में ही संसदीय शासन प्रणाली की स्थापना की गई है। जिस प्रकार संघ का संवैधानिक प्रधान राष्ट्रपति होता है उसी प्रकार राज्यों का संवैधानिक प्रधान राज्यपाल होता है। राज्यपाल की नियुक्ति राष्ट्रपति करता है तथा राष्ट्रपति के प्रसादपर्यंत अपने पद पर बना रहता है। संविधान में भाग-6 अनुच्छेद 153-162 में राज्यपाल के बारे में प्रावधान किया गया है। अनु. 153 के अनुसार प्रत्येक राज्य के लिए एक राज्यपाल होगा, परंतु एक ही व्यक्ति को दो या अधिक राज्यों का राज्यपाल नियुक्त किया जा सकता है। उल्लेखनीय है कि एक ही व्यक्ति को दो या अधिक राज्यों का राज्यपाल बनाने संबंधी प्रावधान 7वें संविधान संशोधन अधिनियम (1956) द्वारा किया गया है।

अनुच्छेद 155 में कहा गया है कि राष्ट्रपति केन्द्रीय मंत्रिपरिषद की सलाह से ही राज्यपाल की नियुक्ति करता है, राज्यपाल के पद के लिए निम्नलिखित योग्यताएं होनी चाहिए—

- वह भारत का नागरिक हो।
- उसकी उम्र 35 वर्ष से कम न हो।
- वह किसी राज्य में विधानमंडल अथवा संसद का सदस्य न हो, यदि हो तो राज्यपाल का पद ग्रहण करने से पहले उसे उसकी सदस्यता से त्यागपत्र देना होगा।
- वह सरकार के अधीन किसी लाभ के पद पर न हो।
- वह किसी न्यायालय द्वारा दिवालिया घोषित न किया गया हो।

राज्यपाल के वेतन, भत्ते एवं अन्य सुविधाओं को निश्चित करने का अधिकार संसद को दिया गया है। सितम्बर 2008 में राज्यपाल का वेतन 36000 से बढ़ाकर 1,10,000 रु. कर दिया गया है। राज्यपाल का कार्यकाल पांच वर्ष का होता है। पांच वर्ष से पूर्व भी उसे हटाया जा सकता है। पाँच वर्ष के बाद भी अपने पद पर तब तक बना रहता है जब तक नया राज्यपाल नहीं आ जाता क्योंकि वह राष्ट्रपति के प्रसाद-पर्यंत पद धारण करता है।

राज्यपाल की शक्तियाँ तथा कार्य

कार्यपालिका शक्तियाँ

अनुच्छेद 154 के अनुसार 'राज्य की कार्यपालिका शक्तियाँ राज्यपाल में निहित है। जिनका प्रयोग या तो वह स्वयं करता है या अपने अधीनस्थ अधिकारियों के माध्यम से करता है'। राज्यपाल को निम्नलिखित कार्यपालिका शक्तियां प्राप्त है।

राज्य का अध्यक्ष: राज्य का समस्त शासन राज्यपाल के नाम से चलाया जाता है, नियुक्ति संबंधी अधिकार—

- राज्यपाल साधारणतया मुख्यमंत्री की नियुक्ति करता है तथा मुख्यमंत्री की सलाह से अन्य मंत्रियों की नियुक्ति करता है।
- राज्यपाल राज्य के महाधिवक्ता, राज्यों के लोक सेवा आयोग के चेयरमैन तथा अन्य सदस्यों की नियुक्ति करता है।
- राज्यपाल राज्य की विधानसभा में एक एंग्लो-इण्डियन तथा राज्य की विधान परिषद में 1/6 को मनोनीत कर सकता है।

विवेक संबंधी अधिकार: कुछ राज्यों में राज्यपाल अपनी इच्छा से शासन कर सकता है, किन्तु इसके लिए वह भारत के राष्ट्रपति के प्रति उत्तरदायी होता है और वह उनके प्रतिनिधि के रूप में इन अधिकारों का प्रयोग कर सकता है। उदाहरण के लिए—असम के राज्यपाल को अनुसूचित जातियों वाले क्षेत्र में स्वेच्छापूर्वक निर्णय तथा शासन करने के कुछ अधिकार प्राप्त हैं। जब विधानसभा चुनाव में किसी भी दल को स्पष्ट बहुमत नहीं मिलता है तब राज्यपाल अपने विवेक के अनुसार उस व्यक्ति को मुख्यमंत्री नियुक्त करता है जो विधानसभा में अपना बहुमत सिद्ध कर सकता हो।

संकटकालीन शक्तियाँ

यदि राज्यपाल यह अनुभव करता है कि शासन संविधान के अनुसार नहीं चलाया जा रहा है या राज्य में आंतरिक शांति भंग हो गयी है या होने की संभावना है तो वह इसकी सूचना भारत के राष्ट्रपति को दे सकता है। राज्यपाल के कहने पर राष्ट्रपति आपातकाल की घोषणा या राष्ट्रपति शासन की घोषणा कर सकता है। उस स्थिति में राज्यपाल—

- राष्ट्रपति के आदेशानुसार शासन का समस्त कार्य-भार अपने हाथ में ले सकता है।
- राज्य का अध्यक्ष होने के कारण राज्यपाल विधानसभा को भंग करने या उसकी अवधि बढ़ाने का भी अधिकार रखता है।

सूचना प्राप्त करने का अधिकार: राज्यपाल मुख्यमंत्री से किसी भी प्रकार की सूचना प्राप्त करने का अधिकार रखता है। साथ ही मुख्यमंत्री का भी कर्तव्य होता है कि वह राज्यपाल को मंत्रिमण्डल के सभी निर्णयों से अवगत कराये। राज्यपाल मुख्यमंत्री को किसी मंत्री के व्यक्तिगत निर्णय को मंत्री परिषद के समक्ष पुनर्विचार के लिए रखने को कह सकता है।

वैधानिक शक्तियाँ

राज्यपाल यद्यपि विधान मंडल का सदस्य नहीं होता है, किंतु राष्ट्रपति की तरह ही वह भी विधानमंडल का अंग होता है। राज्यपाल को कई प्रकार की वैधानिक शक्तियाँ प्राप्त हैं। राज्यपाल विधानमंडल का अधिवेशन बुला सकता है। अधिवेशन बुलाने के सम्बंध में राज्यपाल इस बात का ध्यान रखता है कि दो अधिवेशनों के बीच का काल 6 माह से अधिक न हो। राज्यपाल विधानमंडल के किसी भी सदन में भाषण दे सकता है तथा अपना संदेश भेज सकता है। प्रत्येक विधेयक को अधिनियम का रूप धारण करने के पूर्व राज्यपाल की स्वीकृति प्राप्त करना अनिवार्य होता है। राज्यपाल के स्वीकृति देने के बाद वह विधेयक अधिनियम बन जाता है।

धन विधेयक राज्यपाल की स्वीकृति से ही विधानमंडल में पेश किया जाता है। राज्यपाल किसी विधेयक को राष्ट्रपति की अनुमति के लिए रोक सकता है विशेषकर उन विधेयकों को जिनके द्वारा उच्च न्यायालय के अधिकार प्रभावित होने की संभावना है। समवर्ती सूची के वे विधेयक जो केन्द्रीय सरकार के किसी अधिनियम का विरोध करते हैं, उसी समय पारित समझा जायेगा जब राष्ट्रपति उसे स्वीकृति प्रदान कर दे।

राज्यपाल विधानपरिषद के 1/6 सदस्यों को नियुक्त करता है। प्रत्येक वर्ष विधानमंडल का अधिवेशन राज्यपाल के अभिभाषण से प्रारंभ होता है। जिसमें राज्य की नीति का वर्णन होता है। यह अभिभाषण राज्य मंत्रिपरिषद तैयार करता है।

वित्तीय शक्तियाँ (Financial Powers)

कोई भी धन विधेयक बिना राज्यपाल की सिफारिश के विधानसभा में पेश नहीं किया जा सकता अर्थात् विधानसभा से धन की मांग राज्यपाल की सिफारिश पर की जा सकती है। राज्यपाल वार्षिक बजट उस राज्य के वित्तमंत्री द्वारा विधानसभा में पेश करवाता है। कोई भी अनुदान की मांग

बजट के बिना राज्यपाल की आज्ञा के प्रस्तुत नहीं की जा सकती। राज्य की आकस्मिक निधि पर राज्यपाल का ही नियंत्रण होता है। संकटकाल में आवश्यकता पड़ने पर राज्यपाल इसमें से धन का व्यय कर सकता है।

न्यायिक शक्तियाँ (Judicial Powers)

राष्ट्रपति के समान राज्यपाल को भी कुछ न्यायिक शक्तियाँ प्राप्त हैं। राज्यपाल उन समस्त विषयों से संबंधित अपराधों के लिए जो राज्य की कार्यपालिका शक्ति के अंतर्गत आते हैं न्यायालय द्वारा दिए गए दण्ड को कम करने, स्थगित करने तथा परिवर्तन करने के संपूर्ण अधिकार प्राप्त हैं। लेकिन पूर्णतः समाप्त नहीं कर सकता। राज्यपाल अपने इस अधिकार का प्रयोग उन अपराधों के लिए नहीं कर सकता जो संघ के शासन की कार्यपालिका शक्ति के अंतर्गत आते हैं, ऐसा करने का अधिकार केवल भारत के राष्ट्रपति को ही प्राप्त है।

राज्यपाल की विशेष शक्तियाँ

संविधान में यह बात कही गई है कि कुछ परिस्थितियों में राज्यपाल अपने विवेक के आधार पर कार्य कर सकता है। इस मामले में राष्ट्रपति की अपेक्षा उसे ज्यादा शक्ति प्राप्त है, क्योंकि 42वें संविधान संशोधन के बाद राष्ट्रपति के लिए मंत्रियों की सलाह की बाध्यता तय कर दी गई है, जबकि राज्यपाल के सम्बन्ध में इस तरह का कोई उपबन्ध नहीं है। संविधान में स्पष्ट कहा गया है कि यदि राज्यपाल के विवेकाधिकार पर कोई प्रश्न उठे तो राज्यपाल का निर्णय अंतिम व मान्य होगा, राज्यपाल को निम्नलिखित मामलों में संवैधानिक विवेकाधिकार प्राप्त हैं—

- राष्ट्रपति के विचारार्थ किसी विधेयक को आरक्षित करना।
- राज्य में राष्ट्रपति शासन की सिफारिश करना।
- पड़ोसी केन्द्रशासित राज्य में बतौर प्रशासक के रूप में काम करते समय।
- असम, मेघालय, त्रिपुरा और मिजोरम के राज्यपाल द्वारा खनिज उत्खनन रॉयल्टी के रूप में जनजातीय जिला परिषद् को देय राशि का निर्धारण।
- राज्य के विधानपरिषद् एवं प्रशासनिक मामलों में मुख्यमंत्री से जानकारी प्राप्त करना।

इसके अतिरिक्त कुछ विशेष मामलों में राष्ट्रपति के निर्देश पर राज्यपाल के विशेष उत्तरदायित्व होते हैं। ऐसे मामलों में राज्यपाल मंत्रिपरिषद् से परामर्श लेता है और अपने विवेक से निर्णय लेता है, ये इस प्रकार हैं—

- **महाराष्ट्र:** विदर्भ एवं मराठावाड़ा के लिए पृथक विकास बोर्ड की स्थापना।
- **गुजरात:** सौराष्ट्र और कच्छ के लिए पृथक विकास बोर्ड की स्थापना।
- **नागालैण्ड:** त्वेनसांग नागा पहाड़ियों पर आंतरिक विघ्नों के चलते कानून एवं व्यवस्था के सम्बन्ध में।
- **मणिपुर:** राज्य के पहाड़ी इलाकों में प्रशासनिक व्यवस्था स्थापित करना।
- **अरूणाचल प्रदेश:** राज्य में कानून एवं व्यवस्था बनाना।
- **असम:** जनजातीय इलाकों में प्रशासनिक व्यवस्था।
- **सिक्किम:** राज्य की जनता के विभिन्न वर्गों के बीच सामाजिक और आर्थिक विकास के साथ शांति सुनिश्चित करना।

इस प्रकार केन्द्रीय सरकार में राष्ट्रपति की जो स्थिति होती है उसकी उपेक्षा राज्यपाल की राज्य सरकार में मजबूत स्थिति होती है। अतः राज्यपाल दोहरी भूमिका निभाता है वह राज्य का संवैधानिक मुखिया होता है, साथ ही वह केन्द्र का प्रतिनिधि भी होता है।

अन्य अधिकार

राज्यपाल लोक सेवा आयोग का वार्षिक प्रतिवेदन प्राप्त करता है तथा उसे राज्य मंत्रिपरिषद के पास विचार के लिए भेजता है। इसके बाद वह प्रतिवेदन को मंत्रिपरिषद के विचार से विधानसभा के अध्यक्ष के समक्ष रखता है। वह राज्य के आय-व्यय के संबंध में महालेखा परीक्षक के प्रतिवेदन को प्राप्त करता है।

राज्यपाल चुना हुआ क्यों नहीं हो सकता

संविधान सभा में इस विषय में अत्यन्त वाद-विवाद चलता रहा कि राज्यपाल की नियुक्ति राष्ट्रपति द्वारा की जाए अथवा निर्वाचन प्रक्रिया द्वारा। अंत में, यह निर्णय किया गया कि राज्यपाल राष्ट्रपति द्वारा नियुक्त किया जाए, न कि चुनाव द्वारा। इसके पक्ष में निम्नलिखित तर्क दिए गए हैं—

1. जनता द्वारा निर्वाचित राज्यपाल तथा संसदीय शासन प्रणाली आपस में मेल नहीं खाते। यदि राज्यपाल सीधा जनता द्वारा निर्वाचित होगा तो वह जनता का प्रतिनिधि होने के नाते प्राप्त संबंधित शक्तियों का प्रयोग स्वयं करना चाहेगा। वह किसी शर्त पर भी संवैधानिक मुखिया बनना पसन्द नहीं करेगा। एक निर्वाचित राज्यपाल तथा विधानमण्डल के प्रति उत्तरदायी मंत्रिमण्डल में संघर्ष होने की संभावना बढ़ जाएगी, क्योंकि मुख्यमंत्री तथा अन्य मंत्री भी जनता द्वारा निर्वाचित होंगे।
2. यदि राज्यपाल राज्य विधान सभा के सदस्यों द्वारा निर्वाचित होगा तो वह राजनीतिक गठबंधन से ऊपर नहीं उठ सकेगा। उसके निर्वाचन में जो दल उसकी सहायता करेंगे, वह उनका ऋणी होता हुआ सदैव उनके हाथ में कठपुतली बना रहेगा, क्योंकि राज्यपाल का निर्वाचन स्थायी न होते हुए केवल कुछ वर्षों के लिए होगा। इसलिए वह पुनर्निर्वाचन की आशा से विधानमण्डल के बहुसंख्यक दल को प्रसन्न करने का यत्न करता रहेगा।
3. जनता द्वारा निर्वाचित राज्यपाल अपने राज्य की जनता का प्रतिनिधित्व तो करेगा, परंतु केन्द्रीय सरकार की नहीं। इस दशा में एक निर्वाचित राज्यपाल संघ तथा राज्य सरकारों में किसी बात पर मतभेद अथवा वाद-विवाद हो जाने पर केन्द्रीय सरकार का पक्ष नहीं ले सकेगा, न ही उसके हित की रक्षा कर सकेगा।
4. संकटकालीन शक्तियों के प्रयोग में आने के समय जब भारत में संघीय सरकार का ढांचा एकात्मक रूप में बदल जाएगा तो उस दशा

में संघीय सरकार द्वारा नियुक्त राज्यपाल ही इस प्रकार के एकात्मक शासन के साथ मेल खा सकेगा तथा संघीय सरकार के निर्देशन का पालन करेगा। एक निर्वाचित राज्यपाल के लिए संघीय सरकार का प्रतिनिधि बन कर कार्य करना संभव नहीं हो सकेगा।

राष्ट्रपति व राज्यपाल के क्षमदान के अधिकार की तुलना

राष्ट्रपति	राज्यपाल
1. राष्ट्रपति को सैनिक न्यायालय द्वारा दिए गए दंड (कोर्ट मार्शन आदि के बाद) के आदेश के सम्बंध क्षमादान, प्रतिलम्बन, विराम, निलम्बन, परिहार अथवा लघु करण का अधिकार है।	1. राज्यपाल को सैनिक न्यायालय द्वारा दिए गए दंडादेश के सम्बन्ध में किसी प्रकार का कोई अधिकार नहीं है।
2. राष्ट्रपति को यह शक्ति वहाँ प्राप्त है जहाँ दण्ड अथवा दंडादेश ऐसी विधि के विरुद्ध अपराध करने के लिए है जिस पर संघीय कार्यपालिका शक्ति का विस्तार है।	2. राज्यपाल को यह शक्ति वहाँ प्राप्त है जहाँ दण्ड या दंडादेश ऐसी विधि के विरुद्ध अपराध करने के लिए है जहाँ राज्य की कार्यपालिका शक्ति का विस्तार है।
3. मृत्यु दंडादेश में क्षमादान का अधिकार केवल राष्ट्रपति को है।	3. राज्यपाल को मृत्यु दंड को क्षमादान करने की शक्ति का अधिकार नहीं है लेकिन राज्यपाल को दंड संहिता की धारा 54 और दंड प्रक्रिया संहिता 1974 की धारा 432-433 में कुछ परिस्थितियों में मृत्युदंड को निलम्बित करने, परिहार अथवा लघुकरण करने का अधिकार है।
4. राष्ट्रपति को संघ तथा समवर्ती सूची के विषयों से सम्बन्धित बनाई गई विधियों के अधीन किए गए अपराधों के क्षमादान की शक्ति है।	4. राज्यपाल को राज्य-सूची तथा समवर्ती सूची के विषयों से सम्बन्धित बनाई गई विधियों के अधीन किए गए अपराधों के क्षमादान की शक्ति है। समवर्ती क्षेत्र की विधियों के सम्बन्ध में राज्यपाल की अधिकारिता राष्ट्रपति के समकक्ष है।

मुख्यमंत्री (Chief-Minister)

संघ की भांति राज्यों में भी संसदीय शासन प्रणाली की स्थापना की गई है। राज्यों में संघ की तरह ही मंत्रीपरिषद वास्तविक कार्यपालिका है। जिस प्रकार केन्द्र में मंत्रिपरिषद प्रधान मंत्री के नेतृत्व में कार्य करती है, उसी प्रकार राज्य में मंत्रिपरिषद मुख्यमंत्री के नेतृत्व में कार्य करती है। राज्य में राज्यपाल संवैधानिक प्रधान होता है जबकि मुख्यमंत्री वास्तविक प्रधान होता है। अनुच्छेद 163 के अनुसार, राज्यपाल को अपने कार्यों के निर्वहन में सहायता एवं मंत्रणा देने के लिए एक मंत्रिपरिषद होगी, जिसका नेतृत्व मुख्यमंत्री नियुक्त करता है जो विधानसभा में बहुमत दल का नेता होता है। स्वविवेक का उपयोग तभी करता है जब किसी दल को स्पष्ट बहुमत प्राप्त नहीं होता है।

साधारणतः मुख्यमंत्री विधानसभा का सदस्य होता है, किन्तु विधानसभा में बहुमत प्राप्त दल यदि ऐसे व्यक्ति को अपना नेता चुन लेता है जो विधानसभा का सदस्य नहीं है, तो उसे 6 महीने के भीतर विधानमण्डल की सदस्यता प्राप्त करना अनिवार्य हो जाता है, अन्यथा उसे अपने पद से हटना पड़ता है।

सामान्यतः मुख्यमंत्री का कार्य काल 5 वर्ष का होता है। किन्तु वास्तविकता यह है कि जब तक उसे विधानसभा का बहुमत मिलता रहता है, अपने पद पर बना रह सकता है। बहुमत के समाप्त होते ही उसे त्यागपत्र देना पड़ता है या फिर राज्यपाल को सलाह देकर विधान सभा को भंग करवा सकता है। अपने पद को ग्रहण करने के पूर्व मुख्यमंत्री राज्यपाल के समक्ष शपथ ग्रहण करता है।

मुख्यमंत्री के कार्य और शक्तियाँ

मंत्रिमण्डल का गठनः मंत्रिमंडल का गठन राज्यपाल मुख्यमंत्री की सलाह से करता है। वास्तविकता यह है कि मुख्यमंत्री द्वारा ही मंत्रिमण्डल का निर्माण किया जाता है। राज्यपाल उस सूची को मात्र स्वीकृति प्रदान करता है। मुख्यमंत्री किसी ऐसे व्यक्ति को भी मंत्री नियुक्त कर सकता है जो विधान मण्डल का सदस्य न हो, परंतु ऐसे व्यक्ति को 6 माह की अवधि की शर्त कार्यकाल में केवल एक बार लागू होगी बार-बार नहीं।

विभाग का वितरणः मुख्यमंत्री मंत्रियों के विभागों का बंटवारा करता है तथा वह जब चाहे उनके विभागों में परिवर्तन कर सकता है।

मंत्रिपरिषद की अध्यक्षताः मुख्यमंत्री, मंत्रिपरिषद की अध्यक्षता करता है, उनकी बैठकें बुलाता है।

मंत्रियों को हटानाः कोई भी मंत्री मुख्यमंत्री की इच्छा के विरुद्ध मंत्रिपरिषद में नहीं रह सकता। वह जब चाहे किसी भी मंत्री को हटा सकता है। यदि कोई मंत्री मुख्यमंत्री के कहने पर त्याग पत्र नहीं देता है तो वह राज्यपाल को सलाह देकर उसे पदच्युत करवा सकता है।

अन्य कार्य

मुख्यमंत्री ही शासन के विभिन्न भागों में समन्वय स्थापित करता है अर्थात् मुख्यमंत्री सभी विभागों की देखभाल करता है। राज्यों में मुख्यमंत्री राज्यपाल और मंत्रिपरिषद के बीच की कड़ी का काम करता है। मंत्रिपरिषद के निर्णय को मुख्यमंत्री राज्यपाल को अवगत कराता है। राज्यपाल किसी विषय को मंत्रिपरिषद में विचार करने के लिए मुख्यमंत्री को कह सकता है। मुख्यमंत्री विधान मंडल का नेता होता है। यह सरकार की सभी महत्त्वपूर्ण नीतियों की घोषणा करता है।

मुख्यमंत्री राज्य में होने वाले महत्त्वपूर्ण नियुक्तियों में भी प्रमुख भूमिका निभाता है। राज्यपाल सभी नियुक्तियाँ मुख्यमंत्री की सलाह के अनुसार ही करता है। उदाहरण के लिए-राज्य का महाधिवक्ता, राज्य लोक सेवा आयोग के अध्यक्ष एवं अन्य सदस्य आदि। मुख्यमंत्री राज्यपाल का प्रमुख सलाहकार होता है। शासन की प्रत्येक समस्या पर राज्यपाल मुख्यमंत्री की सलाह लेता है। मुख्यमंत्री विधानसभा के प्रति उत्तरदायी होता है जब उसे सदन में बहुमत प्राप्त नहीं रहता तब उसके सामने दो रास्ते होते हैं—

- या तो वह त्याग पत्र दे, या फिर
- राज्यपाल से कहकर विधानसभा को भंग करा दे।

मुख्यमंत्री राज्य का नेता होता है। अत: वह कोशिश करता है कि राज्य के समस्त व्यक्तियों का कल्याण संभव हो सके। मुख्यमंत्री अपने दल का भी नेता होता है। पार्टी की लोकप्रियता व चुनावों में सफलता मुख्यमंत्री के व्यक्ति पर काफी हद तक निर्भर करती है। चुनावों के समय पार्टी की टिकटों को बाँटने में मुख्यमंत्री की भूमिका महत्त्वपूर्ण होती है। वह अपनी पार्टी के उम्मीदवारों की सफलता के लिए सार्वजनिक सभाओं में भाषण देता है तथा पार्टी प्रचार के सभी साधन अपनाता है।

संघ राज्य क्षेत्र और उसका प्रशासन (Union Territory and its Administration)

मूल संविधान द्वारा भारत में चार प्रकार के राज्यों; यथा—A, B, C तथा D का गठन किया या था; जिनमें क्रमश: 10, 8, 9 तथा 1 राज्य थे। 1953 में न्यायमूर्ति फजलअली की अध्यक्षता में राज्य पुनर्गठन आयोग का गठन किया गया। इसकी रिपोर्ट के आधार पर 1956 में राज्यों के पुनर्गठन के उद्देश्य से 7वाँ संविधान संशोधन अधिनियम 1956 पारित किया गया। इस संशोधन द्वारा राज्यों के उक्त चार वर्गों को समाप्त कर उन्हें दो वर्गों, यथा—(1) राज्य तथा (2) संघ राज्य क्षेत्रों में रखा गया। वर्तमान में भारतीय संघ के तहत कुल 28 राज्य व 7 संघ राज्य क्षेत्र, यथा—दिल्ली, पाण्डुचेरी, दमन-दीव, अण्डमान निकोबार द्वीप समूह, लक्षद्वीप, चण्डीगढ़ तथा दादरा और नगर हवेली हैं।

संघ राज्य क्षेत्रों के बारे में उल्लेख संविधान के भाग-8, अनु. 239-242 के अंतर्गत किया गया है। इसमें अनु. 239 संघ राज्य क्षेत्रों के प्रशासन के बारे में है। संघ राज्य क्षेत्रों का प्रशासन राष्ट्रपति द्वारा किया जाता है। इसके लिए राष्ट्रपति अपने अभिकर्ता के रूप में एक प्रशासक की नियुक्ति करता है, जो राष्ट्रपति द्वारा विनिर्दिष्ट पदनाम से जाना जाता है। विभिन्न संघ शासित राज्यों के प्रशासकों के पदनाम भिन्न-भिन्न हैं। यथा—दिल्ली, पाण्डुचेरी और अण्डमान-निकोबार द्वीप समूह के प्रशासक को उपराज्यपाल, चण्डीगढ़ के प्रशासक को मुख्य आयुक्त कहा जाता है। अन्य शेष संघ राज्यों में प्रशासक होते हैं। उल्लेखनीय है कि पंजाब राज्य का राज्यपाल ही चण्डीगढ़ का प्रशासक होता है तथा दादर और नगर हवेली का प्रशासक 'दमन और दीव' का भी कार्य देखता है। लक्षद्वीप का अलग प्रशासक होता है।

राष्ट्रपति किसी राज्य के राज्यपाल को किसी निकटवर्ती संघ राज्यक्षेत्र का प्रशासक नियुक्त कर सकता है और जहाँ कोई राज्यपाल इस प्रकार प्रशासक नियुक्त किया जाता है, वहाँ वह ऐसे प्रशासक के रूप में अपने कृत्यों का प्रयोग अपनी मंत्रिपरिषद से स्वतंत्र रूप से करता है (अनु. 239)।

राष्ट्रपति द्वारा नियुक्त प्रशासक, संघ राज्य क्षेत्रों का प्रशासन संसद द्वारा निर्मित विधि के अनुसार या विधानसभा द्वारा निर्मित विधि के अनुसार (जिन संघ राज्यों में विधानसभा है) चलाता है। ध्यातव्य है कि जिन संघ राज्यों की अपनी विधानसभा नहीं है उसके लिए विधि का निर्माण संसद करती है।

संघ राज्य क्षेत्रों के लिए मूल संविधान में विधानसभा तथा मंत्रिपरिषद के लिए प्रावधान नहीं किया था—किन्तु संसद को अनु. 239 के तहत यह शक्ति प्रदान की गयी थी कि वह संघ राज्य क्षेत्रों के प्रशासन के लिए विधि द्वारा कोई अन्य प्रावधान कर सकती है। 14वें संविधान संशोधन अधिनियम (1962) द्वारा संविधान में अनु. '239 क' को जोड़कर यह प्रावधान किया गया है कि संसद कुछ संघ राज्य क्षेत्रों के लिए विधानमण्डल या मंत्रिपरिषद या दोनों का सृजन कर सकती है। इस शक्ति के प्रयोग में संसद द्वारा 'संघ राज्य क्षेत्र' पुडुचेरी के लिए विधानसभा तथा मंत्रिपरिषद का प्रावधान किया गया है। अनु. 239 क (2) के अनुसार संसद द्वारा इस अनु. के तहत विधानमण्डल या मंत्रिपरिषद के सृजन हेतु बनायी गई विधि, अनु. 368 के अर्थों में संविधान संशोधन नहीं समझा जाएगा, भले ही उससे संविधान में संशोधन होता हो। अत: पाण्डुचेरी में विधानसभा का प्रावधान संविधान संशोधन द्वारा नहीं बल्कि संसदीय विधि द्वारा किया गया है। ज्ञातव्य है कि दिल्ली में विधानसभा का प्रावधान 69वें संविधान संशोधन द्वारा किया गया है।

राष्ट्रीय राजधानी क्षेत्र दिल्ली का प्रशासन

(अनुच्छेद-239 क क तथा 239 क ख)

स्वतंत्रता के बाद दिल्ली की प्रशासनिक व्यवस्था समय-समय पर परिवर्तित की जाती रही है। संविधान के लागू होने पर इसे 'सी' श्रेणी के तहत रखा गया तथा उसके लिए 48 सदस्यीय विधानसभा तथा मंत्रिपरिषद का प्रावधान कर एक 'प्रशासक' नियुक्त किया गया। राज्यों के पुनर्गठन के पश्चात् इसे 'संघ राज्य क्षेत्र' घोषित किया गया तथा विधानसभा और मंत्रिपरिषद को समाप्त कर शासन व्यवस्था के लिए 'चीफ कमिश्नर' नियुक्त किया गया। इस व्यवस्था से लोग संतुष्ट नहीं थे। अत: 1966 में संसद द्वारा 'दिल्ली प्रशासन विधेयक' पारित किया गया। इसके तहत दिल्ली में एक 'अंतरिम महानगर परिषद' की स्थापना की गयी, जिसके सदस्यों की संख्या 47 थी। 1967 में अंतरिम महानगर परिषद को समाप्त कर 'नवीन महानगर

परिषद' की स्थापना की गयी, जिसके सदस्यों की संख्या 64 नियत की गयी। कार्यपालिका के सर्वोच्च अधिकारी के रूप में उप-राज्यपाल (लेफ्टीनेण्ट गवर्नर) की व्यवस्था की गयी। उप-राज्यपाल की नियुक्ति राष्ट्रपति द्वारा की जाती थी और यह राष्ट्रपति के प्रति ही उत्तरदायी होता था। 1967 में की गयी प्रशासनिक व्यवस्था के प्रति भी लोगों द्वारा लगातार असंतोष व्यक्त किया जा रहा था और दिल्ली में लोकप्रिय शासन की स्थापना के लिए मांग की जा रही थी। अत: 1987 में न्यायमूर्ति आर.एस. सरकारिया की अध्यक्षता में दिल्ली प्रशासन पुनर्गठन समिति गठित की गई, इसके पश्चात् 'बालकृष्णन समिति' गठित की गई। जिसने अपनी रिपोर्ट 1989 में प्रस्तुत किया। इस रिपोर्ट के आधार पर 69वाँ संविधान संशोधन अधिनियम (1991) पारित कर संविधान में अनु. 239 क (क) और 'अनु. क (ख)' को जोड़ा गया तथा इसके तहत संघ राज्य क्षेत्र दिल्ली के लिए विशेष प्रावधान किया गया। इस प्रावधान के तहत् संघ राज्य क्षेत्र दिल्ली की वर्तमान प्रशासनिक व्यवस्था का संचालन होता है, इसके बारे में कुछ प्रमुख तथ्य निम्नलिखित हैं—

राष्ट्रीय राजधानी क्षेत्र दिल्ली

संघ राज्य क्षेत्र दिल्ली को अब राष्ट्रीय राजधानी क्षेत्र दिल्ली के नाम से जाना जायेगा अनु. 239 क क (1)।

उपराज्यपाल (Lieutenant Governor): अनु. 239 के तहत नियुक्त दिल्ली के प्रशासक को अब 'उप-राज्यपाल' (लेफ्टीनेण्ट गवर्नर) कहा जाता है। उप-राज्यपाल की नियुक्ति राष्ट्रपति द्वारा की जाती है तथा वह उसके प्रति ही उत्तरदायी द्वारा होता है। उपराज्यपाल राष्ट्रीय राजधानी क्षेत्र दिल्ली का संवैधानिक प्रमुख होने के साथ-साथ वहाँ की कार्यपालिका का भी प्रमुख होता है। यह राष्ट्रपति द्वारा नामित एक ऐसा अधिकार है जो विशेष प्रावधानों के तहत राष्ट्रपति द्वारा प्रदत्त शक्तियों का प्रयोग करता है। यह कुछ क्षेत्रों में न्यायिक अधिकारों का भी प्रयोग करता है। उपराज्यपाल अध्यादेश भी जारी कर सकता है। अध्यादेश सम्बन्धी प्रावधान अनु. 239 ख में दिया गया है। जो राष्ट्रीय राजधानी क्षेत्र दिल्ली के लिए भी लागू होता है।

विधानसभा: दिल्ली को पूर्ण राज्य का दर्जा नहीं दिया गया है। यह अब भी 'संघ राज्यक्षेत्र' ही है लेकिन दिल्ली में सीमित शक्तियों वाले लोकप्रिय शासन (मंत्रिपरिषद और विधानसभा) की व्यवस्था की गई है। दिल्ली विधानसभा में सदस्यों की संख्या 70 है। सदस्यों का चुनाव वयस्क मताधिकार के आधार पर प्रत्यक्ष निर्वाचन द्वारा किया जाता है। विधानसभा का निर्वाचन भारत के निर्वाचन आयोग द्वारा संचालित किया जाता है। उप-राज्यपाल को विधानसभा का सत्र बुलाने, सत्रावसान करने तथा विधानसभा को विघटित करने का अधिकार है।

विधानसभा को सम्पूर्ण दिल्ली संघीय राज्यक्षेत्र अथवा उसके किसी भाग के लिए राज्यस सूची अथवा समवर्ती सूची में दिये गये विषयों पर विधि बनाने की शक्ति है, किंतु इसे लोक व्यवस्था, पुलिस और भूमि के सम्बन्ध में विधि बनाने का अधिकार नहीं है। भूमि के अंतर्गत भूमि प्राप्ति, भूमि सुधार, भूमि काश्तकारी, भूमि लेखे, भूमि विकास और कृषि ऋण आते हैं। अत: इनके सम्बन्ध में विधानसभा कोई विधि नहीं बना सकती है।

विधानसभा को केन्द्रीय सरकार की सम्पत्ति पर कोई कर लगाने का अधिकार नहीं है—लेकिन इसे संविधान के अनु. 286, 287 और 288 के तहत क्रय कर, ब्रिक्री कर, पानी और बिजली पर कर लगाने का अधिकार है। विधानसभा के सदस्यों को अन्य राज्यों की विधानसभा (1992) द्वारा प्रदान किया गया है।

मंत्रिपरिषद: दिल्ली संघ राज्य क्षेत्र के प्रशासन के लिए उप-राज्यपाल के अलावा एक मंत्रिपरिषद का प्रावधान भी है। इसके सदस्यों की संख्या विधानसभा के कुल सदस्यों के दस प्रतिशत से अधिक नहीं होगी। इस प्रकार मंत्रिपरिषद में मुख्यमंत्री सहित अधिकतम 7 मंत्री हो सकते हैं। मंत्रिपरिषद का प्रधान मुख्यमंत्री होता है। मंत्रिपरिषद का प्रधान मुख्यमंत्री होता है। मंत्रिपरिषद से सम्बंधित विशेष बात यह है कि दिल्ली के मुख्यमंत्री की नियुक्ति राष्ट्रपति करेंगे न कि राज्यपाल और मुख्यमंत्री राष्ट्रपति के प्रति ही उत्तरदायी होगा। मंत्रियों की नियुक्ति भी मुख्यमंत्री के परामर्श पर राष्ट्रपति करेंगे और मंत्री राष्ट्रपति की इच्छापर्यन्त अपने पद पर रहेंगे। मंत्रिपरिषद विधानसभा के प्रति सामूहिक रूप से उत्तरदायी होगी।

मंत्रिपरिषद उप-राज्यपाल को उन सभी विषयों के सम्बन्ध में परामर्श देगी, जिनके सम्बन्ध में विधानसभा को कानून निर्माण की शक्ति प्राप्त है। किसी विषय पर उप-राज्यपाल और मंत्रिपरिषद के मध्य मतभेद होने पर राज्यपाल उस मामले की निर्णय के लिए राष्ट्रपति के पास भेजेगा और राष्ट्रपति द्वारा लिए गए निर्णय के अनुसार कार्य करेगा। लेकिन इस प्रकार की स्थिति में जब कोई विषय राष्ट्रपति के पास विचाराधीन है और उप-राज्यपाल की राय में उसके सम्बन्ध में तत्काल कार्यवाही किया जाना आवश्यक है तब उप-राज्यपाल ऐसी कार्यवाही करेगा, जैसा कि वह आवश्यक समझे।

संवैधानिक तंत्र की विफलता: यदि राष्ट्रपति को उपराज्यपाल से सूचना मिलने पर या अन्यथा समाधान हो जाता है—

- कि ऐसी स्थिति उत्पन्न हो गई है, जिसमें राष्ट्रीय राजधानी राज्यक्षेत्र का प्रशासन अनु. 239 क क अथवा इस अनुच्छेद के अनुसरण में बनाई गई विधि के अनुसार नहीं चलाया जा सकता है, अथवा
- राष्ट्रीय राजधानी क्षेत्र के समुचित प्रशासन के लिए ऐसा करना आवश्यक है।

तो राष्ट्रपति आदेश द्वारा 239 क, क के किसी उपबन्ध या उसके अधीन विधान सभा द्वारा बनाई गयी किसी विधि के प्रवर्तन को निलम्बित कर सकता है तथा कोई ऐसा अन्य उपबन्ध कर सकता है जो उसे उचित प्रशासन हेतु आवश्यक प्रतीत हो (अनु. 239 क ख)।

पुडुचेरी का प्रशासन

सामान्यतया संघ राज्य क्षेत्रों का प्रशासन राष्ट्रपति अपने द्वारा नियुक्त प्रशासक के माध्यम से चलाता है (अनु. 239), किंतु राष्ट्रपति की यह शक्ति संसद द्वारा बनाई गयी विधि के अधीन है। 14वें संविधान संशोधन (1962) द्वारा संविधान में अनु. 239 क को जोड़कर संसद को यह शक्ति प्रदान किया गया है कि वह विधि द्वारा पुडुचेरी सहित कुछ संघ राज्य क्षेत्रों के लिए विधान मण्डल या मंत्रिपरिषद या दोनों का सृजन कर सकती है। संसद ने इस शक्ति

का प्रयोग करते हुए 'संघ राज्य क्षेत्र शासन अधिनियम-1963' पारित कर कुछ संघ राज्यों में विधानसभा तथा मंत्रिपरिषद का सृजन किया। इनमें से पुदुचेरी को छोड़कर शेष को पूर्ण राज्य का दर्जा प्रदान कर दिया गया है। अत: वर्तमान में पुडुचेरी एकमात्र ऐसा संघ राज्य क्षेत्र है जहाँ अनु. 239(क) के तहत संसदीय विधि द्वारा सृजित विधानसभा तथा मंत्रिपरिषद है।

पुडुचेरी में विधानसभा सदस्यों की संख्या 30 है। विधानसभा से सम्बन्धित सभी प्रावधान अन्य राज्यों के समान ही है किंतु इसकी शक्तियाँ अन्य राज्यों की विधान सभाओं की तुलना में कुछ कम है। पुडुचेरी के प्रशासनिक अधिकारी को उपराज्यपाल कहा जाता है। उसकी नियुक्ति राष्ट्रपति द्वारा 5 वर्ष के लिए की जाती है। वह कार्यपालिका का सर्वोच्च अधिकार होता है।

पुडुचेरी में भी एक मंत्रिपरिषद है, जिसका प्रधान मुख्यमंत्री होता है। मंत्रिपरिषद उपराज्यपाल को प्रशासनिक कार्यों में सहायता और परामर्श प्रदान करती है तथा सामूहिक रूप में विधानसभा के प्रति उत्तरदायी होती है। उप-राज्यपाल और मंत्रिपरिषद में किसी विषय पर मतभेद की दशा में वह विषय विचार के लिए राष्ट्रपति के पास भेजा जाता है और उस विषय में राष्ट्रपति का निर्णय अंतिम होता है। दिल्ली के समान ही पुडुचेरी के मुख्यमंत्री की नियुक्ति भी राष्ट्रपति करता है।

उल्लेखनीय है कि पुडुचेरी विधानसभा के सदस्य भी राष्ट्रपति के निर्वाचन में भाग लेते हैं। उन्हें अधिकार दिल्ली विधानसभा सदस्यों के साथ 70वें संविधान संशोधन अधिनियम 1992 द्वारा प्रदान किया गया है।

अध्यादेश जारी करने की शक्ति

अनु. 339-(ख) के तहत पुडुचेरी तथा राष्ट्रीय राजधानी के प्रशासकों (उप-राज्यपालों) को अध्यादेश जारी करने की शक्ति दी गई है। यदि विधानसभा सत्र में न हो तथा प्रशासनिक की राय में ऐसी परिस्थितियाँ विद्यमान हैं जिसके कारण तुरंत कार्यवाही करना आवश्यक है, तो वह अध्यादेश जारी कर सकता है, किंतु ऐसा अध्यादेश राष्ट्रपति के पूर्व अनुदेश पद ही जारी किया जायेगा—अन्यथा नहीं। जबकि विधानसभा का विघटन कर दिया गया हो या उसका कार्यकरण निलंबित कर दिया गया हो तो प्रशासक ऐसे विघटन या निलंबन के दौरान कोई अध्यादेश जारी नहीं करेगा। प्रशासक द्वारा जारी अध्यादेश का वही बल और प्रभाव होता है जो उस संघ राज्य क्षेत्र के विधान मण्डल द्वारा पारित अधिनियम का होता है।

प्रत्येक अध्यादेश को विधानमण्डल के समक्ष उसके पुन: समवेत होने के 6 सप्ताह के भीतर रखना आवश्यक है। विधानमण्डल अध्यादेश को अनुमोदित या निरस्त कर सकती है। अध्यादेश अनुमोदित हो जाने पर अधिनियम बन जाता है। किंतु विधानमण्डल द्वारा निरस्त करने का प्रस्ताव पारित कर दिये जाने पर अध्यादेश समाप्त हो जाता है। उल्लेखनीय है कि प्रशासक इस निमित्त राष्ट्रपति से अनुदेश प्राप्त करने के पश्चात् किसी भी समय अध्यादेश को वापस ले सकता है।

अन्य संघ राज्य क्षेत्रों का प्रशासन

राष्ट्रीय राजधानी क्षेत्र दिल्ली तथा पुडुचेरी को छोड़कर शेष सभी संघ राज्य क्षेत्रों यथा- चण्डीगढ़, अण्डमान निकोबार द्वीप समूह, दमन व दीव तथा दादरा और नागर हवेली का प्रशासन राष्ट्रपति द्वारा नियुक्त प्रशासक या मुख्य आयुक्त द्वारा चलाया जाता है। प्रशासक, संसद द्वारा निर्मित विधि के अनुसार, राष्ट्रपति (केन्द्र सरकर) के नियंत्रण में रहते हुए शासन व्यवस्था का संचालन करता है।

राष्ट्रपति की विनियम बनाने की शक्ति

अनु. 240 के तहत राष्ट्रपति को निम्नलिखित संघ राज्य क्षेत्रों में शांति, प्रगति और सुशासन हेतु विनियम बनाने की शक्ति दी गई है जो निम्न हैं—

- अण्डमान-निकोबार द्वीप समूह,
- दादरा और नागर हवेली,
- दमन और दीव, तथा
- पुडुचेरी

उल्लेखनीय है कि राष्ट्रपति पुडुचेरी के लिए विनियम तभी बना सकता है जबकि विधानसभा विघटित या निलम्बित हो गयी हो। यदि विधानसभा कार्यरत हो, तो राष्ट्रपति उसके लिए विनियम नहीं बना सकता है। राष्ट्रपति द्वारा बनाये गये विनियमों का वही बल और प्रभाव होता है जो उस राज्य क्षेत्र में लागू संसद के किसी अधिनियम का होता है।

संघ राज्य क्षेत्रों के लिए उच्च न्यायालय

अनु. 241 के तहत संसद को यह शक्ति प्राप्त है कि वह किसी संघ राज्य क्षेत्र के लिए उच्च न्यायालय की स्थापना कर सकती है या ऐसे राज्य क्षेत्र के किसी न्यायालय को संविधान के सभी या किन्हीं प्रयोजनों के लिए उच्च न्यायालय घोषित कर सकती है। संसद द्वारा इस शक्ति का प्रयोग कर 1966 में संघ राज्य क्षेत्र दिल्ली के लिए उच्च न्यायालय स्थापित किया गया है। उल्लेखनीय है कि दिल्ली एकमात्र ऐसा संघ राज्य क्षेत्र है जिसका अपना उच्च न्यायालय हैं। अन्य संघ राज्य क्षेत्रों पर विभिन्न राज्यों के उच्च न्यायालयों को अधिकारिता प्रदान किया गया है—जिसका विवरण निम्नलिखित हैं—

संघ राज्य क्षेत्र	उच्च न्यायालय
• चण्डीगढ़	पंजाब और हरियाणा उच्च न्यायालय
• पुडुचेरी	चेन्नई उच्च न्यायालय
• लक्षद्वीप	केरल उच्च न्यायालय
• अण्डमान और द्वीप समूह	कोलकाता उच्च न्यायालय
• दमन और दीव तथा दादरा और नागर हवेली	मुम्बई उच्च न्यायालय

अध्याय सार संग्रह

- परम्परा के अनुसार राज्य का राज्यपाल उस राज्य का निवासी नहीं होता है जिस राज्य में उसकी नियुक्ति हो।
- राज्यपाल, राज्य के मुख्य न्यायाधीश या अन्य वरिष्ठतम न्यायाधीश के समक्ष शपथ ग्रहण करता है।
- राज्यपाल किसी दण्ड को उसका प्रविलम्बन, विराम या परिहार कर सकेगा या किसी दण्डादेश का निलम्बन, परिहार या लघुकरण कर सकेगा। उसे पूर्णत: क्षमा की शक्ति प्राप्त नहीं है। यह ऐसे व्यक्ति के सम्बन्ध में करेगा जिसे ऐसी विधि के अधीन अपराध के लिए दोषी ठहराया गया है तथा जिसके सम्बन्ध में राज्य की कार्यपालिका शक्ति का विस्तार है।
- राज्यपाल को मृत्युदण्ड के केस में क्षमादान का अधिकार प्राप्त नहीं है लेकिन वह मृत्युदण्ड के केस में दण्ड को कम कर सकता है जैसा कि अप्रैल 2000 में तमिलनाडु की राज्यपाल के राजीव गाँधी हत्याकाण्ड की अभियुक्त नलिनी की मृत्युदण्ड की सजा को आजीवन करावास में बदल दिया, लेकिन राज्यपाल ऐसा मंत्रिपरिषद की सलाह पर ही करेगा।
- राज्यपाल को राज्य लोक सेवा आयोग के सदस्यों एवं अध्यक्ष की नियुक्ति का अधिकार है, लेकिन वह इन्हें हटा नहीं सकता है। आयोग के सदस्य उच्चतम न्यायालय के प्रतिवेदन पर राष्ट्रपति द्वारा हटाये जा सकते हैं।
- राज्यपाल एक आंग्ल भारतीय सदस्य की विधानसभा में नियुक्ति कर सकता है।
- राज्यपाल राज्य की कार्यपालिका का संवैधानिक प्रधान होता है तथा कुछ विवेकाधीन कृत्यों को छोड़कर वह मंत्रि-परिषद की सलाह के अनुसार कार्य करेगा।
- मंत्रियों ने राज्यपाल को क्या सलाह दी वह किसी न्यायालय में प्रश्नगत नहीं किया जायेगा।
- मुंख्यमंत्री की नियुक्ति राज्यपाल करेगा तथा अन्य मंत्रियों की नियुक्ति वह मुख्यमंत्री की सलाह से करेगा।
- प्रत्येक राज्य में एक विधान मण्डल होगा जो राज्यपाल + विधान सभा + विधान परिषद (वर्तमान में केवल छ: राज्यों में आन्ध्र प्रदेश, उत्तर प्रदेश, बिहार, महाराष्ट्र, कर्नाटक एवं जम्मू-कश्मीर) से मिलकर निर्मित होगा। जहां एक सदन है वहां राज्यपाल + विधान सभा मिलकर विधानमण्डल का निर्माण करेंगे।
- विधान मण्डल में उच्चतम न्यायालय के न्यायाधीश या किसी उच्च न्यायालय के किसी न्यायाधीश के अपने कर्तव्य के निर्वाह में किये गये आचरण के विषय में कोई चर्चा नहीं होगा।
- धन विधेयक के सम्बन्ध में विधान परिषद को कोई भी अधिकार प्राप्त नहीं है, सिवाय इसके कि वह विधेयक को केवल 14 दिनों तक रोक सकता है ।
- धन विधेयक सदन में राज्यपाल की पूर्व सहमति से प्रस्तुत किया जाता है ।
- किसी विधेयक को राज्यपाल एक बार पुनर्विचार के लिए वापस कर सकता है, लेकिन पुनर्विचार के बाद उसी रूप में विधेयक पर अपनी स्वीकृति देनी होगी।
- भारतीय संविधान के अंतर्गत राज्यपाल की दोहरी भूमिका है—
  1. वह राज्य का प्रधान होता है, तथा
  2. वह राज्य में केन्द्र सरकार का अभिकर्ता या प्रतिनिधि होता है।
- केवल असम, अरूणाचल प्रदेश, सिक्किम, मेघालय, त्रिपुरा और नागालैण्ड के राज्यपाल को ही स्वविवेकी (कुछ) शक्तियाँ दी गई हैं।
- के. एम. मुंशी के अनुसार, 'राज्यपाल संवैधानिक औचित्य का प्रहरी और वह कड़ी है जो राज्य को केन्द्र के साथ जोड़ते हुए भारत की एकता के लक्ष्य को प्राप्त करती है'।
- राज्यपाल की नियुक्ति के सम्बन्ध में संविधान सभा के सदस्य कनाडा के संविधान से विशेष रूप से प्रभावित थे। कनाडा में प्रांतीय राज्यपालों की नियुक्ति गवर्नर-जनरल द्वारा की जाती है तथा वे गवर्नर-जनरल के प्रसाद पर्यन्त ही अपने पद पर रह सकते हैं।
- असम के राज्यपाल को अपने राज्य के अनुसूचित क्षेत्रों के प्रबंध के विषय में राष्ट्रपति को प्रतिवेदन करने (देने) का अधिकार है।
- असम के राज्यपाल को यह अधिकार दिया गया है कि वह अनुसूचित कबीलों का विशेष ध्यान रखे।
- यदि राज्यपाल को यह लगे कि राज्य विधानसभा में ऐंग्लो-इण्डियन समुदाय को राज्य की विधानसभा में मनोनीत कर सकता है (एंग्लो इण्डियन का आरक्षण नहीं है)।
- राज्यपाल 5 वर्ष का कार्यकाल पूरा हो जाने के बाद भी वह अपने पद पर तब तक बना रहता है जब तक उसका उत्तराधिकारी अपना पद ग्रहण न कर ले।
- राज्यपाल केन्द्र या राज्य विधानमण्डल के किसी भी सदन का सदस्य है तो राज्यपाल के पद की शपथ लेने के बाद यह माना जायेगा कि सदन में उसका स्थान रिक्त हो गया है।
- राज्यपाल अपना पद ग्रहण करने के पूर्व उस राज्य के उच्च न्यायालय के मुख्य न्यायमूर्ति अथवा उसकी-अनुपस्थिति में उच्च न्यायलय के वरिष्ठतम न्यायाधीश की उपस्थित में शपथ ग्रहण करेगा।
- राज्यपाल को अपने कृत्यों का प्रयोग करने में सहायता और सलाह देने के लिए एक मंत्रिपरिषद होगी जिसका प्रधान मुख्यमंत्री होगा।
- राज्यपाल, उच्च न्यायालय के अधीनस्थ सभी न्यायालयों के न्यायिक पदाधिकारियों की नियुक्ति करता है।
- राज्यपाल राज्य के वित्तमंत्री के माध्यम से राज्य विधानसभा में वार्षिक बजट पेश करवाता है।
- जिस प्रकार राष्ट्रपति केन्द्र में महान्यायवादी की नियुक्ति करता है, उसी प्रकार राज्य में राज्यपाल महाधिवक्ता की नियुक्ति करता है।
- महाधिवक्ता राज्य का प्रथम विधि अधिकारी होता है।
- महाधिवक्ता, राज्यपाल के प्रसाद-पर्यन्त पद धारण करता है और ऐसा पारिश्रमिक प्राप्त करता है जो राज्यपाल अवधारित करे।

11 अध्याय

पंचायतीराज व्यवस्था

इस अध्याय में आप सीखेंगे किः

- पंचायतीराज की अवधारणा क्या है, इसकी आवश्यकता विकास और 73वाँ व 74वाँ संविधान संशोधन द्वारा इस प्रणाली के ढाँचा, प्रकार, स्थिति के बारे में विभिन्न प्रकार की जानकारी प्राप्त होगी तथा आप सीखेंगे कि पंचायतीराज प्रणाली कैसे कार्य करती है।
- पंचायतीराज की आवश्यकता भारत जैसे विशाल लोकतांत्रिक देश के लिए कैसे आवश्यक है और पंचायते कैसे स्थानीय स्तर पर विकास कार्यों में अपनी परस्पर सहभागिता निभाती है।

भारत में पंचायती राज की अवधारणा नवीन नहीं है। यहां प्राचीन संस्थाओं से सम्बंधित अवधारणा को ही परिवर्तित रूप में परिवर्तित रूप में प्रस्तुत किया गया। प्राचीन भारत में केन्द्रीय सत्ताओं ने स्थानीय शासन में कभी हस्तक्षेप नहीं किया और ये संस्थाएं स्थानीय उत्तरादायित्व के आधार पर अपने क्षेत्रों का प्रबन्ध पूर्ण स्वायत्तता के साथ करती रही, जैसे चोलों के वरियम प्रणाली। किंतु आधुनिक युग में अंग्रेज़ों द्वारा पंचायती भावना को नष्ट कर दिया गया। स्वतंत्र भारत में प्रांरभिक असफल प्रयासों के बाद स्थानीय स्वशासन संस्थाओं को संवैधानिक रूप से सशक्त बनाया गया है। विश्व के अन्य देशों में भी स्थानीय शासन मौजूद हैं। फ्रांस में इसे स्थानीय प्रशासन, अमेरिका में म्यूनिसिपल शासन और भारत में स्थानीय शसन कहा जात है। उल्लेखनीय है कि ब्रिटिश काल में इसके लिये 'स्थानीय स्वशासन' और 'स्वायत्त शासन' नामक दो शब्दों का प्रयोग किया जाता था। भारतीय संविधान में स्थानीय शासन शब्द का प्रयोग किया गया है।

भारत में स्थानीय स्वशासन का जो स्वरूप आज विद्यमान है वह ब्रिटिश शासन की देन है। वायसराय लॉर्ड रिपन को भारत में स्थानीय स्वशासन का पिता कहा जाता है। गांधी जी भी ग्राम राज्य के पक्षधर थे। गांधी जी के प्रति समादर दिखाते हुए ही संविधान सभा ने नीति निदेशक तत्वों के अंतर्गत पंचाती राज संस्थाओं का उल्लेख किया हैं भारत के मूल संविधान के भाग चार में पंचायतीराज व्यवथा को एक नीति निदेशक सिद्धांत के रूप में समाहित किया गया था। संविधान के अनुच्छेद 40 में कहा गया है कि राज्य ग्राम पंचायतों का गठन करने के लिए कदम उठाएगा तथा उन्हें ऐसे अधिकार और सत्ता प्रदान करेगा जो कि उनके द्वारा स्वशासन की इकाइयों के रूप में कार्य करने योग्य बनाने के लिए आवश्यक है।

स्थानीय शासन का महत्व

स्थानीय शासन से अधिक से अधिक लोगों को प्रशासनिक कार्यों में भाग लेने का अवसर मिलता है। जब व्यक्ति विभिन्न प्रशासनिक कार्यों को करते हैं तो उन्हें स्वतः ही उन कार्यों का प्रशिक्षण मिल जाता है। स्थानीय संस्थाओं को वे कार्य करने को मिलते हैं जिनका सम्बंध स्थानीय लोगों की दैनिक समस्याओं से होता है इसलिए स्थानीय संस्थाओं की सेवाएं स्थानीय लोगों के सुख और कल्याण के लिए होती है। विभिन्न स्थान की परिस्थितियाँ और समस्याएँ भिन्न-भिन्न हो सकती हैं। इन विभिन्न समस्याओं को स्थानीय स्तर पर अधिक सुविधापूर्वक अनुभव और हल किया जा सकता है अपेक्षाकृत केन्द्रीय सरकार के स्तर से। स्थानीय जनता अपने स्तर की समस्याओं की गंभीरता को आसानी से समझ और हल कर सकती है। स्थानीय जनता के सहयोग से प्रशासन में दक्षता आती है और विकेन्द्रीकरण का लाभ प्राप्त होता है। स्थानी कार्यों को स्थानीय शासन को देन से केन्द्र और प्रांतीय सरकारों को इनके कार्यभार से मुक्ति मिल जाती है, जिससे अन्य कार्यों के लिए समय निकाल लेते हैं। स्थानीय शासन केन्द्र या प्रांतीय शासन की अपेक्षा अधिक मितव्ययी होता है क्योंकि वह अपने स्त्रोतों से सार्वजनिक कार्य कराते हैं तथा कम वेतन पर कर्मचारी नियुक्त करते हैं। विकास योजनाओं को स्थानीय संस्थाएं अधिक सफल

बना देती है क्योंकि स्थानीय जनता उनमें स्वेच्छा से सहयोग करती है। केन्द्र और राज्य सरकारें दूर स्थित होती हैं तथा नौकरशाही के कारण उतनी शीघ्रता से किसी स्थानीय समस्या का समाधान नहीं कर सकतीं जितनी शीघ्रता से स्थानीय शासन कर सकता है।

पंचायती राज की समस्याएँ

ग्रामों का विकास ग्राम पंचायत के माध्यम से ही होता है, लेकिन जनपद और जिला पंचायत का अस्तित्व और उनका हस्तक्षेप आदि पंचायतों की स्वयत्तता को सीमित करता है। एक समस्या पंचायतों के पास साधन की कमी की है। पंचायतों को निर्माण आदि के काम तो दिये गये लेकिन उसके लिये आवश्यक तकनीकी साधन नहीं दिया गया। कई पंचायतों के पास कार्यालय भवन तक नहीं है। 11वीं अनुसूची ने उन्हें 29 कार्य सौंपे हैं लेकिन इनके स्वरूप का निर्धारण राज्य सरकार करती हैं राज्यों ने पंचायतों को स्वविवेक से काम करने पर अनेक प्रतिबन्ध लगा रख हैं। पंचयती राज के सामने प्रमुख समस्या वित्तीय स्त्रोतों का अभाव है। उनके पास स्वयं के आय स्त्रोत नगण्य है और उन्हे राज्य और केन्द्र के अनुदान की बैशाखी पर निर्भर रहना पड़ता है। राज वित्त आयोग के गठन के बाद पंचायतों को इस दिशा में राहत जरूर मिल है लेकिन उनको सौंपे गये कार्यदायित्व की पूर्ति के लिये यह माध्यम भी अपर्याप्त है।

अधिकांश प्रतिनिधियों को अपने पद का महत्त्व उसके कार्यदायित्व आदि की जानकारी नहीं है। अशिक्षा आदि के कारण जनता के भी यही हालात है। पंचायतों के चुनावों में भी राजनीतिक दलों का हस्तक्षेप रहात हैं गांवों में पंचायत चुनाव की प्रक्रिया ने जातिवाद को उभार दिया है। निर्वाचित पंचायतें भी अपने काम में जातिवादी संकीर्णताओं से ग्रस्त दिखाई देती है। आरक्षण का प्रावधान पंचायतों को अधिकाधिक प्रतिनिधिक बनाने के उद्देश्य से किया गया लेकिन व्यवहार में महिला सदस्य की आड़ उनके में पति, देवर या ससुर पंचायत के कामों में दखलंदाजी करते हैं। दलित जातियों के प्रतिनिधियों की आवाज समाज के अग्रणी सर्वणों के आगे दबी रह जाती है। पंचायत प्रतिनिधि ओर जनता दोनों वर्तमान पंचायती प्रणाली के स्वरूप से काफी हद तक अनभिज्ञ है। ऐसे में वे इसका सही उपयोग कर लाभ कैसे उठा पाएंगे। पंचायत प्रतिनिधियों को उनके कार्यों के सम्बंध में वस्तुनिष्ठ और नियमित प्रशिक्षण का अभाव है। समाज के प्रभावशाली लोग औरा राज नेतागण पंचायती पर दबाव डालकर स्वार्थ सिद्ध में उनका दुरुपयोग करते हैं।

पंचायती राजव्यवस्था का विकास

प्राचीन भारत

प्राचीन भारत में स्थानीय सरकार आज की भांति शहरी एवं ग्रामीण क्षेत्रों में विभाजित था। दोनों क्षेत्रों की प्रशासनिक व्यवस्था अलग-अलग प्रकार से की गयी थी। स्थानीय शासन के समान भारत में ग्राम-पंचायतों का इतिहास भी बहुत प्राचीन है। भारत ग्राम-पंचायतों के देश के रूप में जाना जाता है। वैदिक काल के साहित्य में सभा व समितियों का वर्णन किया गया है। ये सभा तथा समितियां लोगों की भलाई के लिए कार्य करती थीं। कौटिल्य ने भी अपने 'अर्थशास्त्र' ग्रन्थ में ग्रामीण प्रशासन के विषय में काफी लिखा है। उस समय स्थानीय स्वशासन पर्याप्त विकसित था। अर्थशास्त्र में ग्राम्य समाजों के संगठन तथा कार्य का और भी अधिक विस्तार से वर्णन किया गया है। गुप्तकाल में कुछ प्रांतों में ग्राम समितियों का विकास हो चुका था। ये मध्य भारत में पंचमण्डली तथा बिहार में ग्राम-जनपद कही जाती थी। गुप्तकाल तथा इसके बाद में बिहार, राजपूताना, महाराष्ट्र तथा कर्नाटक में ग्राम सभाओं की कार्यकारिणी समितियाँ स्थापित हो चुकी थीं। प्राचीन भारत में ग्राम-पंचायतों द्वारा अनेक कार्य किये जाते थे: भूमि कर वसूल करना, झगड़ों का निपटारा करना, ऊसर भूमि का स्वामित्व, देवालायों का प्रबन्ध, पीड़ितों की सहायता, सार्वजनिक हितों के कार्य करना, सांस्कृतिक एवं साहित्यिक विकास आदि।

मध्यकालीन भारत

राजपूतकालीन समय में ग्राम प्रशासन की सबसे छोटी इकाई थी। ग्राम का प्रबन्ध ग्राम सभाओं द्वारा सम्पन्न किया जाता था। प्रत्येक ग्राम की एक सभा होती थी जो अपने क्षेत्र में शासन का समस्त कार्य संभालती थी। शासन की सुविधा के लिए अनेक समितियों का निर्माण किया जाता था तथा उन्हें विविध प्रकार के कार्य सौंपे जाते थे। मुस्लिम शासनकाल में स्थानीय संस्थाओं की स्थिति में परिवर्तन देखने को मिलता है। इस काल की स्थानीय संस्थाएं प्राचीन भारत की स्थानीय संस्थाओं के समान स्वतंत्र एवं लोकतंत्रिक नहीं थीं।

ब्रिटिश भारत

वर्तमान स्थानीय प्रशासन का संगठन, कार्य प्रणाली और विकास ब्रिटिश राज की देन है। ब्रिटिश काल में ग्रामीण स्थानीय प्रशासन की इकाइयों की अपेक्षा नगरीय स्थानीय प्रशासन की संस्थाओं के विकास पर अधिक ध्यान दिया गया था। आधुनिक भारत में स्थानीय शासन का प्रांरभ से माना जा सकता है। सर्वप्रथम मद्रास नगर के लिए एक स्थानी शासन के निकाय अर्थात् नगर निगम की स्थापना की गयी। ब्रिटिश काल तथा उसके बाद विकसित स्थानीय शासन के ढांचे को निम्न कालों में विभाजित कर सकते हैं, हर काल का अपना निश्चित उद्देश्य तथा प्रयोजन रहा है।

स्वतंत्रता के बाद

सामुदायिक विकास कार्यक्रम, 1952 (Community Development Programme)

पंडित जवाहर लाल नेहरू की पहल पर सामुदायिक विकास कार्यक्रम 1952 में भारत में लागू हुआ। इसका उद्देश्य था सामाजिक-आर्थिक योजनाओं के प्रति जनता की रुचि जाग्रत करना और ग्रामीण विकास की दर बढ़ाना। इस कार्यक्रम को सरकारी मशीनरी द्वारा क्रियान्वित किया गया। जनपद स्तर पर विकास खण्ड अधिकारी का पद इस हेतु विशेष रूप से सृजित किया गया। लेकिन 'ऊपर से नीचे की ओर विकास' का यह मॉडल विफल हो गया।

इस कार्यक्रम की विफलता ने सरकार को विकेन्द्रीकरण के ठोस प्रयासों के लिये दिशा दिखायी।

वस्तुत: सामुदायिक कार्यक्रम में दो मूलभूत कमियां थी:—

1. सरकारी तंत्र पर अत्यधिक निर्भरता जो जनता और कार्यक्रम के बीच साधक के स्थान पर बाधक बन गया।
2. इस कार्यक्रम में स्थानीय स्वशासन संस्थाओं को भागीदार नहीं बनाया गया।

बलवंतराय मेहता समिति—1956

(Balwant Rai Mehta Committee)

मूलत: सामुदायिक विकास कार्यक्रम की सफलता-विफलता के मूल्यांकन के उद्देश्य से बलवंतराय मेहता समिति का गठन योजना आयोग द्वारा 1956 में किया गया। उसे सामुदायिक विकास कार्यक्रम (1952) के अलावा-राष्ट्रीय विस्तार सेवा (1953) का भी अध्ययन करना था। इसके अध्ययन का एक प्रमखु बिंदु था 'कार्य संपादन में तीव्रता लाने के उद्देश्य से वर्तमान ढांचे और उसकी कार्य-प्रक्रिया की उपयुक्तता की जांच करना।

मेहता समिति ने 1957 में अपना प्रतिवेदन प्रस्तुत किया जिसकी प्रमुख बाते थीं:—

- उक्त दोनों कार्यक्रम जनता में उत्साह उत्पन्न करने में असफल रहे हैं।
- पंचायत से ऊपर के स्तरों में भी वे कोई प्रोत्साहन उत्पन्न नहीं कर पाए हैं।
- जनता के दिन प्रतिदिन कार्यों से जुड़े कार्यक्रमों का क्रियान्वयन जनता द्वारा ही होना चाहिए।
- जब तक स्थानीय नेताओं को अधिकार और दायित्व नहीं सौंपे जाते, तब तक नीति निदेशक तत्वों में उल्लेखित राजनीतिक और विकास संबंधी लक्ष्य पूरा नहीं हो सकता।
- लोकतांत्रिक विकेन्द्रीकरण की व्यवस्था स्थापित हो।
- विकास कार्यक्रमों को प्रभावी ढंग से लागू करने के लिए प्रशासनिक विकेन्द्रीकरण भी किया जाए। विकेन्द्रित प्रशासनिक व्यवस्था स्थानीय निकायें के नियंत्रण में हो।
- जिला बोर्डों ने भले ही अपने उद्देश्यों को पूरा किया हो लेकिन विकास कार्य के लिये उतनी बड़ी संरचना की न तो परंपरा है, न ही उनके पास साधन।
- स्थानीय इकाई का आकार न तो बहुत बड़ा और न ही बहुत छोटा हो। अत: उसने 'ब्लाक' को ग्राम और जिला के मध्य विकास की सर्वाधिक उपयुक्त इकाई बताया।

त्रिस्तरीय पंचायत व्यवस्था—बलवंत मेहता समिति ने लोकतांत्रिक विकेन्द्रीकरण की अपनी अवधारणा को मूर्त रूप देने के लिये त्रि-स्तरीय पंचायत प्रणाली का सुझाव दिया—

- ग्राम स्तर पर ग्राम पंचायत।
- ब्लॉक स्तर पर पंचायत समिति और
- जिला स्तर पर जिला परिषद्।
- मेहता समिति के प्रतिवेदन के अनुरूप 1959 में पंचायत की त्रिस्तरीय प्रणाली (राज्यवार संशोधन के साथ) लागू की गयी। पंडित नेहरू ने 2 अक्टूबर 1959 को ग्राम बड़गर जिला नागौर (राजस्थान) में पहली ग्राम पंचायत का उद्घाटन किया लेकिन आंध्र प्रदेश पहला राज्य था जिसने इसे संपूर्ण राज्य में सर्वप्रथम (1959) लागू किया।

अशोक मेहता समिति—1977

(Ashok Mehta Committee)

जनता पार्टी की सरकार 1977 में सत्ता में लौटी और 12 दिसम्बर 1977 को कैबिनेट सचिवालय के आदेश से 'पंचायत प्रणाली के अध्ययन और ढांचागत परिवर्तन' पर सुझाव हेतु अशोक मेहता समिति का गठन हुआ। इसकी सिफारिश थीं—

- वर्तमान तीन-स्तरीय व्यवस्था के स्थान पर दो-स्तरीय व्यवस्था को अपनाया जाए। समिति ने जो दो स्तर सुझाव दिए वह थे मंडल पंचायत तथा जिला परिषद।
- पंचायती राज संस्थाओं की राज्य सरकारों पर निर्भरता को कम करने के उद्देश्य से समिति ने सिफारिश की पंचायती संस्थाओं को अपने साधनों में बढ़ोतरी के लिए अनिवार्य कर लगाने का अधिकार दिया जाना चाहिए।
- समाज के कमजोर वर्गों के हितों की रक्षा के लिए कुछ प्रबोधन मंच स्थापित किए जाने चाहिए। समिति ने सुझाया कि यह सुनिश्चित करने के लिए कि पंचायती राज संस्थाएं इन वर्गों के हितों की अवहेलना नहीं करतीं, प्रत्येक जिला परिषद में सामाजिक न्याय समिति गठित की जाए।
- समिति ने पंचायतों के कार्य में राजनैतिक दलों द्वारा खुलकर भाग लेने का समर्थन किया।

अशोक मेहता समिति की रिपोर्ट 1978 में प्रस्तुत की गई। इससे पूर्व कि इस रिपोर्ट पर कोई कार्यवाही की जा सकती, केन्द्र में जनता पार्टी की सरकार गिर गई।

समिति की उक्त सिफारिशें अत्यंत महत्त्वपूर्ण थीं लेकिन ग्राम पंचायत के बिना पंचायती राज की उसकी कल्पना ऐसी ही थी जैसे बिना नींव के इमारत। जैसा कि समिति के सदस्य एस. चड्ढा ने कहा 'ग्राम सभा का उन्मूलन नहीं किया जाना चाहिए था क्योंकि वही पंचायत राज्य का मूलाधार है।' उल्लेखनीय है कि कर्नाटक, पश्चिम बंगाल और आंध्र प्रदेश इन तीन राज्यों में अशोक मेहता मॉडल लागू किया गया था।

दांतेवाला समिति, 1978

दांतेवाला समिति ने ब्लॉक स्तरीय नियोजन पर अपने प्रतिवेदन में नियोजन की जवाबदारी पंचायतों के स्थान पर कलेक्टर के नेतृत्व में एक पृथक जिला निकाय को सौंपने की बात कही।

जी.वी.के. राव समिति, 1985—इसका गठन योजना आयोग द्वारा 1985 में ग्रामीण विकास और गरीबी-उन्मूलन कार्यक्रमों के लिये प्रशासनिक व्यवस्था विषय पर समिति ने 1986 में पंचायती राज को सशक्त करने हेतु निम्नलिखित सिफारिशें की: इन संस्थाओं को क्रियाशील किया जाए। इनके नियमिति चुनावों की व्यवस्था हो। नीति नियोजन और कार्यक्रम-क्रियान्वयन के लिये जिला को मूल इकाई बनाया जाए और इसीलिये जिला परिषद के अधीन जिले के समस्त विकास कार्यक्रम रखे जाये। जिले के साथ निचले स्तर की पंचायती संस्थाओं को ग्रामीण विकास कार्यक्रमों के नियोजन-प्रबंध-क्रियान्वयन में महत्त्वपूर्ण भूमि दी जानी चाहिए। जिलास्तर पर जिला विकास आयुक्त का नाम पद बनाया जाए जो जिला परिषद का पदेन मुख्य कार्यपालन अधिकारी हो और उसका स्तर जिला दण्डाधिकारी से उच्च हो। समस्त विकास कार्यक्रमों के नियोजन और क्रियान्वयन की जिम्मेदारी जिला विकास आयुक्त की रखी जाए। उसे विकास से जड़े अन्य कभी विभागों का जिला प्रभारी भी बनाया जाये। राज्य स्तरीय नियोजन के कुछ कार्यों को जिला नियोजन इकाइयों (जैसे जिला योजना समिति) को स्थनांतरित कर दिया जाये ताकि जिलास्तर पर नियेजन प्रभावशाली हो सके। जिला परिषद को इतनी शक्ति सौंपी जाए कि वह ग्रामीण विकास हेतु नियोजन-प्रंबध का प्राथमिक केन्द्र बन सके। जिला परिषद के नीचे पंचायत समिति या मंडल पंचायत गठित हो। इसके विकास खण्ड अधिकारी का पद नाम सहायक विकास खण्ड आयुक्त कर दिया जाए। प्रत्येक ग्राम में ग्राम सभा हो और यहां ग्राम पंचायत का गठन हो। प्रशासनिक अधिकारियों की गुणवत्ता में भी सुधार लाया जाये। गरीबी उन्मूलन के ग्रामीण विकास कार्यक्रमों को पंचायत राज संस्थाओं से जोड़ा जाए जिससे वे अधिक ग्राहक-केन्द्रित बन सके।

एल.एम. सिंघवी समिति, 1986 (L.M. Singhvi Committee)—राजीव गांधी ने पंचायतों की दिशा-दिशा सुधार हेतु जो क्रियात्मक प्रयास शुरू किये, उनका नतीजा ही था कि बाद में इन्हें संवैधानिक दर्जा प्राप्त हुआ। इस संदर्भ में राजीव सरकार द्वारा एक 8 सदस्यीय समिति 'रीवाइटलाइजेशन ऑफ पंचायती राज इंस्टीट्यूशन फार डेमोक्रेसी एण्ड डेवलपमेंट विषय पर गठित की गयी। संवैधानिक विशेषज्ञ श्री एल.एम. सिंघवी इस समिति के अध्यक्ष थे। इसके सुझाव थे-स्थानीय स्वशासन को संवैधानिक मान्यता और संरक्षण दिया जाए। इस हेतु संविधान में एक नया अध्याय जोड़ा जाये। नये अध्याय को जोड़ने से पंचायत राज संस्थाओं की पहचान और अखण्डता को बनाये रखने में मदद मिलेगी। स्थानीय प्रशासन को सरकार का तीसरा स्तर घोषित किया जाए। ग्राम का पुनर्गठन हो ताकि ग्राम पंचायत को व्यावहारिक बनाया जा सके। छोटे-छोटे गांवों को मिलाकर उसे बड़ा किया जाए। कई ग्राम समूहों के लिये एक न्याय पंचायत स्थापित की जाए। ग्राम पंचायतों को अधिक वित्तीय अधिकार दिये जाऐं। पंचायत राज संस्थाओं के नियमित चुनाव हो। राजनीतिक दलों में सहमति उत्पन्न की जाए जिससे स्वशासन संस्थाओं के चुनाव दलीय आधार पर नहीं हो। प्रत्येक राज्य में पंचायती राज न्यायाधिकरण की स्थापना हो जो पंचायतों के निर्वाचन, उन्हें भंग करने, उनके विवाद और उनकी कार्य प्रणाली से जुड़े विषयों का निराकरण कर सके।

थुंगन समिति, 1988 (Thungan Committee)—संसद की कार्मिक पेंशन से जुड़ी समिति को एक उपसमिति के रूप में थुंगन समिति का गठन 1988 में किया गया। इसे जिला स्तर पर नियोजन हेतु वहां राजनीतिक प्रशासनिक संरचना पर विचार करना था। पंचायती राज को संवैधानिक दर्जा दिया जाए। जिला में विकास तथा नियोजन का केन्द्र जिला परिषद को बनाया जाए और इस प्रकार पंचायतों राज व्यवस्था में यह सर्वाधिक प्रभावी स्तर होना चाहिए। जिला कलेक्टर को जिला परिषद का सर्वोच्च कार्यकारी होना चाहिए। पंचायती राज संस्थानों की अवधि 5 वर्ष होनी चाहिए और छः महीने से अधिक इनको स्थगित नहीं रखा जाना चाहिए। इसने उन विषयों की एक लंबी सूची दी जो पंचायती राज संस्थानों को सौंपे जाने चाहिये और जिन्हें संविधान में सम्मिलित किया जाना चाहिए। इसने राज्यों में राज्य वित्त आयोग स्थापित करने की भी सिफारिश की जो पंचायती राज संस्थानों को वित्तीय संसाधन विकेन्द्रित करने का आधार निर्धारित कर सके।

73वाँ संविधान संशोधन अधिनियम 1992 (73rd Constitution Amendment Act 1992)

सामान्य परिचय

20 अप्रैल 1993 को राष्ट्रपति के स्वीकृति के बाद 24 अप्रैल 1993 में पंचायती राज व्यवस्था पूरे देश में लागू हो गई। संविधान के भाग 9 के अनुच्छेद 243क से 243ण तक प्रावधान किया गया। अधिनियम द्वारा संविधान में ग्यारहवीं अनुसूची भी की गई है। पंचायतों की कार्य पद्धति से संबंद्ध 29 तत्व वर्णित है तथा अनुच्छेद 243 का उल्लेख है। इसके द्वारा प्रतिनिध्यात्मक लोकतंत्र को सहभागी लोकतंत्र में परिवर्तित कर दिया गया है।

संरचना—संशोधन सभी राज्यों को बाध्य करता है कि वे अपने यहां पंचायती राज की त्रि-स्तरीय व्यवस्था की स्थापना करे। ऐसा राज्य ग्राम, मध्य तथा जनपद स्तर पर पंचायतों की व्यवस्था करके कर सकते हैं। मध्य स्तर (खण्ड) उन राज्यों के लिए आवश्यक नहीं है जिनकी जनसंख्या 20 लाख से कम है।

नामकरण—कुछ राज्यों ने इसे ग्राम पंचायत कहा है, कुछ राज्यों ने विलेज पंचायत। इसी प्रकार मध्य स्तरीय पंचायत को भी अलग-अलग नामों से पुकारा जाता है जैसे—

मण्डल परिषद	- आन्ध्र प्रदेश
आंचलिक पंचायत	- असम
पंचायत समिति	- बिहार, हरियाणा, हिमाचल प्रदेश, महाराष्ट्र, उड़ीसा, पंजाब, राजस्थान तथा पश्चिमी बंगाल आदि।

विभिन्न राज्यों की पंचायती राज संस्थायें

पंचायतों के स्तर	एक स्तरीय	दो स्तरीय	तीन स्तरीय	चार स्तरीय
संस्थाएं	ग्राम पंचायत	ग्राम पंचायत, पंचायत समिति	ग्राम पंचायत, पंचायत समिति, जिला परिषद	ग्राम पंचायत, अंचल पंचायत, आंचलिक परिषद
राज्य	केरल	असम, उड़ीसा	उत्तर प्रदेश, बिहार	पश्चिम बंगाल
	जम्मू-कश्मीर त्रिपुरा-मणिपुर सिक्किम	मध्य प्रदेश कर्नाटक हरियाणा	महाराष्ट्र आन्ध्र प्रदेश, हिमाचल प्रदेश पंजाब, गुजरात, तमिलनाडु राजस्थान	

1. गोवा की त्रिस्तरीय पंचायत संस्थाएं, ग्राम पंचायत, तालुका समिति तथा जिला परिषद है।
2. मेघालय, मिजोरम तथा नागालैण्ड में पंचायतों का गठन नहीं किया गया है। इन राज्यों में एक स्तरीय जनजातीय परिषद कार्यरत है।

गठन—73 वें संशोधन के अनुसार पंचायतों में दो प्रकार के सदस्य होंगे-निर्वाचित तथा पदेन। निर्वाचित सदस्यों के सम्बंध में कहा गया है कि, पंचायत क्षेत्र के चुनाव क्षेत्रों से प्रत्यक्ष निर्वाचन के द्वारा चुने जायेंगे और इसके लिए प्रत्येक पंचायत क्षेत्र को निर्वाचन क्षेत्र में इस प्रकार बांट दिया जायेगा ताकि प्रत्येक चुनाव क्षेत्र में जनसंख्या तथा स्थानों की संख्या के मध्य अनुपात, जहां तक संभव हो, पूरे पंचायत क्षेत्र में एक समान हो। पदेन सदस्यों के सम्बंध में संशोधन में व्यवस्था है कि राज्य विधान मण्डल विधि के द्वारा, निम्न के प्रतिनिधित्व की व्यवस्था कर सकता है—ग्राम स्तर पर पंचायतों के अध्यक्षों के मध्य स्तरीय पंचायतों में। मध्य स्तर पर पंचायतों के अध्यक्षों को जनपद स्तरीय पंचायतों में। लोक सभा तथा विधानसभा के सदस्य केवल ग्राम सभा पंचायतों को छोड़कर उन पंचायतों में, जो कि पूर्ण अथवा आंशिक रूप से उनके चुनाव क्षेत्र में आती हों। राज्य सभा तथा विधान परिषद के सदस्य मध्य जनपद स्तर की उन पंचायतों में, जिनके क्षेत्रों में वे मतदाता के रूप में पंजीकृत हों।

अध्यक्ष—ग्राम स्तर पर अध्यक्ष का निर्वाचन सीधे ग्राम सभा के सदस्यों द्वारा किया जायेगा तथा मध्य और जनपद स्तरीय पंचायतों के अध्यक्षों का निर्वाचन सीधे जनता द्वारा न होकर वरन् सम्बंधित पंचायतों के निर्वाचित प्रतिनिधियों के द्वारा होगा।

आरक्षण—प्रत्येक पंचायत में क्षेत्र की जनसंख्या के अनुपात में अनुसूचित जातियों एवं अनुसूचित जन-जातियों के लिए स्थान आरक्षित रहेंगे। ऐसे स्थानों को प्रत्येक पचांयत में चक्रानुक्रम से आवंटित किया जायेगा। आरक्षित स्थानों में से 1/3 स्थान अनुसूचित जातियों और जन-जातियों की स्त्रियों के लिए आरक्षित रहेंगे।

कार्यकाल—सभी स्तरों पर प्रत्येक पंचायत का कार्यकाल उसके गठन के पश्चात् प्रथम बैठक की तिथि से पांच वर्ष का होगा इसी के अंतर्गत पांच से अधिक कार्यकाल के विस्तारण पर प्रतिबंध लगा दिया गया है।

पंचायत वित्त आयोग—संविधान (73वां संशोधन) अधिनियम के प्रवृत होने की तिथि(25-4-1993) से एक वर्ष के भीतर और उसके पश्चात् प्रत्येक पांच वर्ष बाद राज्य सरकार पंचायतों की वित्तीय स्थिति का पुनर्निरीक्षण करने और निम्नलिखित के बारे में सिफारिश करने के लिए एक वित्त आयोग की स्थापना करेगी। राज्य और पंचायतों के बीच, राज्य द्वारा आरोपित करों, शुल्कों, मार्ग करो तथा फीस से प्राप्त शुद्ध आय के वितरण की व्यवस्था तथा इस आय का विभिन्न स्तरों की पंचायतों के मध्य वितरण। उन करों, शुल्कों, मार्ग करों तथा फीस का निर्धारण, जो कि पंचायतों द्वारा आरोपित अथवा विनियोजित किये जा सकते हैं। राज्य के संचित कोष से पंचायतों को सहायता अनुदान। पंचायतों के सुदृढ़ वित्त हेतु राज्यपाल द्वारा वित्तीय आयोग को सौंपा गया कोई अन्य मामला। वित्त आयोग का प्रतिवेदन और उस पर की गयी कार्यवाही का ज्ञापन राज्य विधानमण्डल के समक्ष रखा जायेगा।

पंचायतों के कार्य—11वीं अनुसूची मे 29 विषय हैं जिन पर पंचायत विधी बनकर उन कार्यों को सकेगी—ये कार्य है—कृषि, जिसके अन्तर्गत कृषि-विस्तार है। भूमि विकास, भूमि सुधार का कार्यान्वयन चकबन्दी, और भूमि संरक्षण। लघु सिंचाई, जल प्रबन्ध और जल विभजक क्षेत्र का विकास। पशुपालन, डेरी उद्योग और कुक्कुट पालन। मत्स्य उद्योग। सामाजिक वानिकी और फार्म वानिकी। लघु वन उपज। लघु उद्योग, जिसके अन्तर्गत खाद्य प्रसंस्करण उद्योग। ग्रामीण आवास। पेय जल। इंधन और चारा। आदि

पंचायत के लेखाओं का परीक्षण (अनुछेद 243ञ—या 243–J) (Audit of Panchayat)

राज्य विधान मंडल विधि बनाकर पंचायत के लेख या हिसाब-किताब रखते तथा उसके लेख परीक्षण करने की व्यवस्था कर सकता है।

राज्य चुनाव आयोग और पंचायत के चुनाव (अनुच्छेद 243ट–या 243–K)

पंचायत—चुनाव के नियंत्रण, निगरानी, निर्देशन और मतदाता सूचियाँ तैयार करने संबंधी सभी शक्तियाँ धारा 243-ज्ञ के अधीन राज्य के चुनाव आयोग को सौंपी गई है। एक संसदीय चुनाव आयोग का प्रमुख

चुनाव आयुक्त होगा जो धारा 243-ञ अधीन राज्यपाल द्वारा नियुक्त किया जाएगा और राज्यपाल ही उसकी पद-शर्तें निर्धारित करेगा। परंतु विधान मंडल द्वारा पारित कानून के अधीन होगा। राज्यपाल के लिये अनिवार्य है कि राज्य चुनाव आयुक्त द्वारा प्रार्थना किये जाने पर वह उसे सभी कार्मिक मुहैया कराये जो उसे अपना कार्य करने के लिये अनिवार्य होता है।

केंद्र शासित क्षेत्रों मे अधिनियम का लागू होना

संविधान का यह भाग (भाग-9) केन्द्र शामिल प्रदेशो पर भी लागू होगा, परंतु राष्ट्रपति को यह अधिकार है कि वह उस भाग को किसी भी केन्द्र शासित प्रदेश पर लागू करते समय इससे परिवर्तन और अपवाद लागू कर सकता है।

इसका कतिपय क्षेत्रें पर लागू नहीं होना (अनु 243-ड़ या 243-M)

यह अधिनियम इस क्षेत्रों पर लागू नही होगा—

- अनु 244 (1) और (2) में निर्दिष्ट अनुसूचित क्षेत्रों और जनजातीय क्षेत्रों में।
- नागालैण्ड, मेघालय तथा मिजोरम राज्य।
- मणिपुर राज्य के पहाड़ी क्षेत्र जिनमें जिला परिषद् स्थापित की गई है।
- जिला पंचायत संबंधी धाराएं पश्चिमी बंगाल के दार्जिलिंग जिले के उस क्षेत्र में लागू नहीं होगी जिसमें दार्जिलिंग गोरखा पर्वत परिषद स्थापित की गई है।
- अनुसूचित जातियों के लिये आरक्षित पदों से संबंधित धाराएं अरूणाचल प्रदेश पर लागू नहीं होगी।

परन्तु नागालैण्ड, मेघालय तथा मणिपुर राज्यों के विधान मण्डलों को यह अधिकार है कि वे अपने-अपने राज्यें में इस भाग की धाराएं (अनु 244 (1) और (2) में निर्दिष्ट क्षेत्रों के सिवाय) लागू कर सकते हैं। परन्तु यह तभी संभव है यदि उस राज्य की विधानसभा बहुमत से एक प्रस्ताव पारित करे और वह बहुमत सदन में उपस्थित तथा मतदान में भाग ले रहे सदस्यों का 2/3 मत से कम नही हो।

विशेषताएँ—73वें संशोधन की प्रमुख विशेषता हैं—पंचायती राज को संवैधानिक दर्जा प्राप्त है। नियमित निर्वाचन, निश्चित कार्यकाल, ओबीसी को छोड़कर अनुसूचित जाति एवं जनजाति और महिलाओं के लिये आरक्षण आदि राज्यों के लिये बाध्यकारी हो गये। सामान्य रूप से त्रिस्तरीय पंचायत राजव्यवस्था अनिवार्य है यद्यपि 20 लाख और उससे कम (20 से अनाधिक) जनसंख्या वाले राज्यों के लिये यह अनिवार्यत: द्विस्तरीय है। अधिनियम राज्यों के लिये दो उपबंध करता है—प्रथम अनिवार्य अर्थात् वे प्रावधान जिन्हें राज्यों को उसी स्वरूप में मानना अनिवार्य है जैसे निवार्चन आरक्षण, राज्य वित्त आयोग आदि। दूसरे ऐच्छिक प्रावधान जिनके स्वरूप को राज्य अपनी राजनीतिक, सामाजिक, आर्थिक आदि परिस्थिति अनुसार तय कर सकेंगे।

पंचायती राज का त्रिस्तरीय ढांचा (Three Tier Structure of Panchayati Raj)

73वें संशोधन अधिनियम ने पंचायती राज का त्रिस्तरीय ढांचा-ग्राम पंचायत, पंचायत समिति तथा जिला परिषद प्रस्तुत किया है। त्रिस्तरीय ढांचा का विवरण इस प्रकार है—

ग्राम पंचायत (Village Panchayat)

पंचायती राज संस्था की सबसे छोटी इकाई 'ग्राम पंचायत' के नाम से जानी जाती है। प्रत्येक गांव में एक पंचायत होती है। ग्राम पंचायत का प्रशासन ग्राम सभा की देख-रेख से सम्पन्न होता हैं ग्राम सभा एक प्रकार से आम सभी के समान है। 18 वर्ष की आयु प्राप्त कर चुका गांव का प्रत्येक नागरिक ग्राम सभा का सदस्य माना जाता हैं, केवल वे व्यक्ति उसके सदस्य नहीं हो सकते जो नाबालिक हैं, पागल हैं या न्यायालय द्वारा ग्राम सभा की सदस्यता के लिए अयोग्य ठहराए गए हैं।

ग्राम पंचायत की अवधि—ग्राम पंचायत का कार्यकाल अलग-अलग राज्यों में अलग-अलग रहा है, किंतु 73वें संविधान संशोधन अधिनियम के द्वारा यह निश्चित प्रावधान किया गया है कि—

1. प्रत्येक राज्य में पंचायत अपने प्रथम अधिवेशन की तारीख से पांच वर्षों की निश्चित अवधि तक कार्य करेगी।
2. पांच वर्ष की अवधि की समाप्ति से पूर्व ही नए निर्वाचन करवा लिए जाएंगे।
3. विधि द्वारा विहित प्रक्रिया के द्वारा इन्हें पांच वर्ष अवधि से पूर्व भी विघटित किया जा सकता है।
4. विघटन किए जाने पर विघटन की तारीख से 6 माह के भीतर निर्वाचन हो जाने चाहिए।

ग्राम पंचायत की सदस्यता के लिए अर्हता: अनुच्छेद 243 (च)—यह व्यवस्था करता है कि वे सभी व्यक्ति जो राज्य विधानमण्डल के लिए निर्वाचित होने की अर्हता रखते हैं, पंचायत का सदस्य बनने के योग्य होगें। किंतु, दोनों के मध्य एक अंतर यह है कि राज्य विधानसभा का सदस्य बनने के लिए न्यूनतम आयु अनुच्छेद 173 के अनुसार 25 वर्ष है, जबकि पंचायत का सदस्य बनने के लिए न्यूनतम आयु 21 वर्ष रखी गई है। यदि पंचायत के किसी सदस्य की योग्यता या अयोग्यता के संबंध में कोई प्रश्न उपस्थित होता है तो उस प्रश्न को ऐसे प्राधिकारी को विर्निर्दिष्ट किया जाएगा, जिसे राज्य विधानमण्डल अपनी विधि द्वारा उपबंधित करे।

ग्राम पंचायत की बैठकें—ग्राम पंचायत की महीने में एक बैठक अवश्य होती है, बैठक की अध्यक्षता सरपंच करता है। बैठक में सभी निर्णय बहुमत से किए जाते हैं। यदि किसी विषय पर बराबर मत पड़ते हैं तो सरपंच का निर्णायक मत देने का अधिकार होता है।

ग्राम पंचायत के कार्य एवं शक्तियाँ—पंचायत के प्रमुख कार्यों एवं शक्तियों को तीन प्रवर्गों में इस प्रकार रखा जा सकता है।

ऐच्छिक कार्य—कुछ कार्य ऐसे हैं जो पंचायतों के आर्थिक साधनों पर निर्भर करते हैं। इन कार्यों में प्रमुख हैं—

1. सड़क के दोनों ओर पेड़ लगवाना।
2. अकाल और बाढ़ के समय ग्रामवासियों की मदद करना
3. ग्रामवासियों के मनोरंजन के लिए पंचायत घरों में रेडियो एवं टेलीविजन का प्रबंध करना।
4. पुस्तकालयों एवं वाचनालयों की स्थापना करना।

विकासात्मक कार्य—11वीं अनुसूची द्वारा पंचायतों को सामाजिक-आर्थिक विकास से संबंधित अनेक कार्य सौंपे गये हैं। इनमें उल्लेखनीय है—

1. भूमि सुधार कानूनों को लागू करना।
2. वनाद्योग, लघु व कुटीर उद्योगों का विकास करना।
3. तकनीकी तथा व्यावसायिक शिक्षा की सुविधाएं जुटाना।
4. सार्वजनिक वितरण प्रणाली को कारगर बनाने में सरकार की सहायता करना।

ग्राम पंचायत के आय के साधन—73वें संविधान संशोधन अधिनियम द्वारा पंचायतों के वित्तीय संसाधनों को व्यापक बनाने की कोशिश की गई है। पंचायतों की आय के प्रमुख साधन हैं—

1. मकान व जमीन पर कर।
2. माल व पशुओं की बिक्री पर कर।
3. सामुदायिक केन्द्र आदि सार्वजनिक उपयोग के भवनों से प्राप्त होने वाला किराया।
4. राज्य सरकार को भू-राजस्व से प्राप्त होने वाली आय का कुछ भाग पंचायतों को दिया जाता है।
5. न्याय पंचायत द्वारा लगाए गए जुर्माने भी पंचायतों की आय का प्रमुख साधन हैं।
6. पंचायतों को दान और उपहार भी मिलते हैं।

इसके अलावा 73वें संशोधन अधिनियम द्वारा यह व्यवस्था की गई कि राज्य अपनी विधि द्वारा पंचायत को किसी कर, शुल्क, पथकर आदि का उद्ग्रहण करने, उनका संग्रह करने और उन्हें विनियोजित करने के लिए प्राधिकृत कर सकता है।

न्याय पंचायत—कुछ गांवों की ग्राम सभाओं या ग्राम पंचायतों के लिए एक न्याय पंचायत का गठन किया गया है। न्याय पंचायत के संगठन सम्बंधी नियम राज्यों में पृथक-पृथक हैं। साधारणतया सम्बंधित ग्राम पंचायतों न्याय पंचायत का चुनाव करती हैं। ग्राम स्तर से ऊपर खण्ड या क्षेत्रीय स्तर आता है। इस स्तर पर समितियाँ स्थापित की गई हैं। यह पंचायती राज व्यवस्था की मध्यवर्ती स्तर है।

संगठन—किसी भी खण्ड में जितनी भी ग्राम पंचायतें होती हैं उनके सरपंच सम्बद्ध पंचायत समिति के सदस्य होते हैं। सम्बद्ध पंचायत समिति के क्षेत्र से निर्वाचित लोकसभा तथा राज्य विधानसभा के सदस्यों को भी इसका सह-सदस्य बनाया जाता है।

कार्यकाल—पंचायत समितियों का कार्यकाल पांच वर्ष है। समय से पहले भंग किए जाने की दशा में यह जरूरी है कि नयी समिति के गठन के लिए छह महीनों के भीतर चुनाव करवाए जाएं।

पदाधिकारी—पंचायत समिति अपना अध्यक्ष स्वयं चुनती है। उसके मुख्य प्रशासनिक अधिकारी को खण्ड विकास अधिकारी कहते हैं। इस पदाधिकारी के नीचे कई सहायक विकास अधिकारी होते है जो कृषि, सहकारिता, पशुपालन इत्यादि के विशेषज्ञ होते हैं।

पंचायत समिति (Panchayat Committee)—यह ग्राम स्तर से ऊपर आता है। यह पंचायती राज व्यवस्था का मध्यवर्ती स्तर है। इसका कार्यकाल 5 वर्ष का होता है।

पंचायत समिति के कार्य—भारत के अधिकांश राज्यों में पंचायत समिति पंचायती राजव्यवस्था की धुरी है। इस रूप में पंचायत समिति के निम्नलिखित महत्त्वपूर्ण कार्य हैं—समिति के क्षेत्र में सड़कों का निर्माण व रख-रखाव। उन्नत किस्म के बीच और रासायनिक खाद का प्रबंध करना, कीट नाशक दवाओं का वितरण तथा उन्नत किस्म के कृषि यंत्रों का वितरण। प्राथमिक स्वास्थय केन्द्रों तथा प्रसूति-केन्द्रों की स्थापना। ग्रामीण क्षेत्र में शौचालय व पक्की नालियां बनवाना, धुआं चूल्हों तथा गोबर गैस संयत्रों का वितरण, गांवों में चिकित्सालय व स्वास्थ्य केन्द्रों की स्थापना करना। युवक संघों, महिला मण्डलों तथा किसान गोष्ठियों की स्थापना करना। कृषि के लिए ऋण की व्यवस्था करना। विभिन्न क्षेत्रों में सहकारी समितियों की स्थापना करना। कुटीर, ग्रामीण तथा लघु उद्योगों का विकास करना। अनुसूचित जातियों, अनुसूचित जन जातियों व अन्य पिछड़े वर्गों के लाभ के लिए सरकार द्वारा सहायता प्राप्त छात्रावासों का प्रबंध करना।

पंचायत समिति के आय के साधन—पंचायत समितियों के आय के मुख्य साधन निम्नलिखित हैं—राज्य सरकार द्वारा पंचायत समिति को अनुदान दिया जाता है। इस अनुदान को निश्चित करने की जिम्मेदारी अब पंचायत वित्त आयोग को दी जा रही है। राज्य सरकार को प्राप्त भू-राजस्व का एक निश्चित प्रतिशत पंचायत समितियों को दिया जाता है। पंचायत समितियाँ स्वयं बहुत से कर वसूल करती है।

जिला परिषद (District Council)

पंचायती राजव्यवस्था की जिला परिषद एक महत्त्वपूर्ण संस्था है। यह संस्था अपने अधीन काम करने वाली ग्रामीण स्वशासन संस्थाओं तथा राज्य सरकार के मध्य कड़ी का कार्य करती है।

संगठन—जिले की सभी पंचायत समितियों के प्रधान, जिला परिषद के सदस्य होते हैं। साथ ही सम्बद्ध जिले में निर्वाचित लोकसभा तथा राज्य विधान सभा और विधान परिषद के सभी सदस्य जिला परिषद के सदस्य माने जाते हैं। कुछ स्थान अनुसूचित जातियों, जनजातियों तथा महिलाओं के लिए आरिक्षत होते हैं।

कार्यकाल—सभी जिला परिषदों के लिए 5 वर्ष की समान अवधि (कार्यकाल) का प्रावधान है। समय से पूर्व भंग होने की स्थिति में यह

आवश्यक होगा कि भंग होने की तिथि से छह माह के भीतर चुनाव करवा लिए जाएं।

पदाधिकारी—जिला परिषद का एक सभापति या प्रमुख होता है, जिसका चुनाव परिषद के सदस्य करते हैं।

आय के साधन—73वें संशोधन अधिनियम द्वारा यह व्यवस्था की गई है कि जिला परिषदों के पास एक मजबूत वित्तीय आधार हो। राज्य सरकार भी जिला परिषदों को अनुदान देती है।

जिला परिषद के कार्य—जिला परिषद एक समन्वय तथा पर्यवेक्षण करने वाला निकाय है। साधारणतया यह निम्नलिखित कार्यों का सम्पादन करती है—पंचायत समितियों के विकास कार्यक्रमों एवं योजनाओं में समन्वय स्थापित करना। पंचायत समितियों में राज्य सरकार से प्राप्त तत्कालीन अनुदान वितरित करना। पंचायत समितियों के बजट का योजना के अनुरूप निरीक्षण करना तथा निर्देश देना। पंचायतों के कार्यों की प्रगति की राज्य सरकार की सूचनाएं देना तथा आवश्यक निर्देश प्राप्त करना। प्रधानों, प्रमुख आदि की गोष्ठियाँ करवाना तथा सम्पर्क बनाए रखना। जिले से सम्बंधित कृषि तथा उत्पादन के कार्यों को योजनाबद्ध ढंग से पूरा करवाना। समय-समय पर राज्य सरकार द्वारा सौंपे गए कार्य जैसे-प्राइमरी शिक्षा, प्रौढ़ शिक्षा आदि कार्य की प्रगति के लिए प्रभावी कार्य करना। विकास कार्यक्रमों के सम्बंध में राज्य सरकार को सलाह देना।

पंचायत वित्त आयोग

73वें संशोधन अधिनियम में यह भी व्यवस्था है कि इस अधिनियम के प्रवृत्त होने की तारीख (25.04.1993) से एक वर्ष के भीतर और उसके पश्चात् प्रत्येक पांच वर्ष बार राज्य सरकार पंचायतों की वित्तीय स्थिति का पुनर्विलोकन करने और निम्नलिखित के बारे में सिफारिश करने के लिए वित्त आयोग का गठन करेगी। राज्य द्वारा उदगृहणीय और उनके बीच विभाज्य कर, शुल्क, पथकर और फीस के शुद्ध आगमों का राज्य और पंचायतों के बीच वितरण और पंचायतों के विभिन्न स्तरों में उसका आवंटन। कोन से कर, शुल्क, पथकर और फीस पंचायतों को दिए जा सकते है? पंचायतों को सहायता अनुदान।

वित्त आयोग का प्रतिवेदन और उस पर की गई कार्यवाही का ज्ञापन राज्य विधानमंडल के समक्ष रखा जाएगा।

अनिवार्य एवं स्वैच्छिक प्रावधान

संविधान के भाग 11 या 73वें संविधान अधिनियम के अनिवार्य (बाध्यकारी) एवं स्वैच्छिक (विवेकाधीन या वैकल्पिक) उपबंधों/प्रावधानों का अलग-अलग विवेचन निम्नलिखित है—

अनिवार्य प्रावधान

एक गांव या गांवों के समूह में ग्राम सभा का गठन। गांव स्तर पर पंचायतों माध्यमिक स्तर एवं जिला स्तर पर पंचायतों की स्थापना। तीनों स्तरों पर सभी सीटों के लिये प्रत्यक्ष चुनाव। माध्यमिक और जिलों स्तर के प्रमुखों के लिये अप्रत्यक्ष चुनाव। पंचायतों से चुनाव लड़ने के लिये न्यूनतम आयु 21 वर्ष होनी चाहिये। सभी स्तरों पर अनुसूचित जाति एवं जनजातियों (सदस्य एवं प्रमुख दोनों के लिये) के लिये आरक्षण। सभी स्तरों पर (सदस्य एवं प्रमुख दोनों के लिये) एक.तिहाई पद महिलाओं के लिये आरक्षित। पंचायतों के साथ ही मध्यवर्ती एवं जिला निकायों का कार्यकाल पांच वर्ष होना चाहिए तथा किसी पंचायत का कार्यकाल समाप्त होने के छह माह की अवधि के भीतर नये चुनाव हो जाने चाहिये। पंचायती राज संस्थानों में चुनाव कराने के लिये राज्य निर्वाचन आयोग की स्थापना। पंचायतों की वित्तीय का समीक्षा करने के लिये प्रत्येक पांच वर्ष बाद एक राज्य वित्त आयोग की स्थापना की जानी चाहिये।

स्वैच्छिक प्रावधान

विधानसभाओं एवं संसदीय के निर्वाचन क्षेत्र विशेष के अंतर्गत आने वाली सभी पंचायती राज संस्थाओं में संसद और विधानमण्डल (दोनों सदन) के प्रतिनिधियों को शामिल किया जाना। पंचायत के किसी भी स्तर पर पिछड़े वर्ग के लिये (सदस्य एव प्रमुख दोनों के लिये) स्थानों का आरक्षण। पंचायतें स्थानीय सरकार के रूप में कार्य कर सके, इस हेतु उन्हें अधिकार एवं शक्तियां देना (संक्षेप में, इन्हें स्वायत्त निकाय बनाने के लिये)। पंचायतों को सामाजिक न्याय एवं आर्थिक विकास के लिये योजनाएं तैयार करने के लिए शक्तियों और दायित्वों का प्रत्यायन और संविधान की ग्यारहवीं अनसूची के 29 कार्यों में से अथवा कुछ को सम्पन्न करना। पंचायतों को वित्तीय अधिकार देना, अर्थात् उन्हें उचित कर पथकर और शुल्क आदि के आरोपण और संग्रहण के लिए प्राधिकृत करना।

पंचायती राज संस्थाओं पर राज्य-सरकार का नियंत्रण (Control of State Government over Panchayat Institution)

भारत में स्थानीय-स्वशासन संस्थाओं का विषय भारतीय संविधान में वर्णित राज्य-सूची के अंतर्गत आता है। 73वें संविधान-संशोधन के बाद भी यह राज्य-सूची का विषय बना हुआ है, परिणामस्वरूप भारत में पंचायती राज संस्थाएं राज्यों की व्यवस्थापिका द्वारा बनाये गये कानूनों के अंतर्गत कार्य करती है। विश्व के सभी देशो में स्थानीय-स्वशासन संस्थाओं के अधिकार और कार्यक्षेत्र कानून द्वारा परिभाषित किये जाते हैं। भारत में भी विभिन्न राज्यों ने अपने-अपने यहां कानून बनाकर पंचायती राज संस्थाओं की स्थापना की है। जिसमें इनके कर्त्तव्य, अधिकार और कार्यक्षेत्र का पूर्ण विवरण मिलता है।

कुछ विद्वतजनों का विश्वास है कि स्थानीय-स्वशासन संस्थाओं अथवा पंचायती राज संस्थाओं के लिए नियंत्रण एवं पर्यवेक्षण की व्यवस्था करना अनुचित ही नहीं बल्कि अनिष्टकारण भी है। इनका मानना है कि यदि स्वशासन पर बाहरी नियंत्रण थोपा गया तो वह स्वशासन ही नही रहेगा तथा उनका स्वायत्त स्वरूप नष्ट हो जायेगा। इसलिए उनके स्वायत्तशासी स्वरूप को बनाये रखने के लिए नियंत्रण की व्यवस्था नहीं होनी चाहिए किंतु दूसरा

वर्ग इस तथ्य को अमान्य घोषित करता है। उनकी मान्यता है कि नियंत्रण का अर्थ हस्तक्षेप का अभाव नहीं होता और किसी भी प्रकार के निदेशन, पर्यवेक्षण और नियंत्रण से स्वशासन सीमित नहीं होता।

पंचायती राज की स्थापना राज्य-सरकार के द्वारा बनाये गये अधिनियम से की जाती है तथा राज्य सरकार भी इन पर नियंत्रण इसलिए रखती है कि यह संस्थाएं अनुशासन में रहते हुए कुशलता का एक स्तर बनाये रखे। परिणामस्वरूप इन संस्थाओं पर पर्यवेक्षण और नियंत्रण का अधिकार राज्य सरकार को स्वाभाविक रूप से प्राप्त होता है।

ग्रामीण-विकास से संबंधित कार्यक्रम

भारत में ग्रामीण क्षेत्रों का विकास एक के बाद एक आने वाली सभी पंचवर्षीय योजनाओं के सर्वोच्च लक्ष्यों में से एक रहा है सरकार द्वारा समय-समय पर लागू किये गये ग्रामीण विकास कार्यक्रमों का क्रम निम्न प्रकार बताया जा सकता है।

सामुदायिक विकास कार्यक्रम 1952—स्वतंत्र भारत में यह पहला समग्र ग्रामीण विकास कार्यक्रम था। इस कार्यक्रम के द्वारा छठे दशक के प्रारंभिक वर्षों में गांवों में बुनियाद विस्तार व विकास सेवाएं प्रारंभ की गई। यही वह कार्यक्रम था जिससे ग्रामीण समुदायों में विकास की संभावनाओं के सम्बंध में जागृति उत्पन्न हुई।

गहन कृषि जिला कार्यक्रम 1961—इस कार्यक्रम को पैकेज कार्यक्रम की सजा भी दी गई। यह कार्यक्रम प्रारंभ में केवल तीन जिलों में शुरू किया गया। इस कार्यक्रम का उद्देश्य तकनीकी जानकारी, ऋण एवं कृषि आदानी की पूर्ति का समन्वय करके कृषि उत्पादन बढ़ाना था।

जनजातीय क्षेत्र विकास कार्यक्रम, 1962—यह कार्यक्रम जनजातीय क्षेत्रों के विकास हेतु शुरू किया गया।

गहन कृषि क्षेत्र कार्यक्रम, 1964—यह कार्यक्रम के अंतर्गत विशिष्ट फसलों का उत्पादन बढ़ाने पर बल दिया गया।

उन्नत किस्म बीज कार्यक्रम, 1966—कृषि उत्पादन में वृद्धि के उद्देश्य से सरकार ने उन्नत किस्म बीज कार्यक्रम प्रारंभ किया।

लघु कृषिक विकास अभिकरण, 1969—लघु कृषिकों के विकास हेतु इस अभिकरण की स्थापना की गई।

सीमान्त कृषिकों था खेतिहार मजदूरों के विकास हेतु अभिकरण, 1969—सरकार ने यह महसूस किया कि विभिन्न विकास कार्यक्रमों का लाभ अधिकतर उन्हें मिल रहा है जिनके पास अधिक भूमि सम्पदा है। अत: छोटे ओर सीमांत कृषकों तथा भूमिहीनों और कृषि कार्यों में लगे हुए श्रमिकों के विकास हेतु विशेष रूप से बनाये गए कार्यक्रम को लागू किया गया।

ग्रामीण कार्य योजना, 1970—यह कार्यक्रम ग्रामीण क्षेत्रों में कुछ विशिष्ट सामुदायिक कार्यों को पूरा करने के लिए शुरू किया गया।

सूखे की संभावना वाले क्षेत्रों के लिए कार्यक्रम, 1970—इस कार्यक्रम के अंतर्गत सूखे से अक्सर प्रभावित रहने वाले क्षेत्रों की प्राथमिक समस्याओं को नियोजित ढंग से हल करने का प्रयास श्रम-साध्य था उत्पादक पूंजी कार्यों द्वारा किया जाता है जैसे मध्यम व साधारण कृषि कार्य द्वारा भूमि के संरक्षण, वृक्षारोपण, सड़क-निर्माण, पीने का पानी उपलब्ध कराने से सम्बंधित योजनाओं द्वारा किया जाता है।

न्यूनतम आवश्यकता कार्यक्रम, 1974—पांचवी योजना में शुरू किये गए इस कार्यक्रम का उद्देश्य सीमित साधनों तथा उनकी आवश्यकताओं के मध्य संतुलन स्थापित करना तथा विकास के लिए आधारभूत न्यूनतम आर्थिक ढांचे का निर्माण करना है।

बीस सूत्री कार्यक्रम, 1975—इस कार्यक्रम को देश के आर्थिक एवं सामाजिक रूपांतरण के लिए एक अभियान के रूप में चलाया गया। यह कार्यक्रम निर्धनता पर सीधा प्रहार करने के उद्देश्य से शुरू किया गया। इससे विकास कार्यों की गति में तीव्रता आयी हैं

विशेष पशुधन उत्पादन कार्यक्रम, 1975—यह कार्यक्रम 1975–76 में शुरू किया गया, जिसके मुख्य उद्देश्य अग्रांकित हैं—

1. गांव के कमजोर वर्ग के लोगों के लिए रोजगार के अतिरिक्त अवसर जुआना तथा आय में वृद्धि के अवसर प्रदान करना,
2. पशु उत्पादों जैसे दूध, ऊन, अंडे इत्यादि में वृद्धि करना।
3. संकर बछड़ा पालन एकक।
4. भेड़ उपादन, कुक्कुट पालन और सूअर पालन के एककों की स्थापना।

काम के बदले अनाज कार्यक्रम, 1977—इस कार्यक्रम के अंतर्गत ग्रामीण श्रमिकों को काम के बदले अनाज देनें का प्रावधान रखा गया ताकि पोषण की समस्या का समाधान किया जा सके।

अंत्योदय कार्यक्रम, 1977—यह कार्यक्रम जनता दल की सरकार द्वारा सर्वप्रथम राजस्थान में शुरू किया गया। इस कार्यक्रम की उपादेयता को दृष्टिगत रखते हुए बाद में इसे अन्य राज्यों में भी लागू किया गया। इस कार्यक्रम का उद्देश्य प्रत्येक गांव के निर्धनतम परिवारों का आर्थिक उत्थान करना था।

मरू विकास कार्यक्रम, 1977 (Desert Land Development Programme)—यह कार्यक्रम देश के गर्म तथा ठण्डे दोनों तरह के मरूस्थल क्षेत्रों में चलाया गया है इसके निम्नांकित उद्देश्य हैं:—

1. मरूस्थल पर नियंत्रण पाना तथा
2. मरूस्थलीय क्षेत्रों में रहने वाले लोगों की आय रोजगार तथा उत्पादन का स्तर बढ़ाने की परिस्थितियाँ निर्मित करना।

समन्वित ग्रामीण विकास कार्यक्रम, 1978: भारत सरकार ने 1978 में निर्धनता उन्मूलन के लिए एक नया कार्यक्रम प्रारंभ किया जिसे समन्वित ग्रामीण विकास कार्यक्रम की संज्ञा दी गई। इस कार्यक्रम के निम्नलिखित उद्देश्य हैं—

1. ग्रामीण क्षेत्रों के निर्धनतम परिवारों का जीवन-स्तर ऊंचा करना तथा

2. ग्रामीण क्षेत्रों में गरीबी की रेखा से नीचे के परिवारों को आय बढ़ने वाली परिसम्पत्तियां देकर तथा उधार व अन्य निविष्टयाँ सुलभ करवा कर उन्हें निर्धनता रेखा से ऊपर उठाना।

ग्रामीण क्षेत्रों में महिला एवं बाल विकास कार्यक्रम—यह कार्यक्रम छठी पंचवर्षीय योजना में समन्वित ग्रामीण विकास कार्यक्रम की उपयोजना के रूप में शुरू किया गया। यह कार्यक्रम ग्रामीण महिलाओं के विकास से सम्बंधित है ताकि विकासात्मक गतिविधियों में उनकी बेहतर भागीदारी सुनिश्चित की जा सके। इस कार्यक्रम के द्वारा निर्धन ग्रामीण महिलाओं के समूहों में आर्थिक गतिविधियों को प्रोत्साहित किया जाता है।

सिंचित क्षेत्र विकास कार्यक्रम, 1978—सिंचित क्षेत्र विकास कार्यक्रम का प्रमुख उद्देश्य सिंचाई की सृजित क्षमता तथा उसके उपयोग के बीच अंत को कम करना हैं यह उद्देश्य सिंचित क्षेत्र के समन्वित विकास के द्वारा प्राप्त किया जा सकता है।

ग्रामीण युवाओं को स्वरोजगार के लिए प्रशिक्षण, 1979— स्वरोजगार के लिए ग्रामीण युवकों को प्रशिक्षण देने की राष्ट्रीय योजना 15 अगस्त, 1979 से शुरू की गई थी। इस योजना का मुख्य उद्देश्य ग्रामीण युवकों की बेरोजगारी को दूर करना है।

राष्ट्रीय ग्रामीण रोजगार कार्यक्रम, 1980—कार्यक्रम केन्द्र प्रायोजित योजना के रूप में अक्टूबर 1980 में प्रारंभ किया गया और उसका व्यय केन्द्र तथा राज्यों द्वारा आधा-आधा वहन किए जाने की व्यवस्था गई, इसके तीन मुख्य लक्ष्य रखे गए-लाभकारी रोजगार के अतिरिक्त अवसर जुटाना, स्थायी सामुदायिक सम्पत्तियों का निर्माण तथा गांवों में बसे गरीब लोगों को भोजन में पौष्टिक तत्वों को बढ़ाना।

बायो-गैस कार्यक्रम, 1981—यह कार्यक्रम ग्रामीण क्षेत्रों में ईधन की पूर्ति तथा प्रदूषण को रोकने के उद्देश्य से शुरू किया गया।

शिक्षित बेरोजगार युवकों के लिए स्वरोजगार कार्यक्रम, 1981—यह कार्यक्रम शिक्षित बेरोजगार युवकों को बैंकों से वित्तीय सुविधा उपलब्ध कराकर उन्हें स्वरोजगार के लिए प्रेरित करने के उद्देश्य से शुरू किया गया।

ग्रामीण भूमिहीन रोजगार गारण्टी कार्यक्रम, 1983—इस कार्यक्रम के दो मुख्य उद्देश्य थे—

1. ग्रामीण भूमिहीन लोगों के लिए रोजगार के अवसरों को बेहतर बनाना तथा उनका विस्तार करना जिससे प्रत्येक भूमिहीन श्रमिक को वर्ष में एक सौ दिन तक काम अवश्य मिल सके।
2. गांवों में बुनियादी ढांचा मजबूत करने हेतु स्थायी सम्पत्तियाँ बनाना, जिससे ग्रामीण अर्थव्यवस्था का तेज़ी से विकास करने में मदद मिले।

जवाहर रोजगार योजना, 1989—1 अप्रैल 1989 से राष्ट्रीय ग्रामीण रोजगार योजना तथा ग्रामीण भूमिहीन रोजगार गारण्टी कार्यक्रम को मिलाकर ग्रामीण रोजगार का एकल कार्यक्रम शुरू किया गया। इस कार्यक्रम को जवाहर रोजगार योजना संज्ञा दी गई। इस योजना के उद्देश्यों को दो भागों में बांटा गया, जो इस प्रकार है—

1. प्रथमिक उद्देश्य, ग्रामीण क्षेत्रों में बेरोजगार तथा अर्द्ध-बेरोजगार व्यक्तियों के लिए अतिरिक्त लाभदायक रोजगार का सृजन।
2. सहायक उद्देश्य—
   (अ) निर्धन वर्ग के लोगों को प्रत्यक्ष तथा लगातार लाभ पहुंचाने वाली उत्पादक सामुदायिक सम्पत्तियों का निर्माण करना तथा ग्रामीण आर्थिक एवं सामाजिक ढांचे को सुदृढ़ करना, जिससे ग्रामीण अर्थव्यवस्था का तेज़ी से विकास हो सके तथा ग्रामीण निर्धनों की आय के स्तर में निरंतर वृद्धि हो सके, तथा
   (ब) ग्रामीण लोगों के जीवन में गुणात्मक सुधार करना।

ग्रामीण रोजगार कार्यक्रम, 1993—यह कार्यक्रम जिन दिनों खेतीबाड़ी का काम हल्का रहता है तथा किसान निष्क्रिय रहते हैं, उन दिनों हर इक्षुक ग्रामीण को कम से कम 100 दिन का रोजगार उपलब्ध कराने हेतु शुरू किया गया है। यह कार्यक्रम पहले से चुने गये 1700 पिछड़े ब्लॉको में लागु किया गया है। इस तरह का कार्यक्रम पहले से महाराष्ट्र एवं कर्नाटक के ग्रामीण क्षेत्रों में लागू है।

इंदिरा आवास योजना, 1996 (Indira Awas Yojna)—ग्रामीण क्षेत्र में गरीबी रेखा से नीचे व्यक्तियों को आवास उपलब्ध कराने के उद्देश्य से भारत सरकार ने इन्दिरा आवास योजना प्रांरभ की 1996 से यह योजना पूर्ण रूप से एक स्वतंत्र योजना है। उपरोक्त ग्राम-विकास की योजनाओं के अतिरिक्त अन्य छोटी व बड़ी योजनाएं या पूर्व की योजनाएं या पूर्व की योजनाओं की नवीनीकरण किया जाता रहा है।

स्वर्ण जयन्ती ग्राम-स्वरोजगार, 1999—भारत सरकार द्वारा एकीकृत ग्रामीण विकास कार्यक्रम ट्राइसेम योजना, उन्नत टूल्स किट, द्वारका कल्याण गंगा योजना, एवं जीवन-धारा योजनाओं को शामिल करके एक नवीन योजना स्वर्ण जयन्ती ग्राम-स्वरोजगार योजना, 1999 से प्रांरभ की गई।

जवाहर ग्राम-समृद्धि योजना, 1999—काफी लम्बे समय से यह जवाहर रोजगार योजना चल रही है इसका लक्ष्य गांवों में निवास कर रहे निर्धन व्यक्तियों को जीवन-यापन के समुचित रोजगार उपलब्ध कराना रहा है। अप्रैल, 1999 से इसे जवाहर समृद्धि योजना के नाम से जाना जाता है।

अन्य प्रमुख योजनाएं

प्रधानमंत्री ग्राम सड़क योजना

ग्रामीण सड़कों द्वारा गांवों को जोड़ने का उद्देश्य न केवल देश के ग्रामीण विकास में सहायक है, बल्कि इसे गरीबी उन्मूलन कार्यक्रम में एक प्रभावी घटक स्वीकार किया गया है। स्वतंत्रता के 5 दशकों के बाद भी लगभग 40% भारत के गांव अच्छी सड़कों से जुड़े हुए नहीं हैं। इस उद्देश्य की पूर्ति हेतु 25 दिसम्बर, 2000 से यह योजना प्रांरभ की गई।

राष्ट्रीय ग्रामीण स्वास्थ्य मिशन

इस कार्यक्रम की शुरूआत 12 अप्रैल 2005 को ग्रामीण क्षेत्रों में निर्धनतम परिवारों को वहनीय और विश्वसनीय गुणवत्तापूर्ण स्वास्थ्य सेवाएं उपलबध कराने हेतु की गई थी। 2010.11 के केन्द्रीय बजट में 15440 करोड़ रुपये की राशि इस योजना के लिए आवंटित की गई है। इस कार्यक्रम को पूरे देश में कार्यान्वित किया जा रहा है, जिसमें 18 राज्यों पर विशेष ध्यान दिया गया है।

सर्वशिक्षा अभियान

देश के 6 से 14 वर्ष तक की आयु के सभी बच्चों को आठवीं कक्षा तक की संतोषजनक निःशुल्क और गुणवत्ता परक प्राथमिक शिक्षा उपलब्ध कराने के अहम उद्देश्य को लेकर वर्ष 2000-01 में सर्वशिक्षा अभियान की घोषणा की गई थी, जिसे वर्ष 2001-02 में संचालित कर दिया गया था। इस अभियान हेतु 9000 करोड़ रुपये का अतिरिक्त बजट प्रतिवर्ष आवंटित किए जाने की व्यवस्था रखी गई है।

निर्मल भारत अभियान योजना

इस योजना की घोषणा प्रधानमंत्री द्वारा 15 अगस्त, 2002 को की गई। योजना का मुख्य उद्देश्य गंदी बस्तियों में सामुदायिक शौचालयों की सुविधा को विस्तारित करना बताया गया है। इस योजना को आरंभ करने के पीछे नगरीय गंदी बस्तियों के लोगों को आवासी सुविधा उपलब्ध कराने के लिए वर्ष 2001 से लागू की गई वाल्मीकि अम्बेडकर योजना के सफल क्रियान्वयन से प्रेरित होना मुख्य कारण रहा है।

महात्मा गांधी राष्ट्रीय ग्रामीण गारंटी योजना

2 फरवरी, 2006 से प्रारंभ की गई इस योजना के तहत देश के सबसे ज्यादा पिछड़े जिलों में प्रत्येक परिवार में एक व्यक्ति को रोजगार की गारंटी वर्ष में 100 दिन के लिए प्रदान की गई है। आवेदन के 15 दिन तक रोजगार नहीं मिलने पर मुआवजे की व्यवस्था भी की गई है। प्रथम चरण में यह 200 जिलों में, द्वितीय चरण में 330 जिलों में एवं 1 अप्रैल 2008 से देश के सभी 596 जिलों में लागू की गई है। इससे लोगों को मजदूरी पर रोजगार मिलने की सुविधा बढ़ी है। यदि इस स्कीम का संचालन भली-भांति किया जाए तो गांवों में उत्पादक परिसम्पत्तियों का निर्माण बढ़ सकता है।

नगरीय स्वशासन

ऐतिहासिक पृष्ठभूमि

प्राचीन काल

प्राचीन भारत जो ग्राम पंचायतों के लिए सुप्रसिद्ध था नगरों और शहरों के लिए सुप्रबंधित देश भी था। वैदिक एवं वेदोत्तर साहितय में नगरों की शासन-व्यवस्था से सम्बंधित कर्म जानकारी मिलती है। हड़प्पा और मोहनजोदड़ों की खुदाई से प्राप्त अवशेषों से विद्वानों ने यही निष्कर्ष निकाला है कि इन नगरों में सुव्यवस्थित प्रशासनिक व्यवस्था थी। इससे प्रतीत होता है कि नगरों में नगरपालिकाएं थीं, जो नगरों की समुचित व्यवस्था करती थी। रामायण और महाभारत में नगर के विकास और प्रशासनिक व्यवस्था का पर्याप्त वर्णन ग्रंथों में मिलता था। इससे स्पष्ट है कि नगरों की व्यवस्था के लिए नगरीय स्वशासन जैसो व्यवस्था अवश्य विद्यमान रही होगी। कौटिल्य ने अपना प्रसिद्ध रचना अर्थशास्त्र में पाटलिपुत्र नगर तथा वहां के प्रशासन का पर्याप्त वर्णन किया है। मेगस्थनीज ने भी अपनी पुस्तक 'इण्डिका' में वर्णन किया है कि मौर्यों ने अपनी राजधानी पाटलीपुत्र के लिए सुव्यवस्थित नगर प्रशासन की व्यवस्था की थी।

गुप्तकाल में भी नगरों की प्रशासन व्यवस्था का पुरा विवरण प्राप्त होता है। नगरों का प्रशासन संचालन करने के लिए नगरपालिकाएं थीं। नगर शासन करने वाली संस्था 'पौर' कहलाती थी। इस सभा द्वारा सार्वजनिक कल्याण का कार्य किया जाता था।

नगरपालिकाएं जनप्रिय निगम, पौर तथा जनपदों की नागरिक संस्थाएं, व्यापारिक एवं औद्योगिक संस्थाएं आदि नगर निकायों का संगठन प्राचीन भारत में देखने को मिलता हैं ये संस्थाएं नगर के सार्वजनिक कार्यों को सुचारू रूप से संचालित करती थीं।

मध्य काल

सल्तनत काल का प्रशासन मूलतः सैनिक था और सुल्तान समस्त शक्ति का केन्द्र बिन्दु था। इस युग में भी स्थानीय शासन विद्यमान था। मुगलकाल में नगर का प्रशासन जिस अधिकारी के सुपुर्द होता था वह कोतवाल कहलाता था। कोतवाल पुलिस सम्बंधी मामलों, दण्ड व्यवस्था तथा वित्तीय मामलों में सर्वोपरि सत्ताधारी होता था। क्षेत्र में शांति और व्यवस्था बनाये रखना, अपराधों का पता लागाना, सामाजिक बुराईयों को मिटाना और इसी तरह के स्थानीय मामलों के सम्पादन के लिए वह उत्तरदायी था। इस काल में स्थानीय प्रशासन के विषय में अबुल फजल कृत 'आईन.ए.अकबरी' में उस समय के नगरीय जीवन और प्रशासन का वर्णन मिलता है।

ब्रिटिश काल (British period)—आधुनिक भारत में शहरी स्थानीय शासन से जुड़ी संस्थाओं की उत्पत्ति और उनका विकास ब्रिटिश शासन के दौरान हुआ था।

वर्ष 1687 में भारत में पहले नगर निगम की स्थापना मद्रास में हुई। वर्ष 1793 में मुंबई और कोलकाता में भी नगर निगमों की स्थापना हुई। स्थानीय स्वशासन से जुड़ी संस्थाओं का विकास वित्तीय विकेन्द्रीकरण से संबंधित लॉर्ड मेयो के प्रस्ताव 1870 के फलस्वरूप हुआ। लॉर्ड रिपन के प्रस्ताव 1882 को स्थानीय स्वशासन के मैग्ना कार्टा के रूप में जाना गया। बाद में उसे भारत में स्थानीय स्वशासन का जनक कहा जाने लगा। विकेन्द्रीकरण के मुद्दे पर रॉयल कमीशन की नियुक्ति वर्ष 1907 में हुई। उसने अपनी रिपोर्ट वर्ष 1909 में दी थी। इस आयोग के अध्यक्ष हॉबहाउस थे। भारत सरकार सरकार अधिनियम 1919 द्वारा प्रांतों में शुरू की गई द्वैत योजना के अंतर्गत स्थानीय स्वशासन स्थानातंरित विषय बनकर जिम्मेदार भारतीय मंत्री के प्रभार में आ गया। वर्ष 1924 में केन्द्रीय विधायिका अर्थात संसद द्वारा कैटोनमेंट एक्ट पारित किया गया। भारत सरकार अधिनियम 1935 द्वारा

शरू की गई प्रांतीय स्वायत्तता योजना के तहत स्थानीय स्वशासन को प्रांतीय विषय घोषित किया गया।

स्वतंत्रता के बाद नगर स्थानीय निकाय

भारतीय संविधान के अनु. 40 में राज्य को ग्राम पंचायतों के संगठन का निर्देश दिया था, परन्तु नगर स्थानीय निकाय के बारे में कोई निर्देश नहीं था। नगर स्थानीय इकाइयों का संदर्भ राज्य सूची में क्रमांक 5 पर अंकित है, 'स्थानीय शासन, अर्थात् स्थानीय स्वशासन अथवा ग्राम प्रशासन हेतु नगर महापालिकाओं, इम्प्रूवमेंट ट्रस्टों, जिला बोर्डों, खनन बन्दोबस्त सत्ताओं तथा अन्य स्थानीय सत्ताओं का गठन तथा शक्तियाँ। समवर्ती सूची के क्रमांक 20 पर 'आर्थिक तथा सामाजिक नियोजन' अंकित है, जिसके अंतर्गत नगर नियोजन भी आता है। इस प्रकार भारतीय संविधान नगर स्थानीय शासन को राज्यों के अधिकार क्षेत्र में रखता है।

74वां संशोधन अधिनियम, 1992

सामान्य परिचय

73वें संशोधन के साथ-साथ 74वां संशोधन भी 1992 में पारित और जून, 1993 में लागू हुआ। यह नगरीय स्वशासन को संवैधानिक दर्जा देने से सबंधित है। इसके द्वारा संविधान में अध्याय '9(क)' (ए) जोड़ा गया है जिसका शीर्षक है 'नगरपालिकाएं'। अनु. 243 में संशोधन कर 243-त से 243 य छः (243-P से 243-Z-G) तथा 12वीं अनूसूची जोड़ी गयी है। 74वें संशोधन अधिनियम (1992) की मुख्य व्यवस्थाएं निम्नप्रकार हैं—

संरचना

74वें संविधान संशोधन निम्न प्रकार निगर क्षेत्रों का वर्णन करता है—

महानगर क्षेत्र—इसका अभिप्राय राज्य के ऐसे क्षेत्र से है जिनकी जनसंख्या 10 लाख या इससे अधिक हो, जिनमें एक या अधिक जनपद शामिल हों तथा दो अथवा अधिक नगरपालिकाओं अथवा पंचायतें अथवा अन्य जुड़े हुए क्षेत्र सम्मिलित हो। इस शासकीय संस्था को पूरे देश में नगर निगम कहा गया है।

वृहत्तर नगर क्षेत्र—यह राज्यपाल द्वारा अधिसूचित क्षेत्र है। राज्यपाल इसकी अधिसूचना जारी करते समय निम्न बातों को ध्यान में रखेगा। क्षेत्र की जनसंख्या, जनसंख्या का घनत्व, गैर-कृषि रोजगारों में लगे व्यक्तियों का प्रतिशत, स्थानीय प्रशासन हेतु राजस्व का प्रजनन, अन्य ऐसे आधार, जो कि राज्यपाल उचित समझें। वृहत्तर नगरीय क्षेत्र की शासकीय संस्था को संशोधन विधेयक नगर निगम कहता है।

लघुत्तर नगरीय क्षेत्र—राज्यपाल इसकी अधिसूचना भी उन्हीं बातों को ध्यान में रखक जारी करता है जिन बातों को ध्यान में रखकर वृहत्तर नगरी क्षेत्र का निर्धारण किया जाता है। लघुत्तर नगरीय क्षेत्र की शासकीय सत्ता को नगरपालिका परिषद नाम दिया गया है।

संक्रमणशील क्षेत्र—इसकी अधिसूचना भी राज्यपाल द्वारा वृहत्तर तथा लघुत्तर नगरीय क्षेत्रों के समान आधारों पर घोषित की जाती है। परन्तु अनु. 243 की धारा (1) ए में इसे 'ऐसा क्षेत्र जो ग्रामीण से नगर क्षेत्र में परिवर्तित हो रहा हो' वर्णित किया गया है। संक्रमणशील क्षेत्र की शासकीय संस्था को नगर पंचायत कहा गया है।

गठन

नगर स्थानीय इकाइयों में तीन प्रकार के सदस्य होंगे—

निर्वाचित—केवल उन सदस्यों को छोड़कर, जिन्हें नगर स्थानीय निकायों में मनोनयन अथवा पदेन सदस्य के रूप में प्रतिनिधित्व प्रदान किया गया है, अन्य सभी स्थान स्थानीय निकाय के निर्वाचन क्षेत्रों, जिन्हें वार्ड कहा जाता है, प्रत्यक्ष निर्वाचन द्वारा भरे जायेंगे। (अनु. 243 आर की धारा (1))

मनोनीत—राज्य विधानमण्डल, विधि द्वारा ऐसे व्यक्तियों के प्रतिनिधित्व की व्यवस्था कर सकता है, जिन्हें नगरपालिका प्रशासन में विशेष ज्ञान अथवा अनुभव प्राप्त हो। ऐसे सदस्य स्थानीय निकायों की चर्चा में भाग लेने के अधिकारी होते हैं, परन्तु मतदान के अधिकारी नहीं होते।

पदेन—राज्य विधानमण्डल, विधि द्वारा निम्न प्रकार के व्यक्तियों को प्रतिनिधित्व प्रदान कर सकता है—लोकसभा और विधानसभा के वे सदस्य जिनके निर्वाचन क्षेत्र उन निकायों की सीमा में पड़ते हों। राज्य सभा और विधान परिषद के सदस्यों को, उन स्थानीय निकायों में जिनकी सीमाओं में वे मतदाता के रूप में पंजीकृत हों। ऐसी समितियों के पीठासीन अधिकारी, जिनका प्रावधान राज्य विधान मण्डल ने किसी भी नगर क्षेत्र के लिए किया हो।

पीठासीन अधिकारी—प्रत्येक नगर स्थानीय निकाय में पीठासीन अधिकारी होंगे, परन्तु उनके निर्वाचन की विधि के सम्बंध में निर्णय विधान मण्डल पर छोड़ दिया गया है।

विशेषताएं

74वें संशोधन की प्रमुख विशेषताएं हैं—

नगरीय स्वशासन संस्थाओं को संवैधानिक दर्जा प्राप्त है। तीन प्रकार के नगरीय निकायों का प्रावधान नगर पंचायत, नगर पलिका और नगर निगम। यह एक स्तरीय संस्था का प्रावधान करता है अर्थात् उक्त निकायों के मध्य वैसे पदसोपानिक संबंध नहीं हैं जेसे त्रिस्तरीय पंचायतों में पाये जाते हैं। प्रत्येक नगरीय निकाय दूसरे पृथक और स्वतंत्र होता है। अधिनियम राज्यों के लिये दो उपबंध करता है—प्रथम अनिवार्य अर्थात् वे प्रावधान जिन्हें राज्यों को उसी स्वरूप में मानना अनिवार्य है, जैसे निर्वाचन, आरक्षण, राज्य वित्त आयोग आदि। दूसरे एच्छिक प्रावधान जिनके स्वरूप को राज्य अपनी राजनीतिक, सामाजिक, आर्थिक आदि परिस्थिति अनुसार तय कर सकेंगे।

नगरीय निकाय के प्रकार

नगर पंचायत

74वें संशोधन द्वारा नगर पंचायत का प्रावधान प्रत्येक राज्य का राज्यपाल गांव से नगर की तरफ संक्रमित क्षेत्र के लिये नगर पंचायत (या कोई अन्य नाम) का गठन करेगा।

नगरपालिका (Municipality)

74वें संशोधन द्वारा लघुत्तर श्रेणी के नगरों के लिये नगर पालिका का प्रावधान है। छोटे नगरों के लिये राज्यपाल इनका गठन करता है।

नगर निगम (Municipal Corporation)

74वें संशोधन द्वारा वृहत्तर या बड़े नगरों के लिये नगर पालिका निगम का प्रावधान है तथा इनका गठन भी राज्यपाल द्वारा होता है। इन्हें तुलनात्मक रूप से अधिक स्वायत्तता (वित्तीय, विधि आदि संदर्भ में) प्राप्त होता है।

महानगर पालिका निगम (Metropolitan Corporation)

10 लाख से अधिक जनसंख्या वाले क्षेत्र को राज्यपाल द्वारा महानगर घोषित किया जा सकता है और ऐसे शहरों में महानगर पालिका निगमों की स्थापना राज्यपाल कर सकता है। नगरीय निकायों में सर्वाधिक स्वायत्त निकाय महानगर पालिका निगम ही होते हैं।

अधिसूचित क्षेत्र समिति (Schedule Area Committees)

औद्योगिकीकरण, ऐतिहासिक संदर्भ, विशेष व्यवसायिक गतिविधि आदि के कारण जो नगर विशेष महत्त्व रखत हैं लेकिन नगरपालिका के लिये आवश्यक शर्तों को पूरा नहीं करते, वहां अधिसूचित क्षेत्र समिति का गठन राज्यपाल करता है। इसकी विशेषताएं हैं—

राजपत्र में अधिसूचना के माध्यम से संगठन अत: अधिसूचित कहलाते हैं। अधिसूचना के द्वारा ही स्वरूप, संगठन, कार्य शक्तियों का प्रदत्तीकरण। राज्य के नगरपालिका अधिनियम के तहत शासित लेकिन अधिसूचना द्वारा लागू किया जाना आवश्यक। अध्यक्ष और सदस्यों का नामांकन (राज्य सरकार द्वारा) न कि निर्वाचन।

नगर क्षेत्र समिति

लघुत्तर शहरों में सीमित नगरीय कार्यों जैसे सड़क, जल निकासी, प्रकाश, पर्यावरण संरक्षण आदि के लिये 'नगर क्षेत्र समिति' की स्थापना राज्य सरकार अधिनियम के द्वारा करती है। इसकी विशेषताएं हैं—

टाऊनशीप—यह सार्वजनिक उपक्रमों की कॉलोनियों में कार्यरत स्थानीय शासन का रूप है। उपक्रम अपनी कॉलोनी के निवासियों की मूलभूत नागरिक ज़रूरतों को पूरा करने के लिये टाऊनशीप प्रशासन स्थापित करता है। इसमें कोई निर्वाचित सदस्य नहीं होता।

पोर्ट ट्रस्ट—संसदीय अधिनियम द्वारा पोर्ट ट्रस्ट का गठन 'बंदरगाह प्रशासन' के लिये किया जाता है। इसके दो प्रमुख कार्य दायित्व है—

1. बंदगाहों का प्रबंधन और सुरक्षा
2. बंदरगाह की आबादी की नागरिक सुविधाएं उपलब्ध कराना।

नगरीय प्रशासन पर समितियाँ—स्थानीय वित्त जांच पर पी.के वाट्टल समिति (1949-51)। करारोपण पर जॉन मथाई आयोग (1935-54)। नगरीय कर्मिक हेतु प्रशिक्षण पर नूर-उद-दीन अहमद समिति, (1963-65)। ग्रामीण-नगरीय संबंधों पर ए.पी. जैन समिति, (1949-51)। नगरीय स्थानीय निकायों की आय बढ़ाने हेतु (मंत्रियों की समिति), रफीक जकरिया समिति, (1963)। नगरीय प्रशासन में बजटीय सुधार हेतु गिरिजापति मुखर्जी समिति (1974)। नगरीय स्थानीय निकायों तथा नगर निगमों के संगठन, शक्तियों तथा कानूनों पर के.एन. सहाय अध्ययन दल (1982)।

नगरीय निकायों की सरंचना

वार्ड में विभाजित किया जाएगा। प्रत्येक वार्ड से उम्मीदवार का चुनाव प्रत्यक्ष मतदान द्वारा होगा। प्रत्येक निकाय के अध्यक्ष का चुनाव राज्य विधानमंडल द्वारा निर्धारित पद्धति से होगा।

वार्ड समितियाँ—तीन लाख से अधिक आबादी वाले नगरीय निकायों में वार्ड समितियों का गठन अनिवार्यत: होगा। वार्ड समिति की संरचना, उसमें शामिल क्षेत्र और उसके स्थानों को भरने की प्रक्रिया राज्य विधानमंडल तय करेगा। एक वार्ड समिति में नगरीय निकाय के एक या अधिक वार्ड रखे जा सकते हैं। वार्ड पार्षद भी उस वार्ड समिति का सदस्य होगा जिसके अंतर्गत उसका वार्ड आता है। ऐसा सदस्य वार्ड समिति का पदेन अध्यक्ष होगा। राज्य विधानमंडल वार्ड समितियों के अलावा भी अन्य समितियों स्थापित कर सकती है।

आरक्षण (Reservation)

अनुसूचित जाति/जनजाति के लिये उतने पद निकाय में आरक्षित होगें जितना उनकी जनसंख्या का प्रतिशत उस क्षेत्र में है। सभी निकायों के प्रमुखों के पदों पर आरक्षण राज्य विधानमण्डल कर सकेंगे जो राज्य में अनुसूचित जाति, जनजाति की जनसंख्या के अनुपात में होंगे। उपरोक्त सभी आरक्षित वर्गों और अनारक्षित रह गए पदों में एक तिहाई पद महिलाओं के लिए आरक्षित होंगे। यह सदस्य और प्रमुख दोनों स्तर पर होंगे। यह आरक्षण कुल पदों और प्रत्येक वर्ग दोनों में एक तिहाई होना चाहिए। 50% की सीमा के अधीन रहते हुए राज्य विधानमण्डल अन्य पिछड़ा वर्ग (ओबीसी) को भी सदस्य और अध्यक्ष दोनों पदों पर आरक्षण दे सकता है। जो अधिकतम 25 प्रतिशत तक होगा। आरक्षण चक्रानुक्रम में लागू होंगे अर्थात् स्थान (वार्ड) बदलते रहेंगे।

कार्यकाल

प्रत्येक निकाय का कार्यकाल अपनी पहली बैठक से लेकर होगा। इस कार्यक्रम के समाप्त होने से पूर्व ही उसका चुनाव कराना होगा। परंतु इस कार्यकाल के समाप्त होने से पूर्व ही उसको भंग किया जा सकता है। परन्तु ऐसी स्थिति में भंग होने के समय से छ: महीने के भीतर उस का चुनाव

कराना अनिवार्य है और इस प्रकार से निर्वाचित पूरे पांच वर्ष के लिये नहीं अपितु पिछले निकाय की शेष अवधी के लिये कार्य करेगा।

अयोग्यताएं (Disabilities)

राज्य विधान मण्डल के कानूनों के अंतर्गत सदस्यों की अयोग्यता संबंधी प्रावधान तय किये जा सकते हैं। तब ऐसी अयोग्यता धारण गरने वाले व्यक्ति स्थानीय निकाय के सदस्य नहीं हो सकेंगे।

नगरीय निकायों के कार्य, अधिकार, दायित्व—राज्य विधानमण्डल कानून बनाकर नगरीय निकायों को इतनी शक्ति, कार्य अधिकार सौंप सकेगी जो—उन्हें स्वशासन संस्थाओं के रूप में कार्य करने के लिये अनिवार्य है। आर्थिक विकास और सामाजिक न्याय के लिये योजनाएं बनाने के लिये जरूरी है। उन्हें उत्तरदायित्वों को पूरा करने और 12वें अनुसूची में शामिल कार्यों को संपन्न करने में मदद कर सके।

नगरीय निकायों की कर लगाने की शक्ति और उनकी निधियां: राज्य विधानमंडल—निकायों को कर, शुल्क, चुंगी, पथकर लगाने, उनका संग्रहण और विनियोजन करने की शक्ति दे सकता है। वह राज्य सरकार द्वारा प्रभावित और संग्रहीत करों, शुल्कों और पथकारों को नगर निकायों को सौंप सकता है। राज्य की समेकित निधि से नगरीय निकायों को सहायता अनुदान की व्यवस्था कर सकता है। नगर निकायों की समस्त धनराशियों को जमा करने के लिए कोष का निर्माण कर सकता है। तहत स्थापित राज्य वित्त आयोग पंचायतों के साथ नगरीय निकायों को भी वित्तीय रूप से दृढ़ करने हेतु निम्नलिखित कार्य करेगा। राज्यों और प्रत्येक स्तर पर स्थानीय संस्थाओं के बीच वित्तीय संसाधनों के वितरण तथा हस्तांतरण के नियंत्रक सिद्धांतों के सम्बंध में। स्थानीय संस्थाओं के बीच वित्तीय संसाधनों के वितरण तथा हस्तांतरण के नियंत्रक सिद्धांतों के सम्बंध में। स्थानीय समस्याओं को प्रदान किए जा सकने वाले करो, शुल्कों एवं पथकारों को दर्शाने के संबंध में। राज्य की संचित निधि से स्थानीय संस्थाओं के लिए सहायता अनुदान। स्थानीय संस्थाओं की वित्तीय स्थिति सुधारने के लिए उपाय। अन्य विषय जो राज्यपाल आयोग के पंचायतों की वित्तीय स्थिति सुधारने के लिये सौंपे। वित्तीय आयोग के सदस्यों की योग्यता तथा उनकी नियुक्ति का तरीका राज्य विधान मंडल द्वारा निर्धारित किया जाएगा। राज्यपाल वित्त आयोग की रिपोर्ट को विधान मंडल के समक्ष प्रस्तुत करेगा और साथ ही यह भी बतायेगा कि इस रिपोर्ट को लागू करने के लिए क्या कार्यवाही की गई है। केन्द्रीय वित्त आयोग भी राज्य में निकायों की वित्तीय सुदृढ़ता के लिये राज्य की संचित निधि में वृद्धि हेतु उपाय सुझा सकेगा।

नगरीय निकायों के लेखाओं की संपरीक्षा

राज्य विधानमंडल नगरीय निकायों द्वारा लेखा रखे जाने और उनका परीक्षण करने की विधि बना सकेगा।

निर्वाचन व्यवस्था (Electroral System)

अनुच्छेद 243–ZA (243–य–क) में उल्लिखित राज्य निर्वाचन आयोग नगरीय के चुनाव की भी व्यवस्था करेगा और इस हेतु मतदाता सूचियां बनाएगा और उनका समय-समय पर संशोधन करेगा। राज्य विधानमंडल इस संशोधन के अधीन रहते हुए नगरीय निकायों के चुनावों से संबंधित विभिन्न प्रावधान कर सकेगा।

केन्द्र शासित प्रदेशों पर लागू होना

यह अधिनियिम केन्द्र शासित प्रदेशों पर भी लागू होगा। यद्यपि राष्ट्रपति इसमें परिवर्तन कर सकता है।

इस भाग 9 (क) का कुछ क्षेत्रों पर लागू नहीं होना

इस भाग (IX–A) को अनुसूचित क्षेत्रों, कबायली क्षेत्रों तथा दार्जिलिंग गोरखा पर्वतीय परिषद् पर लागू नहीं किया गया है। संसद के अधिकार है कि वह इन क्षेत्रों पर इसे ऐसे संशोधन के साथ लागू कर सकती है, जो वह उचित समझती है।

नगरीय विकास के लिए संस्थायें व समितियाँ

जिला योजना समिति (District Planning Committee)

ग्रामीण तथा नगरीय क्षेत्रों के समग्र नियोजन के लिये धारा 243 ZD में जिला नियोजन समिति की व्यवस्था हैं जिला स्तर पर इस समिति का गठन अनिवार्य है ताकि जिले में पंचायतों तथा नगरपालिकाओं द्वारा बनाई गई योजनाओं का एकीकरण हो सके और समूचे जिले के लिये एक विकास योजना बनाई जा सके। संविधान में लिखा है कि प्रत्येक राज्य में जिला स्तर पर एक जिला नियोजन समिति होगी जो जिले में पंचायतों तथा नगरपालिकाओं द्वारा तैयार की गई योजनाओं को संघटित करेगी और समूचे जिले के लिये एक विकास योजना का प्रारूप तैयार करेगी।

परन्तु यह राज्यों की इच्छा पर छोड़ दिया गया है कि वह निर्णय करें कि किस प्रकार इस समिति का गठन होगा और किस प्रकार इसके सदस्यों की नियुक्ति होगी। परन्तु इस धारा में यह कहा गया है कि इस समिति के कम से कम 4/5th सदस्यों का चुनाव जिले स्तर की पंचायत तथा जिले की नगरपालिकाओं द्वारा अपने ही सदस्यों में से किया जायेगा। इस समिति में पंचायत और नगरपालिकाओं के प्रतिनिधियों का अनुपात वही होगा जो जिले में ग्रामीण जनसंख्या और नगरीय जनसंख्या का अनुपात है तथा 1/5 सदस्य पदेन तथा मनोनीत होते हैं।

महानगर योजना समिति (अनुच्छेद 243 ज ण या 243-ZE)

इसके 2/3 सदस्यों का चुनाव नगरपालिका तथा पंचायत के अध्यक्षों में से होता है तथा 1/3 सदस्यों को मनोनीत किया जाता है। प्रत्येक महानगरीय क्षेत्र में विकास योजना तैयार करने के लिये एक महानगर योजना समिति का गठन होगा। यह समिति जिला योजना समिति के कार्यों के साथ निम्नलिखित दो कार्य और करेगी—

(1) समग्र उद्देश्य तथा प्राथमिकताएं जो केन्द्रीय सरकार तथा राज्य सरकार ने निश्चित किये हो।

(2) केन्द्रीय सरकार तथा राज्य सरकार द्वारा महानगरीय क्षेत्र में लिये जाने वलो निवेश की सीमा तथा स्वरूप।

राज्य विधानमंडल महानगर योजना समिति से संबंधित निम्नलिखित प्रावधान कर सकता है—इन समितियों को सरंचना से संबंधित। इन समिति के लिये सदस्यों की चुनाव पद्धति से संबंधित। इन समितियों में केन्द्र सरकार, राज्य सरकार और अन्य संगठनों के प्रतिनिधित्व से संबंधित। महानगर क्षेत्र के लिये नियोजन और समन्वय से संबंधित समितियों के कार्य, और इन समितियों के अध्यक्षों की चुनाव पद्धति से संबंधित।

बारहवीं अनुसूची का जोड़ा जाना
(Addition of 12th Schedule)

इस संशोधन द्वारा संविधान में 12वीं अनुसूची (अनुच्छेद 243 & W) जोड़ी गयी है जिसमें नगरीय निकायों के 18 कार्यों का उल्लेख है। ये कार्य हैं: टाऊन नियोजन सहित नगरीय नियोजन, भवन-निर्माण और भूमि प्रयोग नियंत्रण, आर्थिक तथा सामाजिक विकास के लिये नियोजन, सड़क तथा पुल, घेरलू औद्योगिक तथा व्यापारिक उद्देश्य के लिये जल आपूर्ति, लोक स्वास्थ्य सफाई का प्रबंध, मल सफाई, ठोस-पदार्थों के व्यर्थ का प्रबंध, अग्निशमन सेवाएं, नगरीय वन रक्षा, पर्यावरण की रक्षा वातावरण आकृति का विकास, विकलांग तथा मानसिक रोगियों सहित समाज के कमजोर वर्गों की सुरक्षा, गंदी बस्तियों का सुधार तथा उन्नति, नगरीय निर्धनता उन्मूलन, नगरीय सुविधाएं प्रदान करना जैसे पार्क, क्रीडास्थल, उद्यान, सांस्कृति, शैक्षिक तथा कलात्मक पक्ष, दफन तथा कब्रिस्तान, दाह संस्कार, शमशान भूमि और विद्युत शव दाहगृह, पशु तालाब तथा पशुओं पर अत्याचार को रोकना, जन्म तथा मृत्यु पंजीकरण सहित महत्त्वपूर्ण आंकड़े, सड़कों की रोशनी, वाहन पार्किंग स्थन बस स्टाम्प, जन-सुविधाएं आदि सार्वजनिक सुख-साधन, बुचड़खाने तथा चर्मशोध व्यवसायी का नियंत्रण।

आधुनिक भारत में स्थानीय शासन का विकास

प्रयास या कदम	गठन, प्रतुस्तिकरण	परिणाम या अनुशंसाएं
प्रथम नगर निगम की स्थापना	1687	मद्रास में निगम स्थापित
रिपन प्रस्ताव	1882	निर्वाचित स्वशासन व्यवस्था जिसमें गैर सरकारी व्यक्ति होंगे।
विकेन्द्रीकरण पर राजकीय आयोग	1907	स्थानीय शासन पर राज्य के कठोर
मध्य भारत की जनपद योजना	1948	जिला स्तर पर दोहरी प्रशासनिक व्यवस्था समाप्त। जिला बोर्ड जिले की सर्वोत्तम संस्था जिसके अधीन ग्रामीण नगरीय दोनों स्वशासन।
सामुदायिक विकास कार्यक्रम	1952	ऊपर से नीचे की ओर विकास मॉडल। बी.डी.ओ. का पद सृजत
बलवन्त राय मेहता समिति	1956/1957	लोकतांत्रिक विकेन्द्रीकरण की व्यवस्था स्थापित हो। त्रिस्तरीय पंचायत राज व्यवस्था। 'खण्ड' (ब्लाक) विकास का केन्द्र बिन्दु हो और इसे संवैधानिक दर्जा दिया जाए।
स्वतंत्र भारत में पहली पंचायत	02/10/1959	बड़नगर, नागौर (राजस्थान)
पूरे प्रदेश में पंचायत व्यवस्था लागू करने वाला पहला राज्य	1959	आन्ध्र प्रदेश
अशोक मेहता समिति	1977	द्विस्तरीय पंचायत मॉडल ग्राम पंचायत का स्तर नहीं
मजूमदार समिति (अजित मजूमदार)	1978	खण्ड स्तरीय नियोजन
दांतेवाला समिति	1978	विकेन्द्रित नियोजन की जिम्मेदारी पंचायतों के बजाय पृथक् जिला नियोजन की हो।
हनुमंत राव समिति	1984	उपर्युक्त अनुशंसा इसने भी की।
जी.वी.के.राव समिति	1985	नियमिति चुनाव हो। जिला परिषद के अधीन समस्त विकास कार्य हो जिला विकास आयुक्त का पद बने जो कलेक्टर से उच्च पर हो। बी.डी.ओ. का नामकरण सहायक विकास आयुक्त किया जाये।
सिंघवी समिति	1986	स्थानीय प्रशासन को सरकार का तीसरा स्तर घोषित किया जाये। न्याय पंचायत का गठन हो। गैर दलीय आधार पर चुनाव। राज्य-पंचायत न्यायाधिकरण की स्थापना।
नोट—सिंघवीं समिति की अनुशंसाओं के आधार पर 64वां और 65वां अधिनियम बनाया गया था।		
थुंगन समिति	1988	पंचायत राज को संवैधानिक दर्जा दिया जाये।
73वां संशोधन	1992	पंचायतों को संवैधानिक दर्जा
74वां संशोधन	1992	नगरीय स्वशासन को संवैधानिक दर्जा

अध्याय सार संग्रह

- पंचायती राज की स्थापना सबसे पहले राजस्थान राज्य में हुई। 2 सितम्बर 1959 को वहां के विधान मण्डल ने सर्वप्रथम पंचायत समिति और जिला परिषद अधिनियम पारित किया।
- 2 अक्टूबर, 1959 को भारत के प्रथम प्रधानमंत्री पं. जवाहर लाल नेहरू ने राजस्थान के नागौर जिले में पंचायती राज का उद्घाटन कर ग्रामीण विकास के प्रथम चरण की शुरूआत की।
- पंचायती राज के क्रम में 1959 में ही पंडित नेहरू ने इस व्यवस्था का सूत्रपात आन्ध्र प्रदेश में किया। आन्ध्र प्रदेश में यह प्रणाली त्रिस्तरीय पंचायत राज प्रणाली के रूप में थी।
- पंचायती राज से सम्बंधित अशोक मेहता समिति का प्रतिवेदन लागू नहीं किया जा सकता और वह मात्र अकादमिक महत्त्व का बनकर रह गया। इस समिति ने द्वितीय पंचायत व्यवस्था की सिफारिश की थी।
- भारत में, 1993 में स्थानीय सरकार को संवैधानिक दर्जा मिल गया है। अब केन्द्रीय व राज्य सरकार के समान स्थानीय सरकार भी संविधान का अंग बन गई। अब स्थानीय सरकार—पंचायत व नगरीय दोनों—भारत में तीसरे स्तर की सरकार बन गई है।
- 1793 के चार्टर एक्ट द्वारा इन तीन प्रसीडेन्सी नगरों (मद्रास, कलकत्ता और बम्बई) में नगरीय प्रशासन स्थापित करने की शक्तियाँ गवर्नर जनरल को दी गई थी।
- स्थानीय स्वशासन के दृष्टिकोण से 1870 का वर्ष विशेष महत्त्वपूर्ण है जबकि लार्ड मेयो की सरकार ने एक प्रस्ताव पारित किया जिसमें स्थानीय क्षेत्रों में स्वायत्त शासन को लागू करने पर जोर दिया। प्रस्ताव में प्रथम-विकेन्द्रीकरण पर जोर दिया गया, दूसरे-प्रशासन में भारतीयों को सम्बद्ध किया जाए, तीसरे इस उद्देश्य की प्राप्ति के लिए सबसे उपर्युक्त क्षेत्र नगर प्रशासन है।
- लार्ड रिपन ने 1882 में जो प्रस्ताव जारी किया, वह भारत में स्थानीय स्वशासन के नवीन दर्शन का प्रतिपादन करता है। लार्ड रिपन के इस प्रस्ताव को स्थानीय स्वायत्त शासन का मैग्नाकार्टा भी कहा जाता है, जो उचित नही है।
- लोकतांत्रिक विकेन्द्रीकरण स्थानीय स्वशासन का ही एक प्रमुख रूप है। पंचायती राज और लोकतांत्रिक, विकेन्द्रीकरण दोनों एक दूसरे के पर्यायवाची राज और लोकतांत्रिक विकेन्द्रीकरण दोनों एक दूसरे के पर्यायावाची बन गए हैं। इसे ग्रामरूट डेमोक्रेसी के नाम से भी सम्बोधित किया जाता है।
- केन्द्र सरकार ने दिसम्बर, 1977 में अशोक, 1977 में अशोक मेहता की अध्यक्षता में पंचायती राज संस्थाओं पर एक 13 सदस्यीय समिति नियुक्त की। इस समिति ने अगस्त, 1978 में अपनी रिपोर्ट प्रस्तुत की। इसमें 132 विभिन्न सिफारिशें की गई थी। पी.के थुंगन समिति का गठन 1988 में किया गया था।
- पी.के. थुंगन समिति ने पंचायती संस्थाओं को संवैधानिक स्तर प्रदान किया जाने की सिफारिश की थी।
- नगर निगम सर्वोच्च शहरी स्थानीय सरकार है। 1947 में केवल मुम्बई, कोलकाता और चेन्नई में ही नगर निगम संस्थाएं थीं।
- 1989 में तत्कालीन प्रधानमंत्री राजीव गांधी ने पंचायती राज व्यवस्था में महत्त्वपूर्ण सुधार के लिये 64वां संविधान संशोधन (लोकसभा ने पास कर दिया था परन्तु राज्य सभा ने पारित नहीं किया था।) पास नहीं हो सका।
- दिल्ली को छोड़कर देश के सभी नगर निगम राज्य विधायिकाओं द्वारा पारित एक विशेष अधिनियम के अंतर्गत किए गए हैं। दिल्ली नगर निगम की स्थापना का अधिकार संसद के अधीन है।
- पंचायती राज व्यवस्था को उतनी सफलता नहीं मिली जितनी की आशा की गई थी। इसके कई कारण है—निरक्षरता, अज्ञानता, सरकार का अधिक नियंत्रण, धन का अभाव, गरीबी, ग्राम सभा का प्रभावहीन होना, चुनावों का नियमिति न होना, जन जागरूकता की कमी।
- पश्चिम बंगाल भारत का एकमात्र राज्य है जहां 4 स्तरीय पचांयत व्यवस्था है।

12 अध्याय

संविधान संशोधन

इस अध्याय में आप सीखेंगे किः

- संविधान संशोधन क्यों आवश्यक है और इसकी आवश्यकता क्यों पड़ी, इसकी संशोधन प्रक्रिया किस प्रकार होती है और किसी शासन व्यवस्था में किस स्तर तक संशोधन करना आवश्यक है।
- संविधान संशोधन में क्या-क्या समस्याएं हैं और इन्हें किस प्रकार दूर किया जा सकता है।

राष्ट्र की बदलती हुई परिस्थितियों के साथ-साथ संविधान भी बदलना आवश्यक होता है ताकि वह बदलती हुई परिस्थितियों एवं आवश्यकताओं के अनुकूल अपने को ढाल सके। अनेक बार बदली हुई सामाजिक तथा आर्थिक परिस्थितियाँ सरकर के ढाँचे में परिवर्तित कर देती हैं। यदि संविधान, इन नवीन शक्तिशाली परिस्थितियों के अनुसार परिवर्तित न हो पाये, तो क्रांति की स्थिति उत्पन्न हो सकती है। पं. जवाहरलाल नेहरू ने संविधान सभा में कहा था कि, 'हम चाहते हैं कि संविधान को यथाशक्ति ठोस और स्थायी बनायें, किन्तु संविधान शाश्वत नहीं होता। यदि संविधान को कठोर और अपरिवर्तनीय बना दिया जाये तो देश की प्रगति अवरुद्ध हो जाती है और एक सजीव, क्रियाशील, सावयवी राष्ट्र के विकास में बाधा पहुँचती है'।

भारत ने संघात्मक शासन व्यवस्था को स्वीकार किया है। संघात्मक व्यवस्था में संविधान का कठोर होना स्वाभाविक है। ऐसे संविधान में संशोधन की प्रक्रिया इतनी जटिल और कठिन होती है कि संशोधन कार्य सरलता से नहीं हो पाता। विश्व में सबसे अधिक कठोर संविधान संयुक्त राज्य अमेरिका का है और सबसे अधिक लचीला संविधान ब्रिटिश संविधान है। भारतीय संविधान निर्माता न तो अमेरिकी संविधान के समान कठोर संविधान बनाना चाहते थे और न ब्रिटिश संविधान के समान लचीला संविधान। संविधान निर्माता एक ऐसे प्रलेख की रचना करना चाहते थे जो राष्ट्रीय जीवन के विकास के साथ विकसित हो सके परन्तु साथ ही इतना अधिक लचीला भी नहीं बनाना चाहते थे जिसमें आये दिन परिवर्तन होते रहें और संविधान शासक दल के हाथों का खिलौना बन जाये। अत: संविधान-निर्माताओं ने मध्यवर्ती प्रक्रिया को अपनाया जो न तो ब्रिटेन की तरह लचीली थी और न अमेरिका की तरह कठोर।

संशोधन की प्रक्रिया (Amending Procedure)

भारत के संविधान के अध्याय 20 का शीर्षक 'संविधान का संशोधन' है इस अध्ययन में उल्लेखित अनुच्छेद 368 में संविधान संशोधन का उपबन्ध है। इस भाग में अनुच्छेद 368 एक मात्र अनुच्छेद है। इस कारण उच्चतम न्यायालय ने सदैव ही इस अनुच्छेद को संशोधन के विषय पर अपने आप में एक पूर्ण संहिता माना है। संशोधन प्रक्रिया की दृष्टि से भारत में संविधान के अनुच्छेदों को तीन श्रेणियों में विभक्त किया जा सकता है। तीन श्रेणियो के लिए भिन्न-भिन्न संशोधन प्रक्रिया अपनायी गयी है जो इस प्रकार है—

1. **साधारण बहुमत द्वारा संशोधन**—संविधान में कुछ अनुच्छेद ऐसे है जिन्हें संसद के दोनों सदनों में साधारण बहुमत से संशोधित किया जा सकता है। इस श्रेणी में अनुच्छेद 2, 3, 4, 100(3), 106, 108, 124(1), 169, 240, 327 तथा 348 को शामिल किया जा सकता है। इस संशोधन प्रणाली के माध्यम से नागरिकता सम्बन्धी योग्यताओं, राज्यों में विधानमण्डलों के उच्च सदन की समाप्ति और राज्यों में विधानमण्डल के उच्च सदन का निर्माण, उच्चतम एवं उच्च न्यायालयों के न्यायाधीशों के वेतन तथा नये राज्यों का निर्माण, किसी राज्य के क्षेत्र में परिवर्तन अर्थात् उसे घटाना या बढ़ाना, किसी राज्य की सीमा में परिवर्तन करना, किसी राज्य के नाम में परिवर्तन करना आदि में संशोधन किया जा सकता है। ऐसा संशोधन करने के लिए कोई विधेयक संसद के किसी भी सदन में पेश किया जा सकता है और एक सदन द्वारा पारित किए जाने पर उस विधेयक को दूसरे सदन को भेजा जाता है। दूसरे सदन द्वारा विधेयक को पारित करने पर उसे राष्ट्रपति

की अनुमति के लिए भेजा जाता है और राष्ट्रपति द्वारा अनुमति प्राप्त कर लेने पर विधेयक अधिनियम के रूप में प्रवृत्त हो जाता है।

2. **विशेष बहुमत द्वारा संशोधन**—संसद के विशेष बहुमत द्वारा किये जाने वाले संवैधानिक परिवर्तन को संविधान संशोधन कहा जाता है। इस प्रकार संविधान संशोधन करने के लिए किसी विधेयक को सदन द्वारा विशेष बहुमत से पारित किया जाना चाहिए। विशेष बहुमत से पारित किये गए विधेयक को दूसरे सदन को भेजा जाता है। जब दूसरा सदन भी विशेष बहुमत से विधेयक को पारित कर रदे, तब उसे राष्ट्रपति की सम्पत्ति के लिए भेजा जाता है। राष्ट्रपति की सम्पत्ति प्राप्त करने पर विधेयक अधिनियम के रूप में परिवर्तित हो जाता है। विशेष बहुमत का तात्पर्य ऐसे बहुमत से है जो सदन की कुल सदस्य संख्या के 50 प्रतिशत तथा मतदान करने वाले सदस्यों के दो तिहाई से कम न हो। सबसे ज्यादा संशोधन इसी विधि से होता है। जैसे—मूल अधिकार राज्य के नीति-निदेशक सिद्धांत आदि में संशोधन।

3. **विशेष बहुमत तथा राज्यों के अनुमोदन से संविधान संशोधन**—इस श्रेणी में संविधान के वे उपबन्ध आते हैं जो संघात्मक ढाँचे से सम्बन्धित हैं। इन उपबन्धों में संशोधन करने के लिए संसद के प्रत्येक सदन के दो-तिहाई बहुमत तथा कम से कम 50 प्रतिशत राज्यों के विधानमण्डलों का अनुसमर्थन आवश्यक है। निम्नलिखित विषय ऐसे हैं जिनमें उक्त प्रक्रिया के अनुसार संशोधन किया जाता है—
    1. राष्ट्रपति के निर्वाचन से सम्बन्धित निर्वाचक मण्डल तथा राष्ट्रपति की चुनाव प्रक्रिया (अनुच्छेद 54 एवं अनुच्छेद 55)।
    2. संघ तथा राज्यों की कार्यपालिका शक्ति का विचार (अनुच्छेद 73, अनुच्छेद 162)।
    3. सर्वोच्च तथा उच्च न्यायालयों के गठन तथा क्षेत्राधिकार (अनुच्छेद 241, भाग 5 का अध्याय 4, भाग 6 का अध्याय 5)।
    4. संघ और राज्यों की विधायी शक्तियों के बीच शक्तियों का वितरण (भाग 11 का अध्याय 1)।
    5. सातवीं सूची में वर्णित सूचियों की प्रविष्टि।
    6. संसद में राज्यों का प्रतिनिधित्व (अनुच्छेद 80 व अनुच्छेद 81, चौथी अनुसूची)।
    7. संविधान संशोधन (अनुच्छेद 368)।

उक्त संशोधन प्रणाली प्रथम दो संशोधन प्रणालियों की अपेक्षा कठोर है। इसकी कठोरता का कारण है कि संविधान निर्माता यह चाहते थे कि संघात्मक व्यवस्था से सम्बन्धित प्रावधानों में परिवर्तन करते समय केन्द्र और राज्यों दोनों की सहमति प्राप्त की जाए। भारत में संघीय स्वरूप को अक्षुण्ण बनाए रखने के लिए संविधान की यह कठोर प्रणाली निर्धारित की गयी है।

संशोधन प्रक्रिया की सामान्य विशेषताएँ

संविधान संशोधन प्रक्रिया की सामान्य विशेषताओं को निम्नानुसार विश्लेषित किया जा सकता है—

- **संसद को व्यापक शक्तियाँ**—भारत की राजनीतिक व्यवस्था में संसद की प्रभुसत्ता को स्थापित कर उसे शक्ति-सम्पन्न स्वरूप प्रदान किया गया है। अत: संविधान में संशोधन करने की व्यापक शक्तियाँ संसद में ही निहित हैं।
- **अनुच्छेद 368 में संशोधन का संसद को अधिकार**—संसद को इतना सक्षम बनाया गया है कि वह न केवल संविधान के अन्य अनुच्छेदों को बल्कि संशोधन प्रक्रिया वाले अनुच्छेद 368 को भी संशोधित कर सकती है।
- **राष्ट्रपति की स्वीकृति आवश्यक**—संविधान संशोधन विधेयक तभी पारित माना जाता है जब उस पर राष्ट्रपति की स्वीकृति मिल जाए। राष्ट्रपति संसद द्वारा पारित किसी संशोधन विधेयक पर अनुमति देने से इनकार नहीं कर सकता है, यह संविधान के 42वें संशोधन में स्पष्ट कर दिया गया है। यह व्यवस्था अमेरिकी संविधान से दृष्टि से भिन्नता लिए हुए है कि वहाँ संशोधन विधेयकों पर राष्ट्रपति की अनुमति की आवश्यकता नहीं है। वहाँ संविधान में राष्ट्रपति की औपचारिक भूमिका ही है।
- **आधे राज्य विधान मण्डलों का अनुसमर्थन**—भारत में कतिपय संविधान संशोधनों को पारित कियेजाने के लिए आधे राज्यों के विधानमण्डलों का अनुसमर्थन होना आवश्यक है। इस प्रकार राज्य संसद द्वारा पारित संशोधन विधेयक का अनुसमर्थन कर सकता है। उन्हें संविधान संशोधन प्रस्तावित करने का अधिकार प्राप्त नहीं है।
- **संघात्मक व्यवस्था की सुदृढ़ता का ध्यान**—संशोधन प्रक्रिया का निर्धारण करते समय संघात्मक व्यवस्था की सुदृढ़ता को ध्यान में रखा गया है जिससे संघीय इकाइयों को असन्तोष न हो। संघात्मक व्यवस्था से सम्बन्धित महत्त्वपूर्ण अनुच्छेदों में संशोधन करने के लिए राज्य विधानमण्डलों की स्वीकृति का प्रावधान रखकर संविधान-निर्माताओं ने देश की एकता और अखण्डता को सुरक्षित रखने का भागीरथ प्रयास किया है।
- **नम्यता और अनम्यता का मिश्रण**—संशोधन-प्रक्रिया न एकदम लचीली है और न एकदम कठोर है। इसमें नम्यता और अनम्यता का सुन्दर सम्मिश्रण है जैसा कि एम.वी.पायली का मानना है कि 'ऐसा कोई अन्य संघात्मक संविधान नहीं है जो नम्य तथा अनम्य दोनों ही प्रकार की संशोधन प्रक्रिया का प्रयोग करे। यह विशेषता केवल भारतीय-संविधान में ही है'।
- **जनमत संग्रह की व्यवस्था नहीं**—भारत में संविधान-संशोधन के लिए जनमत-संग्रह की कोई व्यवस्था नहीं की गई है, जैसा कि स्विट्जरलैण्ड के संविधान में विद्यमान है।

संशोधन प्रक्रिया की समस्याएं

भारत की संविधान-संशोधन प्रक्रिया में निम्नलिखित समस्याएं हैं—

- **संशोधन करना सरल**—संशोधन प्रणाली कठिन है। जैसा कि आइवर जेनिम ने भविष्यवाणी की थी कि संविधान के विशाल आकार और संशोधन प्रक्रिया के कुछ जटिल होने के कारण भारतीय संविधान में समयानुकुल संशोधन लाना कठिन होगा, परंतु स्वतंत्रता के पश्चात् हुए संविधान संशोधनों के परिप्रेक्ष्य में जैनिंग्स की यह भविष्यवाणी सही

सिद्ध नहीं हुई और अनेक महत्त्वपूर्ण संविधान संशोधन बिना किसी कठिनाई के सम्पन्न हो गये।

- **राज्यों को संशोधन प्रस्ताव का अधिकार नहीं**—भारत एक संघात्मक राज्य है फिर भी राज्यों को संविधान संशोधन प्रस्तावित करने का अधिकार नहीं दिया जाना संघीय भावना के प्रतिकूल है। अत: राज्यों को भी संविधान संशोधन प्रस्तावित किये जाने का अधिकार दिया जाना चाहिए, लेकिन इस संदर्भ में इस पहलू को ध्यान रखा जाना चाहिए कि संविधान और संघीय शासन-व्यवस्था से सम्बन्धित महत्त्वपूर्ण विषयों पर राज्य-विधानमण्डलों की स्वीकृति का प्रावधान रखा गया है। अत: राज्यों को संविधान संशोधन का महत्त्व प्राप्त हो गया है।
- **आधे राज्यों का अर्थ स्पष्ट नहीं**—संशोधन प्रणाली की आलोचना इस दृष्टि से की जाती है कि 'आधे राज्यों' शब्दों का अर्थ पूर्णतया स्पष्ट नहीं किया गया है। इस सम्बन्ध में राज्यों की जनसंख्या वाले पहलू की तरफ ध्यान नहीं दिया गया है। यह हो सकता है कि किसी संविधान संशोधन की उत्तर प्रदेश, आन्ध्र प्रदेश, बिहार, पश्चिमी बंगाल, तमितलनाडु, महाराष्ट्र, मध्य प्रदेश, राजस्थान, कर्नाटक, उड़ीसा और गुजरात जैसे बड़े राज्यों के विधानमण्डलों से तो पुष्टि नहीं कराई जाये, जो देश की तीन-चौथाई जनसंख्या का प्रतिनिधित्व करते हैं। शायद संविधान निर्माताओं का ध्यान इस ओर आकृष्ट ह[illegible] नहीं हुआ था। इस सम्बन्ध में यह व्यवस्था होनी ही चाहिए कि किस[illegible] भी संविधान संशोधन का अनुसमर्थन करने वाले राज्य विधानमण्डल देश की आधी जनसंख्या का प्रतिनिधित्व करें, इससे यह कमी दूर ह[illegible] जायेगी। इस कमी को दूर किया जाना नितान्त आवश्यक है।
- **राष्ट्रपति की स्वीकृति का प्रावधान उचित नहीं**—संविधान के सम्बन्ध में राष्ट्रपति की स्वीकृति की अनिवार्यता के प्रावधान की य[illegible] कहकर आलोचना की जाती है कि जनता का प्रतिनिधित्व करने वाल[illegible] संसद और राज्यों के विधानमण्डलों की स्वीकृति के बाद ही संशोध[illegible] को पारित समझा जाना चाहिए और राष्ट्रपति की स्वीकृति की व्यवस्थ[illegible] नहीं होनी चाहिए जैसा कि संयुक्त राज्य अमेरिका में प्रचलित है। वह[illegible] संविधान संशोधन पर राष्ट्रपति की स्वीकृति का कोई प्रावधान नह[illegible] है, अत: भारत में राष्ट्रपति की स्वीकृति का प्रावधान रखना आवश्यक नहीं होना चाहिए।
- **अन्धाधुंध संशोधन**—स्वतंत्रता के पश्चात् देश में किये गये संविधा[illegible] संशोधनों के अंधाधुंध क्रम में संशोधन पद्धति की असफलता क[illegible] उजागर कर दिया है। आलोचकों का यहाँ तक कहना है कि इ[illegible] व्यापक संविधान संशोधनों के कारण 'मूल संविधान' तो समाप्त ह[illegible] गया है, केवल 'संशोधन' बाकी रह गये हैं।

प्रमुख संविधान संशोधन

संशोधन क्रमांक		संशोधन का वर्ष	संशोधन के प्रावधान
1.	पहला संविधान संशोधन अधिनियम, 1951	1951	स्वतंत्रता के अधिकार पर राज्य की सुरक्षा विदेशों से मित्रतापूर्ण संबंध, सार्वजनिक व्यवस्था, सदाचार के हित में या न्यायालय की अवमानना या अपराध को उकसाने के संबंध में युक्तियुक्त प्रतिबंध लगाने का अधिकार राज्य को दे दिया गया। अनुच्छेद 31(क) और 31(ख) द्वारा संपत्ति के अधिकार के प्रश्न पर न्यायालय के अधिकार सीमित कर दिया गया।
2.	दूसरा संविधान संशोधन अधिनियम, 1952	1953	अनुच्छेद 81 के उपबंध 1(बी) में संशोधन कर प्रत्येक 7.5 लाख की जनसंख्या पर 1 प्रतिनिधि लोकसभा के लिए निर्वाचित होने के उपबंध का समापन।
3.	तीसरा संविधान संशोधन अधिनियम, 1954	1955	सातवीं अनुसूची की तीसरी सूची की प्रविष्टि 33 में संशोधन।
4.	चौथा संविधान संशोधन अधिनियम, 1955		अनुच्छेद 31, 31(क), 305 में संशोधन। केन्द्रीय सरकार अथवा राज्य सरकार लोक-कल्याण के लिए किसी की संपत्ति मुआवजा देकर ले सकेगी और मुआवजे का प्रश्न न्यायालय के अधिकार क्षेत्र में नहीं होगा।
5.	पाँचवाँ संविधान संशोधन अधिनियम, 1955	1955	अनुच्छेद 3 में संशोधन कर यह प्रावधान किया गया कि राज्य के क्षेत्र, सीमा या नाम में परिवर्तन करने वाले विधेयकों को राष्ट्रपति राज्य विधानमण्डलों के विचारार्थ प्रेषित करेगा।
6.	छठा संविधान संशोधन अधिनियम, 1956	1956	अनुच्छेद 286, 269 तथा 7वीं अनुसूची की प्रथम सूची में संशोधन। प्रथम सूची में अनुच्छेद 92 को सम्मिलित करके समाचार-पत्रों को छोड़कर ऐसे अन्य मालों के क्रय-विक्रय पर कर लगाने का अधिकार संघ सरकार को दे दिया गया है, जबकि अंतर-राज्यीय व्यापार एवं वाणिज्य के विषय में यह क्रय-विक्रय हुआ है।

(Continued)

संशोधन क्रमांक		संशोधन का वर्ष	संशोधन के प्रावधान
7.	सातवाँ संविधान संशोधन अधिनियम, 1956	1956	(क) अनुच्छेद 1, 81, 131, 168, 216, 217, 220, 222, 224, 350, 371 का भाग 8, 298, प्रथम तथा चतुर्थ अनुसूची में संशोधन। (ख) राज्यों का वर्गीकरण समाप्त। एक ही स्तर के 14 राज्य व 6 केन्द्र शासित क्षेत्र। (ग) लोकसभा के सदस्यों की अधिकतम संख्या 520 निर्धारित, जिसमें 500 राज्यों के तथा 20 केन्द्र शासित क्षेत्रों के प्रतिनिधि होंगे। (घ) विधानपरिषद् की सदस्य संख्या उस राज्य की विधान सभा के तृतीयांश से अधिक व 40 से अधिक नहीं होगी। (च) विधानसभा में सदस्यों की अधिकतम संख्या 500 और न्यूनतम 60 हो सकती है।
8.	आठवाँ संविधान संशोधन अधिनियम, 1959	1960	अनुच्छेद 334 के अंतर्गत अनुसूचित जाति एवं अनुसूचित जनजातियों को लोकसभा एवं राज्य की विधानसभाओं में प्राप्त आरक्षण 10 वर्ष से बढ़ाकर 20 वर्ष कर दिया गया।
9.	नौवाँ संविधान संशोधन अधिनियम, 1960	1960	बम्बई राज्य को महाराष्ट्र और गुजरात दो राज्यों में बाँटा गया। प्रथम अनुसूची में संशोधन कर बेरूबारी क्षेत्र पाकिस्तान को हस्तांतरित।
10.	दसवाँ संविधान संशोधन अधिनियम, 1961	1961	अनुच्छेद 240 व प्रथम अनुसूची में संशोधन कर दादर और नागर हवेली को भारत के संघ राज्यक्षेत्र में सम्मिलित किया गया।
11.	ग्यारहवाँ संविधान संशोधन अधिनियम, 1961	1961	अनुच्छेद 68(1) और 71(3) . राष्ट्रपति का निर्वाचन इस आधार पर अवैध घोषित नहीं किया जा सकता है कि निर्वाचकगण का निर्वाचन अपूर्ण है। उपराष्ट्रपति के निर्वाचन के लिए संसद के दोनों सदनों की संयुक्त बैठक आवश्यक है।
12.	बारहवाँ संविधान संशोधन अधिनियम, 1962	1962	अनुच्छेद 240 तथा प्रथम अनुसूची में संशोधन कर गोवा, दमन और दीव को भारत के संघ राज्य क्षेत्र का अंग घोषित किया गया।
13.	तेरहवाँ संविधान संशोधन अधिनियम, 1962	1962	नागालैण्ड को भारत संघ का सोलहवाँ राज्य घोषित किया गया।
14.	चौदहवाँ संविधान संशोधन अधिनियम, 1962	1962	गोवा, दमन, दीव, पुडुचेरी, हिमाचल प्रदेश, त्रिपुरा और मणिपुर केन्द्रशासित क्षेत्रों के लिए विधानमण्डलों का निर्माण। पांडिचेरी संघ राज्यक्षेत्र में समाविष्ट। लोकसभा में इनकी सदस्य संख्या 20 से बढ़ाकर 25 कर दी गई।
15.	पंद्रहवाँ संविधान संशोधन अधिनियम, 1963	1963	उच्च न्यायालय के न्यायाधीश की सेवानिवृत्ति की आयु 60 वर्ष से बढ़ाकर 62 वर्ष कर दी गई।
16.	सोलहवाँ संविधान संशोधन अधिनियम, 1963	1963	अनुच्छेद 19 में संशोधन करके संसद को भारत की एकता तथा अखंडता के हित में मौलिक अधिकारों पर युक्तियुक्त प्रतिबंध लगाते हुए आवश्यक कानून बनाए जाने की शक्ति दी गई। यह भी निश्चित किया गया कि संसद तथा राज्य विधानमण्डलों के सदस्यों तथा उच्चतम व उच्च न्यायालयों को भारत की प्रभुता व अखंडता बनाए रखने की शपथ लेनी होगी।
17.	सत्रहवां संविधान संशोधन अधिनियम, 1964	1964	केरल तथा मद्रास प्रांतों द्वारा पारित भूमि सुधार अधिनियमों को संवैधानिक संरक्षण प्रदान करने के लिए इन्हें नवीं अनुसूची में जोड़ दिया गया।
18.	अठारहवाँ संविधान संशोधन अधिनियम, 1966	1966	पंजाब राज्य को विभक्त कर पंजाब तथा हरियाणा दो राज्यों का गठन। चंडीगढ़ को संघीय क्षेत्र घोषित किया गया। अनुच्छेद 3 में यह स्पष्टीकरण दिया गया कि संसद को नए राज्य के निर्माण का अधिकार है।

(Continued)

संशोधन क्रमांक		संशोधन का वर्ष	संशोधन के प्रावधान
19.	उन्नीसवाँ संविधान संशोधन अधिनियम, 1966	1966	अनुच्छेद 324 में संशोधन कर निर्वाचल संबंधी विवाद हल करने की चुनाव आयोग की शक्ति को उससे लेकर उच्च न्यायालय को दे दिया गया।
20.	बीसवाँ संविधान संशोधन अधिनियम, 1969	1966	अनुच्छेद 233(क) जोड़कर उत्तर प्रदेश तथा अन्य राज्यों में जिला-जजों की नियुक्ति को वैधानिक बताया गया।
21.	इक्कीसवाँ संविधान संशोधन अधिनियम, 1969	1967	सिंधी भाषा को आठवीं अनुसूची में सम्मिलित किया गया।
22.	बाइसवाँ संविधान संशोधन अधिनियम, 1969	1969	अनुच्छेद 244(क) जोड़कर असम के कुछ पहाड़ी हिस्सों को संगठित कर 'मेघालय' नामक स्वायत्तशासी राज्य गठित करने की शक्ति संसद को दी गई। अत: 371(ख) के अंतर्गत संसद को नागालैण्ड के बारे में विशेष उपबंध करने की शक्ति दी गई।
23.	तेइसवाँ संविधान संशोधन अधिनियम, 1970	1970	अनुसूचित जातियों, अनुसूचित जनजातियों तथा आंग्ल भारतीय समुदायों को लोकसभा तथा विधानसभाओं में प्राप्त आरक्षण की अवधि 10 वर्ष और बढ़ाई गई।
24.	चौबीसवाँ संविधान संशोधन अधिनियम, 1971	1971	अनुच्छेद 13 में खंड(4) जोड़ा गया तथा अनुच्छेद 368 में संशोधन कर संसद को संविधान के किसी भी भाग में, जिसमें मूल अधिकार भी सम्मिलित हैं, संशोधन करने का अधिकार दिया गया। इसके द्वारा राष्ट्रपति को संसद द्वारा पारित संशोधन विधेयक को अनुमति देने के लिए आबद्ध कर दिया गया।
25.	पच्चीसवाँ संविधान संशोधन अधिनियम, 1971	1972	अनुच्छेद 31(2) में संशोधन कर 'मुआवजा' के स्थान पर 'राशि' शब्द जोड़ा गया तथा स्पष्ट किया गया कि यह राशि नकद न दी जाकर अन्यथा दी जा सकेगी। नया अनुच्छेद 31(ग) जोड़कर स्पष्ट किया गया कि अनुच्छेद 39 के खंड (ख) और (ग) को प्रभावित करने वाले किसी कानून की वैधता को इस आधार पर चुनौती नहीं दी जा सकेगी कि वह अनुच्छेद 14, 19 अथवा 31 में अंतर्निविष्ट किसी अधिकार का अतिक्रमण करता है।
26.	छब्बीसवाँ संविधान संशोधन अधिनियम, 1971	1971	भूतपूर्व देशी रियासतों के शासकों के प्रिवीपर्स को समाप्त कर दिया गया। राष्ट्रपति द्वारा राजाओं को दी गई मान्यता भी समाप्त कर दी गई।
27.	सत्ताइसवाँ संविधान संशोधन अधिनियम, 1971	1971	अनुच्छेद 240 में संशोधन कर अरूणाचल प्रदेश तथा मिजोरम नए संघ राज्य क्षेत्र बनाए गए। अनुच्छेद 371(ग) व अनुच्छेद 239(ख) जोड़ा गया और व्यवस्थापिका वाले संघ प्रशासित क्षेत्रों के प्रशासक को अध्यादेश जारी करने की शक्ति दी गई।
28.	अट्ठाइसवाँ संविधान संशोधन अधिनियम, 1972	1972	अनुच्छेद 314 का लोप कर आई.सी.एस. में कार्यरत सदस्यों के विशेषाधिकारों को समाप्त करने की शक्ति संसद को दे दी गई।
29.	उन्नतीसवाँ संविधान संशोधन अधिनियम, 1972	1972	केरल भूमि सुधार अधिनियम 1969 ई. तथा केरल भूमि सुधार संशोधन कानून, 1971 को संवैधानिक सुरक्षा देने के लिए उन्हें नवीं अनुसूची में सम्मिलित किया गया।
30.	तीसवाँ संविधान संशोधन अधिनियम, 1972	1973	अनुच्छेद 133(1) में संशोधन कर उच्चतम न्यायालय में होने वाली अपीलों को सीमित कर दिया गया। अब केवल वही अपीलें हो सकेंगी जिनमें सामान्य हित-संबंधी कानून का प्रश्न अंतग्रस्त हो।
31.	इक्कतीसवाँ संविधान संशोधन अधिनियम, 1973	1973	लोकसभा को सदस्य संख्या की सीमा 545 कर दी गई। संघीय शासित क्षेत्रों के 20 तथा राज्यों के प्रतिनिधियों की अधिकतम संख्या 525 होगी।
32.	बत्तीसवाँ संविधान संशोधन अधिनियम, 1973	1974	अनुच्छेद 371 में संशोधन कर अनुच्छेद 371(ख) जोड़ा गया, जिसमें आंध्र प्रदेश के लिए छः सूत्रीय विशेष प्रावधान किए गए।

(Continued)

संशोधन क्रमांक		संशोधन का वर्ष	संशोधन के प्रावधान
33.	तैंतीसवाँ संविधान संशोधन अधिनियम, 1974	1974	अनुच्छेद 101 एवं अनुच्छेद 190 का संशोधन कर यह उपबंधित किया गया कि राज्यों के विधानमण्डल या संसद के सदस्य अपनी सदस्यता से त्यागपत्र देते हैं तो अध्यक्ष यह सुनिश्चित करेगा कि वह त्यागपत्र स्वैच्छिक व असली है।
34.	चौंतीसवाँ संविधान संशोधन अधिनियम, 1974	1974	उड़ीसा, त्रिपुरा सहित अन्य राज्यों द्वारा पारित भू-सुधार कानूनों को संवैधानिक सुरक्षा देने के लिए नवीं अनुसूची में सम्मिलित किया गया।
35.	पैंतीसवाँ संविधान संशोधन अधिनियम, 1974	1975	सिक्किम को सहयोजित राज्य का दर्जा प्रदान किया गया।
36.	छत्तीसवाँ संविधान संशोधन अधिनियम, 1975	1975	सिक्किम को पूर्ण राज्य का दर्जा प्रदान किया गया।
37.	सैंतीसवाँ संविधान संशोधन अधिनियम, 1975	1975	अरूणाचल प्रदेश में विधानसभा और मंत्रिपरिषद के गठन की व्यवस्था की गई।
38.	अड़तीसवाँ संविधान संशोधन अधिनियम, 1975	1975	अनुच्छेद 123, 213, 239ख, 352, 356, 359 व 360 में संशोधन। राष्ट्रपति द्वारा आपात की उद्घोषणा तथा राष्ट्रपति या राज्यपाल द्वारा अध्यादेश के प्रख्यान को न्यायपालिका के पुनर्विलोकन के अधिकार क्षेत्र से बाहर कर दिया गया।
39.	उनतालीसवाँ संविधान संशोधन अधिनियम, 1975	1975	राष्ट्रपति, उपराष्ट्रपति, प्रधानमंत्री और लोकसभा के अध्यक्ष के निर्वाचन को न्यायिक समीक्षा की परिधि से बाहर कर दिया गया।
40.	चालीसवाँ संविधान संशोधन अधिनियम, 1976	1976	64 नए केन्द्रीय व राज्य भूमि सुधार अधिनियमों को नवीं अनुसूची में जोड़ा गया। अनुच्छेद 297 में संशोधन किया गया। संशोधित अनुच्छेद 297 संसद को समय-समय पर विधान बनाकर भारत के राज्य-क्षेत्रीय सागर, खण्ड, महाद्वीपीय मग्न तट-समुद्र के नीचे की सब भूमियों और आर्थिक क्षेत्र की सीमाओं को निर्धारित करने की शक्ति प्रदान करता है।
41.	इकतालीसवाँ संविधान संशोधन अधिनियम, 1976	1976	संघ लोक सेवा आयोग के सदस्यों की सेवानिवृत्ति की आयु 60 से बढ़ाकर 62 वर्ष कर दी गई।
42	बयालीसवाँ संविधान संशोधन अधिनियम, 1976	1976	संविधान की कुल 59 धाराओं में परिवर्तन किया गया। भारत को 'समाजवादी' एवं 'धर्मनिरपेक्ष' राज्य घोषित करते हुए इन शब्दों को संविधान की प्रस्तावना में जोड़ा गया। 10 मूल कर्तव्यों को जोड़ा गया। लोकसभा और राज्य विधानसभाओं का कार्यकाल 5 वर्ष से बढ़ाकर 6 वर्ष कर दिया गया। राष्ट्रपति के लिए मंत्रीपरिषद की सलाह मानना अनिवार्य कर दिया गया। आवश्यकता पड़ने पर राष्ट्रपति को किसी भी राज्य मे सेना भेजने का अधिकार दिया गया। 2001 तक लोकसभा एवं राज्य-विधानसभाओं की सदस्य संख्या में वृद्धि पर रोक लगा दी गई। राज्य के नीति निदेशक तत्वों में कुछ नए तत्व जोड़े गए, यथा-बच्चों में स्वस्थ विकास हेतु अवसर और सुविधाएँ प्रदान करना, समाज के कमजोर वर्गों के लिए निःशुल्क कानूनी सहायता की व्यवस्था करना औद्योगिक संस्थानों के प्रबंध में कर्मचारियों को भागीदार बनाना तथा देश के पर्यावरण की रक्षा एवं उसमें सुधार। उच्चतम व उच्च न्यायालय का क्षेत्राधिकार सीमित कर दिया गया।
43.	तैतालीसवाँ संविधान संशोधन अधिनियम, 1977	1978	42वें संविधान संशोधन द्वारा उच्चतम एवं उच्च न्यायालय की शक्तियाँ छीन गई थीं, वह उन्हें वापस कर दी गईं।
44.	चौवालीसवाँ संविधान संशोधन अधिनियम, 1978	1979	1. सम्पत्ति को मूल अधिकार के रूप में समाप्त कर उसे मामूली संवैधानिक अधिकार का दर्जा दिया गया।

(Continued)

संशोधन क्रमांक		संशोधन का वर्ष	संशोधन के प्रावधान
			2. अनुच्छेद 30 में यह व्यवस्था की गई कि अल्पसंख्यकों की संस्थाओं का अधिग्रहण किए जाने पर मुआवजे की व्यवस्था बरकरार रहे। 3. राष्ट्रपति को अनुच्छेद 352 के अधीन केवल बाहरी आक्रमण या सशस्त्र विद्रोह की स्थिति में आपातकाल की घोषणा का अधिकार होगा। 4. अनुच्छेद 356 के अधीन किसी राज्य में राष्ट्रपति शासन की अवधि तीन वर्ष से घटाकर एक वर्ष कर दी गई। तीन वर्ष तक राष्ट्रपति शासन तभी रह सकता है, जब चुनाव आयोग यह प्रमाणित करे कि संबद्ध राज्य में चुनाव नहीं कराए जा सकते। 5. अनुच्छेद 359 को भी संशोधित किया गया, जिसके अनुसार आपातकाल में राष्ट्रपति के आदेश के द्वारा भी किसी नागरिक की स्वाधीनता और जीवन का अधिकार छीना नहीं जा सकेगा। 6. एक नया अनुच्छेद जोड़ा गया, जिसके अनुसार राष्ट्रपति और उपराष्ट्रपति के चुनाव से संबद्ध शंकाओं और विवादों का फैसला उच्चतम न्यायालय करेगा। 7. अनुच्छेद 74 को पुन: संशोधित किया गया जिसके अनुसार यद्यपि राष्ट्रपति मंत्रिमण्डल के परामर्श का अनुसरण करने के लिए बाध्य होगा तथापि उसे यह अधिकार होगा कि वह उसकी सिफारिश को पुनर्विचार के लिए मंत्रिमण्डल को वापस भेज सके। पुनर्विचार के बाद मंत्रिमण्डल का निर्णय राष्ट्रपति स्वीकार करेगा। 8. लोकसभा और विधानसभाओं का कार्यकाल 6 वर्ष से घटाकर पुन: 5 वर्ष कर दिया गया। 9. राष्ट्रपति के संकटकालीन अधिकारों के प्रयोग पर कई तरह के प्रतिबंध लगाए गए, जो अग्रांकित हैं— (क) मंत्रिमण्डल के सामूहिक निर्णय को लिखित में भेजे जाने के बाद ही राष्ट्रपति आपात की घोषणा करेगा। (ख) घोषणा को 30 दिनों के भीतर संसद की स्वीकृति आवश्यक। (ग) संसद के दो तिहाई बहुमत की अनुमति के बिना घोषणा का महत्त्व 6 माह से अधिक नहीं। (घ) यदि लोकसभा के 1/10 सदस्य लिखित रूप से संकटकाल को बनाए रखने के विरोध (विपक्ष) में सूचना देते हैं, तो सूचना मिलने के 14 दिनों में लोकसभा की विशेष बैठक बुलाना आवश्यक।
45.	पैंतालीसवाँ संविधान संशोधन अधिनियम, 1980	1980	लोकसभा तथा राज्य विधानसभाओं में अनुसूचित जातियों, अनुसूचित जनजातियों के लिए सीटों का आरक्षण 10 वर्ष और बढ़ा।
46.	छियालीसवाँ संविधान संशोधन अधिनियम, 1982	1983	अनुच्छेद 269, 286, 366 और सातवीं अनुसूची में संशोधन। राज्यों द्वारा पारित बिक्री-कर संबंधी अनुच्छेद के प्रशासन में उत्पन्न परेशानियों को दूर करने का अधिकार केन्द्रीय सरकार को दिया गया।
47.	सैतालीसवाँ संविधान संशोधन अधिनियम, 1984	1984	14 राज्यों के भूमि-सुधार कानूनों को नवीं अनुसूची में जोड़ा गया ताकि उन्हें संवैधानिक संरक्षण प्राप्त हो।
48.	अड़तालीसवाँ संविधान संशोधन अधिनियम, 1984	1984	अनुच्छेद 356 के खण्ड (5) में अंत:स्थापित करके पंजाब में राष्ट्रपति शासन की अवधि दो साल की गई।

(Continued)

संशोधन क्रमांक		संशोधन का वर्ष	संशोधन के प्रावधान
49.	उन्चासवाँ संविधान संशोधन अधिनियम, 19874	1984	अनुच्छेद 244, पाँचवीं और छठी अनुसूची में संशोधन कर मेघालय तथा त्रिपुरा के आदिवासयों को जिला-क्षेत्र में भी कुछ विशेष सुविधाएँ प्रदान करने का प्रावधान किया गया।
50.	पचासवाँ संविधान संशोधन अधिनियम, 1984	1984	अनुच्छेद 33 में संशोधन कर उपबंधित किया गया कि सेना, कानून-व्यवस्था बनाए रखने वाले लोग, जन-संपत्ति की सुरक्षा में तैनात कर्मचारियों, गुप्तचर और सुरक्षा सेनाओं के संचार माध्यमों से जुड़े लोगों के मूल अधिकार रद्द या स्थगित किए जा सकते हैं।
51.	इकावनवाँ संविधान संशोधन अधिनियम, 1984	1984	अनुच्छेद 330(1) और 332(1) में संशोधन। नागालैण्ड के स्वतंत्र राज्य बनने के कारण इस संशोधन की आवश्यकता पड़ी। इसके द्वारा मेघालय, नागालैण्ड, अरूणाचल प्रदेश और मिजोरम की अनुसूचित जनजातियों को लोकसभा में आरक्षण प्रदान किया गया तथा नागालैण्ड और मेघालय की विधानसभाओं में जनजातियों के लिए आरक्षण की व्यवस्था की गई।
52.	बावनवाँ संविधान संशोधन अधिनियम, 1985	1985	इसका उद्देश्य दल-बदल पर रोक लगाना है। इस संशोधन द्वारा दल-बदल कानून के रूप में संविधान में दसवीं अनुसूची जोड़ी गई। इसके अनुसार किसी संसद या विधानसभा सदस्य की सदस्यता समाप्त हो जाएगी, यदि— 1. वह स्वेच्छा से अपने दल से त्याग पत्र दे दे। 2. यदि वह दल के प्राधिकृत व्यक्ति की अनुमति के बिना सदन में उसके निर्देशों के प्रतिकूल मतदान करे या अनुपस्थित रहे। 3. यदि कोई निर्दलीय सदस्य किसी राजनीतिक दल में सम्मिलित हो जाए। 4. यदि कोई मनोनीत सदस्य शपथ लेने के छः माह बाद किसी राजनीतिक दल में सम्मिलित हो जाए।
53.	तिरेपनवा संविधान संशोधन अधिनियम, 1985	1985	अनुच्छेद 371 जोड़कर मिजोरम (23वें राज्य) को नया नया राज्य बनाया गया।
54.	चौवनवाँ संविधान संशोधन अधिनियम, 1986	1986	उच्चतम एवं उच्च न्यायालय के न्यायाधीशों के वेतन में वृद्धि की गई। (अनुसूची-2, भाग घ में संशोधन कर)
55.	पचपनवाँ संविधान संशोधन अधिनियम, 1987	1986	अरूणाचल प्रदेश को पूर्ण राज्य का दर्जा प्रदान किया गया। अनुच्छेद 371ज को जोड़कर, 24वें राज्य का दर्जा प्रदान किया गया।
56.	छप्पनवाँ संविधान संशोधन अधिनियम, 1987	1987	गोवा को पूर्ण राज्य का दर्जा प्रदान किया गया। (दमन व दीव से अलग कर) अनुच्छेद 371झ स्थापत कर गोवा के लिए 30 सदस्यीय विधानसभा का प्रावधान।
57.	सत्तावनवाँ संविधान संशोधन अधिनियम, 1987	1987	नागालैण्ड, मिजोरम, मेघालय तथा अरूणाचल प्रदेश में संशोधन अनुसूचित जनजातयों के लिए लोकसभा में तथा नागालैण्ड और मेघालय की विधानसभाओं में अनुसूचित जनजातियों के लिए आरक्षण की व्यवस्था की गई (अनु. 332 में संशोधन कर)
58.	अठावनवाँ संविधान संशोधन अधिनियम, 1987	1987	भारत के राष्ट्रपति को भारतीय संविधान का अधिकृत हिन्दी अनुवाद प्रकाशित करने का अधिकार दिया गया (संविधान में 394क जोड़कर)।
59.	उनसठवाँ संविधान संशोधन अधिनियम, 1988	1988	केन्द्र सरकार आंतरिक उपद्रवों के आधार पर पंजाब में आपातकाल लागू कर सकती है। पंजाब में राष्ट्रपति तीन वर्ष तक के लिए लागू की जा सकती है। अनु. 21 द्वारा प्रदत्त व्यक्तिगत स्वतंत्रता तथा जीवन के अधिकार की राष्ट्रपति केवल पंजाब में निलम्बित कर सकता है।
60.	साठवाँ संविधान संशोधन अधिनियम, 1988	1988	जिन राज्यों में व्यवसायिक कर लगाने की व्यवस्था है, वहाँ इसकी अधिकतम राशि 250 रुपये से बढ़ाकर 2500 रुपये कर दी गई (अनु. 276(2) संशोधन कर)।

(Continued)

संशोधन क्रमांक		संशोधन का वर्ष	संशोधन के प्रावधान
61.	इकसठवाँ संविधान संशोधन अधिनियम, 1989	1989	अनुच्छेद 326 में संशोधन कर वयस्क मताधिकार की आयु 21 वर्ष से घटाकर 18 वर्ष कर दी गई।
62.	बासठवाँ संविधान संशोधन अधिनियम, 1989	1989	अनुसूचित जातियों एवं अनुसूचित जनजातियों के लिए आरक्षण की व्यवस्था को 10 वर्ष और बढ़ा दिया गया (अनु. 334 में संशोधन कर)।
63.	तिरसठवाँ संविधान संशोधन अधिनियम, 1990	1990	पंजाब संबंधी 59वें संविधान संशोधन को निरस्त कर दिया गया।
64.	चौसठवाँ संविधान संशोधन अधिनियम, 1990	1990	अनुच्छेद 356 में खण्ड (4) एवं (5) में परंतुक जोड़कर पंजाब में राष्ट्रपति शासन की अवधि तीन वर्ष की जगह 'तीन वर्ष 6 माह' के लिए बढ़ाया गया।
65.	पैसठवाँ संविधान संशोधन अधिनियम, 1990	1990	अनुच्छेद 338 में संशोधन करके अनुसूचित जातियों एवं अनुसूचित जनजातियों के लिए विशेष अधिकारी के स्थान एक राष्ट्रीय आयोग के गठन का उपबंध किया गया।
66.	छियासठवाँ संविधान संशोधन अधिनियम, 1990	1990	विभिन्न राज्यों द्वारा पारित 55 भूमि सुधार कानूनों को नवीं अनुसूची में जोड़ा गया। 203 से 257 तक।
67.	सड़सठवाँ संविधान संशोधन अधिनियम, 1990	1990	अनुच्छेद 356 के खण्ड (4) में संशोधन कर पंजाब राज्य में राष्ट्रपति शासन की अवधि 4 वर्ष तक बढ़ा दी गई।
68.	अड़सठवाँ संविधान संशोधन अधिनियम, 1991	1991	अनुच्छेद 356 के खण्ड (4) में संशोधन करके '4 वर्ष' के स्थान पर '5 वर्ष' किया गया क्योंकि पंजाब में चुनाव संभव नहीं थे।
69.	उनहत्तरवाँ संविधान संशोधन अधिनियम, 1991	1991	दिल्ली संघ राज्यक्षेत्र के लिए विधानसभा और मंत्रिपरिषद का उपबंध करने के लिए अनुच्छेद 239 (क क) और 239 (क ख) जोड़े गए। इसके द्वारा संघ क्षेत्र दिल्ली को विशेष दर्जा दिया गया तथा उसका नाम 'राष्ट्रीय राजधानी क्षेत्र दिल्ली' रखा गया। इसके लिए 70 सदस्यीय विधान सभा 7 सदस्यीय मंत्रिपरिषद का उपबंध किया गया।
70.	सत्तरवाँ संविधान संशोधन अधिनियम, 1992	1992	संघीय क्षेत्रों की विधानसभाओं के सदस्यों को भी राष्ट्रपति के निर्वाचक मण्डल में सम्मिलित किया गया। इस समय तक दिल्ली एवं पुडुचेरी संघीय क्षेत्रों में ही विधानसभाएँ हैं, इसलिए इनके सदस्यों को ही राष्ट्रपति के निर्वाचक मण्डल में रखा गया है। अनुच्छेद 54 में एक स्पष्टीकरण जोड़ा गया।
71.	इकहत्तरवाँ संविधान संशोधन अधिनियम, 1992	1992	कोंकणी, मणिपुरी और नेपाली भाषा को संविधान की आठवीं अनुसूची में सम्मिलित किया गया। अब 8वीं अनुसूची में कुल 18 भाषाएँ हो गईं।
72.	बहत्तरवाँ संविधान संशोधन अधिनियम, 1992	1992	त्रिपुरा विधानसभा में स्थानों की संख्या बढ़ाकर 60 कर दी गई।
73.	तिहत्तरवाँ संविधान संशोधन अधिनियम, 1992	1993	संविधान में एक नया भाग, भाग 9 तथा एक नई अनुसूची, 11वीं अनुसूची जोड़ी गई और पंचायती राज व्यवस्था को संवैधानिक दर्जा प्रदान किया गया। इसमें कुल 29 विषयों का उल्लेख है जिन पर पंचायतों को कानून बनाने की शक्ति दी गई है।
74.	चौहत्तरवाँ संविधान संशोधन अधिनियम, 1992	1993	संविधान में नया भाग, भाग 9.क तथा एक नई अनुसूची 12वीं अनुसूची जोड़ी गई। इसके द्वारा नगरीय क्षेत्र की स्थानीय स्वशासन संस्थाओं को संवैधानिक दर्जा प्रदान किया गया। बारहवीं अनुसूची में 18 विषयों का उल्लेख है, जिन पर नगरपालिकाओं को कानून बनाने का अधिकार है।
75.	पचहत्तरवाँ संविधान संशोधन अधिनियम, 1993	1993	भवन-किराए संबंधी मामलों को हल करने के लिए अधिकरणों की स्थापना की गई। ऐसे मामलों पर अब न्यायालय की अधिकारिता नहीं होगी (अनु. 223(ख) में संशोधन)।

(Continued)

संशोधन क्रमांक		संशोधन का वर्ष	संशोधन के प्रावधान
76.	छिहत्तरवाँ संविधान संशोधन अधिनियम, 1994	1994	तमिलनाडु सरकार द्वारा पारित सरकारी नौकरियों में पिछड़े वर्गों के लिए 69 प्रतिशत आरक्षण का उपबंध करने वाले अधिनियम को नवीं सूची में जोड़ा गया।
77.	सत्तहत्तरवाँ संविधान संशोधन अधिनियम, 1995	1995	अनुच्छेद 16 में नया खण्ड (4क) जोड़ा गया जो उपबंधित करता है कि अनुच्छेद 16 की कोई बात राज्य के अनुसूचित जाति और अनुसूचित जनजातियों के लिए जिनका प्रतिनिधित्व राज्य की राय में राज्य-सेवाओं में पर्याप्त नहीं है, पदोन्नति के लिए आरक्षण के लिए कोई उपबंध करने से निवारित नहीं करेगी।
78.	अठहत्तरवाँ संविधान संशोधन अधिनियम, 1995	1995	बिहार, कर्नाटक, केरल, उड़ीसा, राजस्थान, तमिलनाडु और पश्चिम बंगाल के 27 भूमि सुधार कानूनों को नवीं अनुसूची में सम्मिलित किया गया।
79.	उनयासिवाँ संविधान संशोधन अधिनियम, 1999	1999	अनुसूचित जाति एवं अनुसूचित जनजातियों के लिए आरक्षण की अवधि 10 वर्ष और बढ़ा दी गई तथा अनुच्छेद 334 में संशोधन कर '50 वर्ष' की जगह '60 वर्ष' लिखा गया।
80.	अस्सीवाँ संविधान संशोधन अधिनियम, 2000	2000	अनुच्छेद 269(1) व (2) के स्थान पर नया खंड तथा अनुच्छेद 270 के स्थान पर नया खण्ड प्रतिस्थापित किया गया है तथा अनुच्छेद 272 का लोप कर दिया गया है। ऐसा 10वें वित्त आयोग की सिफारिश पर हुआ है। केन्द्रिय करों में राज्यों का हिस्सा।
81.	इक्यासीवाँ संविधान संशोधन अधिनियम, 2000	2000	अनुच्छेद 16 में खण्ड (4ख) अंत:स्थापित कर अनुसूचित जातियों, अनुसूचित जनजतियों तथा अन्य पिछड़ा वर्ग के लिए सरकारी नौकरियों में आरक्षण 50% सीमा, जो इंद्रा साहनी मामले में उच्चतम न्यायालय ने लगाई थी, को समाप्त कर दिया गया। इस संशोधन के उपरांत अब एक वर्ष न भरी जाने वाली बकाया रिक्तियों को अलग वर्ग माना जाएगा और उन्हें अगले वर्ष भरा जाएगा, भले ही उसकी सीमा 50% से अधिक हो।
82.	बयासीवाँ संविधान संशोधन अधिनियम, 2000	2000	अनुच्छेद 335 में परंतुक जोड़कर उपबंधित किया गया कि अनुसूचित जाति और अनुसूचित जनजातियों के लिए आरक्षित पदों के लिए होने वाली किसी परीक्षा में उनके लिए अर्हता अंकों या मूल्यांकन के मानकों में छूट प्रदान की जा सकती है।
83.	तिरासीवाँ संविधान संशोधन अधिनियम, 2000	2000	अनुच्छेद 243(घ) में खंड 3(क) जोड़ा गया। अनुच्छेद 243 (घ) प्रत्येक पंचायत में अनुसूचित जातियों के लिए सीटों के आरक्षण का प्रावधान करता है। इस संशोधन द्वारा अरूणाचल प्रदेश को 243(घ) से बाहर रखा गया है क्योंकि वहाँ अनुसूचित जातियों का कोई अस्तित्व नहीं है।
84.	चौरासीवाँ संविधान संशोधन अधिनियम, 2001	2001	लोकसभा व राज्य विधानसभाओं की सीटों की संख्या 2026 तक असंशोधनीय।
85.	पचासीवाँ संविधान संशोधन अधिनियम, 2001	2001	अनुसूचित जाति एवं अनुसूचित जनजाति के लिए सरकारी नौकरियों में प्रोन्नति में आरक्षण बहाल किया गया।
86.	छियासीवाँ संविधान संशोधन अधिनियम, 2002	2002	अनुच्छेद 21 में 21ए जोड़कर 6 से 14 वर्ष तक के संशोधन बालकों को नि:शुल्क शिक्षा का मूल अधिकार दिया गया तथा मूल कर्तव्य में एक कर्तव्य और जोड़कर माता-पिता एवं संरक्षकों का यह कर्तव्य माना गया है कि वे 6 से 14 वर्ष तक के बालकों को शिक्षा के अवसर उपलब्ध करवायेंगे।
87.	सत्तासीवाँ संविधान संशोधन अधिनियम, 2003	2003	निर्वाचन क्षेत्रों का पुनर्निर्धारण 2001 की जनगणना के आधार पर किए जाने की व्यवस्था।
88.	अठ्ठासीवाँ संविधान संशोधन अधिनियम, 2003	2003	अनुच्छेद 268, 270 एवं 7वीं अनुसूची में संशोधन किया गया।
89.	नवासीवाँ संविधान संशोधन अधिनियम, 2003	2003	इस संविधान संशोधन द्वारा संविधान में अनुच्छेद 338(क) जोड़ा गया जिसमें अनुसूचित जनजातियों के लिए एक राष्ट्रीय आयोग गठित करने का प्रावधान किया गया है।

(Continued)

संशोधन क्रमांक		संशोधन का वर्ष	संशोधन के प्रावधान
90.	नब्बेवाँ संविधान संशोधन अधिनियम, 2003	2003	अनुच्छेद 332(6) में यह जोड़ा गया कि असम विधान सभा चुनावों के लिए अनुसूचित जातियों एवं गैर अनुसूचित जनजातियों के प्रतिनिधित्व को बोडोलैण्ड टेरिटोरियल एरियाज डिस्ट्रिक गठित होने के पूर्व जैसी स्थिति में रखा जाएगा।
91.	इक्यानवेवाँ संविधान संशोधन अधिनियम, 2003	2003	अनुच्छेद 75, 164 तथा 10वीं अनुसूची में संशोधन कर दल-बदल पर रोक के साथ-साथ मंत्रिमण्डल के आकार को सीमित करने का प्रावधान।
92.	बानवेवाँ संविधान संशोधन अधिनियम, 2003	2003	बोडो, डोगरी, मैथिली एवं संथाली भाषाओं को 8वीं अनुसूची में शामिल किया गया। अब 8 वीं अनुसूची में 22 भाषाएँ हो गई हैं।
93.	तिरानवेवाँ संविधान संशोधन अधिनियम, 2005	2005	निजी एवं बिना सरकारी अनुदान प्राप्त शिक्षण संस्थाओं में प्रवेश में सामाजिक एवं शैक्षणिक रूप से पिछड़ों के लिए आरक्षण की व्यवस्था अनु. 15 में एक नया उपखण्ड 15(5) जोड़ा गया।
94.	चौरानवेवाँ संविधान संशोधन अधिनियम, 2006	2006	मध्य प्रदेश, उड़ीसा के साथ-साथ छत्तीसगढ़ एवं झारखण्ड को सम्मिलित किया है। यहाँ अनसुचित जनजातियों के कल्याण के लिए एक मंत्री का प्रावधान है। बिहार को इस सूची से हटा दिया गया है।
95.	95वाँ संविधान संशोधन अधिनियम, 2009	2009	अनु. 334 में संशोधन कर लोकसभा एवं राज्य विधानसभाओं में अनुसूचित जाति/जनजाति के लिए सीटों का आरक्षण 26 जनवरी 2010 से 26 जनवरी 2020 तक बढ़ा दिया गया है।
96.	96वाँ संविधान संशोधन अधिनियम, 2011	2011	आठवीं अनुसूची में संशोधन कर उड़िया के स्थान पर ओडिसा कर दिया गया है।
97.	97वाँ संविधान संशोधन अधिनियम, 2012	2012	सहकारी समितियों को भाग 9(ख) तथा अनुच्छेद 43(ख) में रखा गया है। इसके द्वारा सहकारी समितियों को संवैधानिक दर्जा दिया गया।
	98वाँ संविधान संशोधन अधिनियम, 2012	2012	इसके द्वारा 371(झ) जोड़ा गया। कर्नाटक राज्य के हैदराबाद—कर्नाटक क्षेत्र के लिए विशेष प्रावधान किया गया। इस संशोधन की लक्ष्य ऐसे संस्थागत क्षेत्र की स्थापना से है जो कि विकास की आवश्यकताओं को पूरा करने के साथ मानव संसाधन को बढ़ाने तथा शैक्षिक और व्यवसायिक प्रशिक्षण से सेवा और आरक्षण के साथ रोजगार को बढ़ावा देने के लिए निवासियों तथा संस्थाओं को धन का न्याय संगत आवंटन करना है।
99.	99वें	2014	न्यायिक नियुक्ति आयोग की बात, सर्वोच्च न्यायालय ने इसे रद्द कर दिया।
100.	100वाँ	2016	भारत बांग्लादेश भूमि की अदला-बदली
101.	101वाँ	2016	GST का प्रावधान

अध्याय सार संग्रह

- संविधान में संशोधन करने की प्रक्रिया का उल्लेख अनुच्छेद 368 में किया गया है।
- भारत में संविधान में संशोधन करने के लिए जनमत संग्रह की कोई व्यवस्था नहीं की गई है जैसा कि स्विटजरलैंड के संविधान में है।
- अनुच्छेद 368 में भी संशोधन करने का अधिकार संसद को है। वह न केवल संविधान के अन्य अनुच्छेदों को बल्कि संशोधन प्रक्रिया अनुच्छेद 368 को भी संशोधित कर सकती है।
- संविधान के सातवें संशोधन अधिनियम द्वारा विधानसभा में सदस्यों की अधिकतम संख्या 500 और न्यूनतम 60 हो सकती है।
- दसवें संविधान संशोधन अधिनियम द्वारा दादर और नागर हवेली को भारत के संघ राज्य क्षेत्र में सम्मिलित किया गया।
- वर्ष 2006 में चौरासवें संविधान संशोधन अधिनियम द्वारा मध्यप्रदेश, उड़ीसा, छत्तीसगढ़ एवं झारखण्ड अनुसूचित जनतातियों कल्याण के लिए एक मंत्री बनाये जाने का प्रावधान किया गया और बिहार को इस सूची से हटा दिया गया है।
- इकतालीसवें संविधान संशोधन अधिनियम द्वारा संघ लोक सेवा आयोग के सदस्यों की सेवा निवृति की आयु 60 से बढ़ाकर 62 वर्ष कर दी गई।
- चौवालिसवें संविधान संशोधन द्वारा सम्पत्ति को मूल अधिकार के रूप में समाप्त कर उसे मामूली संवैधानिक अधिकार का दर्जा दिया गया।
- पचासीवाँ संविधान द्वारा अनुसूचित जाति एवं अनुसूचित जनजाति के लिए सरकारी नौकरियों में प्रोन्नति के लिए आरक्षण प्रदान किया गया।

13 अध्याय

जम्मू-कश्मीर

इस अध्याय में आप सीखेंगे किः

- जम्मू-कश्मीर का उद्‌भव विकास कैसे हुआ और भारतीय संविधान में उसकी स्थिति के बारे में जानेंगे कि किस परिस्थिति में कैसे जम्मू-कश्मीर भारत का विशेष राज्य बना।
- जम्मू-कश्मीर भारत में सामरिक एवं सामाजिक-आर्थिक रूप से क्या महत्व रखता है।

भारतीय संविधान के भाग 21, अनुच्छेद 370 के तहत जम्मू-कश्मीर राज्य के सम्बंध में कुछ विशेष अस्थायी उपबन्ध किया गया है। इसका ऐतिहासिक कारण है। भारतीय स्वतंत्रता अधिनियम 1947 के तहत देशी रियासतों को यह अधिकार दिया गया था कि वह स्वेच्छा से भारत या पाकिस्तान में शामिल हो सकती हैं, या अपना स्वतंत्र अस्तित्व बनाये रख सकती हैं। जम्मू-कश्मीर के तत्कालीन शासक महाराजा हरि सिंह ने यथास्थिति बनाये रखने का निर्णय लिया। किंतु अक्टूबर 1947 में पाकिस्तान समर्थित आज़ाद कश्मीर सेना ने जम्मू-कश्मीर पर आक्रमण कर दिया। फलस्वरूप राजा हरिसिंह ने 26 अक्टूबर 1947 को, कश्मीर के विलय अधिपत्र पर हस्ताक्षर कर, उसे भारतीय संघ में शामिल होने की औपचारिक घोषणा कर दी। इस अधिपत्र द्वारा प्रतिरक्षा, विदेश मामले और संचार के अधिकार भारत सरकार को सौंप दिए गए, जबकि भारत सरकार द्वारा अनु. 370 के अधीन जम्मू-कश्मीर के अधीन जम्मू-कश्मीर को विशेष स्थिति प्रदान की गई। तत्कालीन परिस्थितियों के दृष्टिगत विलय पत्र पर हस्ताक्षर के समय भारत सरकार ने यह घोषणा की थी कि जम्मू-कश्मीर राज्य का भावी संविधान, तथा राज्य का भारतीय संघ से सम्बंध, उस राज्य की संविधान सभा द्वारा निर्धारित किया जाएगा। 1 मार्च 1949 को संविधान सभा के गठन की घोषणा की गई, तत्पश्चात् राज्य के लोगों द्वारा संविधान सभा के सदस्यों का चुनाव किया गया। प्रति 40 हजार की जनसंख्या पर कुल 75 प्रतिनिधि चुने गये। संविधान सभा का प्रथम अधिवेशन 30 अक्टूबर 1951 को हुआ। संविधान सभा ने नवम्बर 1951 में एक अधिनियम पारित किया, जिसके द्वारा जम्मू कश्मीर के वंशानुगत प्रमुख के पद को समाप्त करके निर्वाचित्त सदर-ए-रियासत को राज्य का प्रमुख बनाया गया। इस पद पर सर्वप्रथम डॉ. कर्ण सिंह को निर्वाचित किया गया। 10 फरवरी 1954 को संविधान सभा ने इस बात की पुष्टि की कि, भारत संघ में जम्मू-कश्मीर का विलय अंतिम है। अक्टूबर, 1956 में संविधान सभा ने राज्य का स्थायी संविधान बनाने के लिए अनेक समितियाँ गठित की। संविधान की प्रारूप समिति द्वारा प्रस्तुत संविधान की प्रारूप पर संविधान सभा ने विचार विमर्श के बाद 17 नवम्बर, 1952 को अंतिम रूप से स्वीकार कर लिया और 26 नवंबर 1957 को लागू कर दिया गया।

जम्मू-कश्मीर राज्य का संविधान

जम्मू-कश्मीर राज्य का अपना संविधान है, जिसके उपबन्धों के अनुसार इसका प्रशासन चलता है। अतः भारतीय संविधान का राज्यों से, सम्बंधित उपबन्ध (भाग-6) इस राज्यपर लागू नहीं हेाता। इस संविधान के तहत जम्मू-कश्मीर राज्य को भारत का अभिन्न अंग घोषित किया गया है, तथा यह भी कहा गया है कि जम्मू-कश्मीर राज्य का राज्यक्षेत्र उन सभी प्रदेशों से मिलकर बनता है, जो 15 अगस्त 1947 को उस रियासत के शासक के अधीन थे। अतः जम्मू-कश्मीर के राज्यक्षेत्र के अंतर्गत पाक-अधिकृत कश्मीर (आज़ाद कश्मीर) भी आता है। जम्मू-कश्मीर की राजव्यवस्था से सम्बंधित कुछ प्रमुख उपबन्ध निम्न हैं—

विधानमण्डल

जम्मू-कश्मीर राज्य के लिए द्विसदनीय विधानमण्डल यथा-विधानसभा एवं विधानपरिषद का प्रावधान किया गया है। विधानसभा के सदस्यों की कुल संख्या 100 है जिसमें से 24 स्थान पाकिस्तान अधिकृत कश्मीर के

प्रतिनिधियों द्वारा भरे जाने के लिए रिक्त रखे गये हैं, तथा शेष स्थान राज्य के विभिन्न निर्वाचन क्षेत्रों से प्रत्यक्ष मतदान द्वारा भरा जाता है। उल्लेखनीय है कि राज्य का राज्यपाल विधानसभा का कार्यकाल 6 वर्ष का होता है। राज्य में चुनाव का उत्तरदायित्व भारत के चुनाव आयोग पर है।

विधान परिषद की कुल सदस्य संख्या 36 है। जिनमें 11 सदस्यों का चुनाव विधानसभा के सदस्यों द्वारा, ऐसे व्यक्तियों में से किया जाता है, जो जम्मू कश्मीर राज्य के निवासी है। इन 11 सदस्यों में से कम से कम एक सदस्य लद्दाख का और एक सदस्य कारगिल क्षेत्र का होना आवश्यक है। इसके अतिरिक्त अन्य 11 सदस्यों का चुनाव भी विधानसभा के सदस्यों द्वारा ही किया जाता है, किंतु ये जम्मू क्षेत्र के होते हैं। शेष 14 सदस्य स्थानीय निकायों द्वारा चुने जाते हैं।

कार्यपालिका

भारत के अन्य राज्यों की भांति ही जम्मू-कश्मीर राज्य कार्यपालिका शक्ति भी राज्यपाल में निहित है। राज्यपाल की नियुक्ति राष्ट्रपति द्वारा की जाती है तथा उसका कार्यकाल 5 वर्ष का होता है। राज्यपाल को परामर्श देने के लिए एक मंत्रिपरिषद होती है, जिसका प्रधान मुख्यमंत्री होता है। राज्यपाल मंत्रिपरिषद की सलाह के अनुसार कार्य करता है और मंत्रिपरिषद सामूहिक रूप से विधान सभा के प्रति उत्तरदायी होती है। उल्लेखनीय है कि 1965 के पूर्व जम्मू-कश्मीर राज्य के कार्यपालिका प्रधान को 'सदर-ए-सियासत' कहा जाता था, किंतु जम्मू-कश्मीर के संविधान के 6वें संसोधन अधिनियम 1965 द्वारा 'सदर-ए-रियासत' पदनाम को परिवर्तित कर राज्यपाल कर दिया गया।

उच्च न्यायालय

जम्मू-कश्मीर राज्य के लिए एक उच्च न्यायालय के गठन का भी प्रावधान किया गया है, जिसमें एक मुख्य न्यायाधीश तथा दो या दो से अधिक अन्य न्यायाधीश हो सकते हैं। मुख्य न्यायाधीश की नियुक्ति द्वारा भारत के मुख्य न्यायाधीश तथा राज्य के राज्यपाल से परामर्श करके की जाती है तथा अन्य न्यायाधीशों की नियुक्ति राष्ट्रपति उक्त दोनों के साथ-साथ उच्च न्यायालय के मुख्य न्यायाधीश से परामर्श करके करते हैं।

राजभाषा

राज्य की राजभाषा उर्दू है, किंतु जब तक विधानमण्डल विधि द्वारा अन्यथा प्रावधान न करे, तब तक राज्य के शासकीय प्रयोजनों के लिए अंग्रेज़ी का प्रयोग किया जा सकता है।

लोक सेवा आयोग

राज्य के लिए लोक सेवा आयोग है। इसके अध्यक्ष एवं सदस्यों की नियुक्ति राज्यपाल करता है।

राज्य का स्थायी निवासी

भारत के अन्य राज्यों के विपरीत यहां दोहरी नागरिकता का प्रावधान है। एक नागरिकता वहां के स्थायी निवासियों के लिए है। जो व्यक्ति भारत का नागरिक है, उसे राज्य का स्थायी निवासी समझा जाएगा, यदि वह 14 मई, 1954 को राज्य का प्रजा था या राज्य में अचल सम्पत्ति अर्जित करके 14 मई, 1954 से कम से कम दस वर्ष पूर्व तक राज्य का सामान्य निवासी रहा है जबकि पाकिस्तान से आये शरणार्थियों के लिए दूसरी नागरिकता है। ये शरणार्थी भारत के नागरिक तो हैं लेकिन ये जम्मू-कश्मीर के नागरिक नहीं है।

संविधान संशोधन

जम्मू-कश्मीर राज्य के संविधान का संशोधन प्रत्येक सदन द्वारा उस सदन के कुल सदस्यों के कम से कम दो तिहाई बहुमत से संविधान संशोधन विधेयक पारित करके किया जाता है। किंतु राज्य और भारत संघ के बीच सम्बंध राज्य की विधायी और कार्यपालिका शक्ति का विस्तार या राज्य के सम्बंध में लागू भारत के संविधान के प्रावधानों के बारे में कोई संशोधन राज्य विधानमण्डल द्वारा नहीं किया जा सकता है। ध्यातव्य है कि संसद जम्मू-कश्मीर राज्य के संविधान में संशोधन नहीं कर सकती है।

जम्मू-कश्मीर और भारतीय संविधान

जम्मू-कश्मीर राज्य का अपना राज्य का अपना अलग संविधान किंतु अनु. 370 के तहत यह प्रावधान किया गया है कि राष्ट्रपति आवश्यक परिवर्तनों सहित भारतीय संविधान के उपबन्धों को जम्मू-कश्मीर राज्य के लिए लागू कर सकते हैं, यद्यपि अनुच्छेद 1 एवं अनुच्छेद 370 राज्य के सम्बंध में स्वयंमेव लागू होंगे। इस प्रयोजन से राष्ट्रपति ने सर्वप्रथम संविधान (जम्मू-कश्मीर को लागू होना) संशोधन आदेश 1950 जारी किया। इसमें यह प्रावधान किया गया था कि संसद प्रतिरक्षा, विदेश कार्य तथा संचार के विषयों में जम्मू-कश्मीर के सम्बंध में कानून बना सकती है। इस आदेश को अधिक्रांत करते हए संविधान (जम्मू-कश्मीर को लागू होना) संशोधन आदेश 1954 जारी किया गया, जो 14 मई 1954 को लागू हुआ। जिसमें बाद में समय-समय पर संशोधन किया गया है। इन आदेशों द्वारा भारतीय संविधान के अनेक उपबन्धों को जम्मू-कश्मीर राज्य में लागू किया गया है जिसके द्वारा उसे कछ विशेषाधिकार प्रदान किया गया है। कुछ प्रमुख उपबन्ध निम्नलिखित हैं—

1. जम्मू-कश्मीर राज्य के नाम या राज्य क्षेत्र में परिवर्तन करने वाला कोई विधेयक तब तक संसद में पेश नहीं किया जा सकता, जब तक राज्य विधानसभा की पूर्व सहमति न प्राप्त हो जाये। ध्यातव्य है कि अनु. 3 के तहत संसद को नये राज्यों के निर्माण तथा वर्तमान राज्यों के क्षेत्र, सीमाओं और नाम में परिवर्तन की शक्ति दी गई है।
2. जम्मू-कश्मीर के लोगों को दोहरी नागरिकता प्राप्त है-एक भारत की नागरिकता और दूसरा, जम्मू-कश्मीर राज्य की नागरिकता (स्थायी निवासी), नौकरी, सम्पत्ति और निवास के विशेष अधिकार राज्य के स्थायी निवासियों को ही प्रदान किए गए हैं।
3. भारत के संविधान के भाग-4 में वर्णित राज्य के नीति निदेशक तत्व जम्मू-कश्मीर में लागू नहीं होते हैं।
4. जम्मू-कश्मीर के उच्च न्यायालय को वे सभी शक्तियाँ होंगी जो अन्य राज्यों के उच्च न्यायालयों को प्राप्त हैं, सिवाय इसके कि वह 'अन्य प्रयोजन' के लिए रिट जारी नहीं कर सकता। उच्चतम न्यायालय की अधिकारिता (केवल अनु. 135 और 139 को छोड़कर) उस राज्य पर है।

5. अनुच्छेद 352 के अधीन राष्ट्रपति द्वारा जारी की गई राष्ट्रीय आपात काल की उद्‌घोषणा जम्मू-कश्मीर राज्य सरकार की सहमति के बिना उस राज्य में प्रभावी नहीं हो सकती है।
6. अनुच्छेद-19 में प्रत्याभूत मूल अधिकार को छोड़कर सभी मूल अधिकार जम्मू-कश्मीर में लागू है। ज्ञातव्य है कि 44वें संवैधानिक संशोधन द्वारा सम्पत्ति के अधिकार को मूल अधिकारों की श्रेणी से निकाल दिया गया है, किंतु जम्मू-कश्मीर राज्य के लिए सम्पत्ति का अधिकार आज भी मूलाधिकार है।
7. अनुच्छेद 356 (राष्ट्रपति शासन) के उपबन्ध जम्मू-कश्मीर में लागू होते हैं, किंतु अनुच्छेद 360 (वित्तीय आपात) के उपबन्ध नहीं लागू होते हैं।
8. जम्मू-कश्मीर राज्य के राज्य क्षेत्र को प्रभावित करने वाला कोई अंतर्राष्ट्रीय संधि या करार राज्य की सहमति से ही किया जा सकता है।
9. संसद को राज्य के विषय में संघ सूची और समवर्ती सूची पर, कुछ अपवादों को छोड़कर विधि बनाने की शक्ति है, किंतु अवशिष्ट विषयों पर राज्य के सम्बंध में विधि बनाने की शक्ति राज्य सरकार को है, न कि संसद को।
10. संविधान के अनुच्छेद 249 के अधीन राज्यसभा दो तिहाई बहुतम से संकल्प पारित करके राष्ट्रीय हित में जम्मू-कश्मीर राज्य के सम्बंध में कानून बनाने का अधिकार संसद को दे सकती है।
11. अनु. 22(7) के तहत जम्मू-कश्मीर के लिए निवारक निरोध सम्बंधी विधि बनाने की शक्ति संसद को नहीं, वरन् राज्य विधानमण्डल को प्राप्त है।
12. भारतीय संविधान के एंग्लो-इण्डियन तथा दलित वर्गों के प्रावधान यहां लागू नहीं होते।
13. अनु. 365 जम्मू-कश्मीर पर लागू नहीं होता है। अतः संघ के निर्देशों को न मानने पर अनु. 365 के तहत वहां संवैधानिक तंत्र की विफलता नहीं मानी जाती।

राज्य में संवैधानिक तंत्र की विफलता

- जम्मू-कश्मीर राज्य में संवैधानिक तंत्र की विफलता पर दो प्रकार के आपात की उद्‌घोषणा की जा सकती है, यथा (1) भारतीय संविधान के अनु. 356 के तहत राष्ट्रपति शासन तथा (2) जम्मू-कश्मीर के संविधान की धारा.92 तहत राज्यपाल शासन। उल्लेखनीय है कि यहां संवैधानिक तंत्र विफलता से तात्पर्य जम्मू-कश्मीर के संविधान द्वारा स्थापित संवैधानिक तंत्र की विफलता से है, न कि भारतीय संवैधानिक तंत्र की विफलता से।
- जम्मू-कश्मीर में राज्यपाल शासन पहली बार 27 मार्च, 1977 को लागू किया गया था, जो 8 जुलाई, 1977 तक चला था। भारतीय संविधान के अनुच्छेद 356 के अधीन राष्ट्रपति शासन की घोषणा 7 जून, 1986 को लागू की गई थी।
- राज्यपाल, राष्ट्रपति की पूर्व सहमति से ही राज्यपाल शासन की घोषणा कर सकता है।

अनु. 370 को समाप्त करने की शक्ति

भारतीय संविधान के अनु. 370 का उपखण्ड (3) यह कहता है कि इस अनुच्छेद के पूर्वगामी उपबन्धों में किसी बात के होते हुए भी राष्ट्रपति लोक अधिनियम द्वारा यह घोषणा कर सकता है कि यह अनुच्छेद प्रवर्तन में नहीं रहेगा या ऐसे अपवादों और उपान्तरणों के अधीन ही प्रवर्तन में रहेगा, जिसे वह विनिर्दिष्ट करें। परन्तु राष्ट्रपति द्वारा ऐसी अधिसूचना राज्य की संविधान सभा की सिफारिश के पश्चात् ही की जा सकती है।

भारतीय स्वतंत्रता के समय देशी रियासतों के भारतीय संघ में विलय की प्रक्रिया की शुरूआत हुई। देशी रियासतों के संघ में विलय के आधार हेतु विलय-प्रपत्र तैयार किया गया जिसके अनुसार विदेश विभाग, प्रतिरक्षा एवं संचार व्यवस्था पर संघ की अधिकारिता के अंतर्गत विलय को स्वीकार किया गया। देशों रियासतों द्वारा इस विलय पत्र पर हस्ताक्षर से बहुत सी देशी रियासतों के भारत में विलय हुए। परन्तु जम्मू-कश्मीर के महाराज ने न तो भारत में और न ही पाकिस्तान में विलय की रूचि दिखलाई, बल्कि अपनी स्वतंत्र स्थिति बनाए रखने का प्रयास किया। किन्तु भारत विभाजन के पश्चात् पाकिस्तान समर्थित कबाइलियों ने जब जम्मू-कश्मीर पर आक्रमण कर दिया तो महाराजा ने भारत सरकार से रक्षा की अपील की तथा भारत सरकार से रक्षा की अपील तथा भारतीय संघ में विलय प्रपण पर हस्ताक्षर कर विलय की घोषणा की अतः जम्मू-कश्मीर राज्य भारतीय संघ में शामिल हुआ। इसे उस समय 'ख' क्षेत्र के राज्य के अंतर्गत रखा गया। राज्य पुनर्गठन अधिनियम 1956 के अनुसार राज्य जब राज्यों के श्रेणीकरण को समाप्त कर दिया गया तो जम्मू-कश्मीर को भारत संघ की राज्य सूची में सम्मिलित कर लिया गया।

जम्मू-कश्मीर का संविधान

जम्मू-कश्मीर राज्य का विलय विशेष परिस्थिति में हुआ था। इन परिस्थितियों को देखते हुए भारत सरकार ने यह घोषित किया कि जम्मू-कश्मीर राज्य के लोग अपनी संविधान सभा के माध्यम से यह तय करेंगे कि राज्य का संविधान क्या होगा तथा भारतीय संघ की राज्य पर क्या अधिकारिता होगी। इस प्रकार जम्मू-कश्मीर राज्य को अन्य राज्यों के उपेक्षा अनु. 370 के अंतर्गत एक विशेष संवैधानिक दर्जा दिया गया है। इसके बाद भारत सरकार और जम्मू-कश्मीर की सरकार के बीच जून 1952 में एक समझौता हुआ। यह उन विषयों के बारे में था कि जब तक जम्मू-कश्मीर अपना संविधान नहीं बना लेता तब तक संघ की अधिकारिता बनी रहेगी। जम्मू-कश्मीर की विधानसभा ने 1954 के भारत में विलय को अनुमोदित कर दिया। इसके बाद संविधान राज्य की विधायिका ने संविधान का निर्माण किया। 1957 में यह संविधान लागू किया गया। भारतीय संविधान के भाग 21 में अस्थाई संक्रमण कालीन और विशेष उपबन्धों की व्यवस्था की गई है। इन व्यवस्थाओं के आधार पर जम्मू-कश्मीर राज्य की स्थिति भारतीय संघ के अन्य राज्यों से अलग है। इन्हें निम्न बिन्दुओं के अंतर्गत देखा जा सकता है। जम्मू-कश्मीर राज्य का अपन संविधान है जिसके अनुसार राज्य की कार्यपालिका, विधायिका और न्यायापालिका व्यवस्था के गठन का प्रावधान किया गया हैं शीर्ष सभी राज्य अपनी शक्ति भारतीय संविधान से प्राप्त करते हैं। अनु.

370 के अनुसार अवशिष्ट शक्तियां संघ के पास न होकर जम्मू-कश्मीर राज्य के पास है। अनु. 22(7) के अधीन निवारक निरोध से संबंधित विधान बनाने की अधिकारिता इस राज्य के बाबत संघ को नहीं बल्कि जम्मू-कश्मीर राज्य को होगा। भारतीय संविधान के भाग 4 के अंतर्गत नीति निदेशक तत्व के प्रावधान जम्मू-कश्मीर राज्य पर लागू नही होता है। संसद जम्मू-कश्मीर राज्य के विधानमंडल की सहमति के बिना राज्य के नाम, क्षेत्र या सीमाओ मे कोई परिवर्तन नहीं करेगा। भारत के नागरिक को एकल नागरिकता के मद्देनजर जम्मू-कश्मीर राज्य मे बसने, सम्पत्ति के अर्जन इत्यादि संवैधानिक अधिकार प्राप्त नही है। राज्य की स्वायत्तता को अक्षुण्ण रखने के लिए संघ की कार्यपालिका शक्ति पर कुछ अंकुश भी हैं जैसे—

1. अनु. 352 के अन्तर्गत राष्ट्रपति द्वारा आंतरिक अशांति के आधार पर राष्ट्रीय आपात की घोषणा जम्मू-कश्मीर राज्य की सहमति के बिना उस पर प्रभावी नही होगी।
2. 356 के संदर्भ मे केन्द्र सरकार संवैधानिक तंत्र की विफलता पर राज्य मे इसका प्रयोग कर सकती है।
3. अनु. 360 उस राज्य पर लागू नहीं होता।
4. अनु. 365 के अन्तर्गत संघ द्वारा दिए गए निर्देशों के अनुपालन मे असमर्थ रहने के आधार ही राष्ट्रपति शासन नहीं लगाया जा सकता।

राष्ट्रपति ने जम्मू-कश्मीर के सन्दर्भ मे संविधान आदेश 1954 जारी किया। इसके माध्यम से संविधान के कई उपबंधों को इस पर लागू किया गया। इस आदेश को समय-समय पर संशोधित भी किया गया। वर्तमान मे इस आदेश एवं उसमे हुए संशोधन के आधार पर स्थिति है—

जम्मू-कश्मीर राज्य का अपना संविधान लागू रहेगा जिसे राज्य विधानसभा ने 26 नवंबर 1947 से लागू किया है। संघ की कार्यपालिका शक्ति का विस्तार जम्मू-कश्मीर पर भी है। अनु 135 एंव अनु 139 को छोड़कर उच्चतम न्यायालय का क्षेत्राधिकार जम्मू-कश्मीर पर लागू होता है। व्यापार वाणिज्य एंव समागम कि स्वंतत्रता लोक सेवाओं और नागरिकता संबंधो का भी उपबंध इस राज्य पर लागू होता है। नियोजन, संपत्ति के अर्जन और निवास के विशेष अधिकार राज्य के स्थायी निवासियों को प्रदान किए गए हैं। राज्य मे निर्वाचन कराने का उत्तरदायित्व चुनाव आयोग पर ही है। महालेखा परीक्षक की अधिकारिता का विस्तार भी जम्मू-कश्मीर राज्य पर है। अनु. 370 के अन्तर्गत जम्मू-कश्मीर राज्य के लिए विशेष व्यवस्था के होता हुए भी संसद और भारत सरकार को संघ की प्रभुसत्ता अखंडता और राष्ट्रीय सम्मान को बनाए रखने के लिए जम्मू-कश्मीर राज्य के संबंध मे भी समस्त आवश्यक कार्यवाही करने का अधिकार है। विशेष दर्जे के होते हुए भी यह भारतीय संघ से अलग नहीं हो सकता। वर्तमान मे भारत की एकता और अखंडता के प्रबल समर्थकों द्वारा यह विचार व्यक्त किया जा रहा है कि राज्य में आज जो आतंकवाद और अलगाववाद की स्थिति है, इसका मूल कारण अनु 370 के अन्तर्गत उसे प्राप्त विशेष स्थिति है। उस समस्या को समाप्त करने हेतु अनु 370 के प्रावधान को समाप्त किया जाना चाहिए। इनका दृष्टिकोण यह है कि इस विशेष स्थिति का लाभ प्राप्त करके ही अलगाववादी तत्वों ने शक्ति में वृद्धि कि है तथा लगातार स्वायत्तता की मांग को बल प्रदान कर रहा है। यह प्रावधान राज्य के आर्थिक-विकास में भी एक प्रमुख बाधक तत्व के रूप में है।

जम्मू-कश्मीर-विशेष राज्य का दर्जा

जम्मू-कश्मीर को विशेष दर्जा प्रदान करने के लिए संविधान में अनुच्छेद 370 का प्रावधान किया गया है।

संघ सरकार के साथ-साथ जम्मू-कश्मीर का अपना संविधान है, लेकिन संघीय संविधान तथा जम्मू-कश्मीर के संविधान मे विरोध नहीं होगा। नागरिकता के नियम यहा भी लागू होते हैं, जहाँ कि सरकार को स्थायी निवास की समय-समय पर व्याख्या करनी होगी। मौलिक अधिकार इस राज्य मे भी लगू होते हैं, लेकिन प्रतिबन्धित रूप में। भारत के संविधान मे वर्णित राज्य के नीति निदेशक तत्व यहाँ लागू नही होते। समवर्ती सूची किसी विषय पर राज्य के कानून को के केन्द्र कि सर्वोच्चता के आधार पर समाप्त नहीं किया जा सकता। अवशिष्ट विषय राज्य के पास है। केन्द्र राज्य सूची के विषय पर केवल आपातकाल को छोड़कर अन्यथा विधि नही बना सकता। लेकिन अवशिष्ट संविदा या समझौते को लागू करने के लिए राज्य सूची के विषय पर संसद कानून बना सकती है। केन्द्र सूची के विषयों पर बनाए कानून यहाँ लागू होते हैं। भारतीय संविधान के ऐंग्लो इण्डियन तथा दलित वर्गों के प्रावधान यहां लागू नहीं होते।

जम्मू-कश्मीर राज्य स्वायत्तता संकल्प

जम्मू-कश्मीर को ज़्यादा स्वायत्तता देने के उपायों की संस्तुति देने के लिए जम्मू-कश्मीर सरकार ने एक राज्य सवायत्तता समिति गठित की थी। समिति ने बहुत व्यापक संस्तुतियां दी, जिसे राज्य विधानमंडल ने जून, 2000 मे अनुमोदित कर दिया। राज्य विधानमंडल ने यह भी मांग की कि केन्द्र इस प्रतिवेदन को स्वीकार कर ले, जिसे संसद ने अस्वीकार कर दिया है।

प्रतिवेदन की प्रमुख संस्तुतियां निम्न हैं और वे अधिकांशत: 1953 से पहले की स्थिति बहाल करना चाहती है। अनु. 370 में अस्थायी शब्द के स्थान पर विशेष लिखा जाये। केवल प्रतिरक्षा, विदेश कार्य, मुद्रा, संचार एवं सहयोगी विशेष केन्द्र के पास होने चाहिए अन्य सभी विशेष को राज्य को हस्तान्तरित कर देना चाहिए। भारत के नियंत्रक महालेखा परीक्षक, उच्चतम न्यायालय और चुनाव आयोग की अधिकारिता राज्य से वापस ली जाये। अनु. 356, जम्मू और कश्मीर में लागू नहीं होना चाहिए। राज्यपाल और मुख्यमंत्री का पहले वाला पदनाम वापस लाया जाये। राज्य का राज्यपाल, राज्य विधानसभा द्वारा निर्वाचित किया जाये। जम्मू-कश्मीर के मामले मे संसद और राष्ट्रपति की भूमिका निर्बन्धित या सीमित की जाये। अपील करने के लिए विशष इजाजत प्रदान करने के उच्चतम न्यायालय के अधिकार को जम्मू-कश्मीर के मामले में वापस लिया जाये। अनुसूचित जाति, अनुसूचित जनजाति एवं अन्य पिछड़े वर्गो के लिए विशेष उपबंध, जम्मू-कश्मीर मे लागू नहीं होंगे। जम्मू-कश्मीर के मामले में, केन्द्र की अंतर्राज्यीय नदियों के विवादो के ऊपर न्यायनिर्णयन (Adjudication) का अधिकार नहीं होगा। जम्मू-कश्मीर के लिए मूल अधिकारों के ऊपर एक

विशेष अध्याय होगा। जम्मू-कश्मीर उच्च न्यायालय द्वारा सुनी हुई सिविल एवं आपराधिक मामलों में उच्चतम न्यायलय की अपीली अधिकारिता को वापस लिया जाये।

जम्मू-कश्मीर समस्या समाधान हेतु पटगावकर समिति की रिपोर्ट

जम्मू-कश्मीर समस्या के समाधान के लिए केन्द्र-सरकार द्वारा गठित तीन सदस्यीय पटगांवकर समिति ने 12 अक्टूबर 2010 को अपनी रिपोर्ट गृहमंत्री पी. चिदम्बरम को सौंप दी। समिति ने अपनी रिपोर्ट मे राज्य के अलगाव वाले क्षेत्रों को स्वायत्तता देने, लक्षित आर्थिक सहायता प्रदान करने तथा सीमा पार आदान-प्रदान जैसे उपायों को अपनाने की सिफारिश की है। केन्द्र सरकार में जम्मू-कश्मीर की विभिन्न समस्याओं के समाधान के लिए सितम्बर 2010 मे दिलीप पटगांवकर की अध्यक्षता में एक तीन सदस्यीय आयोग का गठन किया था।

दिलीप पटगांवकर की अध्यक्षता में गठित इस समिति के दो अन्य सदस्य शिक्षाविद राधा कुमार और पूर्व सूचना आयुक्त एम. एम. अंसारी थे। इस रिपोर्ट में राज्य में प्रयुक्त सशस्त्र बल विशेषाधिकार अधिनियम 1958 की भी समीक्षा की सिफारिश की गई।

अध्याय सार संग्रह

- भारत की स्वतंत्रता के पश्चात जम्मू-कश्मीर एक स्वतंत्र देशी रियासत के रूप में था। जहाँ डोगरा वंश के शासक राजा हरि सिंह थे।
- 26 अक्टूबर, 1947 को पाकिस्तान समर्थित आज़ाद कश्मीर सेना ने जम्मू-कश्मीर पर आक्रमण किया तो जम्मू-कश्मीर के तत्कालीन महाराजा हरिसिंह ने भारत की शरण ली।
- महाराजा हरिसिंह ने 16 अक्टूबर, 1947 को अन्य देशी रियासतों के समान एक अंगीकार पत्र के अंतर्गत भारत से समझौता किया।
- अंगीकार पत्र के अनुसार भारत सरकार ने जम्मू-कश्मीर के प्रतिरक्षा, संचार और विदेशी मामले को अपने हाथ में ले लिए तथा शेष सभी मामले जम्मू-कश्मीर राज्य के लिए छोड़ दिए गए।
- जम्मू-कश्मीर के भारत में विलय के साथ ही वह भारत का अभिन्न भाग बन गया और भारतीय संविधान के लागू होने के समय में भाग 'ख' राज्य में शामिल किया गया।
- जम्मू-कश्मीर की समस्याओं को देखते हुए भारतीय संविधान के अनुच्छेद 370 के अंतर्गत जम्मू-कश्मीर राज्य को विशेष दर्जा प्रदान किया गया है तथा उसके लिए प्रावधान किये गये हैं।
- जम्मू-कश्मीर राज्य के लोगों को पृथक संविधान के निर्माण का अधिकार दिया गया है।
- भारतीय संविधान में यह प्रावधान किया गया है कि अनुच्छेद 1 और 370 जम्मू-कश्मीर राज्य पर स्वत: लागू होगें और शेष अनुच्छेदों का लागू होना राष्ट्रपति पर निर्भर होगा जो राज्य सरकार के परामर्श से निश्चित होगा।
- संविधान सभा ने सर्वप्रथम 1951 में एक अधिनियम पारित करके जम्मू-कश्मीर के लिए एक निर्वाचित राज्याध्यक्ष का प्रावधान किया, जो 'सदर-ए-रियासत' कहलाता था।
- 1954 में संविधान सभा ने अंतिम रूप से जम्मू-कश्मीर राज्य के भारत में विलय की पुष्टि कर दी।
- 1956 में संविधान सभा ने राज्य के संविधान निर्माण हेतु अनेक समितियों का गठन किया।
- संविधान के प्रारूप समिति ने संविधान का प्रारूप प्रस्तुत किया, जिसे 17 नवम्बर 1957 को अंतिम रूप से स्वीकार कर लिया गया।
- जम्मू-कश्मीर राज्य के नाम अथवा राज्यक्षेत्र में परिवर्तन इस राज्य के विधानमण्डल की सम्मत्ति के बिना संभव नहीं है। संसद में ऐसे विधेयक तभी पेश किये जा सकते हैं, जब राज्य विधानसभा इसके लिए पूर्व सहमति दे दे।
- लेकिन अनु. 249 के अतंर्गत संसद को राष्ट्रीय हित में राज्य सूची के विषयों पर कानून बनाने की शक्ति प्राप्त है, जो जम्मू-कश्मीर राज्य के संदर्भ में लागू होता है (1986 में लागू)।
- संविधान के अनु. 253 के अंतर्गत यदि किसी अंतर्राष्ट्रीय संधि या समझौते से जम्मू-कश्मीर राज्य प्रभावित हो रहा हो, तो बिना जम्मू-कश्मीर राज्य की सहमति के ऐसा संधि या समझौता सभंव नहीं है।
- जम्मू-कश्मीर राज्य के संबंध में नागरिकता का विशेष प्रावधान किया है। जबकि भारत में एकहरी नागरिकता का प्रावधान है, जम्मू-कश्मीर के लोगों को दोहरी नागरिकता प्राप्त है, एक भारत की नागरिकता और दूसरा जम्मू-कश्मीर राज्य की नागरिकता।
- भारतीय संविधान भाग-4 के नीति निदेशक तत्वों सम्बंधी प्रावधान जम्मू-कश्मीर राज्य पर लागू नहीं होते। जम्मू-कश्मीर राज्य को नीति-निर्माण सम्बंधी किसी प्रकार का आदेश केन्द्र द्वारा नहीं दिया जा सकता है।
- अनुच्छेद 352 के अधीन सशस्त्र आंतरिक विद्रोह के आधार पर यदि राष्ट्रीय आपात काल की उद्घोषणा की जाती है, तो उसका प्रभाव जम्मू-कश्मीर राज्य पर तब तक नहीं होगा, जब तक राज्य विधान मंडल उससे सहमत न हो।
- संविधान के अनु. 356 के अंतर्गत संवैधानिक तंत्र के विफल हो जाने पर जम्मू-कश्मीर राज्य के लिए राज्यपाल शासन का प्रावधान है। राज्यपाल को यह शक्ति होगी कि राष्ट्रपति की सहमति से वह राज्य सरकार के सभी या कोई कृत्य ग्रहण करे।
- अनु. 356 के अंतर्गत यद्यपि कि जम्मू-कश्मीर राज्य के लिए राज्यपाल शासन की व्यवस्था है, लेकिन 6 महीने के बाद यह राष्ट्रपति शासन के रूप में परिणत हो जाता है।
- जम्मू-कश्मीर राज्य के विधान मंडल के दो सदन हैं (1) विधानसभा और (2) विधान परिषद।
- विधानसभा की सदस्य संख्या 100 है, जिसमें 24 स्थान पाकिस्तान अधिकृत कश्मीर के प्रतिनिधियों के लिए रखे गये हैं। राज्यपाल को दो महिला सदस्यों को मनोनीत करने की भी शक्ति प्राप्त है। एकमात्र ऐसा राज्य है जहां राज्यपाल को ऐसा अधिकार प्राप्त है।

14 अध्याय

आपात उपबंध

इस अध्याय में आप सीखेंगे किः

- आपात उपबंध् क्या है, इसकी आवश्यकता क्यों पड़ी और भारत में आपात कालीन प्रावधान अपनाये जाने के क्या-क्या कारण हैं।
- आपात कालीन उपबंध् की भावना और भाषा एवं प्रक्रिया विभिन्न देशों से कैसे प्रभावित है।

आपात उपबंध एकात्मक विशेषता के रूप में है। भारत में विविधता ज्यादा होने के कारण आपात काल के द्वारा एकता लाने का प्रयास किया जाता है। 'आपात शब्द का अर्थ बहुत व्यापक है परन्तु यह कहा जा सकता है कि ऐसी कठिन स्थिति जो अचानक पैदा हो गयी हो और सरकार ऐसे संकट की स्थिति का सामना करने के लिए संविधान द्वारा या अन्य उसे (सरकार को) विशेष रूप से प्रदत्त शक्तियों के अधीन तुरन्त कार्यवाही करे।

संयुक्त राज्य अमेरिका जैसे देशों मे परिसंघ को असाधारण शक्ति का विस्तार न्यायिक निर्वाचन के माध्यम से होता है। किंतु भारतीय संविधान में इसके लिए विभिन्न प्रकार के आपात में संघ को असाधारण शक्तियाँ प्रदान करने का उपबन्ध है। भारत का संविधान उस प्रकार निर्मित किया गया है कि शांतिकाल में वह संघात्मक संविधान की तरह कार्य करता है किंतु आपात की स्थिति में एकात्मक संविधान के रूप में कार्य करने लगता है।

भारतीय संविधान में तीन प्रकार की असाधारण परिस्थितियों का उल्लेख है जिनके कारण संविधान द्वारा स्थापित सामान्य शासन व्यवस्था में परिवर्तन किया जा सकता है, अर्थात्—

1. राष्ट्रीय आपात स्थिति (अनुच्छेद—352)
2. राज्यों में संवैधानिक तंत्र की विफलता (अनुच्छेद —356)
3. वित्तीय आपात स्थिति (अनुच्छेद —360)

राष्ट्रीय आपात (अनु. 352) (National Emergency)

प्रथम उद्घोषणा 26 अक्टूबर, 1962 को बाह्य आक्रमण (चीन द्वारा आक्रमण) के आधार पर की गई थी। इस समय भारत के प्रधानमंत्री पं. जवाहर लाल नेहरू तथा राष्ट्रपति डॉ. एस राधाकृष्णन थे। प्रथम उद्घोषणा को 10 जनवरी, 1968 को वापस लिया गया था। अत: यह उद्घोषणा कुल 5 वर्ष 14 दिन प्रवर्तन में रही थी।

द्वितीय उद्घोषणा 3 दिसम्बर1971 को बाह्य आक्रमण (पाकिस्तान द्वारा आक्रमण) के आधार पर की गई थी। इस समय भारत की प्रधानमंत्री श्रीमती इंदिरा गाँधी तथा राष्ट्रपति वी.वी. गिरि थे।

भारत में तृतीय आपात उद्घोषणा 25 जून 1975 को प्रधानमंत्री श्रीमती इंदिरा गाँधी ने बिना मंत्रिमंडल के परामर्श के आंतरिक अशांति के आधार पर राष्ट्रपति फखरूद्दीन अहमद से करवाया था। इस समय द्वितीय आपात उद्घोषणा प्रवर्तन में थी।

उद्घोषणा की वापसी

आपात की उद्घोषणा को राष्ट्रपति 'पश्चात्वर्ती उद्घोषणा' द्वारा कभी भी वापस ले सकता है। ध्यातव्य है कि वापस लेने वाली उद्घोषणा का संसद द्वारा अनुमोदन आवश्यक नहीं हैं। लोकसभा को भी आपात उद्घोषणा को वापस कराने का अधिकार दिया गया है । यदि लोकसभा

साधारण बहुमत से उद्घोषणा वापस करने का संकल्प पारित कर देती है, तो राष्ट्रपति उद्घोषणा को वापस लेने के लिए बाध्य होता है। यदि लोकसभा की कुल सदस्य संख्या के 1/10 भाग सदस्यों द्वारा आपात उद्घोषणा को वापस लेने वाले संकल्प को प्रस्तावित करने के आशय की लिखित सूचना-(1) अध्यक्ष को (जबकि लोकसभा सत्र में हो) (2) राष्ट्रपति को (जबकि लोकसभा सत्र में न हो) दी जाती है तो यथा-स्थिति अध्यक्ष या राष्ट्रपति ऐसी सूचना की प्राप्ति से 14 दिन कि भीतर संकल्प पर विचार के लिए लोकसभा की विशेष बैठक बुलाता है।

राष्ट्रीय आपात की उद्घोषणा

राष्ट्रीय आपात की उद्घोषणा मत्रीमण्डल के लिखित सलाह से राष्ट्रपति द्वारा निम्न तीन आधारों पर की जा सकती है—**(1)** युद्ध, **(2)** बाह्य आक्रमण, **(3)** सशस्त्र विद्रोह।

आपात के प्रवर्तन के दौरान, संघ की कार्यपालिका शक्ति का विस्तार राज्यों को यह निर्देश देने तक हो जाता है कि वह अपनी कार्यपालिका शक्ति का किस रीति से प्रयोग करें। अत: आपात स्थिति में राज्यों की कार्यपालिका शक्ति केन्द्रीय कार्यपालिका के अधीन कार्य करता है। संसद की विधायी शक्ति का विस्तार हो जाता है। वह राज्यसूची के किसी भी विषय पर कानून बना सकती है। उल्लेखनीय है कि इस दौरान राज्य विधान मण्डल के विधि बनाने की शक्ति समाप्त नहीं, केवल निलम्बित हो जाती है। संसद द्वारा बनाई गयी विधि उद्घोषणा के प्रवर्तन में न रहनें पर 6 माह बाद समाप्त हो जाती है।

उल्लेखनीय है कि यदि आपात उद्घोषणा भारत के राज्यक्षेत्र के केवल किसी भाग के लिए की गई हो तो संघ की राज्यों को निर्देश देने की शक्ति या संसद की राज्यसूची पर विधि बनाने की शक्ति का विस्तार उन राज्यों के सम्बन्ध में भी होगा, जिन पर उद्घोषणा प्रवर्तनशील नहीं है—यदि उसकी सुरक्षा, उन राज्यों के क्रियाकलाप के कारण, जिनमें उद्घोषणा प्रवर्तन में है, संकट में है।

आपात उद्घोषणा के प्रवर्तन के दौरान राष्ट्रपति को यह शक्ति प्राप्त होती है कि संघ और राज्यों के मध्य वितरण से सम्बन्धित उपबन्धों (अनु. 268-279) में परिवर्तन या उपातंरण का आदेश कर दे। (अनु. 354)। ऐसे आदेश को संसद के दोनों सदनों के समक्ष रखा जाता है।

आपात के दौरान मूल अधिकारों का निलम्बन हो जाता है। अनु. 358 के अनुसार तब युद्ध या बाह्या आक्रमण के आधार पर की गई आपात की उद्घोषणा प्रवर्तन में हो तो अनु. 19 द्वारा प्रदत्त स्वतंत्रता का अधिकार स्वत: निलम्बित हो जाता है । अत: राज्स कोई ऐसी विधि बना सकता है, जो उन स्वतंत्रता में कमी करती है या उन्हें छीनती है। उसे न्यायालय में चुनौती नहीं दी जा सकती। ऐसी विधि उद्घोषणा के प्रवर्तन में न रहने पर तुरन्त प्रभावहीन हो जाती है। परन्तु कोई ऐसी विधि कार्यपालिकीय कृत्य जो आपात की उद्घोषणा से सम्बन्धित नहीं है, उसके सम्बन्ध में मूल अधिकरों का निलंबन नहीं होता है। अत: यदि वे अनु. 19 में प्रदत्त मूल अधिकारों को छीनतें हैं या कम करतें हैं, तो उन्हें न्यायालय में चुनौती दी जा सकती है। ज्ञातव्य है यदि आपात की उद्घोषणा 'सशस्त्र विद्रोह' के आधार पर की गई हो, तो अनु. 19 द्वारा प्रदत्त मूल अधिकार निलंबित नहीं होते हैं, (44 वें संविधान संशोधन द्वारा यथा संशोधित)।

अनु. 359के तहत राष्ट्रपति को मूल अधिकारों को प्रवर्तित कराने के अधिकार को निलम्बित करने की शक्ति दी गई है। जब आपात उद्घोषणा प्रवर्तन में हो, तब राष्ट्रपति आदेश द्वारा यह घोषित करता है कि भाग-3 द्वारा प्रदत्त मूल अधिकारों में से ऐसे अधिकारों को (अनु. 20 तथा 21 को छोड़कर) जो आदेश में उल्लिखित किये जाये, प्रवर्तित करानें के लिए किसी न्यायालय मे आवेदन करने का अधिकार निलम्बित रहेगा। यह आदेश पूरे भारत या उसके किसी भाग के लिए हो सकता है। राष्ट्रपति द्वारा जारी आदेश संसद के दोनों सदनों के समक्ष रखा जाना चाहिए।

जब राष्ट्रपति उक्त आशय का आदेश जारी कर देता है,तब उन अधिकारों के सम्बन्ध में, जो आदेश में उल्लिखित हैं, राज्य कोई भी विधि बनाने या कार्यपालिकीय कार्यवाही करने के लिए सक्षम हो जाता है। ऐसी विधि या कार्यवाही को न्यायालय में इस अधिकार पर चुनौती नहीं दी जा सकती कि उससें उन मूल अधिकारों का उल्लंघन होता है। ऐसी विधि आदेश के प्रवर्तन में न रहने पर तुरन्त प्रभावहीन हो जाती है।

उल्लेखनीय है कि राज्य द्वारा बनाई गई विधि में इस बात का उल्लेख किया जाना चाहिए कि वह तत्समय प्रवृत आपात की उद्घोषणा के सम्बन्ध में है, तथा कार्यपालिका कार्यवाही आपात से सम्बन्धि विधि के अंतर्गत की जानी चाहिए, अन्यथा उन्हें राष्ट्रपति के आदेश का संरक्षण प्राप्त न होगा और उन्हें न्यायालय में चुनौती दी जा सकती है।

जब आपात की उद्घोषणा प्रवर्तन में हो तो संसद को यह अधिकार होता है कि वह एक बार में एक वर्ष के लिए लोकसभा के कार्यकाल को बढ़ा दे, किंतु इसका विस्तार आपात काल के प्रवर्तन में न रहने पर 6 माह से अधिक अवधि तक न होगा, (अनु. 83)।

आपात के लागू रहने पर संसद किसी राज्य में राष्ट्रपति शासन की अवधि 1 वर्ष से अधिक (अधिकतम 3 वर्ष तक) बढ़ाने के लिए संकल्प पारित कर सकती है, यदि निर्वाचन आयोग यह प्रमाणित कर देता है कि निर्वाचन में कठिनाई के कारण 'राष्ट्रपति शासन' का बढ़ाया जाना आवश्यक है।

यदि राष्ट्रपति को यह समाधान हो जाता है (यदि राष्ट्रपति इस बात से संतुष्ट हो जाता है) कि युद्ध, बाह्य आक्रमण या सशस्त्र विद्रोह के कारण देश की सुरक्षा संकट में है, तो वह सम्पूर्ण भारत या उसके किसी भाग में राष्ट्रपति आपात उद्घोषित कर सकता है। युद्ध या बाह्य आक्रमण के आधार लगाए गए आपात को बाह्य आपात के नाम से तथा सशस्त्र विद्रोह के आधार पर लगाए गए अपात को आंतरिक के नाम से जाना जाता है।

संघ के मंत्रिमंडल की लिखित सलाह के बाद ही राष्ट्रपति द्वारा आपात की उद्घोषणा की जा सकती है। एक माह के अन्दर संसद की दोनों सदनों द्वारा विशेष बहुमत द्वारा आपात की उद्घोषणा का अनुमोदन होना चाहिए (उपस्थित एवं मत देने वाले सदस्यों का कम से कम दो तिहाई और कुल सदस्य संख्या का बहूमत)। यह आपात उद्घोषणा दूसरे सदन द्वारा संकल्प पारित किए जाने की तारीख से 6 माह की अवधि तक प्रवर्तन में रहेगी। परंतु इसको असंख्य बार विस्तारित किया जा सकता है, प्रत्येक बार केवल 6 माह की अवधि के लिए।

अनुच्छेद 358 तथा अनुच्छेद 359 में अंतर

अनु.–358	अनु.–359
• इसके अनुसार आपात की उद्घोषणा पर द्वारा प्रदत्त मूल अधिकार स्वत: निलम्बित हो जाते हैं।	इसके तहत राष्ट्रपति को, उद्घोषणा के अनु. 19 पश्चात् अनु. 20 तथा 21 के छोड़कर भाग के शेष सभी या किन्हीं मूल अधिकारों को प्रवर्तित करने के अधिकार को निलम्बित करने की शक्ति प्राप्त हो जाती है।
• इसके तहत आपात के प्रवर्तन तक अनु. 19 निलम्बित रहता है तथा आपात के प्रवर्तन में न रहने पर स्वत: पुनर्जीवित हो जाता है।	इसके तहत निलम्बित आपात के प्रवर्तन या उससे कम ऐसी अवधि तक जो आदेश में विर्निदिष्ट की जारी रहता है।
• यह अनुच्छेद केवल तभी लागू होता है जब उद्घोषणा युद्ध या बाह्य आक्रमण के आधार पर की गई हो (सशस्त्र विद्रोह के आधार पर नहीं)।	यह अनुच्छेद तीनों में से किसी भी आधार घोषित आपात की दशा में लागू होता है।
• आपात काल के पश्चात् इसके तहत संसद द्वारा विधियों को न्यायालय में चुनौती नहीं दी जा सकती है।	इसके तहत बनाई गई विधियों को बनाई आपातकाल के पश्चात् न्यायालय में चुनौती दी जा सकती है।
• इसका प्रवर्तन स्वत: होता है। राष्ट्रपति का आदेश आवश्यक नहीं है।	इसे राष्ट्रपति के आदेश से लागू किया जाता है।

आपात, राष्ट्रपति द्वारा किसी समय हटाया जा सकता है। लोक सभा, आपात को समाप्त करने के लिए साधारण बहुमत द्वारा संकल्प पारित कर आपात को हटा सकती है।

राष्ट्रीय आपात का दुरुपयोग रोकने के लिए संविधान में उपबंध

इन उपबंधो में अधिकांश: 44वें संविधान संशोधान अधिनियम, 1978 द्वारा अनु. 352 में संशोधन कर लाए गए हैं—

- पहले राष्ट्रीय आपात, युद्ध, बाह्य आक्रमण या आंतरिक अशांति के आधार पर लगाया जा सकता था। 44वें संविधान संशोधन अधिनियम ने 'आतंरिक अशांति' की जगह 'सशस्त्र विद्रोह' का प्रावधान कर दिया है।
- राष्ट्रीय द्वारा आपात की उद्घोषणा करने के लिए संघ मंत्रिमंडल की लिखित राय जरूरी है। (पहले मौखिक राय पर्याप्त थी)
- संसद द्वारा एक अनुमोदन के बाद यह केवल 6 माह तक प्रवर्तन में रह सकता है(पहले ऐसी कोई समय सीमा नहीं थी)।
- लोकसभा द्वारा साधारण बहुमत से पारित एक संकल्प द्वारा इसे समाप्त किया जा सकता है।
- एक माह के अन्दर संसद के दोनों सदनों द्वारा विशेष बहुमत द्वारा इसका अनुमोदन जरूरी है (पहले यह दो माह और साधारण बहुमत था)।
- पहले सभी प्रकार के आपात मे अनु.19 स्वत: निलंबित हो जाता था। लेकिन अब केवल बाह्य आपात की दशा में ही अनु.19 स्वत: निलंबित होता है।
- अनु. 20 और अनु.21 कभी भी निलंबित नहीं हो सकते हैं।

राष्ट्रीय आपात का प्रभाव (Impact of National Emergency)

कार्यपालिका का प्रभाव—केन्द्र किसी विषय पर राज्यों को प्रशासनिक निर्देश दे सकता है परंतु राज्य सरकार बर्खास्त या निलंबित नहीं की जाती है।

विधायी प्रभाव—संसद को राज्य सूची के विषयों पर कानून बनाने की शक्ति मिल जाती है। अर्थात् राज्य सूची के किसी विषय पर संसद भी कानून बना सकती है। राज्य विधान सभा बर्खास्त या निलंबित नहीं की जाती है और यह अस्तित्व में रहती है तथा राज्य के विषयों पर विधि बनाना जारी रखती है।

संसद् विधि द्वारा लोक सभा तथा राज्य विधान सभा की अवधि सामान्य पाँच वर्ष की अवधि से एक बार एक वर्ष के लिए बढ़ा सकती है। **वित्तीय सम्बन्धों पर प्रभाव**—केन्द्र राज्यों के साथ वित्तीय संशोधनों के वितरण को निलंबित कर सकता है।

मूल अधिकारों पर प्रभाव

- राष्ट्रपति मूल अधिकारों का निलंबन कर सकता है।
- अनु. 20, 21–कभी निलंबित नहीं होते हैं।
- अनु. 19 बाह्य आपात की दशा में स्वत: निलंबित हो जाता है। और आंतरिक आपदा की दशा में एक पृथक् उद्घोषणा द्वारा निलंबित किया जा सकता है।
- अन्य सभी मूल अधिकार, राष्ट्रपति की पृथक् उद्घोषणा द्वारा निलंबित किए जा सकते हैं।

राष्ट्रपति शासन (अनु. 356) (President Rule)

राज्यपाल के प्रतिवेदन पर या अन्यथा, यदि राष्ट्रपति संतुष्ट हो जाता है, कि ऐसी स्थिति उत्पन्न हो गयी है जिसमें राज्य की शक्ति संविधान के उपबंधों के अनुसार नहीं चल सकती है, तो वह राज्य सरकार के सभी कृत्य अपने हाथ में ले सकता है और यह घोषित कर सकता है कि राज्य विधानमंडल की शक्तियों का प्रयोग संसद द्वारा किया जाएगा।

ऐसी उद्घोषणा, दो माह के अन्दर संसद् के दोनों सदनों द्वारा साधारण बहुमत द्वारा पारित होनी चाहिए। अनुमोदन के बाद, यह उद्घोषणा की तारीख से 6 माह की अवधि के लिए प्रवर्तन में रहता है।

संसद द्वारा अनुमादन के बाद यह 6 माह की अवधि के लिए और विस्तारित कियाजा सकता है।

राष्ट्रपति शासन को एंक वर्ष की इस समय अवधि के बाद अधिकतम और दो वर्षों के लिए विस्तारित किया जा सकता है (परंतु एक बार में केवल 6 माह के लिए), बशर्ते निम्नलिखित दो शर्तें पूरी हो रही हों—

1. सम्पूर्ण भारत में या सम्पूर्ण राज्य के किसी में आपात स्थिति लागू है।
2. निर्वाचन आयोग यह प्रमाणित कर देता है कि राज्स विधान सभा के साधारण निर्वाचन कराने में कठिनाई के कारण राष्ट्रपति शासन जारी रखना आवश्यक है। उल्लेखनीय है कि संविधान करके काल अनिश्चित काल तक बढ़ाया जा सकता है।

राज्यों में राष्ट्रपति शासन

राज्यों में संवैधानिक तंत्र के विफल हो जाने पर राष्ट्रपति द्वारा अनु. 356 के तहत जारी वाली उद्घोषणा को आम बोल-चाल की भाषा में 'राष्ट्रपति शासन' कहा जाता है। यह दूसरे प्रकार का आपात उपबन्ध है, यद्यपि संविधान में इसके लिए 'आपात' शब्द का प्रयोग नहीं किया गया है।

राष्ट्रपति शासन की उद्घोषणा (Declaration of the President Rule)

राष्ट्रपति शासन की उद्घोषणा अनु. 356 (1) के तहत जारी की जाती है। इसके अनुसार यदि राष्ट्रपति को किसी राज्य के राज्यपाल से प्रतिवेदन मिलने पर या अन्यथा, यह समाधान हो जाता है कि उस राज्य का शासन संवैधानिक प्रावधानों के अनुसार नहीं चलाया जा सकता, तो वह उस राज्य में राष्ट्रपति शासन की उद्घोषणा कर सकता है। अनु. 365 में कहा गया है कि जब कोई राज्य, संघ की कार्यपालिक द्वारा दिये गये किसी निर्देश के अनुपालन में असफल रहता है, तो राष्ट्रपति यह समाधान कर सकता है कि उस राज्य का शासन संविधान के प्रावधानों कें अनुसार नहीं चलाया जा सकता है। उल्लेखनीय है कि अनु. 256-257 तथा 353 के तहत संघ की कार्यपालिका को राज्यों को निर्देश देने की शक्ति है। यहाँ राष्ट्रपति के समाधान से तात्पर्य है केद्रीय मंत्रिमंडल का समाधान। राष्ट्रपति शासन की उद्घोषणा को किसी पश्चात्वर्ती उद्घोषणा द्वारा वापस लिया जा सकता है या उसमें परिवर्तन किया जा सकता है। (अनु. 356 (2))।

उद्घोषणा का अनुमोदन

अनु. 356 के अधीन जारी प्रत्येक उद्घोषणा संसद के दोनों सदनों के समक्ष रखी जाती है। उसे प्रत्येक सदन द्वारा उपस्थिति और मतदान करने वाले सदस्यों के बहुमत (साधारण बहुमत) से दो माह के भीतर पारित करना होता है। अन्यथा वह स्वत: समाप्त हो जाती है। उल्लेखनीय है कि किसी पूर्ववर्ती उद्घोषणा का वापस लेने वाली उद्घोषणा को संसद के समक्ष रखना आवश्यक नहीं होता है।

यदि उद्घोषणा उस समय की जाती है, जबकि लोकसभा का विघटन हो गया है या लोकसभा विघटन उद्घोषणा का अनुमोदन किये बिना दो माह के भीतर हो जाता है ,और उसे राज्यसभा द्वारा अनुमोदन कर दिया गया हो तो ऐसी उद्घोषणा को लोकसभा के पुनर्गठन के पश्चात् उसकी प्रथम बैठक से तीस (30) दिन के भीतर अनुमोदित किया जाना चाहिए, अन्यथा 30 दिन की समाप्ति पर प्रवर्तन में नहीं रहेगी।

उद्घोषणा की अवधि

राष्ट्रपति शासन की उद्घोषणा जारी किये जाने की तिथि से दो माह तक प्रवर्तन में रहती है, किंतु यदि संसद दोनों सदन इसे साधारण बहुमत से दो माह के भीतर अनुमोदित कर देते हैं तों ऐसी उद्घोषणा 'जारी किये जाने की तिथि से 6 माह तक' प्रवर्तन में रहती है। यदि उसे आगे भी जारी रखना हो तो उसे पुन: संसद के दोनों सदनों द्वारा पारित किया जाना चाहिए। संसद के पुन: अनुमोदन से उद्घोषणा कह अवधि 6.6 माह बढ़ायी जा सकती है। किंतु उसे किसी भी दशा में 3 वर्ष से अधिक अवधि तक प्रवर्तन में नहीं रखा जा सकता है। अत: राष्ट्रपति शासन की अधिकतम अविध 3 वर्ष तक हो सकती है। परंतु 1वर्ष से अधिक अवधि तक राष्ट्रपति शासन को जारी रखने के लिए संसद संकल्प तभी पारित किया जा सकता है जबकि निम्न दोनों शर्तें पूरी होती है—

1. आपात की उद्घोषणा (सम्पूर्ण भारत या उसके किसी भाग में) प्रवर्तन में हो, और
2. निर्वाचन आयोग यह प्रमाणित कर दे कि राज्य में चुनाव कराने में कठिनाई के कारण राष्ट्रपति शासन को जारी रखना आवश्यक है(अनु. 356 (5))

उल्लेखनीय है कि उक्त दानों शर्तें 44वें संविधान संशोधन अधि. 1978 द्वारा जोड़ी गयी है।

उद्घोषणा का प्रभाव

जब राष्ट्रपति किसी राज्य में अनु. 356 (1) के तहत उद्घोषणा जारी करता है, जब यह उद्घोषणा द्वारा निम्नलिखित कार्य कर सकता है। यथा—

1. उस राज्य सरकार के सभी या कोई कृत्य अपने हाथ में ले सकता है तथा उन शक्तियों को भी अपने हाथ में ले सकता है जो उस राज्य के राज्यपाल या किसी निकाय या प्राधिकारी में निहित है, किंतु राज्य विधानमण्डल में निहित किसी शक्ति को वह अपने हाथ में नहीं ले सकता है।
2. यह घोषित कर सकता है कि राज्य विधानमण्डल की शक्तियाँ संसद द्वारा या उसके प्राधिकार के अधीन प्रयोग की जायेंगी।
3. कोई ऐसा उपबन्ध कर सकता है, जो राज्य के किसी निकाय या प्राधिकारी से सम्बन्धित किन्हीं संवैधानिक प्रावधानों के प्रवर्तन को निलंबित करता है, या उद्घोषणा को प्रभावी बनाने के लिए आवश्यक है।

किंतु राष्ट्रपति उच्च न्यायालय में निहित किसी शक्ति को अपने हाथ में नहीं ले सकता है और न ही उच्च न्यायालय से सम्बन्धित किसी संवैधानिक प्रावधानों के प्रवर्तन को निलम्बित कर सकता है।

विधायी शक्तियों का प्रयोग

अनु. 357 के अनुसार जब राष्ट्रपति यह घोषित कर देता है कि राज्य विधानमण्डल की विधायी शक्तियाँ संसद द्वारा या उसके प्राधिकार के अधीन प्रयोग की जायेगी, तब—

1. संसद इस बात के लिए सक्षम होगा कि वह राज्य विधानमण्डल की विधायी शक्तियाँ, राष्ट्रपति को प्रदान कर दे तथा राष्ट्रपति को इसके लिए प्राधिकृत कर दे कि वह विधायन की यह शक्ति किसी अन्य प्राधिकारी को प्रत्यायोजित कर सकता है।
2. संसद, राष्ट्रपति या ऐसे अन्य प्राधिकारी विधि द्वारा, संघ या उसके प्राधिकारियों को शक्ति प्रदान करने या उन पर कर्तव्य अधिरोपित करने के लिए सक्षम होंगे।
3. लोकसभा के सत्र में न रहने पर राष्ट्रपति राज्य की संचित निधि से व्यय को प्राधिकृत कर सकता है।

उल्लेखनीय है कि राज्य विधानमण्डल की शक्तियों के प्रयोग में संसद राष्ट्रपति या अन्य प्राधिकारी द्वारा बनायी गयी विधि उद्घोषणा के प्रवर्तन में न रहने पर भी तब तक प्रवृत्त बनी रहती है जब तक कि विधानमण्डल या अन्य प्राधिकारी द्वारा उसका परिवर्तन, निरसन या संशोधन नहीं कर दिया जाता है।

न्यायिक पुनरावलोकन एवम् अनु. 356 (बोम्मई मामला, 1994 में उच्चतम न्यायालय का मत) (Judicial Review & Bommai Case)

उच्चतम न्यायालय के अनुसार अनु. 356 के तहत प्रदत्त राष्ट्रपति की शक्ति का न्यायिक पुनरावलोकन किया जा सकता है। परंतु यह समीक्षा निम्नलिखित तीन (समीक्षा) मामलों तक सीमित रहेगी—

(क) क्या ऐसी कोई सामग्री है जिसके आधार पर राष्ट्रपति ने अपनी राय बनाई है?

(ख) क्या वह सामग्री सुसंगत है?

(ग) क्या राष्ट्रपति का कोई दुर्भावपूर्ण इरादा था?

मामले की जाँच करते समय न्यायालय वह सामग्री की माँग कर सकता है जिसके आधार पर मंत्रिपरिषद् ने राष्ट्रपति को राष्ट्रपति शासन लगाने की सलाह दी। तथ्य होने की, इसके सुसंगत होने की और राष्ट्रपति के सद्भावपूर्ण इरादे, को साबित करने की जिम्मेदारी केन्द्र सरकार की होगी। जब तक दोनों सदन पारित नहीं करते तब तक विधान सभा को निलम्बित रखा जाएगा अर्थात् दोनों सदनों के पारित होने पर ही भंग किया जायेगा।

राज्यपाल को मंत्रिपरिषद की ताकत (अर्थात् मंत्रिपरिषद को विधानसभा का विश्वास प्राप्त है या नहीं) की जाँच, विधानसभा के सतह पर करनी चाहिए और उन्हें किसी व्यक्तिगत निष्कर्ष पर नहीं पहुँचना चाहिए। प्रशासनिक तंत्र की विफलता राष्ट्रपति शासन लगाने के लिए आधार नहीं हो सकता है। केवल संवैधानिक तंत्र की विफलता की दशा में ही अनु. 356 का प्रयोग करना चाहिए।

राष्ट्रपति शासन लागू करने से पूर्व केन्द्र को सम्बन्धित राज्य को चेतावनी देनी चाहिए। यदि न्यायालय इस निष्कर्ष पर पहुँचता है कि राष्ट्रपति शासन लागू करना, असंवैधानिक था तो यह बर्खास्त सरकार को पुनर्स्थापित कर सकता है और विघटित विधानसभा को पुनर्गठत कर सकता है। लेकिन शर्त यह है कि नया चुनाव हुआ हो।

वित्तीय आपात (अनु. 360)

संविधान के अनुच्छेद 360 के तहत वित्तीय आपात का प्रावधान किया गया है। राष्ट्रपति केन्द्रीय मंत्रिपरिषद के सलाह पर ही वित्तीय आपात की उद्घोषणा करता है। यदि राष्ट्रपति इस बात से संतुष्ट हो जाता है कि भारत या उसके राज्यक्षेत्र के किसी भाग का वित्तीय स्थायित्व संकट में है तो वह देश में वित्तीय आपात लागू कर सकता है। उद्घोषणा के दो माह के अन्दर यह संसद के दोनों सदनों द्वारा साधारण बहुमत द्वारा अनुमोदित होना चाहिए और अनुमोदित होने के बाद यह तब तक जारी रहेगा जब तक राष्ट्रपति इसे वापस नहीं लेता। बार-बार पारित करके छः माह बढ़ाने की आवश्यकता नहीं है।

वित्तीय आपात के प्रभाव

राज्यों के राज्यपालों को यह निर्देश दिया जा सकता है कि वे राज्यों के सभी धन एवं वित्त विधेयकों को राष्ट्रपति के विचार के लिए आरक्षित करें। राज्यों को वित्तीय अनुशासन कायम करने के लिए कहा जा सकता है। केन्द्र एवं राज्यों के मध्य वित्तीय संशोधनों के विभाजन को निलंबित रखा जा सकता है। सभी संवैधानिक अधिकारियों के वेतन एवं भत्ते कम दिए जा सकते हैं। केवल राष्ट्रपति और राज्यपाल का वेतन कम नहीं हो सकता।

अध्याय सार संग्रह

- राष्ट्रीय आपात राष्ट्रपति अनुच्छेद 352 के तहत घोषणा करता है परंतु, इसके तीन शर्तों में से किसी एक का होना आवश्यक है—1. बाह्य आक्रमण, 2. युद्ध, 3. सशस्त्र विद्रोह।
- राष्ट्रीय आपात जारी होने पर व्यक्ति के मूल अधिकार जो अनुच्छेद 19 में दिए गये हैं स्वत: निलम्बित हो जाते हैं तथा शेष मूल अधिकार राष्ट्रपति के आदेश द्वारा होता है। अनुच्छेद 20 तथा 21 का निलम्बन नहीं किया जा सकता।
- राष्ट्रपति ऐसी आपात उद्घोषणा को पश्चातवर्ती उद्घोषणा द्वारा वापस ले सकता है या उसे परिवर्तित कर सकता है।
- आपात उद्घोषणा को कुल सदस्य संख्या के बहुमत द्वारा तथा उस सदन के उपस्थित और मत देने वाले सदस्यों में से दो तिहाई बहुमत समर्थित (पारित) होना चाहिए। (विशेष बहुमत/दोहरा बहुमत)
- राष्ट्रपति को जब यह समाधन हो जाए कि संकट आने वाला है तो वह आपात की उद्घोषणा कर सकता है। राष्ट्रपति का समाधान अंतिम और निश्चयात्मक होता है और उसके समाधान को न्यायालय द्वारा जाँचा नहीं जा सकता है।
- राष्ट्रपति को यह समाधान हो जाता है कि ऐसी स्थिति उत्पन्न हो गयी है कि भारत या उसके किसी भाग का वित्तीय स्थायित्व संकट में है तो वह वित्तीय आपात की उद्घोषणा कर सकता है।
- अनुच्छेद 352 के अंतर्गत अब तक तीन बार संकटकाल की घोषणा की गई है। 1962 में भारत पर चीन के और 1971 में भारत पर पाकिस्तान के आक्रमण की स्थिति में तथा जून, 1975 में आंतरिक अशांति के नाम पर।
- आपातकाल की उद्घोषणा के एक महीने के अंदर संसद के दोनों सदनों द्वारा अलग-अलग उसका अनुमोदन किया जाना आवश्यक है, अन्यथा उद्घोषणा की तिथि के एक महीने की समाप्ति के बाद आपातकाल प्रवर्तन में नहीं रह सकती।
- यदि उद्घोषणा के एक महीने के अंदर लोकसभा का विघटन हो जाता है तो राज्यसभा द्वारा उपर्युक्त बहुमत से उसका अनुमोदन आवश्यक है और नवीन लोकसभा के पुनर्गठन के एक महीने के अंदर उसकी स्वीकृति मिल जानी चाहिए। तभी आपातकाल आगे चल सकता है।
- राष्ट्रीय आपातकाल की उद्घोषणा के दौरान अनुच्छेद-19 में उल्लेखित स्वतंत्रता के मूल अधिकार स्वत: निलंबित हो जाते हैं।
- भाग-3 के अन्य मूलाधिकारों के विषय में राष्ट्रपति आदेश जारी कर सकता है कि आपात स्थिति के दौरान कौन से मूल अधिकार बने रहेंगे और कौन से निलंबित हो जायेंगे।
- आपातकाल के दौरान केन्द्र को कार्यपालिका शक्तियों के प्रयोग में राज्यों को निर्देश देने का अधिकार प्राप्त होता है और यदि उन निर्देशों का पालन करने में राज्य असफल हो जाते हैं, तो इसे राज्य में राष्ट्रपति शासन लागू करने का उचित आधार माना जाता है।
- अनुच्छेद-356 के आधार पर आपातकाल की उद्घोषणा के दो महीने के अंदर संसद के दोनों सदनों द्वारा इसका अनुमोदन किया जाना आवश्यक होता है अन्यथा आपातकाल प्रवर्तन में नहीं रह सकता।
- वित्तीय आपातकाल के दौरान राष्ट्रपति को राज्यों के पास वित्तीय औचित्य संबंधी सिद्धांतों के पालन के लिए आदेश भेजने का अधिकार प्राप्त हो जाता है।
- सबसे अधिक बार 356 का प्रयोग केरल में हुआ है।
- सर्वप्रथम पंजाब राज्य में राष्ट्रपति शासन की उद्घोषणा की गयी।
- राष्ट्रपति शासन की सबसे लम्बी अवधि पंजाब राज्य में रही तथा सबसे कम अवधि कर्नाटक (7 दिन) में रही।

15 अध्याय

न्यायपालिका

इस अध्याय में आप सीखेंगे किः

- एक स्वस्थ लोकतांत्रिक देश में न्यायपालिका की आवश्यकता क्या है और उसके महत्व के बारे में जानकारी प्राप्त होगी तथा भारत में न्यायपालिका की स्थिति क्या है।
- भारत में न्यायिक ढाँचा, उसके स्वरूप क्या है और अधिकार के बारे में जानकारी प्राप्त होगी।
- हाल ही के वर्षों में न्यायिक क्षेत्रों में प्रचलित नवीन अवधारणाओं जैसे जनहितवाद, स्वत:संज्ञान, सर्वोच्च न्यायालय की सामाजिक, न्यायिक पुनरावलोकन के साथ-साथ विभिन्न नवीन न्यायिक प्रणालियों के बारे में क्या जानकारी प्राप्त होगी।

परिचय

भारत में संघात्मक शासन प्रणाली की व्यवस्था की गई है, जिसके कारण शासन की शक्तियों का बंटवारा केन्द्र तथा राज्यों में किया गया है। शक्तियों के बंटवारे के कारण केन्द्र तथा राज्यों के पारस्परिक झगड़े उत्पन्न होने का सदा ही डर बना रहता है। केन्द्र तथा राज्यों के आपसी झगड़ों को निपटाने के लिए एक निष्पक्ष और स्वतंत्र न्यायपालिका का होना अनिवार्य है। इसके अतिरिक्त हमारे देश में संविधान को सर्वोच्च कानून माना गया है और नागरिकों को भी मौलिक अधिकार दिए गए हैं। संविधान की रक्षा और मौलिक अधिकारों की रक्षा के लिए स्वतंत्र न्यायपालिका का और भी अधिक महत्त्व है। भारतीय संविधान निर्माताओं ने निष्पक्ष और स्वतंत्र न्यायपालिका के महत्त्व को समझते हुए ही भारत में सर्वोच्च न्यायालय की व्यवस्था की है।

भारत की संघीय व्यवस्था में न्यायपालिका की भूमिका अत्यंत महत्त्वपूर्ण है। संवधान में स्पष्ट उल्लेख है कि यदि केन्द्र और राज्यों के बीच अथवा एक राज्या का दूसरे राज्यों के साथ विवाद उत्पन्न हो जाये तो उसका समाधान न्यायपालिका ही करेगी। इसका महत्त्व एक अन्य कारण से भी है। भारत एक लोकतांत्रिक देश है जिसमें नागरिकों को कई अधिकार प्राप्त हैं। उनके अधिकारों के सम्मान और संरक्षण के लिए तथा सरकार की शक्तियों को नियंत्रित सीमा में रखने के लिए भी न्यायपालिका आवश्यक है।

न्यायपालिका सरकार का तीसरा अंग है। इसका आधारभूत प्रकार्य व्यवस्थापिका द्वारा निर्मित तथा कार्यपालिका द्वारा क्रियान्वित कानूनों को व्यक्तिगत मामलों में लागू कर समाज में न्याय की स्थापना करना है। भारत में न्यायपालिका की व्यवस्था संयुक्त राज्य अमेरिका की न्यायपालिका की व्यवस्था से भिन्न है। संयुक्त राज्य अमेरिका में संघ एवं राज्यों के न्यायालयों के लिए अलग-अलग पद सोपानीय अधिक्रम है। भारत में इसके विपरीत समूचे गणराज्य के लिए न्यायालयों का एक एकीकृत व्यवस्था है। इस अधिक्रम में चोटी पर भारत का उच्चतम न्यायालय है तथा उसके अधीन मध्यवर्ती स्तर पर राज्यों के उच्च न्यायालय हैं। संरचना के विषय में भारतीय न्यायपालिका ब्रिटिश न्यायपालिका के समान है, जबकि शक्तियों के विषय में यह संयुक्त राज्य अमेरिका के न्यायपालिका के समान है।

एकीकृत न्यायपालिका (Unitary Judiciary)

यद्यपि भारत एक संघात्मक राज्य है तथापि यहाँ एकीकृत न्यायपालिका को अपनाया गया है। जबकि भारत में संघात्मक व्यवस्था के अनुरूप केन्द्र और राज्य के लिए अलग-अलग कार्यपालिका और विधानमण्डल हैं और संविधान में उनकी शक्तियों का स्पष्ट विभाजन किया गया है, लेकिन न्यायपालिका के विषय में इस तरह का विभाजन नहीं किया गया है।

भारत में अमेरिका आदि देशों की भाँति केन्द्र और राज्यों के लिए अलग-अलग न्यायालय नहीं हैं और न ही विभिन्न न्यायालयों के बीच शक्तियों का बंटवारा किया गया है। भारतीय न्यायपालिका की संरचना एक पिरामिड की भाँति है जिसमें सबसे ऊपर सर्वोच्च न्यायालय स्थित है। प्रत्येक ऊपरी न्यायालय अपने नीचे के न्यायालय पर नियंत्रण रखता है। अत: हमारी न्याय व्यवस्था एकात्मक है।

न्यायपालिका की स्वतंत्रता (Freedom of Judiciary)

भारत जैसे संघात्मक व्यवस्था वाले देशों में न्यायपालिका की भूमिका अन्यंत महत्त्वपूर्ण तथा संवेदनशील होता है। अत: भारत में न्यायपालिका को कार्यपालिका तथा व्यवस्थापिका से स्वतंत्र रखने का प्रयास किया गया है। संसदीय व्यवस्था वाले देशों में सरकार बहुत शक्तिशाली होती है, क्योंकि कार्यपालिका के सदस्य विधायिका के भी सदस्य होते हैं, अर्थात् मंत्रिपरिषद के सदस्य संसद सदस्यों में से ही लिये जाते हैं। अत: ऐसी स्थिति में नागरिकों के अधिकारों को कार्यपालिका से हमेशा खतरा रहता है। अत: आवश्यक है कि न्यायपालिका को नागरिकों के अधिकारों का संरक्षक बनाया जाय और न्यायपालिका इस कार्य को प्रभावी रूप से तभी कर सकती है, जब उसे स्वतंत्र और निष्पक्ष बनाया जाए।

भारत में न्यायपालिका को कार्यपालिका और व्यवस्थापिका से पृथक रखने का प्रयास किया गया है। संविधान के भाग-4 में नीति निदेशक तत्वों के अंतर्गत अनुच्छेद-50 राज्य को यह निर्देश देता है कि राज्य, लोक सेवाओं में न्यायपालिका को कार्यपालिका से पृथक रखने का प्रयास करेगा।

सर्वोच्च न्यायालय तथा उच्च न्यायालय के न्यायाधीशों की नियुक्ति राष्ट्रपति द्वारा मंत्रिपरिषद के सलाह पर की जाती है, लेकिन इन नियुक्तियों को राजनीति से अलग रखने के लिए राष्ट्रपति से यह अपेक्षा की गई है कि वह इस विषय में कोलेजियम (सुप्रीम कोर्ट के मुख्य न्यायाधीश तथा चार अन्य वरिष्ठ न्यायाधीशों से मिलकर बनती है) से परामर्श करे। संविधान में न्यायाधीशों की पदावधि को सुरक्षा प्रदान की गई है। उच्चतम न्यायालय तथा उच्च न्यायालय के न्यायाधीशों को पदच्युत करने के लिए संविधान में 'महाभियोग' जैसे विशेष प्रक्रिया का उपबंध किया गया है। उक्त न्यायाधीशों को राष्ट्रपति साबित कदाचार या असमर्थता के आधार पर संसद के दोनों सदनों के बहुमत और उपस्थित तथा मतदान करने वाले सदस्यों के 2/3 बहुमत से पारित समावेदन पर ही पद से हटा सकता है (विशेष बहुमत)।

सर्वोच्च न्यायालय तथा उच्च न्यायालय के न्यायाधीशों को वेतन, भत्ता और पेंशन संचित निधि से दिया जाता है और उनके कार्यकाल के दौरान वेतन, भत्ते इत्यादि में कोई अलाभकारी परिवर्तन नहीं किया जा सकता है। संसद सर्वोच्च न्यायालय तथा उच्च न्यायालयों की सिविल और आपराधिक अधिकारिता को बढ़ा तो सकती है, लेकिन घटा नहीं सकती है। सर्वोच्च न्यायालय तथा उच्च न्यायालय के किसी न्यायाधीश द्वारा अपने कर्तव्यों के पालन के लिए किये गए आचरण पर संसद के किसी सदन में अथवा राज्यों के विधानमण्डल के किसी सदन में चर्चा नहीं की जा सकती।

भारतीय संविधान के अनुच्छेद-129 और 215 में क्रमश: सर्वोच्च न्यायालय और उच्च न्यायालयों को अपनी अवमानना के लिए किसी भी व्यक्ति को दण्ड देने की शक्ति प्रदान की गई है। सर्वोच्च न्यायालय तथा उच्च न्यायालयों को अपने कर्मचारियों की नियुक्ति और उनकी सेवा शर्तों को निर्धारित करने तथा अपनी आंतरिक प्रक्रिया को विनियमित करने की शक्ति प्रदान की गई है। जिससे इन न्यायालयों के संस्थापन के विषय में सरकार का हस्तक्षेप न हो।

न्यायपालिका की स्वतंत्रता का संवैधानिक आधार

राज्य के नीति निदेशक तत्व के अंतर्गत अनु. 50 में कहा गया है कि राज्य न्यायपालिका को कार्यपालिका से पृथक करने के लिए कदम उठाये। उच्चतम न्यायालय एवं उच्च न्यायालय के न्यायाधीशों के वेतन आदि में सामान्यतया कटौती करके उन्हें प्रभावित नहीं कर सकता है। उच्चतम न्यायालय और उच्च न्यायालय के न्यायाधीशों को पद से हटाने की विशेष प्रक्रिया है।

संसद उच्चतम न्यायालय की अधिकारिता और शक्तियों में कटौती नहीं कर सकती है (अनु. 138)। अनु. 121 के अनुसार उच्चतम न्यायालय के न्यायाधीशों द्वारा किये गये कार्यों के सम्बंध में कोई चर्चा नहीं हो सकती सिवाय उसके पद से हटाये जाने की। अनु. 129 के अंतर्गत उच्चतम न्यायालय एवं अनु. 229 के अंतर्गत उच्च न्यायालय के अधिकारियों एवं कर्मचारियों की नियुक्ति इन न्यायालयों के अंतर्गत आंतरिक मामला है। सेवानिवृत्ति के पश्चात् उच्चतम न्यायालय के न्यायाधीशों को भारत-राज्य क्षेत्र के अंतर्गत किसी भी न्यायालय या प्राधिकरण में वकालत करने से रोका गया है।

सर्वोच्च न्यायालय (Supreme Court)

भारत में संविधान की सर्वोच्चता स्थापित की गयी है और संविधान का अंतिम निर्वाचन सर्वोच्च न्यायालय द्वारा किया जाता है। भारत में मौलिक अधिकारों के लिए भी न्यायपालिका को महत्त्वपूर्ण माना गया है, क्योंकि न्यायपालिका के जरिए ही मौलिक अधिकार को बल प्राप्त होता है। मौलिक अधिकारों के व्यापक प्रसार के लिए न्यायपालिका का संरक्षण आवश्यक है। ग्रेनविल ऑस्टिन ने कहा है सर्वोच्च न्यायालय को नागरिकों और अल्पसंख्यक वर्गों के अधिकारों के संरक्षण का कार्य सौंपकर वस्तुत: उसे 'सामाजिक क्रांति के संरक्षक' का भार सौंपा गया है।

प्रारंभ में सर्वोच्च न्यायालय में 1 मुख्य न्यायाधीश तथा 7 अन्य न्यायाधीश थे। 1985 में मुख्य न्यायाधीश को छोड़कर अन्य न्यायाधीशों की संख्या बढ़ाकर 25 कर दी गई। फरवरी 2008 में केन्द्रीय मंत्रिमण्डल द्वारा लिए गए निर्णय के अनुसार वर्तमान में सर्वोच्च न्यायालय के न्यायाधीशों की संख्या 31 है। (1 मुख्य न्यायाधीश तथा 30 अन्य न्यायाधीश)। सर्वोच्च न्यायालय में न्यायाधीशों की संख्या में बढ़ोत्तरी या कमी करने की शक्ति केन्द्रीय संसद में निहित है। जबकि उच्च न्यायालयों में राष्ट्रपति न्यायाधीशों की संख्या का निर्धारण करता है।

उच्चतम न्यायालय के न्यायाधीश की नियुक्ति (Appointment of Justice of Supreme court)

उच्चतम न्यायालय के समस्त न्यायाधीशों की नियुक्ति राष्ट्रपति अपने हस्ताक्षर एवं मुद्रा सहित अधिपत्र द्वारा करता है। किंतु अन्य शक्ति की भाँति यह राष्ट्रपति की औपचारिक शक्ति है। संसदीय प्रणाली के कारण इस शक्ति का प्रयोग राष्ट्रपति संघीय मंत्रिपरिषद की सलाह के अनुसार ही करता है।

इन नियुक्तियों की प्रक्रिया के संबंध में राष्ट्रपति ने अनुच्छेद 143 के अंतर्गत 1998 में मुख्य न्यायाधीश और उसके अन्य न्यायाधीशों से परामर्श माँगा था। इस संबंध में नौ सदस्यीय न्यायपीठ ने यह परामर्श दिया कि उच्चतम न्यायालय के न्यायाधीशों की नियुक्ति के लिए मुख्य न्यायाधीश द्वारा राष्ट्रपति को दी गई राय, ऐसी मंडली से परामर्श करके निर्मित होनी चाहिए, जिसमें भारत का मुख्य न्यायाधीश और न्यायालय के चार वरिष्ठतम न्यायाधीश सम्मिलित हों।

वर्तमान में कोलेजियम की सलाह पर ही सर्वोच्च न्यायालय के सभी न्यायाधीशों की नियुक्ति होती है। सामान्यत: वरिष्ठ न्यायाधीश को मुख्य न्यायाधीश के रूप में नियुक्ति किया जाता है।

कार्यकारी मुख्य न्यायाधीश की नियुक्ति

यदि मुख्य न्यायाधीश का पद रिक्त हो अथवा पदासीन मुख्य न्यायाधीश अनुपस्थित या अन्यथा अपने पद के कर्तव्यों के पालन में असमर्थ हो, तब संविधान में 'कार्यकारी मुख्य न्यायाधीश' की नियुक्ति का भी प्रावधान है। इसकी नियुक्ति राष्ट्रपति द्वारा उच्चतम न्यायालय के अन्य न्यायाधीशों में से की जाती है।

तदर्थ न्यायाधीशों की नियुक्ति (Appointment of Adhoc Justice)

यदि किसी समय उच्चतम न्यायालय में स्थायी न्यायाधीशों की संख्या सत्र चलाने के लिए पर्याप्त न हो, तो तदर्थ आधार पर भी न्यायाधीशों की नियुक्ति की जा सकती है। इसके लिए मुख्य न्यायाधीश द्वारा राष्ट्रपति से पूर्व सहमति लेना आवश्यक है। यह अस्थायी नियुक्ति राज्यों के उच्च न्यायालयों के न्यायाधीशों में से की जाती है। नियुक्ति हेतु आवश्यक अर्हता में कोई रियायत नहीं दी जाती है।

उच्चतम न्यायालय के न्यायाधीशों की योग्यताएँ

उच्चतम न्यायालय के न्यायधीश होने के लिए किसी व्यक्ति में निम्नांकित योग्यताएँ होनी आवश्यक हैं—

1. वह भारत का नागरिक हो,
2. एक या अधिक उच्च न्यायालय में लगातार कम से कम 10 वर्षों तक अधिवक्ता (वकील) रहा हो,
3. किसी उच्च न्यायालय में लगातार कम से कम पाँच वर्ष तक न्यायाधीश रहा हो या
4. राष्ट्रपति की सम्मति में वह पारंगत विधिवेत्ता हो।

उच्चतम न्यायालय के न्यायाधीशों की शपथ

उच्चतम न्यायालय का न्यायाधीश होने के लिए नियुक्ति प्रत्येक व्यक्ति को अपना पद ग्रहण करने से पूर्व शपथ लेनी होती है। यह शपथ राष्ट्रपति अथवा उसके द्वारा इस प्रयोजन से नियुक्ति व्यक्ति के समक्ष ली जाती है। ईश्वर की शपथ या सत्यनिष्ठा से प्रतिज्ञात करने का प्रारूप संविधान की तीसरी अनुसूची में वर्णित है। इस शपथ में निम्न बातें होती हैं—

1. संविधान के प्रति सच्ची श्रद्धा और निष्ठा,
2. भारत की प्रभुता एवम् अखण्डता को अक्षुण बनाये रखना,
3. संविधान एवम् विधियों की मर्यादा,
4. योग्यता ज्ञान, विवेक की आधार पर कार्य।

उच्चतम न्यायालय के न्यायाधीशों की उन्मुक्तियाँ

न्यायाधीशों द्वारा अपने पद के दायित्वों को निभाने के दौरान किए गए किसी कार्य एवं निर्णयों की आलोचना नहीं की जा सकती। उन पर पक्षपात करने का आरोप नहीं लगाया जा सकता। इन उन्मुक्तियों पर यह बंधन भी है कि सेवानिवृत्ति के पश्चात् वे भारत के राज्यक्षेत्र के किसी न्यायालय या अधिकारी के सम्मुख वकालत नहीं कर सकते। उच्चतम न्यायालय के किसी न्यायाधीश द्वारा अपने कर्तव्य के निर्वहन में किये गये किसी आचरण के विषय में संसद में चर्चा नहीं होगी, किंतु जब ऐसी किसी न्यायाधीश को हटाने का प्रस्ताव अगर संसद में चल रहा हो तो संसद में चर्चा की जा सकेगी।

पदावधि एवं पदच्युति

उच्चतम न्यायालय का न्यायाधीश 65 वर्ष की आयु तक अपने पद पर बना रहता है। यह आयु-सीमा मुख्य न्यायाधीश एवं अन्य न्यायाधीशों के लिए समान ही है। कोई न्यायाधीश राष्ट्रपति को संबोधित अपने हस्ताक्षर सहित लेख द्वारा पदावधि पूर्ण होने से पूर्व भी पद त्याग सकता है। इसके अतिरिक्त भी किसी न्यायाधीश को संसद में अभियोग चलाकर हटाया जा सकता है। संविधान के अनुच्छेद 124(4) में उच्चतम न्यायालय के न्यायाधीशों को उनके पद से हटाने की प्रक्रिया का उल्लेख है। इसके अनुसार न्यायाधीशों को केवल दो आधारों-कदाचार या असमर्थता पर ही पदच्युत किया जा सकता है। न्यायाधीशों के द्वारा कदाचार या असमर्थता को साबित किया जाना आवश्यक है। इसका अन्वेषण करने और इसे साबित करने की प्रक्रिया का निर्धारण संसद कानून द्वारा करती है।

न्यायाधीशों को पद से हटाने के लिए समावेदन किसी भी सदन में पहले प्रस्तुत किया जा सकता है। ऐसा समावेदन प्रत्येक सदन की कुल सदस्य संख्या के बहुमत द्वारा तथा सदन में उपस्थित एवं मतदान करने वाले सदस्यों के कम से कम दो-तिहाई बहुमत द्वारा समर्थित होना चाहिए (विशेष बहुमत)। तत्पश्चात् यह समावेदन संसद के उसी सत्र में राष्ट्रपति के समक्ष रखा जाता है और राष्ट्रपति न्यायाधीश को हटाने का आदेश देता है।

न्यायाधीशों को हटाया जाना

ऐसे किसी प्रस्ताव को संसद में रखने तथा न्यायाधीश के कदाचार या असमर्थता की जाँच और साबित करने के लिए, प्रक्रिया विहित करने की शक्ति संसद को दी गई है, अनु. 124(5) संसद ने इस शक्ति के प्रयोग में न्यायाधीश (जाँच) अधिनयम 1968 बनाया है, जिसके अनुसार किसी न्यायाधीश को हटाने के लिए एक प्रस्ताव, राष्ट्रपति को सम्बोधित कर लाया जाता है। प्रस्ताव यदि लोकसभा में लाया जाता है तो कम से कम 100 सदस्यों द्वारा तथा यदि राज्यसभा में लाया जाता है तो कम से कम 50 सदस्यों द्वारा हस्ताक्षरित होना चाहिए। यथास्थिति, अध्यक्ष या सभापति प्रस्ताव को ग्रहण करने या न करने का निर्णय करता है। प्रस्ताव ग्रहण किये जाने पर एक तीन सदस्यीय समिति (जिसमें एक उच्चतम न्यायालय का न्यायाधीश, एक किसी उच्च न्यायालय का मुख्य न्यायाधीश तथा एक प्रसिद्ध न्यायविद् होते हैं) आरोप की जाँच के लिए गठित की जाती है। यदि समिति अपनी रिपोर्ट में आरोप की पुष्टि करती है तो ऐसी रिपोर्ट और न्यायाधीश को हटाये जाने का प्रस्ताव उस सदन में रखा जाता है, जिसमें कार्यवाही लम्बित है। एक सदन द्वारा प्रस्ताव पारित कर दिये जाने पर दूसरे सदन को भेजा जाता है। दोनों सदनों द्वारा विशेष बहुमत से पारित प्रस्ताव राष्ट्रपति के समक्ष आदेश के लिए रखा जाता है, और तब राष्ट्रपति आरोपित न्यायाधीश को हटाने का आदेश देता है। उल्लेखनीय है कि अभी तक उच्चतम न्यायालय के एक भी न्यायाधीश को उसके पद से हटाया नहीं गया है, यद्यपि हटाने की प्रक्रिया अधोलिखित तीन न्यायाधीशों के विरुद्ध प्रारंभ की गई थी। यथा—

न्यायाधीश वी. रामास्वामी का मामला-न्यायमूर्ति वी. रामास्वामी उच्चतम न्यायालय के ऐसे प्रथम न्यायाधीश हैं जिनको हटाने के लिए 1991 में लोकसभा में प्रस्ताव लाया गया था। रामास्वामी पर पंजाब और हरियाणा उच्च न्यायालय के मुख्य न्यायाधीश रहने के दौरान वित्तीय अनियमितता का आरोप था। उच्चतम न्यायालय के न्यायाधीश न्यायमूर्ति पी.बी. सावंत की अध्यक्षता में (अन्य सदस्य थे न्यायाधीश वी.डी. देसाई तथा न्यायाधीश ओ.पी. चिनप्पा रेड्डी) गठित समिति ने आरोप को सही पाया था, परंतु लोकसभा में 10-11 मई 1993 को हुए मतदान में सत्ताधारी कांग्रेस द्वारा भाग न लेने के कारण प्रस्ताव पारित न हो सका। यद्यपि प्रस्ताव के पक्ष में 176 मत (विपक्ष में एक भी मत नहीं) पड़ा था।

सौमित्र सेन का मामला-कोलकाता उच्च न्यायालय के न्यायाधीश सौमित्र सेन भारत के ऐसे दूसरे न्यायाधीश हैं जिनको हटाने के लिए प्रस्ताव अगस्त 2011 में राज्यसभा द्वारा पारित किया गया, किंतु लोकसभा में प्रस्ताव पेश किये जाने के पूर्व ही उन्होंने इस्तीफा दे दिया, जिसके कारण यह प्रकरण वहीं समाप्त हो गया। राज्यसभा की तीन सदस्यीय समिति ने अपनी रिपोर्ट में श्री सेन को दोषी पाया था।

पी.डी. दिनाकरन का मामला-सिक्किम उच्च न्यायालय के मुख्य न्यायाधीश न्यायमूर्ति पाल डैनिथल दिनाकरण के विरुद्ध भी 'कर्नाटक उच्च न्यायालय के मुख्य न्यायाधीश रहने के दौरान वित्तीय अनियमितता का आरोप लगाया गया था। श्री दिनाकरन ने 29 जुलाई 2010 को राज्यसभा में महाभियोग की कार्यवाही प्रारंभ होने के पूर्व ही अपने पद से त्यागपत्र दे दिया। अत: उनके विरुद्ध महाभियोग की कार्यवाही प्रारंभ नहीं हो सकी।

उच्चतम न्यायालय का क्षेत्राधिकार (Jurisdiction of Supreme Court)

विश्व के अन्य किसी भी न्यायालय की तुलना में भारत के सर्वोच्च न्यायालय को व्यापक क्षेत्राधिकार प्राप्त हैं। उच्चतम न्यायालय की अधिकारिता को निम्नलिखित शीर्षकों के माध्यम से विवेचन किया जा सकता है—

अभिलेख न्यायालय (Court of Record)

संविधान के अनुच्छेद 129 के अनुसार उच्चतम न्यायालय अभिलेख न्यायालय है और उसे ऐसे न्यायालय की सभी शक्तियाँ प्राप्त हैं। इस रूप में देश की इस सर्वोच्च न्यायिक पीठ की समस्त कार्यवाहियों, निर्णयों, न्यायादेशों आदि के अभिलेख रखे जाते हैं ताकि कानून की व्याख्या में उन्हें भविष्य में साक्ष्य के रूप में प्रस्तुत किया जा सके। इन अभिलेखों की प्रामाणिकता को किसी भी न्यायालय में चुनौती नहीं दी जा सकती है।

अभिलेख न्यायालय का तात्पर्य ऐसे न्यायालय से होता है, जिसके निर्णय और कार्यवाहियाँ लिखी जाती हैं। भविष्य में इन्हें किसी भी न्यायालय में साक्ष्य के रूप में प्रस्तुत किया जा सकता है। इन्हें चुनौती नहीं दी जा सकती है और न ही इसकी वैधता पर प्रश्न चिन्ह लगाया जा सकता है। उल्लेखनीय है कि सबसे महत्त्वपूर्ण तत्व साक्ष्यात्मक मूल्य है।

प्रारंभिक क्षेत्राधिकार (Original jurisdiction)

अनुच्छेद 131 के अनुसार उच्चतम न्यायालय को कुछ मामलों में अनन्य प्रारंभिक क्षेत्राधिकार प्राप्त हैं। उच्चतम न्यायालय के प्रारंभिक क्षेत्राधिकार के अंतर्गत ऐसे मामले आते हैं, जिनकी सुनवाई करने का अधिकार किसी उच्च न्यायालय अथवा अधीनस्थ न्यायालयों को नहीं होता है। उच्चतम न्यायालयों को निम्नलिखित मामलों में प्रारम्भिक क्षेत्राधिकार होता है—

1. भारत संघ तथा एक या एक से अधिक राज्यों के मध्य उत्पन्न होनेवाले विवादों में,
2. भारत संघ तथा कोई एक राज्य या अनेक राज्यों और एक से अधिक राज्यों के बीच विवादों में,
3. दो या दो से अधिक राज्यों के बीच ऐसे विवाद में जिसमें उनके वैधानिक अधिकारों का प्रश्न निहित हो।

प्रारंभिक क्षेत्राधिकार के अंतर्गत उच्चतम न्यायालय उसी विवाद को निर्णय के लिए स्वीकार करेगा, जिसमें किसी तथ्य या विधि का प्रश्न शामिल हैं। लेकिन नदी जल विवाद प्रारंभिक क्षेत्राधिकार में नहीं आता इसके लिए संविधान में अनु. 262 की व्यवस्था है।

अपीलीय क्षेत्राधिकार (Appellate Jurisdiction)

देश के सबसे बड़े अपीलीय न्यायालय के रूप में उच्चतम न्यायालय को उच्च न्यायालयों के निर्णय के विरुद्ध अपील सुनने का अधिकार है। संविधान के अनुच्छेद 132 से अनुच्छेद 136 में वर्णित अपीलीय क्षेत्राधिकार के आधार पर अपीलीय अधिकारिता को अग्रांकित चार वर्गों में विभक्त किया जा सकता है—

संवैधानिक मामले (Consitutional Matters)

संवैधानिक मामलों में उच्च न्यायालयों के निर्णय, डिक्री तथा अंतिम आदेश के विरुद्ध उच्चतम न्यायालय में तभी अपील की जा सकती है जब संविधान की व्याख्या से सम्बन्धित विधि के किसी महत्त्वपूर्ण प्रश्न पर अनेक उच्च न्यायालयों ने भिन्न-भिन्न निर्णय दिये हों। संवैधानिक मामलों में अपील तभी की जा सकती है जब उच्च न्यायालय यह प्रमाण पत्र दे दे कि मामलों में विधि का जटिल प्रश्न अंर्तनिहित है, जिसके लिए संविधान की व्याख्या आवश्यक है। उच्च न्यायालय प्रमाण पत्र न दे, तब उच्चतम न्यायालय इस सम्बन्ध में स्वयं अपील करने की आज्ञा दे सकता है। संवैधानिक मामलों में की गयी अपील की सुनवाई के लिए संवैधानिक पीठ का गठन किया जाता है। संवैधानिक पीठ में न्यूनतम 5 न्यायाधीश होते हैं अभी तक केशवानंद भारती वाद (1973) में सबसे बड़ी पीठ का गठन किया जा चुका है।

दीवानी मामले (Civil Matters)

संविधान के अनुच्छेद 133 के अनुसार उच्चतम न्यायालय को दीवानी अपीलीय अधिकार प्राप्त हैं। दीवानी मामलों में उच्चतम न्यायालय में अपील तभी की जा सकती है, जब उच्चतम न्यायालय यह प्रमाणित कर दे कि—

1. मामलों में विधि या सार्वजनिक महत्त्व का कोई सारभूत प्रश्न शामिल है,
2. मामले का निर्णय उच्चतम न्यायालय द्वारा किया जाना आवश्यक तथा
3. संविधान के 30वे संशोधन अधिनियम 1972 द्वारा अनुच्छेद 133 में उक्त उपबन्ध जोड़े गये हैं। किंतु उच्च न्यायालय के प्रमाण पत्र मिल जाने पर भी सर्वोच्च न्यायालय अपील सुनने को बाध्य नहीं है तथा वह ऐसे प्रमाण पत्र को रद्द कर सकता है।

फौजदारी मामले (Criminal Matters)

अनुच्छेद 134 के अनुसार फौजदारी मामलों में उच्चतम न्यायालय में तभी अपील की जा सकती है, यदि—

1. उच्च न्यायालय ने अपील में किसी अभियुक्त को दोष मुक्ति के आदेश की परिवर्तित कर इसे मृत्युदण्ड दिया है,
2. किसी उच्च न्यायालय ने अपने क्षेत्राधिकार के अंतर्गत किसी अधीनस्थ न्यायालय से लंबित वाद को परीक्षण के लिए अपने पास अंतरित कर लिया है और अभियुक्त को दोषी करार देकर मृत्युदण्ड दिया हो, तथा
3. उच्चतम न्यायालय प्रमाणित कर देता है कि मामला उच्चतम न्यायालय में अपील किये जाने योग्य है।

उल्लेखनीय है कि फौजदारी अथवा दाण्डिक विषयों में अपील का प्रमाण पत्र देने का अधिकार उच्च न्यायालय का विशेषाधिकार है, किंतु उच्च न्यायालय अपने विशेषाधिकार का मनमाना प्रयोग नहीं कर सकता है। उच्च्तम न्यायालय ने यह मत व्यक्त किया है कि उच्च न्यायालय को केवल असाधारण परिस्थितियों में ही, जहाँ न्याय इसकी अपेक्षा करता है, हस्तक्षेप करना चाहिए।

विशिष्ट पुनर्विचार (Special Review)

अनुच्छेद 136 के अनुसार उच्चतम न्यायालय अपने विवेकानुसार भारत के किसी न्यायालय या अभिकरण द्वारा किसी वाद या मामले में पारित किये गए या दिए गए किसी निर्णय, डिक्री, अवधारण, दण्डादेश या आदेश के विरुद्ध अपील के लिए विशेष इजाजत दे सकता है। इसके खण्ड (2) में इसका अपवाद है। इसे सशस्त्र बलों से सम्बद्ध किसी विधि के अधीन गठित किसी न्यायालय के निर्णय आदि से अपील की विशेष इजाजत नहीं दी जा सकती है।

44वें संविधान संशोधन द्वारा अभिनिर्धारित किया गया है कि उच्चतम न्यायालय द्वारा अपील के लिए विशेष अनुमति के अधिकार को अब संविधान के अनुच्छेद 136 द्वारा नियमित किया जाएगा। इस संशोधन के पश्चात् समान प्रकृति के वाद को किसी पक्ष या व्यक्त द्वारा उच्चतम न्यायालय में उपस्थित किया जा सकेगा। इससे पूर्व महान्यायवादी के आवेदन पर ही उच्चतम न्यायालय कार्यवाही कर सकता था। अब उच्चतम न्यायालय महान्यायवादी या किसी पक्ष के आवेदन से संतुष्ट है कि किसी वाद या वादों में एक ही कानून अंतर्निहित है और वह किसी उच्च न्यायालय या न्यायालयों में विचाराधीन है, तो उसे अपने यहाँ मंगाकर निर्णय कर सकता है। स्पष्ट है कि अनुच्छेद 136 उच्चतम न्यायालय को विस्तृत शक्ति प्रदन करता है।

परामर्शदात्री क्षेत्राधिकार (Advisory Jurisdiction)

संविधान के अनुच्छेद 143 के तहत राष्ट्रपति को यह अधिकार है कि जब उसे यह प्रतीत हो कि विधि या तथ्य का कोई प्रश्न उत्पन्न हो गया हे या उत्पन्न होने की संभावना है, जो ऐसी प्रकृति का है या ऐसे व्यापक महत्त्व का है कि उस पर उच्चतम न्यायालय की राय प्राप्त करना आवश्यक है तो वह उस प्रश्न पर उच्चतम न्यायालय की राय मांग सकता है। उच्चतम न्यायालय मामले की सुनवाई कर उस पर अपनी राय दे सकता है। यहाँ यह उल्लेखनीय है कि उच्चतम न्यायालय न तो राष्ट्रपति को राय देने के लिए बाध्य है, और न ही राष्ट्रपति उच्चतम न्यायालय द्वारा दी गयी राय को मानने के लिए बाध्य है। लेकिन व्यवहार में उच्चतम न्यायालय की संवैधानिक स्थिति को देखते हुए सलाह को स्वीकार कर लेता है। न्यायाधीशों की नियुक्ति का मामला, लाभ से सम्बन्धित पद के मामलों में उच्चतम न्यायालय निर्देश दे सकता है।

सर्वोच्च न्यायालय की शक्तियां (Powers of the Supreme Court)

अवमानना एवं मानहानि के लिए दंडित करना

उच्चतम न्यायालय अपनी कार्यवाही को बाधित करने वाले, उसकी दुराग्रहपूर्ण निंदा करने वाले, मानहानिपूर्ण कृत्यों के लिए दोषी व्यक्ति या संस्था को दंडित करने के व्यापक अधिकार से सम्पन्न है। भारत के राज्य क्षेत्र में कोई भी व्यक्ति, समूह या संस्था उच्चतम न्यायालय के निर्णयों की अवज्ञा एवं निंदा नहीं कर सकता है, ऐसा होने पर न्यायालय उसको मानहानि के लिए दण्ड दे सकता है।

उच्चतम न्यायालय के निर्णयों का बंधनकारी स्वरूप

अनुच्छेद 141 के अनुसार उच्चतम न्यायालय द्वारा घोषित विधि भारत के राज्य क्षेत्र के भीतर सभी न्यायालयों पर बंधनकारी होगी। इस प्रकार उच्चतम न्यायालय के निर्णयों को अधीनस्थ न्यायालयों में पूर्व निर्णय के रूप में प्रस्तुत किया जाता है तथा अधीनस्थ न्यायालय उन्हें ज्यों का त्यों स्वीकार करने के लिए बाध्य होते हैं। परंतु यह बाध्यता स्वयं उच्चतम न्यायालय के लिए नहीं है।

एकीकृत न्याय प्रणाली का संचालन

उच्चतम न्यायालय भारतीय संविधान का संरक्षक है। यद्यपि संविधान द्वारा लिखित रूप में संघ एवं राज्यों के मध्य, सरकार के तीनों अंगों के मध्य तथा व्यक्ति एवं राज्यसत्ता के मध्य संबंधों का निरूपण कर दिया गया है। किंतु व्यवहार में संभव है कि इनमें से किसी भी पक्ष द्वारा अपनी संवैधानिक स्थिति का अतिक्रमण किया जाए। ऐसे में उच्चतम न्यायालय की भूमिका महत्त्वपूर्ण होती है। वह संविधान की व्याख्या करता है तथा उसके अनुरूप सभी पक्षों को अपनी संवैधानिक मर्यादा में रहने के लिए 'न्यायिक पुनरावलोकन' की शक्ति के आधार पर बाध्य भी करता है।

संघ-राज्य संबंधों में निर्णायक की भूमिका

भारत की संघात्मक प्रणाली में संघ एवं राज्यों के मध्य विवादों के समाधान का दायित्व संविधान के केवल उच्चतम न्यायालय पर डाला है। यद्यपि संविधान के अंतर्गत दोनों के कार्यक्षेत्रों का सीमांकन स्पष्ट है, तथापि इनमें परस्पर विवाद उत्पन्न हो सकता है। ऐसा विवाद कभी भी संघीय प्रणाली को संकटग्रस्त बना सकता है। इसलिए उच्चतम न्यायालय को संघ-राज्य संबंधों में निर्णायक की भूमिका सौंपी गई है।

संविधान का संरक्षक
(Custodian of the Constitution)

उच्चतम न्यायालय भारतीय संविधान का संरक्षक है। यद्यपि संविधान लिखित रूप में संघ एवं राज्यों के मध्य, सरकार के तीनों अंगों के मध्य तथा व्यक्ति एवं राज्यसत्ता के मध्य संबंधों का निरूपण कर दिया गया है। किंतु व्यवहार में सम्भव है कि इनमें से किसी भी पक्ष द्वारा अपनी संवैधानिक स्थिति का अतिक्रमण किया जाए। ऐसे में उच्चतम न्यायालय की भूमिका महत्त्वपूर्ण होती है।

मूल अधिकारों का रक्षक
(Protector of Fundamental Rights)

भारतीय संविधान के भाग तीन द्वारा भारत के नागरिकों को प्रदत्त मूल अधिकारों की रक्षा का दायित्व अनुच्छेद 32 एवं 13 के द्वारा उच्चतम न्यायालय पर डाला गया है। अनुच्छेद-32 के अनुसार कोई नागरिक अपने मूल अधिकारों के प्रवर्तन के लिए उच्चतम न्यायालय में सीधे याचिका दायर कर सकता है।

उच्चतम न्यायालय की अन्य शक्तियाँ

उपरोक्त के अतिरिक्त उच्चतम न्यायालय की कुछ अन्य शक्तियाँ भी हैं, जिनका संक्षिप्त विवरण निम्नलिखित है। यथा—

- अनु. 135 के तहत उच्चतम न्यायालय को संघीय न्यायालय द्वारा प्रयोगत्व्य शक्तियों और अधिकारिता को प्रयोग करने की शक्ति दी गई है। इसके अनुसार ऐसे मामले जो अनु. 133 (सिविल मामलों में अपील) या अनु. 134 (आपराधिक मामलों में अपील) की परिधि में नहीं आते हैं, किंतु जिसके सम्बन्ध में सघीय न्यायालय, संविधान लागू होने के पूर्व, अधिकारिता और शक्तियों का प्रयोग करता था, उसके सम्बन्ध में उच्चतम न्यायालय को भी अधिकारिता व शक्तियाँ होंगी। उल्लेखनीय है कि संघीय न्यायालय से तात्पर्य भारत सरकार अधिनियम 1935 के अधीन गठित संघीय न्यायालय से है।
- अनु. 138 के तह संसद, उच्चतम न्यायालय की अधिकारिता में वृद्धि कर सकती है। इसके अनुसार उच्चतम न्यायालय को संघसूची के विषयों में से किसी के सम्बन्ध में ऐसी अतिरिक्त अधिकारिता और शक्तियाँ होंगी जो संसद विधि द्वारा उसे प्रदान करे।
- अनु. 139 उच्चतम न्यायालय की रिट जारी करने की शक्ति की वृद्धि के बारे में है। उल्लेखनीय है कि उच्चतम न्यायालय को अनु. 32 के तहत केवल मूल अधिकारों को लागू कराने के लिए रिट जारी करने की शक्ति है जबकि उच्च न्यायालयों को मूल अधिकारों सहित 'किन्हीं प्रयोजनों के लिए' रिट जारी करने की शक्ति है। अनु. 139 के अनुसार संसद विधि द्वारा उच्चतम न्यायालय को भी किन्हीं प्रयोजनों के लिए रिट (बंदी प्रत्यक्षीकरण, परमादेश, प्रतिषेध, उत्प्रेषण तथा अधिकार पृच्छा) जारी करने की शक्ति प्रदान कर सकती है।
- उच्चतम न्यायालय की आनुषंगिक शक्तियाँ अनु. 140 में दी गयी हैं। इसके अनुसार संसद उच्चतम न्यायालय को ऐसी आनुषंगिक शक्तियाँ प्रदान कर सकती हैं जो संविधान द्वारा उसे प्रदत्त अधिकारिता को अधिक प्रभावी प्रयोग करने के लिए आवश्यक या वांछनीय प्रतीत हो।
- अनु. 142 के तहत उच्चतम न्यायालय को यह शक्ति प्रदान की गई है कि वह अपनी अधिकारिता के प्रयोग में अपने समक्ष लम्बित किसी वाद या विषय में ऐसी डिक्री या आदेश पारित कर सकता है जो पूर्ण न्याय करने के लिए आवश्यक हो। उच्चतम न्यायालय को यह शक्ति भी दी गई है कि वह पूरे भारत में किसी व्यक्ति को हाजिर कराने, किसी दस्तावेज को पेश कराने या अपने अवमान के लिए दण्ड देने के प्रयोजन से भी कोई आदेश दे सकता है।
- संविधान के अनु. 144 के अनुसार भारत के राज्य क्षेत्र के 'सभी सिविल और न्यायिक प्राधिकारी' उच्चतम न्यायालय की सहायता में कार्य करेंगे।

- अनु. 145 उच्चतम न्यायालय को राष्ट्रपति के अनुमोदन से न्यायालय की पद्धति और प्रक्रिया को विनियमित करने के लिए नियम बनाने की शक्ति प्रदान करता है।
- इसके अंतर्गत उच्चतम न्यायालय विधि व्यवसाय करने, अपीलों को सुनने, मूल अधिकारों को प्रवर्तित कराने, कार्यवाहियों को अंतरण, पुनरावलोकन, न्यायालय के आनुषंगिक खर्चे और फीसों, जमानत मंजूर करने, कार्यवाहियों को रोकने तथा कुछ मामलों में अपीलों के संक्षिप्त अवधारण आदि के बारे में नियम बनाये जा सकते हैं। इसके अधीन बनाये गये नियमों द्वारा किसी पीठ में बैठने वाले न्यायाधीशों की न्यूनतम संख्या तथा एकल न्यायाधीशों और खण्ड न्यायालयों की शक्ति के बारे में उपबन्ध किया जा सकता है।

उच्च न्यायालय (High Court)

संविधान के अनुच्छेद 214 के अनुसार प्रत्येक राज्य में एक उच्च न्यायालय होगा, लेकिन संसद विधि द्वारा दो या अधिक राज्यों के लिए अथवा दो या अधिक राज्यों और किसी संघ राज्य क्षेत्र के लिए एक ही उच्च न्यायालय स्थापित कर सकती है।

न्यायाधीश पद की योग्यता

अनुच्छेद 217 के अनुसार किसी उच्च न्यायालय में न्यायाधीश नियुक्ति होने के लिए व्यक्ति में निम्नलिखित अर्हताएँ होनी चाहिए—

- वह भारत का नागरिक हो।
- भारत राज्य-क्षेत्र में कम से कम 10 वर्ष तक कोई न्यायिक पद ग्रहण कर चुका हो।
- उच्च न्यायालय में कम से कम 10 वर्ष तक अधिवक्ता रह चुका हो।

अनुच्छेद 217 के अधीन 'न्यायिक पद' धारण करने वाले से तात्पर्य ऐसे व्यक्ति से है जो न्यायिक कार्य करता है, पक्षकारों के बीच मामलों का विनिश्चय करता है। उसे कार्यपालिका से पृथक होना चाहिए।

न्यायाधीशों की नियुक्ति

न्यायाधीशों की नियुक्ति भारत का राष्ट्रपति करता है। उच्च न्यायालयों के मुख्य न्यायाधीशों की नियुक्ति वह उच्चतम न्यायालय के मुख्य न्यायाधिपति और राज्य के राज्यपाल के परामर्श से करता है। अन्य न्यायाधीशों की नियुक्ति करते समय वह उक्त व्यक्तियों के अतिरिक्त सम्बन्धित उच्च न्यायालय के मुख्य न्यायाधिपति से परामर्श कर सकता है। संविधान के अनुच्छेद 237 में उच्च न्यायालयों के न्यायाधीशों की नियुक्ति संबंधी प्रावधान अधिकाधिक हैं।

6 अक्टूबर 1993 को उच्चतम न्यायालय द्वारा दिये गए निर्णय के अनुसार राष्ट्रपति भारत के मुख्य न्यायाधीश की राय को वरीयता देते हुए उच्च न्यायालय के न्यायाधीशों की नियुक्ति करेगा। 1999 में उच्चतम न्यायालय के 9 सदस्यीय संविधान पीठ ने यह निर्धारित किया है कि उच्च न्यायालयों में न्यायाधीशों की नियुक्ति के मामले में उच्चतम न्यायालय के केवल 2 वरिष्ठतम न्यायाधीशों का परामर्श लेना आवश्यक है, किंतु स्थानांतरण के मामलों में उच्चतम न्यायालय के 4 वरिष्ठतम न्यायाधीशों से परामर्श को अनिवार्य बनाया गया है।

साथ ही संबंधित उच्च न्यायालयों, जिससे स्थानांतरण किया गया है और जहाँ स्थानांतरण किया जाना है, के मुख्य न्यायाधीशों से परामर्श करना भी अनिवार्य होगा। इस प्रकार वर्तमान में नियुक्ति तथा स्थानांतरण कोलेजियम की सलाह से ही होता है, लेकिन सम्बंधित राज्य के राज्यपाल तथा मुख्य न्यायाधीश से परामर्श लिया जाता है।

कार्यकारी मुख्य न्यायमूर्ति

अनुच्छेद 223 के अनुसार जब किसी उच्च न्यायालय के मुख्य न्यायाधीश का पद रिक्त हो या जब मुख्य न्यायाधीश की अनुपस्थिति के कारण या अन्यथा अपने पद के कर्तव्यों का पालन करने में असमर्थ हो तब राष्ट्रपति न्यायालय के अन्य न्यायाधीशों में से किसी को मुख्य न्यायाधीश के कार्यों का निर्वहन करने के लिए कार्यवाहक मुख्य न्यायाधीश नियुक्त कर सकता है।

अपर तथा कार्यकारी न्यायाधीश

अनुच्छेद 224 के अनुसार जब किसी उच्च न्यायालय में कार्य की अस्थायी वृद्धि हो जाये और राष्ट्रपति को यह प्रतीत हो कि कार्य निपटाने के लिए और अधिक न्यायाधीशों की आवश्यकता है, तब राष्ट्रपति न्यायाधीश के रूप में नियुक्त किये जाने के लिए योग्य किसी व्यक्ति को 2 वर्ष तक की अवधि के लिए अपर न्यायाधीश के रूप में नियुक्त कर सकता है।

जब उच्च न्यायालय का कोई न्यायाधीश अपने पद के कर्तव्यों का निर्वहन करने में असमर्थ हो जाता है या अपनी अनुपस्थिति के कारण अपने पद के कर्तव्य का निर्वहन नहीं कर पाता, तब राष्ट्रपति न्यायाधीश के रूप में नियुक्त किए जाने के योग्य किसी व्यक्ति को कार्यकारी न्यायाधीश के रूप में नियुक्त कर सकता है।

पदावधि

उच्च न्यायालय के न्यायाधीश 62 वर्ष की पदावधि तक अपना पद धारण कर सकते हैं। संविधान के 15वें संशोधन (1963) द्वारा उच्च न्यायालय के न्यायाधीशों की सेवानिवृत्ति की आयु 60 वर्ष से बढ़ाकर 62 वर्ष की गयी है। उच्च न्यायालय का न्यायाधीश किसी भी समय राष्ट्रपति को अपने पद का त्याग कर सकता है।

उच्चतम न्यायालय के न्यायाधीशों के लिए निर्धारित महाभियोग प्रक्रिया के समान ही उच्च न्यायालय के न्यायाधीशों को भी साबित कदाचार या असमर्थता के आधार पर संसद के दोनों सदनों द्वारा (सदन की कुल सदस्य संख्या के बहुमत द्वारा उपस्थित सदस्यों के कम से कम दो तिहाई बहुमत से समर्थित) समावेदन पर राष्ट्रपति द्वारा हटाया जा सकेगा।

न्यायाधीशों के वेतन एवं भत्ते

उच्च न्यायालय के न्यायाधीशों के वेतन तथा भत्तों को निर्धारित करने की शक्ति संसद को दी गयी है। न्यायाधीशों के वेतन राज्य की संचित निधि से तथा पेंशन केन्द्र की संचित निधि से दिया जाता है और उनमें नियुक्ति के

पश्चात् कोई अलाभकारी परिवर्तन नहीं किया जा सकता है। वर्तमान समय में उच्च न्यायालय के न्यायाधीश को 80 हजार रुपए प्रतिमाह और मुख्य न्यायाधीश को 90 हजार रुपए प्रतिमाह वेतन मिलता है। इसके अतिरिक्त उन्हें कई प्रकार के भत्त तथा सेवा निवृत्ति के पश्चात् पेंशन भी दी जाती है।

उच्च न्यायालय का क्षेत्राधिकार

उच्च न्यायालयों को निम्नलिखित क्षेत्राधिकार प्राप्त हैं—

1. **अपीलीय क्षेत्राधिकार**—उच्च न्यायालयों को अपने अधीनस्थ सभी न्यायालयों तथा न्यायाधिकरणों के निर्णयों, आदेशों तथा डिक्रियों के विरुद्ध अपील सुनने का अधिकार है।
2. **प्रारंभिक क्षेत्राधिकार**—अनुच्छेद 226 के अनुसार उच्च न्यायालय को राजस्व संग्रह के सम्बन्ध में तथा मूल अधिकारों के उल्लंघन के सम्बन्ध में प्रारंभिक क्षेत्राधिकार है।
3. **अन्तरण सम्बन्धी अधिकार**—अनुच्छेद 228 के अनुसार, यदि उच्च न्यायालय को समाधान हो जाये कि उसके अधीनस्थ किसी न्यायालय में लम्बित मामले में संविधान की व्याख्या के बारे में कई प्रश्न विचाराधीन हैं, जिसका उस मामले से सम्बन्ध है, तो वह उस मामले को अपने पास भेजने का आदेश देता है और मामले पर निर्णय कर सकता है। अनुच्छेद 228 के अनुसार उच्च न्यायालय अपने अधीनस्थ न्यायालय में लम्बित वाद का किसी अन्य अधीनस्थ न्यायालय को अंतरित कर सकता है।
4. **लेख जारी करने का अधिकार**—अनुच्छेद 226 के अनुसार उच्च न्यायालय मूल अधिकारों के उल्लंघन करने के सम्बन्ध में बन्दी प्रत्यक्षीकरण, परमादेश, प्रतिषेध, उत्प्रेषण तथा अधिकार रिटें जारी कर सकता है। साथ ही अन्य संदर्भों कानूनी अधिकार, संवैधानिक अधिकार के संदर्भ में रिट जारी कर सकता है। इस तरह न्यायालय की रिट अधिकारिता, उच्चतम न्यायालय से व्यापक है।
5. **अधीक्षण क्षेत्राधिकार**—अनुच्छेद 227 के अनुसार प्रत्येक उच्च न्यायालय को अपनी अधिकारिता के अधीन स्थित सभी न्यायालयों तथा अधिकरणों की अधीक्षण शक्ति है, जिसके प्रयोग से वह ऐसे न्यायालयों/अधिकरणों से विवरण मंगा सकता है। ऐसे न्यायालयों/अधिकारों के शुल्कों को नियत कर सकता है। ऐसे न्यायालयों, अधिकरणों के अधिकारियों द्वारा रखी जाने वाली प्रविष्टियों एवं लेखाओं के प्रारूप निश्चित करता है तथा अधीनस्थ न्यायालय के कार्यों की जांच करता है।

सर्वोच्च न्यायालय एवं उच्च न्यायालय : तुलनात्मक अध्ययन

सर्वोच्च न्यायालय	उच्च न्यायालय
• सर्वोच्च न्यायालय देश का सबसे बड़ा न्यायालय है। इसके संबंध में प्रावधान संविधान के भाग 5, अनु. (124.147) में दिया गया है।	• उच्च न्यायालय राज्य का सबसे बड़ा न्यायालय है। इसके सम्बन्ध में प्रावधान भाग-6, अनु. (214-232) में दिया गया है।
• पूरे देश के लिए सर्वोच्च न्यायालय का प्रावधान है। जो दिल्ली में स्थित है किंतु वह अपनी बैठक किसी अन्य स्थान पर भी कर सकता है।	• प्रत्येक राज्य के लिए एक उच्च न्यायालय का प्रावधान है, किंतु संसद दो या अधिक राज्यों के लिए अथवा दो या अधिक राज्यों और किसी संघ शासित राज्य के लिए एक ही उच्च न्यायालय स्थापित कर सकती है।
• सर्वोच्च न्यायालय के न्यायाधीशों की नियुक्ति राष्ट्रपति द्वारा की जाती है।	• उच्च न्यायालय के न्यायाधीश की नियुक्ति भी राष्ट्रपति द्वारा की जाती है।
• सर्वोच्च न्यायालय में न्यायाधीशों की अधिकतम संख्या निश्चित है, जो वर्तमान में मुख्य न्यायाधीश सहित 31 है। सर्वोच्च न्यायालय के न्यायाधीशों की संख्या में वृद्धि का अधिकार संसद को है।	• उच्च न्यायालय के न्यायाधीशों की संख्या निश्चित नहीं है। उच्च न्यायालय के न्यायाधीशों की संख्या समय-समय पर राष्ट्रपति द्वारा बढ़ायी जा सकती है।
• सर्वोच्च न्यायालय को अनु. 129 अभिलेख न्यायालय घोषित करता है।	• उच्च न्यायालय को अनु. 215 के तहत अभिलेख न्यायालय घोषित किया गया है।
• सर्वोच्च न्यायालय के न्यायाधीश 65 वर्ष की आयु प्राप्त करने के पश्चात् अवकाश ग्रहण करते हैं।	• उच्च न्यायालय के न्यायाधीश की सेवानिवृत्ति होने की आयु 62 वर्ष है।
• सर्वोच्च न्यायालय उच्च न्यायालय में दिए गए निर्णयों को मानने को बाध्य नहीं है।	• उच्च न्यायालय सर्वोच्च न्यायालय के निर्णय को मानने के लिए बाध्य है (अनु. 141)।
• सर्वोच्च न्यायालय के न्यायाधीशों के वेतन भत्ते पेंशन आदि भारत की संचित निधि पर भारित होते हैं (अनु. 112(3)।	• उच्च न्यायालय के न्यायाधीशों के वेतन-भत्त राज्य की संचित निधि पर तथा पेंशन भारत की संचित निधि पर भारित होता है।
• सर्वोच्च न्यायालय को अनु. 32 के अधीन सिर्फ मूल अधिकारों को लागू कराने के लिए रिट जारी करने की शक्ति है।	• उच्च न्यायालयों को अनु. 226 के अधीन मूल अधिकारों को लागू कराने के लिए तथा किन्हीं अन्य प्रयोजनों के लिए भी रिट जारी करने की शक्ति है।

(Continued)

सर्वोच्च न्यायालय	उच्च न्यायालय
• अनु. 127 के तहत सर्वोच्च न्यायालय में तदर्थ न्यायाधीशों की नियुक्ति का प्रावधान है।	• उच्च न्यायालय में तदर्थ न्यायाधीशों की नियुक्ति का प्रावधान नहीं है।
• सर्वोच्च न्यायालय में अपर न्यायाधीशों की नियुक्ति का प्रावधान नहीं है।	• अनु. 224 के तहत उच्च न्यायालय में 2 वर्ष के लिए अपर न्यायाधीश नियुक्त किये जाने का प्रावधान है।
• राष्ट्रपति द्वारा किसी सार्वजनिक महत्त्व के प्रश्न पर सर्वोच्च न्यायालय से राय मांगे जाने पर वह अनु. 143 के तहत उसे अपनी राय देता है।	• उच्च न्यायालयों को परामर्शी क्षेत्राधिकार प्राप्त नहीं है।

अधीनस्थ न्यायालय (Subordinate Court)

उच्च न्यायालयों के अधीन तथा उसके नियंत्रण में कार्य करने वाले न्यायालयों को संविधान द्वारा अधीनस्थ न्यायालय कहा गया है। अधीनस्थ न्यायालय संबंधी प्रावधान संविधान के भाग 6 के अध्याय-6, अनु. 233.237 में दिया गया है। यद्यपि भारत के अलग-अलग राज्यों में अधीनस्थ न्यायालयों के अलग-अलग नाम तथा स्तर हैं किंतु इनका गठन तथा कार्यप्रणाली पूरे देश में लगभग एक समान है। अधीनस्थ न्यायालय जिला-स्तर का न्यायालय होता है, अत: इसे जिला न्यायालय भी कहा जाता है। यह जिले का सबसे बड़ा न्यायालय होता है। जिला न्यायालय को दो वर्गों, यथा- दीवानी न्यायाल तथा आपराधिक न्यायालय में बाँटा जा सकता है। दीवानी न्यायालय में दीवानी मामले तथा आपराधिक (फौजदारी) न्यायालय में आपराधिक मामले सुने जाते हैं।

जिला न्यायालय का प्रधान जिला न्यायाधीश होता है। वह जिले का सबसे बड़ा न्यायिक अधिकारी होता है। जिला न्यायाधीश दीवानी तथा आपराधिक दोनों प्रकार के मामलों की सुनवाई करता है। जब वह दीवानी मामलों को सुनता है तब उसे जिला जज तथा आपराधिक मामलों को सुनता है तब सत्र न्यायाधीश कहा जाता है। इसीलिए इसे जिला एवं सत्र न्यायाधीश भी कहा जाता है।

जिला न्यायाधीशों की नियुक्ति के बारे में प्रावधान अनु. 233 में दिया गया है। इसमें कहा गया है कि किसी राज्य में जिला न्यायाधीश की नियुक्ति, पदस्थापन तथा प्रोन्नति उस राज्य के राज्यपाल द्वारा उस राज्य के उच्च न्यायालय से परामर्श के पश्चात् किया जायेगा। कोई व्यक्ति जिला न्यायाधीश के रूप में कार्य किया हो और उसकी नियुक्ति की उच्च न्यायालय ने सिफारिश किया हो।

उल्लेखनीय है कि जिला न्यायाधीश की नियुक्ति के दो तरीके हैं—(1) सेवारत व्यक्तियों में से नियुक्ति तथा (2) अधिवक्ताओं की सीधी भर्ती। प्रथम वर्ग में संघ या राज्य की न्यायिक सेवा में कार्यरत व्यक्ति आते हैं, जबकि दूसरे वर्ग में अधिवक्ता के रूप में 7 वर्ष तक अनुभव रखने वाले व्यक्ति आते हैं।

जिला न्यायाधीश को किसी भी मूल्य के सिविल मामलों की सुनवाई की आरंभिक अधिकारिता प्राप्त है। उसे अपीलीय (5 लाख तक) तथा पुनरीक्षण (1 लाख तक) की अधिकारिता भी है। आपधारिक मामलों में भी उसे आरंभिक तथा अपीलीय दोनों प्रकार की अधिकारिता प्राप्त है। सत्र न्यायाधीश कोई भी दण्ड दे सकता है किंतु उसके द्वारा दिये गये मृत्यु दण्ड की उच्च न्यायालय द्वारा पुष्टि आवश्यक होती है।

जिला न्यायाधीश के नीचे सिविल मामलों की सुनवाई के लिए सिविल जज (सीनियर डिवीजन) तथा सिविल जज (जूनियर डिवीजन) का न्यायालय होता है। सिविल जज (सीडी) को भी किसी भी मूल्य के सिविल मामलों की सुनवाई का आरंभिक अधिकार है। वह 1 लाख तक के मूल्य के मामले में भी अपील सुन सकता है। सिविल जज (जूडी) को पहले मुंसिफ न्यायालय के नाम से जाना जाता था। इसे 1 लाख मूल्य तक के दीवानी मामले को सुनने का अधिकार है किंतु इसे अपील सुनने का अधिकार नहीं है।

सत्र न्यायाधीश के नीचे आपराधिक मामलों की सुनवाई के लिए मुख्य न्यायिक मजिस्ट्रेट, न्यायिक मजिस्ट्रेट प्रथम श्रेणी तथा न्यायिक मजिस्ट्रेट द्वितीय श्रेणी का न्यायालय 7 वर्ष तक का कारावास तथा कोई भी जुर्माना दे सकता है, जबकि न्यायिक मजिस्टेट (प्रथम श्रेणी) को 3 वर्ष तक का कारवास तथा 10 हजार रु. जुर्माना या दोनों देने का अधिकार होता है। न्यायिक मजिस्ट्रेट (द्वितीय श्रेणी) 1 वर्ष तक का कारावास तथा 5000 रु. का जुर्माना या दोनों प्रकार का दण्ड दे सकता है।

जिला न्यायाधीश के नीचे राज्य के सिविल न्यायिक पदों पर भर्ती के सम्बन्ध में प्रावधान अनु. 234 के तहत दिया गया है। इसमें कहा गया है कि जिला न्यायाधीशों से भिन्न व्यक्तियों की किसी राज्य की न्यायिक सेवा में नियुक्ति उस राज्य के राज्यपाल द्वारा, राज्य लोक सेवा आयोग से तथा उस राज्य के उच्च न्यायालय से परामर्श के पश्चात् राज्यपाल द्वारा इस निमित्त बनाये गये नियमों के अनुसार की जायेगी।

जिला न्यायालयों तथा उसके अधीनस्थ न्यायालयों पर नियंत्रण का अधिकार उच्च न्यायालय में निहित है। अत: जिला न्यायाधीश तथा उसके न्यायिक पदाधिकारियों के विरुद्ध उच्च न्यायालय को अनुशासनात्मक कार्यवाही करने का अधिकार है। किसी राज्य की न्यायिक सेवा के व्यक्तियों और जिला न्यायाधीश के पद से अगर किसी पद को धारण करने वाले व्यक्तियों की पदस्थापना, प्रोन्नति और उनको छुट्टी देने का अधिकार भी उच्च न्यायालय को है (अनु. 235)।

उच्चतम न्यायालय तथा उच्च न्यायालयों की भाँति ही जिला न्यायालयों को भी स्वतंत्र रखने के लिए संविधान में प्रावधान किये गये हैं—जो निम्नलिखित हैं—

- जिला न्यायाधीशों की नियुक्ति, तैनाती तथा पदोन्नति राज्यपाल द्वारा उच्च न्यायालय के परामर्श करके की जायेगी (अनु. 233)।

- जिला न्यायाधीशों से भिन्न व्यक्तियों की किसी राज्य की न्यायिक सेवा में नियुक्ति उस राज्य के राज्यपाल द्वारा राज्य लोक सेवा आयोग तथा सम्बद्ध उच्च न्यायालय से परामर्श करने के पश्चात् और राज्यपाल द्वारा निर्मित नियमों के अनुसार की जायेगी (अनु. 235)।
- जिला न्यायाधीशों तथा उनके न्यायिक पदाधिकारियों के विरुद्ध अनुशासनात्मक कार्यवाही करने का अधिकार उच्च न्यायालय को है।

राजस्व न्यायालय (Revenue Court)

राज्यों के भू-राजस्व के सम्बन्ध में राज्य स्तर पर पृथक न्याय प्रणाली का प्रावधान किया गया है, जिसमें सबसे उपरी स्तर पर 'राजस्व मण्डल' तथा सबसे नीचे के स्तर पर 'तहसीलदार' का न्यायालय होता है। इसका संक्षिप्त विवरण निम्नलिखित हैं—

1. **राजस्व मण्डल—** प्रत्येक राज्य में एक राजस्व मण्डल होता है जो राजस्व सम्बन्धी विवादों का निर्णय करने के लिए सबसे बड़ी अदालत है। उसके निर्णय की अपील राज्य के उच्च न्यायालय में की जा सकती है।
2. **कमिश्नर या आयुक्त—** भू-राजस्व या मालगुजारी सम्बन्धी कार्य के लिए राज्य को कई कमिश्नरियों में विभक्त कर दिया जाता है और प्रत्येक कमिश्नरी का प्रधान 'कमिश्नर' या आयुक्त कहलाता है। आयुक्त के द्वारा जिलाधीश के फैसले की अपीलें सुनी जाती हैं और आयुक्त की अपीलें 'राजस्व परिषद' में होती है।
3. **जिलाधीश**—मालगुजारी की वसूली के लिए हर जिले में एक जिलाधीश होता है, जो तहसीलदार तथा सब-डिवीजन मजिस्ट्रेट (एसडीएम) के निर्णयों के विरुद्ध अपीलों की सुनवाई करता है।
4. **सब-डिवीजनल मजिस्ट्रेट (एसडीएम)**—जिला कई सब-डिवीजन में बंटा होता है और प्रत्येक सब डिवीजन के प्रधान को 'सब-डिवीजनल मजिस्ट्रेट' (उपखण्ड मजिस्ट्रेट) कहते हैं। ये जिलाधीश के अधीन रहते हुए सब-डिवीजन में राजस्व के मामलों की सुनवाई तथा शांति व्यवस्था सम्बन्धी कार्य करते हैं।
5. **तहसीलदार**—सब डिवीजन तहसीलों में बंटा होता है और प्रत्येक तहसील में एक तहसीलदार होता है। इसका प्रमुख कार्य मालगुजारी की वसूली तथा अपनी तहसील में शांति बनाये रखता है। तहसीलदार की सहायता के लिए कई नायब तहसीलदार होते हैं।

जिला न्यायाधीशों की नियुक्ति

उच्च न्यायालय के परामर्श से राज्यपाल जिला न्यायाधीशों की नियुक्ति करता है। सामान्यत: जिला न्यायाधीशों की नियुक्ति राज्य की न्यायिक सेवा के अधिकारियों में से वरिष्ठता तथा योग्यता के आधार पर की जाती है। राज्यपाल, न्यायालय की सिफारिश पर उस व्यक्ति के भी जिला न्यायाधीश के पर नियुक्त कर सकता है, जो कम से कम 7 वर्ष तक किसी न्यायालय में लगातार अधिवक्ता रहा हो।

जिला न्याय धीशों के अतिरिक्त अन्य न्यायाधीशों की नियुक्ति दो प्रकार से की जाती है। प्रथम, उच्च न्यायालय द्वारा आयोजित उच्च न्यायिक सेवा परीक्षण सेवा परीक्षा के परिणाम के आधार पर तथा द्वितीय, राज्य लोक सेवा आयोग द्वारा आयोजित प्रांतीय न्यायिक सेवा परीक्षा के परिणाम के आधार पर। प्रत्येक जिलें में तीन प्रकार के न्यायालय होते हैं-

1. **दीवानी (सिविल) न्यायालय**—इन जिला स्तर के न्यायालयों में चल-अचल संपत्ति से संबंधित मामलों की सुनवाई की जाती है।
2. **फौजदारी (आपराधिक) न्यायालय**—इन जिला स्तरीय न्यायालयों में मारपीट, लड़ाई-झगड़े आदि से संबंधित मुकदमों की सुनवाई की जाती है। इनकी सुनवाई करने वाले जिला न्यायाधीश को सत्र न्यायाधीश कहा जाता है।
3. **भू-राजस्व न्यायालय**—इसमें भू एवं लगान संबंधी मामलों की सुनवाई होती है। इसके ऊपरी शाखा राजस्व बोर्ड है, लेकिन इसकी अपील हाई कोर्ट में की जा सकती है।

न्यायिक सुधार (Judicial Reforms)

किसी भी देश की प्रशासनिक पद्धति में न्यायपालिका उसका अनिवार्य अंग होती है। भारत जैसे एक आधुनिक, प्रगतिशील और प्रजातांत्रिक प्रशासनिक ढांचे वाले देश के लिये एक स्वतंत्र और प्रभावकारी न्यायपालिका उसका अनिवार्य अंग होती है, व्यक्तिगत मामलों में न्याय मुहैया कराने के अलावा, न्यायपालिका से उम्मीद की जाती है कि वह संविधान के अभिभावक के रूप में काम करेगी और नागरिकों के मूल अधिकारों की रक्षा तथा कानून के शासन को लागू करेगी। यह एक ऐसा साधन है जो अपने नागरिकों को एक सम्मानपूर्ण जिन्दगी जीने का अवसर प्रदान करता है और यह सुनिश्चित करता है कि देश की विधायिका एवं कार्यपालिका दोनों अपनी सीमा में रह कर अपना-अपना काम करेंगे और नागरिकों के मूल अधिकारों में हस्तक्षेप नहीं करेंगे। इन्हीं संदर्भों में न्यायपालिका की जिम्मेदारी है लेकिन पिछले कुछ दशकों से समस्यायें दिखायी दे रही हैं—

- व्यक्तिगत मामलों में न्याय करने का साधन न्यायपालिका है लेकिन अधिसंख्यक आम लोगों की पहुंच के बाहर है और अर्थहीन बनकर रह गयी है। वकीलों के बिना, गरीब लोगों की पहुंच न्यायालय तक नहीं हो पाती और जो न्यायालय पहुंच पाने की क्षमता रखते हैं उनके मामलों के निष्पादन में इतना विलम्ब होता है कि वे वर्षों न्यायालय के चक्रव्यूह में फंस कर रह जाते हैं और जब फैसले आते हैं तो उनके लिये बेकार और अर्थहीन हो जाते हैं।
- न्यायपालिका में भ्रष्टाचार अब कोई नई बात नहीं रह गयी है। इसका कारण न्यायपालिका में प्राय: पूर्ण पारदर्शिता और उत्तरदायित्व का अभाव है। गाज़ियाबाद भविष्य-निधि घोटाला, चण्डीगढ़ मामला और जस्टिस सौमित्र सेन विवाद इसके ज्वलंत उदाहरण हैं।
- लोगों को त्वरित न्याय नहीं मिल पाना भी बड़ी चिन्ता का विषय है। इससे भी न्यायपालिका के प्रभाव में कमी आ रही है।
- न्यायपालिका के समक्ष लम्बित मामलों का अम्बार पड़ा हुआ है। लम्बित मुकदमों की संख्या तीन करोड़ तक पहुंच गयी है, उनमें ज्यादातर मुकदमें अवर न्यायालयों में लम्बित हैं। इसके साथ ही, मुकदमों के निष्पादन की दर काफी कम है।

- पारदर्शिता और उत्तरदायित्व से संबंधित मुद्दे काफी गंभीर हैं। न्यायाधीश के चयन और बहाली, जो न्यायपालिका अपने लिये करती है और पथभ्रष्ट न्यायाधीशों को दण्डित करने के प्रभावकारी उपायों और साधनों की कमी, गम्भीर चिंता का विषय हैं।

सुधार के सुझाव

- न्यायाधीशों की पर्याप्त संख्या की कमी को दूर करने के लिए आवश्यक है कि उनकी संख्या को बढ़ाया जाए और इसके लिये आवश्यक सहायकों तथा आधारभूत संरचना की व्यवस्था की जाए। न्यायाधीशों की संख्या नागरिकों की संख्या के अनुपात में होनी चाहिये क्योंकि दोनों के अनुपात में काफी अंतर व्याप्त है।
- उत्पादकता बढ़ाने के लिये अच्छी योजना और प्रबंधन की आवश्यकता होती है। नवीनतम सूचना एवं संचार प्रौद्योगिकी के उपयोग से सहायता मिलेगी।
- लोक अदालतों जैसे अल्टरनेटिव डिस्प्यूट रिसोल्यूशन (एडीआर) साधनों को तरजीह देने और हल्के-फुल्के मुकदमों को सुलह सफाई के माध्यम से सुलझाने पर अधिक ध्यान देने से न्यायालयों के बोझ को कम करने में सहायता मिलेगी।
- न्यायिक प्रशिक्षण देकर तथा न्यायाधीश को सक्रिय होने के लिये प्रोत्साहित कर न्यायिक उत्पादकता को बढ़ाया जा सकता है। न्यायाधीशों को चाहिये कि उनके समक्ष लाये गये मुकदमों को त्वरित रूप से एवं समयबद्ध तरीके से निष्पादन में व्यक्तिगत रूचि लें।
- न्यायपालिका और विशेषकर उच्चतर-न्यायपालिका में नियुक्तियों की प्रक्रिया को कारगर बनाना—इसके लिये उत्कृष्ट व्यक्तियों की एक स्वतंत्र कमेटी (जैसे राष्ट्रीय न्यायिक कौंसिल) का गठन कर उसे न्यायाधीशों के चयन का कार्य सौंपना चाहिये।
- यथाशीघ्र एक संवैधानिक न्यायिक आरोप आयोग की स्थापना की आवश्यकता महसूस की जा रही है जो भ्रष्ट न्यायाधीशों के खिलाफ लगाये गये आरोपों की जांच कर और उनके विरुद्ध कारवाई करे। भ्रष्ट न्यायाधीश के खिलाफ महाभियोग चलाने के संवैधानिक प्रावधान असफल साबित हुए हैं।
- यह आवश्यक है कि न्यायपालिका अपने कर्तव्यों और उत्तरदायित्वों को ठीक से समझ ले और आम आदमी की आवश्यकताओं और अपेक्षाओं के प्रति अधिक संवेदनशील बनने का प्रयास करे। यह आवश्यक है कि वह देश में कानून के शासन और प्राकृतिक न्याय के सिद्धांतों की रक्षा करे।

न्यायिक पुनरावलोकन (Judicial Review)

भारतीय संविधान की एक महत्त्वपूर्ण विशेषता यह है कि हमारी संसद ब्रिटिश संसद की तरह सर्वोच्च विधि-निर्मात्री संस्था नहीं है और न ही अमेरिकी संघीय न्यायालय के तरह असीमित अधिकार प्राप्त न्यायिक संस्था। भारतीय संविधान ने अमेरिकी व्यवस्था की न्यायिक सर्वोच्चता और ब्रिटिश सिद्धांत की संसदीय प्रभुता के बीच का रास्ता चुना है। यहाँ न्यायिक पुनरावलोकन की व्यवस्था अपनायी गयी है।

न्यायिक समीक्षा या न्यायिक पुनरावलोकन का अर्थ है 'वह शक्ति जिसके तहत कार्यपालिका के आदेशों और व्यवस्थापिका के कानूनों की संवैधानिकता की जांच कर सके और असंवैधानिक पाए जाने पर उन्हें अवैध घोषित कर दे'। न्यायिक पुनरावलोकन की अवधारणा अमेरिकी विधि शास्त्र की देन है। इस सिद्धांत का प्रतिपादन अमेरिकी उच्चतम न्यायालय के मुख्य न्यायाधीश जॉन मार्शन ने 1803 में मारबरी बनाम मेडिसन के मुकदमें में किया था।

भारतीय संविधान में न्यायिक पुनर्सिवलोकन की व्यवस्था अप्रत्यक्ष रूप से अनुच्छेद 13, 131, 132, 246 आदि अनुच्छेदों में दिखायी देती है। इसका तात्पर्य है क न्यायपालिका संसद एवं राज्य विधानसभा द्वारा पारित किसी भी कानून को या अन्य प्रशासनिक निर्णय को असंवैधानिक घोषित कर सकती है। यह व्यवस्था हमारे संविधान में अमेरिकी संविधान से ली गई है। इसका कारण यह है कि हमारे देशमें संविधान सर्वोच्च है। (सिद्धांतत: जनता संप्रभु है)। भारत सरकार अधिनियम 1935 के अंतर्गत न्यायिक पुनरावलोकन की व्यवस्था की गई थी लेकिन इसका क्षेत्रा काफी सीमित था। परंतु वर्तमान संविधान के तहत इसकी शक्ति न केवल केन्द्रीय तथा राज्य सरकारों की शक्तियों के संदर्भ में वर्णित है। बल्कि यह व्यापक शक्ति के रूप में दिखायी देती है।

न्यायिक पुनरावलोकन की शक्ति का प्रयोग

संविधान के लागू होने के पश्चात् सर्वोच्च न्यायालय तथा उच्च न्यायालय ने कई वादों में कुछ ऐसे निर्णय दिए हैं, जिनमें न्यायिक पुनरावलोकन के सिद्धांत का प्रयोग किया गया है। 1950 में पटना उच्च न्यायालय ने बिहार भूमि सुधार अधिनियम के अनु. 14 द्वारा प्रदत्त विधि के समक्ष समानता के अधिकार का अतिक्रमण करने के आधार पर अवैध घोषित किया। गोपालन बनाम मद्रास राज्य मुकदमा 1950 में निवारक निरोध अधिनियम के 14वें खण्ड को इस आधार पर असंवैधानिक घोषित किया कि निरुद्ध व्यक्ति को गिरफ्तारी के कारणों की सूचना अवश्य दी जानी चाहिए।

इब्राहिम वजीर बनाम बंबई राज्य मुकदमा में सर्वोच्च न्यायालय ने पाकिस्तानी शरणार्थियों के आगमन पर नियंत्रण लगाने के उद्देश्य से 1949 में बनाए गए कानून के खण्डन को इसलिए अवैध घोषित किया कि यह भारत के किसी भी भाग में निवास के अधिकार को प्रतिबंधित करता था। गोलकनाथ बनाम पंजाब राज्य मुकदमा 1967 में उच्चतम न्यायालय ने यह विचार प्रस्तुत किया कि संसद मूल अधिकारों में संशोधन कर सकती है लेकिन ऐसे किसी संशोधन से वह संविधान के आधारभूत ढाँचे को प्रभावित नहीं कर सकती है। न्यायिक पुनरावलोकन के परिप्रेक्ष्य में सर्वोच्च न्यायालय का यह निर्णय मील का पत्थर है।

मेनका गाँधी बनाम भारत संघ मुकदमा, 1978 में सर्वोच्च न्यायालय ने अमेरिकी विधि की सम्यक प्रक्रिया की संकल्पना को भारतीय संदर्भ में भी उचित ठहराया कि विधि अवश्य ही निष्पक्ष न्यायसंगत और युक्ति-युत हानी चाहिए अर्थात् विधि निरंकुश नहीं होनी चाहिए। संविधान के प्रथम संशोधन द्वारा 9वीं अनुसूची को स्थापित किया गया था। ताकि इसे

न्यायिक पुनरावलोकन से बाहर रखा जा सके लेकिन उच्चतम न्यायालय ने अप्रैल 2007 में दिए गए एक विशेष निर्णय में यह कहा है कि अनुसूची 9 के अन्तर्गत अप्रैल 1973 के बाद डाले गए प्रावधानों का न्यायिक पुनरावलोकन किया जा सकता है (क्योंकि 1973 में मूल ढांचे का सिद्धांत दिया गया)।

न्यायालय की अवमानना (Contempt of Court)

भारत में विधि के शासन की सर्वोपरिता के सिद्धांत को स्वीकृत किया गया है। विधि के शासन में विधि सर्वोपरि एवं सर्वोच्च मानी जाती है। प्रत्येक व्यक्ति विधि के अधीन होता है। प्रत्येक व्यक्ति का यह कर्तव्य होता है कि वह विधि का प्रवर्तन करने वाले न्यायालय में आदेशों एवं निर्णयों की जानबूझकर आलोचना न करे। यदि कोई व्यक्त न्यायालय के आदेशों अथवा निर्णयों की जानबूझकर अवहेलना करता है अथवा अनावश्यक एवं अनुसूचित आलोचना करता है तो वह न्यायालय का अवमानना माना जाता है।

भारतीय संविधान में तथा न्यायालय से सम्बन्धित विधि में 'न्यायिक अवमान' का वर्णन किया गया है। संविधान के अनुच्छेद 129 के अनुसार, उच्चतम न्यायालय को अभिलेख न्यायालय मानते हुए यह कहा गया है कि 'उच्चतम न्यायालय अभिलेख न्यायालय होगा और उसको अपने अवमान के लिए दण्ड देने की शक्ति सहित ऐसे न्यायालय की सभी शक्तियाँ प्राप्त होगी'। संविधान के अनुच्छेद 2154 में भी ऐसी ही व्यवस्था कर निर्धारित किया गया है कि प्रत्येक उच्च न्यायालय अभिलेख न्यायालय होगा और उसको अपने अवमान के लिए दण्ड देने की शक्ति सहित ऐसे न्यायालय की सभी शक्तियाँ प्राप्त होंगी।

संवैधानिक व्यवस्था के साथ ही न्यायालय की अवमान से सम्बन्धित विधि भी है जिसे 'न्यायालय अवमान अधिनियम 1971' के नाम से सम्बोधित किया गया है। इस अधिनियम की धारा 2 (क) में 'न्यायालय अवमान' की परिभाषा दी गयी है। न्यायालय अवमानना में दो प्रकार की बात की गयी है—

1. **सिविल अवमानना**—किसी न्यायालय के निर्णय, डिक्री, आदेश को भंग करना।
2. **दाण्डिक अवमानना**—न्यायालयी विषयों पर प्रकाशन उचित / सम्यक प्रकार से न करना जिससे न्यायालय पर लांछन लगता हो, या न्यायिक कार्यों में बाधा उत्पन्न हो।

निम्नलिखित स्थितियों में न्यायालय का अवमान नहीं होता, यदि—

1. विषय का निर्दोष एवं सद्भावपूर्ण प्रकाशन हो।
2. न्यायिक कार्यों की सही एवं उचित रिपोर्टिंग हो।
3. अधीनस्थ न्यायालयों के विरुद्ध की गयी शिकायतें सद्भावनापूर्ण हों।
4. न्यायालयों की गुप्त बैठकों की कार्यवाहियों की रिपोर्ट का सही प्रकाशन हो।

न्यायालय की अवमानना सिद्ध होने पर 6 माह का कारावास या 2000 रुपये अथवा सजा एवं जुर्माना दोनों एक साथ प्रदान कर सकता है। न्यायालय के न्यायाधीशों को भी न्यायालय की अवमानना के लिए दण्डित किया जा सकता है।

न्यायिक सक्रियतावाद (Judicial Activism)

भारतीय संविधान ने न्यायपालिका को दो प्रमुख कार्य सौंपे हैं। (1) न्याय करना (2) संविधान की व्याख्या करना। संविधान की व्याख्या के अधिकार ने न्यायपालिका की सक्रियता में वृद्धि कर दी है। आरम्भ में न्यायालय ने 'विधि की स्थापित प्रक्रिया' जो कि जापान से ली गयी शब्दावली है, के आधार परा संविधान की व्याख्या की।

विधि की स्थापित प्रक्रिया का अर्थ है कि किसी भी विधि की विधिमान्यता पर इस आधार पर हस्तक्षेप नहीं होगा कि वह अयुक्तियुक्त या न्याय विरुद्ध है। परन्तु 'मेनका गांधी बनाम भारत संघ' 1978 के वाद में न्यायालय ने अमेरिका में प्रचलित 'विधि की सम्यक प्रक्रिया' को अपना लिया अर्थात् विधि की युक्तियुक्तता एवं न्याय योग्यता महत्त्वपूर्ण तत्व बन गया। परिणामस्वरूप संविधान की व्याख्या ने विस्तारित रूप प्राप्त कर लिया।

संविधान की व्याख्या के विस्तारित अधिकार ने न्यायपालिका का प्रशासक, सुधारक, नीति-निर्धारक आदि भूमिका निभाने का अवसर प्रदान कर दिया है। दूसरे शब्दों में न्यायपालिका ने विधायिका एवं कार्यपालिका के कार्यों को अपने हाथ में ले लिया है। न्यायपालिका की इस नयी भूमिका को ही न्यायिक सक्रियता के नाम से जाना जाता है। जब न्यायपालिका अपने परम्परागत कार्यों से आगे जाकर सामाजिक आर्थिक न्याय के पहलू के आधार पर सरकार के अंगों को दिशा-निर्देश देने लगती है जो उसके सामान्यत: अधिकार क्षेत्र में नहीं आते तो ऐसी प्रवृत्ति को न्यायिक सक्रियतावाद कहा जाता है।

आधार

न्यायिक सक्रियता के आधार को दो भागों में बांटा जा सकता है। न्यायपालिका के सक्रिय होने का एक आधार तो संवैधानिक है तथा दूसरा कुछ सामान्य कारण हैं, जिसने न्यायपालिका को सक्रिय कर दिया है।

संवैधानिक आधार

संविधान में विभिन्न अनुच्छेदों में संविधान की व्याख्या करने का अंतिम अधिकार न्यायपालिका को प्राप्त है।

- अनु. 13 (2) जिसके अंतर्गत यह प्रावधान है कि राज्य कोई ऐसी विधि नहीं बनायेगा जो मूलाधिकारों को छीनती या न्यून करती हो। इस विधि की मान्यता न्यायालय द्वारा निर्धारित की जाती है।
- अनु. 32 जिसमें न्यायपालिका मूलाधिकार की संरक्षक के रूप में सामने आती है।
- केन्द्र राज्य अथवा राज्य-राज्य के विवादों में विधि के प्रश्न की व्याख्या करने में हस्तक्षेप, (अनु. 131)।

- संविधान संशोधन के संदर्भ में (अनु. 368) यह देखने के लिये कि संशोधन संविधान के मूल ढांचे को प्रभावित तो नहीं कर रहा है, न्यायपालिका हस्तक्षेप करती है।
- इसके अतिरिक्त न्यायपालिका की सक्रियता का मुख्य साधन जनहितवाद है। पहले सामान्य प्रक्रिया के अनुसार वही व्यक्ति न्यायालय जा सकता था जिसके अधिकारों का हनन हुआ हो। परंतु 1979 के बाद इस अवधारणा में बदलाव आया। 1979 में हुसैनारा खातून बनाम बिहार सरकार वाद में प्रथम बार पीड़ित व्यक्ति ने नहीं, बल्कि किसी अन्य ने उसकी ओर से याचिका दायर की थी। बाद में ऐसे सभी वादों को जनहित का नाम दे दिया गया।

सामान्य आधार

- विधि के शासन की स्थापना सुनिश्चित करने के लिये न्यायपालिका की भूमिका।
- नागरिक अधिकारों के संरक्षक के रूप में न्यायपालिका की भूमिका।
- राजनीतिक भ्रष्टाचार के कारण न्यायपालिका की सक्रियता में वृद्धि।
- गठबंधन सरकारों के दौर में सरकार की अक्षमता भी न्यायपालिका को सक्रिय कर देती है।
- उच्चतम न्यायालय के पिछले कुछ फैसलों ने भारत के आम लोगों को एक सुखद आश्चर्य से भर दिया है। लोगों को भ्रष्ट व्यवस्था में एक आशा की किरण दिखाई दे रही है कि अब कम-से-कम एक जगह सही सुनवाई होगी। लेकिन उच्चतम न्यायालय की इस मुहिम पर कई भृकुटियां भी तन गई हैं।

जनहित मुकदमे

जनहित अभियोग तथा न्यायिक सक्रियतावाद के अंतर्गत सर्वोच्च न्यायालय ने अंग्रेज़ी विधि व्यवस्था के 'पीड़ित व्यक्ति स्वयं न्यायालय की शरण ले' के सिद्धांत को बदलते हुए यह व्यवस्था की कि कोई भी व्यक्ति किसी ऐसे समूह या वर्ग की ओर से वाद लेकर न्यायालय में जा सकता है जिसको उसके कानूनी हक या संवैधानिक अधिकारों से संचित कर दिया गया है। भारत के सर्वोच्च न्यायालय ने यह स्पष्ट कर दिया है कि गरीब, अपंग, पीड़ित अथवा सामाजिक और आर्थिक दृष्टि से दलित लोगों के मामले में आम जनता का कोई भी व्यक्ति न्यायालय के समक्ष 'वाद' ला सकता है। न्यायाधीश कृष्णा अय्यर के अनुसार, 'वादकरण' और पीड़ित व्यक्ति की संकुचित धारणा का स्थान अब 'वर्ग कार्यवाही' और 'लोकहित में कार्यवाही' ने ले लिया है।

जनहित अभियोग अथवा जनहित वाद की विशेष बात यह है कि न्यायपालिका अपने समस्त तकनीकी और कार्यविधि सम्बन्धी नियमों की पहरवाह किए बिना एक सामान्य-पत्र के आधार पर ही न्यायिक कार्यवाही कर सकता है। जस्टिस पी.एन. भगवती के अनुसार, 'कोई भी जन हितैषी व्यक्ति या संस्था एक पोस्टकार्ड लिखकर भी अन्याय के विरुद्ध आवाज़ उठा सकता है'। दरअसल जनहित मुकदमों की खास विशेषता यह है कि उन्हेंयाचिका औपचारिकाताओं से नहीं गुजरना पड़ता।

जनहित याचिका का जन्मदाता ऑस्ट्रेलिया है सबसे ज्यादा प्रयोग अमेरिका में होता है। भारत में इसका प्रारंभ भागलपुर जेल में विचाराधीन बंदी रखे गये कैदियों के प्रकरण से हुआ। बिहार की इस जेल तथा अन्य जेलों में सैकड़ों विचाराधीन कैदी किसी न्यायालयीय कार्यवाही के बिना ही वर्षों से जेलों में दु:ख पा रहे थे। इसका कारण यह था इन कैदियों की ओर से न तो जमानत देने वाला था और न ही पैरवी करने के लिए कोई वकील था। इनके इस विषय में पुलिस आयोग के सदस्य के.एफ. रूस्तम जी ने एक लेखा लिखा तथा वकील श्रीमती हिंगोरानी ने संविधान के अनुच्छेद 32 के अंतर्गत इन कैदियों के मामले को भारत के सर्वोच्च न्यायालय में उठाया। इस वाद में सर्वोच्च न्यायालय ने जनहित के आधार पर निर्णय दिया कि बिना किसी कारण के किसी व्यक्ति को जेल में बंदी न रखा जाए।

यह अवधारणा प्रत्यक्षत: अनु. 32(2) के तहत न्यायिक निर्णय के माध्यम से उत्पन्न हुआ है। जनहित अभियोगके आधार पर न्यायालय ऐसे सभी मामलों में हस्क्षेपव कर सकता है जिनमें सरकार और प्रशासन के कार्यों से ऐसे निर्धन और असहाय व्यक्ति पीड़ित हुए हैं जो स्वयं न्यायालय की शरण में जाने के लिए समर्थ हैं। जनहित अभियोग का दुरूपयोग न हो सके, इसके लिए न्यायमूर्ति भगवती ने इस सम्बन्ध में निर्देश दिया कि न्यायालयों के द्वारा इस बात का ध्यान रखा जाना चाहिए कि अभियोग दायर करने वाला व्यक्ति निजी हितों, राजनीतिक कारणों अथवा अन्य किसी प्रकार के किन्हीं निहित स्वार्थों के वश में तो अभियोग दायर नहीं कर रहा है। जनहित मुकदमों की निम्न आधार पर आलोचना की गयी है-

1. यदि सामान्य-पत्र के आधार पर मूल अधिकारों के उल्लंघन से संबंधित अभियोग दायर होने लगे तो विचाराधीन मुकदमों की संख्या अत्यधिक रूप में बढ़ जाएगी तथा इससे महत्त्वपूर्ण मुकदमों की सुनवाई में विलम्ब होगा।
2. इस व्यवस्था से सरकार के तीन अंगों—व्यस्थापिका, कार्यपालिका और न्यायपालिका में अनावश्यक तनाव और विवाद की स्थिति पैदा हो जाएगी।
3. इन जनहित अभियोगों के बारे में न्यायालयों के द्वारा दिए गए निर्णय वस्तुत: लागू हो जाएगी, व्यवहार में इस बात की कोई गारंटी नहीं है।

जनहित अभियोगों के सम्बन्ध में की गईइन आलोचनाओं के बावजूद भी इस बात से तो सहमत होना ही पड़ेगा कि इस व्यवस्था ने असहाय व्यक्तियों के मूल अधिकारों की रक्षा के लिए शासन और प्रशासन को अपने उत्तरदायित्व के प्रति सचेत करने तथा प्रशासन के मनमाने और निरंकुश आचरण पर रोक लगाने की दिशा में महत्त्वपूर्ण दायित्व निभाया है।

मूल संरचना सिद्धांत

संविधान की कुछ व्यवस्थायें अन्य व्यवस्थाओं की तुलना में अधिक महत्त्वपूर्ण है, इन्हीं विशेष उपबंधों से भारतीय राजनीतिक व्यवस्था सुचारू रूप से चलती है इन्हीं व्यवस्थाओं के समुच्चय को आधारभूत संरचना कहा जाता है। अर्थात् ऐसी व्यवस्था/ प्रावधान जिस पर सम्पूर्ण संवैधानिक संरचना आधारित मानी जाती है उसे आधारभूत ढाँचा कहा जाता है।

भारतीय संविधान में मूल ढांचे की अवधारणा का प्रतिपादन सर्वप्रथम केशवानन्द भारती बनाम केरल राज्य के वाद में 24 अप्रैल 1973 को सुप्रीम कोर्ट के संवैधानिक पीठ ने किया। इस वाद में 24वें, 25वें, 29वें संविधान संशोधन को चुनौती दी गयी थी जिसे संवैधानिक ठहराते हुए भी सुप्रीम कोअर ने संसद की संशोधन शक्ति पर अंतर्निहित सीमा की अवधारणा का प्रतिपादन किया। जिसका सम्बन्ध 'मूल ढाँचे' से है।

इस विवेचन के बाद भी स्पष्ट है कि 7:6 से सुप्रीम कोर्ट ने 'आधार भूत संरचना' के सिद्धांत का प्रतिपादन किया। लेनिक सामूहिक रूप से निर्णय में यह नहीं बताया गया कि भविष्य में कौन-सी व्यवस्थाएँ उसके अंतर्गत आयेगी बल्कि यह कहा गया कि समय और परिस्थिति के अनुसार आधारभूत संरचना का सिद्धांत न्यायपालिका बताता रहेगा क्योंकि संविधान गतिशील अवधारणा है ऐसा तथ्यात्मक रूप से मानने पर संविधान में जड़त्व की स्थिति आ जायेगी।

आधारभूत ढांचे की अवधारणा से संबंधित पहला मामला 39वें संशोधन 1975 द्वारा राष्ट्रपति/ उपराष्ट्रपति/ प्रधानमंत्री के निर्वाचन को मूल अधिकार के बाहर कर दिया गया था जिसे इन्दिरा गांधी बनाम राजनारायण वाद में चुनौती दी गई। सुप्रीम कोर्ट ने इसे असंवैधानिक ठहराया और कहा कि अनु. 14 का उल्लंघन है न्यायालय ने कहा कि अनु. 14 आधारभूत ढांचा है।

वादों तथा अन्य निर्णयों के परिप्रेक्ष्य में विद्वानों ने निम्न बिन्दुओं को आधारभूत ढाँचा माना है—

1. विधि का शासन
2. संविधान की सर्वोच्चता
3. संघवाद
4. पंथनिरपेक्षता
5. संसदीय प्रणाली कीसरकार
6. न्यायपालिका की स्वतंत्रता
7. अनुच्छेद 32, 136, 141, 142

1980 में मिनर्वा मिल्स के मुकदमें में निर्णय देते हुए सर्वोच्च न्यायालय ने एक बार फिर न्यायपालिका की सर्वोच्चता को स्थापित करने का प्रयत्न किया। इस निर्णय द्वारा सर्वोच्च न्यायालय ने 42वें संशोधन के कुछ खण्डों को असंवैधानिक घोषित कर दिया। इनमें उपर्युक्त अनुच्छेद 368(4) और (5) भी हैं जिन्हें न्यायालय द्वारा निरस्त कर दिया गया है।

वर्तमान स्थिति यह है कि किसी भी संवैधानिक संशोधन को इस आधार पर न्यायालय में चुनौती दी जा सकती है कि उससे संविधान के मूल ढाँचे को क्षति पहुँचती है। ऐसा कोई संशोधन जो संविधान की 'अनिवार्य विशेषताओं के प्रतिकूल है, न्यायपालिका द्वारा असंवैधानिक घोषित कर दिया जाएगा। इस प्रकार संसद की संशोधन शक्ति सीमित हो गयी है और पुन: न्यायपालिका की प्रधानता स्थापित हो गई है।

उपचारात्मक याचिका

उपचारात्मक याचिका एक नवीन न्यायिक प्रक्रिया की संकल्पना को दर्शाता है। वह न्याय के तर्कसंगत स्वरूप तथा नैसर्गिक न्याय के सिद्धांत का बल प्रदान करता है। यह न्यायालय द्वारा की गई न्यायिक भूल एवं गलतियों को सुधारने के दृष्टिकोण को बतलाता है। उच्चतम न्यायालय ने इस संकल्पना को रूप अशोक कूड़ा बनाम अशोक हूड़ा मुकदमा (2002) में व्यक्त किया। यह प्रगतिशील न्यायिक प्रक्रिया की संकल्पना का परिचायक है जिसके अंतर्गत न्यायिक भूल या न्यायिक गलतियों को स्वस्थ एवं सही दिशा प्रदान करने का प्रयास किया गया है। साथ ही इस प्रक्रिया के अंतर्गत बदलते हुए परिप्रेक्ष्य में विधि को सराहे जाने की आवश्यकता पर भी बल दिया गया है।

इस प्रक्रिया के अंतर्गत विशेष परिस्थितियों में जब नैसर्गिक न्याय के सिद्धांतों का हनन हो तथा इससे कोई पक्ष प्रतिकूल रूप से प्रभावित हो तो उच्चतम न्यायालय अपने द्वारा दिए गए निर्णय पर पुनर्विचार कर सकता है। इस संकल्पना के पूर्व उच्चतम न्यायालय द्वारा दिए गए निर्णय के पुनरावलोकन की याचिका अनु. 137 के अंतर्गत दायर की जा सकती थी जिस पर सुनवाई उसी पीठ के द्वारा की जा सकती थी जिसने निर्णय दिया हो। परन्तु इस संकल्पना के अंतर्गत इसमें नए सिरे से सुनवाई हो सकती है।

इसके दुरुपयोग को रोकने के लिए उच्चतम न्यायालय ने कुछ शर्तों को निर्धारित किया है जैसे इस प्रकार की याचिका को दायर करने के लिए किसी विशिष्ट वकील के प्रमाण पत्र का होना आवश्यक है। इस याचिका के अंतर्गत सुनवाई के लिए एक 'एमीकस क्यूरी' (सहायता के लिए वकील) की नियुक्ति का प्रावधान किया गया है जो न्यायपालिका को सुनवाई में सहयोग करेगा। इस याचिका की स्वीकृति मूल पीठ के न्यायाधीशों और तीन वरिष्ठतम न्यायाधीशों के द्वारा दी जाएगी।

महत्त्व

उपचारात्मक याचिका एक नवीन न्यायिक प्रक्रिया की संकल्पना को बतलाता है जो न्यायिक व्यवस्था में प्रगतिशीलता का परिचायक है। यह न्याय के विस्तार को बतलाता है, इससे नागरिक सुरक्षा को तथा सार्वजनिक हितों को बल मिलता है। नैसर्गिक न्याय के सिद्धांत को और भी व्यापकता प्राप्त होती है। इसमें बदलते हुए परिप्रेक्ष्य में विधि की व्याख्या और स्थापना की दृष्टिकोण निहित हैं। वर्तमान समय में जबकि खगोलीकरण ने तेजी से आधुनिक सभ्यता एवं संस्कृति को परिवर्तित किया है तथा मानव जीवन में इसके कारण जटिलता आई है न्याय के इस संकल्पना से वृहद न्यायिक उपचार प्रदान करने का दृष्टिकोण अर्थपूर्ण है।

अन्य प्रमुख न्यायालय

लोक अदालत (Public Court)

लोक अदालत से अभिप्राय है—जनता का न्यायालय। लोक अदालत व्यक्तियों के बीच के विवादों के शीघ्र निबटारे तथा अल्प व्यय के आधार पर आपसी समझौतों द्वारा निपटाने का प्रयास करती है। 6 अक्टूबर, 1985 को सर्वोच्च न्यायालय के न्यायविद तथा मुख्य न्यायाधीश पी.एन.

भगवती की अध्यक्षता में प्रथम लोक अदालत का आयोजन दिल्ली में किया गया।

लोक अदालत द्वारा निर्णय दे दिये जाने के बाद, कोर्ट शुल्क वापस कर दिये जाते हैं। न्यायिक पदाधिकारी अथवा सरकार द्वारा निर्धारित योग्यता रखने वाले व्यक्ति लोक अदालत की अध्यक्षता करते हैं।

ग्राम न्यायालय (Village Court)

ग्राम न्यायालय कानून, नागरिकों को उनके दरवाजे पर न्याय उपलब्ध कराने का प्रयास है। ग्राम न्यायालय अधिनियम के वे प्रावधान उन क्षेत्रों में जिनमें इनका विस्तार किया गया है, 2 अक्टूबर, 2009 से लागू हो गया। ग्राम न्यायालय का लक्ष्य ग्रामीण क्षेत्रों में लोगों को उनके दरवाजे पर कम लागत पर न्याय उपलब्ध करवाना है। ग्राम न्यायालय प्रथम श्रेणी के न्यायिक मजिस्ट्रेट का न्यायालय होगा और इसके पीठासीन अधिकारी की नियुक्ति उच्च न्यायालय के साथ परामर्श करके राज्य सरकार द्वारा की जाएगी।

ग्राम न्यायालय सचल न्यायालय होंगे और उन्हें दांडिक तथा दीवानी न्यायालय दोनों की शक्तियां प्राप्त होंगी। इसकी अपील 6 माह के अन्दर जिला/सत्र न्यायालय में की जा सकती है।

कुटुम्ब न्यायालय (Family-Court)

कुटुम्ब न्यायालय अधिनियम, 1984 के अधीन कुटुम्ब या पारिवारिक न्यायालयों की स्थापना की गई है। इस अधिनियम द्वारा न्यायालय को पारिवारिक विवादों में मैत्रीपूर्ण समझौतों को बढ़ावा देने के लिए स्वविवेक का प्रयोग करने का अधिकार दिया गया है इसका मुख्य उद्देश्य विवाह तथा अन्य पारिवारिक मुद्दों को निपटाना है। विवाद की सच्चाई का पता लगाने के लिए न्यायालय अपनी प्रक्रिया स्वयं निर्धारित कर सकता है। सामान्यत: विवादों में वकीलों की उपस्थिति नहीं होती, लेकिन जटिल विषयों पर वकीलों को प्रस्तुत होने की अनुमति दी जा सकती है। राज्य सरकार 10 लाख से अधिक की जनसंख्या पर या जहाँ उचित समझे परिवार न्यायालय की स्थापना कर सकती है। उच्च न्यायालय में कुटुम्ब न्यायालयों के निर्णयों एवं आदेशों के विरुद्ध अपील की जा सकती है, साथ ही संविधान के अनुच्छेद 133 के तहत सर्वोच्च न्यायालय में भी अपील की जा सकती है।

विशेष अधिकरण (Special Tribunal)

विशेष पद्धपति के मामलों की सुनवाई के लिए हमारे यहाँ समय-समय पर अधिकरणों, न्यायाधिकरणों की स्थापना की जाती रही है। इनमें से प्रमुख अधिकरणों के नाम निम्नांकित हैं: श्रम एवं औद्योगिक अधिकरण, सेवा अधिकरण, ऋण वसूली अधिकरण, परिवहन अधिकरण, मोटरयान दुर्घटना दावा अधिकरण, कराधान अधिकरण आदि। अनेक राज्यों में किराया नियंत्रण अधिकरणों का गठन किया गया है।

विशेष अदालतें (Special Court)

वर्ष 1979 में संसद द्वारा पारित विशेष न्यायालय अधिनियम के अंतर्गत विशेष न्यायालयों की स्थापना का प्रावधान किया गया है। उच्च सार्वजनिक एवं राजनीतिक पदों पर बैठे व्यक्तियों द्वारा किये गये अपराधों की त्वरित जाँच और निपटारे के लिए विशेष न्यायालयों का गठन किया गया है। इसमें जिला न्यायालयों एवं न्यायालयों के कार्यरत न्यायाधीशों की नियुक्ति की जाती है। ये न्यायालय यद्यपि मुकदमे की सुनवाई तेजी से करते हैं, परंतु समस्त प्रक्रिया एवं दण्ड का निर्धारण भारतीय दण्ड संहिता के अनुसार ही होता है। विशेष अदालतों के निर्णय के विरुद्ध केवल सर्वोच्च न्यायालय में ही 30 दिनों के अंदर अपील दायर की जा सकती है।

फास्ट ट्रैक अदालतें (Fast Track Courts)

इन अदालतों को जनपद स्तर के तथा अधीनस्थ न्यायालयों में पुराने मुकदमों को एक निर्धारित समय सीमा के निपटारे के उद्देश्य से प्रारंभ किया गया। प्रारंभ में इस प्रकार की 450 अतिरिक्त अदालतें स्थापित किये जाने का प्रावधान किया गया है, जो शत-प्रतिशत केन्द्र सरकार की आर्थिक सहायता के आधार पर संचालित की गयी हैं। इनमें विशेष रूप से 2 वर्ष से अधिक पुराने ऐसे मुकदमों को निपटारे के लिए चुना जाता है जिनमें अपराधी जमानत पर हैं। विभिन्न राज्यों में फास्ट ट्रैक अदालतों का निर्धारण किया गया है।

न्याय पंचायत (Nyay-Panchayat)

पंच परमेश्वर की संकल्पना पर आधारित ग्राम पंचायत स्तर पर न्याय पंचायत व्यवस्था भारतीय शासन व्यवस्था में अत्यनत प्राचीन है, लेकिन वर्तमान में इसे संवैधानिक दायरे में भी लाने के प्रयास किये गये हैं। संविधान के राज्य के नीति निदेशक तत्व के भाग 4 अनुच्छेद 39(क) में यह प्रावधान है कि राज्य यह सुनिश्चित करेगा कि विधि तंत्र इस प्रकार के कार्य करे कि समान अवसर के आधार पर कोई नागरिक न्याय प्राप्त करने के अधिकार से वंचित न रह जाये। अनुच्छेद 40 के प्रावधानों के अंतर्गत देश में गठित ग्राम पंचायतों द्वारा इसी आधार पर अनेक राज्यों में न्याय पंचायतों की स्थापना की गई है।

ई-अदालत (E-Courts)

9 जुलाई, 2007 को निवर्तमान राष्ट्रपति डॉ. ए.पी.जे. अब्दुल कलाम द्वारा अदालतों के कम्प्यूटरीकरण की ई-परियोजना का उद्‌घाटन किया गया। अदालतों के कम्प्यूटरीकरण की यह परियोजना भारतीय न्याय व्यवस्था में राष्ट्रीय नीति एवं प्रौद्योगिकी पर ई-समिति द्वारा सौंपी गई रिपोर्ट के आधार पर तैयार की गई है। इस परियोजना को, जिसकी लागत 854 करोड़ रुपए है, पाँच वर्षों में तीन चरणों में कार्यान्वित किया जाना है। ई-अदालत परियोजना से न्यायालयों में सभी मामलों का लेखा-जोखा तैयार करने में सहायता मिलेगी। इससे सर्वोच्च न्यायालय से देश के सभी न्यायालय वायरलेस कनेक्टिविटी से जुड़ जाएँगे।

मोबाइल अदालत (Mobile Court)

भारत की पहली मोबाइल कोर्ट का उद्‌घाटन सर्वोच्च न्यायालय के प्रधान न्यायाधीश के.जी. बालाकृष्णन ने हरियाणा के मेवात जिले में किया। देश

के पिछड़े और दूरदराज क्षेत्रों में लोगों को सस्ता और उनके निकट न्याय उपलब्ध कराने के उद्देश्य से इस प्रकार की चलायमान अदालतों का गठन किया गया है, ताकि लोगों को उनके निकट ही सस्ता न्याय मिल सके।

अभिवाक् सौदेबाजी (Plea Bargaining)

मुकदमे के दौरान आरोपी को आपसी समझौते व पीड़ित पर भी सहमति से मुकदमों को वापस लेना। जुलाई 2006 में संसद ने अपराध कानून संशोधन विधेयक क्रिमीनल प्रोसेसर कोड पारित किया। इसके द्वारा अनु. 21(ए) में परिवर्तन किया गया है। 7 साल की सजा तक अपराधिक मामले प्रभावित पक्ष सहमति से अदालती सुनवाई के दौरान वापस लिया जा सकता है। इसके तहत बहला-फुसलाकर या धमकी देकर गवाही दिलाने वाले को 7 वर्ष की सजा का प्रावधान। दिल्ली हाई कोर्ट के निदेशक पर इसे 27 जुलाई, 2009 को तीस हजारी कोर्ट में शुरू किया गया।

समानांतर अदालतें (Parallel Court)

समानांतर अदालत से तात्पर्य ऐसे न्यायिक प्राधिकार या अर्द्ध-न्यायिक मंचों की स्थापना से है जो अदालतों जैसे ही होते हैं। इनमें न्यायाधिकरण भी सम्मिलित होते हैं। ये एक तरह की तदर्थ संस्थाएं होती हैं जो जटिल मुद्दों से निपटने में पूरी तरह सक्षम नहीं होती है। संभावना यह भी रहती है कि इनसे आम लोगों के नागरिक अधिकारों का उल्लंघन हो जाए। इनके गठन के पीछे किसी तरह का विधिक अधिकार नहीं होता है। ये एक तरीके से अवैध तौर पर व्यक्तियों, संस्थाओं या फर्मों द्वारा चलाए जाते हैं।

अध्याय सार संग्रह

- सर्वोच्च न्यायालय भारत का सर्वोच्च अपीलीय (दिवानी तथा फौजदारी) न्यायालय है तथा वह संविधान तथा व्यक्ति के मूल अधिकार का संरक्षक भी है।
- संसद द्वारा बनाये गये किसी विधि को सर्वोच्च न्यायालय इस आधार पर शून्य घोषित कर सकता है कि वह संविधान के प्रावधानों का उल्लंघन करता हो।
- उच्चतम न्यायालय के न्यायाधीश को राष्ट्रपति के समक्ष या उसके द्वारा नियुक्त व्यक्ति के समक्ष शपथ ग्रहण करना होता है।
- सर्वोच्च न्यायालय एक अभिलेख न्यायालय है। अभिलेख न्यायालय का तात्पर्य है कि सर्वोच्च न्यायालय द्वारा दिये गये निर्णय विधि के रूप में भी ग्रहण कर सकते हैं। इसलिए उन निर्णयों को साक्ष्य के रूप में सुरक्षित रखा जाता है (अनुच्छेद 129)।
- संविधान के अनुच्छेद 136 के तहत सर्वोच्च न्यायालय को स्वयं भी यह अधिकार प्राप्त है कि वह सैनिक न्यायालय के सिवाय भारत राज्य क्षेत्र के किसी भी न्यायालय या न्यायाधिकरण के निर्णय के विरुद्ध अपने यहाँ, अपील की आज्ञा दे सकता है। इसकी इस शक्ति पर कोई संवैधानिक प्रतिबन्ध नहीं है।
- संविधान के अनुच्छेद 137 के तहत सर्वोच्च न्यायालय को अधिकार प्राप्त है कि वह अपने द्वारा दिये गये निर्णय व आदेश पर पुनर्विचार कर उचित समझे तो उसमें आवश्यक परिवर्तन कर सकता है। ऐसा उस वक्त किया जाता है जब सर्वोच्च न्यायालय को यह प्रतीत होता है कि उसके द्वारा दिये गये निर्णय में किसी पक्ष के प्रति न्याय नहीं हो सका है।
- अनुच्छेद 143 के तहत यदि राष्ट्रपति को यह प्रतीत हो कि विधि या किसी अन्य तथ्य का कोई ऐसा प्रश्न पैदा हुआ है जो सार्वजनिक हित का है तो वह उस प्रश्न पर सर्वोच्च न्यायालय से परामर्श माँग सकता है। परंतु उच्चतम न्यायालय न तो ऐसी सलाह देने के लिए बाध्य है और न ही दी गयी सलाह को राष्ट्रपति मानने के लिए बाध्य है। परंतु उच्चतम न्यायालय द्वारा दी गई सलाह अन्य सभी न्यायालयों के लिए बाध्यकारी होगी।
- अनुच्छेद 32 के तहत सर्वोच्च न्यायालय प्रमुख रूप से उत्तरदायी होता है ताकि वह मौलिक अधिकारों को प्रवर्तित करने के लिए आवश्यक कार्यवाही करे।
- सर्वोच्च न्यायालय के न्यायाधीशों के आचरण पर संसद या राज्य विधानमण्डल में बहस नहीं की जा सकती है।
- संसद द्वारा बनाये गये नियमों तथा अनुच्छेद 145 के आधीन उच्चतम न्यायालय को अपने द्वारा सुनाये गये निर्णयों का पुनरावलोकन करने की शक्ति प्राप्त है।
- प्रत्येक राज्य में एक उच्च न्यायालय होगा, किंतु संसद को यह शक्ति है कि वह दो या दो से अधिक राज्यों के लिए एक ही उच्च न्यायालय की स्थापना कर सकेगी।
- प्रत्येक उच्च न्यायालय में एक मुख्य न्यायमूर्ति तथा अन्य न्यायाधीश होते हैं जैसा राष्ट्रपति उचित समझता है, होते हैं। लेकिन उच्चतम न्यायालय में न्यायाधीशों की संख्या संसद निर्धारित करती है।
- उच्च न्यायालय का न्यायाधीश 62 वर्ष की आयु तक अपना पद धारण करता है।
- उच्च न्यायालयों के वेतन भत्ते राज्य की संचित निधि पर भारित होते हैं तथा पेंशन केन्द्र की संचित निधि से दी जाती है।
- 7वें संविधान संशोधन के अनुसार संविधान के आरम्भ होने से पहले की गई राज्यों एवं संघ के बीच की सन्धियों और समझौते इत्यादि में उच्चतम न्यायालय की प्रारंभिक क्षेत्राधिकार नहीं आता।
- सरकारों के मध्य झगड़ा किसी न्यायोचित अधिकार पर आधारित होना चाहिए। सरकारों के बीच जो झगड़े किसी विधि पर आधारित न हो या जिनका आधार वैज्ञानिक न हो, वे सर्वोच्च न्यायालय के प्रारंभिक क्षेत्राधिकार में नहीं आते।
- उच्चतम न्यायालय को ऐसे मामले में, जो वित्त आयोग ने संघ और राज्यों मेंकई प्रकार के खर्चे के विषय में सौंपे हो, कोई प्रारम्भिक क्षेत्राधिकार नहीं है।
- सर्वोच्च न्यायालय के निर्णय बहुमत के द्वारा होंगे। बहुमत के निर्णय से असंगत न्यायाधीश अपना पृथक निर्णय दे सकता है। वह अन्य किसी प्रकार से बहुमत के निर्णय को प्रभावित नहीं कर सकेगा। बहुमत का निर्णय ही मान्य होगा।
- सर्वोच्च न्यायालय देश का सबसे बड़ा अपीलीय न्यायालय है। सर्वोच्च न्यायालय को भारत राज्य क्षेत्र के अंदर सभी उच्च न्यायालयों, प्रशासकीय अधिकरणों, श्रम न्यायाधिकरणों तथा राष्ट्रीय उपभोक्ता प्रतितोष आयोग के नियमों तथा आदेशों के विरुद्ध अपील सुनने का अधिकार है।
- राज्यों में उच्च न्यायालय की स्थापना या इससे सम्बन्धित व्यवस्था में परिवर्तन का अधिकार संसद को प्राप्त है।
- संविधान के अनुच्छेद 214 के अनुसार प्रत्येक राज्य में एक उच्च न्यायालय होगा, किंतु अनुच्छेद 231 के तहत एक ही उच्च न्यायालय का अधिकार क्षेत्र दो या दो से अधिक राज्यों या संघीय क्षेत्र तक विस्तृत हो सकता है।
- जब किसी उच्च न्यायालय के मुख्य न्यायाधीश का पद खाली हो या वह अनुपस्थित हो या किसी असमर्थता के कारण अपने कर्तव्य का पालन नहीं कर रहा है तो राष्ट्रपति अन्य न्यायाधीशों में से एक को उस पद के कर्तव्यों का पालन करने के लिए नियुक्त करता है।
- जिला न्यायाधीशों के स्थानांतरण की शक्ति उच्च न्यायालय को ही प्राप्त है तथा उच्च न्यायालय अपने अधीनस्थ न्यायाधीशों के विरुद्ध अनुशासनिक कार्यवाही कर सकता है।
- गुवाहाटी उच्च न्यायालय का अधिकार क्षेत्र असम, मणिपुर, मेघालय, नागालैण्ड, त्रिपुरा, मिजोरम और अरूणाचल प्रदेश तक है।

अध्याय 16

केन्द्र-राज्य सम्बन्ध

इस अध्याय में आप सीखेंगे किः

- किसी भी संगठन, संस्था और राज्य के बीच सम्बन्धों के क्या आधार है तथा केन्द्र-राज्य सम्बन्ध क्या है और इसकी आवश्यकता क्यों है।
- केन्द्र और राज्य के बीच विधायी, प्रशासनिक और वित्तीय सम्बन्धों के बारे में जानकारी क्या है।

संघवाद की प्रमुख विशेषता दोहरे शासन की व्यवस्था है। तदनुसार भारत में भी संविधान ने शासन के दो स्तरों की स्थापना की है, जिसके केन्द्र में एक संघीय सरकार है तथा चारों तरफ परिधि में राज्य सरकारें हैं। ध्यातव्य है कि भारतीय संविधान में कहीं भी 'केन्द्र सरकार' का नामोल्लेख नहीं है—सर्वत्र 'संघ सरकार' का ही उल्लेख किया गया है। किंतु राजनैतिक, प्रशासनिक एवं वित्तीय प्रयोजनों के लिए 'केन्द्र सरकार' शब्द का व्यापक प्रचलन है। वस्तुतः संघ के बजाय केन्द्र शब्द की व्यवहारिक स्वीकार्यता यह रेखांकित कर देती है कि भारतीय संघवाद में 'केन्द्राभिमुखता' अंतर्निहित है। फिर भी, संघवाद की भावना के अनुरूप भारतीय संविधान एक राजनीतिक व्यवस्था में दोहरे शासन की स्थापना करता है।

संविधान द्वारा संघ एवं राज्य सरकरों के पृथक-पृथक अधिकार क्षेत्र निर्धारित करने के लिए विधायी, प्रशासनिक एवं वित्तीय शक्तियों का सुस्पष्ट वितरण कर दिया गया है। ऐसा करते समय संविधान में इस बात का भी ध्यान रखा गया है कि संघ सरकार एवं राज्य सरकारें शासकीय शक्तियों की दृष्टि से सह-समान तो हों, किंतु इसकी वजह से उनमें पार्थक्य एवं विखण्डन उत्पन्न न हो जाए। केन्द्र एवं राज्यों के मध्य समन्वय बना रहना अत्यावश्यक है। तभी सरकार के दोनों स्तर मिलकर 'हम भारत के लोग' के प्रति सर्वाधिक लाभकारी भूमिका निभा सकते हैं। भारत में संघ एवं राज्यों के मध्य सम्बन्धों को विधायी, प्रशासनिक एवं वित्तीय आयामों में समझा जा सकता है। किंतु न्यायिक सम्बन्धों को इससे अलग रखा गया है। इसका कारण यह है कि न्यायपालिका शक्ति का संघ और राज्यों में विभाजन नहीं किया गया है।

विधायी संबंध (Legislative Relation)

भारतीय संविधान के भाग 11 के अध्याय 1 में अनुच्छेद 245 से अनुच्छेद 255 तक संघ एवं राज्यों के विधायी सम्बन्धों का विवरण दिया गया है।

विधायी विषयों का वितरण

संविधान के अनुच्छेद 246 के अनुसार तीन सूचियों के द्वारा संघ एवं राज्यों के मध्य विषयों का वितरण किया गया है। इस वितरण के लिए 'गणना और अवशेष सिद्धांत' के बजाय 'सूची प्रणाली' अपनाई गई है। संघ सूची, राज्य सूची एवं समवर्ती सूची का विवरण संविधान के 7वें परिशिष्ट में दिया गया है। संविधान के प्रारंभ में संघ सूची में 97, राज्य सूची में 66 एवं समतर्वी सूची में 47 विषयों की प्रविष्टि थीं।

संघ सूची अनु. 246 (1)

इसमें वे विषय रखे गए हैं, जिनका राष्ट्रीय महत्त्व है तथा इन पर केवल संसद ही कानून बना सकती है। इस सूची में कुल 97 विषयों में मुख्य हैं—भारत की सुरक्षा, सैन्य बल, परमाणु शक्ति, वैदेशिक संबंध, राजनयिक संधियाँ, रेल, टेलिफोन, डाक व तार, मुद्रा, भारत का रिजर्व बैंक, आयात-निर्यात, विदेशी ऋण, बैंकिंग, बीमा, विदेशी व्यापार, तौल एवं अन्य मापों के प्रतिमानों को निर्धारित करना, खानों, खनिज पदार्थों, तेल संसाधनों, ऐतिहासिक स्मारक, भारत का सर्वेक्षण, संघीय लोक सेवाएँ, संसद एवं राष्ट्रपति के निर्वाचन, उच्चतम न्यायालय का गठन, जन-गणना, सीमा शुल्क तथा निर्यात शुल्क, उत्पादन शुल्क, सम्पदा शुल्क तथा आयकर इत्यादि।

राज्य सूची अनु. 246 (3)

राज्य सूची में 66 विषय रखे गए हैं, जिनके मुख्य विषय ये हैं—न्याय प्रशासन, स्थानीय शासन, जेल, राज्यगत व्यापार तथा वाणिज्य, कृषि आय कर, मनोरंजन कर, सार्वजनिक व्यवस्था, शिक्षा, सार्वजनिक स्वास्थ्य और सफाई, पशुपालन, कृषि, सिंचाई, वन्य पशुओं की रक्षा, सार्वजनिक निर्माण कार्य, भूमि कर, ग्राम सुधार, अस्पताल, पुलिस इत्यादि।

समवर्ती सूची अनु. 246 (2)

इस सूची में 47 विषय शामिल हैं, जिनमें से प्रमुख हैं—निवारक निरोध, विवाह और विवाह विच्छेद, ठेके एवं साझेदारी, फौजदारी कानून व प्रणाली, सामाजिक सुरक्षा एवं बीमा, खाद्य पदार्थों में मिलावट, आर्थिक एवं सामाजिक नियोजन, मजदूर संघ, दिवालियापन, औषधियों, जन्म-मरण के आँकड़े, कारखाने, श्रम कल्याण, मूल्य-नियंत्रण, शरणार्थियों की सहायता एवं पुनर्वास, बेरोजगारी, रोजगारी, बिजली इत्यादि।

संविधान के 42वें संशोधन अधिनियम, 1976 द्वारा 7वीं अनुसूची में संशोधन कर के संघ सूची में 'संघ और सशस्त्र बल पर संघ का नियंत्रण' जोड़ा गया है और राज्य सूची से 'शिक्षा' को निकालकर समवर्ती सूची में शामिल किया गया है ताकि शिक्षा के मामले में एक राष्ट्रीय नीति का निर्धारण किया जाना संभव हो सके। साथ ही वन, परिवार नियोजन, जनसंख्या नियंत्रण आदि के भी राज्य सूची से निकालकर समवर्ती सूची में रखा गया है।

अवशिष्ट विषय अनु. 248

संघ सूची की 97वीं प्रविष्टि के अनुसार जिन विषयों का वर्णन उपर्युक्त तीनों सूचीयों में नहीं है, वे अवशिष्ट शक्तियाँ संघ सरकार को प्रदान की गई हैं। उल्लेखनीय है कि संयुक्त राज्य अमेरिका में अवशिष्ट शक्तियाँ राज्यों को प्राप्त हैं। कनाडा में अवशिष्ट विधायी शक्तियाँ केन्द्र को प्राप्त हैं, जिसे भारत में भी अपनाया गया है। इस व्यवस्था के अंतर्गत केन्द्र ऐसे कर लगा सकता है, जिनका राज्य और समतर्वी सूचियों में उल्लेख नहीं है। संसद को यह अधिकार है कि वह किसी देश अथवा अंतर्राष्ट्रीय संस्था से की गई संधि, समझौते तथा करार के क्रियान्वयन की दृष्टि से आवश्यक कानून बनाए। सर्वोच्च न्यायालय को अधिकार है कि वह निर्णय करे कि कौन-सा विषय इसके तहत आता है।

कुछ महत्त्वपूर्ण पहलुओं से संबंधित अनुच्छेद

- **राज्य सूची का विषय राष्ट्रीय महत्त्व का होने पर**—संविधान के अनुच्छेद 249 के अनुसार यदि राज्य सभा अपने दो तिहाई बहुमत से यह प्रस्ताव स्वीकार लेती है कि राज्य सूची में उल्लिखित कोई विषय राष्ट्रीय महत्त्व का हो गया है, तो संसद को उस विषय पर कानून बनाने का अधिकार प्राप्त हो जाता है। ऐसे कानून की मान्यता केवल एक वर्ष तक रहती है, लेकिन राज्यसभा द्वारा पुनः प्रस्ताव स्वीकृत कर लिया जाए, तो इस एक वर्ष की अवधि में वृद्धि हो जाती है।
- **राज्यों के विधानमण्डलों के अनुरोध पर**—संविधान के अनुच्छेद 252 के अनुसार जब एक से अधिक राज्यों के विधानमण्डल प्रस्ताव पास करके संसद से यह अनुरोध करें कि वह उनके लिये विषय विशेष पर कानून बना दे, तो संसद को राज्य सूची के उक्त विषय पर कानून बनाने का अधिकार प्राप्त हो जाता है। राज्यों के विधानमण्डलों द्वारा ऐसे कानूनों को न तो संशोधित किया जा सकता है और न ही इन्हें पूर्ण रूप से समाप्त किया जा सकता है।
- **आपातकालीन विशेष परिस्थितियाँ उत्पन्न होने पर**—संविधान के अनुच्छेद 250 के अनुसार जब आपातकाल की उद्घोषणा लागू हो, तो संसद को राज्य सूची में उल्लिखित विषयों पर कानून बनाने का अधिकार प्राप्त हो जाता है।
- **अंतर्राष्ट्रीय संधियों को लागू करने हेतु**—संविधान के अनुच्छेद 253 के अनुसार संसद अंतर्राष्ट्रीय समझौतों, संधियों, करारों आदि को निभाने के लिये या अंतर्राष्ट्रीय सम्मेलनों, संस्थाओं या अन्य निकायों द्वारा किये गये समझौतों को लागू करने के लिये भारत या उसके किसी भाग के लिये कानून का निर्माण कर सकती हैं।
- **संवैधानिक आपात अथवा राज्यों में संवैधानिक तंत्र की विफलता**—जब राष्ट्रपति को राज्यपाल के प्रतिवेदन पर या किन्हीं अन्य तरीकों से पूर्णतः यह संतोष हो जाए कि किसी राज्य का संवैधानिक तंत्र विफल हो रहा है या किसी राज्य का प्रशासन संविधान के उपबंध के अनुसार चलाना संभव नहीं है, तो राष्ट्रपति संविधान के अनुच्छेद 356 के अनुसार राज्य में संवैधानिक आपात की घोषणा कर सकता है। अतः ऐसी परिस्थिति में संसद राज्य विधान मण्डल की शक्तियों के प्रयोग करने का अधिकार प्राप्त हो जाता है।
- **कुछ विधेयकों पर राष्ट्रपति की पूर्व स्वीकृति**—अनुच्छेद 304 (ख) कुछ ऐसे विधेयकों का उल्लेख है, जिन्हें राज्य विधान मण्डलों में प्रस्तत करने से पूर्व राष्ट्रपति की पूर्व अनुमति की आवश्यकता होती है। उदाहरणार्थ—ऐसे विधेयक, जिनके द्वारा सार्वजनिक हित की दृष्टि से उस राज्य के भीतर या बाहर व्यापार या वाणिज्य पर कोई प्रतिबन्ध लगाये जाने हो तो उस पर राष्ट्रपति की पूर्व स्वीकृति की आवश्यकता होती है।
- **कुछ विधेयकों को लागू करने के लिये राष्ट्रपति की अंतिम स्वीकृति आवश्यक**—कुछ विधेयक ऐसे हैं, जिन्हें राज्य विधानमण्डल द्वारा पारित किए जाने के बाद, यदि राष्ट्रपति के विचारार्थ सुरक्षित रखा गया हो, तो उन्हें लागू तभी किया जा सकता है, जबकि उन पर राष्ट्रपति की स्वीकृति भी प्राप्त हो गई हो। संविधान के अनुच्छेद 31(ग) के अनुसार राज्य सूची के ही कुछ विषयों पर राज्यों की व्यवस्थापिकाओं द्वारा पारित विधेयक उस स्थिति में अमान्य होंगे, जब तक उन पर राष्ट्रपति की स्वीकृति प्राप्त न कर ली गई हो।

प्रत्यायोजित विधायन (Delegatd Legislation)

विधि-निर्माण मुख्यतया विधान मण्डल का कार्य होता है। किंतु प्रायः विधान मण्डल विधि बनाने की शक्ति अन्य व्यक्तियों अथवा निकायों,

को प्रत्यायोजित कर देता है। इन व्यक्तियों या निकायों द्वारा बनाये गये नियमों, परिनियमों, आदेशों और उपविधियों को प्रत्यायोजित विधान कहते हैं। प्रत्यायोजित विधान के उद्भव एवं विकास के लिये संसद के कार्य में वृद्धि, विषय-वस्तु का तकनीकी स्वरूप, प्रयोग का अवसर, अदृष्ट आकस्मिकता तथा आपात शक्ति जैसी परिस्थितियाँ सहायक हुई हैं। दिल्ली विधि अधिनियम, 1951 के मामले में उच्चतम न्यायालय ने कहा है कि भारत में विधान-मंडल अपनी आवश्यक विधायी शक्ति का प्रत्यायोजन नहीं कर सकता है। इसका तात्पर्य यह है कि आवश्यक विधायी कृत्य का प्रत्यायोजन नहीं किया जा सकता है। आवश्यक विधायी कृत्य से तात्पर्य है नीति अधिकथित करना और उसको आचरण के रूप में परिवर्तित करना। विधानमण्डल नीति अधिकथित करके ही अपनी विधायी शक्ति का प्रत्यायोजन कर सकता है, अन्यथा नहीं।

क्षेत्रीय-सामीप्य का सिद्धांत

इसे 'क्षेत्रय सम्बद्धता का सिद्धांत' भी कहा जाता है। सामान्य नियम यह है कि किसी राज्य का विधानमण्डल अपने राज्य या उसके किसी भाग के लिए विधि बना सकता है। वह अपने राज्य के बाहर के किसी क्षेत्र अर्थात् किसी दूसरे राज्य क्षेत्र के लिए विधि का निर्माण नहीं कर सकता है, किंतु इस सामान्य नियम का एक अपवाद है, जिसके अनुसार किसी राज्य विधानमण्डल द्वारा बनाई गई विधि किसी अन्य राज्य के राज्यक्षेत्र में लागू हो सकती है, यदि इस विधि बनाने वाले राज्य तथा विधि की विषय वस्तु में कोई वास्तविक सम्बन्ध हो। इसे 'क्षेत्रीय सम्बद्धता या सामीप्य का सिद्धांत' कहा जाता है।

आभासी विधायन का सिद्धांत

यह सिद्धांत संघीय व्यवस्था में दिखायी देता है जहाँ प्रत्यक्ष तथा गोपनीय तरीके से विधायिका अपनी शक्तियों का उल्लंघन करता है, ऐसे विधायन को आभासी विधायन कहते हैं। एक परिस्थिति में बनाये गये कानून बाध्य रूप से अधिकार क्षेत्र में दिखायी देते हैं लेकिन वास्तव में ऐसे कानून राज्य की विधायिकाओं के कार्यों का अतिक्रमण करती है। ऐसे विधायन का मुख्य उद्देश्य दूसरी विधायिकाओं पर नियंत्रण स्थापित करना है। यह सिद्धांत सर्वोच्च न्यायालय ने मूपिल नायर बनाम केरल राज्य के वाद में प्रतिपादित किया।

तत्व और सार का सिद्धांत

संघीय व्यवस्था के केन्द्र तथा राज्य की विधायिका दोनों अपने क्षेत्रों में स्वायत्त होती है। एक दूसरे के अधिकार क्षेत्र में हस्तक्षेप नहीं करना चाहिए ऐसा होने पर उच्चतम न्यायालय इस सिद्धांत का प्रयोग करके समाधान करता है। विधि निर्माण में यदि कोई विधायिका कानून का निर्माण करती है तो देखा जाएगा कि वे निर्धारित विषय क्षेत्र में ही कानून का निर्माण किया है या नहीं। 1959 में राजस्थान बनाम जी. चावला वाद में उच्चतम न्यायालय ने इस सिद्धांत का प्रयोग किया।

प्रशासनिक सम्बन्ध (Administrative Relation)

संविधान के भाग 11 के दूसरे अध्याय में अनुच्छेद 256 से 263 तक केन्द्र एवं राज्यों के प्रशासनिक सम्बन्धों की विवेचना की गई है। संविधान के अनुच्छेद 73 के अनुसार केन्द्र की कार्यपालिका शक्तियों का विस्तार उन विषयों तक है, जिन पर संसद को विधि-निर्माण की शक्ति प्राप्त है। अनुच्छेद 162 के अनुसार राज्यों की कार्यपालिका शक्तियों का विस्तार उन विषयों तक है, जिन पर राज्य विधानमण्डल को कानून बनाने का अधिकार है। भारत में प्रशासन के लिए केन्द्र और राज्य-स्तरों पर अलग-अलग सम्प्रभु अभिकरणों की स्थापना नहीं की गई है। प्रशासन मुख्य रूप से राज्य-अभिकरणों द्वारा संचालित किया जाता है। भारत में राज्यों में संघीय कानूनों के कार्यान्वयन और प्रशासन के लिए अलग से कोई संघीय व्यवस्था नहीं है।

संघ और केन्द्र द्वारा राज्यों को निर्देश देना

संघ सरकार राज्यों को निर्देश देने की शक्ति रखती है, जो केवल भारतीय संविधान में पाई जाती है। हमारे संविधान निर्माताओं ने 1935 के अधिनियम के अनुच्छेद 126 से यह प्रेरणा ग्रहण की। अनुच्छेद 352, 356 तथा 360 के अंतर्गत आपातकालीन स्थिति की उद्घोषणा के बाद केन्द्र राज्य सरकारों को आदेश दे सकता है। शांतिकाल में भी राज्यों के लिए अपेक्षित है कि वे अपनी कार्यपालिका शक्ति का प्रयोग इस प्रकार करें कि वह संसद निर्मित विधियों के अनुकूल हो। ऐसा करने के लिए केन्द्र राज्यों को वांछित निर्देश दे सकता है, जिनका पालन करना उनके लिए आवश्यक माना जाता है—

अनुच्छेद 256 में यह व्यवस्था है कि 'प्रत्येक राज्य की कार्यपालिका शक्ति का इस प्रकार प्रयोग होगा, जिससे संसद द्वारा विधियों का तथा किन्हीं वर्तमान विधियों का, जो इस राज्य में लागू हैं, पालन सुनिश्चित रहे तथा संघ की कार्यपालिका शक्ति का विस्तार किसी राज्य को ऐसे निर्देश देने तक विस्तृत होगा, जो भारत सरकार को उस प्रयोजन के लिए आवश्यक दिखाई दे'।

अनुच्छेद 257(1) में केन्द्र द्वारा राज्यों को निर्देश देने के अधिकार का उल्लेख किया गया है कि प्रत्येक 'प्रत्येक राज्य की कार्यपालिका शक्ति का इस प्रकार प्रयोग होगा, जिससे संघ की कार्यपालिका शक्ति के प्रयोग में कोई अड़चन या प्रतिकूल प्रभाव न पड़े तथा संघ की कार्यपालिका शक्ति का विस्तार किसी राज्य को ऐसे निर्देश तक विस्तृत होगा, जो भारत सरकार को उस प्रयोजन के लिए आवश्यक दिखाई दे'।

अनुच्छेद 257 (2), (3) एवं (4) द्वारा कतिपय ऐसी अवस्थाओं का उल्लेख किया गया है, जिनमें राज्यों पर संघ का नियंत्रण होता है। इनमें सामरिक महत्त्व की सड़कों तथा अन्य संचार-साधनों की देख-भाल, मरम्मत, निर्माण आदि के लिए केन्द्र राज्य सरकारों को निर्देश दे सकता है। संसद राजमार्गों को, बड़ी सड़कों या नहरों को, नाकागम्य नदियों को राष्ट्रीय महत्त्व का घोषित कर सकती है। संघीय कार्यपालिका को यह अधिकार भी है कि वह किसी राज्य-क्षेत्र के अंतर्गत रेल-पथ की रक्षा के लिए उस राज्य को आवश्यक निर्देश दे।

अनुच्छेद 339 (2) में उल्लेख है कि, 'संघ की कार्यपालिका शक्ति का विस्तार ऐसे किसी राज्य को उस प्रकार के निर्देश देने तक होगा, जो उस राज्य की अनुसूचित जनजातियों के कल्याण के लिए निर्देश में बताई गई योजनाओं को बनाने और कार्यान्वित करने से सम्बन्ध रखते हों'।

वित्तीय आपात की स्थिति में केन्द्र सरकार राज्य सरकारों को निम्नलिखित निर्देश दे सकती है—

1. ऐसे वित्तीय सिद्धांतों का पालन करने के लिए, जो निर्देशों के अनुसार विनिर्दिष्ट किये जायें,
2. राज्य में सेवारत सभी या किसी वर्ग के व्यक्तियों, (जिनके अंतर्गत उच्च न्यायालय के न्यायाधीश भी हैं) के वेतन तथा भत्ते में कमी करने के लिए तथा
3. धन विधेयकों या ऐसे अन्य विधेयकों को राज्य विधानमण्डल द्वारा पारित किये जाने के बाद राष्ट्रपति के विचार के लिए आरक्षित करने के लिए।

उल्लेखनीय है कि यदि राज्य सरकारें केन्द्र सरकार द्वारा दिए गए निर्देशों का पालन करने में असमर्थ रहती हैं, या पालन करने में उपेक्षा बरतती हैं, तो केन्द्र सरकार की सलाह पर राष्ट्रपति द्वारा बर्खास्त किया जा सकता है और राष्ट्रपति शासन लागू किया जा सकता है।

संघीय कृत्यों को राज्यों को सौंपना

केन्द्र दो प्रकार से राज्यों को कृत्य सौंप सकता है। प्रथम, राज्य सरकार की सलाह से और द्वितीय, संसद के माध्यम से। अनुच्छेद 258 (1) के अंतर्गत संसद किसी राज्य की सहमति से, संघीय कार्यपालिका शक्ति से संबंधित किसी विषय को उस राज्य सरकार को या उसके पदाधिकारियों को सशर्त सौंप सकती है। अनुच्छेद 258(2) के अंतर्गत संसद को संघीय विधानों के संचालन के लिए राज्य-प्रशासन तंत्र का प्रयोग करने की शक्ति भी है। इसी क्रम में अनुच्छेद 258(क) भी है, जिसके अनुसार राज्य भी अपने कृत्यों को संघ को सौंप सकते हैं।

वस्तुतः केन्द्र और राज्यों द्वारा एक-दूसरे को अपने कृत्य सौंपे जाने में महत्त्वपूर्ण अंतर यह है कि राज्य तो, केन्द्र को अपने कृत्य केन्द्र की सहमति से ही सौंप सकते हैं, जबकि केन्द्र अपने कृत्यों को राज्यों को उनकी सहमति के बिना भी सौंप सकता है। इस प्रकार प्रशासकीय सम्बन्धों के क्षेत्र में भी संवैधानिक उपबन्ध केन्द्र की प्रमुखता स्थापित करते हैं।

राज्यों के कार्यों को ग्रहण करने की शक्ति—संघ (केन्द्र) द्वारा निम्न परिस्थितियों में राज्यों के कार्यों को ग्रहण किया जा सकता है—

- जब संघ सरकार को यह विश्वास हो जाये कि राज्य सरकार संघीय निर्देशों के अनुकूल कार्य नहीं कर रही है, तो राष्ट्रपति अनुच्छेद 365 के अनुसार कार्रवाई कर सकता है।
- राज्यों में संविधान के असफल होने पर अनुच्छेद 356 के अंतर्गत राष्ट्रपति राज्य प्रशासन को अपने अधीन कर सकता है तथा संसद को राज्य सूची में दिये गये विषयों पर कानून बनाने के लिये कह सकता है।
- संघ सरकार द्वारा विदेशी सरकारों के साथ किये गये समझौतों को कार्यान्वित करने के लिये संघ द्वारा राज्यों के कार्यों को ग्रहण किया जा सकता है।

राज्यों के कार्यों को संघ को सौंपने की शक्ति— अनुच्छेद 256क के अनुसार राज्यपाल भी संघ की सहमति से शर्तों या बिना शर्तों के संघ या उसके पदाधिकारियों को राज्य के कार्यों को सौंप सकता है।

अखिल भारतीय लोक सेवाएँ (All india Public Services)

संविधान में केन्द्र और राज्यों की अलग-अलग लोक सेवाएँ निश्चित की गयी हैं, किंतु भारतीय संविधान में इन सेवाओं के अतिरिक्त एक संघ और राज्यों की सम्मिलित सेवाओं का भी उपबन्ध हैं, जिसे 'अखिल भारतीय सेवाएँ' कहा जाता है।

अनुच्छेद 312 इस बात की व्यवस्था करता है कि यदि राज्यसभा उपस्थित एवं मतदान करने वाले सदस्यों के दो तिहाई बहुमत से यह प्रस्ताव पास कर देती है कि राष्ट्रीय हित में अखिल भारतीय सेवाओं के निर्माण की आवश्यकता है तो संसद कानून द्वारा एक या एक से अधिक अखिल भारतीय प्रशासनिक सेवाओं के रचना कर सकती है।

केन्द्रीय अनुदान (Central Grant)

संविधान के अनुच्छेद 275 के अंतर्गत केन्द्रीय सरकार राज्यों की सरकारों को अनुदान प्रदान करती है। वस्तुतः इससे निम्नलिखित उद्देश्यों की पूर्ति होती है—

- इसके माध्यम से केन्द्रीय सरकारों पर नियंत्रण रखती है, क्योंकि अनुदान राज्य सरकारों को कुछ शर्तों के अधीन ही प्रदान किये जाते हैं और यदि कोई राज्य इन शर्तों को पूरा नहीं करता तो उसके अनुदान को रोका भी जा सकता है।
- इसके द्वारा केन्द्र और राज्यों में सहयोग और समन्वय की भावना का विकास होता है। इसके द्वारा जन.कल्याण की योजनाओं को प्रोत्साहन मिलता है जो राष्ट्रीय समृद्धि के लिये आवश्यक माना जाता है।
- अनुदान के रूप में राज्यों को दी गयी धनराशि भारत की संचित निधि पर भारित होती हैं। संविधान ने विशेष रूप से दो स्थितियों में राज्यों को केन्द्र द्वारा अनुदान या आर्थिक सहायता देने की व्यवस्था की है—
  - यदि किसी भी राज्य ने भारत सरकार की पूर्व सहमति से ऐसी विकास योजनाओं के कार्यान्वयन का उत्तरदायित्व अपने हाथों में ले लिया हो, अथवा जिनका उद्देश्य अनुसूचित क्षेत्रों के प्रशासकीय स्तर को ऊँचा करना हो तो उसके लिये सम्बद्ध राज्य को अनुदान दिया जा सकता है।
  - असम राज्य को अनुसूचित क्षेत्रों के विकास के लिये विशेष अनुदान दिया जा सकता है। अतः इस प्रकार केन्द्र सरकार को सहायता प्राप्त करने वाले राज्यों पर अपना नियंत्रण स्थापित करने का अवसर मिल जाता है।

केन्द्र तथा राज्यों के बीच समन्वय स्थापित करने के तरीके

केन्द्र और राज्यों में प्रशासनिक मतभेदों को कम करने तथा समन्वय के सम्बन्ध में निम्नलिखित संवैधानिक व्यवस्थाएँ अपनाई गई हैं—

अनुच्छेद 263 के अंतर्गत राष्ट्रपति अंतर्राज्यीय परिषद् की स्थापना कर सकता है। अनुच्छेद 261 में यह व्यवस्था की गई कि भारत के राज्य-क्षेत्र में सर्वत्रा संघ की और प्रत्येक राज्य की सार्वजनिक क्रियाओं तथा अभिलेखों और न्यायिक कार्यवाहियों को पूरा विश्वास और मान्यता दी जाएगी। अनुच्छेद 131 के अनुसार संघ एवं राज्यों के पारस्परिक विवाद अधिनियम न्यायालय को सौंपे जा सकते हैं।

अनुच्छेद 262 के अंतर्गत संसद अंतर्राज्यीय नदियों के जल संबंधी विवादों के निर्णय के लिए व्यवस्था कर सकता है। इन विवादों में कोई न्यायालय हस्तक्षेप नहीं कर सकता हैं अनुच्छेद 262 की शक्ति के प्रयोग में, संसद द्वारा नदी बोर्ड अधिनियम, 1956 और अंतर्राष्ट्रीय जल-विवाद अधिनियम, 1956 पारित किए गए हैं। नदी विवादों के समाधान के लिए केन्द्र द्वारा न्यायाधिकरणों की नियुक्ति की जा सकती है, जिनका निर्णय सभी पक्षों के लिए बाध्यकारी होता है।

राज्य और संघीय क्षेत्रों में विभाजन करके प्रत्येक क्षेत्र के लिए क्षेत्रीय परिषदों की स्थापना की गई है। इनमें आर्थिक एवं सामाजिक नियोजन, सीमा संबंधी विवाद, भाषाई अल्पसंख्यकों की समस्या, अंतर्राज्यीय यातायात, राज्यों का पुनर्गठन इत्यादि प्रश्नों पर विचार किया जाता है। किसी राज्य के मुख्यमंत्रियों या मंत्रियों के विरुद्ध राष्ट्रपति को दिये जाने वाले ज्ञापनों तथा आरोपों के आधार पर केन्द्र सरकार को उनकी न्यायिक जाँच कराने या न कराने के अधिकार प्राप्त हैं। 1975 ई. में भ्रष्टाचार के आरोपों के आधार पर ही तमिलनाडु की एम. करूणानिधि के नेतृत्व वाली द्रमुक सरकार को बर्खास्त कर दिया गया था।

साम्प्रदायिक हिंसा संबंधी अधिनियम 2011

सांप्रदायिक हिंसा अधिनियम 2011, साम्प्रदायिक हिंसा को रोकने के लिए पूर्व में बनाये गए अन्य कानूनों से कई मायनों में बेहतर हैं—

प्रथम, इसके अंतर्गत पहचान आधारित या किसी समुदाय विशेष का लक्ष्य करके की गयी हिंसा तथा व्यवस्थित जन हिंसा को विशेष अपराध की कोटि में रखा गया है। द्वितीयत: इस अधिनियम के अंतर्गत सरकारी अधिकारियों को केन्द्र में रखा गया है तथा ऐसे किसी भी हिंसा में किसी भी प्रकार की नकारात्मक भूमिका के लिए मुख्य रूप से ज़िम्मेदार माना गया है। पुन: उनकी भूमिका के आधार पर ही अपने कर्तव्यों से च्युत होने के अनुपात में उनके लिए भिन्न-भिन्न प्रकार के दंड की व्यवस्था की गई है। तृतीयत: इस अधिनियम के अंतर्गत केन्द्र एवं राज्य स्तर पर एक व्यवस्थित प्राधिकार की व्यवस्था की गई है ताकि सरकारी अधिकारी साम्प्रदायिकता को लेकर हुए किसी भी प्रकार को अवैध गतिविधयों के खिलाफ समुचित कारवाई को सुनिश्चित कर सके और हिंसा के शकार व्यक्ति/व्यक्तियों को न्याय मिल सके।

एहतियाती सिद्धांत

इस सिद्धांत का मानना है कि वैज्ञानिक तथ्यों के अभाव को पर्यावरणीय क्षति को रोकने के लिए उठाए जाने वाले कदमों के विरुद्ध आधार नहीं बनाया जाना चाहिए। यहां इस बात की संभावना होती है कि यदि कार्यवाही नहीं की जाएगी तो गंभीर और अपूरणीय क्षति पहुंच सकती है। स्वस्थ पर्यावरण का अधिकार भारतीय नागरिकों के मूलभूत अधिकार हैं।

सर्वोच्च न्यायालय ने 29 जुलाई, 2011 को कर्नाटक के बेलारी जिले के 10,868 हेक्टेयर क्षेत्र में खनन और उसके परिवहन पर अगले आदेश तक प्रतिबंध लगाने का आदेश दिया।

न्यायिक व्याख्याओं के माध्यम से यह स्पष्ट हो गया है कि स्वस्थ पर्यावरण में रहने का अधिकार संविधान के अनुच्छेद-21 में निर्दिष्ट जीवन के अधिकार में निहित है। इस कारण भारतीय संविधान का अनुच्छेद 32 जो मूलभूत अधिकारों के संरक्षण से संबंधित है, इसका सहारा लेकर कोई भी व्यक्ति या समूह जनहित याचिका के माध्यम से सर्वोच्च न्यायालय जा सकता है यदि उसे लगता है कि पर्यावरणीय क्षति या संतुषण का खतरा है। ऐहतियाती सिद्धांत सतत विकास का एक अभिन्न भाग है। इसका अन्य महत्त्वपूर्ण भाग 'प्रदूषक ही चुकाएगा' है।

वित्तीय सम्बन्ध (Financial Relations)

संघात्मक शासन में दोहरी शासन प्रणाली होती है। अत: विधायी एवं प्रशासनिक विषयों के साथ ही केन्द्र एवं राज्यों के बीच वित्तीय स्त्रोतों का विभाजन भी कर दिया गया है। व्यवहार में संघ की इकाइयों की स्वायत्तता इसी पर निर्भर करती है कि उनके पास पर्याप्त एवं स्वतंत्र वित्तीय संसाधन उपलब्ध हैं या नहीं। भारतीय संविधान ने केन्द्र एवं राज्यों के मध्य वित्तीय सम्बन्धों का विस्तारपूर्वक विवेचन किया है।

भारतीय संविधान के अनुच्छेद 264 से 291, केन्द्र तथा राज्यों के वित्तीय सम्बन्धों का वर्णन करते हैं। केन्द्र और राज्यों में राजस्व वितरण की व्यवस्था बहुत कुछ भारतीय शासन अधिनियम, 1935 से अपनाई गई है। भारत में संघ तथा राज्यों के मध्य वित्तीय सम्बन्धों की दो विशेषताएं हैं— 1. संघ तथा राज्यों के मध्य कराधान की शक्तियों का विभाजन, 2. संघ तथा राज्यों के मध्य राजस्व का विभाजन।

विधि के प्राधिकार के बिना करारोपण का निषेध (Prohibition of Taxation with Authority of Law)

अनुच्छेद 265 में स्पष्ट लिखा गया है—'विधि के प्राधिकार के सिवाय कोई कर न तो आरोपित और न एकत्र किया जायेगा'। इसका स्वाभाविक अर्थ है कि कोई कर केवल विधि द्वारा ही आरोपित और एकत्र किया जा सकता है, किसी कार्यपालिका आदेश द्वारा नहीं। साथ ही आरोपित करने वाली विधि वैध होनी चाहिए अन्यथा कर अवैध होंगे। यदि, संविधान के किसी उपबन्ध द्वारा करारोपण का निषेध है तो वह कर-विधि अवैध होगी।

संघ और राज्यों में राजस्व विभाग

अनुच्छेद 268 संघ और राज्यों में राजस्व वितरण की व्यवस्था करता है। राज्य-सूची के विषयों पर राज्यों को कर लगाने का अनन्य अधिकार है और संघ-सूची के विषयों पर केन्द्रीय सरकार को। समवर्ती सूची में केवल कुछ ही करों का उल्लेख है। संघ सरकार के राजस्व स्त्रोत निम्नलिखित हैं—

कृषि आय को छोड़कर अन्य आय पर कर, सीमा शुल्क, निर्यात् शुल्क, निगम कर, तम्बाकू तथा भारत में निर्मित और उत्पादित कुछ वस्तुओं पर उत्पादन शुल्क, कृषि-भूमि के अतिरिक्त अन्य सम्पत्ति पर सम्पदा शुल्क हुण्डियों तथा चेकों प्रोमिसरी नोटों पर मुद्रक शुल्क, स्टॉक एक्सचेंज पर कर, वायदा बाजार पर कर, रेल के जन-भाड़े पर कर, समुद्र व वायु द्वारा ले जाने वाली वस्तुओं पर कर, यात्रियों पर सीमा-शुल्क, विदेशी ऋण, संघ सरकार की सम्पत्ति, कोई दूसरा कर जो राज्य-सूची या समवर्ती सूची में उल्लिखित न हो, आदि।

राज्य सूची के अनुसार, राज्यों के साधन हैं—मालगुजारी, कृषि आय पर कर, कृषि भूमि के उत्तराधिकार पर कर, कृषि भूमि सम्पदा कर, भूमि कर, भवन कर, पूँजी कर, बिजली के उपयोग पर कर, पशुओं व नौकाओं पर कर, स्टाम्प शुल्क आदि।

केन्द्र राज्य के मध्य करों का बँटवारा

संघ द्वारा आरोपित तथा संगृहीत किंतु राज्यों को सौंपे जाने वाले कर

अनुच्छेद 269(1) के अनुसार निम्नलिखित शुल्क और कर भारत सरकार द्वारा आरोपित और संगृहीत किए जाएंगे, किंतु राज्यों को खण्ड 2 में उपबन्धित रीति में सौंप दिए जाएँगे—(1) कृषि-भूमि के अतिरिक्त अन्य सम्पत्ति के उत्तराधिकार विषयक शुल्क, (2) कृषि-भूमि के अतिरिक्त सम्पत्ति विषयक शुल्क, (3) रेल, समुद्र व वायु द्वारा ले जाए गए माल और यात्रियों पर सीमान्त कर, (4) रेल-भाड़ों, वस्तु भाड़ों पर कर, (5) शेयर बाजार और सट्टा बाजार के सौदों पर मुद्रांक शुल्क के अतिरिक्त अन्य कर, (6) समाचार-पत्रों के क्रय-विक्रय तथा उसमें प्रकाशित विज्ञप्तियों पर कर, (7) समाचार-पत्रों के अलावा अंतर्राज्यीय व्यापार अथवा वाणिज्य के माल के क्रय-विक्रय पर कर।

संघ द्वारा आरोपित किंतु राज्यों द्वारा संगृहीत तथा विनियोजित किए जाने वाले शुल्क

अनुच्छेद 268 के अनुसार ऐसे मुद्रांक तथा औषधीय एवं प्रसाधनीय सामग्री पर उत्पादन शुल्क, जो संघ-सूची में वर्णित है, भारत सरकार द्वारा आरोपित किए जाएंगे किंतु ये शुल्क राज्य सरकार द्वारा ही वसूल किए जाएंगे और राज्य ही उनका विनियोजन करेंगे।

संघ द्वारा आरोपित और एकत्रित कर, जिनका विभाजन संघ व राज्य के मध्य होता है।

अनुच्छेद 270 के अनुसार कृषि आय के अतिरिक्त आय पर संघ द्वारा ही लगाया जाता है और उसी के द्वारा एकत्रित किया जाता है, परंतु समय-समय पर निर्धारित रीति के अनुसार उसका विभाजन संघ और राज्यों के बीच होता है। आय-कर में निगम-कर सम्मिलित नहीं है। आय कर की प्राप्तियों का वितरण वित्त आयाग की सिफारिशों के अनुसार किया जाता है।

संघ उत्पादन शुल्कों का वितरण

अनुच्छेद 272 के अनुसार 'संघ सूची में वर्णित औषधीय और प्रसाधन सामग्री पर उत्पादन शुल्क के अतिरिक्त अन्य संघ उत्पादन शुल्क भारत सरकार द्वारा ग्रहण और संगृहित किये जाएँ, किंतु इनके शुद्ध आगमों को संसद निर्धारित विधि के अनुसार संघ एवं राज्यों में वितरित कर दिया जाएगा'।

80वाँ संविधान संशोधन 2000 द्वारा सभी केन्द्रीय करों में से राज्यों को निश्चित हिस्सा देने की बात की गयी है।

अनुदान

प्रत्येक संघात्मक संविधान में सम्भवत: केन्द्र द्वारा राज्यों को अपने विशद् कर्तव्यों के पालन तथा उन्हें सशक्त बनाने के लिये अनुदान की व्यवस्था की जाती है। भारतीय संविधान के अनुच्छेद 273, 275 तथा 282 में अनुदान की व्यवस्था की गई है। संविधान के अनुच्छेद 273 में यह स्पष्ट किया गया है कि बिहार, उड़ीसा, पश्चिम बंगाल तथा असम के राज्यों को जूट तथा जूट उत्पादनों के निर्यात शुल्क के बदले में संघ अनुदान देगा तथा अनुदान की राशि राष्ट्रपति द्वारा निर्धारित की जायेगी।

संविधान का अनुच्छेद 275—संघ की संचित निधि से राज्यों को अनुदान की व्यवस्था करता है। वस्तुत: यह अनुदान उन राज्यों को प्राप्त होता है जो अपनी विकास योजनाओं का आरम्भ संघ के अनुमोदन पर करते हैं। इस दृष्टि से संविधान में संघ को यह महत्त्वपूर्ण कार्य सौंपा गया है कि वह अनुसूचित कबाइली क्षेत्रों में प्रशासनिक विकास तथा उनके कल्याण से सम्बन्धित कार्यों को निष्पादित करे। इन संवैधानिक उपबन्धों के अनुरूप संघी सरकार का यह दायित्व भी है कि वह इस प्रकार दिये जाने वाले अनुदानों की राशि निर्धारित करें तथा उसे किस प्रकार खर्च किया जायेगा यह भी निश्चित करें। अत: इस आधार पर संघ सरकार को वित्तीय दृष्टि से राज्यों की सरकारों पर नियंत्रण स्थापित करने का भी अवसर मिल जाता है।

संविधान के अनुच्छेद 282—इसके अंतर्गत नियोजन के कार्यान्वयन के लिये राज्यों को अनुदान दिया जाता है। इस अनुदान को प्राप्त करने के लिये सामान्यत: राज्यों को बराबर की राशि स्वयं खर्च करनी पड़ती है।

अधिभार—संविधान के अनुच्छेद 271 के अनुसार संसद संघीय उद्देश्यों के लिए अधिभार लगा सकती है। इस अधिभार से उत्पन्न होने वाली समस्त आय भारत की संचित निधि में एकत्रित होती है।

केन्द्र द्वारा राज्यों को दिये जाने वाले ऋण

संघ और राज्यों के बीच वित्तीय सम्बंधों के संचालन में केन्द्र द्वारा राज्यों को दिये जाने वाले ऋणों की भूमिका भी महत्त्वपूर्ण है। यद्यपि यह सत्य है कि यह बात राज्यों की इच्छा पर निर्भर करती है कि वे केन्द्र से ऋण

ले अथवा न लें। लेकिन कोई भी राज्य ऋण लेने से इंकार केवल उस स्थिति में ही कर सकता है जबकि वह अपने अधिक विकास की इच्छा को छोड़ दे, ऐसा करना राज्यों के लिए संभव नहीं हो सकता है। अत: राज्यों को केन्द्र से ऋण लेने पड़ते हैं तथा उन्हें केन्द्र के सम्मुख ऋण के लिये अपनी योजना प्रस्तुत करनी पड़ती है। केन्द्र सरकार यदि ऋण की योजना से संतुष्ट हो तो उसे स्वीकृत कर देती है। इस प्रकार केन्द्र द्वारा प्रदान किये जाने वाले ऋण राज्यों की स्वायत्तता के क्षेत्र में हस्तक्षेप की अभिव्यक्ति करते हैं।

सार्वजनिक ऋण (Public Debt)

संविधान के अनुच्छेद 292 के अनुसार संघीय सरकार संचित निधि की सुरक्षा के आधार पर विदेशों से तथा देश से ऋण ले सकती है। लेकिन इस सम्बन्ध में संविधान में यह भी स्पष्ट किया गया है कि ऋणों की राशि को संसद द्वारा समय-समय पर निर्धारित किया जाता है।

राज्य सरकारों द्वारा लिये जाने वाले ऋण

संविधान के अनुच्छेद 293 के अनुसार राज्य सरकारें राज्य की निधि की सुरक्षा के आधार पर देश की सीमाओं के भीतर ही ऋण ले सकती हैं। दूसरे शब्दों में राज्य सरकारों द्वारा लिये जाने वाले ऋणों की सीमा मर्यादित है। इसके अतिरिक्त यदि राज्य सरकार द्वारा पूर्व में लिया गया ऋण पूर्ण रूप से अदा नहीं हुआ हो, तो राज्य सरकारें, संघ सरकार की अनुमति के बिना अन्य कोई दूसरा ऋण नहीं ले सकती हैं। राज्य सरकारें विदेशों से भी ऋण लेने की अधिकारी नहीं है।

करों से छूट

संविधान के अनुच्छेद 285 के अनुसार राज्य सरकारें संघीय सम्पत्ति पर कर नहीं लगा सकती हैं। इसके अतिरिक्त अनुच्छेद 289 में यह व्यवस्था है कि संघीय सरकार राज्य की सम्पत्ति और राज्य की आय पर कर नहीं लगा सकती है, लेकिन यदि कोई राज्य सरकार, व्यापार तथा कारोबार करती है तो संघीय सरकार द्वारा उस पर कर लगाया जा सकता है।

नियंत्रक एवं महालेखा परीक्षक (Comptroller and Auditor General of India)

भारतीय संविधान के प्रकृति के अनुरूप लेखा परीक्षण को संघ सरकार के एकाधिकार में रखा गया है। उस कार्य को सुचारू रूप से संचालित एवं निष्पादित करने के लिये केन्द्र में 'नियंत्रक एवं महालेखा परीक्षक' की व्यवस्था है तथा राज्यों में मुख लेखा परीक्षक की व्यवस्था की गयी है। वस्तुत: उन अधिकारियों को संघ सरकार का अभिकर्ता ही माना जाता है तथा इसके कार्यों का निर्धारण संसद द्वारा पारित कानूनों के माध्यम से होता है। यह संघ एवं राज्य सरकारों के आय-व्यय के लेखों को निरीक्षण व परीक्षण करता है। अत: यह सम्पूर्ण देश की वित्तीय स्थिति की देखभाल के लिये उत्तरदायी होता है।

संघ और राज्यों के बीच राजस्वों का वितरण

- अनुच्छेद 268 — संघ द्वारा उद्गृहीत किए जाने वाले किन्तु राज्यों द्वारा संगृहीत और विनियोजित किए जाने वाले शुल्क।
- अनुच्छेद 269 — संघ द्वारा उद्गृहित और संगृहित किंतु राज्यों को सौंपे जाने वाले कर।
- अनुच्छेद 270 — संघ द्वारा उद्ग्रहित और संग्रहित तथा संघ और राज्यों के बीच वितरित किए जाने वाले कर।
- अनुच्छेद 271 — कुछ शुल्कों और करों पर संघ के प्रयोजनों के लिए अधिभार।
- अनुच्छेद 272 — कर जो संघ द्वारा उद्गृहीत और संगृहीत किए जाते हैं तथा जो संघ और राज्यों के बीच वितरित किए जा सकेंगे।
- अनुच्छेद 273 — जूट पर और जूट उत्पादों पर निर्यात शुल्क के स्थान पर अनुदान।
- अनुच्छेद 274 — ऐसे कराधान पर जिसमें राज्य हितबद्ध है, प्रभाव डालने वाले विधेयकों के लिए राष्ट्रपति की पूर्व सिफारिश की अपेक्षा।
- अनुच्छेद 275 — कुछ राज्यों को संघ से अनुदान।
- अनुच्छेद 276 — वृतियों, व्यापारों, आजीविकाओं और नियोजनों पर कर।
- अनुच्छेद 277 — व्यावृत्ति।
- अनुच्छेद 279 — 'शुद्ध आगम' आदि की गणना
- अनुच्छेद 280 — वित्त आयोग
- अनुच्छेद 281 — वित्त आयोग की सिफारिशें

विविध वित्तीय उपबन्ध

- अनुच्छेद 282 — संघ या राज्य द्वारा अपने राजस्व से किए जाने वाले व्यय
- अनुच्छेद 283 — संचित निधियों, आकस्मिक निधियों और लोक लेखाओं में जमा धनराशियों की अभिरक्षा आदि
- अनुच्छेद 284 — लोक सेवकों और न्यायालयों द्वारा प्राप्त वादकर्ताओं की जमा राशियों और अन्य धनराशियों की अभिरक्षा
- अनुच्छेद 285 — संघ की सम्पत्ति को राज्य के कराधान से छूट
- अनुच्छेद 286 — माल के क्रय या विक्रय पर कर के अधिरोपण के बारे में निर्बंधन
- अनुच्छेद 287 — विद्युत पर करों से छूट
- अनुच्छेद 288 — जल या विद्युत के सम्बन्ध में राज्यों द्वारा कराधन से कुछ दशाओं में छूट
- अनुच्छेद 289 — राज्यों की सम्पत्ति और आय को संघ के कराधान से छूट
- अनुच्छेद 290 — कुछ व्ययों और पेंशनों के संबंध में समायोजन
- अनुच्छेद 290क — कुछ देवस्वम् निधियों को वार्षिक संदाय
- अनुच्छेद 191 — निरसित

केन्द्र व राज्य के संबंध में गठित आयोग

- प्रशासनिक सुधार आयोग (1970)
- राजमन्नार आयोग (1970)
- सरकारिया आयोग (1983)
- पुंछी आयोग (2007)

प्रशासनिक सुधार आयोग (Administrative Reforms Comission)

केन्द्र सरकार ने मोरारजी देसाई (जिसका अनुसरण के हनुमतैया ने किया) की अध्यक्षता में 1966 में प्रशासनिक सुधार आयोग एआरसी का गठन किया है। इस आयोग की रिपोर्ट के अध्ययन के लिए एम.सी. शीतलवाड़ के अधीन एक दल का गठन किया और अंतिम रिपोर्ट 1969 को केन्द्र सरकार को सौंपी गई। इसने केन्द्र-राज्य संबंधों को सुधारने के लिए 22 सिफारिशें प्रस्तुत कीं। मुख्य सिफारिशें इस प्रकार हैं—

- संविधान के अनुच्छेद 263 के अंतर्गत एक अंतर्राज्यीय परिषद का गठन किया जाए।
- राज्यपाल के रूप में गैर-दलीय ऐसे व्यक्ति को नियुक्त किया जाए जिसका सार्वजनिक जीवन व प्रशासन में लंबा अनुभव हो।
- राज्य के लिए अधिकतम शक्तियों का प्रत्यायोजन।
- राज्यों को ज्यादा वित्तीय संसाधन स्थानांतरित कराए जाएं ताकि उनकी केन्द्र पर निर्भरता कम रहे।
- उनके अनुरोध या अन्यथा पर ही राज्य में केन्द्रीय सशस्त्र बलों की तैनाती हो।

राजमन्नार समिति

1969 में तमिलनाडु सरकार (डीएमके) ने डॉ. पी.वी. राजमन्नार की अध्यक्षता में केन्द्र-राज्य संबंधों की समीक्षा करने एवं राज्यों को स्वायत्तता दिलाने के लिये संविधान में संशोधन के सुझाव देने हेतु तीन सदस्यीय समिति का गठन किया। इस समिति ने 1971 में तमिलनाडु सरकार को अपना प्रतिवेदन सौंपा। इस समिति ने केन्द्र की एकात्मकता की प्रवृत्ति (केन्द्रीयकरण की प्रवृत्ति) की समीक्षा की। इसमें शामिल थे—

1. संविधान के वे विशेष प्रावधान, जो केन्द्र को विशेष शक्तियां प्रदान करते हैं।
2. केन्द्र एवं राज्यों, दोनों एकल पार्टी की सरकार।
3. राज्यों को संसाधनों की होने वाली कमी एवं इसके कारण केन्द्र की सहायता पर उनकी निर्भरता।
4. केन्द्रीय नियोजन की संस्था एवं योजना आयोग की भूमिका।

इस समिति की महत्त्वपूर्ण सिफारिशें इस प्रकार थीं—

1. एक अंतर्राज्यीय परिषद का गठन किया जाये।
2. योजना आयोग का स्थान एक संविधि निकाय द्वारा लिया जाए।
3. वित्त आयोग को एक स्थायी निकाय बना दिया जाये।
4. अनुच्छेद 356, 357 एवं 365 (राष्ट्रपति शासन से संबंधित) को पूर्णतया समाप्त कर दिया जाये।
5. राज्यपाल के प्रसादपर्यन्त राज्य मंत्रिपरिषद के पद धारित करने का जो प्रावधान है, उसे समाप्त कर दिया जाये।
6. संघ सूची एवं समवर्ती सूची के कुछ विषयों को राज्य सूची में हस्तांतरित कर दिया जाये।
7. राज्यों को अवशेषीय शक्तियाँ प्रदान की जायें एवं
8. अखिल भारतीय सेवाओं (आईऐएस, आईपीएस एवं आईएफएस) को समाप्त कर दिया जाये।

केन्द्र सरकार ने राजमन्नार समिति की सिफारिशों को पूरी तरह से खारिज कर दिया।

सरकारिया आयोग (Sarkaria Comission)

जून 1983 में न्यायमूर्ति रणजीत सिंह सरकारिया की अध्यक्षता में गठित तीन सदस्यीय आयोग ने केन्द्र-राज्य संबंधों पर विस्तृत रिपोर्ट नवंबर 1987 में केन्द्र सरकार को सौंपी थी। केन्द्र-राज्य संबंधों में सुधार हेतु आयोग ने विस्तृत सुझाव दिए थे इसमें से प्रमुख सुझाव इस प्रकार हैं—

- शक्तिशाली केन्द्र की आवश्यकता पर बल।
- सक्रिय राजनीतिज्ञों को राज्यपाल न नियुक्त किया जाना।
- अनुच्छेद 356 का उपयोग अंतिम साधन के रूप में हो।
- राज्यों में सेना भेजने से पूर्व संबंधित राज्य वे परामर्श।
- केन्द्र और राज्यों के मध्य आर्थिक संसाधनों के वितरण हेतु समिति का गठन किया जाए।
- अंतर्राज्यिक परिषद का गठन अविलम्ब किया जाय।
- राष्ट्रीय आर्थिक विकास परिषद को नियोजन कार्य में सक्रिय रूप से जोड़ा जाय।
- सदन में सबसे बड़े राजनीतिक दल को सरकार बनाने के लिए आमंत्रित किया जाना चाहिए।
- केन्द्र-राज्य संबंधों के परिप्रेक्ष्य में संविधान में आमूल परिवर्तन की आवश्यकता नहीं है।
- राज्यों में राष्ट्रपति शासन को अंतिम विकल्प के रूप में ही लागू किया जाना चाहिए।
- समवर्ती सूची में शामिल विषयों के संबंध में केन्द्र एवं राज्यों की सरकारों के बीच विचार-विमर्श अत्यावश्यक है।
- निगम कर के मामले में केन्द्र और राज्यों के बीच बंटवारे के लिए संविधान में संशोधन किया जाना आवश्यक है।
- राज्यों को ऋण देने की प्रक्रिया पर पुनर्विचार किया जाना चाहिए।
- राज्यों में केन्द्रीय सुरक्षा बलों की तैयारी करने का केन्द्र को पूरी स्वतंत्रता होनी चाहिए।
- योजना आयोग को स्वायत्तशासी संस्था के रूप में स्थापित किया जाए।
- देश की एकता एवं अखण्डता बनाए रखने के लिए त्रिभाषा सूत्र को अपनाया जाना चाहिए।

पुंछी आयोग (2007) (Punchhi Comission)

पुंछी आयोग का गठन 27 अप्रैल, 2007 को किया गया। इसके अंतर्गत केन्द्र-राज्य संबंधों पर अध्ययन हेतु चार सदस्यों का एक आयोग बनाया गया है। इसके अध्यक्ष उच्चतम न्यायालय के पूर्व मुख्य न्यायाधीश मदनमोहन पुंछी हैं। पुंछी आयोग के अन्य सदस्य हैं—धीरेन्द्र सिंह, राष्ट्रीय न्यायिक अकादमी के पूर्व निदेशक एन.आर. माधव मेनन, पूर्व गृह सचिव वी.के. दुग्गल तथा विजय शंकर।

सिफारिशें

न्यायाधीश मदन मोहन पुंछी ने अपनी रिपोर्ट में 1456 पन्नों में, सात संस्करणों में 200 से ज्यादा सिफारिशें उनमें से मुख्य इस प्रकार हैं की इस रिपोर्ट में केन्द्र-राज्य संबंधों में कार्यरत विभिन्न महत्त्वपूर्ण क्षेत्रों को शामिल किया गया है।

अनुच्छेद 355 और 356 पर

अनुच्छेद 355 और 356 में संशोधन होना चाहिए ताकि, केन्द्र को, इन ग्रस्त क्षेत्रों को, कुछ समय के लिये अपने शासन के अधीन लाने लायक बनाया जा सके। आयोग ने, अनुच्छेद 355 और 356 के अधीन 'स्थानीय आपातकाल प्रावधानों', स्थानीय क्षेत्रों की समस्या का सामना करने के प्रस्ताव दिये हैं—या तो एक जिला अथवा एक जिले के हिस्से को पूरे राज्य के स्थान पर राज्यपाल के शासन के अधीन लाने को कहा है। ऐसे आपातकालीन प्रावधान को हालांकि तीन महीने से अधिक समय तक का नहीं होना चाहिए। आयोग ने यद्यपि, राज्य सरकारों की सलाह के विरुद्ध मंत्रियों के अभियोजन को मंजूरी देने के उनके अधिकार को समर्थन किया है।

केन्द्रीय बलों की तैनाती

सामुदायिक हिंसा विधेयक में, छोटे समयकाल के लिये राज्यों की अनुमति के बिना, केन्द्रीय बलों की तैनाती के लिये, संशोधन होना चाहिए। यह प्रस्ताव किया गया है कि, सामुदायिक बलों तथा केन्द्रीय बलों की तैनाती में, राज्य की अनुमति एक बाधा नहीं होना चाहिए। हालांकि ऐसी तैनाती सिर्फ एक सप्ताह के लिये होना चाहिए और तैनाती के बाद राज्य की अनुमति ले लेना चाहिए।

मुख्यमंत्रियों की नियुक्ति

आयोग द्वारा दिये गये कई महत्त्वपूर्ण सुझाव, मुख्यमंत्रियों की नियुक्ति के लिये, नियमबद्ध किये गये हैं, चुनावपूर्ण गठबन्धन को एक ही पार्टी मानने का समर्थन करते हुए, अस्पष्ट बहुमत की स्थिति में राज्यपाल को जिन निर्देशों को मानना चाहिए वह वरीयता क्रम में सूचीबद्ध हैं—

1. चुनाव पूर्व सबसे बड़े गठबंधन के सबसे ज्यादा सीटों वाले समूह को बुलाया जाना;
2. अन्य के समर्थन के साथ एक सबसे बड़े दल;
3. चुनाव के बाद गठबंधन कर सभी दल जो सरकार में सहभागी हैं तथा आखिर में;
4. चुनाव बाद गठबंधन, जिसमें से कुछ सरकार में सहभागी हैं तथा शेष जिसमें निर्दलीय भी शामिल हैं, (बाहर से सरकार को समर्थन दे रहा है)।

राज्यपाल की नियुक्ति तथा हटाना

पैनल को लगता है कि, मंत्री परिषद की सलाह के विरुद्ध, राज्यपाल को मंत्री के अभियोजन को स्वीकृति देने का अधिकार होना चाहिए। अभी तक चली आ रही प्रथा के अनुसार इन्हें विश्वविद्यालयों के चांसलर बनाये जाने से दूर रखना चाहिए। राज्यपाल की योग्यता के अनुसार, पुंछी आयोग ने सुझाव दिया है कि नामांकित सदस्य को, उसके नियुक्ति से कई वर्ष पहले से ही सक्रिय राजनीति में यहाँ तक कि स्थानीय स्तर पर भी भाग नहीं लेना चाहिए। सरकारिया सुझावों से सहमत होते हुए इस आयोग ने भी कहा कि राज्यपाल एक प्रसिद्ध होना चाहिए और जहाँ इसकी नियुक्ति की जाये वह उस राज्य से संबंधित नहीं होना चाहए।

आयोग ने, राज्यपाल को मनमाने ढंग से हटाये जाने पर भी कटाक्ष किया और कहा कि, राज्यपाल को राजनीतिक फुटबाल की तरह इस्तेमाल किया जाना बंद किया जाना चाहिए। राज्यपाल की भूमिका में अति महत्त्वपूर्ण परिवर्तन होना चाहिए-इनका कार्यकाल पांच वर्ष का होना चाहिए और तो और इनको सिर्फ राज्य असेम्बली द्वारा महाभियोग से ही हटाया जाना चाहिये। यह भी अनुशंसा की गई है कि राज्यपाल की नियुक्ति में, राज्य के मुख्यमंत्री की भी राय ली जानी चाहिए।

राज्यपाल को हटाने के पीछे, कारण उसके दायित्वों से विमुखता दिया जाता है, राज्य विधानमंडल द्वारा महाभियोग के लिये यह प्रावधान प्रस्तावित है। यही पंक्तियाँ संसद में राष्ट्रपति के लिये प्रयुक्त होती हैं। यही विशेषत: हाल ही में सुप्रीम कोर्ट के निर्णय द्वारा समर्थित 'प्रसन्नता का सिद्धांत' के विरुद्ध जाती है। एन.सी.आर.डब्ल्यू.सी. (संविधान की कार्य प्रणाली के पुनरावलोकन पर राष्ट्रीय आयोग) का सुझाव का समर्थन करते हुए, यह कहता है कि राज्यपाल की नियुक्ति का उत्तरदायित्व, प्रधानमंत्री, गृहमंत्री, लोकसभा का स्पीकर और संबंधित राज्य के मुख्यमंत्री से मिलकर बनाई गई समिति को सौंप देना चाहिये। उपराष्ट्रपति भी इस प्रक्रिया में शामिल हो सकते हैं।

आंतरिक सुरक्षा

आयोग ने नई संस्थाओं का भी अध्ययन किया जैसे राष्ट्रीय अन्वेषण एजेंसी और आतंक अन्वेषण कार्य में राज्यों में उचित सहयोग सुनिश्चितता का उत्तरदायित्व, एनआईए को सौंपने की भी अनुशंसा की है।

अध्याय सार संग्रह

- भारतीय संविधान के भाग 11 के अध्याय 1 में केन्द्र और राज्यों के बीच विधायी संबंधों का वर्णन किया गया है।
- केन्द्र और राज्यों के बीच प्रशासनिक संबंधों का वर्णन संविधान के भाग-11 के अनुच्छेद—256 से 265 तक में किया गया है।
- संघ की कार्यपालिका शक्ति का विस्तार उन विषयों पर है, जिन पर विधि-निर्माण का अधिकार संसद को प्राप्त है।
- राज्यों की कार्यपालिका शक्तियों का विस्तार उन विषयों पर है, जिन पर विधि-निर्माण का अधिकार राज्य के विधान मंडलों को प्राप्त है।
- राज्य सरकारें अपने राज्य विधानमण्डलों द्वारा बनाए गए नियमों के अंतर्गत अपनी संचित निधि की जमानत पर केन्द्रीय सरकार से ऋण लेक सकती है, परंतु राज्य किसी दूसरे देश से ऋण नहीं ले सकते।
- सितम्बर, 1969 में तमिलनाडु की डी.एम.के. सरकार ने श्री पी.वी. राजमन्नार (मद्रास उच्च न्यायालय के पूर्व न्यायाधीश) की अध्यक्षता में तीन सदस्यों की एक समिति बनाई जिसका कार्य केन्द्र-राज्य संबंधों की जाँच करना था।
- राजमन्नार समिति का सुझाव था कि वित्त आयोग स्थायी रूप से स्थापित किया जाए तथा राज्यों के पक्ष में करों का पहले से अधिक वितरण हो ताकि उन्हें केन्द्र पर कम से कम निर्भर रहना पड़े।
- तत्कालीन प्रधानमंत्री श्रीमती इंदिरा गाँधी ने 1983 में केन्द्र-राज्य संबंधों पर विचार के लिए एक तीन सदस्यीय आयोग का गठन किया। इस कमेटी के अध्यक्ष न्यायमूर्ति रणजीत सिंह सरकारिया थे।
- न्यायमूर्ति आर.एस. सरकारिया की अध्यक्ष में गठित सरकारिया आयोग के अन्य सदस्य थे—पी. शिवरामन तथा एस.आर. सेन।
- अनुच्छेद 245 में केन्द्र और राज्यों के विधान मण्डलों द्वारा बनायी गयी विधियों के राज्य क्षेत्रीय विस्तार के विषय में प्रावधान किया गया है।
- किसी राज्य के विधानमण्डल को अपने समूचे राज्य अथवा उसके किसी भाग के लिए कानून बनाने का अधिकार प्राप्त है।
- केन्द्र और राज्यों के बीच विधायी शक्तियों का विभाजन तीन सूचियों के आधार पर किया गया है—(1) संघ सूची, (2) राज्य सूची तथा (3) समवर्ती सूची।
- संघ सूची में राष्ट्रीय महत्त्व के 97 विषयों को रखा गया है, जिनमें कुछ प्रमुख विषय निम्नलिखित हैं—रक्षा, वैदेशिक माले, युद्ध और अंतर्राष्ट्रीय संधि, नागरिकता, रेल, बन्दरगाह, डाक, तार, टेलिफोन व बेतार, हवाई मार्ग, मुद्रा-र्निाण, विदेशी ऋण, बीमा, बैंकिंग, वाह्य व्यापार, अणु शक्ति, सीमा शुल्क, आयात शुल्क, निर्यात शुल्क, परिवहन इत्यादि।
- राज्यसूची में क्षेत्रीय महत्त्व के 61 विषय सम्मिलित हैं, जिनमें प्रमुख विषयों में लोग व्यवस्था, पुलिस, न्याय, लोक सेवा, कृषि, वन, कारागार, भू-राजस्व, लोक स्वास्थ्य, स्थानीय शासन सिंचाई, सड़कें, क्रय-विक्रय आदि सम्मिलित हैं।
- राज्य सूची के विषयों पर कानून-निर्माण का अधिकार राज्य के विधान मण्डल को प्राप्त है।
- 42वें संविधान संशोधन (1976) द्वारा सूची के निम्न विषयों-शिक्षा, वन, जंगली जानवरों और पक्षियों की रक्षा तथा नाप-तौल को राज्य सूची से निकालकर समवर्ती सूची में शामिल कर लिया गया।
- समवर्ती सूची में ऐसे 52 विषय रखे गये हैं, जिन पर केन्द्र और राज्य दोनों को कानून-निर्माण की शक्ति प्राप्त है। इनमें कुछ मुख्य विषय ये हैं—फौजदारी विषय तथा प्रक्रिया, विवाह और विवाह-विच्छेद, परिवार नियोजन, कारखाने और श्रमिक संघ, आर्थिक और सामाजिक नियोजन, शिक्षा, समाचार-पत्र, दत्तक और उत्तराधिकार इत्यादि।
- अनुच्छेद-249 के अनुसार यदि राज्यसभा अपने दो-तिहाई बहुमत से राज्य सूची के विषय को राष्ट्रीय महत्त्व का विषय घोषित कर दे तो संसद राज्य सूची के उस विषय पर कानून बना सकती है। संसद द्वारा इस प्रकार बनायी गयी विधि एक वर्ष की अवधि के लिए प्रवर्तन में रहती है, लेकिन राज्यसभा एक-एक वर्ष की अवधि के लिए इसे कई वर्षों के बढ़ा सकती है।
- अनुच्छेद-252 के अनुसार यदि दो या दो से अधिक राज्यों के विधानमण्डल प्रस्ताव पारित करके ऐसी इच्छा व्यक्त करें तो संसद उन राज्यों के लिए राज्य सूची के विषय पर कानून बना सकती है।
- अनुच्छेद-253 के अनुसार विदेशी राज्यों से हुई संधि या समझौते के क्रियान्वयन हेतु संसद राज्य सूची के विषयों पर कानून बना सकती है।
- अनुच्छेद-356 के अनुसार जब राज्यों में संवैधानिक तंत्र विफल हो जाता है और राष्ट्रपति शासन लागू हो जाता है तो संसद को अन्य सूची के विषयों पर कानून बनाने का अधिकार प्राप्त हो जाता है।
- ऐसे विषय जिन पर विधि-निर्माण का अधिकार संसद तथा राज्य विधानमण्डल दोनों को प्राप्त हैं अर्थात् समवर्ती सूची के विषय, उन पर कार्यपालिका अधिकार सामान्यतया राज्यों को प्राप्त है, लेकिन केन्द्र द्वारा राज्यों को कार्यपालिका संबंधी निर्देश देने का अधिकार प्राप्त है।
- संविधान का अनुच्छेद—256 राज्य सरकारों को यह दायित्व सौंपता है कि वे अपनी कार्यपालिका शक्तियों का प्रयोग संसद की विधियों के अनुकूल रहकर ही करें। केन्द्र का इस उद्देश्य हेतु आवश्यक निर्देश देने का अधिकार दिया गया है।
- अनुच्छेद 258 में यह भी प्रावधान किया गया है कि संसद केन्द्रीय विषय पर कानून बनाते समय केन्द्रीय सरकार को इस बात के लिए प्राधिकृत कर सकती है कि वह अपने कृत्यों को राज्य सरकार को प्रत्यायोजित कर दे।
- केन्द्र द्वारा राज्यों पर नियंत्रण रखने का एक उपकरण अखिल भारतीय सेवाएँ हैं। अखिल भारतीय सेवाओं के लिए चयनित व्यक्ति राज्य सरकारों के महत्त्वपूर्ण पदों पर नियुक्त होते हैं, जबकि उनकी

नियुक्ति, सेवा शर्तें आदि केन्द्र के द्वारा निर्धारित होती है और वे केन्द्र के प्रति ही जवाबदेह होते हैं।

- वित्तीय संबंधों में संघ की प्रधानता है। वित्तीय दृष्टि से संघ को राज्यों से अधिक शक्तिशाली बनाया गया है।
- संविधान के अनुच्छेद—246 से 300 तक में केन्द्र और राज्यों के बीच वित्तीय साधनों के विभाजन का वर्णन किया गया है।
- केन्द्र के कुछ महत्त्वपूर्ण राजस्व स्त्रोत निम्नलिखित हैं—सीमा शुल्क, निगम कर, निर्यात शुल्क, आयकर पर अधिभार, रेल, कृषि भूमि के अतिरिक्त अन्य सम्पत्ति पर सम्पदा शुल्क, विदेशी ऋण, रिजर्व बैंक तथा शेयर बाजार आदि।
- राज्यों के कुछ महत्त्वपूर्ण राजस्व स्त्रोत निम्नलिखित हैं—भूमि कर, उत्पाद शुल्क, कृषि आयकर, भूमि और सम्पदा पर कर, विद्युत उत्पादन और उपभोग कर, वाहन कर, मनोरंजन कर, जुआ कर, पशु तथा नौकायन कर, इत्यादि।

17 अध्याय

लोकपाल/लोकायुक्त

इस अध्याय में आप सीखेंगे किः

- लोकपाल और लोकायुक्त की आवश्यकता क्यों है। साथ ही साथ केन्द्रीय सतर्कता आयोग और सीबीआई की संरचना और गठन के बारे में जानकारी प्राप्त होगी।
- लोकपाल/लोकायुक्त, केन्द्रीय सतर्कता आयोग, सीबीआई इत्यादि संगठनों के गठन की आवश्यकता क्यों पड़ी।

अर्थ

स्वीडिश शब्द 'ओम्बुड' शब्द का अर्थ एक ऐसा व्यक्ति होता है जो किसी अन्य व्यक्ति का प्रतिनिधि या प्रवक्ता हो 'ओम्बुड' से 'ओम्बुड्समैन' बना है। ओम्बुड्समैन का तात्पर्य उस संस्था से है जो कुप्रशासन से नागरिकों की रक्षा करती है। ओम्बुड्समैन नामक यही संस्था भारत में लोकपाल या लोकायुक्त कहलाती है। ओम्बुड्समैन एक निष्पक्ष तथा कार्यकुशल संस्था मानी जाती है क्योंकि यह स्वतंत्रतापूर्वक किसी मुद्दे की जाँच कर सरकार को कार्यवाही करने का परामर्श देती है। इसका मुख्य उद्देश्य प्रशासन तंत्र में जनता के विश्वास की वृद्धि करना है।

उद्भव एवं विकास (Origin and Development)

इसका उद्भव स्वीडन में हुआ, जहाँ 1809 के संविधान ने एक अद्वितीय संस्थान-ओम्बुड्समैन की स्थापना की, ताकि नागरिकों को प्रशासनिक अन्याय अथवा किसी सरकारी अधिकारी द्वारा शक्ति दुरुपयोग से सुरक्षित किया जा सके। स्वीडन में ओम्बुड्समैन की नियुक्ति संसद करती है ताकि वह एक स्वतंत्र सत्ता के रूप में सभी लोक-अधिकारियों—सैनिक, असैनिक तथा न्यायिक, के कार्यों का निरीक्षण कर सके।

ओम्बुड्समैन विधानमंडल, कार्यकारिणी तथा न्यायपालिका तीनों से स्वतंत्र होता है। इसमें से किसी को अधिकार नहीं है कि उसके दैनिक कार्य में कोई हस्तक्षेप कर सके। ओम्बुड्समैन की नियुक्ति चार वर्ष की निश्चित अवधि के लिए होती है और उसको पद से केवल तभी हटाया जा सकता है यदि वह संसद का विश्वास खो बैठे। वह संसद के प्रति अपनी वार्षिक रिपोर्ट पेश करता है। स्वीडन में इस संस्थान की सफलता के उपरांत इसकी ओर दूसरे देशों का ध्यान भी आकर्षित हुआ। परिणामस्वरूप अब तक 40 से ऊपर यूरोप, अफ्रीका और एशिया के देश इसको अपना चुके हैं, जैसे—ब्रिटेन, ऑस्ट्रेलिया, न्यूज़ीलैण्ड, घाना, जाम्बिया, राजनीतिक तथा प्रशासनिक संरचनाओं के अनुकूल अनिवार्य परिवर्तन किए हैं।

भारत में ओम्बुड्समैन (लोकपाल) (Ombudsman in India)

भारत में सन् 1963 में सर्वप्रथम राजस्थान प्रशासनिक सुधार समिति (हरिश्चन्द्र माथुर समिति) ने यह सुझाव दिया था कि ओम्बुड्समैन जैसी संस्था भारत में भी होनी चाहिये। संसद सदस्य डॉ. एल. एम. सिंघवी ने यह माँग संसद में उठायी तथा प्रशासनिक सुधार आयोग (प्रथम) ने भी अपने 'जन अभियोग निराकरण की समस्याएँ (1966) नामक प्रतिवेदन में यह इंगित किया था कि केन्द्रीय स्तर पर लोकपाल तथा राज्य स्तर पर लोकायुक्त संस्थाओं की स्थापना ओम्बुड्समैन प्रणाली के अनुसार की जानी चाहिये।

आयोग की सिफारिशों के आधार पर सर्वप्रथम 9 मई, 1968 को लोकपाल तथा लोकायुक्त विधेयक संसद में प्रस्तुत किया गया जो लोकसभा में पारित हो चुका था, लेकिन राज्यसभा में पारित न हो पाया क्योंकि लोकसभा भंग हो गई थी। प्रधानमंत्री तथा राष्ट्रपति को

लोकायुक्त के कार्यक्षेत्र से बाहर रखा गया था। इसके कार्यक्षेत्र पर विवाद हुआ, फिर सन् 1971 में पुनः यह विधेयक प्रस्तुत हुआ किंतु लोकसभा भंग होने के कारण अधर में लटक गया। सन् 1977 में जनता पार्टी सरकार द्वारा नया 'लोकपाल विधेयक' संसद के सम्मुख लाया गया जिसमें प्रधानमंत्री को इसके क्षेत्राधिकार में रखते हुए पूर्ण स्वतंत्रता की बात कही गयी थी।

राजनीतिक अस्थिरता के कारण उस देश में विधेयक पारित नहीं हो पाया। चौथी बार लोकपाल विधेयक राजीव गाँधी के शासनकाल में प्रधानमंत्री को इसके क्षेत्राधिकार से बाहर रखते हुए अगस्त, 1985 में प्रस्तुत हुआ जिसे स्वयं राजीव गाँधी की सरकार ने ही वापिस ले लिया था। पांचवीं बार लोकपाल विधेयक वी.पी. सिंह की राष्ट्रीय मोर्चा सरकार द्वारा संसद के सम्मुख सन् 1990 में प्रस्तुत किया गया था। इस विधेयक में लोकपाल को सर्वप्रथम एक व्यक्ति अपेक्षा एक संस्था के रूप में देखते हुए एक अध्यक्ष तथा दो सदस्यों का प्रावधान किया गया था तथा प्रधानमंत्री को इसके कार्यक्षेत्र में सम्मिलित किया गया था किंतु यह सरकार भी समय से पूर्व ही सत्ता से दूर हो गई तथा लोकपाल विधेयक पूर्व की भाँति पारित नहीं हो पाया।

सन् 1996 में संयुक्त मोर्चा सरकार द्वारा तथा सन् 1998 में वाजपेयी सरकार द्वारा भी लोकपाल लोकसभा में पेश किया गया था, किंतु लोकसभा भंग होने के कारण विधेयक पारित न हो सका। प्रधानमंत्री को लोकपाल के दायरे में लाते हुए एक नया विधेयक 14 अगस्त, 2001 को 13वीं लोकसभा समय से पूर्व भंग हो गई।

संसद में आठ बार पेश हो चुका लोकपाल विधेयक सदैव ही विवाद तथा बदकिस्मती का शिकार रहा है। आठवें अखिल भारतीय लोकायुक्त सम्मेलन (27.28 सितम्बर, 2004) के उद्घाटन सत्र में बोलते हुए पूर्व राष्ट्रपति डॉ. ए.पी.जे. अब्दुल कलाम ने मत प्रकट किया कि लोकपाल संस्था की शीघ्र स्थापना हो तथा इसके दायरे में राष्ट्रपति एवं प्रधानमंत्री भी सम्मिलित होने चाहिए।

राज्य स्तर पर ओम्बुड्समैन/लोकायुक्त

किसी न किसी कारणवश लोकपाल का संस्थान केन्द्रीय स्तर पर अभी तक स्थापित नहीं हो पाया, किंतु राज्यों में स्थिति उत्साहजनक है। उड़ीसा ऐसा पहला राज्य था जिसने लोकायुक्त एक्ट (1970) को लागू किया। महाराष्ट्र ने सर्वप्रथम लोकायुक्त नियुक्त किया। राजस्थान ने 1973 में ऐसा विधान लागू किया। बिहार में लोकायुक्त संस्थान की स्थापना एक अध्यादेश जारी करके 1973 में की गई जिसको कुछ समय उपरांत विधि का रूप दे दिया गया। उत्तर प्रदेश ने 1975 में लोकायुक्त और उपलोकायुक्त एक्ट पास किया। कर्नाटक ने फरवरी 1983 में एक अध्यादेश लागू किया और 1985 में इसको कानून का रूप दिया। आन्ध्र प्रदेश विधानसभा ने 1982 में लोकायुक्त और उपलोकायुक्त विधेयक पास किया। मध्य प्रदेश लोकायुक्त तथा उप-लोकायुक्त विधेयक को 1981 में पास किया गया और हिमाचल प्रदेश में ऐसा कानून 1983 में लागू किया गया।

स्वीडन एवं भारत के ओम्बुड्समैन में अंतर

स्वीडन	भारत
1. संवैधानिक तथा प्रवासी संस्था है।	1. राज्यों के लोकायुक्त वैधानिक तथा अल्प-प्रभावी संस्थाएँ हैं।
2. प्रधानमंत्री तथा अन्य मंत्रियों के विरुद्ध जाँच नहीं कर सकता है।	2. मंत्रियों तथा कुछ राज्यों में मुख्यमंत्रियों के विरुद्ध लोकायुक्त जाँच कर सकते हैं।
3. न्यायाधीश, सैनिक प्रशासन, स्थानीय संस्थाओं।	3. केवल मंत्रियों तथा लोक सेवाओं के विरुद्ध जाँच कर सकता है।
4. प्रेस को जानकारी दे सकता है।	4. प्रेस को जानकारी नहीं दी जाती है।
5. निर्णीत प्रकरण की पत्रावाली कोई भी देख सकता है।	5. भारत में प्रशासनिक गोपनीयता के कारण फाइल नहीं दिखाई जाती है।
6. स्वयं की पहल पर कार्यालय का दौरा कर जाँच कर सकता है।	6. सामान्यतः लोकायुक्त ऐसी कार्यवाही नहीं करते हैं।
7. प्रतिवर्ष लगभग 100 शिकायतें आती हैं।	7. प्रत्येक राज्य में एक माह में 100 से ज्यादा शिकायतें आ जाती हैं।
8. सरकार अधिकांश सिफारिशें स्वीकार करती है।	8. अधिकांश सिफारिशें लम्बे समय तक विचाराधीन पड़ी रहती हैं।
9. लोकप्रशासन तथा जनता में ओम्बुड्समैन के प्रति भय एवं सम्मान है।	9. सामान्यतः लोक सेवक, लोकायुक्त से भय नहीं खाते और न ही जनता इसे प्रभावी संस्था मानती है।

केरल में पब्लिक प्रीवैन्शन ऑफ करप्शन एक्ट 1983 से लागू है और नागालैण्ड में भ्रष्टाचार को रोकने के लिए विजिलेन्स आयोग कार्य कर रहा है। दिल्ली का लोकायुक्त एक्ट 1996 में पास किया गया, यह अन्य राज्यों की तुलना में अधिक प्रगतिशील है क्योंकि यह एक्ट लोकायुक्त को ना केवल उन शिकायतों की जाँच-पड़ताल करने का अधिकार देता है जो उसको प्राप्त हुई हैं, अपितु उन अधिकारियों को दण्ड देने की सत्ता भी प्रदान करता है जो एक्ट के अधीन भ्रष्टाचार के दोषी पाये गये हैं।

कर्नाटक में एक साहसी परीक्षण किया जा रहा है जो दूसरे राज्यों से कहीं अधिक आगे है। कई दृष्टि से इसको मार्गदर्शक कहा जा सकता है। वहाँ लोकायुक्त तथा उप-लोकायुक्त विधेयक को मुख्यमंत्री रामकृष्णया हेगड़े की जनता पार्टी की सरकार ने पेश किया था जो 1986 में लागू हुआ।

अधिसंख्य राज्यों में लोकायुक्त के लिए 5 वर्ष का कार्यकाल या 65 वर्ष की आयु जो भी पहले हो, का प्रावधान किया गया है। लोकायुक्त को मंत्रियों, लोक सेवकों, स्थानीय निकायों, लोक उपक्रमों तथा राज्य अनुदानित संस्थाओं के विरुद्ध प्राप्त भ्रष्टाचार सम्बन्धी शिकायतों की जाँच का अधिकार दिया गया है। बहुत से राज्यों में लोकायुक्त कुप्रशासन सम्बन्धी शिकायतें नहीं सुनते हैं। सभी राज्यों में लोकायुक्त राज्य की अन्वेषण एजेन्सियों से सहायता ले सकता है। लोकायुक्त अपना वार्षिक प्रतिवेदन राज्यपाल को प्रस्तुत करता है जिसे राज्यपाल राज्य विधायिका में प्रस्तुत कराते हैं।

लोकायुक्त को लोक सेवकों के विरुद्ध निम्नलिखित मामलों में आरोप एवं शिकायत प्राप्त कर जाँच कराने का अधिकार है—

- स्वयं या अन्य व्यक्तियों के लाभ या पक्षपात के लिए अपने पद का दुरूपयोग किया हो जो दूसरे व्यक्ति की क्षति या अभाव का कारण बना हो;
- सरकारी कर्मचारी के रूप में व्यक्तिगत स्वार्थ या अनुचित या भ्रष्ट विचार से प्रेरित होकर काम किया हो;
- भ्रष्टाचार के आरोप में दोषी हो या सरकारी पद पर ईमानदार न रहा हो;
- ज्ञात आय से असंगत सम्पत्ति हो या परिवार का कोई अन्य सदस्य उसकी तरफ से असंगत सम्पत्ति रखता हो; और
- जिस पद पर वह है उस पद पर लोक सेवक द्वारा ईमानदारी एवं सत्यनिष्ठा आचरण के मानदण्ड के अनुसार कार्य करने में विफल रहा हो।

इसी प्रकार शिकायत शब्द का अर्थ किसी नागरिक द्वारा किए गये उस दावे से है जो कुप्रशासन के कारण प्रस्तुत करना पड़ा है। कुप्रशासन का अर्थ निम्नांकित कार्यवाहियों से है—

- जहाँ इस प्रकार का कार्य या प्रशासनिक प्रक्रिया व्यवहार जो असंगत, अनुचित, दमनात्मक या पक्षपातपूर्ण हो, या जहाँ इस प्रकार की कार्यवाहियों में लापरवाही या अनावश्यक विलम्ब हुआ हो या इस प्रकार की प्रशासकीय प्रक्रिया व्यवहारों में अनावश्यक देरी हुई हो।
- लोकायुक्त संस्था सैद्धांतिक दृष्टि से सुदृढ़ दिखाई देती है किंतु व्यावहारिक रूप से किसी भी राज्य में लोकायुक्त संस्था प्रभावी सिद्ध नहीं हो पाई है।
- लोकायुक्त की भूमिका सरकार को परामर्श देने की है। कई बार लोक सेवकों का अपराध सिद्ध हो जाने पर भी लोकायुक्त की सिफारिश पर राज्य सरकार समुचित कार्यवाही नहीं करती है। इस प्रकार प्रशासन में अनैतिक तथा अकार्यकुशलता पर अंकुश नहीं लग पाता है।
- मध्य प्रदेश के लोकायुक्त ने अपने 14वें प्रतिवेदन (1996–97) में लिखा है—'पिछले दिनों राजनीतिज्ञों और अपराधियों के व्यापक गठजोड़ की चर्चा रही। इसी तर्ज पर राजनेताओं और नौकरशाहों के गठजोड़ के मामले भी इस संगठन (लोकायुक्त) द्वारा की गई जाँचों से सामने आए हैं।
- दरअसल लोकसेवकों का भ्रष्टाचार तो 'फल' है जिसका मूल समूचे समाज के नैतिक मूल्यों के पतन में निहित है। भ्रष्टाचार निवारण में निसंदेह लोकायुक्त सशक्त भूमिका निर्वाहित कर सकता है किंतु पहले लोकायुक्त सशक्त भूमिका निर्वाहित कर सकता है किंतु पहले लोकायुक्त को प्रभावी बनाना आवश्यक है।

इस हेतु निम्नांकित सुझाव अनेक अवसरों पर दिए जाते रहे हैं—

- लोकायुक्त को संवैधानिक दर्जा दिया गया;
- लोक प्रतिनिधित्व कानून को इस प्रकार संशोधित किया जाए कि लोकायुक्त की भूमिका व्यवहारिक बन सके;
- भूतपूर्व लोक सेवकों को भी इसके क्षेत्राधिकार में लाया जाए;
- लोकायुक्त के वार्षिक प्रतिवेदन को विधानसभा में रखने के लिए समय सीमा निर्धारित की जाए;
- लोकायुक्त को शपथ-पत्र में छूट देने की स्वतंत्रता दी जाए;
- लोकायुक्त को पुलिस की तरह छानबीन करने, तलाशी लेने तथा माल जब्त करने का अधिकार हो;
- मानहानि के सम्बन्ध में लोकायुक्त को उच्च न्यायालय के समान अधिकार दिए जाएँ; (मध्य प्रदेश सरकार द्वारा लोकायुक्त को अवमानना सम्बन्धी अधिकार दिए जाने का अविधेयक (2001) भाजपा के विरोध के कारण राष्ट्रपति द्वारा इंकार किया जा चुका है)।
- शिकायतें दायर करते समय जमानत राशि पर जोर न दिया जाय;
- जनसाधारण तक इस संस्था का प्रचार-प्रसार हो; तथा
- लोकायुक्त की अनुशंसाओं को यथाशीघ्र क्रियान्वित किया जाए।

सामान्यत: यह कहा जाता है कि भारत में लोकायुक्त नख-दंतविहीन निष्प्रभावी संस्था है। इसलिए लोकायुक्त को Vegetarian Tiger भी कहा जाता है।

राज्यों में लोकायुक्तः वैधानिक भिन्नताएँ

प्रावधान	राज्य का नाम
1. नाम की भिन्नता	उड़ीसा एवं पंजाब में लोकपाल, शेष राज्यों में लोकायुक्त कहलाता है।
2. उप लोकायुक्त पद का प्रावधान	राजस्थान, गुजरात, महाराष्ट्र, उड़ीसा (उप-लोकपाल), बिहार, केरल, कर्नाटक तथा असम।
3. नियुक्ति, राज्यपाल द्वारा मुख्यमंत्री के परामर्श पर (उच्च न्यायालय के मुख्य न्यायाधीश एवं राज्य विधायिका में प्रतिपक्ष के नेता से परामर्श करने के बाद)	राजस्थान, गुजरात, महाराष्ट्र, उड़ीसा, बिहार, केरल, पंजाब, असम, हिमाचल प्रदेश, उत्तर प्रदेश।

(Continued)

प्रावधान	राज्य का नाम
• राज्य विधायिका में प्रतिपक्ष के नेता से परामर्श अनिवार्य नहीं।	आंध्र प्रदेश।
• विधायिका के दोनों सदनों के अध्यक्ष तथा प्रतिपक्ष नेता से भी परामर्श आवश्यक	कर्नाटक।
4. योग्यताएँ	
• न्यायिक योग्यताएँ अनिवार्य	आंध्र प्रदेश, असम, गुजरात, हिमाचल प्रदेश, कर्नाटक, उत्तर प्रदेश, उड़ीसा।
• विशिष्ट योग्यताएं निर्धारित नहीं	बिहार, महाराष्ट्र, राजस्थान।
5. कार्य क्षेत्र	
• मुख्यमंत्री भी लोकायुक्त के दायरे में	आंध्र प्रदेश, हिमाचल प्रदेश, उड़ीसा, केरल, मध्य प्रदेश, गुजरात।
• पूर्व मंत्री एवं पूर्व लोक सेवक भी दायरे में	महाराष्ट्र।
• विधायक भी दायरे में	आंध्र प्रदेश, हिमाचल प्रदेश, गुजरात, असम, उत्तर प्रदेश।
• मंत्री, विधायक तथा स्थानीय निकायों के अध्यक्षों के विरुद्ध जाँच नहीं	राजस्थान।
6. स्वप्रेरणा से जाँच नहीं कर सकता।	असम, हिमाचल प्रदेश, उत्तर प्रदेश।
7. भ्रष्टाचार सम्बन्धी आरोपों के साथ-साथ कुप्रशासन की जाँच भी करता है।	असम, बिहार, कर्नाटक, महाराष्ट्र, उत्तर प्रदेश।

लोक आयुक्त

यह राज्य स्तरीय भ्रष्टाचार निरोधक प्राधिकरण है, जो विधायकों, राज्य के मंत्रियों और सरकारी अधिकारियों के खिलाफ भ्रष्टाचार की शिकायत की जाँच करता है। वर्तमान में भारत के 17 राज्यों में लोकायुक्त है।

सिटिज़न चार्टर (Citizen Charter)

सबसे पहले 1991 में ब्रिटेन के तत्कालीन प्रधानमंत्री जॉन मेजर ने अपने देश की लोकसेवाओं में दक्षता लाने के लिए सिटिज़न चार्टर की शुरूआत की थी। दिल्ली सरकार ने सिटिज़न चार्टर नागरिक घोषणापत्र की शुरूआत कर दी है। अभी दिल्ली सरकार अपने विभिन्न विभागों की 32 सेवाओं को इसके दायरे में लाई है। अपने देश में अधिकांश सरकारी विभागों ने अब सिटिज़न चार्टर लागू करने की शुरूआत कर दी है। बिहार, मध्य प्रदेश, छत्तीसगढ़ आदि कई राज्यों में पहले से ही सिटिज़न चार्टर लागू है।

इसमें नियम समय में काम पूरा न करने वाले कर्मचारियों से जुर्माना वसूलने का भी प्रावधान है, जो उनके वेतन से काटा जाएगा। जनता के आवेदनों की इलेक्ट्रॉनिक निगरानी भी की जाएगी। इसके तहत ड्राइविंग लाइसेंस, बिजली कनेक्शन, राशन कार्ड, जन्म-मृत्यु प्रमाणपत्र जैसे कामों को रखा गया है।

लोकपाल एवं लोकायुक्त विधेयक

लोकपाल की स्थापना 46 वर्षों की लंबी प्रतीक्षा के पश्चात् दिसंबर, 2013 में लाए गए विधेयक (लोकपाल एवं लोकायुक्त विधेयक 2011) को संसद के दोनों सदनों द्वारा पारित करके की गई। इसके पश्चात् राष्ट्रपति का अनुमोदन भी वर्ष 2014 के पहले ही दिन प्राप्त हो गया। ज्ञातव्य है कि लोकसभा में लोकपाल एवं लोकायुक्त विधेयक-2011 को पहले ही दिसंबर 2011 में पारित किया जा चुका था, जबकि राज्यसभा में (21 मई, 2012 को) इसे प्रवर समिति को सन्दर्भित किया गया था। समिति द्वारा सुझाए गए सभी संशोधनों के साथ राज्य सभा ने 17 दिसंबर, 2013 को इसे पारित किया। इसे विधेयक में निम्नलिखित प्रस्ताव इस प्रकार हैं—

- प्रस्तावित लोकपाल में अध्यक्ष के अतिरिक्त अधिकतम 8 सदस्य होंगे। सर्वोच्च न्यायालय का कोई पूर्व मुख्य न्यायाधीश या सेवानिवृत्त न्यायाधीश या फिर कोई अन्य महत्त्वपूर्ण व्यक्ति इसका अध्यक्ष हो सकेगा।
- सदस्यों से आधे न्याधिक पृष्ठभूमि से होने चाहिए। इसके अतिरिक्त कम-से-कम आधे सदस्य अनुसूचित जाति, अनुसूचित जनजाति, पिछड़ी जाति, अल्पसंख्यकों और महिलाओं में से होने चाहिए।
- कोई संसद सदस्य किसी राज्य का केन्द्रशासित प्रदेश की विधानसभा का सदस्य या कोई ऐसा व्यक्ति जिसे किसी किस्म के नैतिक भ्रष्टाचार का दोषी पाया गया हो या कोई ऐसा व्यक्ति जिसकी उम्र अध्यक्ष या सदस्य का पद ग्रहण करने तक 45 वर्ष न हुई हो या किसी पंचायत या निगम का सदस्य ऐसा व्यक्ति जिसे केन्द्र सरकार की नौकरी से बर्खास्त या हटाया गया हो, इसका सदस्य नहीं हो सकता।

- लोकपाल कार्यालय में नियुक्ति समाप्त होने के बाद अध्यक्ष और सदस्यों के लिए काम करने के लिए प्रतिबंध होगा। इनकी अध्यक्ष और सदस्य के रूप में पुनर्नियुक्ति नहीं हो सकती, इन्हें कोई कूटनीतिक जिम्मेदारी नहीं दी जा सकती। इसके अतिरिक्त इनको अपने हस्ताक्षर और मुहर से वारंट जारी करना पड़े।
- पद छोड़ने के पांच वर्ष बाद तक ये राष्ट्रपति, उपराष्ट्रपति, संसद के किसी सदन, किसी राज्य विधान सभा या निगम या पंचायत के रूप में चुनाव नहीं लड़ सकते।
- लोकपाल के अध्यक्ष व सदस्यों के लिए चयन समिति में प्रधानमंत्री अध्यक्ष होंगे, जबकि लोकसभा के अध्यक्ष, लोकसभा में विपक्ष के नेता, मुख्य न्यायाधीश या उनकी अनुशंसा पर नामित सुप्रीम कोर्ट के एक न्यायाधीश तथा राष्ट्रपति द्वारा नामित कोई प्रतिष्ठित व्यक्ति सदस्य होंगे।
- इसी प्रकार राज्यों में गठित किए जाने वाले लोकायुक्त का भी एक अध्यक्ष होगा, जो राज्य के उच्च न्यायालय का सेवानिवृत्त मुख्य न्यायाधीश या फिर सेवानिवृत्त न्यायाधीश या फिर कोई महत्त्वपूर्ण व्यक्ति हो सकता है।
- लोकायुक्त में भी अधिकतम आठ सदस्य हो सकते हैं, जिनमें से आधे न्यायिक पृष्ठभूमि से होने चाहिए। इसके अलावा कम-से-कम आधे सदस्य अनुसूचित जाति अनुसूचित जनजाति, पिछड़ी जाति, अल्पसंख्यकों और महिलाओं में से होने चाहिए।
- केन्द्रीय स्तर पर गठित लोकपाल की जाँच के दायरे में प्रधानमंत्री, मंत्री, सांसद और केन्द्र सरकार के समूह ए, बी, सी, डी के अधिकारी और कर्मचारी आएंगे, जबकि राज्यों में लोकायुक्त के दायरे में मुख्यमंत्री, राज्य के मंत्री, विधायक और राज्य सरकार के अधिकारी शामिल होंगे।
- कुछेक मामलों में लोकपाल को दीवानी अदालत के अधिकार भी प्राप्त होंगे। भ्रष्ट अधिकारी की सम्पत्ति को अस्थायी तौर पर अटैच करने का अधिकार लोकपाल के पास होगा तथा विशेष परिस्थितियों में भ्रष्ट तरीके से कमाई सम्पत्ति, आय, प्राप्तियों या फायदों को जब्त करने का अधिकार भी इसे प्राप्त होगा।

केन्द्रीय सतर्कता आयोग
(Central Vigilence Commision)

भारत में भ्रष्टाचार समस्या के विश्लेषण एवं समाधान हेतु गठित संथानम् समिति (1962-64) की अनुशंसा पर केन्द्र सरकार द्वारा दिनांग 11 फरवरी, 1964 को जारी एक प्रस्ताव के माध्यम से केन्द्रीय सतर्कता आयोग की स्थापना की गयी थी। गाँधीवादी एवं स्वतंत्रता सेनानी नित्तूर श्रीनिवास देश के प्रथम सतर्कता आयुक्त होगा, जिसकी नियुक्ति राष्ट्रपति के हस्ताक्षर एवं मुहर सहित जारी वारण्ट से की जाएगी और केन्द्रीय सतर्कता आयुक्त हो हटाए जाने की विधि वही होगी जो कि संघ लोक सेवा आयोग के किसी सदस्य को हटाने के सम्बन्ध में है। नवम्बर, 1995 में किए गए संशोधन के पश्चात् केन्द्रीय सतर्कता आयुक्त को राष्ट्रपति के हस्ताक्षर तथा मुहर से नियुक्त करने सम्बन्धी प्रावधान को हटा दिया गया।

उद्भव एवं विकास

- भारत में बढ़ती भ्रष्टाचार की समस्या तथा न्यायिक सक्रियता के दौर में भारत सरकार ने भ्रष्टाचार नियंत्रण के उपायों की अनुशंसा करने हेतु नवम्बर, 1997 में एस.वी. गिरि तथा एन.एस. वोहरा की सदस्यता में एक स्वतंत्र समीक्षा समिति (आईआरसी) का गठन किया। समिति से भ्रष्टाचार नियंत्रण सम्बन्धी संस्थागत प्रयासों के क्रम में अनुशंसा करने की अपेक्षा की गई थी।
- सर्वोच्च न्यायालय ने 18 दिसम्बर, 1997 को विनीत नारायण बनाम भारत संघ एवं अन्य (जैन हवाला के नाम से चर्चित मुकदमा) के मुकदमे के निर्णय में भारत सरकार को निर्देश प्रदान किए कि वह केन्द्रीय सतर्कता आयोग को सांविधिक स्तर प्रदान करे।
- सर्वोच्च न्यायालय का निर्णय आने के पश्चात् भारत सरकार ने 25 अगस्त, 1998 को एन. विट्ठल ने नयी व्यवस्था के अंतर्गत प्रथम मुख्य सतर्कता आयुक्त पद की शपथ ली।
- 25 फरवरी, 1999 को संसद में प्रस्तुत होने के पश्चात् यह विधेयक 15 मार्च, 1999 को लोकसभा द्वारा (केन्द्रीय सतर्कता आयोग विधेयक, 1999 के रूप में) परित हो गया किंतु यह विधेयक राज्यसभा से पारित नहीं हुआ था क्योंकि 26 अप्रैल, 1999 को 12वीं लोकसभा भंग होने के कारण यह विधेयक निरस्त हो चुका था। राजनीतिक अस्थिरता के उस दौर में भारत सरकार ने 4 अप्रैल 1999 को राजपत्र में एक प्रस्ताव प्रकाशित कर केन्द्रीय आयोग को पुन: गैर सांविधिक स्तर प्रदान कर दिया।

चार वर्ष पश्चात् केन्द्रीय सतर्कता आयोग विधेयक पुन: संसद में प्रस्तुत किया गया तथा दोनों सदनों से पारित होने के पश्चात् 11 दिसंबर, 2003 को केन्द्रीय सतर्कता आयोग अधिनियम, 2003 (2003 का 45वाँ) को राष्ट्रपति की मंजूरी प्राप्त हुई। वर्तमान में सांविधिक संस्था के रूप में केन्द्रीय सतर्कता आयोग इसी अधिनियम के प्रावधानों से संचालित है।

उद्देश्य

यह अधिनियम मुख्यत: भ्रष्टाचार निरोधक अधिनियम, 1988 के अंतर्गत आरोपित केन्द्र सरकार, लोक निगमों, सार्वजनिक कम्पनियों तथा भारत सरकार के नियंत्रण में कार्यरत सोसाइटियों एवं स्थानीय निकायों के लोक सेवकों के विरुद्ध जाँच हेतु आवश्यक प्रावधानों एवं तत्सम्बन्धी केन्द्रीय आयोग की स्थापना हेतु लाया गया है।

केन्द्रीय सतर्कता की आयोग संरचना
(Structure of the Central Vigilence Commision)

अधिनियम की धारा-3 के अनुसार केन्द्रीय सतर्कता आयोग में एक केन्द्रीय सतर्कता आयुक्त, अध्यक्ष के रूप में तथा अधिकतम 2 सदस्य सतर्कता

आयुक्त के रूप में कार्यरत होंगे। इनका चयन अखिल भारतीय सेवाओं या संघ के अधीन किसी भी अन्य सेवा के ऐसे कार्यरत या सेवानिवृत्त व्यक्तियों में से किया जाएगा, जिन्हें सतर्कता, नीति निर्माण तथा प्रशासन सम्बन्धी ज्ञान एवं अनुभव हो।

विकल्प के रूप में केन्द्र सरकार के स्वामित्व या नियंत्रण में कार्यरत लोक निगमों या कम्पनियों में कार्यरत या सेवानिवृत्त ऐसे व्यक्ति जिन्हें वित्त, बीमा, बैंकिंग, विधि, सतर्कता तथा अन्वेषण सम्बन्धी विशेषज्ञता एवं अनुभव हो, को भी अध्यक्ष या सदस्य बनाने का प्रावधान है।

अधिनियम में प्रावधान किया गया है कि केन्द्रीय सतर्कता आयुक्त की मृत्यु, त्यागपत्र, अवकाश या अन्य कारणों से अनुपस्थिति इत्यादि परिस्थितियों में राष्ट्रपति किसी एक सतर्कता आयुक्त को केन्द्रीय सतर्कता आयुक्त का कार्यभार ग्रहण करने हेतु प्राधिकृत करेंगे।

केन्द्रीय सतर्कता आयुक्त तथा अन्य आयुक्तों की नियुक्ति

वर्तमान अधिनियम की धारा-4 में यह प्रावधान किया गया है कि केन्द्रीय सतर्कता आयुक्त तथा आयुक्तों की नियुक्ति राष्ट्रपति के हस्ताक्षर एवं मुहर से जारी वारण्ट के द्वारा की जाएगी। यह नियुक्तियाँ निम्नलिखित समिति की अनुशंसा पर चयनित व्यक्तियों की होंगी—

- प्रधानमंत्री — अध्यक्ष
- गृहमंत्री — सदस्य
- लोकसभा में विपक्ष का नेता — सदस्य

यदि लोकसभा में विपक्ष के नेता का चयन नहीं हुआ हो तो लोकसभा में विपक्ष की सबसे बड़ी राजनीतिक पार्टी के नेता को समिति में स्थान मिलेगा तथा किसी भी आयुक्त की नियुक्ति को केवल इसलिए अवैध नहीं माना जाएगा कि चयन समिति में किसी सदस्य का पद रिक्त था।

कार्य एवं शक्तियाँ

केन्द्रीय सतर्कता आयोग अधिनियम, 2003 की धारा-8 द्वारा आयोग को निम्नलिखित कार्य तथा शक्तियाँ प्रदान की गयी हैं—

- लोक सेवकों द्वारा भ्रष्टाचार के मामलों में केन्द्रीय अन्वेषण ब्यूरो दिल्ली पुलिस (विशेष स्थापना) द्वारा की जाने वाली जाँच का अधीक्षण करना;
- केन्द्रीय अन्वेषण ब्यूरो को उसके कार्यकरण तथा दायित्वों के सम्बन्ध में निर्देश देना (यहाँ यह उल्लेखनीय है कि सी.बी.आई. को उसकी अन्वेषण या किसी प्रकरण की निस्तरण प्रणाली के सम्बन्ध में अभी भी स्वायत्तता प्राप्त है);
- केन्द्र सरकार के आग्रह पर केन्द्रीय मंत्रालयों, संगठनों, लोक उपक्रमों या अन्य सम्बन्धित संस्थाओं के लोग सेवकों के विरुद्ध भ्रष्टाचार सम्बन्धी प्रकरणों की जाँच करना;
- केन्द्रीय लोक सेवकों (उपर्युक्त वर्णित) के विरुद्ध प्राप्त भ्रष्टाचार सम्बन्धी शिकायतों की जाँच करना- (इस श्रेणी में अखिल भारतीय सेवाओं के अधिकारी, केन्द्रीय सेवाओं तथा ग्रुप-'ए' के अधिकारी, सार्वजनिक उपक्रमों एवं अन्य सम्बन्धित संगठनों के समकक्ष अधिकारी सम्मिलित किए गए हैं) 18 मार्च, 2004 की अधिसूचना के पश्चात् अब सार्वजनिक बैंकों के स्केल-5 तथा उससे ऊपर के सभी अधिकारी आयोग के जाँच क्षेत्र में सम्मिलित किए गए हैं।
- केन्द्रीय अन्वेषण ब्यूरो द्वारा की जाने वाली तत्संबंधी जाँचों (अन्वेषण) की प्रगति की समीक्षा करना;
- भ्रष्टाचार निरोधक अधिनियम, 1988 के अंतर्गत आने वाले प्रकरणों के संदर्भ में प्राप्त प्रार्थना पत्रों के निस्तारण सक्षम प्राधिकारी द्वारा अभियोजन की स्वीकृति की प्रगति की समीक्षा करना;
- आयोग के कार्यक्षेत्र से संबंधित विषयों पर केन्द्र सरकार एवं इसके संगठनों इत्यादि को परामर्श देना; तथा
- केन्द्र सरकार के विभिन्न मंत्रालयों एवं संगठनों में संचालित सतर्कता प्रशासन के कार्य का अधीक्षण करना।

संहिता, 1908 की धारा-8 के अंतर्गत दीवानी न्यायालय की निम्नांकित शक्तियाँ दी गई हैं—

- भारत के किसी भी भाग से किसी व्यक्ति को बुलाने और उसकी उपस्थिति सुनश्चित करने तथा शपथ पर परीक्षण करने;
- किसी दस्तावेज की तलाश करवाने और उसे पेश करवाने;
- शपथ पत्रों पर साक्ष्य लेने;
- किसी भी अदालत या कार्यालय से कोई सार्वजनिक अभिलेख या उसकी प्रति प्राप्त करने;
- साक्षियों और प्रलेखों के परीक्षण के लिए आदेश जारी करने; तथा
- अन्य कोई मामला जो आयोग को दिया जाए, के सम्बन्ध में आवश्यक पहल करने की शक्तियाँ आयोग को प्राप्त रहेंगी।

केन्द्रीय अन्वेषण ब्यूरो (Central Intelligence Bureau)

केन्द्रीय अन्वेषण ब्यूरो अर्थात् सी.बी.आई. भारत की सर्वाधिक लोकप्रिय तथा विश्वसनीयता प्राप्त प्रशासनिक संस्था है। परिश्रम, निष्पक्षता, सच्चरित्रता के ध्येय वाक्य को लेकर कार्यरत सीबीआई एक केन्द्रीय पुलिस एजेन्सी है जिसका कार्यक्षेत्र इसकी स्थापना के पश्चात् निरंतर विस्तारित होता जा रहा है। देश की इस शीर्षस्थ जाँच एजेन्सी का मुख्य उद्देश्य सार्वजनिक जीवन में मूल्यों के संरक्षण तथा राष्ट्रीय अर्थव्यवस्था को स्वस्थ बनाए रखना है। नितांत पेशेवर कार्यशैली से युक्त सी.बी.आई. ने सर्वोच्च न्यायालय, उच्च न्यायालयों, संसद तथा आमजन का विश्वास अर्जित किया हुआ है। यही कारण है कि प्रत्येक गंभीर एवं चर्चित घटना की जाँच सी.बी.आई. को सौंपने की माँग की जाती है।

उद्‌भव एवं विकास

सन् 1941 में भारत सरकार ने एक कार्यकारी आदेश जारी कर एक उप पुलिस महानिरीक्षक के नियंत्रण में विशेष पुलिस स्थापना (संगठन) अर्थात् Special Police Establishment का गठन किया। यह विशेष पुलिस स्थापना नामक संगठन तत्कालीन युद्ध एवं आपूर्ति विभाग में बनाया गया था। सन् 1943 में एक अध्यादेश जारी कर केन्द्र सरकार के अन्य विभागों में होने वाले भ्रष्टाचार सम्बन्धी मामले भी इस संगठन के अधीन कर दिए गए। यह अध्यादेश 30 सितम्बर, 1946 को समाप्त हो गया।

उक्त अध्यादेश के स्थान पर सन् 1946 में दिल्ली पुलिस विशेष स्थापना अध्यादेश लाया गया। इसी वर्ष इस अध्यादेश को अधिनियम का रूप दे दिया गया। सन् 1955 से 1963 तक दिल्ली पुलिस विशेष संगठन के महानिरीक्षक रहे डी.पी. कोहली ने सी.बी.आई. नामक सशक्त संगठन की कल्पना की। भारत सरकार ने गृह मंत्रालय के एक प्रस्ताव द्वारा 1 अप्रैल, 1963 को केन्द्रीय अन्वेषण ब्यूरो (सीबीआई) नामक नया संगठन स्थापित किया जिसमें दिल्ली पुलिस विशेष स्थापना एक अंग बन गया।

डी.पी. कोहली सीबीआई के प्रथम निदेशक बने तथा वे इस पर 31 मार्च, 1968 तक कार्यरत रहे। फरवरी, 1964 में सीबीआई में 'आर्थिक अपराध विंग' बनायी गई तथा सितम्बर, 1964 में 'खाद्य अपराध विंग' गठित की गई। सीबीआई कार्मिकों के प्रशिक्षण हेतु 10 जनवरी, 1966 को सीबीआई अकादमी, गाज़ियाबाद की स्थापना हुई। सन् 1985 में सीबीआई को गृह मंत्रालय से हटाकर नए बने 'कार्मिक, लोक शिकायत एवं पेंशन मंत्रालय' के अधीन किया गया। ऐसा इसलिए किया गया कि यह मंत्रालय प्रायः प्रधानमंत्री के प्रत्यक्ष नियंत्रण में होता है। केन्द्रीय सतर्कता आयोग अधिनियम, 2003 में यह प्रावधान किया जा चुका है कि भ्रष्टाचार निरोधक अधिनियम, 1988 के अंतर्गत दर्ज प्रकरणों के क्रम में सीबीआई का अधीक्षण केन्द्रीय सतर्कता आयोग द्वारा किया जाएगा।

संगठन की संरचना

सीबीआई का प्रमुख, निदेशक कहलाता है जो दिल्ली पुलिस (विशेष स्थापना) का महानिरीक्षक भी होता है। सीबीआई के निदेशक को सचिव स्तर प्रदान किया गया है। भारतीय पुलिस सेवा से भरे जाने वाले इस पद के चयन की प्रक्रिया तथा पदावधि केन्द्रीय सतर्कता आयोग अधिनियम, 2003 के माध्यम से होती है।

नए प्रावधान के अनुसार केन्द्रीय सतर्कता आयुक्त की अध्यक्षता, सतर्कता आयुक्तों, गृह मंत्रालय के प्रभारी सचिव तथा मंत्रिमण्डल सचिवालय के सचिव (समन्वय एवं जन परिवेदना) की सदस्यता में बनी एक समिति भारतीय पुलिस सेवा अधिकारियों में से वरिष्ठता, सच्चरित्रता तथा अन्वेषण एवं भ्रष्टाचार निरोधक मामलों में उनके अनुभव के आधार पर सम्भावित उम्मीदवारों का एक पैनल भारत सरकार को सुझाती है।

सीबीआई मुख्यालय में दो विशेष निदेशक तथा एक अतिरिक्त निदेशक कार्यरत हैं। इनके अधीन 20 संयुक्त निदेशक पदस्थापित है। प्रशासनिक स्तर पर प्रत्येक संयुक्त निदेशक किसी-न-किसी शाखा का मुख्य प्रभारी है। देशभर में सीबीआई के कार्यालय तथा शाखाएँ स्थापित हैं जिनके अधिकांश प्रभारी अधिकारी पुलिस अधीक्षक (एसपी) स्तर के हैं। सीबीआई में विधि अधिकारियों सहित अन्य तकनीकी पद भी हैं। सीबीआई का मुख्यालय कार्य संचालन की दृष्टि से निम्नांकित सात संभागों में विभक्त हैं—

1. अभियोजन निदेशालय, नई दिल्ली
2. केन्द्रीय फोरेंसिक विज्ञान प्रयोगशाला, नई दिल्ली एवं चेन्नई
3. भ्रष्टाचार निरोधी संभाग
4. आर्थिक अपराध संभाग
5. विशेष अपराध संभाग
6. प्रशासन संभाग
7. नीति एवं समन्वय संभाग

सीबीआई के कार्य

सीबीआई के कार्य समय के साथ बढ़ती इसकी उपयोगिता एवं कार्यक्षेत्र के अनुरूप विकसित एवं विस्तारित हुए हैं। सीबीआई के मुख्य कार्य इस प्रकार हैं—

- केन्द्रीय विभागों, केन्द्रीय लोक उपक्रमों तथा केन्द्रीय वित्तीय संस्थानों के कार्मिकों द्वारा किए जाने वाले भ्रष्टाचार तथा धोखेबाजी प्रकरणों की जाँच करना।
- आर्थिक अपराधों जैसे—जैसे धोखाधड़ी, आयात-निर्यात विनिमय उल्लंघन, नशीले पदार्थों तथा पुरामहत्त्व की वस्तुओं और सांस्कृतिक सम्पदा सहित प्रतिबन्धित वस्तुओं की तस्करी इत्यादि की जाँच करना।
- विशेष अपराधों, जैसे—आतंकवाद-बम विस्फोट, आत्मघाती हमले, फिरौती हेतु अपहरण तथा माफिया एवं अण्डरवर्ल्ड से जुड़े अपराधों इत्यादि की जाँच करना।
- विदेशी मुद्रा विनिमय, शासकीय गोपनीयता तथा भारत की प्रतिरक्षा से जुड़े मुद्दों तथा अपराधों की जाँच करना;
- रेलवे एवं डाक-तार से जुड़े अपराध, समुद्री तथा हवाई अपराध, पेशेवर आपराधिक घटनाएँ, संयुक्त पूँजी कंपनियों में गबन तथा अन्य गैंगवार अपराधों की जाँच करना।
- राष्ट्रीय स्तर पर अपराधों के आँकड़े एकत्र करना और अपराधों एवं अपराधियों के सम्बन्ध में सूचना प्राप्त करना एवं अन्य एजेन्सियों को सूचनाएँ प्रदान करना।
- उन अपराधों की जाँच एवं अन्वेषण करना जो राज्य सरकार द्वारा नहीं सुलझाये जा सकते हैं।
- इण्टरपोल से सम्बन्धित कार्यों में भाग लेकर राष्ट्रीय एवं अंतर्राष्ट्रीय अपराधों से सम्बन्धित सूचनाओं का आदान-प्रदान तथा तत्सम्बन्धी जाँच भी करना।

लोकपाल को अपेक्षा से अधिक शिकायतों की जांच करनी होगी जिनमें से अधिकांश शिकायतें सबूत के अभाव में रद्द कर दी जाएंगी।

भारत में अशिक्षा का बोलबाला है जबकि लोकपाल की संस्था पूर्णरूप से लिखित प्रक्रिया पर आधारित है। सामान्यतः यह कहा जाता है कि भारत में लोकपाल नख-दंतविहीन निष्प्रभावी संस्था है। इसलिए लोकायुक्त को वेजेटेरियन टाईगर भी कहा जाता है।

सीबीआई तथा केन्द्रीय सतर्कता आयोग में अंतर

सीबीआई	केन्द्रीय सतर्कता आयोग
1. यह एक विशेष पुलिस संगठन है।	**1.** यह एक परामर्शकारी संस्था है।
2. इसकी स्थापना एक विशेष पुलिस अधिनियम के अंतर्गत हुई है।	**2.** पहले इसकी स्थापना कार्यपालिका के कार्यकारी आदेश से हुई थी, जो अब एक सांविधिक संस्था है।
3. यह संस्था व्यक्ति को हिरासत में लेने, माल जब्त करने तथा छापे मारने का अधिकार रख्ती है।	**3.** आयोग को ऐसा कोई अधिकार नहीं है, लेकिन सीबीआई से सहायता ले सकता है।
4. सीबीआई के कार्यक्षेत्र में सम्पूर्ण भारत तथा भ्रष्टाचार प्रकरणों सहित आर्थिक, राजनीतिक एवं विशेष अपराध भी सम्मिलित हैं।	**4.** केन्द्रीय सतर्कता आयोग केवल केन्द्र सरकार के कार्मिकों से सम्बन्धित भ्रष्टाचार के मामले देखता है।
5. भ्रष्टाचार प्रकरणें में यह संस्था भ्रष्टाचार निरोधक अधिनियम- 1988 के तहत आपराधिक मुकदमा चलाती है।	**5.** सतर्कता अधिकारियों के माध्यम से विभागीय कार्यवाही की तरह जाँच करवाता है।
6. भ्रष्टाचार निरोधक अधिनियम, 1988 के प्रकरणों में केन्द्रीय सतर्कता आयोग सीबीआई पर अधीक्षण करता है।	**6.** आयोग अपने कार्यकरण में स्वायत्तता प्राप्त सांविधिक निकाय है।

अध्याय सार संग्रह

- सबसे पहले वर्ष 1991 में ब्रिटेन के प्रधानमंत्री जॉन मेजर ने अपने देश की लोक सेवाओं में दक्षता लाने के लिए सिटिज़न चार्टर की शुरूआत की।
- संथानम समिति (1962–64) की अनुशंसा पर केन्द्र सरकार द्वारा 11 फरवरी, 1964 को जारी एक प्रस्ताव द्वारा केन्द्रीय सतर्कता आयोग की स्थापना की गयी।
- वर्ष 1998 में वाजपेयी सरकार द्वारा लोकपाल विधेयक लोकसभा में पेश किया गया था किन्तु लोक सभा भंग होने के कारण विधेयक को पारित नहीं किया जा सका।
- भारत सरकार के गृह मंत्रायल के एक प्रस्ताव द्वारा 1 अप्रैल, 1963 को केन्द्रीय अन्वेषण व्यूरो (CBI) की स्थापना की गई।
- भारत में लोकपाल-लोकायुक्त संस्था नख-दन्तविहीन है। यही कारण है कि इसे वेजिटेरियन टाइगर कहा जाता है।
- वर्ष 2013 में भारतीय संसद के दोनों सदनों द्वारा पारित कर राष्ट्रपति के अनुमोदन के उपरांत 16 जनवरी 2014 से लागू कर दिया गया है।
- लोकपाल संस्था में अध्यक्ष के अतिरिक्त अधिकतम आठ सदस्य होंगे। लोकायुक्त में भी अधिकतम आठ सदस्य हो सकते हैं, जिनमें से आधे न्यायिक पृष्ठभूमि के होंगे।

अध्याय 18

आयोग/परिषद् /अधिकरण

इस अध्याय में आप सीखेंगे किः

- भारत के प्रमुख संवैधानिक, वैधानिक आयोग, परिषद और अधिकरण के गठन के पीछे सरकार की मंशा क्या है और इन संगठनों की भमिका और महत्व के बारे में जानकारी प्राप्त करेंगे।
- इन संगठनों की संवैधानिक स्थिति, कार्यप्रणाली और इनकी आवश्यकता के बारे में सविस्तारपूर्वक जानकारी कैसे प्राप्त की जाए।
- भारत के इन सभी संगठनों द्वारा की गयी नवीन पहलों, प्रयासों और इनकी उपलब्धियों के बारे में कैसे प्राप्त की जाए।

राजभाषा आयोग

संविधान के अनुच्छेद-344 के अनुसार, राष्ट्रपति द्वारा राजभाषा से संबंधित कुछ विषयों के संदर्भ में सलाह देने के लिए एक आयोग और एक समिति की नियुक्ति का उपबंध है। राजभाषा आयोग का गठन संविधान के प्रारंभ से 5 वर्ष की समाप्ति पर और उसके बाद प्रत्येक दस वर्ष की समाप्ति पर करने की व्यवस्था है। इस आयोग का गठन एक अध्यक्ष तथा 8वीं अनुसूची में निर्दिष्ट विभिन्न भाषाओं का प्रतिनिधित्व करे वाले ऐसे सदस्यों को मिलाकर किया जाएगा, जिनकी नियुक्ति राष्ट्रपति द्वारा की जाएगी।

आयोग का यह कर्तव्य होगा कि वह राष्ट्रपति को निम्नलिखित विषयों के संदर्भ में सिफारिश करे—

- संघ के शासकीय प्रयोजनों के लिए हिंदी भाषा का अधिकाधिक प्रयोग।
- संघ के सभी या किन्हीं शासकीय प्रयोजनों के लिए अंग्रेज़ी भाषा के प्रयोग पर निर्बंधन।
- उच्चतम न्यायालय तथा उच्च न्यायालयों में प्रयोग की जाने वाली भाषा।
- प्रयोग किए जाने वाले अंकों का रूप।
- संघ की राजभाषा तथा संघ और किसी राज्य के बीच या एक राज्य और दूसरे राज्य के बीच पत्रादि की भाषा।

आयोग से यह अपेक्षा की गई कि वह भारत की औद्योगिक, सांस्कृतिक और वैज्ञानिक उन्नति का और लोक सेवाओं के संबंध में अहिंदी भाषी क्षेत्रों के लोगों के न्यायसंगत दावों और हितों का सम्यक ध्यान रखेगा। अयोग की सिफारिशों पर संसद के दोनों सदनों की एक संयुक्त संसदीय समिति द्वारा विचार किया जाएगा, जिनमें 20 सदस्य लोकसभा के होंगे और 10 राज्यसभा के सदस्य होंगे। अनुच्छेद 349 के अनुसार भाषा संबंधी किसी विधेयक या संशोधन की अनुमति तभी दी जाएगी जब इस समिति की रिपोर्ट पर राष्ट्रपति विचार कर लें।

प्रथम राजभाषा आयोग का गठन, 1955

सर्वप्रथम राजभाषा आयोग का गठन 1955 में किया गया। उसने अपनी रिपोर्ट 1956 में प्रस्तुत की। संयुक्त संसदीय समिति द्वारा रिपोर्ट पर विचर करने के उपरांत राष्ट्रपति ने 27 अप्रैल, 1969 को एक आदेश जारी किया, जो इस प्रकार है—

- वैज्ञानिक, प्रशासनिक एवं कानूनी साहित्य संबंधी हिंदी शब्दावली तैयार करने के लिए तथा अंग्रेज़ी कृतियों का हिंदी में अनुवाद करने के लिए एक स्थायी आयोग का गठन किया जाए।

- संघ लोक सेवा आयोग की परीक्षाओं के माध्यम के रूप में अंग्रेज़ी का प्रयोग चलता रहे और बाद में वैकल्पिक माध्यम के रूप में हिंदी का प्रचलन प्रारंभ किया जाए।
- संसदीय विधान कार्य अंग्रेज़ी में चलता रहेगा किंतु इसके प्रामाणिक हिंदी अनुवाद की व्यवस्था की जाए।

राजभाषा अधिनियम, 1963

संविधान के अनुच्छेद-343 के खण्ड (3) तथा प्रथम राजभाषा आयोग की रिपोर्ट के अनुसार संसद द्वारा राजभाषा अधिनियम, 1963 बनाया गया। इस अधिनियम के उपबंध इस प्रकार हैं—

- संघ के राजकीय प्रयोजनों तथा संसद में प्रयोग के लिए अंग्रेज़ी 15 वर्ष के बाद भी जारी रहेगी।
- केन्द्रीय अधिनियमों, राष्ट्रपति के प्राधिकार से प्रकाशित राजपत्रों आदि का हिंदी अनुवाद उसका हिंदी में प्राधिकृत पाठ समझा जाएगा।
- राज्य सरकार के अधिनियमों तथा उस राज्य के राज्यपाल द्वारा प्रख्यापित अध्यादेशों का हिंदी में अनुवाद हिंदी भाषा में उसका प्राधिकृत पाठ समझा जाएगा।
- उच्च न्यायालयों के निर्णयों आदि के बारे में अधिनियम का प्रावधान है कि हिंदी या किसी अन्य राजभाषा का वैकल्पिक प्रयोग किया जा सकता है, यदि राज्यपाल राष्ट्रपति की पूर्ण सहमति प्राप्त कर ले और निर्णय आदि के साथ उसका अंग्रेज़ी अनुवाद भी हो।
- संघ तथा अहिंदी भाषी राज्यों के बीच पत्रादि के प्रयोजनों के लिए अंग्रेज़ी का ही प्रयोग होगा और यदि हिंदी तथा अहिंदी भाषी राज्यों के बीच पत्रादि के लिए हिंदी का प्रयोग किया जाये तो ऐसे पत्रादि के साथ उसका अंग्रेज़ी अनुवाद भी होना चाहिए।
- इसके अतिरिक्त इस अधिनियम में यह व्यवस्था की गई है कि कुछ विशेष कार्यों यथा— प्रस्ताव, सामान्य आदेश, अधिसूचना, नियम, प्रेस विज्ञप्ति, प्रशासकीय रिपोर्ट, लाइसेंस, परमिट एवं समझौते इत्यादि में हिंदी और अंग्रेज़ी दोनों का प्रयोग अनिवार्य होगा।

प्राधिकृत पाठ (केन्द्रीय विधि) अधिनियम, 1973

संविधान सभा द्वारा अंगीकृत किया गया संविधान अंग्रेज़ी में था। संविधान सभा के अध्यक्ष ने अपने प्राधिकार से उसका हिंदी अनुवाद तैयार कराया था। संविधान सभा के सदस्यों ने उस पर हस्ताक्षर भी किये थे। वर्ष 1973 में संसद द्वारा प्राधिकृत पाठ (केन्द्रीय विधि) अधिनियम, 1973 बनाकर यह उपबंध किया गया कि जब किसी केन्द्रीय विधि का (हिंदी से भिन्न) किसी भाषा में अनुवाद, राष्ट्रपति के प्राधिकार से भारतीय राजपत्र में प्रकाशित किया जाता है तो वह उस भाषा में उसका प्राधिकृत पाठ समझा जाएगा। संविधान के अनुवाद को अद्यतन करके उसे प्राधिकृत पाठ घोषित करने के लिए 58वें संशोधन अधिनियम, 1987 द्वारा संविधान के अनुच्छेद-394ए में अंत: स्थापित किया गया है। अनुच्छेद-394ए के खण्ड (2) के अनुसार उस हिंदी पाठ का वही अर्थ लगाया जाएगा जो अंग्रेज़ी के मूल पाठ में विहित है। यदि अर्थ लगाने में कोई असुविधा उत्पन्न होगी तो राष्ट्रपति उपर्युक्त पुनरीक्षण कराएंगे।

स्थायी आयोग

राजभाषा आयोग ने शब्दावली के विकास के लिए दो स्थायी आयोगों की नियुक्ति की सिफारिश की थी। उपर्युक्त सिफारिश को क्रियान्वित करने के लिए राष्ट्रपति ने 27 अप्रैल, 1960 को आदेश जारी किया।

वर्ष 1961 में दो स्थायी आयोगों की स्थापना की गई और समय-समय पर इनका पुनर्गठन भी किया जाता रहा है। विधि शब्दावली के विकास और केन्द्रीय अधिनियमों के हिंदी और अन्य भाषाओं में प्राधिकृत पाठ के प्रकाशन के लिए गठित आयोग को राजभाषा (विधायी) आयोग नाम दिया गया था। वर्ष 1976 में राजभाषा (विधायी) आयोग को समाप्त कर दिया गया, अब दूसरा आयोग, वैज्ञानिक और तकनीकी शब्दावली आयोग शिक्षा मंत्रालय के अधीन कार्य कर रहा है।

राजभाषा पर संयुक्त संसदीय समिति

संविधान के अनु. 344(4) के तहत एक 30 सदस्यीय संयुक्त संसदीय समिति के गठन का प्रावधान है। इसमें लोकसभा के 20 तथा राज्यसभा के 10 सदस्यों को शामिल किया जाता है। सदस्यों का निर्वाचन आनुपातिक पद्धति के अनुसार एकल संक्रमणीय मत द्वारा किया जाता है। संसदीय समिति का यह कर्तव्य है कि वह राजभाषा आयोग की सिफारिशों की परीक्षा करे और राष्ट्रपति को अपनी राय प्रतिवेदित करे। राष्ट्रपति ऐसी सिफारिशों को क्रियान्वित कराने के लिए यथोचित निर्देश दे सकेगा।

ध्यातव्य है कि राजभाषा पर प्रथम संयुक्त संसदीय समिति का गठन नवम्बर, 1957 में श्री गोविन्द बल्लभ पंत (जीबीपंत) की अध्यक्षता में किया गया था। पंत समिति ने फरवरी 1959 में अपना प्रतिवेदन प्रस्तुत किया।

प्रादेशिक भाषाएँ

प्रादेशक भाषाओं से तात्पर्य राज्यों की राजभाषाओं से है। राज्यों की राजभाषाओं के बारे में प्रावधान अनु. 345 में दिया गया है। अनु. 345 राज्यों को अपनी प्रादेशिक राजभाषा स्वयं चुनने का अधिकार प्रदान करता है। इसमें यह प्रावधान किया गया है कि किसी राज्य का विधानमंडल, उस राज्य में प्रयोग होने वाली भाषाओं में से किसी एक या अधिक भाषाओं को या हिन्दी को उस राज्य की सभी या किन्हीं शासकीय प्रयोजनों के लिए प्रयोग की जाने वाली भाषा के रूप में स्वीकार कर सकेगा।

परंतु जब तक राज्य विधानमण्डल किसी भाषा को राजभाषा के रूप में स्वीकार नहीं करता है तब तक शासकीय प्रयोजनों के लिए अंग्रेज़ी का प्रयोग जारी रहेगा।

उल्लेखनीय है कि संघ की राजभाषा हिन्दी इस समय 9 राज्यों यथा- उत्तर प्रदेश, उत्तराखंड, मध्य प्रदेश, छत्तीसगढ़, बिहार, झारखण्ड, राजस्थान, हरियाणा व हिमाचल प्रदेश तथा केन्द्र शासित प्रदेश दिल्ली की भी राजभाषा है। इनके अतिरिक्त, अहिन्दी भाषी राज्यों में महाराष्ट्र, गुजरात व पंजाब एवं

केन्द्रशासित प्रदेशों में चंडीगढ़ व अण्डमान निकोबार की सरकरों ने हिन्दी को द्वितीय राजभाषा घोषित कर रखा है। ज्ञातव्य है कि मेघालय, मिजोरम तथा नागालैण्ड की राजभाषा अंग्रेज़ी है।

पत्रादि की राजभाषा

संघ और किसी राज्य के मध्य अथवा दो राज्यों के बीच पत्र व्यवहार किस भाषा में किया जायेगा, इसके बारे में उपबन्ध अनु. 346 में दिया गया है। इसके अनुसार संघ में शासकीय प्रयोजनों के लिए प्राधिकृत भाषा ही एक राज्य और दूसरे राज्य या संघ और राज्य के बीच पत्रादि की भाषा होगी। परंतु, दो या अधिक राज्य आप में राजभाषा हिन्दी को पत्रादि की भाषा स्वीकार कर सकते हैं। ध्यातव्य है कि वर्तमान में हिन्दी तथा अंग्रेज़ी दोनों का प्रयोग संघ के शासकीय प्रयोजनों हेतु जारी है।

राजभाषा के लिए राष्ट्रपति द्वारा निदेश

अनु. 347 के तहत राष्ट्रपति को राजभाषा के बारे में राज्यों को निदेश देने की शक्ति दी गई है। इसके अनुसार यदि राष्ट्रपति को यह समाधान हो जाता है कि किसी राज्य की जनसंख्या का पर्याप्त भाग अपने द्वारा बोली जाने वली किसी भाषा को राज्य द्वारा मान्यता प्रदान कराना चाहती है तो वह निदेश दे सकता है कि उस भाषा को भी उस राज्य में सर्वत्र या किसी भाग में शासकीय मान्यता दी जाए। इस प्रकार यह उपबंध किसी राज्य की जनता को अपनी भाषा को शासकीय भाषा का दर्जा दिलाने का अधिकार प्रदान करता है।

उच्चतम और उच्च न्यायालयों आदि की भाषा

अनु. 348 के तहत उच्चतम न्यायालय एवं उच्च न्यायालयों की कार्यवाहियों तथा संसद व राज्य विधानमण्डलों के सदनों में विधेयकों, अधिनियमों तथा अध्यादेशों आदि के लिए प्रयोग की जाने वाली भाषा संबंधी प्रावधान दिया गया है। इसके अनुसार जब तक संसद विधि द्वारा अन्यथा उपबंधित न करे, तब तक—

1. उच्चतम न्यायालय और उच्च न्यायालयों की सभी कार्यवाहियाँ अंग्रेज़ी भाषा में होंगी, तथा
2. (क) संसद व राज्य विधानमण्डलों में प्रस्तुत विधायकों या प्रस्तावित संशोधनों, (ख) इनके द्वारा पारित सभी अधिनियमों, (ग) राष्ट्रपति और राज्यपाल द्वारा जारी सभी अध्यादेशों तथा (घ) संसद व राज्य विधानमण्डलों द्वारा बनाई गई विधियों के अधीन निर्मित सभी, नियमों, विनियमों और उपविधियों के प्राधिकृत पाठ अंग्रेज़ी भाषा में होंगे।

किंतु किसी राज्य का राज्यपाल, राष्ट्रपति की पूर्व सहमति से, उस राज्य के उच्च न्यायालय में हिन्दी भाषा का अथवा उस राज्य की शासकीय भाषा का प्रयोग प्राधिकृत कर सकेगा, परंतु ऐसा आदेश उच्च न्यायालय द्वारा दिए गए किसी निर्णय, डिक्री या आदेश को लागू नहीं होगा। उल्लेखनीय है कि यह संविधान पर लागू नहीं होगा। उल्लेखनीय है कि यदि संविधान के लागू होने के 15 वर्ष के भीतर उक्त प्रयोजनों के लिए किसी अन्य भाषा का उपबन्ध करने वाला कोई विधेयक या संशोधन संसद में प्रस्तुत किया जाता है तो इसके लिए राष्ट्रपति की पूर्वानुमति आवश्यक होगी और राष्ट्रपति ऐसी अनुमति अनु. 344 के तहत गठित राजभाषा आयोग और संयुक्त संसदीय समिति की सिफारिश पर ही देगा।

विशेष निदेश

व्यथा निवारण के लिए भाषा

अनु. 350 एक महत्त्वपूर्ण अधिकार प्रदान करता है। इसके अनुसार प्रत्येक व्यक्ति (नागरिक या अनागरिक) अपनी व्यथा के निवारण के लिए संघ या राज्य के किसी अधिकारी या प्राधिकारी को संघ या राज्य में प्रयोग होने वाली किसी भाषा में आवेदन दे सकता है। अत: किसी आवेदन को केवल इस आधार पर स्वीकार नहीं किया जा सकता कि वह राजभाषा में नहीं है।

मातृभाषा में शिक्षा

अनु. 350क के तहत 'भाषायी अल्पसंख्यक-वर्गों' के बारे में विशेष प्रावधान किया गया है। यह प्रावधान 7वें संशोधन अधिनियम 1956 द्वारा जोड़ा गया है। इसके तहत प्रत्येक राज्य और उसके स्थानीय प्राधिकारियों का यह दायित्व है कि वह भाषायी अल्पसंख्यक वर्गों के बालकों को शिक्षा के प्राथमिक स्तर पर मातृभाषा में शिक्षा की पर्याप्त सुविधा की व्यवस्था का प्रयास करेगा। राष्ट्रपति इन सुविधाओं को सुनिश्चित करने के लिए राज्यों को आवश्यक आदेश भी दे सकता है।

भाषायी अल्पसंख्यक आयुक्त

संविधान के अनुच्छेद 350ख के तहत भाषायी अल्पसंख्यक वर्गों के लिए राष्ट्रपति द्वारा एक आयुक्त नियुक्त करने का प्रावधान किया गया है। यह प्रावधान भी 7वें संविधान संशोधन अधिनियम 1956 द्वारा किया गया है। भाषायी अल्पसंख्यक आयुक्त अल्पसंख्यक मामलों के मंत्रालय के अधीन कार्य करता है। उसका प्रमुख कर्तव्य भाषायी अल्पसंख्यक वर्गों के रक्षोपायों से सम्बन्धित विषयों का अन्वेषण कर राष्ट्रपति को प्रतिवेदन देता है। राष्ट्रपति इन प्रतिवेदनों को संसद के समक्ष रखवाता है और सम्बन्धित राज्य सरकारों को भिजवाता है।

हिन्दी भाषा के विकास के लिए निदेश

संविधान के अनुच्छेद 351 के तहत संघ को हिन्दी भाषा के विकास और प्रसार के लिए आदेश दिया गया है। इस अनुच्छेद के अनुसार संघ सरकार का यह कर्तव्य है कि वह हिन्दी भाषा के विकास और प्रसार के लिए समुचित प्रयास करे, ताकि भारत में राजभाषा हिन्दी के ऐसे स्वरूप का विकास हो, जो समूचे देश में प्रयुक्त हो सके और जो भारत की सामाजिक संस्कृति (मिली-जुली संस्कृति) की अभिव्यक्ति का माध्यम बन सके। इसके साथ ही संघ का यह भी कर्तव्य है कि हिन्दी में हिन्दुस्तानी और 8वीं अनुसूची में मान्यता प्राप्त अन्य भारतीय भाषाओं में प्रयुक्त रूप, पद और शैली को अपनाते हुए तथा शब्द भण्डार के लिए मुख्यत: संस्कृत और गौणत: अन्य भाषाओं से शब्द ग्रहण करते हुए उसकी समृद्धि सुनिश्चित करे।

भाषा सम्बन्धी अन्य उपबंध

संविधान में भाषा विषयक उपबन्ध भाग-17 के अतिरिक्त अनुसूची.8 तथा अनुच्छेद 29, 30, 120 व 210 में भी दिये गये हैं। जो इस प्रकार हैं—

8वीं अनुसूची

वर्तमान में 8वीं अनुसूची में संविधान द्वारा मान्यता प्राप्त 22 प्रादेशिक भाषाओं का उल्लेख है। इस अनुसूची में आरम्भ में कुल 14 भाषाएँ थीं। 21वें संविधान संशोधन अधिनियम, 2003 के द्वारा बोडो, डोगरी, मैथिली तथा संथाली को 8वीं अनुसूची में शामिल किया गया है। ध्यातव्य है कि अंग्रेज़ी संधा की सहायक राजभाषा मेघालय, मिजोरम तथा नागालैण्ड की राजभाषा है, किंतु 8वीं अनुसूची में तहत शामिल नहीं है। इसी प्रकार प्रमुख प्रादेशिक भाषा राजस्थानी व भोजपुरी को भी इसमें स्थान नहीं दिया गया है।

भाषा, लिपि आदि का संरक्षण

अनुच्छेद 29 के तहत भारत के नागरिकों को अपनी विशेष भाषा, लिपि या संस्कृति को बनाए रखने का मूल अधिकार प्रदान किया गया है। साथ ही यह प्रावधान भी किया गया है, कि राज्य द्वारा घोषित या सहायता प्राप्त किसी शिक्षा संस्था में प्रवेश से किसी नागरिक को केवल धर्म, मूलवंश, जाति, भाषा या इनमें से किसी आधार पर वंचित नहीं किया जायेगा।

शिक्षण संस्थाओं की स्थापना

अनुच्छेद 30 के तहत धर्म या भाषा पर आधारित सभी अल्पसंख्यक वर्गों को अपनी रूचि की शिक्षण संस्थाओं की स्थापना और प्रशासन का अधिकार दिया गया है तथा यह प्रावधान किया गया है कि ऐसी शिक्षण संस्थाओं को सहायता देने में राज्य द्वारा धर्म या भाषा के आधार पर कोई विभेद नहीं किया जाएगा।

संसद में प्रयोग की जाने वाली भाषा

अनुच्छेद 120 के अनुसार संसद का कार्य हिन्दी में या अंग्रेज़ी में किया जाएगा, परंतु यथास्थिति लोकसभाध्यक्ष या राज्यसभा का सभापति किसी सदस्य को, जो हिन्दी या अंग्रेज़ी में अपनी पर्याप्त अभिव्यक्ति नहीं कर सकता, उसकी मातृभाषा में सदन को संबोधित करने की अनुमति दे सकता है।

राज्य विधानमण्डलों में प्रयोग की जाने वाली भाषा

राज्यों के विधानमंडलों का कार्य अपने-अपने राज्य की राजभाषा या राजभाषाओं में या हिन्दी में या अंग्रेज़ी में किया जाएगा, परंतु यथास्थिति विधानसभा अध्यक्ष या विधानपरिषद् का सभापति किसी सदस्य को उसकी मातृभाषा में सदन को संबोधित करने की अनुमति दे सकता है। संसद विधि द्वारा अन्यथा उपबन्ध न करे तो 15 वर्ष की अवधि के पश्चात् या अंग्रेज़ी में शब्दों का लोप किया जा सकेगा।

राजभाषा से संबंधित विभिन्न पहलू

- **अनुच्छेद-345**—किसी राज्य को अपनी प्रादेशिक राजभाषा चुनने का अधिकार प्रदान करता है। इसमें यह प्रावधान है कि किसी राज्य का विधानमण्डल, उस राज्य में प्रयोग होने वाली भाषाओं में से किसी एक या अधिक भाषाओं को या हिन्दी को उस राज्य की सभी या किन्हीं प्रयोजनों के लिए प्रयोग की जाने वाली भाषा के रूप में अंगीकार कर सकेगा।
- **अनुच्छेद-346**—दो राज्यों के बीच पत्रादि की भाषा के प्रश्न का समाधान प्रस्तुत करता है। इसके अनुसार, संघ में शासकीय प्रयोजनों के लिए प्राधिकृत भाषा ही एक राज्य और दूसरे राज्य या संघ और राज्य के बीच पत्रादि की भाषा होगी। परंतु, दो या अधिक राज्य आपस में करार कर राजभाषा हिंदी को पत्रादि की भाषा स्वीकार कर सकते हैं।
- **अनुच्छेद-347**—किसी राज्य की जनता को शासकीय भाषा चुनने का सीमित अधिकार प्रदान करता है। इसके अनुसार यदि राष्ट्रपति को यह समाधान हो जाता है कि किसी राज्य की जनसंख्या का पर्याप्त भाग उनके द्वारा बोली जाने वाली भाषा को मान्यता प्रदान करना चाहता है तो वह निर्देश दे सकता है कि उस भाषा को राज्य में सर्वत्रा या उसके किसी भाग में शासकीय मान्यता दी जाए।
- **अनुच्छेद-350**—इसमें यह प्रावधान है कि प्रत्येक व्यक्ति (नागरिक या अनागरिक) अपनी समस्याओं के निवारण के लिए संघ या राज्य के किसी अधिकारी या प्राधिकारी को संघ या राज्य में प्रयोग होने वाली किसी भाषा में आवेदन दे सकता है। उस आवेदन को केवल इस आधार पर अस्वीकार नहीं किया जा सकता कि वह राजभाषा में नहीं है।
- **अनुच्छेद-350(क)**—प्रत्येक राज्य और उसके स्थानीय प्राधिकारी भाषाई अल्पसंख्यक वर्गों के बालकों को शिक्षा के प्राथमिक स्तर पर मातृभाषा में शिक्षा की पर्याप्त सुविधा की व्यवस्था का प्रयोग करेगा। राष्ट्रपति इस संबंध में राज्यों को आवश्यक निर्देश भी दे सकता है।
- **अनुच्छेद-351**—इस अनुच्छेद के अनुसार संघ का यह कर्तव्य है कि वह हिंदी भाषा का प्रसार बढ़ाए तथा उसका विकास करे ताकि वह भारत की सामाजिक (मिलीजुली) संस्कृति के सभी तत्वों की अभिव्यक्ति का माध्यम बन सके। हिंदी की प्रकृति में हस्तक्षेप किए बिना हिंदुस्तानी और 8वीं अनुसूची में विनिर्दिष्ट अन्य भारतीय भाषाओं में प्रयुक्त रूप, शैली और पदों को आत्मसात करना, संस्कृत और अन्य भाषाओं से शब्द ग्रहण कर हिंदी के शब्द भंडार बढ़ाना तथा हिंदी की समृद्धि सुनिश्चित करना भी संघ का कर्तव्य होगा।
- **अनुच्छेद-29**—भारत के राज्य क्षेत्र या उसके किसी भाग में रहने वाले नागरिकों को अपनी विशेष भाषा, लिपि या संस्कृति को बनाए रखने का अधिकार होगा। साथ ही, राज्य द्वारा पोषित या सहायता प्राप्त किसी शिक्षा संस्था में प्रवेश से किसी नागरिक को केवल धर्म, मूलवंश, जाति, भाषा या इतने से किसी आधार पर वंचित नहीं किया जाएगा।

- **अनुच्छेद-30**—धर्म या भाषा पर आधारित, सभी अल्पसंख्यक वर्गों को अपनी रूचि की शिक्षा संस्थाओं की स्थापना और प्रशासन का अधिकार देता है। ऐसी शिक्षा संस्थाओं को सहायता देने में धर्म या भाषा के आधार पर कोई विभेद नहीं किया जाएगा।
- **अनुच्छेद-394क**—58वाँ संविधान संशोधन अधिनियम द्वारा अनुच्छेद 394क जोड़कर संविधान का हिंदी भाषा में प्राधिकृत अनुवाद का उपबंध किया गया। साथ ही अंग्रेज़ी भाषा में किए गए संविधान के प्रत्येक संशोधनों को हिंदी भाषा में अनुवादित करने का प्रावधान किया गया है। परंतु ऐसे अनुवाद का वही अर्थ लगाया जाएगा, जो उसके मूल का है और अनुवाद में उत्पन्न किसी कठिनाई का पुनरीक्षण राष्ट्रपति कर सकता है।

विशेष तथ्य

- 1961 में दो स्थायी-राजभाषा आयोग का गठन किया गया लेकिन 1976 में स्थायी राजभाषा आयोग को समाप्त कर दिया गया।
- संविधान के भाग 17, अनुच्छेद 343 से 351 तक में राजभाषा संबंधी प्रावधान दिये गये हैं।
- 1963 में संसद ने राजभाषा अधिनियम पारित करके यह प्रावधान कर दिया है कि राजभाषा के रूप में हिन्दी के अलावा अंग्रेज़ी का प्रयोग होता रहेगा।
- संविधान के अनु. 344 में यह प्रावधान किया गया है कि संविधान के आरम्भ के 5 वर्षों के बाद और उसके हर 10 वर्ष बाद राष्ट्रपति द्वारा एक आयोग गठित किया जाएगा, जिसे राजभाषा आयोग कहा जाएगा।
- राजभाषा आयोग में एक अध्यक्ष तथा 8वीं अनुसूची के विभिन्न भाषाओं के प्रतिनिधि शामिल होते हैं, जिनकी नियुक्ति राष्ट्रपति द्वारा की जाती है।
- आयोग की सिफारिशों पर विचार करने के लिए एक संसदीय समिति के गठन का भी प्रावधान है, जिसमें लोकसभा के 20 और राज्य सभा के 10 सदस्य सम्मिलित होते हैं। समिति राजभाषा आयोग के सिफारिशों का परीक्षण करती है तथा राष्ट्रपति को अपनी रिपोर्ट देती है।
- प्रथम राजभाषा आयोग का गठन 1955 में बी.जी. खरे की अध्यक्षता में किया गया।
- अनुच्छेद 351 के अंतर्गत संघ को हिन्दी भाषा के विकास और उसके प्रचार का दायित्व सौंपा गया है।
- अनुच्छेद 350(क) प्राथमिक स्तर पर मातृभाषा में शिक्षा की सुविधाएं प्रदान करने का उपबन्ध किया गया है।

लोक सेवाएं एवं लोक सेवा आयोग

संविधान का अनुच्छेद 315 यह प्रतिपादित करता है कि संघ के लिए एक लोकसेवा आयोग होगा। इसके अनुसार प्रत्येक राज्य में एक लोकसेवा आयोग और राज्यों के समूह के लिए संयुक्त सेवा आयोग काम करेगा। संयुक्त लोकसेवा आयोग की स्थापना का दायित्व संबद्ध राज्य विधानमण्डलों पर होगा जो इस उद्देश्य से एक प्रस्ताव पारित कर सकते हैं। इसके बाद इस प्रस्ताव को संसद की स्वीकृति प्राप्त होगी। राष्ट्रपति की स्वीकृति से संघ लोकसेवा आयोग भी किसी राज्य की आवश्यकताओं को ध्यान में रखते हुए वहां कार्यरत हो सकता है, यदि राज्य का राज्यपाल ऐसा कोई अनुरोध करता है।

आयोग के सदस्यों की संख्या और उनकी सेवा शर्तें निश्चित होती हैं और इनका निर्धारण (क) संघ या संयुक्त लोकसेवा आयोग के परिप्रेक्ष्य में राष्ट्रपति द्वारा होता है—और (ख) राज्य लोक सेवा आयोग के परिप्रेक्ष्य में राज्य के राज्यपाल द्वारा होता है। वर्तमान में लोक सेवा आयोग के अध्यक्ष दीपक गुप्ता हैं।

लोक सेवाओं के प्रकार

संविधान देश में लोक सेवाओं को तीन प्रमुख कोटियों में बांटता है—

- **अखिल भारतीय सेवाएं**—ये केन्द्र और राज्यों में समान रूप से विद्यमान हैं और उनके अंतर्गत भारतीय प्रशासनिक सेवाएं (आईएएस), भारतीय पुलिस सेवाएं (आईपीएस) और भारतीय वन सेवाएं (आईएफएस) हैं। राज्य सभा दो तिहाई बहुमत से एक प्रस्ताव पारित कर नई अखिल भारतीय सेवा का सूत्रापात कर सकती है।
- **केन्द्रीय सेवाएं**—ये संघीय सूची में उल्लिखित विषयों के सुचारू क्रियान्वयन से संबद्ध हैं और उन्हें समूह ए, बी, सी और डी सेवाओं के रूप में चार कोटियों में बांटा गया है। इस समूह में 50 केन्द्रीय लोक सेवाएं हैं। 'ए' के अंतर्गत भारतीय विदेश सेवा, भारतीय लेखा और गणना सेवाएं, भारतीय रक्षा सेवा, भारतीय डाक सेवा, भारतीय आर्थिक सेवाएं आदि आती हैं। समूह 'ए' और 'बी' की सेवाओं के लिए बहाली केन्द्रीय लोक सेवा आयोग द्वारा और समूह 'सी' के लिए बहाली कर्मचारी चयन आयोग द्वारा होती है।
- **राज्य सेवाएं**—इनमें वे सेवाएं और पद शामिल हैं जो कृषि, शिक्षा, वन, स्वास्थ्य, नियोजन, पुलिस आदि जैसे राज्य स्तर के विषयों पर सुचारू ढंग से कार्य करने की प्रक्रिया से संबद्ध हैं। राज्य स्तर की सेवाओं को वर्ग 1, 2, 3 और 4 इन चार वर्गों में विभाजित किया गया है। वर्ग 1 और 2 की सेवाओं में संबद्ध अधिकारी राजपत्रित होते हैं। पर वर्ग 3 के अंतर्गत किरानी और वर्ग 4 के अंतर्गत चपरासी, अर्दली आते हैं।

लोक सेवा आयोग के कार्य

- संघ और राज्य लोक सेवा का प्रमुख कार्य संघ और राज्य की सेवाओं में नियुक्त के लिए परिक्षाओं का आयोजन करना है। सीधी भर्ती के लिए आयोग द्वारा साक्षात्कारों का भी आयोजन किया जाता है।
- संघ लोकसेवा आयोग और राज्य लोकसेवा आयोग क्रमश: राष्ट्रपति और राज्यपाल को उन विषयों पर परामर्श देते हैं जिन पर वे परामर्श लेना चाहें।
- संघ और राज्य की सेवाओं में संघ/राज्य लोकसेवा आयोग द्वारा ऐसे अतिरिक्त कार्य भी किये जाते हैं जिनका संसद या राज्य विधायिका द्वारा निर्मित विधियों में प्रावधान है।

- यदि दो या दो से अधिक राज्य संघ लोक सेवा आयोग से अनुरोध करते हैं तो वह उन राज्यों की संयुक्त भर्ती के लिए योजना बनाने तथा उसे लागू करने में सहायता कर सकता है।
- राष्ट्रपति संघ लोक सेवा आयोग से और राज्यपाल राज्य लोक सेवा आयोग से कुछ विषयों पर भी परामर्श ले सकते हैं, जैसे- लोक सेवाओं में भर्ती की विभिन्न पद्धतियों से सम्बन्धित मामलों पर लोक सेवाओं के पदों पर नियुक्त करने तथा एक सेवा से दूसरे में स्थानांतरण अथवा पदोन्नति करने के लिए अपनाए जाने वाले सिद्धांतों और उम्मीदवारों की उपयुक्तता पर।
- संघ लोक सेवा आयोग प्रतिवर्ष अपने कार्यों का विवरण राष्ट्रपति के समक्ष प्रस्तुत करता है जिनमें उन मामलों का उल्लेख रहता है जिन पर सरकार ने कोई परामर्श नहीं लिया है अथवा आयोग के परामर्श को सरकार ने स्वीकार नहीं किया है।
- आयोग के विवरण को संसद के पटल पर रखा जाता है और सरकार को संसद के सामने यह स्पष्ट करना होता है कि किसी कारण से आयोग की सलाह नहीं ली गयी या आयोग ने यदि सलाह दी थी तो स्वीकार क्यों नहीं की गयी।
- राज्य लोक सेवा आयोग अपने कार्यों का विवरण प्रतिवर्ष राज्यपाल को देता है, जिसमें यह उल्लेख होता है कि किन मामलों में सरकार ने आयोग के सलाह को स्वीकार नहीं किया। राज्यपाल इस प्रतिवेदन को राज्य विधानमण्डल के पटल पर रखेगा और यह भी बताएगा कि किन कारणों से आयोग की सलाह स्वीकार नहीं की गयी।
- लोक सेवा आयोग के कार्य सहालकारी प्रकृति के होते हैं। अत: यह सरकार के लिए मानना बाध्यकारी नहीं है। किंतु यदि सरकार आयोग के परामर्श को अस्वीकार करती है तो इसके लिए कारण बताना पड़ेगा।
- संघ या राज्य लोक सेवा आयोग के व्यय जिनके अंतर्गत आयोग के सदस्यों या कर्मचारीगण को या उसके सम्बन्ध में संदेय कोई वेतन, भत्ते और पेंशन है, यथास्थिति भारत की संचित, निधि या राज्य की संचित निधि पर भारित होंगे।

वित्त आयोग (Finance Commision)

वित्त आयोग एक संवैधानिक संस्था है। भारतीय संविधान के अनुच्छेद 280 में एक अर्द्ध विधायी संस्था के रूप में वित्त आयोग का प्रावधान किया गया है। वित्त आयोग का गठन प्रति पाँच वर्ष पर अथवा आवश्यक होने पर इससे पहले राष्ट्रपति द्वारा किया जाता है। वित्त आयोग का गठन राष्ट्रपति द्वारा प्रत्येक पाँच वर्ष के पश्चात् किया जाता है। अब तक चौदह वित्त आयोगों का गठन किया जा चुका है। वर्तमान वित्त आयोग के अध्यक्ष वाई.वी. रेड्डी है।

संरचना

वित्त आयोग में एक अध्यक्ष तथा राष्ट्रवति द्वारा नियुक्ति 4 अन्य सदस्य होते हैं। ये सदस्य अपने पद पर राष्ट्रपति के आदेश में निर्धारित समय तक बने रह सकते हैं। इनकी पुनर्नियुक्ति भी हो सकती है।

संविधान में संसद को आयोग के सदस्यों की योग्यता और उनके चयन के ढंग का निर्धारण करने का अधिकार दिया गया है। तद्नुरूप ही, संसद ने वित्त आयोग अधिनियम 1951 के द्वारा आयोग के अध्यक्ष और सदस्यों की योग्यता को निर्धारित किया है। आयोग का अध्यक्ष वह व्यक्ति हो सकता है जिन्हें सार्वजनिक कार्यों और गतिविधियों का अनुभव हो। चार सदस्यों की नियुक्ति निम्नलिखित में से की जा सकती है—

- चार सदस्यों में से एक सदस्य किसी उच्च न्यायालय का न्यायाधीश या ऐसी ही योग्यता प्राप्त व्यक्ति हो।
- वह व्यक्ति जिसे सरकार की वित्तीय और रेखा प्रणाली का अच्छा ज्ञान हो।
- वह व्यक्ति जिसे वित्तीय और प्रशासनिक विषयों का व्यापक अनुभव हो।
- वह व्यक्ति जिसे अर्थशास्त्र का विशेष ज्ञान हो।

वित्त आयोग के कार्य

वित्त आयोग का कार्य राष्ट्रपति को निम्न विषयों से संबंधित अपने सिफारिशें भेजना है—

- करों से हुई कुल प्राप्तियों का केन्द्र और राज्यों के बीच बँटवारा और इन प्राप्तियों के हिस्से का राज्यों के बीच आवंटन।
- केन्द्र द्वारा भारत की संचित निधि से राज्यों को दी जाने वाली अनुदान सहायता को नियंत्रित करने वाले सिद्धांत।
- राज्य वित्त आयोग की सिफारिश के आधार पर पंचायतों तथा नगरपालिकाओं के संसाधनों की संपूर्ति के लिए राज्य की संचित निधि में वृद्धि करने के आवश्यक उपायों से संबंधित अनुशंसा। इस कार्य को संविधान के 73वें और 74वें (संशोधन) अधिनियम, 1992 के द्वारा शामिल किया गया था जिनके माध्यम से क्रमश: पंचायतों और नगरपालिकाओं को संवैधानिक दर्जा प्रदान किया गया है।
- वित्तीय दृष्टि से हितकर कोई अन्य विषय जिसे राष्ट्रपति ने भेजा हो।
- आयोग, प्रतिवर्ष जूट और जूट उत्पादों के निर्यात शुल्क से हुई निवल प्राप्ति के हिस्से में से असम, बिहार, उड़ीसा और पश्चिम बंगाल राज्यों को दी जाने वाली राशि भी निर्धारित करता है।
- आयोग अपनी रिपोर्ट राष्ट्रपति को प्रस्तुत करता है। आयोग अपनी रिपोर्ट को अपनी अनुशंसाओं पर की गई कार्यवाही के उल्लेख सहित एक विस्तृत ज्ञापन के साथ संसद के दोनों सदनों में रखता है।

योजना आयोग (Planning Commision)

योजना आयोग की स्थापना वर्ष 1946 में के.सी. नियोगी की अध्यक्षता में गठित एडवाइजरी प्लानिंग बोर्ड की अनुशंसा पर भारत सरकार के एक प्रस्ताव द्वारा मार्च, 1950 में की गई थी। इस प्रकार योजना आयोग संविधानेत्तर निकाय है। दूसरे शब्दों में, इस अयोग की स्थापना न तो

संविधान के अधीन हुई है और न ही किसी अधिनियम के माध्यम से। बल्कि मंत्रिमण्डलीय संकल्प के द्वारा हुई है। भारत में, योजना आयोग सामाजिक और आर्थिक विकास के नियोजन का सर्वोच्च निकाय है।

संरचना

- आयोग का अध्यक्ष भारत का प्रधानमंत्री होता है। आयोग की बैठकों की अध्यक्षता प्रधानमंत्री करता है।
- आयोग में उपाध्यक्ष का पद भी है। उपाध्यक्ष ही आयोग का पूर्णकालिक प्रधान होता है। उपाध्यक्ष ही पंचवर्षीय योजनाओं के प्रारूप को तैयार करने तथा उन्हें केन्द्रीय मंत्रिमण्डल के समक्ष रखने के लिए जिम्मेदार है। उपाध्यक्ष की नियुक्ति प्रधानमंत्री केन्द्रीय मंत्रिमंडल द्वारा निर्धारित समय के लिए करता है। उसे कैबिनेट मंत्री का दर्जा प्राप्त होता है। यद्यपि वह कैबिनेट का सदस्य नहीं है, फिर भी कैबिनेट की सभी बैठकों में उसे बुलाया जाता है (किंतु उसे मत का अधिकार प्राप्त नहीं होता)।
- कुछ केन्द्रीय मंत्रियों को आयोग के अंशकालिक सदस्य के रूप में नियुक्त किया जाता है। वित्तमंत्री और योजना मंत्री इस आयोग के पदेन सदस्य होते हैं।
- आयोग में 4.7 की संख्या में पूर्णकालिक विशेषज्ञ सदस्य होते हैं। आयोग के पूर्णकालिक सदस्यों को राज्यमंत्री का दर्जा प्राप्त होता है।
- आयोग में एक सदस्य सचिव भी होता है, जो भारतीय प्रशासनिक सेवा का वरिष्ठ सदस्य होता है।
- आयोग में राज्य सरकारों का प्रतिनिधित्व नहीं है। योजना आयोग पूर्णतः केन्द्रीय स्तर पर गठित निकाय है।

योजना आयोग के कार्य

दिनांक 15 मार्च, 1950 के प्रस्ताव द्वारा योजना आयोग को निम्नलिखित कार्य सौंपे गए थे—

- देश की भौतिक, पूँजी और मानव संसाधनों का आकलन कर उनमें वृद्धि की संभावनाएँ तलाशना।
- देश के संसाधनों को सर्वाधिक प्रभावी और संतुलित ढंग से उपयोग में लाने संबंधी योजना बनाना।
- योजनाओं के कार्यान्वयन की प्राथमिकताओं और उनके चरणों का निर्धारण करना।
- आर्थिक विकास में बाधक तत्वों का उल्लेख करना।
- प्रत्येक चरण में योजना के सफल कार्यान्वयन के लिए अपेक्षित तंत्र की प्रकृति का निर्धारण करना।
- योजनाओं के कार्यन्वयन की प्रगति की समय-समय पर समीक्षा तथा आवश्यक समायोजनों की अनुशंसा करना।
- आयोग के कर्तव्यों के निर्वहन को सुगम बनाने या केन्द्र अथवा राज्य सरकारों द्वारा किसी विषय पर मांगी गई सलाह से संबंधित समुचित अनुशंसा करना।

कार्य विभाजन नियमावली के माध्यम से योजना के (उपर्युक्त के अतिरिक्त) निम्नलिखित विषय भी सौंपे गए हैं—

- परिप्रेक्ष्य नियोजन (भविष्य को ध्यान में रखकर योजना तैयार करना)
- पहाड़ी क्षेत्र विकास कार्यक्रम।
- राष्ट्रीय विकास में जन सहयोग।
- राष्ट्रीय सूचना विज्ञान केन्द्र।
- इंस्टीट्यूट ऑफ एप्लाइड मैनपावर रिसर्च।

नीति आयोग
(Policy Commission or Niti Ayog)

जब लगभग 65 वर्ष पूर्व 1950 में योजना अयोग का गठन किया गया था, तब भी इसका उद्देश्य देश का तीव्र विकास था और आज जब यह संस्था बूढ़ी हो चली तो विकास की नई आकांक्षाओं को परवान चढ़ाने के लिए गठित की जाने वाली नई संस्था 'नीति आयोग' का उद्देश्य भी देश का तीव्र विकास ही है। दोनों संस्थाओं के नाम अलग हो सकते हैं, रूप अलग हो सकते हैं, किंतु आत्मा एक है।

15 मार्च, 1950 को जिस प्रस्ताव के माध्यम से योजना आयोग की स्थापना की गई थी उसके स्थान पर 1 जनवरी, 2015 को एक नया मंत्रिमंडल प्रस्ताव लाकर नीति आयोग की स्थापना की गई है। इस प्रकार नीति आयोग का गठन भी एक मंत्रिमंडल प्रस्ताव द्वारा हुआ तथा यह भी एक परामर्शदात्री एवं संविधानेत्तर संस्था है। यह आयोग सरकार के थिंक टैंक के रूप में सेवाएं प्रदान करेगा और उसे निर्देशात्मक एंव नीतिगत गतिशीलता प्रदान करेगा। नीति आयोग, केन्द्र और राज्य स्तरों पर सरकार को नीति के प्रमुख कारकों के संबंध में प्रासंगिक, महत्त्वपूर्ण एवं तकनीकी परामर्श उपलब्ध कराएगा। इसमें आर्थिक मोर्चे पर राष्ट्रीय और अंतर्राष्ट्रीय आयात, अन्य देशों की बेहतरीन पद्धतियों का प्रसार, नए नीतिगत विचारों का समावेश और विशिष्ट विषयों पर आधारित समर्थन से संबंधित मामले शामिल होंगे।

नीति आयोग के वर्तमान सदस्य

1. **अध्यक्ष**—प्रधानमंत्री नरेन्द्र मोदी
2. **मुख्य कार्यकारी अधिकारी**—अमिताभ कांत
3. **उपाध्यक्ष**—राजीव कुमार
4. **पदेन-सदस्य**—राजनाथ सिंह, अरूण जेटली, सरेश प्रभु और राधा मोहन सिंह
5. **विशेष आमंत्रित सदस्य**—नितिन गडकरी, स्मृति ईरानी और थावर चंद गहलोत
6. **गवर्नर काउंसिल**—राज्यों के मुख्यमंत्री और केन्द्रशासित प्रदेशों के उपराज्यपाल।
7. **पूर्णकालिक सदस्य**—बिबेक देव रॉय (अर्थशास्त्री), वी.के. सारस्वत (पूर्व डीआरडीओ प्रमुख) और रमेश चंद्र (कृषि विशेषज्ञ)

परिवर्तन की आवश्यकता

इस भावना को प्रदर्शित करते हुए और नए भारत के बदले माहौल में शासन और नीति के संस्थानों को नई चुनौतियों को अपनाने की जरूरत है, ऐसा प्रस्ताव में कहा गया है।

ऐसा माना जा रहा है कि योजना आयोग को समाप्त कर नीति आयोग लाने की सबसे बड़ी वजह राज्यों की आवाज़ को और अधिक महत्त्व देना है। पहली बार मुख्यमंत्री रहते हुए प्रधानमंत्री चुने गए नरेन्द्र मोदी ने अवश्य ही अपने मुख्य मंत्रित्वकाल में राज्यों की भागीदारी में कमी महसूस की होगी।

नीति आयोग की स्थापना हेतु लाए गए प्रस्ताव में मुख्यतः निम्न बिन्दुओं के कारण इसकी आवश्यकता जताई गई थी—

- नए भारत को एक प्रशासनिक बदलाव की जरूरत है।
- सरकार को कानून बनाने, नीति निर्माण करने तथा विनियमन पर ध्यान केन्द्रित करना चाहिए।
- इस बात पर ध्यान केन्द्रित करना चाहिए कि किसानों को उनकी उपज से वास्तविक लाभ प्राप्त हो।
- मध्यवर्ग की क्षमता का पूर्ण दोहन किया जाना चाहिए।
- भविष्य की राष्ट्रीय नीतियों में प्रवासी भारतीय समुदाय की ताकत को समावेशित किया जाना चाहिए।
- सरकार और शासन उच्च पारदर्शित के वातावरण में चलाया जाना चाहिए।
- राष्ट्रीय विकास के हिस्सेदारी वाले दृष्टिकोण को मानव गरिमा, राष्ट्रीय आत्मसम्मान और समावेशी टिकाऊ पथ पर आधारित होना चाहिए।
- विज्ञान प्रौद्योगिकी और ज्ञानपूर्ण अर्थव्यवस्था के मोर्चों पर कार्य करने के लिए हमें अपने युवाओं को उत्पादक अवसर उपलब्ध कराने के लिए कार्य करना चाहिए।
- गांव हमारे लोकाचार, संस्कृति और जीविका के सुदृढ़ आधार हैं। इन्हें विकास की प्रक्रिया में पूर्ण रूप से संस्थागत बनाए जाने की जरूरत है।
- भारत में 50 मिलियन से अधिक छोटे व्यापार हैं। इस क्षेत्र को आवश्यक सहायता प्रदान करने पर ध्यान दिया जाना चाहिए।
- हमारी पर्यावरण एवं पारिस्थितिकीय परिसम्पत्तियां शाश्वत हैं। इन्हें संरक्षित और रक्षित किया जाना चाहिए।

नीति आयोग के उद्देश्य

जिन कारणों से योजना आयोग के स्थान पर नीति आयोग की जरूरत है, उसके लिए इसके कुछ उद्देश्य निर्धारित किए गए हैं। प्रमुख उद्देश्य ये हैं—

- राज्यों की सक्रिय भागीदारी के साथ राष्ट्रीय विकास प्राथमिकताओं, क्षेत्रों और रणनीतिज्ञों का एक साझा दृष्टिकोण विकसित करना।
- प्रधानमंत्री और मुख्यमंत्री को राष्ट्रीय एजेण्डा का प्रारूप उपलब्ध कराना।
- सहयोगपूर्ण संघवाद को बढ़ावा देना।
- ग्राम स्तर पर विश्वसनीय योजना तैयार करने के लिए तंत्र विकसित करना।
- आर्थिक कार्यनीति में राष्ट्रीय सुरक्षा के हितों को शामिल करना।
- समाज के उन वर्गों पर विशेष रूप से ध्यान देना जिन तक आर्थिक प्रगति से उचित प्रकार से लाभान्वित न हो पाने का जोखिम हो।
- रणनीतिक और दीर्घावधिक कार्यक्रम का ढांचा तैयार करना।
- राष्ट्रीय और अंतर्राष्ट्रीय थिंक टैंक और शैक्षिक एवं नीति अनुसंधान संस्थानों के बीच भागीदारी के लिए परामर्श और प्रोत्साहन देना।
- कार्यक्रमों और नीतियों के क्रियान्वयन के लिए प्रौद्योगिकी उन्नयन और क्षमता निर्माण पर बल प्रदान करना।
- बल प्रदान करना।

गठन प्रारूप

नीति आयोग का गठन निम्न प्रकार से होगा—

- **अध्यक्ष**—भारत का प्रधानमंत्री
- **गवर्नर काउंसिल**—राज्यों के मुख्यमंत्री और केन्द्रशासित प्रदेशों के उपराज्यपाल
- **क्षेत्रीय परिषद**—विशिष्ट मुद्दों और ऐसे आकस्मिक मामले जिनका संबंध एक से अधिक राज्य क्षेत्र से हो, के लिए।
- बैठक प्रधानमंत्री के निर्देश पर होगी।
- परिषद में संबंधित क्षेत्र के राज्यों के मुख्यमंत्री और केन्द्रशासित प्रदेशों के उपराज्यपाल शामिल होंगे।
- विशेष आमंत्रित सदस्य-प्रधानमंत्री द्वारा नामित
- **उपाध्यक्ष**—प्रधानमंत्री द्वारा नियुक्त
- **सदस्य**—पूर्ण कालिक एवं अंशकालिक
- **पदेन सदस्य**—केन्द्रीय मंत्रिपरिषद से अधिकतम चार सदस्य, प्रधानमंत्री द्वारा नामित
- **मुख्य संचालन अधिकारी**—भारत सरकार के सचिव स्तर का अधिकारी, प्रधानमंत्री द्वारा नियुक्त
- **सचिवालय**—आवश्यकतानुसार

राष्ट्रीय विकास परिषद (National Development Council)

राष्ट्रीय विकास परिषद की स्थापना प्रथम पंचवर्षीय योजना के प्रारूप में की गई अनुशंसा के आधार पर भारत सरकार के कार्यकारी प्रस्ताव द्वारा अगस्त, 1952 में हुई थी। योजना आयोग की तरह ही राष्ट्रीय विकास परिषद संविधानेत्तर निकाय है।

राष्ट्रीय विकास परिषद की स्थापना सरकार ने योजना को प्रभावी बनाने के लिए साधनों तथा प्रयासों को एकत्रित करने और देश के सभी

भागों के संतुलित एवं तीव्र विकास के लिये की है। यह योजना आयोग की प्रमुख परामर्शदात्री संस्थानों में से एक है जिसका प्रमुख कार्य योजना के क्षेत्र में केन्द्रीय सरकार राज्य सरकारों तथा योजना आयोग के बीच समन्वय बनाये रखना है। यह अपनी सिफारिशों को केन्द्र एवं राज्य सरकारों को भेजती है। वर्ष में दो बार इसका बैठक होना आवश्यक है।

संरचना

राष्ट्रीय विकास परिषद् की संरचना इस प्रकार है—

- भारत के प्रधानमंत्री (अध्यक्ष के रूप में)
- मंत्रिमण्डल स्तर के सभी केन्द्रीय मंत्री (वर्ष 1967 से)
- सभी राज्यों के मुख्यमंत्री
- सभी संघशासित राज्यों के मुख्यमंत्री/प्रशासक
- योजना आयोग के सदस्य

योजना आयोग का सचिव राष्ट्रीय विकास परिषद् का भी सचिव होता है। राष्ट्रीय विकास परिषद् को कार्यों के निष्पादन में योजना आयोग से प्रशासनिक और अन्य तरह की सहायता की प्राप्त होती है।

उद्‌देश्य

राष्ट्रीय विकास परिषद की स्थापना निम्नलिखित उद्‌देश्यों से की गई थी—

- राष्ट्रीय विकास परिषद् का मुख्य उद्‌देश्य योजना को कार्यरूप देने में राज्यों का सहयोग प्राप्त करना है।
- योजना/योजनाओं के समर्थन में राष्ट्र के प्रयासों और संसाधनों को सुदृढ़ता और गतिशीलता प्रदान करना।
- सभी महत्त्वपूर्ण क्षेत्रों में समान आर्थिक नीतियों को बढ़ावा देना।
- देश के सभी भागों में त्वरित एवं संतुलित विकास सुनिश्चित करना।

विकास परिषद् के कार्य (Functions of the Development Council)

उपर्युक्त उद्‌देश्यों की पूर्ति के लिए वर्ष 1952 के प्रस्ताव (जिसके फलस्वरूप परिषद् का गठन हुआ) द्वारा राष्ट्रीय विकास परिषद् को कार्य सौंपे गए थे। इन कार्यों को वर्ष 1967 में प्रशासनिक सुधार आयोग की अनुशंसा के आधार पर संशोधित और पुनर्परिभाषित किया गया था। संशोधित कार्यों की सूची इस प्रकार है—

- राष्ट्रीय योजना की तैयारी के लिए मार्ग-निर्देश निर्धारित करना।
- योजना आयोग द्वारा तैयार की गई राष्ट्रीय योजना पर विचार करना।
- योजना को कार्यान्वित करने के लिए अपेक्षित संसाधनों का आकलन करना और उनको बढ़ाने के उपाय सुझाना।
- राष्ट्रीय विकास को प्रभावित करने वाले सामाजिक और आर्थिक महत्त्व के विषयों पर विचार करना।
- राष्ट्रीय योजना से संबंधित कार्यों की समय-समय पर समीक्षा करना।
- राष्ट्रीय योजना में निर्धारित उद्‌देश्यों और लक्ष्यों की प्राप्ति के उपाय सुझाना।

योजना आयोग द्वारा तैयार पंचवर्षीय योजना के प्रारूप को पहले केन्द्रीय मंत्रिमण्डल को प्रस्तुत किया जाता है। इसकी स्वीकृति के बाद उसे राष्ट्रीय विकास परिषद के समक्ष स्वीकृति के लिए रखा जाता है। इसके बाद योजना को संसद में रखा जाता है। संसद की स्वीकृति के बाद इसे अधिकारिक योजना माना जाता है और तब इसे भारत के राजपत्र में प्रकाशित कर दिया जाता है।

राष्ट्रीय महिला आयोग

राष्ट्रीय महिला आयोग की स्थापना राष्ट्रीय आयोग अधिनियम, 1990 के अधीन एक वैधानिक निकाय के रूप में जनवरी 1992 में की गयी थी। इस आयोग का कार्य महिलाओं के लिए संवैधानिक और कानूनों सुरक्षापायों की समीक्षा करना, वैधानिक उपचारी उपायों का सुझाव देना, शिकायतों के निपटान को बढ़ावा देना और महिला को प्रभावित करने वाले सभी नीतिगत मामलों पर सरकार को परामर्श देना है।

इस आयोग को महिलाओं के संवैधानिक और कानूनी सुरक्षा के अधिकारों को लागू कराने तथा महिलाओं से संबंधित आवश्यक संशोधनों और व्यवस्थाओं से संबंधित सुझाव देने का दायित्व सौंपा गया है। महिला आयोग अधिनियम, 1990 के तहत 1993 में राष्ट्रीय महिला कोष का गठन किया गया जो स्वरोज़गार हेतु प्रयासरत महिलाओं तथा महिला समूहों को आर्थिक सहायता उपलब्ध कराता है। राष्ट्रीय महिला आयोग के वर्तमान अध्यक्ष श्रीमति ललिता कुमारमंगलम हैं।

संरचना

इस आयोग में शामिल हैं—

- महिलाओं के हित के लिए प्रतिबद्ध केन्द्र सरकार द्वारा मनोनीत एक अध्यक्ष।
- केन्द्र सरकार द्वारा विधि या विधायन, मजदूर संघ, औद्योगिक प्रबन्धन, महिलाओं के स्वैच्छिक संगठन, प्रशासन, आर्थिक विकास, स्वास्थ्य, शिक्षा या सामाजिक कल्याण के क्षेत्रों में अनुभव प्राप्त लोगों में से पाँच लोगों को सदस्य के रूप में मनोनीत किया जाता है। इनमें अनुसूचित जातियों एवं अनुसूचित जनजातियों से जुड़े एक-एक सदस्य का होना भी आवश्यक है।
- केन्द्र सरकार द्वारा एक सदस्य सचिव को मनोनीत किया जाता है जो कि—
    1. प्रबन्धन, संगठनात्मक संरचना या सामाजिक आंदोलन के क्षेत्र में अनुभव रखता है या
    2. संघ की लोक सेवाओं का एक सदस्य या अखिल भारतीय सेवा का एक सदस्य या उपयुक्त अनुभव के साथ संघ के अधीन किसी नागरिक पद को धारण करने वाला अधिकारी होता है।

कार्यकाल, पदच्युति और सेवा-शर्तें

- आयोग का कार्यकाल 3 वर्ष का होता है। सदस्य सचिव को छोड़कर कोई भी सदस्य या अध्यक्ष सरकार को सम्बोधित त्याग-पत्र के माध्यम से अपने पद को छोड़ सकता है।

- केन्द्र सरकार अध्यक्ष या उसके किसी सदस्य को उसके पद से हटा सकती है यदि वह व्यक्ति—
    1. दिवालिया घोषित हो जाता है।
    2. एक ऐसे अपराध के लिए दोषी ठहराया जाता है या कैद की सज़ा प्राप्त करता है जो कि केन्द्र सरकार की दृष्टि में अनैतिक है।
    3. मानसिक रूप से विकृत हो जाता है और किसी सक्षम अदालत द्वारा ऐसा घोषित कर दिया जाता है।
    4. कार्य करने में अक्षम हो जाता है या कार्य करने से मना कर देता है।
    5. आयोग को सूचित किए बिना आयोग की लगातार तीन बैठकों में अनुपस्थित रहता है।
    6. केन्द्र सरकार के मतानुसार यदि वह पद पर रहते हुए सार्वजनिक हित के लिए घातक माना जाता है।
- अध्यक्ष एवं सदस्यों को नियमानुसार वेतन भत्ते दिये जाते हैं और उन पर अन्य शर्तें और सेवा-शर्तें लागू होती हैं।

आयोग के कार्य

- महिलाओं के लिए संविधान और अन्य विधियों के अधीन उपबंधित रक्षोपायों से संबंधित सभी विषयों का अन्वेषण और परीक्षण करना।
- उन रक्षोपायों से कार्यकारण के बारे में प्रति वर्ष, और अन्य समयों पर जो आयोग ठीक समझे केन्द्रीय सरकार को रिपोर्ट देना।
- ऐसी रिपोर्टों को महिलाओं की दशा सुधारने के लिए संघ या किसी राज्य सरकार द्वारा उन रक्षापायों के प्रभावी क्रियान्वयन के लिए सिफारिश करना।
- संविधान और अन्य विधियों में महिलाओं को प्रभावित करने वाले विद्यमान उपबंधों का समय-समय पर पुनरावलोकन करना और उनके संशोधनों की सिफारिश करना जिससे कि ऐसे विधानों में किसी कमी अपर्याप्तता या त्रुटियों को दूर करने के लिए उपचारी विधायी उपायों का सुझाव दिया जा सके।
- संविधान और अन्य विधियों के उपबंधों में महिलाओं से संबंधित अतिक्रमण के मामलों को समुचित प्राधिकारियों के समक्ष उठाना।
- निम्नलिखित से संबंधित विषयों पर शिकायतों की जाँच करना और स्वप्रेरणा से ध्यान देना—
    1. महिलाओं के अधिकारों का वंचन
    2. महिलाओं को संरक्षण प्रदान करने के लिए और समता तथा विकास का उद्देश्य प्राप्त करने के लिए अधिनियमित विधियों का क्रियान्वयन।
    3. महिलाओं की कठिनाइयों को कम करने और उनका कल्याण सुनिश्चित करने तथा उनको अनुतोष उपलब्ध कराने के प्रयोजनार्थ नीतिगत विनिश्चयों, मार्गदर्शक सिद्धांतों या अनुदेशों का पालन करना और ऐसे विषयों से उद्भूत प्रश्नों को समुचित प्राधिकारियों के समक्ष उठाना।
- महिलाओं के विरुद्ध विभेद और अत्याचारों से उद्भूत विर्निदिष्ट समस्याओं या स्थितियों का विशेष अध्ययन या अन्वेषण कराना और बाधाओं का पता लगाना, जिससे उनको दूर करने की कार्य योजनाओं की सिफारिश की जा सके।
- संवर्धन और शिक्षा संबंधी अनुसंधान करना जिससे महिलाओं का सभी क्षेत्रों में सम्यक प्रतिनिधित्व सुनिश्चित करने के उपायों का सुझाव दिया जा सके और उनकी उन्नति में अड़चन डालने के लिए उत्तरदायी कारणों का पता लगाना जैसे कि आवास की बुनियादी सेवाओं की कमी, उबाउपन और उपजीविकाजन्य, स्वास्थ्य परिसंकटों को कम करने के लिए और महिलाओं की उत्पादकता की वृद्धि के लिए सहायक सेवाओं और प्रौद्योगिकी की अपर्याप्तता आदि।
- महिलाओं में सामाजिक-आर्थिक विकास की प्रगति का मूल्यांकन करना।
- किसी जेल, सुधार गृह, महिलाओं की संस्था या अभिरक्षा के अन्य स्थान का जहां महिलाओं को बंदी के रूप में या अन्यथा रखा जाता है, निरीक्षण करना या करवाना और उपचारी कार्यवाही के लिए यदि आवश्यक हो, संबंधित प्राधिकारियों से बातचीत करना।
- बहुसंख्यक महिलाओं को प्रभावित करने वाले प्रश्नों से संबंधित मुकदमों के लिए धन उपलब्ध करवाना।
- महिलाओं से संबंधित किसी बात के और विशिष्टयता उन विभिन्न कठिनाइयों के बारे में जिनके अधीन महिलाएँ कार्यरत हैं, सरकार को समय-समय पर रिपोर्ट देना।
- कोई अन्य विशेष विषय जो केन्द्रीय सरकार निर्दिष्ट करे।

राष्ट्रीय-मानवाधिकार आयोग (National Human Right Commision)

राष्ट्रीय आयोग में अध्यक्ष के अलावा अन्य चार सदस्य होते हैं। 'मानव अधिकार सुरक्षा अधिनियम' के अधीन गठित राष्ट्रीय अधिकार आयोग में निम्नलिखित सदस्य शामिल किए जाते हैं:

- इस आयोग की अध्यक्षता भारतीय सर्वोच्च न्यायालय का एक पूर्व मुख्य न्यायाधीश करेगा।
- एक सदस्य वह जो कि सर्वाच्च न्यायालय का न्यायाधीश को या वह रह चुका हो।
- एक सदस्य वह जो कि उच्च न्यायालय का न्यायाधीश हो या रह चुका हो।
- मानव अधिकारों से संबंधित विशेष ज्ञान रखने वाले दो व्यक्ति।
- इन सदस्यों के अलावा कुछ विशेष कार्यों के लिए अल्पसंख्यक आयोग, अनुसूचित जाति व जन-जातियों से सम्बन्धित राष्ट्रीय आयोग, महिलाओं से संबंधित राष्ट्रीय आयोग के अध्यक्षों को भी कुछ समय के लिए मानव अधिकार आयोग के सदस्यों के रूप में नियुक्ति की जा सकती है। इनकी नियुक्ति का वर्णन दिसम्बर, 1993 में संसद द्वारा पारित अधिनियम में किया गया है।

आयोग के अध्यक्ष व अन्य सदस्यों की नियुक्ति

राष्ट्रीय मानव अधिकार आयोग के अध्यक्ष व अन्य सदस्यों की नियुक्ति राष्ट्रपति द्वारा की जाती है। इनकी नियुक्ति राष्ट्रपति एक समिति के द्वारा की गई सिफारिशों के आधार पर करता है। जिसमें निम्नलिखित सदस्य होते हैं:

- समिति का अध्यक्ष भारत का प्रधानमंत्री,
- लोकसभा का अध्यक्ष,
- गृहमंत्री या आंतरिक सुरक्षा राज्यमंत्री,
- लोकसभा में विरोधी दल का नेता,
- राज्यसभा का उप-सभापति,
- राज्यसभा में विरोधी दल का नेता।

राष्ट्रपति इस समिति की सिफारिश के बिना राष्ट्रीय मानव अधिकार आयोग में किसी भी सदस्य की नियुक्ति नहीं कर सकता। मानव अधिकार आयोग में शामिल सर्वोच्च न्यायालय के न्यायाधीश व उच्च न्यायालय के न्यायाधीश की नियुक्ति सर्वाच्च न्यायालय के मुख्य न्यायाधीश की सलाह के बिना नहीं हो सकती।

सदस्यों का कार्यकाल

दिसम्बर, 1993 में पारित मानव अधिकार सुरक्षा अधिनियम के अनुसार मानव अधिकार आयोग के अध्यक्ष की नियुक्ति 5 वर्ष के लिए की जाती है, परंतु यदि वह 5 वर्ष की अवधि पूरी होने से पहले 70 वर्ष का हो जाए तो उसे इस पद से सेवा-निवृत्त होना पड़ता है। आयोग का कोई भी सदस्य 70 वर्ष के बाद अपने पद पर कायम नहीं रह सकता है। आयोग के अन्य सदस्यों की नियुक्ति भी पांच वर्ष के लिए की जाती है और पांच वर्ष के पश्चात् भी सदस्यों को पुन: अपने पद पर नियुक्त किया जा सकता है। सेवा निवृत्ति के पश्चात् मानव अधिकार आयोग के सदस्य केन्द्र सरकार या राज्य सरकार के किसी भी लाभकारी पद पर नियुक्त नहीं किए जा सकते हैं।

मानव अधिकार आयोग के कार्य और शक्तियां

- भारत के किसी भी क्षेत्र में मानव अधिकारों की अवहेलना होने पर उनकी जांच-पड़ताल मानव अधिकार आयोग, पीड़ित व्यक्ति की प्रार्थना पर करता है।
- आयोग लोक-कल्याणकारी अधिकारी द्वारा मानव अधिकारों के उल्लंघन को रोकने में की गई ढील की जांच-पड़ताल करता है।
- आयोग मानव-अधिकारी के क्षेत्र में गैर-सरकारी संस्थाओं द्वारा उठाए जा रहे कदमों को प्रोत्साहित करता है।
- आयोग संविधान व राष्ट्रीय कानूनों में वर्णित मानव अधिकारों से संबंधित व्यवस्था पर विचार करता है और उन्हें प्रभावशाली ढंग से लागू करने की सिफारिश करता है।
- आयोग मानव अधिकारों के उल्लंघन से सम्बन्धित किसी भी अदालत में चल रही कार्यवाही में उस अदालत की स्वीकृति से हिस्सा ले सकता है।
- आयोग मानव अधिकारों से सम्बन्धित अंतर्राष्ट्रीय संधियाँ और लेखों का अध्ययन करता है और उसे कार्यरूप देने की सिफारिश करता है।
- आयोग किसी भी राज्य की जेल या ऐसी जगहों पर जहां मनुष्यों को नज़रबंद रखा गया होता है, का दौरा कर सकता है।
- आयोग आतंकवादी कार्यवाहियों समेत उन सभी तथ्यों संबंधी कानूनों आदि पर पुन: विचार करता है जो कि मानव अधिकारों को लागू करने के मार्ग में बाधक है।
- मानव अधिकार आयोग मानव अधिकारों से संबंधित जानकारी समाज के विभिन्न वर्गों को देता है।
- आयोग मानव अधिकारों के क्षेत्र में विस्तार के प्रयास करता है और इसके विकास के लिए प्रयत्नशील रहता है।
- मानव अधिकार आयोग मानव अधिकारों के उल्लंघन से सम्बन्धित किसी भी तरह की सूचना या रिपोर्ट केन्द्र सरकार, राज्य सरकार या सम्बन्धित संस्था से मांग सकता है।
- मानव अधिकार आयोग को यदि निश्चित समय के भीतर संबंधित संस्था से मानव अधिकारों के उल्लंघन की रिपोर्ट नहीं मिलती तो आयोग स्वयं उनकी जांच-पड़ताल शुरू कर देता है।
- आयोग रिपोर्ट मिलने पर अगर यह अनुभव करे कि मानव अधिकारों का उल्लंघन करने वाले अधिकारियों को या संस्था को दण्ड दिया जा चुका है और उनके विरुद्ध आवश्यक कार्यवाही कर ली गई है तो इसकी सूचना वह पीड़ित व्यक्ति को देता है।

बाल अधिकार संरक्षण आयोग (Child Rights Protection Commission)

बच्चे किसी भी देश के भविष्य होते हैं। बच्चों के अधिकारों का संरक्षण अत्यंत आवश्यक होता है। इसी संदर्भ में केन्द्र सरकार ने बाल अधिकार संशोधन अधिनियम, 2006 पारित किया और इसके आधार पर 23 फरवरी, 2007 को बाल अधिकार संरक्षण आयोग का गठन किया गया। यह एक वैधानिक संस्था है।

संरचना

- इस आयोग में अध्यक्ष समेत सात सदस्य होते हैं।
- आयोग का अध्यक्ष पद महिला के लिए आरक्षित होता है।
- आयोग में अध्यक्ष के अतिरिक्त छ: सदस्य होते हैं, जिनमें से चार महिलाओं के लिए आरक्षित हैं।
- सदस्यों के लिए सम्बन्धित क्षेत्र में 10 वर्ष के अनुभव का प्रावधान किया गया है।
- अध्यक्ष का चुनाव एक समिति द्वारा किया जाएगा, जिसमें प्रधानमंत्री, दोनों सदनों के विपक्ष के नेता, गृहमंत्री, एवं मानव संसाधन मंत्री होंगे।
- राज्य बाल आयोग का गठन भी राज्यों के लिए अनिवार्य कर दिया गया है।

कार्य एवं शक्तियां

- बाल अधिकारों के क्षेत्र में अनुसंधान करना।
- बाल अधिकारों के प्रति जागरूकता बढ़ाना।
- केन्द्र या राज्य सरकारों के तहत आने वाले किशोर सुधार गृहों का निरीक्षण।
- बच्चों की चिकित्सा और सुधार का बंदोबस्त करना।
- गरीब बच्चों के अधिकारों से संबंधित मामलों पर ध्यान देना।
- बच्चों से जुड़ी शिकायतों की जांच करना।
- बच्चों को आतंकवाद, सम्प्रदायिक हिंसा, घरेलू हिंसा, एड्स, वेश्यावृत्ति आदि से बचाने हेतु कदम उठाना।
- बच्चों से जुड़े कार्यक्रमों, अंतर्राष्ट्रीय संधियों और मौजूदा नीतियों की समीक्षा कर बच्चों के हित में उन्हें लागू करना।

निर्वाचन आयोग (Election Commission)

भारत का संविधान भारत में एक लोकतांत्रिक सरकार की स्थापना करता है। इसमें प्रत्येक पांच वर्ष की अवधि या आवश्यक होने पर उसके पूर्व भी जनता निर्वाचन के माध्यम से अपने उन प्रतिनिधियों का चयन करती है जिन्हें वह शासन सत्ता सौंपना चाहती है। भारत विश्व का सबसे बड़ा लांकतांत्रिक देश है। विशाल देश में निर्वाचन के उत्तरदायित्वपूर्ण कार्य के सम्पादन के लिए संविधान निर्माताओं ने एक स्वतंत्र निकाय-निर्वाचन आयोग का प्रावधान किया है। संविधान के प्रावधान के अनुसार निर्वाचन आयोग की स्थापना 1950 में की गई है।

संरचना

- भारतीय संविधान के अनुच्छेद-324 में चुनाव व्यवस्था के अधीक्षण, निर्देशन एवं नियंत्रण का कार्य भारत में संवैधानिक मान्यता प्राप्त, स्वतंत्र एवं निष्पक्ष चुनाव आयोग को सौंपा गया है।
- चुनाव आयोग में एक मुख्य चुनाव आयुक्त तथा ऐसे अन्य आयुक्त होंगे, जिन्हें राष्ट्रपति समय-समय पर नियुक्त करे।
- मुख्य निर्वाचन आयुक्त तथा अन्य निर्वाचन आयुक्तों की नियुक्ति संसद द्वारा निर्मित किसी विधि के अधीन रहते हुए राष्ट्रपति द्वारा की जाती है।
- राष्ट्रपति निर्वाचन आयोग से परामर्श कर वांछित क्षेत्रीय चुनाव आयुक्तों की नियुक्ति करता है। ये क्षेत्रीय चुनाव आयुक्त चुनाव आयोग के सहायक तंत्र के रूप में कार्य करते हैं।

1950 से 15 अक्टूबर, 1989 तक निर्वाचन आयोग एक सदस्यी निकाय के रूप में कार्य करता था, जिसमें केवल मुख्य निर्वाचन अधिकारी होता था। मत देने की न्यूनतम आयु 21 से 18 वर्ष करने के बाद 16 अक्टूबर, 1989 को राष्ट्रपति ने आयोग के काम के भार को कम करने के लिए दो अन्य निर्वाचन आयुक्तों को नियुक्त किया। इसके बाद, आयोग बहुसदस्यीय संस्था के रूप में कार्य करने लगा, जिसमें तीन निर्वाचन आयुक्त हैं। हालांकि 1990 में दो निर्वाचन आयुक्तों के पद को समाप्त कर दिया गया और स्थिति एक बार पहले की तरह हो गई। एक बार फिर अक्टूबर 1993 में दो निर्वाचन आयुक्तों को नियुक्त किया गया। इसके बाद से अब तक आयोग बहुसदस्यीय संस्था के तौर पर काम कर रहा है, जिसमें तीन निर्वाचन आयुक्त है।

आयोग के कार्य एवं शक्तियां

चुनाव आयोग के कार्य एवं शक्तियां वृहद् हैं। आम चुनावों के दौरान समस्त प्रशासन चुनाव आयोग के निर्देशन में कार्य करता है। निर्वाचन आयाग के कार्य व शक्तियों के तीन क्षेत्र हैं—प्रशासनिक, परामर्शदात्री तथा अर्द्ध-न्यायिक। संविधान के अनुसार संसद तथा राज्य विधानमण्डलों के लिए कराए जाने वाले सभी निर्वाचनों के लिए तथा राष्ट्रपति और उपराष्ट्रपति के पदों के लिए निर्वाचक नामावली तैयार करने और उन सभी निर्वाचनों के संचालन का अधीक्षण, निर्देशन और नियंत्रण निर्वाचन आयोग का कर्तव्य है, जिन्हें पूरा करने के लिए निर्वाचन आयोग को निम्नलिखित कार्य करने पड़ते हैं—

- निर्वाचन क्षेत्रों का परिसीमन,
- निर्वाचक नामावली तैयार करना,
- राजनीतिक दलों को मान्यता देना,
- राजनीतिक दलों को आरक्षित चुनाव चिन्ह प्रदान करना,
- निर्वाचन की तिथि और समय-सारणी निर्धारित करना एवं नामांकन पत्रों की जांच करना,
- निर्वाचन के समय दलों व उम्मीदवारों के लिए आचार संहिता तैयार करना।
- चुनाव में अनियमितताओं के आधार पर निर्वाचन रद्द करना।

राष्ट्रीय अल्पसंख्यक आयोग (National Minorities Commission)

भारतीय संविधान की उद्देशिका में धर्मनिरपेक्ष भारत और भारत के सभी नागरिकों को धर्म और उपासना की स्वतंत्रता उपलब्ध कराने का संवैधानिक लक्ष्य है। इन्हीं लक्ष्यों को ध्यान में रखते हुए मौलिक अधिकारों में अल्पसंख्यकों के हितों की रक्षा के लिए विभिन्न प्रावधान किए गए हैं। इसी दिशा में अल्पसख्ंयकों के हितों की सुरक्षा और धर्मनिरपेक्ष को बनाए रखने के लिए भारत सरकार द्वारा 1978 में एक संकल्प द्वारा अल्पसंख्यक आयोग की स्थापना की गई। अल्पसंख्यक आयोग को संवैधानिक दर्जा देने के लिए अल्पसंख्यक आयोग अधिनियम 1992 में पारित किया गया।

संरचना

आयोग एक अध्यक्ष, उपाध्यक्ष व पांच अन्य सदस्यों से मिलकर गठित होगा, जिन्हें केन्द्र सरकार द्वारा विख्यात, योग्य व सिद्धांत वाले व्यक्तियों में से नाम निर्दिष्ट किया जाएगा। इनमें अध्यक्ष सहित पांच सदस्य अल्पसंख्यक समुदाय से होंगे।

आयोग के प्रमुख कार्य

- संघ और राज्यों में अल्पसंख्यकों के विकास का चरणबद्ध ढंग से अध्ययन।
- संविधान द्वारा प्रदत्त उपायों और संसद तथा राज्य विधानमंडलों द्वारा बनाए गए कानूनों के क्रियान्वयन को 'मानीटर' करना।
- केन्द्र सरकार या राज्य सरकारों द्वारा अल्पसंख्यकों के हितों की रक्षा के लिए निश्चित उपायों के प्रभावी क्रियान्वयन के लिए सिफारिशें करना।
- अल्पसंख्यकों के अधिकारों तथा पूर्वापायों के हनन या समाप्ति से संबंधित खास-खास शिकायतों की पड़ताल करना तथा उन्हें उपयुक्त अधिकारियों तक ले जाना।
- अल्पसंख्यकों के विरुद्ध भेदभाव के कारण उत्पन्न समस्याओं पर अध्ययनों को प्रेरित करना और इन भेदभावों को समाप्त करने के लिए विभिन्न उपायों का सुझाव देना।
- अल्पसंख्यकों के सामाजिक-आर्थिक तथा शैक्षिक विकास से संबद्ध मुद्दों पर शोध।
- केन्द्र या राज्यों का ध्यान आकृष्ट करने वाले किसी अल्पसंख्यक समूह के परिप्रेक्ष्य में उपयुक्त उपायों का सुझाव देना।
- अल्पसंख्यकों से संबद्ध किसी मुद्दे पर और खासकर उनकी कठिनाइयों के संदर्भ में केन्द्र रकार के समक्ष विशेष रिपोर्ट प्रस्तुत करना।

राष्ट्रीय अल्पसंख्यक शैक्षणिक संस्था आयोग

किसी शैक्षणिक संस्था को अल्पसंख्यक दर्जा देने और उसे देश के किसी भी विश्वविद्यालय से संबद्ध कराने में आने वाली बाधाओं को दूर करने वाले राष्ट्रीय अल्पसंख्यक शैक्षणिक संस्था आयोग (संशोधन) अधिनियम, 2006 के अनुसार अब राज्य सरकार अल्पसंख्यक शैक्षणिक संस्थाओं को अनापत्ति पत्र (एनओसी) देने में आनाकानी नहीं कर सकते। अब राज्य सरकार को आवेदन पत्र मिलने के बाद 60वें दिन के अंदर जवाब देना होगा अन्यथा संबद्ध शैक्षणिक संस्था आयोग के पास आ सकती है जो राज्य सरकार से पूछताछ कर उसे अल्पसंख्यक दर्जा प्रदान कर सकेगा।

जामिया मिलिया इस्लामिया विश्वविद्यालय को अल्पसंख्यक संस्थान का दर्जा

राष्ट्रीय अल्पसंख्यक शैक्षणिक संस्थान आयोग (एनसीएनईआई) ने जामिया मिलिया इस्लामिया यूनिवर्सिटी को अल्पसंख्यक संस्थान का दर्जा दिया है। न्यायमूर्ति एमएसए सिद्दीकी की अध्यक्षता वाली तीन सदस्यीय पीठ ने यह बहुप्रतीक्षित फैसला सुनाया। इस प्रकार जामिया मिलिया इस्लामिया विश्वविद्यालय देश का पहला अल्पसंख्यक केन्द्रीय विश्वविद्यालय बन गया।

राष्ट्रीय ज्ञान आयोग (National Knowledge Commission)

राष्ट्रीय ज्ञान आयोग का गठन 13 जून, 2005 को सैम पित्रोदा की अध्यक्षता में किया गया। इस आयोग ने अपनी पहली रिपोर्ट प्रधानमंत्री को 12 जनवरी, 2007 को सौंपी तथा द्वितीय रिपोर्ट 19 जनवरी, 2008 को सौंपी। वर्तमान में राष्ट्रीय ज्ञान आयोग के प्रथम अध्यक्ष सैम पित्रोदा हैं।

ज्ञान आयोग की सिफारिशें

राष्ट्रीय ज्ञान आयोग ने निम्नलिखित सिफारिशें की हैं—

- जनता की ज्ञान तक पहुँच सुनिश्चित की जाए।
- युवा जनसंख्या की बौद्धिक व कौशल क्षमता में सुधार किया जाए।
- विज्ञान एवं तकनीक में सृजनात्मक ज्ञान को बढ़ावा दिया जाए।
- ज्ञान का प्रयोग कृषि व उद्योग में बढ़ाया जाए।
- योजना आयोग 11वीं पंचवर्षीय योजना में शिक्षा के लिए अधिक राशि खर्च करे।
- उच्च बैण्डविथ क्षमता वाला 'नेशनल नॉलेज नेटवर्क' स्थापित करना।
- ऑल इण्डिया काउन्सिल फॉर टेक्नीकल एजुकेशन की स्थापना की जाए।
- शिक्षा व्यवस्था वैश्वीकरण के अनुरूप रोजगारपरक बनाया जाए।
- विज्ञान, गणित, इंजीनियरिंग विषयों में छात्रों की रूचि को बढ़ाया जाए।
- कॉलेज विश्वविद्यालय को नेटवर्क द्वारा जोड़ा जाए।
- चिकित्सा, कानून और प्रबंधन शिक्षा में स्वायत्ता लाई जाए।
- अंग्रेज़ी भाषा को पहली कक्षा से अनिवार्य किया जाए।
- एक ग्लोबल टेक्नोलॉजी एजुकेशन फण्ड स्थापित किया जाए।
- जल, ऊर्जा, पर्यावरण, शिक्षा, स्वास्थ्य, कृषि, रोजगार आदि की जानकारी जनसामान्य तक सुलभ बनाने के लिए पोर्टल बनाए जाए।

केन्द्रीय सूचना आयोग (Central Information Commission)

केन्द्र एवं राज्य सरकारों के कामकाज में पारदर्शिता लाने के लिए संसद द्वारा मई 2005 में पारित सूचना के अधिकार अधिनियम को 12 अक्टूबर, 2005 से लागू किया गया है। जम्मू-कश्मीर को छोड़कर शेष भारत में इसे लागू किया गया है। इस अधिनियम के प्रावधान द्वारा आम नागरिकों को सरकारी दस्तावेजों व आँकड़ों के प्रिन्ट आउट प्राप्त करने का अधिकार प्राप्त हो गया है।

नागरिकों को वांछित सूचनाएं उपलब्ध कराने के लिए प्रत्येक विभाग में लोक सूचना अधिकारी नामित किए गए हैं। इस कार्य पर निगरानी के लिए केन्द्र सरकार ने 'केन्द्रीय सूचना आयोग' (सीआईसी) का गठन केन्द्रीय स्तर पर 11 अक्टूबर, 2005 को किया था। इसके प्रथम अध्यक्ष या मुख्य आयुक्त वजाहत हबीबुल्ला को बनाया गया।

संरचना

केन्द्रीय सूचना आयोग में एक मुख्य आयुक्त व दस अन्य आयुक्त होते हैं जिनकी नियुक्ति राष्ट्रपति द्वारा की जाती है। इनका कार्यकाल पांच वर्ष या 65 वर्ष जो भी पहले हो, तक होगा। केन्द्रीय मुख्य सूचना आयुक्त की नियुक्ति एक तीन सदस्यीय समिति द्वारा होगी, जिसमें प्रधानमंत्री, विपक्ष का नेता व एक अन्य मंत्री होगा।

कार्यकाल एवं सेवा शर्तें

मुख्य सूचना आयुक्त एवं अन्य आयुक्त पांच वर्ष या पैंसठ वर्ष की आयु, दोनों में से जो भी पहले हो तक पद पर बने रह सकते हैं। उन्हें पुनर्नियुक्ति की पात्रता नहीं होती है। मुख्य सूचना आयुक्त के वेतन भत्ते एवं अन्य सेवा शर्तें मुख्य निर्वाचन आयुक्त के समान होते हैं। इसी प्रकार अन्य सूचना आयुक्तों के वेतन, भत्ते एवं अन्य सेवा शर्तों निर्वाचन आयुक्त के समान होते हैं।

केन्द्रीय सूचना आयोग के कार्य एवं शक्तियां

- सूचना अधिकारी द्वारा 30 दिन के भीतर न उपलब्ध करायी गयी शिकायतों को सुनना।
- किसी सरकारी संस्था में सूचना अधिकारी की नियुक्ति नहीं की गई है तो नियुक्ति का निर्देश देना।
- सूचना अधिकार अधिनियम 2005 की अवहेलना करने वाले व्यक्ति के खिलाफ कार्यवाही करना।
- प्रशासन को पारदर्शी व जनता के प्रति उत्तरदायी बनाना।
- किसी दस्तावेज को मंगाना एवं उसकी जांच करना।
- केन्द्रीय सूचना आयोग को सिविल कोर्ट के समान शक्तियाँ प्राप्त हैं।
- केन्द्रीय सूचना आयोग किसी व्यक्ति को समन जारी कर सकती है।
- 'फाइल नोटिंग' के मामले में सूचना आयोग का कहना था कि यह अधिकार नागरिकों को प्राप्त है लेकिन सरकार का कहना है कि यह अधिकार नागरिकों को प्राप्त नहीं है।
- आयोग अपना वार्षिक प्रतिवेदन केन्द्र सरकार को प्रस्तुत करता है। केन्द्र सरकार इस प्रतिवेदन को दोनों सदनों के पटल पर रखती है।

राष्ट्रीय अनुसूचित जाति आयोग
(National Schedule Caste Commission)

राष्ट्रीय अनुसूचित जाति आयोग एक संवैधानिक संस्था है। 65वें संशोधन (1990) द्वारा अनुच्छेद 338 के अंतर्गत अनुसूचित जाति एवं जनजाति के लिए संयुक्त आयोग की स्थापना की गई। इसमें संयुक्त अध्यक्ष, उपाध्यक्ष व पाँच अन्य सदस्य थे। यह अनुसूचित जाति एवं जनजाति दोनों के संरक्षण व उनके अन्याय के विरुद्ध जाँच का कार्य करता था। 89वें संशोधन अधिनियम (2003) द्वारा अनुच्छेद 338-ए जोड़ा गया और पृथक-पृथक राष्ट्रीय अनुसूचित जाति आयोग तथा राष्ट्रीय अनुसूचित जनजाति आयोग की स्थापवना की गई। वर्ष 2004 से पृथक राष्ट्रीय अनुसूचित जाति आयोग अस्तित्व में आया।

संरचना

राष्ट्रीय अनुसूचित जाति आयोग में एक अध्यक्ष, एक उपाध्यक्ष व तीन सदस्य होते हैं। इनकी नियुक्ति राष्ट्रपति द्वारा की जाती है। इनकी पदावधि व कार्यकाल भी राष्ट्रपति निर्धारित करता है। वर्तमान में इसका कार्यकाल 5 वर्ष है।

कार्य एवं शक्तियाँ

- अनुसूचित जाति को संविधान द्वारा उपलब्ध संरक्षण व अधिकारों की जाँच करना
- अनुसूचित जाति के शोषण एवं वेतन की शिकायत की जाँच करना
- अनुसूचित जाति के विकास के लिए सरकार को सिफारिश करना
- अनुसूचित जाति के संवैधानिक संरक्षण को प्रभावी रूप में लागू करने की सिफारिश करना
- किसी वर्ग को अनुसूचित जाति में सम्मिलित करने की सिफारिश करना
- अनुसूचित जातियों की सामाजिक व आर्थिक स्थिति का समय-समय पर अध्ययन करना
- अनुसूचित जाति के बारे में प्रतिवर्ष राष्ट्रपति के समक्ष रिपोर्ट प्रस्तुत करना जिसकी जाँच संसद की अनुसूचित जाति व जनजाति समिति करती है।
- राष्ट्रपति के आदेशानुसार अनुसूचित जातियों के सामाजार्थिक विकास, हितों के संरक्षण एवं संवैधानिक संरक्षण से संबंधित सौंपे गये किसी अन्य कार्य को सम्पन्न करना।
- आयोग किसी व्यक्ति को समन जारी कर सकता है, अत: आयोग को सिविल न्यायालय के समान शक्तियाँ प्राप्त हैं।

राष्ट्रीय अनुसूचित जनजाति आयोग
(National Schedule Tribe Commission)

राष्ट्रीय जनजाति आयोग एक संवैधानिक संस्था है। 65वें संशोधन अधिनियम (1990) द्वारा संयुक्त अनुसूचित जाति व जनजाति आयोग की स्थापना अनुच्छेद 338 के अंतर्गत की गई थी। परंतु जनजातियों के हितों की पर्याप्त सुरक्षा करने के लिए जब पृथक जनजातीय मंत्रालय का गठन किया गया तो पृथक जनजाति आयोग की स्थापना के लिए सरकार ने कदम उठाया। 89वें संशोधन अधिनियम (2003) द्वारा अनुच्छेद 338-ए जोड़ा गया और उसके अंतर्गत पृथक जनजाति आयोग का प्रावधान किया गया। वर्ष 2004 से राष्ट्रीय अनुसूचित जनजाति आयोग अस्तित्व में आया।

संरचना

जनजाति आयोग में एक अध्यक्ष, एक उपाध्यक्ष एवं तीन अन्य सदस्य होते हैं। वर्तमान में कार्यकाल 3 वर्ष रखा गया है।

कार्य एवं शक्तियाँ

जनजाति आयोग को जनजाति के हितों की सुरक्षा के लिए निम्न कार्य एवं शक्तियाँ प्राप्त हैं—

- जनजातियों को प्राप्त संवैधानिक संरक्षण की समीक्षा करना।
- जनजातियों को संविधान में दिए गए अधिकार किस प्रकार से प्राप्त हों, उसके बारे में सरकार को परामर्श देना।
- जनजातियों के अधिकारों के हनन की स्थिति की जाँच करना।
- जनजातियों के लिए चलाए गए कार्यक्रमों की समीक्षा करना एवं कार्यक्रम किस ढंग से प्रभावी रूप से लागू हों इसके बारे में सरकार से परामर्श करना।
- जनजातियों की समस्याओं, यथा शिक्षा, स्वास्थ्य, भूमि हस्तांतरण को दूर करने के लिए सरकार को सुझाव देना।
- किस जनजाति को अनसूचित जनजाति में शामिल किया जाए, इसके बारे में राष्ट्रपति को परामर्श देना।
- राष्ट्रपति को जनजातियों के अधिकारों व विकास के बारे में प्रतिवर्ष रिपोर्ट देना।
- जनजातियों को वन अधिकार दिलाने के लिए जनजातीय वन अधिकार अधिनियम 2006 पारित किया गया। इसमें आयोग की भूमिका महत्त्वपूर्ण थी
- जनजातियों में अधिकारों के प्रति जागरूकता उत्पन्न करने में भी आयोग महत्त्वपूर्ण भूमिका निभा रहा है।
- आयोग को सिविल कोर्ट के समान सभी शक्तियाँ प्राप्त हैं। किसी दस्तावेज को प्रकट और पेश करने की अपेक्षा करना, साक्षियों और दस्तावेजों की परीक्षा के लिए कमीशन किालना जैसी शक्तियाँ आयोग को प्राप्त हैं।

पेशा कानून

जनजातियों के मौलिक अधिकारों की रक्षा में असफल

अनूसूचित इलाकों में पंचायती राज कानून को स्थापित करने वाला पेसा अधिनियम (Panchayat Extension to Scheduled Areas Act-PESA) अनुसूचित जातियों-जनजातियों, वनवासियों, जंगलों, पहाड़ों में निवास करने वाली विशेष जातियों के मौलिक अधिकारों की रक्षा करने में असहाय पड़ता जा रहा है। नौकरशाह, नेताओं के अलावा कॉरपोरेट घराने इस अधिनियम को रोकने में लगे हुए हैं। देश के आठ राज्यों में लागू इस कानून के जरिए ग्राम स्वराज्य के गांधी के सपनों को साकार करने में जुट गैर सरकारी संगठनों, सामाजिक कार्यकर्ताओं और बुद्धिजीवियों को नौकरशाही से लोहा लेना पड़ रहा है। कई जानें गईं और कई जगह आंदोलन चल रहे हैं। यह कानून लॉबिस्टों के आगे बौना साबित हो रहा है। पेशा कानून के जरिए सरकार ने आदिवासी व वनवासी बहुल अनुसूचित क्षेत्रों में उनकी 'ग्रामसभा' को अधिकार देते हुए उन्हें अधिकृत किया है, कि जल, जंगल, ज़मीन से जुड़ी किसी भी योजना पर अमल तभी होगा जब उन्हें उनकी ग्रामसभा स्वीकार करें। यानि उनकी स्वीकृति पर ही विकास कार्य होगा लेकिन इस कानून का अनावश्यक इस्तेमाल हो रहा है।

राष्ट्रीय पिछड़ा वर्ग आयोग (National Commission for other Backward Classes)

राष्ट्रीय पिछड़ा वर्ग आयोग एक संवैधानिक संस्था है। अनुच्छेद 340 में उपबन्ध है कि राष्ट्रपति भारत के राज्यक्षेत्र के भीतर सामाजिक और शैक्षणिक दृष्टि से पिछड़े वर्गों की समस्याओं के अन्वेषण और कठिनाइयों को दूर करने सम्बन्धी सुझाव देने के लिए पिछड़ा वर्ग आयोग का गठन करेगा। राष्ट्रपति ने सर्वप्रथम 1953 में गाँधीवादी विचारक काका कालेलकर की अध्यक्षता में पिछड़ा वर्ग आयोग का गठन किया। आयोग की ढुलमुल नीति के कारण इसकी सिफारिशों को लागू न किया जा सका।

1978 में वी.पी. मण्डल की अध्यक्षता में दूसरे पिछड़े वर्ग आयोग का गठन किया गया। छ: सदस्यीय इस आयोग ने अपनी रिपोर्ट 1980 में राष्ट्रपति को दी। आयोग ने ओबीसी के लिए 27% आरक्षण की सिफारिश की जिसे वी.पी. सिंह की राष्ट्रीय मोर्चा सरकार ने 1990 में लागू किया।

1993 के राष्ट्रीय पिछड़ा वर्ग अधिनियम द्वारा स्थायी रूप से पिछड़े वर्ग आयोग का गठन किया गया जिसमें एक अध्यक्ष, एक उपाध्यक्ष व अन्य सदस्य हैं, जिनकी नियुक्ति राष्ट्रपति द्वारा की जाती है।

संरचना

आयोग 5 सदस्यों से मिलकर गठित होगा, जिसमें एक अध्यक्ष, जो कि उच्चतम न्यायालय या उच्च न्यायालय का न्यायाधीश हो, या रह चुका हो, एक समाजशास्त्री, दो ऐसे व्यक्ति जिन्हें कि पिछड़े वर्ग सम्बन्धी मामलों में विशेष अनुभव हो तथा एक सदस्य सचिव जो कि केन्द्र सरकार में भारत सरकार के सचिव के रैंक में हो या रह चुका हो, शामिल होंगे।

कार्य एवं शक्तियाँ

- पिछड़े वर्ग के लिए संवैधानिक संरक्षण भली-भाँति रूप से लागू हो रहा है या नहीं इसकी जाँच करना, इनके भली-भाँति क्रियान्वयन के लिए सरकार को सिफारिश करना।
- पिछड़े वर्गों की स्थिति में सुधार के लिए सरकार को परामर्श देना।
- पिछड़े वर्गों के कल्याण के लिए चलाए जा रहे कार्यक्रमों की जाँच करना तथा उनके भली-भाँति संचालन के लिए सरकार को परामर्श देना।
- कौन-सी जाति पिछड़े वर्ग में सम्मिलित होगी और कौन-सी नहीं इस मामले में सरकार को परामर्श देना।
- क्रीमी लेयर की धन सीमा के बारे में सरकार को परामर्श देना।
- पिछड़े वर्गों की स्थिति का समय-समय पर अध्ययन करना।
- पिछड़े वर्गों में अधिकारों के प्रति जागरूकता उत्पन्न करना।
- अन्य पिछड़े वर्गों के अधिसमावेशन सम्बन्धी शिकायतों व सूची में शामिल करने के आवेदनों पर विचार हेतु दिशा-निर्देश देना।

- अनुच्छेद 340(2) के अनुसार कार्यों का वार्षिक प्रतिवेदन आयोग राष्ट्रपति को देगा और राष्ट्रपति इस प्रतिवेदन को संसद के समक्ष रखेगा।

राष्ट्रीय कृषक आयोग (National Agricultural Commission)

कृषि की सक्षमता एवं संवहनीयता को बढ़ाने तथा कृषकों की दशा का अध्ययन कर उनकी आय को दोगुना करने के उद्देश्य के साथ भारत सरकार ने श्री सोमपाल शास्त्री की अध्यक्षता में 10 फरवरी, 2004 को राष्ट्रीय कृषक आयोग का गठन किया था। बाद में यूपीए सरकार ने 18 नवम्बर, 2004 को श्री एम.एस. स्वामीनाथन को राष्ट्रीय कृषक आयोग का अध्यक्ष नियुक्त करने के साथ ही इसका पुनर्गठन किया। राष्ट्रीय कृषक आयोग अने दिसम्बर, 2004 से अक्टूबर, 2006 के मध्य केन्द्र सरकार को 6 रिपोर्ट सौंपी। इन विभिन्न रिपोर्टों की मुख्य बातें निम्न हैं—

- मुख्य या प्रधान कृषि भूमि का उपयोग केवल कृषि हेतु ही होना चाहिए, कृषि-इतर कार्य हेतु नहीं।
- 'पशुधन खाद्य एवं चारा निगम', 'राष्ट्रीय पशुधन विकास परिषद' एवं 'राष्ट्रीय बायोटेक्नोलॉजी विनियमन अथॉरिटी, की स्थापना की जानी चाहिए जिसमें कृषकों के प्रतिनिधि भी शामिल होंगे।
- कृषिगत उत्पादन, उत्पादन उपरांत के क्रियाकलाप तथा बाजार जोखिमों को कवर करने वाले बीमा को प्रारंभ करना चाहिए।
- न्यूनतम समर्थन मूल्य को फसलों के लागत से जोड़ना तथा कृषि लागत एवं मूल्य आयोग को स्वायत्तता प्रदान करना।
- कृषकों के हितों की रक्षा हेतु भारतीय व्यापार संगठन की स्थापना करना।
- आयातित कृषिगत पदार्थों की कम कीमत तथा कीमतों के उतार-चढ़ाव के दृष्टिगत एक मूल्य स्थिरीकरण निधि की स्थापना की जाए। कृषि जोखिम निधि और खाद्य गारण्टी अधिनियम बनाया जाए।
- आयोग के अनुसार राष्ट्रीय खाद्य सुरक्षा का सम्प्रभु बोर्ड स्थापित किया जाना चाहिए, जिसके अध्यक्ष प्रधानमंत्री होंगे।
- आयोग ने एक कृषि साख नीति की आवश्यकता को महसूस करते हुए इसके निर्माण का सुझाव दिया है, साथ ही कृषकों में साख एवं बीमा संबंधित जागरूकता बढ़ाने पर बल दिया है।

परिसीमन आयोग (Delimitation Commission)

परिसीमन का शाब्दिक अर्थ उस कार्य की प्रक्रिया से है जो विधायी निकाय वाले देश या प्रान्त में क्षेत्रीय निर्वाचन क्षेत्रों की सीमा का निर्धारण करता है। भारत में सीमा निर्धारण का यह काम परिसीमन आयोग को सौंपा जाता है। परिसीमन आयोग एक उच्च शक्ति-प्राप्त निकाय है जिसके निर्णयों को कानून का दर्जा प्राप्त है। संविधान के अनुच्छेद 81, 82, 170, 330, तथा 332 में परिसीमन आयोग से सम्बन्धित प्रावधान हैं। भारत में अब तक चार बार परिसीमन आयोग बनाए गए हैं- 1952, 1962, 1972 तथा 2002। केन्द्र सरकार द्वारा 12 जुलाई 2002 को सर्वोच्च न्यायालय के सेवानिवृत्त न्यायाधीश न्यायमूर्ति कुलदीप सिंह की अध्यक्षता में निर्वाचन आयुक्त श्री बी.बी. टंडन तथा सम्बद्ध राज्यों के निर्वाचन आयुक्तों को आयोग के सदस्य के रूप में नियुक्त कर वर्तमान परिसीमन आयोग का गठन किया गया।

संरचना

- एक सदस्य, जो उच्चतम न्यायालय का न्यायाधीश हो या रहा हो; इसकी नियुक्ति केन्द्र सरकार द्वारा होगी और वह आयोग का अध्यक्ष होगा;
- मुख्य निर्वाचन आयुक्त या मुख्य निर्वाचन आयुक्त द्वारा मनोनीत एक निर्वाचन आयुक्त पदेन;
- संबंधित राज्य के राज्य निर्वाचन आयुक्त, पदेन;
- चुनाव आयोग का सचिव परिसीमन आयोग के पदेन सचिव का कार्य करेगा;
- परिसीमन आयोग से संबद्ध अन्य सदस्य निम्नलिखित होंगे—प्रत्येक राज्य से संबंधित अपने कर्तव्यों के अनुपालन में सहयोग के लिए 10 लोगों को परिसीमन आयोग अपना संबद्ध-सदस्य बनाएगा; इन 10 लोगों मेंसे 5 वे होंगे जो उस राज्य से लोकसभा के सदस्य होंगे और 5 उस राज्य की विधानसभा के सदस्य होंगे।

आयोग के कार्य

- आयोग अपने प्रस्तावों को भारत के गजट तथा संबंधित राज्यों के ऑफिसियल गटजों में अपनी सोच के अनुसार प्रकाशित करेगा। इन प्रस्तावों के प्रकाशन में किसी भी संबद्ध सदस्य के असहमति प्रस्ताव भी, अगर कोई हो और संबंधित संबद्ध सदस्य चाहें तो, शामिल होंगे।
- यह एक तिथि निश्चित करेगा जिस तिथि को या उसके बाद उन प्रस्तावों पर आगे विचार करेगा।
- निश्चित तिथि के पूर्व में प्राप्त सभी सुझावों और आपत्तियों पर विचार करेगा और ऐसा विचार करने के लिए वह संबंधित राज्य में एक या अधिक जगहों पर जैसा वह ठीक समझेगा, पब्लिक बैठकें करेगा।
- उसके बाद एक या अधिक आदेशों द्वारा वह (1) संसदीय निर्वाचन क्षेत्रों का परिसीमन और (2) प्रत्येक राज्य के विधानसभा निर्वाचन क्षेत्रों का परिसीमन निर्धारित करेगा।
- प्रत्येक विधानसभा क्षेत्र का परिसीमन इस प्रकार किया जाए कि उसका सम्पूर्ण मात्र एक संसदीय निर्वाचन क्षेत्र और यथासंभव एक ही जिले में पड़े।
- सभी निर्वाचन क्षेत्र यथासंभव, भौगोलिक रूप से सुसंबद्ध हों और उनका परिसीमन करते समय उनकी प्राकृतिक बनावट, प्रशासनिक इकाइयों की वर्तमान सीमाओं, आवागमन की सुविधा तथा जनता की सहूलियत को ध्यान में रखा जाएगा।

राष्ट्रीय न्यायिक आयोग
(National Judicial Commission)

सर्वोच्च न्यायालय तथा उच्च न्यायालयों में न्यायाधीशों की नियुक्ति की प्रक्रिया में पारदर्शिता लाने के लिए राष्ट्रीय न्यायिक आयोग बनाने का निर्णय लिया गया है। इस आयोग में पांच सदस्यों के मनोनयन का प्रस्ताव किया गया है, जिसकी अध्यक्षता भारत के मुख्य न्यायाधीश करेंगे। उच्चतम न्यायालय के दो वरिष्ठ न्यायाधीश तथा केन्द्रीय कानून मंत्री इस आयोग के सदस्य होंगे। इसके अतिरिक्त एक सुविख्यात नागरिक को प्रधानमंत्री के परामर्श पर राष्ट्रपति द्वारा सदस्य नियुक्त किया जायेगा। इस पैनल के माध्यम से ही सर्वोच्च न्यायालय के न्यायाधीशों की नियुक्ति की जानी है।

- राष्ट्रीय न्यायिक आयोग के द्वारा ही विभिन्न राज्यों के उच्च न्यायालयों में मुख्य न्यायाधीश तथा अन्य न्यायाधीशों की नियुक्ति करने का फैसला किया गया है। इसके तहत संबद्ध राज्य के मुख्यमंत्री तथा मुख्य न्यायाधीश को भी पैनल में स्थान देने का विधान किया जा रहा है। इस प्रकार प्रस्तावित आयोग में केन्द्र-राज्य संबंध को भी उचित स्थान दिया गया है। उच्च न्यायालयों के मुख्य न्यायाधीश व अन्य न्यायाधीशों का स्थानांतरण भी इसी आयोग के निरीक्षण में किया जायेगा।
- हालांकि आयोग के संदर्भ में सर्वोच्च न्यायालय का कहना है कि इस तरह के आयोग के गठन से न्यायपालिका की स्वतंत्रता प्रभावित हो सकती है साथ ही राजनीतिक दलों में भी आम सहमति नहीं बन पा रही है।

संविधान समीक्षा आयोग
(Constitution Review Commission)

12वीं लोकसभा के निर्वाचन के अवसर पर भारतीय जनता पार्टी द्वारा जारी अपने चुनावी घोषणा पत्र तथा 'राष्ट्रीय जनतांत्रिक गठबंधन' के चुनाव घोषणा पत्र (1999 लोकसभा चुनाव से पूर्व जारी) में संविधान में व्यापक पुनर्निरीक्षण के लिए सुझाव देने के लिए उच्च अधिकार प्राप्त आयोग की नियुक्ति की घोषणा की गयी थी।

इस घोषणा के अंतर्गत 13 फरवरी, 2000 को केन्द्रीय सरकार द्वारा उच्चतम न्यायालय के पूर्व मुख्य न्यायाधीश एम.एन. वैंकटचलैया वर्तमान में अध्यक्ष हैं।

आयोग की सिफारिशें

- **संविधान की धारा 356**—संविधान समीक्षा आयोग राष्ट्रपति शासन के प्रावधान को हटाने के विरुद्ध है, लेकिन इसमें सुधार करते हुए संसद से इसकी मंजूरी मिलने तक संबंधित राज्य की विधानसभा को भंग न करने की सिफारिश की गई है।
- **सीधी सदन में चुनाव**—आयोग ने सरकार को प्रस्ताव दिया है कि लोकसभा अथवा विधानसभा में सम्पूर्ण बहुमत के अभाव के कारण कोई पार्टी अथवा पार्टियों का कोई समूह सरकार बनाने की स्थिति में नहीं हो तो उस स्थिति में जनता के निर्वाचित प्रतिनिधि गण सीधे ही प्रधानमंत्री अथवा मुख्यमंत्री का निर्वाचन कर सके हैं।
- **रचनात्मक वोट**—आयोग ने अविश्वास के रचनात्मक वोट का सिद्धांत भी प्रतिपादित किया है। चुनावों के बाद लोकसभा में किसी एक पार्टी अथवा पार्टियों के चुनाव से पूर्व गठबंधन को स्पष्ट बहुमत नहीं मिलने की स्थिति में संविधान में संशोधन की आवश्यकता के बिना ही लोकसभा की कार्यप्रणाली की प्रक्रिया एवं संचालन के नियमों में सेशोधन करने का आयोग ने सुझा दिया है। रिपोर्ट में कहा गया है कि नियमों में यह प्रावधान किया जा सकता है कि अध्यक्ष के चुनाव के साथ ही लोकसभा सदन का नेता निर्वाचित कर लें। इसमें आगे कहा गया है फिर इस तरह के नेता को प्रधानमंत्री नियुक्त किया जा सकता है। राज्यों में भी मुख्यमंत्रियों के चुनाव के लिए इस प्रकार की प्रक्रिया अपनाई जा सकती है।
- **न्यायिक सुधार**—आयोग ने न्यायिक सुधारों एवं न्यायाधीशों की नियुक्ति के लिए राष्ट्रीय न्यायिक आयोग की स्थापना का सुझाव दिया है। अवमानना कानून में भी संशोधन की सिफारिश की गई क्योंकि वर्तमान व्यवस्था में किसी न्यायाधीश के गलत व्यवहार के पुख्ता सबूत भी कारगर साबित नहीं होते। इसी संदर्भ में आयोग की बुनियादी अधिकारों सम्बन्धी सिफारिशों को देखना चाहिए। इन अधिकारों में अभिवृद्धि के लिए न्यायालयों के निर्णयों को संविधान का अंग मानने का सुझाव देश की लोकतांत्रिक व्यवस्था को मजबूर बनाएगा।
- **मौलिक अधिकार**—रिपोर्ट में काम के अधिकार को मौलिक अधिकार में शामिल करने की सिफारिश की गई है। नागरिकों को वर्ष में कम से कम 80 दिन रोजगार मिलना चाहिए।
- **सार्वजनिक वितरण प्रणाली**—रिपोर्ट में कहा गया है कि सार्वजनिक वितरण प्रणाली के तहत दुकानों के आवंटन के मामले में अनुसूचित जाति, जनजाति एवं पिछड़ी जातियों को आरक्षण दिया जाए। पेट्रोल पम्पों एवं गैस एजेंसियों के आवंटन में भी इनके लिये आरक्षण की व्यवस्था की जानी चाहिए।
- **विदेशी मूल**—विदेशी मूल के बारे में संविधान समीक्षा आयोग ने राष्ट्रीय विचार-विमर्श और राजनीतिक प्रक्रिया से मुद्दे को सुलझाने को कहा है।
- **लोकपाल**—आयोग ने प्रधानमंत्री को लोकपाल की जाँच की परिधि से बाहर रखने को कहा है। इसके अलावा संविधान में लोकपाल की नियुक्ति की व्यवस्था करने का सुझाव दिया गया है।
- **दलों का पंजीकरण**—आयोग ने सिफारिश की है कि देश में राजनीतिक पार्टियाँ अथवा पार्टियों के गठबंधन के पंजीयन एवं कार्य पद्धति को नियमित करने के लिए कोई कानून बनाया जाए।
- **धारा 370**—संविधान समीक्षा आयोग ने न तो जम्मू-कश्मीर के विशेष दर्जे से संबंधित 370 पर कोई सिफारिश की है और न ही समान नागरिक संहिता के सवाल पर। समान नागरिक संहिता का उल्लेख तो संविधान के अनुच्छेद 44 में है लेकिन इस सवाल पर विवाद है।

- **बहुमत का फैसला सदन में**— आयोग ने कहा है कि किसी राज्य ने बहुमत खो दिया है अथवा नहीं, इस बात का फैसला केवल विधानसभा में होना चाहिये। अगर जरूरी हो तो केन्द्र सरकार को उस राज्य की विधानसभा जिसे यह बहुमत प्राप्त हो, राज्यपाल को मंत्रिमंडल बर्खास्त करने की अनुमति नहीं दी जानी चाहिये। आयोग ने कहा है कि संविधान के अनुच्छेद 356 में संशोधन कर यह व्यवस्था की जानी चाहिये।
- **अनिर्णीत प्रश्न**—आयोग के सदस्यों ने कुछ प्रश्नों पर कोई स्पष्ट सिफारिश नहीं की। ऐसा एक सवाल चुनाव सुधारों का है। इस सवाल पर सर्वदलीय समितियाँ भी चुनाव व्यय में सरकारी सहायता का सुझाव दे चुकी हैं। राजनीति के अपराधीकरण के बारे में भी आयोग के सुझाव समस्या की गंभीरता को देखते हुए अपर्याप्त लगते हैं। दल-बदल के संदर्भ में एक उपयोगी सुझाव संबंधित सदस्य को कोई सार्वजनिक पद नहीं देने का है।

क्षेत्रीय परिषदें (Zonal Councils)

भारतीय संविधान में क्षेत्रीय परिषदों के संबंध में कोई प्रावधान नहीं किया गया था। क्षेत्रीय परिषदों के गठन में राज्य पुनर्गठन अधिनियम, 1956 की धारा 15 में प्रावधान किया गया है। इस धारा के अनुसार भारत में पांच परिषदों, यथा उत्तरी क्षेत्र, पूर्वी क्षेत्री, मध्य क्षेत्र, पश्चिमी क्षेत्र तथा दक्षिणी क्षेत्र के परिषद् का गठन किया गया।

लेकिन कालांतर में नये राज्यों के निर्माण के कारण क्षेत्रीय परिषदों की संख्या 6 कर दी गयी। वर्तमान समय में भारत में 6 क्षेत्रीय परिषदें कार्यरत हैं। क्षेत्रीय परिषदों तथा उनके अंतर्गत शामिल राज्यों और संघ राज्य क्षेत्रों का विवरण निम्न प्रकार है—

1. **उत्तरी क्षेत्रीय परिषद**—जम्मू-कश्मीर, हरियाणा, पंजाब, हिमाचल प्रदेश तथा राजस्थान और चण्डीगढ़ तथा राष्ट्रीय राजधानी क्षेत्र दिल्ली (मुख्यालय—दिल्ली)
2. **मध्य क्षेत्रीय परिषद**—उत्तर प्रदेश तथा मध्य प्रदेश, उत्तराखण्ड, छत्तीसगढ़ (मुख्यालय—इलाहाबाद)।
3. **पूर्वी क्षेत्रीय परिषद**—बिहार, पश्चिम बंगाल, उड़ीसा, असम, सिक्किम, मणिपुर, त्रिपुरा, मेघालय, नागालैण्ड, अरूणाचलप्रदेश तथा मिजोरम (मुख्यालय—कोलकाता)।
4. **पश्चिमी क्षेत्रीय परिषद**—गुजरात, महाराष्ट्र तथा गोवा और दमन और दीव तथा दादर एवं नागर हवेली संघ क्षेत्र (मुख्यालय—मुम्बई।
5. **दक्षिणी क्षेत्रीय परिषद**—आन्ध्रप्रदेश, केरल, कर्नाटक, तथा तमिलनाडु राज्य एवं पुडुचेरी संघ राज्य क्षेत्र (मुख्यालय—चेन्नई)।
6. **पूर्वोत्तर परिषद**—1971 में पूर्वोत्तर परिषद की स्थापना की गई है जिसमें उत्तर पूर्व के राज्यों को रखा गया हैं इसमें सिक्किम को सबसे बाद में रखा गया है। इस परिषद के अंतर्गत वर्तमान में असम, मेघालय, मणिपुर, नागालैण्ड, त्रिपुरा, अरूणाचल प्रदेश, मिजोरम व सिक्किम आते हैं (अस्थायी मुख्यालय—गुवाहाटी)।

क्षेत्रीय परिषदों का गठन

क्षेत्रीय परिषदों का गठन राष्ट्रपति द्वारा किया जाता है। इसके निम्नलिखित सदस्य होते हैं—

- भारत का गृहमंत्री या राष्ट्रपति द्वारा मनोनीत केन्द्र सरकार का एक मंत्री।
- क्षेत्रीय परिषद के अधीन आने वाले राज्यों के मुख्यमंत्री।
- क्षेत्रीय परिषद के अधीन आने वाले प्रत्येक राज्य के राज्यपाल द्वारा नामजद दो-दो अन्य मंत्री।
- संघ राज्य क्षेत्रों के मामले में प्रत्येक के लिए राष्ट्रपति द्वारा मनोनीत एक सदस्य।
- योजना आयोग के सदस्यगण (सलाहकार के रूप में)।
- क्षेत्रीय परिषदों में शामिल राज्यों के मुख्य सचिव (सलाहकार के रूप में)।
- प्रत्येक क्षेत्रीय परिषद का भारत का गृहमंत्री या राष्ट्रपति द्वारा मनोनीत केन्द्रीय मंत्री अध्यक्ष होता है तथा संबंधित राज्यों के मुख्यमंत्री उपाध्यक्ष होते हैं, जो प्रतिवर्ष बदलते रहते हैं।

क्षेत्रीय परिषदों के कार्य

- मुख्य कार्य समान हित के विषयों पर विचार करना है।
- जनता में भावनात्मक एकता पैदा करना।
- क्षेत्रवाद तथा भाषावाद के आधार पर उत्पन्न होने वाली विघटनकारी प्रवृत्तियों को रोकना।
- केन्द्र तथा राज्यों को आर्थिक तथा सामाजिक मामलों में समान नीति बनाने के विचारों तथा अनुभवों का आदान-प्रदान करना।
- पारस्परिक विकास योजना के सफल तथा तीव्र क्रियान्वयन में सहयोग करना।
- देश के विभिन्न क्षेत्रों में एक प्रकार की राजनीतिक संतुलन की अवस्था को निर्धारित करना।
- निम्नलिखित मामलों में परामर्श देना—
  - अंतर्राज्यीय परिवहन के मामले में
  - भाषायी अल्पसंख्यकों की समस्या के मामले में
  - आर्थिक तथा सामाजिक योजनाओं के मामले में
  - दो या दो से अधिक राज्यों के मध्य सीमा संबंधी विवादों के मामले में।

अंतर्राज्यीय परिषद (Interstate Council)

भूमिका

अंतर्राज्यीय परिषद से संबंधित अनुच्छेद भी गवर्नमेंट ऑफ इण्डिया एक्ट 1935 में से ही लिया गया है। अंतर्राज्यीय परिषद की व्यवस्था

गवर्नमेंट ऑफ इण्डिया एक्ट 1935 में 1931 की गोलमेज कॉन्फ्रेंस तथा संवैधानिक सुधारों ने संबंधित संयुक्त समिति की 1934 की रिपोर्ट के आधार पर की गई थी। भारतीय संघीय व्यवस्था में विभिन्न राज्यों तथा केन्द्र और राज्यों के बीच सहयोग और समन्वय स्थापित करने के उद्देश्य से संविधान के अनुच्छेद-263 में 'अंतर्राज्यीय परिषद' के गठन का प्रावधान किया गया है।

संरचना

तत्कालीन प्रधानमंत्री विश्वनाथ प्रताप सिंह ने जून 1990 में अंतर्राज्य परिषद की रचना की घोषणा की। इस घोषणा के अनुसार अंतर्राज्य परिषद में प्रधानमंत्री तथा उसके द्वारा मनोनीत किए गए छः केन्द्रीय कैबिनेट स्तर के मंत्रियों के अतिरिक्त इसमें सभी राज्यों और उन संघ राज्य क्षेत्रों के मुख्यमंत्री शामिल किए जाते हैं जिनमें विधानसभा है। जिन संघ राज्य क्षेत्रों में विधानसभा नहीं है उनके प्रशासक तथा जिन राज्यों में राष्ट्रपति शासन लागू हैं उनके राज्यपाल शामिल हैं। परिषद की यह रचना सरकारिया आयोग की सिफारिश के अनुसार की गई है।

इस परिषद का एक स्थायी सचिवालय भी स्थापित किया गया है। सचिवालय के पदाधिकारियों की नियुक्ति प्रधानमंत्री द्वारा की जाएगी। राष्ट्रपति ने 1990 में अंतर्राज्यीय परिषद का गठन किया जिसकी संरचना इस प्रकार है—

- प्रधानमंत्री (अध्यक्ष के रूप में)
- राज्यों व केन्द्रशासित प्रदेशों के मुख्यमंत्री, जहाँ विधानसभाएँ हों।
- केन्द्रीय कैबिनेट के 6 मंत्री (सदस्य के रूप में)

कार्य

अंतर्राज्यीय परिषद के निम्नलिखित कार्य हैं—

- राज्यों के बीच जो विवाद उत्पन्न हो गये हों, उनकी जाँच करने और उन पर सलाह देने का कार्य करेंगी।
- वह कुछ या सभी राज्यों के अथवा संघ और एक या अधिक राज्यों के सामान्य हित से संबंधित विषयों का अनुसंधान एवं उस पर विचार-विमर्श करेगी।
- ऐसे किसी विषय के संबंध में बेहतर समन्वय के लिये नीति या कार्यों की सिफारिश करेगी। राष्ट्रपति ने उक्त शक्ति के प्रयोग में एक केन्द्रीय स्वास्थ्य परिषद, एक केन्द्रीय स्थानीय स्वायत्त शासन और एक परिवहन विकास परिषद की स्थापना की है। हालांकि यह परिषद कानूनी और गैरकानूनी दोनों प्रकार के मामलों से संबंधित है, किंतु इसका कार्य केवल सलाहकारी होगा।
- यह परिषद केवल सिफारिश करने वाली संस्था के तौर पर काम करती है और साधारणतया यह उन समस्याओं पर विचार-विमर्श करती है जिनका संबंध केन्द्र तथा राज्यों या राज्यों के आपसी संबंधों से है।

राष्ट्रीय एकता परिषद (National Intgration Council)

राष्ट्रीय एकता से उस बंधन का होता है जो किसी देश के लोगों को परस्पर एक.दूसरे के साथ जोड़ता है, एक प्रकार की एकीकृत समग्रता का निर्माण करता है। इस अवधारणा के कई अर्थ होते हैं। पश्चिम में इसका अर्थ एक राष्ट्रीय संस्कृति में सभी सांस्कृतिक संलक्षणों का समावेशन है। वहां सारे अल्पसंख्यक और क्षेत्रीय समूह परस्पर घुल-मिलकर राष्ट्र की मुख्यधारा का निर्माण करते हैं।

राष्ट्रीय एकता परिषद एक संविधानेत्तर निकाय है, जिसका सर्वप्रथम गठन 1962 में किया गया। 1986 में राष्ट्रीय एकता परिषद को पुनर्गठित किया गया। एक बार फिर परिषद का पुनर्गठन 2005 में किया गया।

संरचना

प्रधानमंत्री की अध्यक्षता वाली इस परिषद का समन्वयक गृहमंत्री होता है। परिषद के अन्य प्रमुख सदस्यों में केन्द्रीय मंत्री, राज्यों के मुख्यमंत्री, मान्यता प्राप्त दलों के नेता तथा अनुसूचित जाति, अनुसूचित जनजाति, अल्पसंख्यकों के साथ-साथ मीडिया और उद्योग जगत के प्रतिनिधि शामिल होते हैं।

परिषद के कार्य

- परिषद क्षेत्रवाद, साम्प्रदायिकता आदि समस्याओं पर विचार-विमर्श करती है।
- यह भारत में पंथनिरपेक्षता संबंधी मुद्दों पर चर्चा एवं सुझाव देती है।
- यह परिषद अपराधीकरण, नक्सलवाद आदि समस्याओं पर चर्चा करती है।
- देश में भाई-चारे की भावना के विकास को बढ़ावा देने के लिए उपयुक्त सुझाव देती है।
- देश की एकता व अखण्डता को मजबूत करने के लिए विधि उपाय बताती है।
- देश की विभिन्न राजनीतिक व सामाजिक समस्याओं पर विचार-विमर्श करना।

राष्ट्रीय सुरक्षा परिषद (National Security Council)

- राष्ट्रीय सुरक्षा से संबंधित विभिन्न पक्षों पर नीतिगत निर्णय लेने तथा विभिन्न क्षेत्रों के मध्य समन्वय स्थापित करने के लिए 24 अगस्त, 1990 को तत्कालीन प्रधानमंत्री विश्वनाथ प्रताप सिंह ने प्रधानमंत्री की अध्यक्षता और गृह, रक्षा तथा वित्त मंत्री की सदस्यता में 'राष्ट्रीय सुरक्षा परिषद' का गठन किया था। परिषद की बैठक 05 अक्टूबर, 1990 को हुई। तत्पश्चात् यह परिषद 8 वर्षों तक निष्क्रिय बनी रही। परिषद के साथ 36 सदस्यों का 'राष्ट्रीय सुरक्षा सलाहकार बोर्ड'

भी बनाया गया था जिसमें संसद, शिक्षाविद्, सुरक्षा विशेषज्ञ तथा वैज्ञानिकों को सम्मिलित किया गया था। इस बोर्ड की कभी बैठक न हो सकी तथा पी.वी. नरसिम्हराव सरकार इसके विशाल आकार को लेकर प्रश्नचिन्ह लगाती रही।

- के.सी. पंत की अध्यक्षता में बने कार्यकारी दल की रिपोर्ट के आधार पर सन् 1998 में वाजपेयी सरकार ने 19 नवम्बर को 'राष्ट्रीय सुरक्षा परिषद्' को पुनर्जीवित तथा परिवर्तित स्वरूप प्रदान किया।
- प्रधानमंत्री की अध्यक्षता तथा गृह, रक्षा, विदेश एवं वित्त मंत्री की सदस्यता में राष्ट्रीय सुरक्षा परिषद का गठन किया गया। योजना आयोग के उपाध्यक्ष को भी इस परिषद का सदस्य बनाया गया।

राष्ट्रीय जांच एजेंसी (एनआईए) (National Investigation Agency)

केन्द्र सरकार ने आतंकवादी घटनाओं की कानूनी स्तर पर जांच के लिए 'राष्ट्रीय जांच एजेंसी' नामक एक नई जांच एजेंसी के गठन की औपचारिक अधिसूचना 10 जनवरी, 2009 को जारी की। मुंबई में 26 नवंबर, 2008 को हुए आतंकवादी हमले के बाद ऐसी आतंकी गतिविधियों से प्रभावी तरीके से निपटने के लिए इस जांच एजेंसी का गठन किया गया है। भारतीय पुलिस सेवा के अधिकारी राधा विनोद राजू नवगठित राष्ट्रीय जांच एजेंसी के प्रथम महानिदेशक नियुक्त किये गये थे।

संरचना

- राष्ट्रीय जांच एजेंसी का अधिक्षण केन्द्र सरकार में निहित है तथा इसका प्रमुख केन्द्र सरकार द्वारा महानिदेशक स्तर के अधिकारी को बनाया गया है।

कार्य एवं शक्तियाँ

- राष्ट्रीय जांच एजेंसी को देश के किसी भी हिस्से में आतंकवादी हमले की जांच का अधिकार होगा तथा देश की सम्प्रभुता व एकता से जुड़ी सभी तरह की चुनौतियां इस एजेंसी के जांच के दायरे में होगी।
- राष्ट्रीय जांच एजेंसी ऐसी घटनाओं की भी जांच करेगी जो पेचीदा अंतर्राज्यीय और अंतर्राष्ट्रीय संपर्कों वाली होगी और जिनका संभावित जुड़ाव हथियारों एवं मादक द्रव्यों की तस्करी, नकली भारतीय नोट और सीमापार से होगा।
- कानून व्यवस्था राज्यों का मामला होने के बावजूद राष्ट्रीय एजेंसी को किसी भी राज्य सरकार से जांच की अनुमति लेने की आवश्यकता नहीं होगी।
- राज्य सरकार की रिपोर्ट या अन्य स्रोतों से मिली सूचना के आधार पर केन्द्र सरकार 15 दिनों के अंदर निर्धारित करेगी कि यह अपराध अनुसूचित अपराध है अथवा नहीं। अनुसूचित अपराध होने की स्थिति में राष्ट्रीय एजेंसी जांच करने के लिए बाध्य होगी।
- राष्ट्रीय जांच एजेंसी अनुसूचित अपराध की जांच करते समय ऐसे अन्य अपराधों की भी जांच कर सकती है, जिसमें वह अभियुक्त शामिल है।
- आतंकवाद से जुड़े मामलें की सुनवाई के लिए विशेष न्यायालय के गठन की व्यवस्था की गई है। किसी भी अपील को तीन माह के अंदर निपटाना अनिवार्य होगा।
- विशेष न्यायालय के फैसले के विरुद्ध किसी अन्य न्यायालय में अपील स्वीकार नहीं की जाएगी।
- राष्ट्रीय जांच एजेंसी सिर्फ जांच का कार्य करेगी, खूफिया जानकारी जुटाने का नहीं।

अंतर्राज्यीय नदी—जल विवाद अधिकरण (Inter-state Water dispute Agency)

चूँकि कई नदियों का प्रवाह अंतर्राज्यीय है, अतः सिंचाई व ऊर्जा-उत्पादन हेतु उनके जल के वितरण को लेकर संबद्ध राज्यों के बीच विवाद भी आम बात है। नदी-जल की इस कभी न समाप्त होने वाली समस्या को ध्यान में रखकर ही संविधान निर्माताओं ने इससे निपटने की शक्ति एकमात्र संसद में निहित की है।

अनुच्छेद 262(2) में कहा गया है कि न तो उच्चतम न्यायालय, द्वारा ऐसे किसी भी विवाद या शिकायत में अपनी अधिकारिता का प्रयोग किया जाएगा। अर्थात् ये विषय न्यायालय की अधिकार—सीमा से परे हैं। इसके अनुरूप ही संसद द्वारा अंतर्राज्यीय नदी जल विवाद अधिनियम 1956, पारित किया गया जिसके अनुसार न्यायाधिकरण स्थापित कर उन्हें नदी विवाद से संबधित मुद्दे सौंपे जातें हैं।

इस अधिनियम के सेक्शन-2 के द्वारा न्यायाधिकरण को सौंपे गए जलविवाद के संबंध में उच्चतम न्यायालय के अधिकारिता को अपवर्जित कर दिया गया है। संविधान में जल संबंधी अंतर्राज्यीय (एक ही राज्य के भीतर) मुद्दों को राज्य सूची में तथा जल संबंधी अंतर्राज्यीय विषय संघ सूची में रखे गए हैं।

जल-विवाद का निर्णय करने की संसदीय शक्तियां (Powers of the Parliament to solve Water Dispute)

संविधान में अनुच्छेद 262 के अधीन अंतर्राज्यीय नदियों के जल संबंधी विवादों का निर्णय करने का अधिकार संसद को दिया गया है। इस अनुच्छेद के अधीन संसद ने दो विधियां पारित की हैं जो निम्नलिखित हैं—

1. अंतर्राज्यिक जल विवाद विधि 1956; और
2. नदी बोर्ड विधि, 1956

अंतर्राज्यिक पानी विवाद विधि के अनुसार कोई भी राज्य सरकार, केंद्रीय सरकार से, पानी विवाद के न्याय निर्णयन के लिए न्यायधिकरण को सौंपने की मांग कर सकती है। जब कोई राज्य ऐसी प्रार्थना करे तब केंद्रीय सरकार न्यायाधिकरण की नियुक्ति कर सकती है और इस

न्यायाधिकरण निर्णय को जब भारत सरकार गजट में प्रकाशित कर देती है तब उसे सभी पक्ष मानने पर बाध्य होते हैं। नदियों तथा नदी दूनों के जल के बंटवारे से संबंधित विवादों का निर्णय करने के लिए नदी बोर्ड विधि में भिन्न व्यवस्था की गई हैं। इस विधि में यह व्यवस्था की गई है कि अंतर्राज्यिक नदियों या नदी दूनों के विकास के लिए नदी बोर्ड की स्थापना की जा सकती है।

नदी बोर्ड के कार्यों नदियों के विकास पर किए जाने वाले खर्च के संबंध में यदि कोई अंतर्राज्यिक विवाद हो तो वह संबंधित पक्षों द्वारा न्यायाधिकरण को सौंपा जाएगा और न्यायाधिकरण का निर्णय सभी पक्ष मानने के लिए बाध्य होंगें।

प्रमुख तथ्य

अब तक केंद्र सरकार ने नर्मदा, कृष्णा, गोदावरी, कावेरी तथा रावी एवं व्यास नदियों के लिये पाँच बंतराज्यीय न्यायाधिकरणों की स्थापना की है।

नर्मदा जल न्यायाधिकरण (Narmada Water Tribunal)

- इसका गठन 1969 में गुजरात की शिकायत पर किया गया था। इससे लाभान्वित होने वाले राज्यों में गुजरात, महाराष्ट्र मध्य प्रदेश राजस्थान सम्मिलित हैं।
- न्यायाधिकरण ने 1978 में पंचाट दिया तथा 1979 में अधिकृत राजपत्र, का प्रकाशन हुआ।
- यह उल्लेखनीय है कि अधिकृत राजपत्र के प्रकाशन के बिना न्यायाधिकरण के निर्णयों/ पंचाट आदि का क्रियान्वयन नहीं किया जा सकता।

कृष्णा जल न्यायाधिकरण (Krishna Water Tribunal)

- इसकी स्थापना 1969 में हुई थी तथा पंचाट 1973 में दिया गया जबकि इसका अधिकृत में प्रकाशन 1976 में हुआ। इससे लाभान्वित होने वाले राज्य हैं—कर्नाटक, महाराष्ट्र, आंध्र प्रदेश, मध्य प्रदेश, ओडिसा।

कृष्णा नदी जल विवाद (Krishna Water Dispute)

- कृष्णा नदी जल बंटवारे के लिए गठित न्यायाधिकरण ने 30 दिसंबर, 2010 को अपना निर्णय दिया। इसमें न्यायाधिकरण ने नदी का जल तीन राज्यों में बांट दिया है। इस नदी के जल बंटवारे को लेकर कर्नाटक और आंध्र प्रदेश में पिछले कई वर्षो से विवाद चल रहा था।

गोदावरी जल न्यायाधिकरण (Godawari Water Dispute)

- इसकी स्थापना की पृष्ठभूमि तथा इससे लाभान्वित होने वाले राज्य नहीं है जो कृष्णा जल न्यायाधिकरण से संबंधित हैं।

कावेरी नदी जल न्यायाधिकरण

- कावेरी जल विवाद का इतिहास काफी पुराना है। इस विवाद का मुख्य कारण कर्नाटक व तमिलनाडु के मध्य हुए समझौते को ऊपरी लाभान्वित राज्य यानि कर्नाटक द्वारा भंग करना है तथा अपने हिस्से से कहीं अधिक मात्रा में इस नदी के जल संसाधन का दोहन करना है जिससे तमिलनाडु का हित दुष्प्रभावित हुआ है।
- केंद्र सरकार ने 1991 में इस न्यायाधिकरण की स्थापना की तथा इसी वर्ष के मध्य इसने अंतरिम पंचाट दिया कि तमिलनाडु को 205 टीएमसी फिट जल वार्षिक तौर पर दिया जाए।
- इस अंतरिम पंचाट को नजरअंदाज़ कर कर्नाटक सरकार ने जल के प्रयोग हेतु कानून बना दिया। फलतः राष्ट्रपति को इस विषय को उच्चतम न्यायालय की राय के लिये अनुच्छेद-143 के तहत सौंपना पड़ा जिसमें उच्चतम न्यायालय ने न्यायाधिकरण के निर्णय को वैध करार देते हुए इसको अधिकृत गजट में प्रकाशित करने का निर्देश दिया जोकि कुछ दिनों बाद ही प्रकाशित कर दिया गया।

केंद्रीय प्रशासनिक अधिकरण (CAT) (Central Administrative Tribunal)

संविधान के अनुच्छेद 323 (क) अनुसरण में संसद ने प्रशासनिक अधिकरण अधिनियम, 1985 पारित किया है, जिसमें अधिकरण के गठन एवं कार्यप्रणाली के संबंध में प्रावधान किया गया है।

संरचना

केंद्रीय प्रशासनिक अधिकरण का गठन एक अध्यक्ष, उपाध्यक्ष, न्यायिक सदस्यों तथा प्रशासनिक सदस्यों द्वारा किया जाता हे, जिसे सरकार उचित समझे।

योग्यता

प्रशासनिक अधिकरण के अध्यक्ष तथा उपाध्यक्ष के लिए निम्न योग्यताएं आवश्यक हैं। अध्यक्ष पद पर वह व्यक्ति नियुक्त किया जाएगा, जो—

1. किसी उच्च न्यायालय का न्यायाधीश रहा हो, या
2. 2 वर्ष तक केंद्रीय सरकार के सचिव पद पर रहा हो,या
3. 2 वर्ष तक अधिकरण के उपाध्यक्ष पद पर रहा हो।

उपाध्यक्ष पद के लिए उपर्युक्त (क) या (ख) के अलावा यह निर्धारित है कि वह कम-से-कम 5 वर्ष तक केंद्रीय सरकार के अतिरिक्त सचिव पद पर रहा हो। न्यायिक सदस्य की योग्यता के संबंध में यह निर्धारित किया गया है कि वह किसी उच्च न्यायालय का न्यायाधीश हो या रहा हो अथवा केंद्रीय विधि सेवा में वर्ग प्रथम के पद पर कम-से-कम तीन वर्ष तक रहा हो।

नियुक्ति

राष्ट्रपति प्रशासनिक अधिकरण के सभी पदों पर नियुक्ति करता है। लेकिन न्यायिक सदस्य की नियुक्ति करते समय उसे भारत के मुख्य न्यायाधीश से परामर्श करना आवश्यक है। राज्यों के अधिकरण के अध्यक्ष, उपाध्यक्ष, और अन्य सदस्यों की नियुक्ति संबंधित राज्य के राज्यपाल की सलाह से राष्ट्रपति द्वारा की जाती है।

कार्यकाल

प्रशासनिक अधिकरण के सदस्य 5 वर्ष तक या जब तक कि वह, (अध्यक्ष व उपाध्यक्ष के मामले में 65 वर्ष—और व अन्य सदस्यों के मामले में 62 वर्ष की आयु प्राप्त नहीं कर लेते है,) अपना पद धारण करेंगें। प्रशासनिक असकरण के सदस्यगण राष्ट्रपति को लिखकर अपना त्याग पत्र दे सकते हैं। उन्हे कदाचार या अक्षमता के आधार पर उच्च्तम न्यायालय के न्यायाधीश द्वारा जांच के उपरांत हटाया जा सकता है।

राष्ट्रीय कमान प्राधिकरण (National Command Tribunal)

परमाणु सम्पन्न राष्ट्रों की राह पर चलते हुए भारत ने भी दिनांक, 2003 को प्रथम सामरिक परमाणु कमान का गठन किया। यह कमान प्रधानमंत्री की अध्यक्षता में कार्य करती है। भारत पर अथवा भारतीय सेना पर अन्यत्र कहीं भी परमाणु, रासायनिक या जैवकीय हथियारों से हमलों होने पर कमान कार्यवाही करेगी। इस कमान में एक राजनीतिक परिषद बनायी गई है, जिसमें प्रधानमंत्री अध्यक्ष, गृह, रक्षा, विदेश तथा वित्त मंत्री सदस्य बनाए गए हैं।

राष्ट्रीय सुरक्षा सलाहकार की अध्यक्षता में कार्यकारी परिषद भी बनाई गई है जो राजनीतिक परिषद को परामर्श देने तथा राजनीतिक परिषद के निर्णयों को क्रियान्वित करने के लिए उत्तरदायी है। चीफ ऑफ स्टाफ कमेटी कार्यकारी परिषद के माध्यम से राजनीतिक परिषद् तक सैन्य परामर्श प्रस्तुत करेगी। प्रथमतः इसके अध्यक्ष नौसेना प्रमुख बनाए गए हैं। अध्यक्ष पद बारी-बारी से तीनों सेनाओं के उच्च पदाधिकारी पद धारित करेंगे। वायु सेना प्रमुख की अध्यक्षता में रणनीतिक सेनाएँ कमान के पास परमाणु हथियार रहेंगे तथा यह सभी संबंधिततों तक सूचनाएँ देने तथा परमाणु हमला करने की कार्यवाही करेगी।

भारतीय दूरसंचार विनियामक प्राधिकरण (TRAI) (Telecommunication Regulatory Authority of India)

भूमिका

एक स्वतंत्र विनियामक के तौर पर भारतीय दूरसंचार विनियामक प्राधिकरण की स्थापना 1997 ई. में की गई थी। इसकी स्थापना के लिए संसद द्वारा भारतीय दूरसंचार विनियामक प्राधिकरण अधिनियम, 1997 पारित किया गया था।

वर्ष 2000 में ट्राई अधिनियम में कुछ संशोधनों द्वारा सम्पूर्ण दूर संचार नियमों ढाँचों तथा विवाद समाधान तंत्रों को मजबूत बनाया गया। इसका प्रमुख उद्देश्य है, उच्चतरीय कार्य क्षेत्र और स्वास्थ्य प्रतिस्पर्धा के लिए पारदर्शी नीति तैयार करना और भारत में दूरसंचार व्यवसाय को विनियमित करना।

ट्राई के प्रमुख कार्य

- नई सेवा प्रदाताओं की पहचान करना और अनको प्रतिस्पर्धा में उतरना।
- सेवा प्रदाताओं को लाइसेंस प्रदान करना।
- सेवा प्रदाताओं द्वारा तकनीकी विकास की गतिविधियों में सहायता प्रदान करना।
- प्रतियोगिता एवं समबर्द्धन सक्षमता हेतु मानदण्ड तय करना।
- दूरसंचार में प्रयुक्त उपकरणों की जांच-पड़ताल पर मंजूरी प्रदान करना।
- उपलब्ध स्पेक्ट्रम (फ्रीक्वेन्सी) का कुशलतापूर्वक प्रबंधन।
- दूरसंचार संबंधी विवादों का निपटारा। दूरसंचार विवाद निटापन एवं अपीलीय न्यायाधिकरण करती है।

राष्ट्रीय हरित न्यायाधिकरण (एनजीटी) (National Green Tribunal)

पर्यावरण संबंधी मामलों की सुनवाई के लिए राष्ट्रीय हरित न्यायाधिकरण के गठन की अधिसूचना 18 अक्टूबर, 2009 को जारी की गयी और संबंधित राष्ट्रीय हरित न्यायाधिकरण अधिनियम 2010 में दोनों सदनों ने पारित किया। 12 जून, 2010 को राष्ट्रपति के द्वारा हस्ताक्षर किया गया। इसमें मुख्य बातें निम्नलिखित हैं—

- इस न्यायाधिकरण को हाई कोर्ट का दर्जा दिया गया है। इसका मुख्यालय दिल्ली में होगा तथा चार अन्य क्षेत्रीय न्यायाधिकरण होंगे।
- सेवानिवृत्त न्यायमूर्ति लोकेश्वर सिंह पाटा को इसका प्रथम प्रमुख नियुक्त किया गया था (वर्तमान में स्वतंत्र कुमार)।
- इसे पर्यावरण कानूनों के उल्लंघन पर 3 वर्ष का कारावास और 10 करोड़ का जुर्माना (कॉरपोरेट मामलों में 28 करोड़ का जुर्माना) लगाने का अधिकार होगा।
- राष्ट्रीय पर्यावरण अपीलीय प्राधिकरण (National Environment Appellate Authority) को समाप्त कर दिया गया है इसके मामले का निदान एनजीटी में किया जाएगा। अभी तक ऑस्ट्रेलिया और न्यूजीलैंड में ही एनजीटी का गठन किया गया था, जिसमें भारत अब तीसरे देश के रूप में शामिल हो गया है।

अध्याय सार संग्रह

- राष्ट्रीय विकास परिषद को सुपर कैबिनेट की संज्ञा दी जाती है।
- राष्ट्रीय विकास परिषद का मुख्य कार्य पंचवर्षीय योजनाओं का अनुमोदन करना तथा उन्हें अंतिम स्वीकृति प्रदान करना है।
- अंतर्राज्यीय परिषद् एक संवैधानिक निकाय है। यह सहकारी संघवाद की संवैधानिक अभिव्यक्ति है।
- प्रधानमंत्री अंतर्राज्यीय परिषद् का पदेन अध्यक्ष होता है।
- राष्ट्रीय मानवाधिकार आयोग को स्वशासी तथा वैधानिक स्तर प्राप्त है एवं इसके पास वित्तीय स्वायत्तता भी है।
- वर्तमान में लोक सेवा आयोग में एक अध्यक्ष तथा 10 सदस्यों का प्रावधान है।
- किसी राज्य लोकसेवा आयोग का कोई सदस्य एक बार सदस्यता की अवधि समाप्त हो जाने पर दोबारा उसी राज्य लोक सेवा आयोग का सदस्य नहीं बन सकता।
- लोक सेवा आयोग का गठन 1926 में ली आयोग की संस्तुति पर किया गया था।
- लार्ड मैकाले को भारत में लोक सेवाओं का जनक मान जाता है।
- लोक सेवा आयोग एक सलाहकारी निकाय है तथा इसका सिफारिशों को सरकार अस्वीकार भी कर सकती है।
- लोक सेवा आयोग के प्रतिवेदन को राष्ट्रपति संसद के समक्ष रखवाता है। तथा जहां उसकी सिफारिश स्वीकार नहीं की गई हैं, वहां अस्वीकृति का कारण सहित ज्ञापन संसद में रखा जाता है।
- संघ लोक सेवा आयोग के सदस्य की अधिकतम आयु 65 वर्ष, जबकि राज्य लोक सेवा आयोग के सदस्य की अधिकतम आयु 62 वर्ष है।

पारिभाषिक शब्दावली

- **प्रस्तावना (Preamble)**
  सामान्यत: किसी देश के संवैधानिक ढाँचे के दर्शन की अभिव्यक्ति उसके संविधान की प्रस्तावना में होती है। इसमें उन मुख्य उद्देश्यों को स्थापित किया जाता है, जिनको प्राप्त करने का प्रयास विधायिका द्वारा किया जाता है।
- **मूल अधिकार (Fundamental Right)**
  मूल अधिकार वे आधारभूत अधिकार हैं, जो नागरिकों के नैतिक, बौद्धिक एवं आध्यात्मिक विकास के लिए अपरिहार्य है। इनके बिना व्यक्ति का सर्वाङ्गीण विकास सम्भव नहीं है।
- **मानवाधिकार (Human Right)**
  मानवाधिकार संरक्षण अधिनियम 1993 के अनुसार मानवाधिकार का अर्थ ऐसे अधिकारों से है, जो स्वतंत्रता, समानता व ससम्मान जीवन की गारंटी एक व्यक्ति को प्रदान करते हैं, ये संविधान में गारंटीकृत हैं या अन्तर्राष्ट्रीय प्रसंविदाओं में उल्लिखित हैं तथा जो भारत के न्यायालय में प्रवर्तनीय हैं।
- **राज्य की नीति के निदेशक तत्व (Directive Principles of State Policy)**
  भारतीय संविधान के भाग-4 में (अनुच्छेद 36-51) राज्य की नीति के निदेशक तत्व समाहित हैं। इनमें सभी सरकारों (केन्द्र, राज्य तथा स्थानीय प्रशासन) को निर्दिष्ट किया गया है कि वे राजनीतिक लोकतंत्र से सामाजिक और आर्थिक लोकतंत्र की ओर जाने का प्रयास करेंगे। इनकी प्रकृति निदेशात्मक होती है।
- **मूलाधिकार एवं राज्य के नीति निदेशक तत्व (Basic Rights and State Policy Directive Elements)**
  मौलिक अधिकार भारत में राजनीतिक लोकतंत्र की नींव रखते हैं, जबकि राज्य के नीति निदेशक तत्व सामाजिक और आर्थिक लोकतंत्र की अवधारणाओं को सुदृढ़ आधार प्रदान करते हैं।
- **मूल कर्तव्य (Fundamental duties)**
  मौलिक कर्तव्यों को संविधान के भाग-4 में अनुच्छेद 51(क) में समाहित किया गया है। जो 42वें संवैधानिक संशोधन (1976) में जोड़ा गया है। ये देश की सम्प्रभुता व एकता को बढ़ाने तथा भाईचारे, सौहृदय, सामंजस्य व धार्मिक सहिष्णुता को नागरिकों में बनाये रखने के लिए महत्वपूर्ण हैं।
- **दोहरा जोखिम दोहरा दंड (Double Jeoparty)**
  इस शब्द का प्रयोग अमरीकी कानून में किया गया है। भारतीय संविधान में इसका प्रयोग नहीं है, परन्तु अनुच्छेद 20(2) में इसी सिद्धान्त को दिया गया है। जो कहता है, कि किसी व्यक्ति को एक ही अपराध के लिए एक बार से अधिक अभियोजित और दंडित नहीं किया जाएगा।
- **निवारक निरोध (Preventive detention)**
  निवारक निरोध का अर्थ है, किसी व्यक्ति को गैर-कानून कार्य करने से रोकना, ऐसे कार्यों हेतू निवारक निरोध की प्रक्रिया दी गयी है तथा रक्षोपायों को भी दिया गया है।
- **दण्डस्वरूप निरोध (Punitive detention)**
  दण्डस्वरूप निरोध में किसी व्यक्ति को कोई कार्य करने के लिए या उसके द्वारा किये गये किसी कार्य के लिए दण्डित किया जाता है।
- **संकल्प (Resolution)**
  ये मूल प्रस्ताव होते हैं, जो स्वयं पूर्ण होते हैं। इसमें एक समग्र विचार होता है, संकल्प में साधारणतया कोई विचार या मत या राय प्रकट की जाती है और वह अनुवय के रूप में होता है, आदेश के रूप में नहीं।
- **वयस्क मताधिकार (Adult Franchise)**
  हर प्रजातन्त्र राज्य में वयस्कों को चुनाव में वोट डालने का अधिकार प्राप्त होता है वे बिना किसी जाति, धर्म, रंग, लिंग के भेदभाव के इस अधिकार का उपयोग कर सकते है। इसमें भिन्न-भिन्न देश में वयस्क आयु भिन्न होती हैं संयुक्त राज्य अमरीका व सोवियत संघ ने वयस्क आयु भिन्न होती है संयुक्त राज्य अमेरिका व सोवियत संघ में वयस्क आयु 18 वर्ष है, जबकि आयु भारत में 21 वर्ष थी, लेकिन भारत में 61वाँ संशोधन करके मताधिकार की आयु 18 वर्ष कर दी।

- **विश्वास प्रस्ताव (Confidence Motion)**
संसद की प्रक्रिया के नियमों में विश्वास प्रस्ताव के बारे में कोई उपबंध नहीं है। यह गठबंधन की राजनीति के कारण अस्तित्व में आया है। विश्वास प्रस्ताव सत्ताधारी दल लाता है, ताकि वह दिखा सके कि उसे सदन के बहुमत का समर्थन प्राप्त है।

- **अराजकतावाद (Anarchism)**
एक ऐसा राजनीतिक सिद्धांत है जिसके एक ऐसा राजनीतिक सिद्धांत है जिसके समर्थक राज्यविहीन एवं वर्गविहीन समाज की स्थापना करना चाहते हैं, अराजकतावादी विचारधारा भी दो प्रकार की है। एक वर्ग के विचारक उद्देश्य पूर्ति के लिए हिस्सा को मान्यता देते हैं, जबकि दूसरे वर्ग के लोग हिंसा को स्वीकार नहीं करते हैं।

- **प्रश्न काल (Question Hour)**
दोनों सदनों में बैठक के प्रारम्भ के एक घंटे तक प्रश्न किये जाते हैं और उनके उत्तर दिये जाते हैं। प्रश्न काल कहलाता है। सदन की कार्यवाही की शुरुआत में 11am से 12pm तक का समय ही प्रश्नकाल है।

- **अल्प सूचना प्रश्न (Short notice question)**
अल्प सूचना प्रश्न ऐसे प्रश्नों को कहा जाता है, जो अविलम्बनीय लोक महत्व का हो और जिसको साधारण प्रश्न के लिए निर्धारित दस दिन की अवधि से कम में सूचना देकर पूछा जा सकता है।

- **स्थगन प्रस्ताव (Adjourh Motion)**
यह प्रस्ताव जब सदन द्वारा स्वीकार कर लिया जाता है, तब सदन द्वारा अविलम्बनीय लोक महत्व के निश्चित मुद्दे पर चर्चा करने के लिए सदन का नियमित कार्य रोक दिया जाता है।

- **ध्यानाकर्षण प्रस्ताव (Attention Motion)**
सार्वजनिक महत्व के किसी आवश्यक मामलें पर सरकार का ध्यान आकर्षित करने के लिए ध्यानाकर्षण से प्रस्तुत मुद्दे पर सदस्य द्वारा वक्तव्य देने का आग्रह किया जाता है, जिस पर तुरन्त वक्तव्य दे सकते हैं अथवा इसके लिए समय मांग सकते हैं।

- **विशेषाधिकार प्रस्ताव (Special Proposal)**
यह प्रस्ताव संसद के किसी सदस्य द्वारा पेश किया जाता है, जब उसे ऐसा प्रतीत होता है कि मंत्रिपरिषद के किसी सदस्य ने संसद में झूठा तथ्य प्रस्तुत करके सदन के विशेषाधिकार का उल्लंघन किया है।

- **प्रस्ताव (Proposal)**
यह किसी विषय पर सदन का फैसला जानने के लिए या उसकी राय व्यक्त करने के लिए सदन के समक्ष लाया गया एक प्रपत्र होता है। यह वास्तव में संसदीय कार्यवाहियों का आधार होता है।

- **अवकाश (Recess)**
संसद के सत्रावसान और संसद के दुबारा नये सत्र में बुलाये जाने के मध्य के काल को अवकाश कहते हैं।

- **सत्रावसान (Tragedy)**
राष्ट्रपति के एक आदेश द्वारा संसद के अधिवेशन के समापन को सत्रावसान कहते हैं। राज्यपाल द्वारा विधानमण्डल के अधिवेशन को समाप्त करना भी सत्रावसान है। अगले सत्र को राष्ट्रपति एक आदेश द्वारा ही बुलाते हैं।

- **लोकसभा का विघटन (Dissolution of the Lok Sabha)**
अनुच्छेद 85 के अनुसार राष्ट्रपति लोक सभा का विघटन कर सकता है। संविधान द्वारा स्थापित प्रक्रिया के पश्चात् नया निर्वाचन होता है और नई लोकसभा बनती है।

- **विशेषाधिकार (Privileged/Special Rights)**
ये वे अधिकार हैं, जो संसद के प्रत्येक सदन को सामूहिक रूप से प्रदत्त हैं तथा कुछ मात्रा में सदस्यों को व्यक्तिगत रूप से प्राप्त हैं। इनके बिना किसी सदन के कार्य करने की स्वतन्त्रता को बनाये रखना असम्भव है।

- **धन विधेयक (Money Bill)**
संविधान के अनुच्छेद 110 में दिये गये 6 विषयों से संबंधित विधेयक को धन विधेयक कहा जाता है। कोई विधेयक उपर्युक्त प्रकार का है या नहीं इसका निर्णय लोक सभा अध्यक्ष करते हैं।

- **वार्षिक वित्तीय विवरण (Annual Financial Statement)**
अनुच्छेद 112 वार्षिक वित्तीय विवरण परिभाषित है। जिन वित्तीय प्रस्तावों को सरकार आगामी वर्ष के लिए सदन में प्रस्तुत करती है, उन वित्तीय प्रस्तावों को मिलाकर वित्त विधेयक की रचना होती है। राज्य सभा का व्यवहार इसके प्रति साधारण विधेयक के समान नहीं होता है।

- **राष्ट्रपति का अभिभाषण (Presidential address)**
संविधान के अनुच्छेद 87 के अन्तर्गत नये सदस्यों के शपथ ग्रहण करने व अध्यक्ष के चुने जाने के बाद राष्ट्रपति संसद के दोनों सदनों को संयुक्त रूप से सम्बोधित करते हैं। वे वर्ष के प्रथम सत्र पर भी ऐसा करते हैं।

- **अध्यादेश (Ordinance)**
संविधान के अनुच्छेद 123 के अन्तर्गत राष्ट्रपति को यह शक्ति है, कि जब दोनों सदन सत्र में न हों और उसे यह समाधान हो जाता है, कि ऐसी परिस्थितियाँ हैं, जिनके कारण तुरन्त कार्यवाही करना आवश्यक हो गया है, तो वह अध्यादेश जारी करेगा। यह सामान्य अधिनियम के समान ही प्रभावी होगा।

- **बजट (Budget)**
संविधान के अनुच्छेद 112 के अन्तर्गत, प्रत्येक वित्त वर्ष के प्रारम्भ पर राष्ट्रपति संसद के दोनों सदनों के समक्ष भारत सरकार की उस वर्ष के लिए अनुमानित प्राप्तियों तथा व्ययों का विवरण रखवाएगा, इसे वार्षिक वित्तीय विवरण या बजट कहा जाता है।

- **तत्व एवं सार का सिद्धान्त (Doctrine of Pith and Substance)**
केन्द्रीय एवं राज्य विधान मण्डलों द्वारा एक-दूसरे की विधायी शक्ति के अतिक्रमण की दशा में, उच्चतम न्यायालय तत्व एवं सार सिद्धान्त

को लागू कर विधान की वास्तविक प्रकृति व स्वरूप का अध्ययन एवं उसके उद्देश्य एवं विस्तार का पता लगाता है तथा उसकी वैधानिकता पर निर्णय देता है।

- **छद्म विधायन का सिद्धान्त (Doctrine of Colourable Legislation)**

कभी-कभी व्यवस्थापिका में निर्मित कानून बाह्य रूप से उसकी अपनी शक्तियों की सीमा में होते हुए भी सार क्रम में संविधान या दूसरी व्यवस्थापिका की शक्तियों पर अतिक्रमण करता है। इन मामलों में विधि का सार महत्वपूर्ण होता है। बाह्य आकृति पर नहीं। यही छद्म विधायन कहलाता है, जिसकी अनुमति संविधान नहीं देता।

- **मंत्रिमंडल सचिव (Cabinet Secretary)**

वह लोक सेवाओं में देश का वरिष्ठ लोक सेवक होता है और मंत्रिमंडल सचिवालय के प्रमुख के रूप में वह मंत्रिमंडल और सामान्य प्रशासन के बीच महत्वपूर्ण कड़ी के रूप में कार्य करता है।

- **सामूहिक उत्तरदायित्व (Collective Responsibility)**

अनुच्छेद 75(3) के तहत् मंत्रिपरिषद संसद के प्रति सामूहिक उत्तरदायी (विशेषत: लोकसभा के प्रति) होते हैं। जब एक मंत्री के विरुद्ध अविश्वास प्रस्ताव पारित हो जाता है। तब संपूर्ण मंत्रिपरिषद (एकमंत्री भी) को इसी के तहत इस्तीफा देना पड़ता है।

- **व्यक्तिगत-उत्तरदायित्व (Personal Responsibility)**

कोई भी मंत्री स्वतन्त्र रूप से अपने कार्यों/दायित्वों हेतु राष्ट्रपति के प्रति उत्तरदायी होता है। क्योंकि वह राष्ट्रपति की कृपा पर ही अपने पद पर आरूढ़ हुआ है क्योंकि इन्होंने ही उन्हें नियुक्ति व शपथ दिलाई है।

- **आह्नान (Call on)**

भारत के राष्ट्रपति संसद के प्रत्येक सदन की बैठकों का आयोजन करने हेतु आह्नान करते हैं। यद्यपि दो सत्रों के बीच 6 माह से अधिक की रिक्तिता नहीं हो सकती है।

- **केबीनेट (Cabinet)**

मंत्रिपरिषद के आंतरिक चक्र में शामिल केन्द्रीय मंत्री पद पर आसीन एवं प्रधानमंत्री सहित 'समूह' केबीनेट कहलाता है। जो शासकीय नीतियों के निर्माण पर विचार-विमर्श कर विधायिका में प्रस्तुत करता है।

- **लाइन-आइटम वीटो (Line Item Veto)**

राष्ट्र के मुखिया को स्वतंत्र रूप में यह शक्ति विधायिका द्वारा किसी विधेयक को संपूर्ण रूप में अपने पास सुरक्षित रखने से है।

- **तदर्थ समिति (Adhoc Committee)**

यह वह समिति है जो समय-समय पर किसी भी सदन में सभापति/लोकसभाध्यक्ष द्वारा प्रस्तावित प्रस्ताव हेतु बनाई जाती है। यह समिति किसी विशेष विषय पर अपनी रिपोर्ट देती है।

- **संसदीय सलाहकार समिति (Parliamentary Advisory Committee)**

विधायिका की समय-सारणी को निर्धारित करने तथा अन्य संसदीय व्यवहार को नियंत्रित करने हेतु इस तरह की समिति का गठन किया जाता है। इस समिति में राज्यसभा के 11 लोकसभा के 15 सदस्य होते हैं अर्थात् कुल 26 सदस्य शामिल किए जाते हैं।

- **विशेषाधिकारों का उल्लंघन (Breach of Priviledge)**

इसकी चर्चा अनुच्छेद 105 में की गयी है। जब किसी व्यक्ति या अधिकारी द्वारा संसद के किसी भी सदन के सदस्य के किसी भी विशेषाधिकार या उन्मुक्ति का निरादर करता है। तब इस प्रकार का कृत्य विशेषाधिकारों का उल्लंघन कहलाता है।

- **व्यवस्था का प्रश्न (Point of order)**

यह एक असाधारण प्रक्रिया है, जिसके उठाये जाने पर सदन की कार्यवाही निलम्बित हो जाती है, और उस समय बोल रहे सदस्य को अपना भाषण बन्द करना पड़ता है। इसका उद्देश्य सदन के कार्यों को विनियमित करने के लिए नियमों व निर्देशों में अध्यक्ष की सहायता करना है।

- **नेता प्रतिपक्ष (Leader of Opposition)**

उस दल के नेता को विपक्षी नेता के रूप में संसद में मान्यता दी जाती है, जिसकी सदस्य संख्या कम से कम सदन की सदस्य संख्या का 10 प्रतिशत होती है तथा उसे केबिनेट स्तर के मंत्री की सुविधाएँ प्राप्त होती हैं।

- **गणपूर्ति (Quorum)**

किसी सदन की कार्यवाही को वैध रूप से चलाने के लिए जितने न्यूनतम सदस्यों की आवश्यकता होती है उसे गणपूर्ति कहते हैं। यह संख्या स्पीकर (अध्यक्ष) सहित सदन के कुल सदस्यों की संख्या का दसवाँ भाग होती है।

- **मितव्ययता (Economy)**

यह एक प्रकार का कटौती प्रस्ताव है, जिसमें मांगी गयी राशि को कुछ अंशो तक घटाया जाता है। इसका उद्देश्य व्यय में मितव्ययता लाना होता है।

- **सांकेतिक कटौती (Token Cut)**

इस कटौती प्रस्ताव का उद्देश्य किसी ऐसी विशिष्ट शिकायत को प्रकट करना होता है, जो सरकार के उत्तरदायित्व के क्षेत्र में हो।

- **सचेतक (Whip)**

यह किसी राजनीतिक दल द्वारा सदस्यों में अनुशासन बनाये रखने के लिए दिये गये निर्देश होते हैं, ताकि किसी विषय विशेष पर मतदान होने की स्थिति में सदस्यों का व्यवहार दल के अनुसार हो। सचेतक के निर्देशों के विरुद्ध मतदान करने वालों के विरुद्ध दल-बदल निरोध कानून के अन्तर्गत कार्यवाही की जाती है।

- **स्नेप वोट (Snap Vote)**

जब राष्ट्रपति या राज्यपाल द्वारा संसद या विधानमण्डल को अचानक भंग कर दिया जाता है और थोड़े समय के नोटिस पर चुनाव करा दिए जाते हैं, तो ऐसे चुनाव को स्नेप वोट कहते हैं।

- **त्रिशंकु लोकसभा (Hung Parliament)**
आम चुनाव के बाद, यदि ऐसी संसद अस्तित्व में आती है, जिसमें किसी दल या दलों के किसी संगठन को स्पष्ट बहुमत प्राप्त न हो तो उसे त्रिशंकु या लंबित संसद कहते हैं।

- **प्रो-टेम स्पीकर (Pro-tem Speaker)**
आम चुनाव के बाद जब लोकसभा का गठन होता है, तब राष्ट्रपति एक प्रो-टेम स्पीकर की नियुक्ति करता है, जो सामान्यत: वरिष्ठतम सदस्य होता है। उसने कितना समय लोकसभा के सदस्य के रूप में गुजारा है, इस पर निर्भर करता है तथा वह सदन के नव निर्वाचित सदस्यों को शपथ दिलाता है।

- **नियम 377 (Rule 377)**
ऐसे विषय क्षेत्र के प्रश्न जो अल्पसूचना प्रश्नों व ध्यानाकर्षण सूचनाओं के माध्यम से नहीं पूछे जा सकते हैं, उन्हें लोकसभा में नियम 377 के तहत् उठाया जा सकता है।

- **जेबी वीटो (Pocket Veto)**
अमेरिकी व्यवस्था में राष्ट्रपति किसी विधेयक को कानून बनने से रोक सकता है। वह संसद द्वारा विधेयक को न अनुमति देता है, और न ही पुनर्विचार के लिए वापस करता है। यही व्यवस्था भारत के राष्ट्रपति के लिए भी है। यह तरीका जेबी वीटो कहलाता है।

- **भारत के राष्ट्रपति की वीटो शक्ति (Veto Power of President)**
राष्ट्रपति की वीटो शक्ति को संविधान में स्पष्ट रूप से नहीं बताया गया है, परन्तु भारत का राष्ट्रपति आत्यांतिक, विलम्बनकारी तथा जेबी वीटो के मिले-जुले रूप का प्रयोग करता है, जो अनुच्छेद 74, 200 और 201 में वर्णित है।

- **मंत्रिपरिषद**
यह विभिन्न स्तर के मंत्रियों से मिलकर बनती है। प्रधान मंत्री इसका प्रमुख होता है। यह राष्ट्रपति को उसके कार्य में सहयोग देती है।

- **सत्र (Session)**
संसद की पहली बैठक से लेकर सत्रावसान या विघटन तक के समय को सत्र कहा जाता है। अनुच्छेद 85(1) के अनुसार सत्र की अन्तिम बैठक तथा अगले सत्र की प्रथम बैठक के मध्य छ: माह से अधिक का समयांतर नहीं होना चाहिए।

- **वीटो (Veto)**
वीटो ऐसा अधिकार है, जो किसी संस्था के द्वारा उसके कुछ सदस्यों को दिया जाता है। इस अधिकार का प्रयोग कर सदस्य बहुमत से हुए निर्णय को रोक देता है।

- **आत्यांतिक वीटो (Absolute Veto)**
इसका अर्थ है, किसी पारित विधेयक को अनुमति न देना। यह शक्ति इंग्लैंड के राजतन्त्र के पास होती थी, जिसमें संसद के अधिनियमों को अनुमति न देना शामिल था। भारत के राष्ट्रपति को भी यही शक्ति प्राप्त है।

- **विशेषित वीटो (Qualified Veto)**
यह वीटो की ऐसी शक्ति है जिसका विधान मंडल द्वारा अध्यारोहण हो सकता है। यह विशेष बहुमत से विधेयक पारित होने पर लागू हो जाता है। यह स्थिति अमेरिका की है। भारत में विशेषित वीटो नहीं है।

- **निलम्बनकारी वीटो (Suspensive Veto)**
जब किसी विधेयक को कुछ समय के लिए अधिनियम बनने से रोकना होता है, तब इसका प्रयोग किया जाता है यदि साधारण बहुमत से दुबारा अधिनियम पारित हो जाने पर करने पर समाप्त हो जाता है।

- **विशेषाधिकार रिटें (Prerogative writs)**
इस अधिकारिता को असाधारण अधिकारिता कहा जाता है। ये कानूनी उपायों के अपर्याप्त होने पर जारी की जाती है।

- **बन्दी प्रत्यक्षीकरण (Haleas Corpus)**
इसका शाब्दिक अर्थ है 'शरीर लेकर आओ'। इस रिट के द्वारा न्यायालय ऐसे व्यक्ति को जिसे निरूद्ध किया गया है, न्यायालय के समक्ष प्रत्यक्ष उपस्थित करा सकता है। ऐसा होने पर न्यायालय द्वारा व्यक्ति के विरूद्ध किये जाने के कारणों की समीक्षा की जाती है। यदि निरोध का कोई विधिक औचित्य नहीं है तो उसे स्वतंत्र कर दिया जाता है।

- **परमादेश (Mandamus)**
इसका शाब्दिक अर्थ है फ्आदेश देनाय्। इसमें किसी व्यक्ति निगम, कनिष्ठ न्यायालय, सरकार या किसी लोक प्राधिकारी को कोई काम करने के लिए निर्देश दिया जाता है। इसका उपयोग ऐसे प्राधिकारी के विरूद्ध किया जाता है, जिसने सार्वजनिक कर्तव्य करने से इंकार कर दिया हो व जिसे अन्य द्वारा सम्पादित नहीं किया जा सकता हो।

- **प्रतिषेध (Prohibition)**
यह रिट किसी वरिष्ठ न्यायालय द्वारा किसी कनिष्ठ न्यायालय या अधिकरण को जारी की जाती है, जिससे वह ऐसी अधिकारिता का प्रयोग करने की चेष्ठा न करे जो उसमें निहित न हो। यह अवर न्यायालय को अपनी सीमा में रहने को बाध्य करती है।

- **उत्प्रेषण (Certiorari)**
उच्चतम न्यायालय या उच्च न्यायालय द्वारा न्यायालयों को यह रिट जारी की जाती है। ऊपरी न्यायालय के किसी निचले न्यायालय के निर्णय को इस आधार पर रद्द कर देती है कि निर्णय ऐसे मामले में दिया गया है जो निचले न्यायालय के क्षेत्राधिकार के बाहर है।

- **अधिकार पृच्छा (Quo-Warranto)**
इसका शाब्दिक अर्थ है 'किस अधिकार से' न्यायालय द्वारा इस रिट द्वारा न्यायालय किसी व्यक्ति के किसी लोक पद या विशेषाधिकार के दावे की वैधता की परीक्षा करता है। यदि वह अपना विधिक अधिकार नहीं दिखा पाता है, तो न्यायालय उसे हटा सकता है।

- **निषेधाज्ञा (Injunction)**

  यह न्यायालय द्वारा किसी व्यक्ति से कोई कार्य करने अथवा करने से दूर रहने के लिए जारी की जाती है। यह दो तरह की होती है। आदेशात्मक व निरोधक जिसमें पहली परमादेश रिट की तरह लगती है। परन्तु ऐसा नहीं है इनमें अंतर यह है, कि परमादेश किसी गैर सरकारी व्यक्ति हेतु जारी नहीं होता, जबकि निषेधात्मक मुख्य रूप से गैर सरकारी कानूनी प्रक्रिया है। अर्थात् परमादेश जहाँ कानूनी उपचार हैं वहीं यह 'समदृष्टि की प्रभावशाली भुजा है।'

- **संविधान (Consitution)**

  यह जनता के विश्वास और आकांक्षाओं का एक दस्तावेज है, जो शुद्ध रूप से कानूनी होता है। यह जनता और सरकार के मध्य सुनिचित सम्बन्धों को स्थापित करता है।

- **नागरिक (Citizen)**

  नागरिक एक ऐसा व्यक्ति होता है, जो किसी राज्य या समुदाय का पूर्णत: सदस्य होता है तथा राज्य या समुदाय के भौगोलिक क्षेत्र में निवास करता है।

- **लेखानुदान (Vote on Account)**

  विनियोग विधेयक के पारित होने के बाद ही भारत की संचित निधि से कोई राशि निकाली जा सकती है। परन्तु सरकार को इस विधेयक के पारित होने से पहले भी रुपयों की आवश्यकता पड़ती है, इसलिए लोकसभा अनुच्छेद 116 के अन्तर्गत लेखानुदान पारित कर सरकार को अन्तिम राशि मंजूर करने की शक्ति दे देती है।

- **विधि का समान संरक्षण (Equal Protection of Laws)**

  इसका तात्पर्य यह है, कि समान परिस्थिति वाले व्यक्तियों में कोई विभेद नहीं किया जाएगा और उन पर कोई विधि लागू होगी, पर विधायिका युक्ति-युक्त वर्गीकरण के आधार पर एक समान परिस्थिति वाले व्यक्तियों में विभेद कर सकती है।

- **विधि के समक्ष समता (Equality before Law)**

  विधि के समक्ष समता विधि सम्मत शासन का अनिवार्य अंग है, ताकि स्वस्थ सामाजिक व्यवस्था का निर्माण हो सके। इस का अर्थ है कि कोई व्यक्ति विधि के ऊपर नहीं होता है। प्रत्येक व्यक्ति, ऊँच-नीच के भेदभाव के बिना देश की सामान्य विधि के अधीन है और सामान्य न्यायालयों की अधिकारिता के अन्तर्गत है।

- **आच्छादन का सिद्धांत (Doctrine of Eclipse)**

  संविधान के प्रवर्तन के पूर्व भारत में प्रवृत्त विधियाँ, जो मूलाधिकारों से असंगत हैं या उनके विरुद्ध हैं, समाप्त नहीं होतीं बल्कि निष्क्रिय हो जाती हैं और ऐसी विधियाँ मूल अधिकारों द्वारा आच्छादित हो जाती हैं।

- **प्रशासनिक अधिकरण (Administrative Tribunal)**

  2वें संविधान संशोधन द्वारा संविधान में एक नया भाग-14 (क) जोड़ा गया है। जिसके अन्तर्गत संसद को यह शक्ति दी गयी है, कि वह संघ अथवा किसी राज्य के नियंत्रण के अधीन कर्मचारियों की भर्ती तथा सेवा शर्तों से सम्बन्धित सभी मामलों के निपटारे के लिए इनका गठन कर सकती है।

- **मूलभूत ढाँचा (Default Layout)**

  संविधान की सर्वोच्चता को बनाये रखने के लिए व राज्य के तीनों अंगो के मध्य सन्तुलन को बनाये रखने के लिए उच्चतम न्यायालय ने 'मूल ढाँचे' की अवधारणा को अपनाया है, जो केशवानन्द भारती के वाद से अस्तित्व में आया।

- **रिफ्रेंडम (Referendum)**

  जब किसी वाद-विवाद के विषय पर आम जनता की राय जानने के लिए जनमत ज्ञात किया जाता है, तो उसे रिफ्रेंडम कहा जाता है।

- **सदस्यों की पहल (Initiative of Members)**

  यह निर्वाचकगण को शक्ति प्रदान करता है, कि किसी कानून को अपनी इच्छानुसार पारित करें यदि एक निश्चित संख्या वाले मतदाता कोई कानून चाहते हैं, तो विधायिका उससे इंकार नहीं कर सकती है।

- **राष्ट्रीय सरकार (National Government)**

  यह सर्वसम्मति की सरकार है, जिसमें लगभग सभी राजनीतिक दलों की सहभागिता रहती है। इसमें विरोधी दल का अस्तित्व नहीं होता है।

- **अन्तरिम सरकार (Interim Government)**

  ऐसी सरकार किसी देश की स्थापना के संक्रमण काल में बनायी जाती है। इसको सरकार की शक्तियाँ प्राप्त होती है तथा देश हित में यह राजनीतिक निर्णय भी ले सकती है।

- **अल्पमत सरकार (Minority government)**

  लोक सभा या विधानसभा में जिस सरकार का बहुमत नहीं रहता है तथा कुछ अन्य दल सरकार को बाहर से समर्थन करते हैं, वह सरकार अल्पमत सरकार कहलाती है।

- **आनुपातिक प्रतिनिधित्व प्रणाली (Proportion, Representative System)**

  इस पद्धति में प्राप्त मतों के अनुपात में किसी राजनीतिक दल को व्यवस्थापिका में स्थान प्रदान किये जाते है। यह एक प्रकार की निर्वाचन पद्धति है।

- **दबाव समूह (Pressure Group)**

  व्यक्तियों का ऐसा हित समूह जिसमें व्यक्तियों के हित समान होते हैं, दबाव समूह कहलाते हैं। ये समूह अपने हित के लिए शासन-तंत्र पर विभिन्न प्रकार से दबाव बनाते हैं, ताकि नीतियों को अपने पक्ष में किया जा सके।

- **लोकपाल (Lokpal)**

  भारतीय लोकपाल की अवधारणा स्वीडन के 'ओम्बुडसमेन' पर आधारित है। इसका मुख्य उद्देश्य लोक सेवकों तथा जनप्रतिनिधि

के कुप्रशासन तथा भ्रष्टाचार के विरूद्ध जनता की शिकायत सुनने तथा उस पर जांच कर अपनी संस्तुति प्रस्तुत करना है।

- **सम्यक विधि प्रक्रिया (Proper procedure)**
  इसके अन्तर्गत न्यायालय कानून का परीक्षण केवल उसके मूर्तरूप के आधार पर ही नहीं करता है, बल्कि इसमें नैसर्गिक न्याय को भी शामिल किया जाता है तथा विधि के उद्देश्य व इरादों का भी परीक्षण किया जाता है।

- **तत्व एवं सार का सिद्धांत (Doctrine of Pits Substance)**
  केन्द्रीय एवं राज्य-विधान मण्डलों द्वारा एक-दूसरे की विधायी शक्ति के अतिक्रमण की दशा में उच्चतम न्यायालय तत्व एवं सार सिद्धांत को लागू कर विधान की वास्तविक प्रकृति व स्वरूप का अध्ययन एवं उसके उद्देश्य एवं विस्तार का पता लगाने में करते हैं।

- **प्रत्यायोजित विधान (Delegated legis-lation)**
  विधायन की एक ऐसी प्रक्रिया जिसमें अधीनस्थ संस्था नियम-कानूनों को बनाती है तथा उसकी सीमाएँ उच्चतर संस्था द्वारा निर्धारित होती है। यहाँ उच्चतर संस्था अपनी विधायी शक्ति को प्रत्यायोजित कर देती है।

- **लोक अदालत (Public Court)**
  वर्तमान न्यायिक व्यवस्था में न्याय में विलम्ब अधिक खर्च और अनिश्चिता जैसी कमियाँ हैं, जो संविधान में वर्णित सामाजिक न्याय को दिलाने में बाधक हैं। लोक अदालत का उद्देश्य ऐसी व्यवस्था की रचना करता है, जिससे शीघ्र न्याय मिल सके। इसमें न्याय का आधार आपसी-सुलह व समझौता है।

- **लोकहितवाद (PIL) (Public Interest Litigation)**
  न्यायपालिका द्वारा दलित, निर्धन, निरक्षर व अक्षम लोगों को न्याय दिलाने के उद्देश्य से, न्यायिक प्रक्रिया को सरल बनाया गया है। न्यायालय को किसी व्यक्ति या संस्था द्वारा मात्रा सूचित करने पर न्यायालय स्वयं उसकी जांच कराकर या वस्तु स्थिति को देखकर जनहित में निर्णय देता है।

- **न्यायिक सक्रियता (Judicial Actirism)**
  राज्य और उसके अंगों को जनता के प्रति उनके कर्तव्यों का पालन कराने में न्यायपालिका द्वारा सक्रिय और सकारात्मक भूमिका को निभाने को ही न्यायिक सक्रियता कहते हैं।

- **न्यायिक पुनरावलोकन (Judicial Reviers)**
  जब संघीय या राज्य विधानमंडलों द्वारा संविधान का अतिक्रमण किया जाता है या मौलिक अधिकारों के विरुद्ध कानूनों का निर्माण किया जाता है, तब उच्चतम न्यायालय उसे असंवैधानिक घोषित कर सकता है। यही न्यायिक पुनरावलोकन है।

- **विधि द्वारा स्थापित प्रक्रिया (Procedure established by law)**
  इसमें न्यायालय राज्य द्वारा बनाई गयी विधि का परीक्षण उस के मूर्त रूप को महत्व देकर करता है। नैसर्गिक न्याय के अधिकार को इसमें सम्मिलित नहीं किया जाता है। यहाँ न्यायालय केवल यह देखता है कि कानून, 'स्थापित प्रक्रिया' अनुसार हैं या नहीं।

- **कार्यकारी सरकार (Executive government)**
  इस तरह की सरकार तब निर्मित की जाती है जब निम्न स्थितियाँ उत्पन्न हो जाएँ—
  - प्रधानमंत्री की मृत्यु होने पर,
  - मंत्रिपरिषद अविश्वास प्रस्ताव पारित होने पर इस्तीफा दे दे।
  - यह तब तक कार्य करती है, जब तक कि अगला प्रमुख नहीं चुना जाता। संविधान के अनुच्छेद 74 के तहत् यह एक संवैधानिक आवश्यकता है।

- **असम्मिलित सदस्य (Excluded members)**
  ये वे सदस्य हैं, जिनको दल ने निलंबित कर दिया है और इसका निर्णय कार्यवाही प्रक्रिया अधिकारी द्वारा आने तक यह सदस्य बिना विभाग के मंत्री के रूप में सरकार में शामिल रहता है या हो सकता है।

- **संसद की असीमित शक्ति (Unlimited power of parliament)**
  इसका तात्पर्य संसद की अयोग्य और अनियंत्रित शक्ति से है। 42वें संविधान संशोधन के अनुसार संसद को इस तरह की शक्ति पृदत्त है किन्तु इसे आधारभूत ढांचे के अनुरूप उच्चतम न्यायालय ने घोषित कर दिया हो।

- **संसद की अवमानना (Contempt of parliament)**
  किसी भी संसद सदस्य द्वारा सदन के संसद के क्रियाकलापों में विहन डालना तथा किसी विधि/नियम का लोप करना ही संसद की अवमानना कहलाता है।

- **गतिरोध/गत्यवरोध (Dead Lock)**
  यदि किसी विधेयक के बारे में सदन पूर्ण असहमत हो जहाँ विधायिका बराबरी पर आ जाए यही स्थिति संसद के सदनों के बीच डेड लॉक कहलाती है।

- **विशेष सत्र (Special Session)**
  मंत्रिपरिषद की सलाह पर राष्ट्रपति महोदय इस तरह के सत्रा को प्रारंभ करते हैं, यह सत्रा किसी विशेष व्यवहार हेतु जारी सत्रा में या सामान्य सत्रा के बाद भी बुलाया जा सकता है।

- **द्विसदनात्मक व्यवस्थापिका**
  इसका तात्पर्य है व्यवस्थापिक दोनों सदनों (उच्च-निम्न) से मिलकर बनी है। निम्न सदन 'लोकप्रिय सदन' के नाम से जाना जाता है तथा इसके सदस्य लोगों द्वारा प्रत्यक्ष चुनाव द्वारा निर्वाचित होते हैं।

- **निर्णायक मत (Conclusive vote)**
  किसी विषय पर पक्ष व विपक्ष के बीच बराबर मत होने पर निर्णायक मत देने का अधिकार अध्यक्ष द्वारा दिया जाता है और वही मत निर्णायक मत कहलाता है।

- **अराजकता (Anarchy)**

अराजकता का सामान्य भाषा में अर्थ है-अव्यवस्था अथवा अस्त-व्यस्तता का होना, जिस देश में कोई सरकार नहीं होती या कानून का शासन नहीं होता, वहाँ अराजकता की स्थिति होती है। बहुत से लोग इस प्रकार के स्वतन्त्र शासन को पंसद करते हैं और कोई प्रतिबन्ध नहीं मानते।

- **तारांकित प्रश्न (Starred Question)**

तारांकित प्रश्नों में हमेशा मौखिक एवं अनुपूरक प्रश्न पूछे जा सकते हैं, इन प्रश्नों पर तारांकित कर अन्य प्रश्नों से इसे अलग किया जाता है। एक दिन में अधिकतम 20 प्रश्न हो सकते हैं।

- **अतारांकित प्रश्न (Unstarred Question)**

इस प्रश्न में उत्तर लिखित होता है एवं अनुपूरक प्रश्न नहीं पूछे जा सकते हैं। एक दिन में अधिकतम 20 प्रश्न इस तरह के भी हो सकते हैं अर्थात् इन प्रश्नों का उत्तर सदन में नहीं दिया जाता।

- **संयुक्त बैठक (Joint Session)**

किसी विधेयक के बारे में मतैक्य होने पर दोनों सदनों की संयुक्त बैठक का प्रावधान है, जब दूसरे सदन ने किसी विधेयक को अस्वीकृत किया है या सदन की सहमति नहीं है। ऐसी स्थिति में अन्य सदन विधेयक को 6 माह के भीतर पारित नहीं करवा पाता है।

- **वफर स्टेट (Buffer State)**

दो राष्ट्रों (देशों) के बीच एक छोटा ऐसा तटस्थ राष्ट्र जो उन राष्ट्रों को युद्ध करने से रोकता है। अर्थात् अपनी ही राज्य सीमा पर एक अन्य राष्ट्र की स्थापना करना ताकि अन्य राष्ट्र उस पर आक्रमण न कर सके।

- **उपचुनाव (Sub Election)**

उपचुनाव एक प्रकार का मध्यावधि चुनाव है, जो मृत्यु, त्यागपत्र, अथवा अयोग्यता के कारण रिक्त हुए किसी स्थान के निमित्त होने वाले चुनाव का ही नाम है।

- **अविश्वास प्रस्ताव (Non-Confidence motion)**

यह प्रस्ताव सिर्फ लोक सभा में प्रस्तुत होता है। विरोधी दल द्वारा लाया जाने वाला यह प्रस्ताव यदि सभा द्वारा स्वीकृत हो जाता है तब मंत्रिपरिषद इस्तीफा देने हेतु बाध्य होती है।

- **विश्वास प्रस्ताव (Confidence motion)**

भारत में संसदीय प्रक्रिया की नियमावली इस तरह के प्रस्ताव की सुविधा नहीं प्रदान करती है। जोड़तोड़ (गठबन्धन) की राजनीति के उत्पन्न होने से यह प्रथा शुरू हुई है। सरकार स्वयं के बचाव के लिए अविश्वास प्रस्ताव आने पर इसे प्रस्तुत करती है।

- **कटौती प्रस्ताव (Cut Motion)**

यह प्रस्ताव भी लोकसभा में ही लाया जाता है। बजटीय अनुदान में से राशि की कटौती हेतु यह प्रस्ताव सदन में उठाया जाता है। कटौती प्रस्ताव तीन तरह के हो सकते हैं—

- नीतिगत कटौती
- मितव्ययता कटौती
- प्रतीकात्मक कटौती

- **नीति संबंधी कटौती (Policy Cut)**

इस कटौती प्रस्ताव के अनुसार मांग की धनराशि से एक रुपया घटाने का प्रस्ताव होता है। इसमें प्रस्तावक नीति मुद्दों की समीक्षात्मक आलोचना करता है। उद्देश्य: सरकार की नीतियों की आलोचना करना।

- **लौह-आवरण (Iron-Curtain)**

चर्चिल द्वारा प्रयुक्त यह शब्द साम्यवादी देशों हेतु दिया गया है, जिसका अर्थ है, कि कोई देश अपने विषय में अन्य देश को कोई भी सूचना/जानकारी नहीं देता है अर्थात् सूचनाएँ आयरन करटेन की तरह गुप्त रखीं जाती हैं।

- **अनुसूची (Schedule)**

अनुसूची एक तरह के पूरक पत्र हैं जिसमें कोई विस्तृत जानकारी जोड़ी जाती है। भारतीय संविधान में 12 अनुसूचियाँ हैं। यह संविधान का ही भाग है, जिसमें संशोधन किया जा सकता है।

- **फ़्लोर क्रॉस करना (दल बदलाव/डिफेक्शन)**

फ़्लोर क्रॉस करने से तात्पर्य है, दल बदलना। जब एक राजनीतिक दल का सदस्य, संसद में अपना दल त्याग कर अन्य किसी राजनीतिक दल में शामिल हो जाता ह तब इसे दल बदलाव (डिफेक्सन) कहते हैं।

- **गेरीमैन्ड्रिंग (Gerrymandering)**

अनैतिक राजनीतिक कोशिश जिसका अर्थ अपने निर्वाचन क्षेत्र का पुनर्गठन करना होता है, जिससे शासक दल के अधिकतम समर्थक एक ही निर्वाचन क्षेत्र की परिधि में आ सकें और उस दल की विजय की संभावना बढ़ जाए। गेरीमैन्डर नामक राज्यपाल (अमेरिका के एक प्रांतीय गवर्नर) के नाम से यह प्रचलित हुई।

- **विशेष बहुमत (Special majority)**

कुल सदस्यों व प्रत्येक सदन में उपस्थित व मतदाताओं में से कम से कम दो-तिहाई से अधिक सदस्यों द्वारा प्राप्त बहुमत विशेष बहुमत कहलाता है।

- **विशेष संदर्भित प्रश्न (Special reference questions)**

जब ऐसा कोई विषय जिसे प्रश्नों के नियमानुसार नहीं पूछा जा सकता है। जिससे वह अल्प सूचना आदि की श्रेणी में आ पाए तब राज्य सभा में ऐसे प्रश्न विशेष संदर्भित प्रश्न कहलाते हैं।

- **लेम-डक सेशन (Lame duck Motion)**

नई व्यवस्थापिका का चुनाव हो गया हो लेकिन पुरानी व्यवस्थापिका अपना अन्तिम सत्र चला रही हो अर्थात् ऐसी व्यवस्थापिका के वे सदस्य जो नई व्यवस्थापिका में पुनर्निर्वाचित नहीं हो सकें हों।

- **लोक समाज (Civil Society)**

सामाजिक संगठनों और संस्थाओं से मिलकर लोक समाज बनता है और यही राज्य व व्यापारिक संस्थाओं की संरचनाओं पर उनके व्यवहार पर एक दबाव के रूप में कार्य करता है।

- **भारित व्यय (Indian expenditure)**
ऐसे व्यय जिन्हें सरकार की अनुमति के बगैर संचित निधि पर भारित समझा जाता है। कार्यपालिका को संविधान ने स्वयं के व्ययों हेतु यह सुविधा प्रदान की है। अनु. 112 (3) में दिए गए व्यय भारित व्यय में रखे गये हैं।

- **अग्रिम अनुदान (Advance grant)**
युद्ध जैसी विषम परिस्थितियों में बिना व्यय अनुदान तैयार किए ही यह स्वीकृत कर दिया जाता है तथा यह सरकार को अग्रिम ही प्राप्त हो जाता है।

- **अनुपूरक अनुदान (अनुच्छेद 115) (Supplementary Grant)**
जब विनियोग विधेयक द्वारा किसी विशेष सेवा पर चालू वर्ष में व्यय किए जाने हेतु प्राधिकृत धनराशि अपर्याप्त मानी जाती है अथवा बजट में किसी सेवा पर व्यय की आवश्यकता दिखती है। तब राष्ट्रपति की ओर से सदन में इस तरह की अनुदान मांग प्रस्तुत होती है।

- **आक्रमण (Attack)**
जब एक देश दूसरे देश पर आक्रमण करता है। उसकी सीमा भंग करता है उसके नागरिकों को विद्रोह के लिए उकसाता है, तो उसका यह कार्य आक्रमण या एग्रेशन कहलाता है।

- **विनियोग विधेयक (Appropriate Bill)**
अनुच्छेद 114 के तहत् लोक सभा में अनुदानों और भारत की संचित निधि में से विनियोग करने की व्यवस्था करने हेतु जो विधेयक रखा जाता है, वह विनियोग विधेयक कहलाता है।

- **गिलोटीन (गुलोटीन) (Gullotine)**
किसी विषय पर निर्धारित समय समाप्ति पर वाद.विवाद को एक साथ समाप्त कर दिया जाता है तथा मंत्रालयों की मांगों को बिना बहस के पारित कर दिया जाता है। इस क्रियापद्धति को गुलोटीन कहा जाता है। (गुलोटीन का आशय सिर काटने के एक यंत्र से है।)

- **अतिरिक्त अथवा अधिक अनुदान (अनुच्छेद 115) (Excess/ Additional grant)**
जब किसी वित्तीय वर्ष में किसी सेवा पर उस वर्ष व उस सेवा हेतु अनुदान दी गई राशि से कोई धन अधिक व्यय हो गया हो तब राष्ट्रपति लोकसभा में अधिक अनुदान की मांग रखते हैं।

- **साख मत (Vote of Credit)**
लोकसभा द्वारा कार्यपालिका को दिया जाने वाला वह व्यय जो सेवा के लिए विस्तार या उसकी अनिश्चित प्रकृति के चलते मांग के उन विवरणों को नहीं बताया जा सकता हो। (अर्थात् यह एक कोरे चेक के जैसा है साख मत कहलाता है।)

- **सांकेतिक अनुदान (Token Grant)**
यह तब दिया जाता है, जब किसी नई सेवा हेतु प्रस्तावित व्यय की पूर्ति हेतु धन की व्यवस्था पुनर्वियोग द्वारा की जा सकती है। इसमें कोई अतिरिक्त व्यय (खर्च) शामिल नहीं होता है।

- **आपवादिक अनुदान (Exceptional Grant)**
यह सदन द्वारा विशेष उद्देश्यों और किसी संदर्भित विषय हेतु दिया जाने वाला अनुदान है। यह किसी वित्त वर्ष की चालू सेवा का अंश नहीं होता है।

- **भारत की संचित/समेकित निधि (अनुच्छेद 266) (Consolidated Fund of India)**
यह एक संचित कोष है जिसमें सभी साख, पावतियाँ और वेतन आदि होते हैं। इससे कोई भी धनराशि बिना विधि द्वारा विनियोजन के नहीं निकाली जा सकती है।

- **आकस्मिकता निधि (अनुच्छेद 267) (Contingency Fund)**
यह एक वैधानिक निधि है, जिसमें आकस्मिक (अनदेखे) व्यय करने होते हैं। अर्थात् संसद द्वारा प्राधिकृत करने से पूर्व अनदेखे खर्चे की पूर्ति हेतु इसमें पेशगी दे सकते हैं। राष्ट्रपति की ओर से यह निधि वित्त सचिव के अधीन रहती है। (1950 में स्थापित तदनरूप विधेयक द्वारा)

- **भारतीय सार्वजनिक लेखा (अनुच्छेद 266) (Public Accounts of India)**
भारत सरकार द्वारा या इसकी ओर से प्राप्त तमाम अन्य सार्वजनिक (लोक) राशियाँ जो समेकित निधि में जमा होती हैं। इसी लेखे में जमा की जायेंगी।

- **न्याय का वितरण (Distribution of justice)**
इसका तात्पर्य है, कि राज्य सुनिश्चित रूप से समुदाय के भौतिक संसाधनों का स्वामित्व रखता हो और नियन्त्राण इस प्रकार बंटा हो जिससे हित का सर्वोत्तम रूप से साधन बन सके हो और आर्थिक व्यवस्था इस तरह चले जिससे धन और उत्पादन साधनों का सर्वसाधारण के लिए अहितकारी सकेन्द्रण न हो।

- **निजी कानून (Private Law)**
समुदाय के सांस्कृतिक, धार्मिक नियम जो व्यक्ति के विकास में प्रस्तुत होते हैं। इनसे विवाह, तलाक, दत्तकता, विरासतता, वंशानुगतता एवं इसी तरह के सामुदायिक विषय आदि लागू होते हैं।

- **मृत्यु आदेश (Death Sentence)**
उच्चतम न्यायालय / उच्च न्यायालय के न्यायाधीश ने किसी विधि प्रश्न पर अपना मत न्यायालय में आने के पूर्व से देखकर/सुनकर दिया हो जिसमें अब सुनवाई की कोई गुंजाइश न हो ऐसा आदेश मृत्यु दंड हेतु होता है।

- **लावारिस सामग्री/वस्तु (Unclaimed material)**
किसी जायदाद का जब कोई भी स्वामित्व / स्वामी न हो इस तरह की जायदाद स्वत: राज्य की जायदाद हो जाती है। इसे ही लावारिस वस्तु (Bone Vacantia) कहा जाता है।

- **सामाजिक क्रिया विवाद/मुकदमेबाज़ी (Social Action Disputes/Sue)**
किसी विशेषाधिकार के क्रियान्वयन में वर्ग का प्रत्यक्ष रूप से कमजोर होना न्यायालय में इस हेतु उसको संरक्षण तथा विवाद का निपटारा करना।

- **खंडन (Repeal)**
विधायिका द्वारा बनाया गया, यह वार्षिक अथवा समुच्चय नियम है, जो अन्य विधायिका / सदन द्वारा भी बनाया गया हो, खंडन कहलाता है। जब यह खंडित विधि लागू होती है तब पूर्व की विधि लागू नहीं होगी। तथा इसकी कोई भी वैधता स्वीकार योग्य नहीं होती है।

- **विरोध / प्रतिकूलता (Antagonism)**
किन्हीं दो या अधिक प्रावधानों / नियमों में अपूर्णता के कारण किसी लिखित प्रलेख में समानता होना ही प्रतिकूलता (Repugahancy) कहलाता है।

- **अभिलेख न्यायालय (Court of Record)**
अभिलेखीय न्यायालय वह है, जिसके अभिलेखों का उपयोग साक्ष्य के रूप में हो सकता है। किन्ही भी न्यायालयी प्रश्नों पर इसकी सत्यता / प्रमाणिकता पर प्रश्नचिह्न नहीं लगाया जा सकता है। (नम्बूदरीपाद विरुद्ध नाम्बियार के वादानुसार / मामलानुसार)

- **बेगार (Forced labor)**
संविधान में अनुच्छेद 23(1) के तहत् बेगार का अर्थ —मजदूरी या सेवा है, जो किसी व्यक्ति या सरकार द्वारा प्रदत्त हो। इसमें किसी भी आधार पर विभेद नहीं किया जाएगा। (अब बेगारी शब्द की जगह बलात्-श्रम शब्द का प्रयोग इसे रोकने हेतु किया जाता है।)

- **निर्वाचन समूह (Election group)**
लोगों का एक समूह जो किसी विशेष चुनाव / नामांकन / नियुक्ति के समय राजनीति कार्यालयों में अपना महत्व रखता है। चुनाव को बनाने एवं उसकी महत्वता की स्थिति में शक्तिशाली दबाव बनाता है। चाहे वह प्रत्यक्ष हो या अप्रत्यक्ष रूप में।

- **कन्वेन्शन्स (Conventions)**
इसका तात्पर्य संसदीय सरकार से है, जो वैधता पूर्वक (विधिक रूप में) लिखित पत्रों में औपचारिक रूप में नहीं हो। ऐसी विधि का आधार संवैधानिक प्रावधानों के अनुपूरक रूप में बनाया जाता है।

- **सामाजिक अंकेक्षण (Social Audit)**
पारम्परिक अंकेक्षण से यह अधिक वृहद है। सामाजिक अंकेक्षण का अर्थ एक स्वतंत्र मूल्यांकन से है, जो किसी संस्था की भूमिका व सामाजिक बुराइयों को दूर करने वाली विधि को अंकेक्षित करता है।

- **प्रांतीय परिषद (Provencial Council)**
राज्य पुनर्गठन अधिनियम, 1956 के तहत् बनायी गई इन परिषदों का उद्देश्य अन्तर्राज्यीय झगड़ों को रोकना तथा आपसी समझ का विकास करना है। ये राज्यों के आपसी भाईचारे को भी बढ़ाती हैं।

- **अनुसूचित क्षेत्र (Scheduled Areas)**
राष्ट्रपति किसी निश्चित क्षेत्र को असम, त्रिपुरा, मेघालय व मिजोरम आदि (इसमें से किसी राज्य के) राज्य में से इस प्रकार का क्षेत्र घोषित कर सकते हैं, जो कि पांचवी अनुसूची में वर्णित है।

- **एकल निर्देशकता (Single direction)**
कार्यपालिका आदेशों का एक समुच्चय है, जो केन्द्रीय सरकार के द्वारा दिया जाता है, यह ब्ठप् को रोकता है कि कोई पूछताछ अथवा गहन छानबीन किसी अधिकारी, जो संयुक्त सचिव स्तर से ऊपर का हो केन्द्र सरकार की बिना पूर्वानुमति के ऐसी कार्यवाही नहीं की जायेगी।

- **इंफ्रेरेड राइट्स (Infrared Rights)**
वे अधिकार जिन्हें संविधान में विशेषकृत रूप से प्रावधान में वर्णन नहीं किया है, किन्तु विभिन्न संवैधानिक प्रावधानों में उदारीकृत रूप से तरजीह दी गई है। इन्हें ही इन्फ्रेरेड राइट्स के नाम से जाना जाता है।

- **प्रिज्मशन का नियम (Rule of Presumption)**
इसका तात्पर्य है कि विधायिका सामान्य तौर पर यह देखे कि संवैधानिक वैधता किसी नियम/कानून में आ पायी है या नहीं। इसको किसी व्यक्ति द्वारा (कानून की वैधता/अवैधता के संबंध में) चुनौती दी जा सकेगी। न्यायालय इसे सरकार से सिद्ध करने को कह सकती है।

- **राजनीतिक न्याय (Political Justice)**
राजनीतिक न्याय का अर्थ है, कि राजनीतिक क्षेत्र में किसी भी आधार पर महिला व पुरूष के बीच अंतर नहीं किया जाएगा। अर्थात् अंतर किए बिना समानता का स्तर तय होगा।

- **क्षेत्रीय प्रतिनिधित्व (Regional Representative)**
क्षेत्रीय प्रतिनिधित्व वह है, जिनका प्रतिनिधित्व उस भौगोलिक क्षेत्र के आधार पर विधायिक में होता है। जिसका निर्धारण संसद ने किया हो। संपूर्ण भारत देश को भौगोलिक क्षेत्र में न जनसंख्या की समानता के क्रम में बांटा गया है, जिसे विधानसभा क्षेत्र (निर्वाचन क्षेत्र) कहते हैं।

- **डेलीमिटेशन (Delimitation)**
डेलीमिटेशन का अर्थ है, लोकसभा व विधानसभा की सीमाओं का पुनर्निधारण सदन (सभा) द्वारा पूर्व की जनगणना (जो प्रकाशित हो) के आधार पर व निर्वाचन वृद्धि के आधार पर निर्धारण करना ही डेलीमिटेशन कहलाता है।

- **प्यूनिटिव डिटेंशन (Punitive Detention)**
प्यूनिटिव डिटेंशन का उद्देश्य किसी व्यक्ति को न्यायालय अवैध रूप से किए गए कार्य के लिए उसकी सजा काटने के बाद पुन: कार्यवाही नहीं कर सके।

- **एकल सदस्यीय निर्वाचन व्यवस्था (Single member constituency)**
इस व्यवस्था के तहत् निर्वाचन परिणाम इस आधार पर सुनिश्चित होगा तथा वह परिणाम बहुमत प्राप्त प्रत्याशी को विजेता घोषित करेगा भले ही उस प्रत्याशी ने एक मत से चुनाव जीता हो अर्थात् यदि बहुमत मतदाताओं में से एक ने भी ज्यादा किया हो। यह व्यवस्था (First-Past-the-Post) के नाम से भी वर्णित होती है।

- **राजगद्ददी त्याग**

जब कोई राजा अपनी राजगद्दी स्वयं इच्छा से त्याग देता है, तो इसे राजगद्दी त्याग या एब्डिकेशन कहते हैं।

- **उपचुनाव**

मृत्यु, त्याग-पत्र या अयोग्यता के कारण रिक्त हुए किसी स्थान के निमित होने वाले विशेष चुनाव को उप चुनाव कहते हैं।

- **धार्मिक राज्य (Theocratic State)**

यह एक ऐसा राज्य होता है, जिसमें एक विशेष धर्म के नियमों के अनुसार शासन का संचालन किया जाता है। सऊदी अरब, वेटिकन, बांग्लादेश, पाकिस्तान आदि धार्मिक राज्य की श्रेणी में आते हैं इन्हें धर्म सापेक्ष राज्य भी कहते हैं।

- **द्वि-सदनात्मक व्यवस्थापिका**

जिस व्यवस्थापिका में दो सदन-उच्च सदन (Upper House) तथा निम्न या लोकप्रिय सदन (Lower or Popular House) हों, उसे द्वि-सदनात्मक व्यवस्थापिका कहते हैं।

- **लाभ का पद (Post of Profit)**

कोई व्यक्ति केवल उस कारण कोई लाभ का पद करने वाला नहीं समझा जाएगा, कि वह संघ का राष्ट्रपति या उपराष्ट्रपति या किसी राज्य का राज्यपाल है अथवा संघ का या किसी राज्य का मंत्री है।

- **प्रतिभा पलायन (Brain Drain)**

किसी देश के वैज्ञानिक और तकनीकी विशेषज्ञ अपेक्षाकृत अधिक समुन्नत सुविधाओं एवं अवसरों के कारण दूसरे देशों में जाने लगें तो ऐसी स्थिति को प्रतिभा-पलायन कहते हैं।

- **नौकरशाही (Bureaucracy)**

जो सरकार नागरिक सेवकों द्वारा चलाई जाती है या जिसमें सरकारी कर्मचारियों और अधिकारियों पर हर बात के लिए निर्भर रहना पड़ता है, उस व्यवस्था को नौकरशाही कहते हैं, नौकरशाही की कार्य करने की प्रणाली विशिष्ट प्रकार की होती है, यह एक प्रकार से विकृति सूचक शब्द है जो नागरिक सेवकों (Civil Servants) के लिए प्रयुक्त होता है।

- **बुर्जुआ (Burgoise)**

व्यापारी लोगों को उद्योगपतियों को, जमींदारों को जो सामंतों के बाद आते थे और मध्यम वर्ग के कहलाते थे, बुर्जुआ कहते है। मजदूर वर्ग इससे सदैव घृणा करता रहा है, क्योंकि इन्होंने उनका घोषणा किया है साम्यवादी भी इनके शत्रु रहे हैं।

- **बोल्शेविज्म (Bolsherism)**

रूस की क्रान्तिकारी साम्यवादी विचारधारा जिसके प्रभाव से रूप में लेनिन के नेतृत्व में 1917 में क्रांति हुई थी, बोल्शेविज्म कहलाती है।

- **बाँस का पर्दा (Bamboo Curtail)**

चीन की साम्यवादी सरकार के नियन्त्राणों तथा प्रतिबन्धों को बाँस का पर्दा कहते हैं, इनके कारण वहाँ के नागरिक विदेशों में आ-जा नहीं सकते हैं, अपनी व देश की कोई बात बाहर नहीं कह सकते हैं।

- **ब्रेन वाशिंग (Brain Washing)**

जब कोई राज्य या समुदाय अपने सदस्यों में वही विचार भरता है, जो उसके हैं और सदस्यों के स्वतन्त्र विचारों को नष्ट कर दिया जाता है तब उसे ब्रेन वाशिंग कहते हैं।

- **बायकॉट (Bycott)**

किसी व्यक्ति, सभा, दल, सरकार का बहिष्कार करना 'बायकॉट' करना कहलाता है।

- **कर्फ्यू (Curphew)**

सरकारी आदेश जिसके अनुसार कोई व्यक्ति किसी अवधि के दौरान बाहर सड़क पर घूम नहीं सकता व दुकान नहीं खोल सकता है, कर्फ्यू कहलाता है यह संविधान की धारा-144 हैं।

- **कूप (Coup)**

जब किसी विद्रोह, सैनिक कार्यवाही या गुट द्वारा गुप्त रूप से तथा गैर-कानूनी तरीके से किसी सरकार को उखाड़ फेंका जाता हे और एक नई सरकार की स्थापना की जाती है, तो उसे कूप कहते है कूप एशिया और अफ्रीका के अनेक देशों में हुआ। यदि किसी राज्य का सैनिक अधिकारी वैधानिक शासक को हटाकर शासन पर अधिकार कर लेते हैं, तो इसे सैनिक कूप (Mility Coup) कहते हैं।

- **कन्वेशन (Convention)**

किसी विशिष्ट विषय पर वार्ता करने के लिए जो सम्मेलन आयोजित किए जाते हैं, इन्हें कन्वेन्शन कहते हैं। ब्रिटेन में शासन प्रणाली परम्पराओं पर आधारित है उन्हें संवैधानिक कन्वेन्शन (Constitutional Convention) कहते हैं इनका राजनीतिक महत्व है, किन्तु न्यायालय उन्हें मान्यता नहीं देते हैं।

- **कन्टेनमेन्ट**

राजनीति में किसी देश या विचारधारा के प्रभाव को फैलाने से रोकने को कान्टेनमेन्ट कहते है अमरीका द्वारा अनेक प्रयत्न इस दिशा में रूस तथा चीन के प्रभाव को रोकने के लिए किए गए हैं।

- **सहमति**

किसी विषय पर आपसी विभाजन को दूर करने के लिए सदस्यों द्वारा सहमत होना या किसी समस्या के हल के लिए एकमत होना कनसेन्सस अथवा सहमति कहलाता है।

- **मुकाबला**

किन्हीं दो व्यक्तियों या समूहों द्वारा किसी विषय पर आमने-सामने से मुकाबला करना अथवा दो सेनाओं द्वारा आमने-सामने से मुकाबला करना मुकाबला कहलाता है।

- **साम्यवाद (Communism)**

कार्ल मार्क्स की विचारधारा जिसके अनुसार केन्द्रीय सरकार की समाप्ति, समुदायों का निजी शासन, सम्पत्ति पर समुदाय का अधिकार, वर्गरहित समाज का निर्माण, व्यक्ति की समानता, कार्य उसकी योग्यता

व क्षमता के अनुसार, धन या वस्तुओं का वितरण उसकी आवश्यकताओं के अनुसार यदि बातें सामाजिक, राजनीतिक व आर्थिक जीवन का मार्गदर्शन करती हैं। अत: साम्यवाद वह व्यवस्था है, जिसमें वर्गरहित समाज की कल्पना की गई है। मार्क्स की विचारधारा को वैज्ञानिक समाजवाद कहते है लेनिन ने उसे क्रांतिकारी रूप दिया क्रांतिकारी समाजवाद ही साम्यवाद कहलाता है।

- **राज्य (State)**
  एक राजनैतिक इकाई जिसके एक निश्चित भू-भाग के ऊपर सम्प्रभु राज होता है और जो अपने अधिकार एवं दायित्वों का प्रयोग स्वनिर्मित निकायों द्वारा करता है।
- **सरकार (Government)**
  सरकार का तात्पर्य ऐसे तरीके जिनके द्वारा कानून व्यवस्था कायम रखी जा सके। वस्तुत: सरकार का मुख्य कार्य है विधि निर्माण एवं उसका क्रियांवयन।
- **गणतंत्रवाद (Republic)**
  यह सिद्धांत की किसी राष्ट्र की सर्वोच्च राजनैतिक सत्ता वहाँ की जनता की सहमति पर ही आधारित होती है। सिद्धांत राजतंत्र एवं वंशवाद के खिलाफ है।
- **प्रजातंत्र (Democracy)**
  एक तरह का प्रजातंत्र, जो संवैधानिक सरकार पर आधारित हो एवं जहाँ व्यक्तिगत् एवं मानव अधिकारों को मान्यता प्राप्त हो।
- **वैस्टमिनिस्टर मॉडल पर आधारित सरकार**
  इस प्रकार की सरकार जहाँ कार्यपालिका का चयन संसद से होता है एवं अपने कार्यों के लिए संसद के प्रति जिम्मेदार होती है। भारतीय संसदीय व्यवस्था इसी मॉडल पर आधारित है।
- **जुनता**
  सामान्यत: सैनिक अधिकारों का समूह जो क्रांति या तख्ता पलट के द्वारा सत्ता पर अधिकार कर लेते हैं। उदाहरण-वर्तमान बर्मा देश की सरकार।
- **आर्थिक उदारवाद (Economic Liberalism)**
  ऐसी विचारधारा जो प्रतिपादित करती है कि बाजार एक स्व:नियामक तंत्र है जो प्राकृतिक रूप से सभी को योग्यतानुसार अवसर एवं समृद्धि प्रदान करता है।
- **नव उदारवाद (Neo Liberalism)**
  यह सिद्धांत जो राज्य के कार्यक्षेत्र के दायरे को संकुचित करता है एवं पूंजीकृत पर आधारित खुले बाजार की अवधारणा की वकालत करता है, जिसके द्वारा कार्यकुशलता बढ़ेगी एवं समाज में समृद्धि आयेगी।
- **प्रकृतिवाद (Naturalism)**
  यह विचारधारा मनुष्य द्वारा अर्जित आर्थिक समृद्धि जो उसने प्रकृति को नुकसान कर पाई है के प्रति असंतोष व्यक्त करता है। ये कहते हैं कि अगर मनुष्य ऐसे ही प्राकृतिक संसाधनों का दोहन करता रहा तो भविष्य में मानव जीवन ही संकट में पड़ जाएगा।
- **धार्मिक कट्टरवाद (Religeous Extremism)**
  यह एक प्रकार की विचारधारा है जिसके तहत व्यक्ति अपने धार्मिक सिद्धांतों को सर्वोच्च एवं श्रेष्ठ मानता है। उसमें व्याप्त कमियों को नजरअंदाज करते हुए।
- **विचारधारा का अंत (The End of Ideology)**
  अमरिकन समाजशास्त्री डेनियल बैल के अनुसार जब समाज भौतिक एवं आर्थिक समृद्धि की उच्चतम सीमा प्राप्त करे लेगा तब नैतिकता एवं विचारधारा की कोई अहमियत नहीं रहेगी।
- **इतिहास का अंत (The End of History)**
  अमरीकी राजनीति शास्त्रा के विद्वान प्रांसिस फुकूयामा द्वारा प्रतिपादित यह विचार सोवियत संघ के विघटन एवं वहाँ मार्क्सवाद के पतन तथा विश्व में प्रजातंत्र के विस्तार के संदर्भ में कहा था।
- **प्रत्यक्ष लोकतंत्र (Direct Democracy)**
  यह एक प्रकार का प्रजातंत्र है जहाँ जनता की सरकार के कार्य में सीधे तौर पर सहभागिता होती है। यह एक प्रकार की स्व:शासन पद्धति है।
- **प्रतिनिधिक लोकतंत्र (Representative Democracy)**
  यह एक प्रकार से सीमित प्रजातंत्र है जहाँ जनता अपने प्रतिनिधि के द्वारा सरकार संचालन करवाती है, यहाँ जनता का कार्य मात्रा अपने प्रतिनिधि को एक नियमित अंतराल के बाद चुनाव द्वारा चुनकर संसद में भेजना होता है। उदाहरण-भारत का प्रजातंत्र।
- **प्राकृतिक अधिकार (Natural Right)**
  ईश्वर द्वारा जन्म से ही प्रदत्त कुछ मौलिक अधिकार जो मनुष्य के जीवन यापन एवं उत्थान के लिए आवश्यक हैं, एवं कोई सरकार इन्हें छीन नहीं सकती।
- **संसदीय प्रजातंत्र (Parliamentary Democracy)**
  यह एक प्रकार का प्रजातांत्रिक शासन है जहाँ जनता द्वारा निर्धारित प्रतिनिधि संसद के सदस्य बनते हैं। इस प्रकार के शासन में सरकार एवं जनता बीच सीधा संबंध नहीं होता।
- **संवैधानिक सरकार (Constitutional Government)**
  एक प्रकार का शासन तंत्र जो विधि एवं कानून द्वारा निर्धारित परिधि में कार्य करता है। यहाँ सरकार के लिए कुछ नियम एवं सीमाएँ निर्धारित होती हैं तथा नागरिकों के अधिकारों को सुरक्षा प्रदान की जाती है।
- **सामाजिक न्याय (Social Justice)**
  नैतिकता के आधार पर जनता की भौतिक जरूरतों को पूरा करना, यह एक प्रकार से समाज में समानता लाने का प्रयास भी समझा जाता है।
- **सामाजिक-प्रजातांत्रिक राज्य (Socio Democratic State)**
  सामाजिक-प्रजातांत्रिक राज्य के अवधारणा के संदर्भ में होता है कि राज्य जनता के उत्थान के लिए सीधे तौर पर हस्तक्षेप करती है और बाजारी अर्थव्यवस्था द्वारा समाज में आए विघटन को पाटने की कोशिश करती है। यहाँ सरकार का मुख्य उद्देश्य आर्थिक सम्पन्नता के बजाए समाज में समान आर्थिक वितरण है।

- **सांस्कृतिक राष्ट्रवाद (Cultural Nationalism)**
यह एक प्रकार का राष्ट्रवाद है जहाँ मुख्य जोर राष्ट्र को एक एकीकृत राजनैतिक इकाई मानने के बजाए उसकी सभ्यता अक्षुण्य बनाए रखने पर विशेष ध्यान दिया जाता है।

- **संघवाद (Federlism)**
संघवाद का संदर्भ ऐसी व्यवस्था को परिभाषित करता है जहाँ संवैधानिक तौर पर कार्यपालिका, विधायिका आदि की शक्तियों का विभाजन दो स्तरों पर होता है। उदाहरण-राष्ट्रीय स्तर पर राज्य स्तर। यहाँ दोनों स्तर की सरकारों के कार्य क्षेत्र एक-दूसरे के अधीन नहीं होते।

- **लिखित संविधान (Written Constitution)**
एक सर्वोच्च एवं समप्रभु दस्तावेज जो निर्धारित करता है सरकार के अधिकार, जिम्मेदारी, कार्य एवं कर्त्तव्य।

- **शक्ति विकेन्द्रीयकरण**
केन्द्रीय सरकार द्वारा स्थानीय निकायों को विधायी एवं कार्यपालिका शक्तियाँ प्रदान करना ताकि वे अपने स्तर पर संबधित क्षेत्र के विकास को गति प्रदान कर सके।

- **अन्तर्राष्ट्रीयवाद (Internationalism)**
यह अवधारणा अन्तरक्षेत्रीय एवं अन्तर्राष्ट्रीय स्तर पर आपसी सहयोग पर आधारित है। इसके तहत भौगोलिक स्तर की समस्याओं को सुलझाने का प्रयास किया जाता है।

- **सामाजिक पूँजी (Social Capital)**
सांस्कृतिक एवं नैतिक मूल्यों की संपदा जो समाज में सौहार्द, राजनैतिक स्थिरता एवं समृद्धि बनाए रखने का प्रयास करते हैं।

- **नियोजन (Planning)**
उपलब्ध आर्थिक संपदा का सुनियोजित एवं पूर्ण दोहन करना ताकि राष्ट्रीय विकास के लिए निर्धारित उद्देश्यों को समय-सीमा के अंदर प्राप्त किया जा सके।

- **आनुपातिक चुनाव**
यह चुनाव इस सिद्धांत पर आधारित है कि चुनाव में जिस राजनैतिक पार्टी को जितने प्रतिशत वोट प्राप्त होंगे, उसके उतने प्रतिशत प्रत्याशी विधानमंडल के लिए चुने जांऐगे।

- **साझा सरकार (Coalition Government)**
कोएलेखन का अर्थ है जब विभिन्न विचारधाराओं की राजनैतिक पार्टियाँ एक साथ समूह बनाकर अपने उद्देश्य। उदाहरण—सरकार बनाने को लेकर प्रयास करें।

- **हित समूह (Interest Group)**
समान विचारधारा रखने वाले लोगों का एक सुनियोजित समूह जिसका उद्देश्य बिना सरकार का हिस्सा बने, सरकार पर दबाव डाल कर उसकी योजनाओं एवं कार्यक्रमों को अपने समूह के फायदे के अनुसार बदलाव ला सकें। इन समूहों के गठन का उद्देश्य किसी एक खास उद्देश्य की प्राप्ति के लिए होता है।

- **संसदीय समप्रभुता (Parliamentary Sovereighty)**
इसका तात्पर्य है संसद या विधान मंडल के नए कानून बनाने या संविधान में बदल संशोधन करने के असीमित अधिकार होना।

- **नागरिक स्वतंत्रता (Civil Liberty)**
इस शब्द का तात्पर्य है कि एक नागरिक की व्यक्तिगत स्वतंत्रता का दायरा जिसका राज्य उलंघन नहीं कर सकता। इन्हें मानव अधिकारों की श्रेणी में रखा जाता है एवं राज्य इसमें हस्तक्षेप नहीं कर सकता है।

- **नागरिकता (Citizenship)**
नागरिकता शब्द संबंध दर्शाता है एक व्यक्ति एवं राष्ट्र के मध्य, जहाँ दोनों एक दूसरे के प्रति अधिकारों एवं दायित्वों से बंधे हैं।

- **प्रधानमंत्री कार्यालय (Prime Minister Office)**
एक गैर संवैधानिक निकाय जिसे भारत सरकार बिजनेस रूल 1961 के तहत एक अलग विभाग का दर्जा प्रदान किया गया। इसका मुख्य उद्देश्य प्रधानमंत्री को उनके कार्यपालिका जिम्मेदारियाँ निभाने में सहायता प्रदान करना।

- **कैबीनेट सचिवालय (Cabinet Secretariate)**
कैबीनेट सचिवालय का मुख्य कार्य है कैबिनेट की कार्यपालिका कर्त्तव्यों के निर्वहन में सहायता प्रदान करना एवं कैबिनेट की विभिन्न समितियों के बीच समन्वय स्थापित करना। इसलिए इसे भारत सरकार की मुख्य समन्वय ऐजेंसी कहा जाता है।

- **केन्द्रीय सचिवालय (Central Secretriate)**
ये केन्द्रीय सरकार के विभिन्न मंत्रालयों एवं विभागों का समूह है, जिसके जरिये केन्द्र सरकार अपनी नीति एंव कार्यक्रमों का क्रियांवयन करती है। ये केन्द्र सरकार की मुख्य क्रियांवयन ऐजेंसी जिसके द्वारा केन्द्रीय सूची से संबंधित कार्यक्रमों को मूर्त रूप दिया जाता है।

- **मुख्य सचिव (Chief Secretary)**
यह राज्य सरकार की प्रशासनिक इकाई का मुखिया होता है एवं प्रदेश के सभी प्रशासनिक अधिकारियों का भी मुखिया होने के नाते वह प्रदेश के सभी मंत्रालयों एवं विभागों के बीच समन्वय स्थापित कर सरकार की नीतियों एवं कार्यक्रमों को क्रियान्वित करवाने में अहम योगदान देता है।

- **अधिसूचित क्षेत्र समिती (Natified Area Committe NAC)**
वह क्षेत्र जहाँ औद्योगिक इकाइयाँ स्थापित होने की वजह से तीव्र गति से विकास हो रहा हो, परंतु अभी भी इस क्षेत्र ने नगर-पालिका स्थापित करने के मानदंडों पर खरा न उतरता हो। ऐसे हालात में उस क्षेत्र की अहमियत को ध्यान में रखते हुए, राज्य सरकार उसे शासकीय गजट में नोटिफिकेशन के द्वारा 'नोटिफाइड एरिया' घोषित कर देती है।

- **नगर क्षेत्र समिति (Town Area Committee 'TAC')**
छोटे नगर क्षेत्रों के लिए इस तरह के अर्ध नगर निकाय प्राधिकरणों का गठन किया जाता है। इसका गठन राज्य विधानमंडल के अधिनियम

द्वारा किया जाता है एवं उसी अधिनियम में उसक कार्यक्षेत्र और गठन का प्रावधान होता है।

- **छावनी परिषद् (Cantonment Council)**

ये एकमात्रा नगरीय प्रशासकीय इकाइयाँ है जिनका प्रशासन रक्षा मंत्रालय द्वारा संचालित होता है। ये वे नगरीय क्षेत्र हैं जो सैनिक छावनी के इर्द-गिर्द विकसित हो जाते हैं एवं सैनिक और उनके परिवारों के रोजमर्रा की जरूरतों को पूरा करने में सहायक होते हैं।

- **ग्रास सभा (Gram Sabha)**

इसका गठन ग्राम पंचायत क्षेत्र में रहने वाले सभी 18 वर्ष से ऊपर के नागरिकों को लेकर होता है, एवं वे ग्राम पंचायत के सदस्यों के साथ मिल अपने गाँव के विकास कार्यक्रम निर्धारित करते हैं। 73वां संविधान संशोधन के तहत इन्हें अब संवैधानिक दर्जा भी प्राप्त हो गया है।

- **जनजातीय सलाहकार समिति (Tribal Advisory Council 'TAC')**

संविधान की अनुसूची 5 के तहत जिन राज्यों में अनुसूचित क्षेत्र हैं, वहाँ इस समिति का गठन आवश्यक है। इस समिति का कार्य है राज्यपाल द्वारा निर्देशित अनुसूचित जनजाति के विकास कार्यक्रमों एवं उनमें सुधार पर अपनी विशेषज्ञ राय देना।

- **अनुसूचित क्षेत्र (Schedule Area)**

संविधान के तहत ऐसे क्षेत्रों को अनुसूचित क्षेत्र माना जाएगा जिन्हें राष्ट्रपति आज्ञा द्वारा अनुसूचित क्षेत्र होने का दर्जा प्रदान करे।

- **पंचायती राज निकाय (Panchayati Raj Body)**

इनका गठन शासकीय स्थानीय स्वशासित इकाइयों को मिलाकर होता है, उदाहरण—ग्राम पंचायत - ग्रामीण स्तर, पंचायत समिति - मध्य स्तर, जिला परिषद-जिला स्तर।

विषयवार अभ्यास प्रश्न

संविधान का विकास, निर्माण तथा प्रस्तावना

1. संविधान सभा के निर्वाचक मंडल को किन-किन वर्गों में विभाजित किया गया?

(a) हिन्दू, मुस्लिम, सिख, ईसाई
(b) हिन्दू, मुस्लिम, सिख, दलित
(c) मुस्लिम, सिख, दलित, साधारण
(d) मुस्लिम, सिख, साधारण

2. 15 अगस्त, 1947 से 26 जनवरी 1950 के दौरान भारत का राजनैतिक दर्जा क्या था?

(a) ब्रिटिश उपनिवेश
(b) ब्रिटिश संरक्षण प्रदेश
(c) ब्रिटिश परिसंघ
(d) ब्रिटिश राष्ट्रकुल का एक अधिराज

3. निम्न को सुमेलित कीजिए-

	सूची-I	**सूची-II**
A.	संविधान सभा का स्थायी अध्यक्ष	1. जवाहर लाल नेहरू
B.	संविधान सभा का अस्थायी अध्यक्ष	2. डा. भीमराव अंबेडकर
C.	प्रारूप समिति का अध्यक्ष	3. सच्चिदानंद सिन्हा
D.	अंतरिम सरकार का अध्यक्ष	4. राजेन्द्र प्रसाद

कूटः

	A	B	C	D
(a)	1	2	3	4
(b)	4	3	2	1
(c)	3	4	2	1
(d)	4	3	1	2

4. निम्नलिखित में क्या असत्य है?

(a) बी. एन. राव संविधान सभा की परामर्श समिति के सलाहकार थे।
(b) संविधान सभा में सर्वाधिक प्रतिनिधि संयुक्त प्रांत से थे।
(c) कैबिनेट मिशन ने भारत विभाजन की योजना प्रस्तुत की थी।
(d) मूल अधिकार एवं अल्पसंख्यक समिति में 54 सदस्य थे।

5. **कथन (A)**-मुस्लिम लीग ने संविधान सभा के चुनावों में भाग लिया।

कारण (R)-कैबिनेट मिशन ने उसकी पाकिस्तान की मांग मान ली थी।

(a) (A) तथा (R) दोनों सही है (R),(A) की सही व्याख्या करता है।
(b) (A) तथा (R) दोनों सही हैं (R),(A) की सही व्याख्या नहीं करता है।
(c) (A) सही है (R) गलत है।
(d) (A) गलत है (R) सही है।

6. भारतीय संविधान के अंतर्गत पंथनिरपेक्षता का निम्न में से एक भाव नहीं है-

(a) राज्य सभी धर्मों को एक समान सम्मान देता है।
(b) राज्य सभी धर्मों को वित्तीय सहायता देने में भेदभाव नहीं करता।
(c) राज्य सभी धर्मों के लिए धार्मिक स्मारक बनाता है।
(d) राज्य सभी धर्मों को अपने मामलों के प्रबंध करने का अधिकार देता है।

7. सूची-I (भारतीय संविधान के मद) को सूची-II (जिस देश से अपनाया गया) के साथ सुमेलित कीजिए और सूचियों के नीचे दिए गए कूट की सहायता से सही उत्तर का चयन करें-

	सूची-I	**सूची-II**
A.	राज्य के नीतिनिदेशक सिद्धांत	1. ऑस्ट्रेलिया
		2. कनाडा
B.	मूल अधिकार	3. आयरलैण्ड
C.	संघ राज्य संबंधों की	4. यूनाइटेड किंगडम
D.	समवर्ती सूची	5. सं.रा. अमेरिका

कूटः

	A	B	C	D
(a)	5	4	1	2
(b)	3	5	2	1
(c)	5	4	2	1
(d)	3	5	1	2

8. भारतीय स्वतंत्रता अधिनियम, 1947 संबंधी निम्नलिखित कथनों पर विचार करें-

1. गवर्नर जनरल संवैधानिक प्रमुखों के रूप में कार्य करेंगे तथा विधानमंडलों द्वारा पारित किसी भी विधेयक को ताज की ओर से स्वीकृति प्रदान कर सकेंगे।
2. भारत, पाकिस्तान दोनों अधिराज्यों के गवर्नर जनरल की नियुक्ति ब्रिटेन के राजा द्वारा की जायेगी।
3. जनजातीय क्षेत्रों पर ब्रिटिश शासन का नियंत्रण समाप्त कर दिया गया।

उपरोक्त कथनों में कौन से कथन सही हैं?

(a) 1, 2, 3, 4 (b) 2, 3
(c) 1, 2, 3 (d) 1, 3

9. निम्नलिखित में से कौन से कथन सत्य नहीं हैं?

1. कैबिनेट मिशन आयोग ने सर्वप्रथम अपने प्रस्ताव में 'संविधान' की बात कही थी।
2. 1947 के भारत शासन अधिनियम के तहत् राज्य सचिव का पद समाप्त कर दिया गया।
3 असम में 1937 के प्रान्तीय चुनाव में कांग्रेस ने अपनी सरकार बनायी थी।

4. सर्वप्रथम 1909 के अधिनियम द्वारा भारतीय कांग्रेस द्वारा प्रतिनिधित्व की मांग को पूरा किया गया।

कूट:

(a) 1, 2, 3 (b) 1, 2, 4
(c) 2, 3, 4 (d) 1, 3, 4

10. कैबिनेट योजना, जिसने संविधान सभा के निर्वाचन के लिए योजना बनायी थी, के प्रावधान थे-

1. 10 लाख की जनसंख्या पर 1 स्थान निर्धारित हुआ।
2. प्रत्येक प्रांत में स्थानों का वितरण तीन समुदाय के आधार पर किया गया- मुस्लिम, हिन्दू, ईसाई।
3. प्रान्तीय विधानमंडलों में प्रत्येक समुदाय के प्रतिनिधियों ने आनुपातिक प्रतिनिधित्व के अनुसार एकल संक्रमणीय मत से सदस्यों का निर्वाचन हुआ।

उपर्युक्त में से कौन-सा/से सही है/हैं-

(a) केवल 1 (b) केवल 2
(c) 1, 3 (d) 1, 2, 3

11. नीचे दो वक्तव्य दिए हैं-

कथन (A): भारत का संविधान देश की आवश्यकताओं की पूर्ति करता है।

कारण (R): इसको एक गृहीत संविधान कहा जाता है।

उपर्युक्त कथनों के संदर्भ में निम्न में से कौन एक सत्य है?

(a) (A) और (R) दोनों सत्य हैं और (R), (A) का सही स्पष्टीकरण है।
(b) (A) और (R) दोनों सत्य हैं परंतु (R), (A) का सही स्पष्टीकरण है।
(c) (A) सही है, परन्तु (R) असत्य है।
(d) (A) असत्य है, परन्तु (R) सही है।

12. भारतीय संसदीय प्रणाली ब्रिटिश संसदीय प्रणाली से इस बात में भिन्न है कि भारत में-

(a) वास्तविक और नाममात्र दोनों प्रकार की कार्यपालिका है
(b) सामूहिक उत्तरदायित्व की प्रणाली है
(c) द्विसदनीय विधायिका है
(d) न्यायिक पुनर्विलोकन की प्रणाली है

13. भारत के संविधान के आमुख लक्ष्य उसके सभी नागरिकों के लिये सुनिश्चित करना है-

1. सामाजिक तथा आर्थिक न्याय
2. विचार तथा अभिव्यक्ति की स्वतंत्रता
3. अवसर की समानता
4. व्यक्ति की गरिमा

सही कूट का चयन करें-

(a) 1 और 2 (b) 1, 2 और 3
(c) 2, 3 और 4 (d) उपरोक्त सभी

14. भारतीय परिषद् अधिनियम, 1919 के निम्नलिखित प्रावधानों पर विचार कीजिए-

1. इस अधिनियम द्वारा केन्द्र में द्विसदनीय विधायिका स्थापित हुयी।
2. प्रान्तों में द्वैध शासन की शुरुआत की गयी।
3. इस अधिनियम द्वारा भारतीय 'उच्चायुक्त' का पद समाप्त कर दिया गया।

उपरोक्त में से कौन-सा/से कथन सत्य है/हैं?

(a) 1, 2 (b) 1, 2, 3
(c) 1, 3 (d) केवल 1

15. संविधान की प्रस्तावना में शामिल है-

1. सम्पूर्ण प्रभुत्व सम्पन्न 2. समाजवादी
3. पंथ निरपेक्ष 4. लोकतंत्रत्मक गणराज्य
5. राजतंत्रीय शासन

उपरोक्त कथनों में से कौन-सा/से सही है/हैं?

(a) 1, 2, 3 और 4 (b) 1, 2 और 3
(c) 1, 2, 3, 4 और 5 (d) 1, 4 और 5

16. संविधान की प्रस्तावना में किसे शामिल किया गया?

1. सामाजिक न्याय 2. आर्थिक न्याय
3. राजनीतिक न्याय 4. शैक्षणिक न्याय
5. मानवाधिकार

(a) 1 और 2 (b) 1 और 3
(c) 1, 2 और 3 (d) 3, 4 और 5

17. संविधान की प्रस्तावना के संबंध में सही है-

(a) राष्ट्र की गरिमा और एकता
(b) व्यक्ति की गरिमा और राष्ट्र की एकता
(c) एकता, अखंडता, राष्ट्र की गरिमा
(d) इनमें से कोई नहीं

18. संविधान की प्रस्तावना में एकता व अखंडता, समाजवादी पंथनिरपेक्षता शब्द किस संविधान संशोधन द्वारा जोड़ा गया?

(a) 49वें संशोधन (b) 40वें संशोधन
(c) 41वें संशोधन (d) 42वें संशोधन

19. भारतीय संविधान की प्रस्तावना में भारत शब्द का प्रयोग कितनी बार किया गया है?

(a) एक (b) दो
(c) तीन (d) चार

20. संविधान की प्रस्तावना के सम्बन्ध में क्या सही है।
- (a) यह न्यायालय के द्वारा प्रवर्तनीय नहीं है।
- (b) सर्वोच्च न्यायालय के हाल के निर्णय के अनुसार यह संविधान का भाग नहीं है।
- (c) इसमें दो बार संशोधन किया गया है।
- (d) उपर्युक्त सभी सही हैं।

21. संविधान की प्रस्तावना के शब्दों का सही अनुक्रम है–
- (a) संप्रभु, प्रजातांत्रिक, समाजवादी, पंथनिरपेक्ष, गणतंत्र
- (b) संप्रभु, समाजवादी, प्रजातांत्रिक, पंथनिरपेक्ष गणतंत्र
- (c) संप्रभु, समाजवादी, पंथनिरपेक्ष, प्रजातांत्रिक गणतंत्र
- (d) संप्रभु, पंथनिरपेक्ष, प्रजातांत्रिक, समाजवादी गणतंत्र

22. प्रस्तावना में वर्णित, 'स्वतंत्रता, समानता और बन्धुत्व' के आदर्श प्रेरित है–
- (a) रूसी क्रांति से
- (b) आइरिश क्रांति से
- (c) फ्रांसीसी क्रांति से
- (d) अमेरिकी संविधान से

उत्तरमाला

1. (d) **2.** (b) **3.** (b) **4.** (c) **5.** (c) **6.** (c) **7.** (d) **8.** (b) **9.** (b) **10.** (c)
11. (b) **12.** (d) **13.** (d) **14.** (a) **15.** (a) **16.** (c) **17.** (b) **18.** (d) **19.** (b) **20.** (a)
21. (c) **22.** (c)

संघ एवं राज्य क्षेत्र

1. निम्नलिखित में कौन-सा कथन असत्य है ?
   (a) भारत अर्थात् इंडिया राज्यों का संघ होगा अर्थात भारत को दो नामों से जाना जाता है भारत व इंडिया।
   (b) संविधान में संघ शब्द का उल्लेख नहीं हुआ है बल्कि इसकी जगह राज्यों का संघ कहा गया है
   (c) भारत का संघवाद संघ की इकाइयों के बीच समझौते का परिणाम नहीं है
   (d) राज्यों को स्वेच्छाकारी संघ से पृथक और स्वतंत्र रहने का अधिकार दिया गया है

2. 1936 में किसकी अनुशंसा पर धर्म के आधार पर सिंध प्रांत का गठन किया गया ?
   (a) साइमन कमीशन
   (b) वुडनिल आयोग
   (c) हरबर्ट रिजले आयोग
   (d) भारतीय संवैधानिक सुधार संयुक्त समिति

3. 1905 में किसकी अनुशंसा पर बंगाल का विभाजन किया गया तदोपरांत 1911 में इसे रद्द कर दिया गया ?
   (a) साइमन कमीशन
   (b) वुडनिल आयोग
   (c) हरबर्ट रिजले आयोग
   (d) भारतीय संवैधानिक सुधार संयुक्त समिति

4. देशी रियासतों के संदर्भ में सत्य कथनों का कूट बनाएं
   1. स्वतंत्रता प्राप्ति के समय भारत में 565 स्वतंत्र देशी रियासतें अस्तित्व में थी जिसमें भारत का लगभग 48 प्रतिशत क्षेत्र और 20 प्रतिशत जनसंख्या शामिल है।
   2. 22 जून 1947 को भारत सरकार द्वारा सरदार पटेल के नेतृत्व में रियासत मंत्रालय बनाया गया।
   3. 15 अगस्त 1947 तक हैदराबाद, जूनागढ़ तथा कश्मीर को छोड़कर अन्य सभी रियासतों ने विलय की सहमति पर हस्ताक्षर कर दिए थे।

   सत्य कथनों का कूट बनाएं-
   (a) 1 व 2 (b) 1, 2 और 3
   (c) 1 और 3 (d) केवल 1

5. भारत में देशी रियासतों के विलय के संबंध में कौन असंगत है ?
   (a) जूनागढ़—भारत में जनमत संग्रह द्वारा विलय
   (b) हैदराबाद—सैनिक कार्यवाही द्वारा विलय
   (c) जम्मू और कश्मीर—समझौते द्वारा भारत में विलय
   (d) मणिपुर—पुलिस कार्यवाही द्वारा भारत में विलय

6. निम्नलिखित में कौन-सा कथन गलत है ?
   (a) 1950 में भारत में कुल चार प्रकार के राज्य थे।
   (b) 1956 में भारत में दो प्रकार के राज्य थे।
   (c) आजादी से पहले भारत में अंग्रेजों का शासन त्रिस्तरीय प्रणाली आधारित था।
   (d) वर्तमान समय में भारत में कुल दो प्रकार के राज्य हैं—राज्यों के राज्य क्षेत्र एवं संघ राज्य क्षेत्र

7. राज्य में दूसरे सदन की स्थापना या उसे रद्द करने से संबंधित कौन-सी सही विधि है ?
   (a) संसद द्वारा साधारण बहुमत से पारित प्रस्ताव द्वारा
   (b) संबंधित राज्य की विधानसभा द्वारा पूर्ण बहुमत से पारित प्रस्ताव द्वारा
   (c) संबंधित राज्य की विधान सभा द्वारा साधारण बहुमत से पारित प्रस्ताव ओर विधि द्वारा
   (d) लोकसभा द्वारा पूर्ण बहुमत से पारित प्रस्ताव द्वारा।

8. कौन असंगत है ?
   (a) धर आयोग—1947
   (b) जे.वी.पी. आयोग—1948
   (c) राज्य पुनर्गठन आयोग—1953
   (d) साइमन कमीशन—1927

9. निम्नलिखित कथनों में से कौन.सा एक गलत है ?
   (a) गोवा को 1987 में पूर्ण राज्य का दर्जा प्राप्त हुआ
   (b) दीव खंभात की खाड़ी में एक टापू है
   (c) दमन और दीव को भारत के संविधान के 56वें संशोधन द्वारा गोवा से अलग किया गया
   (d) दादरा और नगर हवेली 1954 तक फ्रांसीसी औपनिवेशिक शासन के अंतर्गत थे

10. भारतीय संविधान के अनुच्छेद तीन में दिए गए कथन का परीक्षण करें-
    (a) संसद नए राज्यों का निर्माण कर सकती है।
    (b) संसद राज्यों का क्षेत्र परिवर्तन कर सकती है।
    (c) a और b दोनों
    (d) इनमें से कोई नहीं

11. भारतीय संसद को कौन सी शक्तियाँ प्राप्त हैं ?
    1. संसद राज्यों की सीमाएं बदल सकती हैं।
    2. संसद संविधान में संशोधन कर सकती है।
    3. कुछ परिस्थितियों में संसद को राज्य सूची में दिए गए विषयों से संबंधित कानून बनाने का अधिकार है।
    4. संसद नियम बनाकर राज्यों को संघ से अलग होने का अधिकार दे सकती है।

उपरोक्त कथनों में से कौन-सा/से सही है/हैं ?

(a) 1, 2, 3
(b) 2, 3, 4
(c) 1, 3, 4
(d) 1, 2, 3, 4

12. निम्नलिखित में से किस राज्य/केन्द्र शासित प्रदेश का नाम पुराना नहीं है ?

(a) कर्नाटक—मैसूर
(b) तमिलनाडू—मद्रास
(c) लक्षद्वीप—लकाद्वीव, मीनीकॉय और अमिनीद्वीवी द्वीप
(d) मेघालय—पूर्वी पर्वतीय प्रान्त

13. भारत को 'राज्यों का संघ' कहा गया है क्योंकि-

(a) भारतीय संघ किसी संधि का परिणाम नहीं
(b) इसकी इकाइयों को संघ से अलग होने का अधिकार नहीं हैं
(c) a और b दोनों सही हैं।
(d) इनमें से कोई नहीं

14. भारत संघ में शामिल है-

1. राज्य
2. संघ शासित क्षेत्र
3. अधिगृहीत क्षेत्र

कूट:

(a) केवल 1
(b) केवल 2
(c) 1 और 2
(d) उपरोक्त सभी

15. निम्न में से कौन-सा कथन सही है ?

1. संसद केवल साधारण बहुमत से भारत की इकाईयों के क्षेत्र में परिवर्तन कर सकती है।
2. किसी राज्य की सीमा की पुन: बंटवारे से पहले संसद को उस राज्य की विधायिका की सम्पति लेना आवश्यक है।
3. राज्य की सीमा के पुन: बंटवारे से संबंधित विधेयक को संसद में प्रस्तुत करने से पहले राष्ट्रपति की अनुमति लेना अनिवार्य है।
4. राज्य की सीमा को बदलने वाले विधेयक की अनुशंसा करने से पहले राष्ट्रपति को उस राज्य की राय जान लेना चाहिए।

कूट:

(a) केवल 1
(b) 1 और 2
(c) 1, 3 और 4
(d) 1 और 3

16. कौन सुमेलित नहीं है ?

(a) मद्रास राज्य से आंध्र प्रदेश बना है।
(b) असम से अरुणाचल प्रदेश बना है।
(c) असम से मेघालय बना है।
(d) महाराष्ट्र से गोवा बना है।

17. वर्ष 1953 में, जब आंध्र राज्य एक अलग राज्य बना, तब उसकी राजधानी कौन बनी ?

(a) गुंटूर (b) कर्नूल
(c) नेल्लोर (d) वारंगल

18. नीचे दिए राज्यों को, भारत संघ के संपूर्ण राज्य का दर्जा प्राप्त होने का सही कालानुक्रम कौन-सा है ?

(a) सिक्किम—अरुणाचल प्रदेश—नागालैंड—हरियाणा
(b) नागालैंड—हरियाणा—सिक्किम—अरूणाचल प्रदेश
(c) सिक्किम—हरियाणा—नागालैंड—अरूणाचल प्रदेश
(d) नागालैंड—अरूणाचल प्रदेश—सिक्किम—हरियाणा

19. निम्नलिखित कथनों पर विचार कीजिए-

1. नागालैंड, असम, मणिपुर, आंध्र प्रदेश, सिक्किम, मिजोरम, अरुणाचल प्रदेश तथा गोवा की प्रादेशिक मांगों को देखते हुए भारत के संविधान में अन्तर्विष्ट किए गए।
2. भारत तथा संयुक्त राज्य अमरीका के संविधानों में दो राजतंत्र (संघ और राज्य) हैं किन्तु नागरिकता इकहरी है।
3. कोई व्यक्ति जो देशीयकरण द्वारा भारत का नागरिक है, कभी भी अपनी नागरिकता से वंचित नहीं किया जा सकता।

कूट:

(a) 1, 2 और 3 (b) 1 और 3
(c) केवल 3 (d) केवल 1

20. भारतीय संविधान की निम्न दी गई अनुसूचियों में से कौन.सी एक राज्य के नामों की सूची तथा उनके राज्य क्षेत्रों का ब्योरा देती है ?

(a) पहली (b) दूसरी
(c) तीसरी (d) चौथी

21. यदि भारत संघ के एक नये राज्य का सृजन करना हो, तो संविधान की निम्नलिखित अनुसूचियों में किस एक को अवश्य संशोधित किया जाना चाहिए ?

(a) पहली (b) दूसरी
(c) तीसरी (d) चौथी

22. भारतीय संविधान के अनुच्छेद तीन में दिए गए कथन का परीक्षण करें-

(a) संसद नए राज्यों का निर्माण कर सकती है।
(b) संसद राज्यों का क्षेत्र परिवर्तन कर सकती है।
(c) a और b दोनों
(d) इनमें से कोई नहीं।

उत्तरमाला

1. (d)	**2.** (c)	**3.** (d)	**4.** (c)	**5.** (d)	**6.** (c)	**7.** (a)	**8.** (a)	**9.** (c)	**10.** (c)
11. (a)	**12.** (d)	**13.** (c)	**14.** (d)	**15.** (c)	**16.** (d)	**17.** (a)	**18.** (b)	**19.** (d)	**20.** (a)
21. (a)	**22.** (c)								

नागरिकता

1. निम्नलिखित कथनों पर विचार कीजिए-

1. नागालैंड, असम, मणिपुर, आंध्र प्रदेश, सिक्किम, मिजोरम, अरुणाचल प्रदेश तथा गोवा की प्रादेशिक मांगों को देखते हुए भारत के संविधान में अनुच्छेद 371 (A) से लेकर 371(I) अन्तर्विष्ट किए गए।
2. भारत तथा संयुक्त राज्य अमरीका के संविधानों में दो राजतंत्र (संघ और राज्य) हैं किन्तु नागरिकता एकल है।
3. कोई व्यक्ति जो देशीयकरण द्वारा भारत का नागरिक है, कभी भी अपनी नागरिकता से वंचित नहीं किया जा सकता।

उपरोक्त कथनों में से कौन-सा/से सही है/हैं ?

(a) 1, 2 और 3 (b) 1 और 3
(c) केवल 3 (d) केवल 1

2. किसने कहा है 'एक नागरिक वह है जिसे राज्य के शासन में कुछ भाग प्राप्त हो और जो राज्य द्वारा प्रदान किये गए सम्मान का उपभोग करता हो'?

(a) अरस्तु (b) मैक्यावली
(c) श्रीनिवास (d) जवाहरलाल नेहरू

3. नागरिक से तात्पर्य है-

(a) जिन्हें केवल राजनीतिक अधिकार प्राप्त हों
(b) जिन्हें केवल सामाजिक तथा आर्थिक अधिकार प्राप्त हों
(c) जिन्हें राज्य की ओर से नागरिकता के साथ-साथ राजनीतिक अधिकार प्राप्त किये जाते हों।
(d) राजनीतिक अधिकार के अलावा सभी अधिकार प्रदान किये जाते हैं।

4. नागरिक बनने के लिए आवश्यक है-

1. व्यक्ति राज्य का सदस्य बने
2. नागरिक राज्य के कानूनों का पालन स्वेच्छा से करे
3. नागरिक देश के प्रति निष्ठापूर्वक भक्ति रखने के साथ-साथ देश के लिए सदैव त्याग करने को तैयार रहे।

(a) केवल 1 (b) केवल 2
(c) 1 और 2 (d) 1, 2 और 3

5. नागरिकता के संबंध में विचार करें-

1. नागरिकता संघ का विषय है
2. नागरिकता संबंधी नियम बनाने और उन्हें लागू करने का अधिकार संसद को प्राप्त है।
3. राज्य सरकारे भी व्यक्ति को नागरिकता प्रदान सकती है।
4. भारत में दोहरी नागरिकता प्रदान की गई है।

(a) 1 और 2 (b) 2 और 3
(c) 1, 2 और 3 (d) 1, 2, 3 और 4

6. कुछ मौलिक अधिकार केवल नागरिकों को ही प्राप्त हैं-

1. राज्य धर्म, मूल वंश, जाति, लिंग एंव जन्म स्थान के आधार पर कोई भेदभाव नहीं करेगा।
2. राज्य द्वारा प्रदत्त नौकरियों के विषय में अवसर की समानता
3. अनुच्छेद 19 के अंर्तगत प्राप्त स्वतंत्रता का अधिकार
4. अल्पसंख्यकों के सांस्कृतिक एवं शैक्षिक अधिकार

उपरोक्त कथनों में से कौन-सा/से सही है/हैं ?

(a) 1, 2, 3 (b) 2, 3 और 4
(c) 1, 2, 3, 4 (d) 1, 3 और 4

7. 1955 के भारतीय नागरिकता अधिनियम के द्वारा नागरिकता प्राप्त की जा सकती है-

1. जन्म से 2. वंशानुगत
3. पंजीकरण द्वारा 4. देशीयकरण द्वारा

उपरोक्त कथनों में से कौन-सा/से सही है/हैं ?

(a) 1, 2, 3 (b) 2, 3, 4
(c) 1, 2, 3, 4 (d) 3, 4

8. नागरिकता संशोधन अधिनियम 1986 के द्वारा व्यवस्था की गई है-

(a) भारत में जन्म लेने वाला कोई व्यक्ति यदि भारतीय नागरिक के रूप में पंजीकृत होना चाहता है तो उसे भारत में लगातार 5 वर्ष तक रहने का प्रमाण पत्र प्रस्तुत करना होगा।
(b) जन्म के आधार पर मात्र उन्हीं लोगों को नागरिकता प्रदान की जा सकती है जिसके माता-पिता में से कोई एक पहले से ही भारत का नागरिक रहा हो।
(c) देशीयकरण द्वारा नागरिकता तभी प्रदान की जाऐगी जब संबंधित व्यक्ति कम से कम 10 वर्ष तक भारत में रह चुका हो।
(d) उपरोक्त सभी

9. सूची-I को सूची-II के साथ सुमेलित करें-

	सूची-I	सूची-II
A.	संविधान के प्रारंभ पर नागरिकता	1. अनुच्छेद 10
B.	पाकिस्तान से भारत को प्रव्रजन करने वाले कुछ व्यक्तियों के नागरिकता के अधिकार	2. अनुच्छेद 8
C.	भारत के बाहर रहने वाले भारतीय उद्भव के कुछ व्यक्तियों के नागरिकता अधिकार	3. अनुच्छेद 6
D.	नागरिकता के अधिकारों का बना रहना	4. अनुच्छेद 5

कूट:

	A	B	C	D
(a)	4	3	2	1
(b)	4	2	1	3
(c)	2	3	1	4
(d)	1	2	3	4

10. अनुच्छेद 5 के अनुसार नागरिकता के संबंध में क्या व्यवस्था है ?

(a) भारत के राज्य क्षेत्र में जन्मा हो
(b) जिसके माता या पिता में से कोई भारत के राज्य क्षेत्र में जन्मा था
(c) जो संविधान के प्रारंभ से ठीक पहले कम से कम पांच वर्ष तक भारत के राज्य क्षेत्र में अस्थायी तौर पर निवासी रहा है।
(d) उपरोक्त सभी।

11. भारतीय नागरिकता खत्म हो जाती है जब–

(a) कोई नागरिक विदेशी नागरिकता प्राप्त कर लेता है।
(b) वह नागरिकता का त्याग कर देता है।
(c) सरकार उसे नागरिकता से वंचित कर देती है।
(d) उपरोक्त सभी

12. प्रकृत्या नागरिकता प्राप्त करने वाला व्यक्ति–

(a) किसी भी देश का हो सकता है।
(b) किसी और देश की नागरिकता रख सकता है।
(c) या तो भारत में या भारत सरकार की सेवा में कम से कम 1 वर्ष तक अवश्य रहना चाहिए।
(d) केवल विशेष परिस्थितियों में ही ले सकता है।

13. निम्न में से किस विधि से भारतीय नागरिकता प्राप्त की जा सकती है ?

1. वंशानुगत
2. प्रकृतिकरण
3. पंजीकरण
4. जन्म

कूट:

(a) 1 और 4
(b) 1, 2 और 4
(c) 1, 3 और 4
(d) सभी

14. 26 जनवरी 1950 को या उसके बाद केरल में पैदा हुआ व्यक्ति नागरिक होगा–

(a) भारत का और उसके बाद केरल का
(b) केरल का और उसके बाद भारत का
(c) भारत का
(d) 18 वर्ष के बाद भारत का

उत्तरमाला

1. (d) **2.** (a) **3.** (c) **4.** (d) **5.** (a) **6.** (c) **7.** (c) **8.** (d) **9.** (a) **10.** (d)
11. (d) **12.** (c) **13.** (d) **14.** (c)

मौलिक अधिकार

1. निम्नलिखित कथनों पर विचार कीजिए–

1. भारत के संविधान के पुरुषों तथा महिलाओं द्वारा समान कार्य के लिए समान वेतन देने को बढ़ावा देने के लिए कोई प्रावधान नहीं है।
2. भारत के संविधान में पिछड़े वर्गों को परिभाषित नहीं किया गया।

उपर्युक्त कथनों में से कौन सा/से सही है/हैं ?

(a) केवल 1 (b) केवल 2
(c) दोनों 1 और 2 (d) न ही 1 और न ही 2

2. सूची-I (भारत के संविधान के अनुच्छेद) को सूची-II (उपबन्ध) के साथ सुमेलित कीजिए और सूचियों के नीचे दिए गए कूट का प्रयोग करते हुए सही उत्तर चुनिए–

सूची-I	सूची-II
A. अनुच्छेद 14	1. राज्य किसी नागरिक के विरुद्ध केवल धर्म, मूल वंश, जाति, लिंग, जन्मस्थान या इनमें से किसी के आधार पर कोई विभेद नहीं करेगा।
B. अनुच्छेद 15	2. राज्य, भारत के राज्य क्षेत्र में किसी व्यक्ति को विधि के समक्ष समता से या विधियों के समान संरक्षण से वंचित नहीं करेगा।
C. अनुच्छेद 16	3. 'अस्पृश्यता' का अंत किया जाता है और उसका किसी भी रूप में आचरण निषिद्ध किया जाता है
D. अनुच्छेद 17	4. राज्य के अधीन किसी पद पर नियोजन या नियुक्ति से संबंधित विषयों में सभी नागरिकों के लिए अवसर की समता होगी।

कूट:

	A	B	C	D
(a)	2	4	1	3
(b)	3	1	4	2
(c)	2	1	4	3
(d)	3	4	1	2

3. भारत के संविधान के निम्नलिखित कौन से अनुच्छेद में उपबन्ध है कि चौदह वर्ष से कम किसी बालक को किसी कारखाने या खान में काम करने के लिए नियोजित नहीं किया जाएगा या किसी अन्य परिसंकटमय नियोजन में नहीं लगाया जाएगा ?

(a) अनुच्छेद 24 (b) अनुच्छेद 45
(c) अनुच्छेद 330 (d) अनुच्छेद 368

4. भारतीय संविधान में समानता का अधिकार पांच अनुच्छेदों द्वारा प्रदान किया गया है। यह हैं–

(a) अनुच्छेद 16 से अनुच्छेद 20
(b) अनुच्छेद 15 से अनुच्छेद 19
(c) अनुच्छेद 14 से अनुच्छेद 18
(d) अनुच्छेद 13 से अनुच्छेद 17

5. निम्नलिखित में से किस एक अधिकार को डॉ. बी. आर. अम्बेडकर द्वारा संविधान की आत्मा कहा गया है ?

(a) धर्म की स्वतंत्रता का अधिकार
(b) संपत्ति का अधिकार
(c) समानता का अधिकार
(d) संवैधानिक उपचारों का अधिकार

6. सूची-I(भारतीय संविधान का अनुच्छेद) को सूची-II (प्रावधान) से सुमेलित कीजिए और सूचियों के नीचे दिये हुए कूटों का उपयोग करते हुए उत्तर का चयन कीजिए।

सूची-I	सूची-II
A. अनुच्छेद 16(2)	1. किसी भी व्यक्ति को कानून के प्राधिकार के सिवाय उसकी संपत्ति से वंचित नहीं किया जाएगा।
B. अनुच्छेद 29(2)	2. किसी भी व्यक्ति के साथ उसके वंश, धर्म अथवा जाति के आधार पर सार्वजनिक नियुक्ति के मामले में भेदभाव नहीं किया जा सकता।
C. अनुच्छेद 30(1)	3. सभी अल्पसंख्यकों को, चाहे वे धर्म के आधार पर हों या भाषा के आधार पर, अपनी पसंद की शैक्षिक संस्थाएँ स्थापित करने और उन्हें संचालित करने का मौलिक अधिकार होगा।
D. अनुच्छेद 31(1)	4. किसी भी नागरिक को धर्म, वंश, जाति, भाषा या इनमें से किसी भी आधार पर राज्य द्वारा सम्पोषित अथवा राज्य से सहायता प्राप्त करने वाली किसी भी शैक्षिक संस्था में प्रवेश से वंचित नहीं किया जाएगा।

कूट:

	A	B	C	D
(a)	2	4	3	1
(b)	3	1	2	4
(c)	2	1	3	4
(d)	3	4	2	1

7. भारतीय संविधान मान्यता देता है
   (a) केवल धार्मिक अल्पसंख्यकों को
   (b) केवल भाषायी अल्पसंख्यकों को
   (c) धार्मिक और भाषायी अल्पसंख्यकों को
   (d) धार्मिक, भाषायी और नृजातीय अल्पसंख्यकों को

8. धर्म आदि के आधार पर विभेद का प्रतिषेध (भारत के संविधान का अनुच्छेद 15) एक मूल अधिकार है जिसे इसके अधीन वर्गीकृत किया जाएगा?
   (a) धर्म के स्वातंत्र्य का अधिकार
   (b) शोषण के विरुद्ध अधिकार
   (c) सांस्कृतिक और शैक्षिक अधिकार
   (d) समता का अधिकार

9. भारतीय संविधान की आधारभूत संरचना के सिद्धांत का तात्पर्य है कि-
   (a) संविधान के कुछ लक्षण ऐसे अनिवार्य हैं कि उनका संशोधन नहीं किया जा सकता।
   (b) मूल अधिकारों को न कम किया जा सकता है, न उनको छीना जा सकता है।
   (c) संविधान का संशोधन केवल अनुच्छेद 368 में विहित प्रक्रिया से ही किया जा सकता है।
   (d) संविधान की उद्देशिका का संशोधन नहीं किया जा सकता क्योंकि वह संविधान का भाग नहीं है और साथ ही वह संविधान की आत्मा को प्रतिबिंबित करती है।

10. भारत में समाचार पत्रों का स्वातंत्र्य-
   (a) संविधान के अनुच्छेद 19(1)(d) में विशेष रूप से उपबंधित है।
   (b) संविधान के अनुच्छेद 19(i)(b) में प्रत्याभूत अभिव्यक्ति के व्यापक स्वातंत्र्य में निहित है।
   (c) संविधान के अनुच्छेद 361क के उपबंधों द्वारा प्रत्याभूत है।
   (d) देश में विधि के शासन के प्रवर्तन से ही उद्भूत होता है।

11. मौलिक अधिकारों को संविधान के खण्ड तीन में शामिल करने के कारणों का निम्न में से कौन व्याख्या नहीं करता है?
   1. वे भारतीयों तथा विदेशियों को समान रूप से उपलब्ध हैं।
   2. वे साधारण कानूनों से ऊपर हैं।
   3. देश के शासन में वे मौलिक हैं।
   4. वे सबसे ऊपर नहीं हैं।

   कूटः
   (a) 2 और 4
   (b) 1, 2 और 3
   (c) 1, 3 और 4
   (d) 3 और 4

12. मौलिक अधिकारों के संबंध में निम्न में से कौन से कथन सही नहीं हैं?
   1. कुछ अधिकार सैनिकों को उपलब्ध नहीं हैं।
   2. आपात् काल की स्थिति में उनका स्वतः निलम्बन हो जाता है।
   3. सैनिकों पर लागू करने के संबंध में केवल राष्ट्रपति निर्णय ले सकते हैं।
   4. संविधान की आधारभूत विशेषता होने के कारण उनमें संशोधन नहीं किया जा सकता।

   कूटः
   (a) 1 और 2 (b) 2, 3 और 4
   (c) 1 और 4 (d) उपरोक्त सभी

13. निम्न में से कौन से मौलिक अधिकार भारतीयों को तो उपलब्ध हैं लेकिन विदेशियों को नहीं?
   1. कानून के समक्ष समानता।
   2. अभिव्यक्ति की स्वतंत्रता
   3. अल्पसंख्यकों को भाषा और संस्कृति के संरक्षण।
   4. जीवन एवं स्वतंत्रता की रक्षा।

   कूटः
   (a) 1, 2 और 4 (b) 1, 2 और 3
   (c) 2 , 3 और 4 (d) 2 और 3

14. कानून के समक्ष समानता के संदर्भ में किन परिस्थितियों में अपवाद किया गया है?
   1. राष्ट्रपति 2. राज्यपाल
   3. विदेशी राजनयिक 4. विदेशी शासक

   कूटः
   (a) 1, 2 और 3 (b) 1, 2 और 4
   (c) 1 और 2 (d) सभी

15. समानता के अधिकार के अंदर आते हैं-
   1. शासन द्वारा धर्म या जाति के आधार पर भेदभाव न करना।
   2. कानून के द्वारा समान रक्षा।
   3. समान कार्य के लिए समान वेतन।
   4. शासन के अंदर रोजगार के अवसरों के संबंध में समान अवसर।

   कूटः
   (a) सभी (b) 1, 3 और 4
   (c) 1 और 4 (d) 1, 2 और 4

16. मौलिक अधिकार मूल रूप से किनकी शक्तियों पर अंकुश लगाते हैं?
   1. कार्यपालिका 2. विधायिका
   3. व्यक्ति विशेष

   कूटः
   (a) केवल 1 (b) केवल 2
   (c) 1 और 2 (d) सभी

17. नागरिकों द्वारा अपने मूल अधिकारों की रक्षा की जा सकती है–
(a) सुप्रीम कोर्ट में जाकर जो उपयुक्त रिट जारी करती है
(b) सुप्रीम कोर्ट संसद को निर्देश देती है।
(c) कार्यपालिका न्यायालयों को सूचना देती है।
(d) इसकी रक्षा स्वत: ही हो जाती है।

18. सरकार में भागीदारी का अधिकार तथा उच्च पदों को प्राप्त करने में समान अवसर की अर्हता नागरिकों को प्राप्त होती है–
(a) राष्ट्रीय स्वतंत्रता से
(b) राजनीतिक स्वतंत्रता से
(c) प्राकृतिक स्वतंत्रता से
(d) नागरिक स्वतंत्रता से

19. अनुच्छेद 352 के तहत आपात् काल लागू होने की स्थिति में कौन सा मौलिक अधिकार निलंबित नहीं होता?
(a) समानता का अधिकार
(b) अभिव्यक्ति की स्वतंत्रता का अधिकार
(c) अपराधों में दोषी सिद्ध होने पर रक्षा
(d) संवैधानिक उपचारों का अधिकार

20. मूलाधिकारों एवं नीति–निदेशक सिद्धांतों के बीच संबंधों की वर्तमान स्थिति के विषय में निम्न में से कौन–सा वाक्य सही है?
(a) निदेशक सिद्धांतों को मूलाधिकारों की अपेक्षा किसी भी दशा में प्राथमिकता नहीं दी जाएगी
(b) मूलाधिकारों की अपेक्षा निदेशक सिद्धांतों को सदैव प्राथमिकता दी जाती है।
(c) निदेशक सिद्धांतों की अपेक्षा मूलाधिकारों की अपेक्षा प्राथमिकता दी जाती है।
(d) सभी मामलों में निदेशक सिद्धांतों की मूलाधिकारों की अपेक्षा प्राथमिकता दी जा सकती है।

21. संविधान के खण्ड तीन में वर्णित कौन सा अनुच्छेद इसके धर्मनिरपेक्ष चरित्र पर बल देता है?
(a) अनुच्छेद 8 से 11
(b) 25 से 28
(c) 45 से 48 ए
(d) 14 से 19

22. मौलिक अधिकार किसकी रक्षा की गारंटी देता है?
(a) नागरिकों की व्यापारियों के शोषण से
(b) नागरिकों की स्वच्छंद शासन से
(c) देश की रक्षा
(d) नागरिकों का सम्मान

23. निम्न में कौन संविधान में वर्णित अधिकार नहीं हैं?
1. शासन के अधीन रोजगार के अवसरों में समानता
2. सभी वर्गों तथा स्त्री, बच्चे तथा पिछड़े वर्गों को विशेष दर्जा देने का निषेध
3. शैक्षिक और सैन्य उपलब्धियों के लिये दिये जाने वाले उपाधियों की समाप्ति।

कूट:
(a) केवल 1 (b) 1 और 3
(c) केवल 2 (d) 1 और 2

24. अनुच्छेद 24 के तहत् वर्णित अधिकारों में निम्न में से शामिल हैं–
1. मृत्यु/आत्महत्या का अधिकार
2. ध्वनि प्रदूषण से मुक्त रहने का अधिकार
3. एकतांतता का अधिकार
4. फांसी में विलम्ब के विरुद्ध अधिकार

उपयुक्त विकल्प का चयन करें
(a) 1, 2, 3, 4
(b) 1, 2, 3
(c) 1, 2 4
(d) 2, 3, 4

25. धर्म, जाति, लिंग अथवा जन्म स्थान के आधार पर किसी प्रकार का भेदभाव नहीं करने संबंधी मौलिक अधिकार में सम्मिलित हैं?
1. होटल तथा सार्वजनिक स्थानों पर पहुंच
2. क्लबों तक पहुंच
3. दुकानों तक पहुंच
4. सार्वजनिक भोजनालयों तक पहुंच

कूट:
(a) 1 और 3 (b) 1 और 4
(c) 1, 2, 3 और 4 (d) 3 और 4

26. किस केस में सुप्रीम कोर्ट ने यह निर्णय दिया कि मौलिक अधिकारों में संशोधन के लिए संविधान सभा की बैठक बुलाई जानी चाहिये?
(a) पंजाब सरकार बनाम गोलक नाथ।
(b) गोपालन केस
(c) केशवानन्द भारती केस
(d) भारत सरकार बनाम सज्जन सिंह

27. मूल मौलिक अधिकारों की सूची में किसे जोड़ा गया है?
(a) सम्पत्ति का अधिकार
(b) संवैधानिक उपचारों का अधिकार
(c) धार्मिक स्वतंत्रता का अधिकार
(d) कोई नहीं

28. अनुच्छेद-24 में वर्णित प्रावधानों के अंतर्गत निम्न में से कौन-सा/से अधिनियम लाए गए है/हैं

1. बालक श्रम प्रतिबंध, अधिनियम, 1986
2. कारखाना, अधिनियम, 1953
3. खान अधिनियम, 1953
4. बाल संरक्षण अधिनियम, 2006

उपर्युक्त विकल्प चुनें

(a) 1, 2, 3 (b) 1, 2, 3, 4
(c) 1, 3, 4 (d) 1, 2, 4

29. मौलिक अधिकारों की मुख्य विशेषताओं के अंदर कौन शामिल नहीं है ?

1. ये साधारण अधिकारों से ज्यादा पवित्र हैं
2. इन पर आवश्यक प्रतिबंध लगाये जा सकते हैं
3. ये वाद योग्य हैं तथा सर्वोच्च न्यायालय के द्वारा इन्हें लागू किया जा सकता है।

कूट:

(a) 1, 2 और 3
(b) 1 और 2
(c) 2 और 3
(d) उपरोक्त में से कोई नहीं

उत्तरमाला

1. (b)	**2.** (c)	**3.** (a)	**4.** (c)	**5.** (d)	**6.** (a)	**7.** (c)	**8.** (d)	**9.** (a)	**10.** (b)
11. (c)	**12.** (b)	**13.** (d)	**14.** (b)	**15.** (d)	**16.** (a)	**17.** (a)	**18.** (b)	**19.** (c)	**20.** (b)
21. (b)	**22.** (b)	**23.** (c)	**24.** (b)	**25.** (c)	**26.** (a)	**27.** (d)	**28.** (b)	**29.** (d)	

राज्य के नीति निदेशक तत्व

1. राज्य के नीति निदेशक सिद्धांतों को भारतीय संविधान में शामिल किए जाने का उद्‌देश्य है–
(a) राजनैतिक प्रजातंत्र को स्थापित करना
(b) सामाजिक प्रजातंत्र को स्थापित करना
(c) गांधीवादी प्रजातंत्र को स्थापित करना
(d) सामाजिक और आर्थिक प्रजातंत्र को स्थापित करना

2. राज्य नीति के निदेशक सिद्धांतों के निम्नलिखित अनुच्छेदों में से कौनसा अन्तर्राष्ट्रीय शांति और सुरक्षा के संवर्धन से संबंधित है?
(a) 51 (b) 48(क)
(c) 43(क) (d) 41

3. निम्नलिखित कथनों पर विचार कीजिए-
1. अनुच्छेद 39(ख) संपत्ति के अधिकार से संबद्ध है।
2. संपत्ति का अधिकार एक विधिक अधिकार है, किन्तु यह मूल अधिकार नहीं है।
3. भारत के संविधान में अनुच्छेद 300(क) तत्कालीन सत्तासीन कांग्रेस सरकार द्वारा 44वें संविधान संशोधन से अत: स्थापित किया गया था।

उपरोक्त कथनों में से कौन-से सही है/हैं?
(a) केवल 2
(c) 2 और 3
(c) 1 और 3
(d) 1, 2 और 3

5. नीति निदेशक सिद्धांत वाद योग्य नहीं हैं। इसका अर्थ है-
1. इनका उल्लंघन किये जाने पर न्यायालयों का सहारा नहीं लिया जा सकता।
2. इन पर विचार करने का न्यायालयों को अधिकार नहीं है।
3. कानून के द्वारा इन्हें मान्यता प्राप्त नहीं है।
4. वे पवित्र हैं।

उपरोक्त कथनों में से कौन-सा/से सही है/हैं?
(a) 1 और 2, (b) केवल 1
(c) 1, 2 और 3 (d) उपरोक्त सभी

6. भारतीय संविधान में सम्मिलित गांधीवादी सिद्धांत क्या हैं?
1. समाज के गरीब वर्गों के विकास के लिये प्रयास किए जाएंगे।
2. चिकित्सकीय उद्‌देश्यों के अतिरिक्त मादक द्रव्यों के प्रयोग पर रोक
3. ग्राम पंचायतों का गठन
4. ग्रामीण क्षेत्रों में लघु एंव कुटीर उद्योगों की स्थापना।

उपरोक्त कथनों में से कौन-सा/से सही है/हैं?
(a) 1, 3 और 4 (b) 1, 2 और 3
(c) 2, 3 और 4 (d) उपरोक्त सभी

7. नीति निदेशक सिद्धांतों की प्रकृति है-
(a) कुछ कानूनों के निर्माण के लिये सरकार को न्यायालयों के आदेश
(b) कुछ विशेष मुद्‌दों पर ध्यान देने के लिये सरकार से अनुरोध
(c) कुछ कामों को करने से रोकने के लिये सरकार को आदेश
(d) कुछ कामों को करने के लिये सरकार को निर्देश

8. यदि राज्य भौतिक संसाधनों के समान वितरण से संबंधित नीति निदेशक सिद्धांतों के अनुपालन के लिये कानून बनाती है तो इसे-
(a) 9वीं अनुसूची में डाला जाता है।
(b) यदि यह अनुच्छेद 14 तथा 19 के अधिकारों का उल्लंघन करती है तो इसे शून्य करार दिया जायेगा।
(c) मौलिक अधिकारों का उल्लंघन करने के आधार पर सर्वोच्च न्यायालय इसे समाप्त कर सकती है।
(d) अगर यह अनुच्छेद 14 व 19 के अधिकारों का उल्लंघन करती है तो भी इसे शून्य नहीं माना जायेगा।

9. निम्न में से कौन मौलिक अधिकारों तथा नीति निदेशक सिद्धांतों के अंतर को नहीं दिखलाता?
1. निदेशक सिद्धांत सामाजिक कल्याण को बढ़ावा देते हैं जबकि मौलिक अधिकार राज्य के अतिक्रमण से व्यक्ति की रक्षा करते हैं।
2. मौलिक अधिकार राज्य के कार्यों पर अंकुश लगाते हैं जबकि निदेशक सिद्धांत लोगों के सामाजिक आर्थिक कल्याण के लिये सरकार को निर्देश हैं।
3. मौलिक अधिकार मूल संविधान में शामिल किये गये जबकि निदेशक सिद्धांत को पहले संशोधन के द्वारा शामिल किया गया।
4. मौलिक अधिकार में संशोधन किया जा सकता है जबकि निदेशक सिद्धांतों में नहीं।

उपरोक्त कथनों में से कौन-सा/से सही है/हैं?
(a) 1 और 2
(b) 2 और 3
(c) 3 और 4
(d) 1, 2 और 3

10. निम्न में से कौन खण्ड चार में निदेशक सिद्धांतों के रूप में अनुसूचित हैं?
1. समान कार्य के लिये समान वेतन
2. समान नागरिक संहिता
3. छोटे परिवार का सिद्धांत
4. प्राथमिक स्तर पर मातृ भाषा में शिक्षा

उपरोक्त कथनों में से कौन-सा/से सही है/हैं?
(a) 1, 2 और 3 (b) 1 और 2
(c) 2 और 3 (d) सभी

11. निम्न में से कौन संशोधनों के माध्यम से नीति निदेशक सिद्धांतों में जोड़े गये ?

1. पर्यावरण तथा वन्य जीवन का संरक्षण व विकास
2. उद्योगों के प्रबंधन में मजदूरों की भागीदारी का अधिकार
3. कार्य का अधिकार
4. एतिहासिक महत्व के स्थानों का संरक्षण

उपरोक्त कथनों में से कौन-सा/से सही है/हैं ?

(a) 1 और 3 (b) 2 और 4
(c) 1, 3 और 4 (d) 1 और 2

12. निदेशक सिद्धांतों का अनुपालन मुख्यत: निर्भर करता है-

(a) न्यायालयों पर
(b) संसद में प्रभावी विपक्ष पर
(c) सरकार के उपलब्ध संसाधनों पर
(d) जन सहयोग पर

13. कौन से सिद्धांत समाजवादी नीति निदेशक सिद्धांत कहलाते हैं ?

1. धन की एकत्रता पर रोक
2. काम का अधिकार
3. न्यायपालिका का विधायिका से पृथक्करण
4. वैज्ञानिक विधि से कृषि का विकास

उपरोक्त कथनों में से कौन-सा/से सही है/हैं ?

(a) 1 और 2, (b) 1, 2 और 3
(c) 2 और 4 (d) सभी

14. राज्य के नीति निदेशक सिद्धांतों को भारतीय संविधान में शामिल किए जाने के उद्देश्य के संबंध में कौन-सा कथन सही है ॥

(a) राजनैतिक प्रजातंत्र को स्थापित करना।
(b) सामाजिक प्रजातंत्र को स्थापित करना।
(c) गांधीवादी प्रजातंत्र को स्थापित करना।
(d) सामाजिक और आर्थिक प्रजातंत्र को स्थापित करना।

15. किसने संविधान सभा में कहा था कि राज्य के नीति निदेशक तत्वों का उद्देश्य एक आर्थिक प्रजातंत्र की स्थापना करना है-

(a) डॉ. राजेन्द्र प्रसाद
(b) जवाहरलाल नेहरू
(c) बी. आर. अम्बेडकर
(d) डॉ. के. एम. मुंशी

16. कौन सा कथन असत्य है ?

(a) 14 वर्ष से कम आयु वाले बच्चों के लिए नि:शुल्क एवं अनिवार्य शिक्षा-अनुच्छेद 45
(b) ग्राम पंचायतों की स्थापना-अनुच्छेद 40
(c) जनसंख्या नियंत्रण-अनुच्छेद 46
(d) समान सिविल संहिता-अनुच्छेद 44

17. पर्यावरण की रक्षा को संविधान की किस संशोधन के द्वारा जोड़ा गया है ?

(a) 40वें (b) 42वें
(c) 43वें (d) 44वें

18. संविधान के 42वें संशोधन द्वारा राज्य के नीति निदेशक तत्वों में कौन-कौन से नए प्रावधान जोड़े गए ?

1. उद्योगों के प्रबंध में मजदूरों की भागीदारी।
2. जनसंख्या नियंत्रण के लिए राज्य अनिवार्य कदम उठायेगा।
3. गरीबों के लिए नि:शुल्क कानूनी सहायता।
4. वन्य प्राणियों की सुरक्षा।

उपरोक्त कथनों में से कौन-सा/से सही है/हैं ?

(a) 1 और 2, (b) 3 और 4
(c) 1, 2 और 4 (d) 1, 3 और 4

19. नीति निदेशक सिद्धांतों के अन्तर्गत गांधीवादी विचारधारा पर विचार करें-

1. राज्य ग्राम पंचायतों की स्थापना करेगा, जिससे वे स्वत: शासन की इकाई के रूप में कार्य करने में समर्थ हो सकें।
2. राज्य गांवों में कुटीर उद्योगों को बढ़ाने का प्रयास करेगा।
3. राज्य मादक पदार्थों के व्यापार को बढ़ावा देगा।
4. राज्य नागरिकों के लिए संतुलित आहार का प्रबंध करेगा और उनके जीवन स्तर को ऊंचा उठायेगा।

उपरोक्त कथनों में से कौन-सा/से सही है/हैं ?

(a) 1, 2 और 3 (b) 2, 3 और 4
(c) 1, 2 और 4 (d) 1, 2, 3 और 4

20. सूची-I को सूची-II के साथ सुमेलित करें-

सूची-I	सूची-II
A. पुरुष और महिला सभी नागरिकों को समान रूप से जीवकोपार्जन के पर्याप्त साधन प्राप्त करने का अधिकार है।	1. अनुच्छेद 39(4)
B. पुरुषों और महिलाओं दोनों को समान कार्य के लिए समान वेतन	2. अनुच्छेद 39(1)
C. बालकों की अल्पावस्था का दुरुपयोग न हो	3. अनुच्छेद 39(3)
D. आर्थिक व्यवस्था इस प्रकार चले जिसमें धन और उत्पादन साधनों का सर्वसाधारण के लिए अहितकारी संकेद्रण न हो।	4. अनुच्छेद 39(5)

कूट:

	A	B	C	D
(a)	1	2	3	4
(b)	2	1	4	3
(c)	2	3	4	1
(d)	1	4	3	2

21. निम्न कथनों पर विचार करें-

अनुच्छेद 51 में व्यवस्था है—

1. अन्तर्राष्ट्रीय शांति और सुरक्षा की अभिवृद्धि
2. राष्ट्रों के बीच न्यायसंगत और सम्मानपूर्ण संबंधों को बनाये रखना।
3. शत्रु देशों के साथ शत्रुतापूर्ण नीति बनाना।
4. विवादों का युद्ध द्वारा निपटारा।

उपरोक्त कथनों में से असत्य कथन का चुनाव करें-

(a) 1 और 2 (b) 2 और 3
(c) 3 और 4 (d) 2 और 4

22. नीति निदेशक तत्वों पर विचार करें-

1. नीति निदेशक तत्वों को न्यायालय द्वारा लागू नहीं कराया जा सकता है।
2. नीति निदेशक तत्वों को वैधानिक शक्ति प्राप्त हैं।
3. नीति निदेशक तत्व देश के शासन में मूलभूत स्थान रखते हैं।
4. कानून बनाते समय नीति निदेशक तत्वों का प्रयोग करना राज्य का कर्तव्य होगा।

उपरोक्त कथनों में से कौन-सा/से सही है/हैं ?

(a) 1 और 2 (b) 2 और 3
(c) 1, 3 और 4 (d) 1, 2, 3 और 4

उत्तरमाला

1. (d) **2.** (a) **3.** (b) **4.** (a) **5.** (a) **6.** (d) **7.** (d) **8.** (d) **9.** (c) **10.** (b)
11. (d) **12.** (c) **13.** (a) **14.** (d) **15.** (c) **16.** (c) **17.** (b) **18.** (d) **19.** (c) **20.** (b)
21. (c) **22.** (c)

मौलिक कर्तव्य

1. निम्नलिखित वक्तव्यों पर ध्यान दीजिए-

किसी को राष्ट्र गीत गाने के लिए बाध्य नहीं किया जा सकता क्योंकि-

1. इससे वाक् स्वातंत्र्य और अभिव्यक्ति स्वातंत्र्य के अधिकार का उल्लंघन होगा।
2. इससे अन्तःकरण की और धर्म के अबाध रूप से आचरण और प्रचार करने की स्वतंत्रता के अधिकार का उल्लंघन होगा।
3. राष्ट्रगीत गाने के लिए किसी को बाध्य करने वाला कोई विधिक उपबंध नहीं है।

इन वक्तव्यों में से-

(a) 1 और 2 सही हैं
(b) 2 और 3 सही हैं
(c) 1, 2 और 3 सही हैं
(d) कोई भी सही नहीं है

2. लोगों के मौलिक कर्तव्यो में शामिल हैं-

1. संविधान, राष्ट्रध्वज तथा राष्ट्रगीत के प्रति सम्मान
2. वैज्ञानिक सोच का विकास
3. सरकार के प्रति सम्मान
4. वन्य जीवन का संरक्षण

कूटः

(a) 1, 2 और 3 (b) 1 और 4
(c) 1, 3 और 4 (d) 1, 2 और 4

3. निम्न में से कौन मौलिक कर्तव्यों में शामिल किये जा सकते हैं?

1. संविधान का पालन तथा इसके आदर्शों व संस्थानों के प्रति सम्मान
2. राष्ट्र की एकता, अखण्डता तथा सम्प्रभुता की रक्षा
3. देश में कानून का शासन की स्थापना
4. सार्वजनिक सम्पत्ति की रक्षा तथा हिंसा से परहेज

कूटः

(a) 1, 2 और 4 (b) 1, 3 और 4
(c) 1, 2 और 3 (d) सभी

4. संविधान में मौलिक कर्तव्यों को किस विचार से शामिल किया गया?

(a) मौलिक अधिकारों को और अधिक महत्व देने के लिये
(b) असंवैधानिक तथा विध्वंसकारी गतिविधियों को रोकने के लिये
(c) मौलिक अधिकारों के दुरुपयोग को रोकने के लिये।
(d) कार्यपालिका को और अधिक अधिकार देने के लिये।

5. मौलिक कर्तव्यों को प्राप्त नहीं है-

(a) सामाजिक स्वीकृति
(b) नैतिक स्वीकृति
(c) राजनीतिक स्वीकृति
(d) कानूनी स्वीकृति

6. मौलिक कर्तव्य-

1. 44वें संशोधन के द्वारा शामिल किये गये
2. खण्ड 3 ए में जोड़े गये।
3. वाद योग्य नहीं हैं।

कूटः

(a) सभी (b) 1 और 3
(c) कोई नहीं (d) केवल 3

7. भारतीय संविधान में मूल कर्तव्यों को कब शामिल किया गया?

(a) 43वें संविधान संशोधन द्वारा
(b) 42वें संविधान संशोधन द्वारा
(c) 44वें संविधान संशोधन द्वारा
(d) 50वें संविधान संशोधन द्वारा

8. मूल कर्त्तव्यों पर विचार करें-

1. देश की रक्षा और राष्ट्र की सेवा के लिए हमेशा तत्पर रहना।
2. भारत के लोगों में समरसता और बंधुत्व की भावना का विकास करना।
3. प्राकृतिक पर्यावरण की रक्षा और सभी प्राणियों के प्रति दया भाव रखना।
4. सार्वजनिक संपत्ति की सुरक्षा और हिंसा से दूर रहना।

उपरोक्त कथनों में से कौन-सा/से सही है/हैं?

(a) 1, 2 और 3 (b) 2, 3 और 4
(c) 1, 3 और 4 (d) 1, 2, 3 और 4

9. अनुच्छेद 51 संबंधित है-

(a) अंतर्राष्ट्रीय शांति और सुरक्षा की अभिवृद्धि से
(b) अंतर्राष्ट्रीय विवादों को मध्यस्थता द्वारा निपटारे को प्रोत्साहन देने से।
(c) राष्ट्रों के बीच न्यायसंगत और सम्मानपूर्ण संबंधों को बनाए रखने से।
(d) उपरोक्त सभी।

10. भारतीय संविधान में मौलिक कर्तव्यों को किस समिति की सिफारिश के आधार पर समाहित किया गया?

(a) डॉ. स्वर्ण सिंह समिति
(b) बैजनाथ समिति
(c) राकेश मोहन समिति
(d) जे. बी. कृपलानी समिति

11. निम्नलिखित में भारत में मौलिक कर्तव्य कौन-सा है?

(a) न्यायपालिका से कार्यपालिका का पृथक्करण
(b) हमारी मिली-जुली संस्कृति की समृद्ध विरासत को संरक्षित करना।
(c) बच्चों के लिये मुफ्त व अनिवार्य शिक्षा।
(d) छुआछूत की परम्परा को समाप्त करना।

12. मौलिक कर्तव्यों को संविधान में सम्मिलित किये जाने का प्रयोजन है-
(a) मौलिक अधिकारों के दुरुपयोग पर रोक
(b) मौलिक अधिकारों को और अधिक सरल बनाना
(c) विनाशक एवं असंवैधानिक गतिविधियों को नियंत्रित करना
(d) कार्यपालिका की बढ़ती शक्ति को नियंत्रण में रखना।

13. संविधान में उल्लिखित मौलिक कर्तव्य किसके लिये हैं?
(a) सभी व्यक्तियों के लिये
(b) सभी नागरिकों के लिये
(c) केवल गैर नागरिकों के लिये
(d) केवल केन्द्रीय व राज्य के कर्मचारियों के लिये

14. मौलिक कर्तव्यों की अवहेलना करने वालों को-
(a) दंड देने की व्यवस्था है
(b) दंड देने की व्यवस्था नही है
(c) कुछ विशेष मामलों में दंड देने की व्यवस्था है
(d) अधिनियम बनाकर दंड देने की व्यवस्था है

15. निम्नलिखित में कौन-सा एक मौलिक कर्तव्य नहीं है?
(a) राज्य का आज्ञा पालन (b) कानून का आज्ञा पालन
(c) समाज का आज्ञा पालन (d) करों की अदायगी

16. निम्नलिखित में कौन-सा मौलिक कर्तव्य नहीं है?
(a) आम भाईचारे की भावना को उजागर करना
(b) राष्ट्रीय उद्यमों का संरक्षण करना
(c) वैज्ञानिक संस्कार का विकास करना
(d) भारत की समृद्ध विरासत का संरक्षण करना

17. भारतीय संविधान में नागरिकों के मूल कर्तव्य के अंतर्गत सम्मिलित नहीं है-
(a) सार्वजनिक सम्पत्ति की रक्षा करना
(b) हिंसा का परित्याग करना
(c) धर्मनिरपेक्षता को बढ़ावा देना
(d) भारत की सार्वभौमिकता, एकता और अखंडता को बनाए रखना।

उत्तरमाला

1. (c) **2.** (d) **3.** (a) **4.** (c) **5.** (d) **6.** (d) **7.** (b) **8.** (d) **9.** (d) **10.** (a)
11. (b) **12.** (a) **13.** (b) **14.** (b) **15.** (d) **16.** (b) **17.** (c)

संघीय कार्यपालिका

1. निम्नलिखित कथनों पर विचार कीजिए–

1. जवाहर लाल नेहरू मृत्यु के समय भारत के प्रधानमंत्री की चौथी पदावधि में थे।
2. जवाहर लाल नेहरू ने संसद सदस्य के रूप में रायबरेली का प्रतिनिधित्व किया।
3. भारत के प्रथम गैर–कांग्रेसी प्रधानमंत्री वर्ष 1977 में पद पर नियुक्त हुए।

उपर्युक्त कथनों में से कौन सा/से सही है/हैं ?

(a) 1 और 2 (b) केवल 3
(c) केवल 1 (d) 1 और 3

2. भारत के उप-राष्ट्रपति को पदच्युत करने का संकल्प निम्नलिखित में से कहाँ प्रस्तावित किया जा सकता है ?

(a) केवल लोकसभा में
(b) संसद के किसी भी सदन में
(c) संसद की संयुक्त बैठक में
(d) केवल राज्यसभा में

3. निम्नलिखित में से कौन–सा युग्म सही सुमेलित है ?

	विभाग		**भारत सरकार का मंत्रालय**
1.	महिला और बाल विकास विभाग	:	स्वास्थ्य और परिवार कल्याण मंत्रालय
2.	राजभाषा विभाग	:	मानव संसाधन विकास मंत्रालय
3.	पेय जलापूर्ति विभाग	:	जल संसाधन मंत्रालय

नीचे दिए गए कूट का प्रयोग कर सही उत्तर चुनिए:

(a) 1 (b) 2
(c) 3 (d) उपरोक्त में से कोई नहीं

4. जब केन्द्रीय मंत्रिमंडल ने (वर्ष 2002 में) चुनावी सुधारों पर अध्यादेश में बिना किसी बदलाव के उसे राष्ट्रपति को वापस भेजा तब राष्ट्रपति ने भारतीय संविधान के कौन से अनुच्छेद के अन्तर्गत उसे अपनी सहमति दी ?

(a) अनुच्छेद 121 (b) अनुच्छेद 122
(c) अनुच्छेद 123 (d) अनुच्छेद 124

5. गुजरात में विधानसभा के चुनाव (वर्ष 2002 में) को स्थगित करने के चुनाव आयोग के निर्णय की विधिमान्यता पर उच्चतम न्यायालय की राय जानने के लिए राष्ट्रपति ने उच्चतम न्यायालय से अनुरोध भारतीय संविधान के कौन से अनुच्छेद के अन्तर्गत किया ?

(a) अनुच्छेद 142 (b) अनुच्छेद 143
(c) अनुच्छेद 144 (d) अनुच्छेद 145

6. निम्न कथनों पर विचार कीजिए–

भारत में राष्ट्रपति चुनाव के निर्वाचक मंडल में

1. विधानसभा के निर्वाचित सदस्य के मत का मूल्यांकन =

$$\frac{\text{राज्य की जनसंख्या}}{\text{राज्य की विधानसभा में निर्वाचित सदस्यों की संख्या}} \times 100$$

2. एक निर्वाचित संसद सदस्य के मत का मूल्यांकन =

$$\frac{\text{सभी निर्वाचित विधानसभा सदस्यों के मतों का कुल मान}}{\text{निर्वाचित संसद सदस्यों की कुल संख्या}}$$

3. आखिरी चुनाव में 5000 मतदाता थे

इन कथनों में से कौन–सा/से सही है/हैं ?

(a) 1 तथा 2 (b) केवल 2
(c) 1 और 3 (d) केवल 3

7. भारतीय राजनीति के संदर्भ में, निम्नलिखित में से कौन सा कथन सही है ?

(a) योजना आयोग की जवाबदेही संसद के प्रति है
(b) राष्ट्रपति संसद के दोनों सदनों के सत्राधीन न होने पर ही अध्यादेश जारी कर सकते हैं
(c) उच्चतम न्यायालय के न्यायाधीश के रूप में नियुक्ति की न्यूनतम निर्धारित आयु 40 वर्ष है
(d) राष्ट्रीय विकास परिषद् में केन्द्रीय वित्त मंत्री और सभी राज्यों के मुख्यमंत्री होते हैं

8. भारत का उच्चतम न्यायालय कानून या तथ्य के मामले में राष्ट्रपति को परामर्श देता है–

(a) अपनी पहल पर
(b) तभी जब वह ऐसे परामर्श के लिए कहता है
(c) तभी जब मामला नागरिकों के मूलभूत अधिकारों से संबंधित हो
(d) तभी जब वह मामला देश की एकता व अखण्डता के लिए खतरा पैदा करता हो

9. भारत के महान्यायवादी के विषय में निम्नलिखित कथनों पर विचार कीजिए–

1. वह भारत के राष्ट्रपति द्वारा नियुक्त किया जाता है।
2. उसमें वहीं योग्यताएं होनी चाहिए जो सर्वोच्च न्यायालय के न्यायाधीश की होती है।
3. उसे संसद के किसी भी एक सदन का सदस्य होना चाहिए।
4. संसद द्वारा महाभियोग लगाकर उसे हटाया जा सकता है।

इनमें से कौन–कौन से कथन सही हैं ?

(a) 1 और 2 (b) 1 और 3
(c) 2, 3 और 4 (d) 3 और 4

10. भारत में राष्ट्रपति के चुनाव में राज्य की विधान सभा के प्रत्येक निर्वाचित सदस्य के वोटों की संख्या, उस पर राज्य की जनसंख्या को विधान सभा की कुल निर्वाचित सदस्य संख्या द्वारा विभाजित कर प्राप्त भागफल के एक हजार के गुणकों के बराबर होती है। वर्तमान स्थिति में 'जनसंख्या' में तात्पर्य किस वर्ष की जनगणना द्वारा अभिनिश्चित जनसंख्या से है?

(a) 1991 जनगणना (b) 1981 जनगणना
(c) 1971 जनगणना (d) 1961 जनगणना

11. भारत के संविधान में निम्नलिखित में से क्या कथित है?

1. राष्ट्रपति संसद के किसी भी सदन का सदस्य नहीं होगा
2. संसद राष्ट्रपति और दो सदनों से मिलकर बनेगी

निम्नलिखित कूट में से सही उत्तर चुनिए-

(a) 1 और 2 में से कोई भी नही
(b) 1 और 2 दोनों
(c) केवल 1
(d) केवल 2

12. सूची-I (कृत्यकारी) को सूची—II (शपथ या प्रतिज्ञान) से सुमेल कीजिए और सूचियों के नीचे दिये हुए कूटों का उपयोग करते हुए उत्तर का चयन कीजिए-

सूची-I	सूची-II
A. भारत का राष्ट्रपति	1. सूचना की गोपनीयता
B. सर्वोच्च न्यायालय के जज	2. कर्तव्यों का निष्ठापूर्वक निर्वहन
C. संसद सदस्य एवं निष्ठा	3. भारत के संविधान के प्रति श्रद्धा
D. संघ के मंत्री	4. संविधान और विधि की मर्यादा बनाए रखना

कूट:

	A	B	C	D
(a)	3	4	1	2
(b)	4	3	2	1
(c)	3	4	2	1
(d)	4	3	1	2

13. यदि भारत के प्रधानमंत्री संसद के उच्च सदन के सदस्य हैं तो-

(a) वे अविश्वास प्रस्ताव की स्थिति में अपने पक्ष में वोट नहीं दे सकेंगे
(b) वे निम्न सदन में बजट पर नहीं बोल सकेंगे
(c) वे केवल उच्च सदन में ही वक्तव्य दे सकते हैं
(d) उन्हें प्रधानमंत्री की शपथ ग्रहण करने के बाद छः मास के अन्दर निम्न सदन का सदस्य बनना पड़ेगा।

14. निम्नलिखित में कौन-सा वक्तव्य सही है?

भारत का प्रधान मंत्री

(a) संसद के दोनों सदनों के सदस्यों में से ही अपने मंत्रियों का चयन करने के लिए स्वतंत्र है
(b) इस विषय में भारत के राष्ट्रपति के साथ उचित परामर्श करके अपने मंत्रिमंडल के सहयोगियों का चयन कर सकता है
(c) अपने मंत्रिमंडल में मंत्री के रूप में काम करने के लिए व्यक्तियों का चयन करने में पूर्णतः स्वविवेक का प्रयोग करता है
(d) अपने मंत्रिमंडल के सहयोगियों का चयन करने में सीमित शक्तियाँ रखता है क्योंकि स्वविवेक प्रयोग की शक्तियाँ भारत के राष्ट्रपति में निहित हैं

15. निम्नलिखित में से कौन-सा भारत के राष्ट्रपति के निर्वाचक गण का तो भाग है परन्तु उसके महाभियोग अधिकरण का भाग नहीं है?

(a) लोक सभा
(b) राज्य सभा
(c) राज्य विधान परिषदें
(d) राज्यों की विधान सभाएं

16. निम्नलिखित में से किसका भारत के संविधान में तो स्पष्ट उल्लेख नहीं है पर परिपाटी के रूप में पालन किया जाता है?

(a) वित्त मंत्री निम्न सदन का सदस्य होना चाहिए
(b) प्रधानमंत्री यदि निम्न सदन में बहुमत खो दे तो उसे त्यागपत्र दे देना चाहिए
(c) मंत्रिपरिषद में भारत के सभी भागों का प्रतिनिधित्व हो
(d) अपनी पदावधि की समाप्ति से पूर्व ही राष्ट्रपति और उपराष्ट्रपति दोनों के एक साथ पदत्याग करने पर संसद के निम्न सदन का अध्यक्ष राष्ट्रपति का कार्य वहन करे

17. निम्नलिखित में से कौन-सी एक सबसे बड़ी संसदीय समिति है?

(a) लोक सेवा समिति
(b) प्राक्कलन समिति
(c) सरकारी उपक्रम समिति
(d) याचिका समिति

18. राष्ट्रपति के निर्वाचन में राज्य का मुख्यमंत्री मतदान करने के लिए पात्र नहीं होता यदि-

(a) वह स्वयं प्रत्याशी होता है
(b) उसे राज्य विधान मंडल के निचले सदन में अपना बहुमत सिद्ध करना शेष हो
(c) वह राज्य विधानमंडल में उच्च सदन का सदस्य हो
(d) यदि वह कामचलाऊ रूप से नियुक्त मुख्यमंत्री हो

19. भारतीय संविधान के निम्नलिखित में से किस एक संशोधन द्वारा राष्ट्रपति को कोई भी मामला मंत्रिपरिषद् द्वारा पुनर्विचार किए जाने के लिए वापस भेजने का अधिकार दिया गया है?

(a) 39वाँ (b) 40वाँ
(c) 42वाँ (d) 44वाँ

20. अग्रता अधिपत्र (पोर्टफोलियो) के अनुसार निम्नलिखित में से कौन-सा अग्रता का सही अवरोही क्रम है?
(a) भारत के महान्यायवादी (अटर्नी जनरल) उच्चतम न्यायालय के न्यायाधीश-संसद् सदस्य-राज्य सभा उपाध्यक्ष
(b) उच्चतम न्यायालय के न्यायाधीश-राज्य सभा उपाध्यक्ष-भारत के महान्यायवादी-संसद सदस्य
(c) भारत के महान्यायवादी राज्य सभा उपाध्यक्ष-उच्चतम न्यायालय के न्यायाधीश-संसद सदस्य
(d) उच्चतम न्यायालय के न्यायाधीश-भारत के महान्यायवादी—राज्य सभा उपाध्यक्ष-संसद सदस्य

21. भारत में, रक्षा बलों का सर्वोच्च समादेश राष्ट्रपति से निहित है। इसका क्या तात्पय है?
(a) इस शक्ति का प्रयोग करने के लिए राष्ट्रपति को कानून द्वारा विनियमित नहीं किया जा सकता।
(b) इस शक्ति के प्रयोग को कानून द्वारा विनियमित किया जा सकेगा।
(c) युद्ध के समय राष्ट्रपति इस शक्ति के प्रयोग में केवल रक्षा बलों के प्रमुखों से परामर्श करता है।
(d) युद्ध के समय राष्ट्रपति इस शक्ति के प्रयोग में नागरिकों के मूल अधिकारों को निलम्बित कर सकता है।

22. निम्नलिखित अधिकारियों पर विचार कीजिए-
1. मंत्रिमंडल सचिव
2. मुख्य निर्वाचन आयुक्त
3. संघीय मंत्रिमंडल सदस्य
4. भारत के मुख्य न्यायाधीश

अग्रता-कम में इनका सही अनुक्रम है
(a) 3, 4, 2, 1 (b) 4, 3, 1, 2
(c) 4, 3, 2, 1 (d) 3, 4, 1, 2

23. संसदीय समितियों के विषय में निम्नलिखित कथनों पर विचार कीजिए-
1. राज्यसभा के सदस्य सार्वजनिक लेखा एवं सार्वजनिक उपक्रमों की समितियों से जुड़े नहीं होते हैं।
2. प्राक्क्लन समिति के सदस्य लोकसभा एवं राज्यसभा दोनों से ही लिए जाते हैं।

उपरोक्त कथनों में से कौन-सा/से सही है/हैं?
(a) केवल 1
(b) केवल 2
(c) 1 और 2 दोनों
(d) न तो 1 और न ही 2

24. राष्ट्रपति के निर्वाचन के लिए गठित निर्वाचन मंडल में सम्मिलित होता है-
(a) संघीय संसद तथा राज्य व्यवस्थापिकाओं के सभी सदस्य
(b) संघीय संसद तथा विधानसभाओं के सभी सदस्य
(c) संघीय संसद के सभी तथा विधानसभाओं के सभी निर्वाचन सदस्य
(d) स्थानीय संसद तथा राज्य विधानसभाओं के सभी निर्वाचन सदस्य

25. राष्ट्रपति के विरुद्ध महाभियोग का आरोप लगाकर उसे हटाने का प्रस्ताव पारित होना चाहिए-
(a) राज्यसभा द्वारा दो-तिहाई बहुमत से
(b) लोकसभा द्वारा दो-तिहाई बहुमत से
(c) लोकसभाध्यक्ष व राज्यसभा के सभापति के निर्णायक मत से
(d) संसद के जांच करने वाले सदन के दो-तिहाई बहुमत से

26. निम्नलिखित कथनों पर विचार कीजिए-
1. केन्द्रीय सरकार के मंत्रालयों/विभागों का सृजन प्रधानमंत्री द्वारा किया जाता है।
2. मंत्रिमंडल सचिव सिविल सेवा बोर्ड के पदेन अध्यक्ष होते हैं।

उपरोक्त कथनों में से कौन-सा/से है/हैं?
(a) केवल 1 (b) केवल 2
(c) 1 और 2 (d) न तो 1 और न ही 2

27. किसी व्यक्ति के राष्ट्रपति के रूप में चुनाव को अवैध घोषित किये जाने की स्थिति में उसके द्वारा अपना चुनाव अवैध घोषित किये जाने के पूर्व के कृत्यों की क्या संवैधानिक होगी?
(a) यह कृत्य अविधिमान्य होंगे
(b) यह कृत्य विधिमान्य होंगे
(c) उन कृत्यों की पुष्टि उसके उत्तरधिकारी द्वारा की जानी आवश्यक है
(d) उपर्युक्त में से कोई नहीं

28. भारत के राष्ट्रपति संसद के दोनों सदनों को प्रथम सत्र के प्रारम्भ में कब सम्बोधित करते हैं?
(a) प्रति वर्ष
(b) लोकसभा के लिए प्रत्येक आम चुनाव के बाद
(c) (a) एवं (b) दोनों
(d) उपरोक्त सभी

29. संविधान के अनुच्छेद 124 के अन्तर्गत राष्ट्रपति निम्नलिखित में से क्या कर सकता है?
(a) सर्वोच्च न्यायालय से परामर्श
(b) सर्वोच्च न्यायालय के न्यायाधीशों की नियुक्ति
(c) उच्च न्यायालय के न्यायाधीशों की नियुक्ति
(d) नियंत्रक सह लेखा परीक्षक की नियुक्ति

30. निम्नलिखित में से कौन–सा अधिकार भारत के राष्ट्रपति को प्राप्त नहीं हैं ?

(a) उच्चतम न्यायालय तथा उच्च न्यायालय के न्यायाधीशों की नियुक्ति का
(b) उच्चतम न्यायालय तथा उच्च न्यायालय के अधिकारों को हस्तगत करने का
(c) प्रधानमंत्री एवं अन्य मंत्रियों की नियुक्ति का
(d) संसद का अधिवेशन आहूत करने तथा उसका सत्रावसान करने का

31. किन–किन परिस्थितियों में राष्ट्रपति संसद का संयुक्त अधिवेशन आहूत कर सकते हैं ?

(a) एक सदन द्वारा पारित विधेयक को दूसरे सदन द्वारा रद्द कर देना
(b) एक सदन द्वारा विधेयक में प्रस्तावित संशोधन दूसरे सदन द्वारा स्वीकार न किया जाना
(c) एक सदन द्वारा विधेयक की प्राप्ति के 6 माह तक कोई कार्यवाही न करना
(d) उपर्युक्त सभी परिस्थितियों में

उत्तरमाला

1. (d) **2.** (d) **3.** (d) **4.** (c) **5.** (b) **6.** (b) **7.** (b) **8.** (b) **9.** (a) **10.** (c)
11. (b) **12.** (b) **13.** (a) **14.** (c) **15.** (d) **16.** (b) **17.** (b) **18.** (c) **19.** (b) **20.** (b)
21. (a) **22.** (c) **23.** (d) **24.** (d) **25.** (d) **26.** (b) **27.** (b) **28.** (c) **29.** (b) **30.** (b)
31. (d)

भारतीय संसद

1. निम्नलिखित कथनों पर विचार कीजिए-

1. लोक लेखा समिति का अध्यक्ष, लोक सभा अध्यक्ष द्वारा नियुक्ति किया जाता है।
2. लोक लेखा समिति में लोक सभा सदस्य, राज्य सभा सदस्य और उद्योग और व्यापार के कुछ जानेमाने व्यक्ति सम्मिलित होते हैं।

उपर्युक्त कथनों में से कौन सा/से सही है/हैं ?

(a) केवल 1
(b) केवल 2
(c) 1 और 2 दोनों
(d) न तो 1 और न ही 2

2. कथन (A): भारत संघ में मंत्रि परिषद् संयुक्त रूप से लोक सभा और राज्य सभा, दोनों के प्रति उत्तरदायी है।

कारण (R): लोक सभा और राज्य सभा दोनों के सदस्य संघीय सरकार में मंत्री बनने के लिए पात्रता रखते हैं।

कूट:

(a) A तथा R दोनों सत्य हैं, और R, A की सही व्याख्या है
(b) A तथा R दोनों सत्य हैं, किन्तु R, A की सही व्याख्या नहीं है
(c) A सही है, किन्तु R गलत है।
(d) A गलत है, किन्तु R सही है।

3. संविधान सभा अन्तरकालीन संसद के रूप में कब से कार्य करने लगी ?

(a) 26 जनवरी, 1950
(b) 15 अगस्त, 1949
(c) 7 जनवरी, 1950
(d) 26 नवम्बर, 1949

4. निम्न कथनों पर विचार कीजिए-

1. केवल राज्य सभा में यह शक्ति निहित है कि वह यह घोषणा करे कि राज्य सूची में से किसी विषय के संबंध में राष्ट्रीय हित में संसद विधि बना सकती है।
2. आपात की उद्घोषणा का अनुमोदन करने वाले संकल्प केवल लोक सभा द्वारा पारित किए जाते हैं।

उपर्युक्त कथनों में से कौन सा/ से सही है/हैं ?

(a) केवल 1 (b) केवल 2
(c) दोनों 1 तथा 2 (d) न ही 1 तथा न ही 2

5. निम्नलिखित कथनों पर विचार कीजिए-

1. लोकसभा अध्यक्ष में यह शक्ति निहित है कि वह सदन को अनिश्चित काल तक स्थगित कर दे परन्तु सत्रावसान होने पर केवल राष्ट्रपति ही सदन को आहूत कर सकते हैं।
2. यद्यपि लोकसभा को भंग करने का राष्ट्रपति द्वारा औपचारिक आदेश न भी हो तब भी, ऐसी स्थिति छोड़ कर जब लोकसभा समय से पहले भंग कर दी गयी हो या उसकी अवधि बढ़ा दी गई हो, पाँच वर्ष की अवधि खत्म हो जाने पर लोकसभा स्वत: भंग हो जाती है।
3. लोकसभा के भंग हो जाने के पश्चात भी 'सदन की अगली बैठक से एकदम ठीक पहले तक' लोकसभा के अध्यक्ष अपने पद पर आसीन रहते हैं।

उपरोक्त कथनों में से कौन-से सही हैं ?

(a) 1 और 2 (b) 2 और 3
(c) 1 और 3 (d) 1, 2 और 3

6. भारत के लोक वित्त से संबंधित निम्नलिखित कथनों पर विचार कीजिए-

1. भारत के लोक लेखा से संवितरण संसद के मत के अधीन है।
2. भारत के संविधान में प्रत्येक राज्य के लिए संचित निधि लोक लेखा और आकस्मिक निधि का उपबन्ध है।
3. रेल बजट में विनियोजन तथा संवितरण अन्य विनियोजनों और संवितरणों की तरह ही संसद के समान नियंत्रण के अधीन है।

उपरोक्त कथनों में से कौन-से सही हैं ?

(a) 1 और 2 (b) 2 और 3
(c) 1 और 3 (d) 1, 2 और 3

7. निम्नलिखित कथनों में से कौन-सा एक सही नहीं हैं ?

(a) लोकसभा में, अविश्वास प्रस्ताव प्रस्तुत करने के लिए ऐसे कारण, जिन पर वह आधारित है, देना आवश्यक है
(b) लोक सभा में अविश्वास प्रस्ताव प्रस्तुत करने के लिए, नियमों में ग्राह्यता की कोई शर्तें निर्धारित नहीं की गई है
(c) यदि किसी अविश्वास प्रस्ताव को स्वीकृत कर लिया जाए तो इजाज़त मिलने के दस दिन के भीतर उस पर कार्यवाही करना अनिवार्य है
(d) राज्यसभा किसी अविश्वास प्रस्ताव को ग्रहण करने के लिए सशक्त नहीं है

8. भारतीय संसद् के संबंध में निम्नलिखित कथनों में से कौन-सा एक सही नहीं है ?

(a) विनियोजन विधेयक का, कानून बनने से पूर्व, संसद के दोनों सदनों द्वारा पारित होना अनिवार्य है
(b) विनियोजन अधिनियम के अधीन विनियोजन हुए बिना भारत के संचित निधि में से धन नहीं निकाला जा सकता
(c) नए कर प्रस्तावित करने के लिए वित्त विधेयक का होना आवश्यक है जबकि चालू करों की दर में बदलाव के लिए किसी अन्य विधेयक/अधिनियम की आवश्यकता नहीं है।
(d) राष्ट्रपति की सिफारिश के बिना कोई धन-विधेयक नहीं लाया जा सकता।

9. निम्नलिखित में से किसने संविधान सभा के सदस्यों का प्रत्यक्ष रूप से निर्वाचन किया?
1. प्रान्तों की विधानसभा
2. संघीय व्यवस्थापिका
3. भारत की जनता

(a) केवल (3) (b) (1) और (2) दोनों
(c) केवल (1) (d) (1) और (3) दोनों

10. निम्न विधेयकों में से किस एक का भारतीय संसद के दोनों सदनों द्वारा अलग-अलग विशेष बहुमत से पारित होना आवश्यक है?
(a) साधारण विधेयक
(b) धन विधेयक
(c) वित्त विधेयक
(d) संविधान संशोधन विधेयक

11. निम्न कथनों पर विचार कीजिए-
1. भारत में संसद के दोनों सदनों की संयुक्त बैठक अनुच्छेद 108 में उल्लिखित है।
2. लोकसभा तथा राज्यसभा की संयुक्त बैठक वर्ष 1961 में हुई थी।
3. भारतीय संसद के दोनों सदनों की दूसरी संयुक्त बैठक बैंक सेवा आयोग (निरसन) बिल को पारित करने के लिए हुई थी।

इन कथनों में से कौन से सही हैं?
(a) 1 और 2 (b) 2 और 3
(c) 1 और 3 (d) 1, 2 और 3

12. निम्न कथनों में से कौन-सा एक सही है?
(a) केवल राज्यसभा में ही, न कि लोकसभा में मनोनीत सदस्य हो सकते हैं
(b) राज्यसभा में आंग्लभारतीय समुदाय के दो सदस्यों को मनोनीत करने का संविधान में प्रावधान है
(c) किसी मनोनीत सदस्य को मंत्री के पद के लिए नियुक्ति पर संविधानीय वर्जना नहीं है
(d) मनोनीत सदस्य राष्ट्रपति तथा उपराष्ट्रपति के चुनाव में मत दे सकता है।

13. निम्न कथनों पर विचार कीजिए-
1. लोक-लेखा तथा सार्वजनिक उपक्रमों की समितियों से राज्यसभा के सदस्य संबंधित होते हैं जबकि प्राक्कलन समिति के लिए सदस्य केवल लोकसभा से ही लिए जाते हैं।
2. संसदीय कार्य मंत्रालय कुल मिलाकर संसदीय कार्यों की मंत्रिमंडलीय समिति के निर्देशन में कार्य करता है।
3. विभिन्न मंत्रालयों में भारत सरकार द्वारा गठित समितियों, परिषदों, मंडलों तथा आयोगों के लिए संसदीय कार्य मंत्री संसद-सदस्यों को नामित करते हैं।

इनमें से कौन-सा कथन सही हैं?
(a) 1 और 2 (b) 2 और 3
(c) 1 और 3 (d) 1, 2 और 3

14. रेलवे अंचलों के लिए संसद की परामर्शदात्री समिति का गठन किया जाता है-
(a) भारत के राष्ट्रपति द्वारा
(b) रेल मंत्रालय द्वारा
(c) संसदीय कार्य मंत्रालय द्वारा
(d) परिवहन मंत्रालय द्वारा

15. लोकसभा का कार्यकाल-
(a) किसी भी परिस्थिति में नहीं बढ़ाया जा सकता
(b) एक बार में छः महीने तक के लिए बढ़ाया जा सकता है
(c) आपातकाल की घोषणा के दौरान एक बार में एक वर्ष तक के लिए बढ़ाया जा सकता है
(d) आपातकाल की घोषणा के दौरान एक बार में दो वर्ष तक के लिए बढ़ाया जा सकता है।

16. भारतीय संसद किस रीति से प्रशासन पर नियंत्रण करती है?
(a) संसदीय समितियों के माध्यम से
(b) विभिन्न मंत्रालयों की परामर्शदात्री समितियों के माध्यम से
(c) प्रशासकों से आवधिक प्रतिवेदना भिजवा कर
(d) कार्यपालिका को रिट जारी करने के लिए बाध्य कर

17. निम्नलिखित कथनों में से कौन सा एक धन विधेयक के बारे में सही नहीं है?
(a) धन विधेयक संसद में दोनों में से किसी भी सदन में प्रस्तावित किया जा सकता है
(b) लोक सभा अध्यक्ष यह निर्णय करने के लिए अंतिम प्राधिकारी है कि कोई बिल धन विधेयक है या नहीं
(c) लोक सभा द्वारा पारित किसी धन विधेयक का राज्यसभा द्वारा 14 दिनों के अन्दर लौटाया जाना और विचारार्थ भेजा जाना आवश्यक है
(d) राष्ट्रपति किसी धन विधेयक को लोक सभा में पुनर्विचार के लिए नहीं लौटा सकता

18. निम्नलिखित कथनों पर विचार कीजिए-
1. संसदीय कार्य मंत्रालय संसद के दोनों संदनों के सदस्यों की परामर्शदात्री समिति गठित करता है।
2. इन समितियों का मुख्य प्रयोजन सरकार और सांसदों के बीच सरकार की नीतियाँ और कार्यक्रमों के संबंध में औपचारिक विचार-विमर्श के लिए मंच प्रदान करना है।

उपरोक्त कथनों में से कौन-सा/से सही है/हैं?
(a) केवल 1 (b) केवल 2
(c) 1 और 2 दोनों (d) न तो 1 और न ही 2

19. निम्नलिखित में से किन को लोक सभा और राज्य सभा दोनों के निर्वाचनों में मतदान का अधिकार है ?

(a) संसद के निम्न सदन के निर्वाचित सदस्यों को
(b) संसद के उच्च सदन के निर्वाचित सदस्यों को
(c) राज्य विधानमंडल के उच्च सदन के निर्वाचित सदस्यों को
(d) राज्य विधानमंडल के निम्न सदन के निर्वाचित सदस्यों को

20. मूलसंविधान लोकसभा की कुल कितनी सीटें थी।

(a) 560 (b) 552 (c) 500 (d) 482

21. स्पीकर के पद के विषय में निम्नलिखित कथनों में से कौन-सा सही है ?

(a) वह राष्ट्रपति के प्रसादपर्यन्त पदधारण करता है
(b) यह आवश्यक नहीं कि अपने निर्वाचन के समय वह सदन का सदस्य हो, परन्तु उसे अपने निर्वाचन के बाद छः मास के भीतर सदन का सदस्य हो जाना पड़ेगा
(c) यदि सामान्य अवधि से पूर्व सदन को भंग कर दिया जाए तो उसे अपना पद छोड़ना होगा
(d) यदि वह त्याग पत्र देना चाहे तो उसे अपना त्याग पत्र उपाध्यक्ष को संबोधित करना होगा

22. बजट पर संसद के नियंत्रण के विषय में निम्नलिखित में से कौन सी बात सही नहीं है ?

(a) बजट के निर्माण में संसद का कोई हाथ नहीं होता
(b) संसद को समेकित निधि पर प्रभारित व्यय को बढ़ाने की शक्ति प्राप्त है
(c) संसद को राष्ट्रपति की सिफारिश के बिना कोई कर आरोपित करने की शक्ति प्राप्त नहीं है
(d) संसद को राष्ट्रपति की सिफारिश के बिना कर में वृद्धि करने की शक्ति प्राप्त नही है

23. अंतर्राष्ट्रीय संधियों को भारत के किसी भाग अथवा सम्पूर्ण भारत में लागू करने के लिये संसद कोई भी कानून बना सकती है-

(a) सभी राज्यों की सहमति से
(b) बहुसंख्य राज्यों की सहमति से
(c) संबंधित राज्यों की सहमति से
(d) बिना किसी राज्य की सहमति से

24. निम्नलिखित कथनों पर विचार कीजिए-

1. संघ की कार्यपालिका राष्ट्रपति और प्रधानमंत्री के शीर्ष नेतृत्व में मंत्रिपरिषद् से मिलकर बनी होती है।
2. राष्ट्रपति, उपपराष्ट्रपति को सम्बोधित अपने हस्ताक्षर सहित लेख द्वारा, अपना त्याग पद कर सकता है।
3. संघ की कार्यकारी शक्ति प्रधानमंत्री में निहित होती है।

उपरोक्त कथनों में से कौन-सा/से सही है/हैं ?

(a) 1 और 2 (b) 2 और 3
(c) 1, 2 और 3 (d) केवल 2

25. निम्नलिखित में से कौन-सा/से सही है/हैं ?

1. जब भारत का उपराष्ट्रपति, राष्ट्रपति के रूप में कार्य करता है, तो वह साथ-ही-साथ राज्यसभा के सभापति के कार्य का भी निष्पादन करता है।
2. भारत का राष्ट्रपति किसी भी समय अध्यादेशों का प्रख्यापन कर सकता है, सिवाय उस समय के जब संसद में दोनों सत्र में होते हैं।

नीचे दिए गए कूट का प्रयोग कर सही उत्तर चुनिए-

(a) केवल 1 (b) केवल 2
(c) 1 और 2 दोनों (d) न तो 1 और न ही 2

26. लोक सभा में राज्यवार सीटों का आवंटन सन् 1971 की जनगणना पर आधारित है। यह निर्धारण किस वर्ष तक यावित् रहेगी ?

(a) 2031 (b) 2026
(c) 2021 (d) 2011

27. लोक सभा में राज्यों को किस आधार पर सीटें आवंटित होती है ?

(a) जनसंख्या (b) क्षेत्रफल
(c) गरीबी (d) भाषा

28. किस राज्य की लोक सभा में अनुसूचित जाति तथा अनुसूचित जनजाति के लिये आरक्षण नहीं है ?

(a) अरुणाचल प्रदेश (b) जम्मू तथा कश्मीर
(c) मेघालय (d) उपर्युक्त सभी

29. लोक सभा में आंग्ल-भारतीय समुदाय से सदस्य मनोनीत करने की शक्ति किसके पास है ?

(a) लोकसभा के अध्यक्ष (b) भारत के राष्ट्रपति
(c) प्रधानमंत्री (d) उप-राष्ट्रपति

30. लोक सभा की बैठक समाप्त की जा सकती है-

(a) स्थगन द्वारा (b) सत्रावसान द्वारा
(c) विघटन द्वारा (d) उपरोक्त सभी द्वारा

31. **कथन (A):** भारतीय संविधान आंशिक परिवर्तनशील तथा आंशिक जटिल है।

कारण (R): राज्य साधारण बहुमत से संशोधनों का अनुमोदन करते हैं।

उपयुक्त कथन व कारण पर विचार करते हुए सही उत्तर का चयन करें

(a) A तथा R दोनों सत्य हैं, और R, A की सही व्याख्या है
(b) A तथा R दोनों सत्य हैं, किन्तु R, A की सही व्याख्या नहीं है
(c) A सही है, किन्तु R गलत है।
(d) A गलत है, किन्तु R सही है।

उत्तरमाला

1. (a)	**2.** (d)	**3.** (a)	**4.** (a)	**5.** (d)	**6.** (b)	**7.** (a)	**8.** (c)	**9.** (c)	**10.** (d)
11. (d)	**12.** (c)	**13.** (d)	**14.** (c)	**15.** (c)	**16.** (a)	**17.** (a)	**18.** (c)	**19.** (d)	**20.** (c)
21. (d)	**22.** (b)	**23.** (d)	**24.** (a)	**25.** (b)	**26.** (b)	**27.** (a)	**28.** (d)	**29.** (b)	**30.** (d)
31. (c)									

न्यायपालिकाः उच्चतम न्यायालय

1. **कथन (A):** भारत में प्रत्येक राज्य के राज्य क्षेत्र में एक उच्च न्यायालय विद्यमान है।
कारण (R): भारत के संविधान में प्रावधान है कि प्रत्येक राज्य में एक उच्च न्यायालय हो।

कूटः
(a) A तथा R दोनों सत्य हैं, और R, A की सही व्याख्या है
(b) A तथा R दोनों सत्य हैं, किन्तु R, A की सही व्याख्या नहीं है
(c) A सही है, किन्तु R गलत है।
(d) A गलत है, किन्तु R सही है।

2. निम्न कथनों पर विचार कीजिए-
1. कोई व्यक्ति जिसने किसी उच्च न्यायालय के स्थाई न्यायाधीश के रूप में पद धारण किया है, उच्चतम न्यायालय के सिवाय भारत में किसी न्यायालय या किसी प्राधिकारी के समक्ष अभिवाचन या कार्य नहीं कर सकता।
2. कोई व्यक्ति, भारत के किसी उच्च न्यायालय के न्यायाधीश के रूप में नियुक्ति के लिए अर्हित नहीं है यदि उसने भारत के राज्यक्षेत्र में कम से कम पाँच वर्ष तक न्यायिक पद धारण नहीं किया।
उपर्युक्त कथनों में से कौन सा/से सही है/हैं ?
(a) केवल 1
(b) केवल 2
(c) दोनों 1 तथा 2
(d) न ही 1 तथा न ही 2

3. जब भारतीय न्यायिक पद्धति में लोक हित मुकदमा (PIL) लाया गया तब भारत के मुख्य न्यायामूर्ति कौन थे ?
(a) एम. हिदायतुल्लाह
(b) ए.एम. अहमदी
(c) ए.एस. आनन्द
(d) पी.एन भगवती

4. निम्नलिखित कथनों पर विचार कीजिए-
1. भारत में 25 उच्च न्यायालय हैं।
2. पंजाब, हरियाणा और केन्द्र शासित प्रदेश चंडीगढ़ का एक ही सामूहिक उच्च न्यायालय है।
3. राष्ट्रीय राजधानी क्षेत्र दिल्ली का स्वयं का उच्च न्यायालय है।
उपरोक्त कथनों में से कौन-सा/से सही है/हैं ?
(a) 2 और 3 (b) 1 और 2
(c) 1, 2 और 3 (d) केवल 3

5. निम्नलिखित कथनों पर विचार कीजिए-
1. संसद भारत के उच्चतम न्यायालय की अधिकारिता को विस्तारित नहीं कर सकती क्योंकि उसकी अधिकारिता वही है जो संविधान ने प्रदान की है।
2. उच्चतम न्यायालय और उच्च न्यायालयों के अधिकारी और सेवक संबद्ध मुख्य न्यायमूर्ति द्वारा नियुक्त किए जाते हैं और न्यायालय का प्रशासनिक व्यय भारत की संचित निधि पर भारित होता है।
उपरोक्त कथनों में से कौन-सा/से सही है/हैं ?
(a) केवल 1 (b) केवल 2
(c) दोनों 1 और 2 (d) न ही 1 और न ही 2

6. निम्नलिखित पर विचार कीजिए-
1. चल कोष्ठिकीय (मोबाइल सेल्युलर) कंपनियों के साथ विवाद
2. वाहन-दुर्घटना मामले
3. पेंशन मामले
उपरोक्त में से किसके/किनके लिए लोक अदालतें होती हैं ?
(a) केवल 1 (b) 1 और 2
(c) केवल 2 (d) 1, 2 और 3

7. निम्नलिखित कथनों पर विचार कीजिए-
1. जिला में उच्चतम दण्ड न्यायालय, जिला और सेशन न्यायाधीश का न्यायालय होता है।
2. जिला न्यायाधीश की नियुक्ति उच्च न्यायालय से परामर्श कर राज्यपाल द्वारा होती है।
3. जिला न्यायाधीश की नियुक्ति का पात्र होने के लिए किसी व्यक्ति को सात वर्ष या उससे अधिक अवधि का अधिवक्ता या प्लीडर अथवा संघ या राज्य की न्यायिक सेवा में सेवारत पदाधिकारी होना चाहिए।
4. यदि सेशन न्यायाधीश मृत्यु दण्ड का निर्णय दे तब मृत्यु दण्ड देने से पूर्व उच्च न्यायालय द्वारा उसका पुष्टिकरण अनिवार्य होता है।
उपरोक्त कथनों में से कौन-से सही हैं ?
(a) 1 और 2 (b) 2, 3 और 4
(c) 3 और 4 (d) 1, 2, 3 और 4

8. विधायी शक्तियों की संघीय सूची में समाविष्ट किसी विषय के संबंध में भारत में उच्चतम न्यायालय के अधिकार क्षेत्र बढ़ाने का अधिकार दिया गया है-
(a) भारत के राष्ट्रपति को
(b) भारत के मुख्य न्यायमूर्ति को
(c) संसद को
(d) विधि, न्याय और कम्पनी कार्य मंत्रालय को

9. अंडमान व निकोबार द्वीप पर निम्नलिखित उच्च न्यायालयों में से किस एक का क्षेत्राधिकार है ?
(a) आंध्र प्रदेश
(b) कलकत्ता
(c) मद्रास
(d) उड़ीसा

10. उच्च न्यायालय के न्यायाधीशों को वेतन और भत्ते दिए जाते हैं-
(a) भारत की समेकित निधि से
(b) राज्य की समेकित निधि से
(c) भारत की आकस्मिक निधि से
(d) राज्य की आकस्मिक निधि से

11. लोक हित मुकदमे की संकल्पना का प्रारम्भ हुआ था-
(a) यूनाइटेड किंगडम में
(b) ऑस्ट्रेलिया में
(c) संयुक्त राज्य अमेरिका
(d) कनाडा में

12. केन्द्र और राज्यों के बीच होने वाले विवादों का निर्णय करने की भारत के उच्चतम न्यायालय की शक्ति आती है-
(a) इसकी परामर्शी अधिकारिता के अंतर्गत
(b) इसकी अपीली अधिकारिता के अंतर्गत
(c) इसकी आरंभिक मूल अधिकारिता के अंतर्गत
(d) इसकी सांविधानिक अधिकारिता के अंतर्गत

13. जब किसी उच्च न्यायालय का मुख्य न्यायाधीश प्रशासनिक हैसियत से काम करता है तो वह अधीन होता है-
(a) उच्च न्यायालय के अन्य न्यायाधीशों में से किसी की भी रिट अधिकारिता के
(b) भारत के मुख्य न्यायाधीश द्वारा प्रयुक्त विशेष नियंत्रण के
(c) राज्य के राज्यपाल की विवेकिक शक्तियों के
(d) इस विषय में मुख्यमंत्री को प्रदत्त विशेष शक्तियों के

14. भारत के संविधान के अनुसार 'जिला न्यायाधीश' अभिव्यक्ति के अंतर्गत सम्मिलित नहीं होगा-
(a) मुख्य प्रेसीडेंसी मजिस्ट्रेट
(b) सेशन न्यायाधीश
(c) अधिकरण न्यायाधीश
(d) लघुवाद न्यायालय का मुख्य न्यायाधीश

15. उच्चतम न्यायालय की परामर्शी अधिकारिता के विषय में निम्नलिखित में से कौन से कथन सही हैं?
1. उच्चतम न्यायालय के लिए यह बाध्यकारी है कि वह राष्ट्रपति द्वारा निर्देशित किसी भी मामले में अपना मत व्यक्त करे।
2. परामर्शी अधिकारिता की शक्ति के अधीन प्राप्त किसी निर्देश पर उच्चतम न्यायालय की पूर्ण पीठ सुनवाई करती है।
3. परामर्शी अधिकारिता के अधीन प्राप्त निर्देश पर व्यक्त किया हुआ उच्चतम न्यायालय का मत सरकार पर बाध्यकारी नहीं होता।
4. उच्चतम न्यायालय को उसकी परामर्शी अधिकारिता की शक्ति के अधीन एक बार में केवल एक ही निर्देश भेजा जा सकता है।

नीचे दिए गए कूटों की सहायता से उत्तर का चयन कीजिए:
कूटः
(a) 1 और 2 (b) 1 और 3
(c) 2 और 3 (d) 2 और 4

16. निम्नलिखित में से किसके मामले उच्च न्यायालय और उच्चतम न्यायालय दोनों की अधिकारिता में आते हैं?
(a) केन्द्र और राज्यों के बीच के विवाद
(b) राज्यों के परस्पर विवाद
(c) मूल अधिकारों का संरक्षण
(d) संविधान के उल्लंघन से संरक्षण

17. सर्वोच्च न्यायालय के मुख्य न्यायाधीश की नियुक्ति करते समय राष्ट्रपति परामर्श करते हैं-
(a) विधि मंत्री से
(b) चयन समिति से जिसमें मुख्य न्यायाधीश के अतिरिक्त सर्वोच्च न्यायालय के चार वरिष्ठ न्यायाधीश होते हैं।
(c) एक चयन समिति से जिसमें प्रधानमंत्री और मुख्य न्यायाधीश होते हैं।
(d) एक चयन समिति से जिसमें विपक्षी दल के नेता, प्रधानमंत्री तथा उपराष्ट्रपति होते हैं।

18. कोई व्यक्ति गैरकानूनी रूप से किसी पद या अधिकार का प्रयोग करता है तो न्यायालय उसे ऐसा करने से रोकने के लिए कौन सा आदेश देगा?
(a) अधिकार पृच्छा (b) उत्प्रेषण
(c) परमादेश (d) बन्दी प्रत्यक्षीकरण

19. न्यायापालिका के कार्यो के संबंध में विचार करें-
1. कानून की व्याख्या करना
2. कानून का निर्माण करना
3. केन्द्र और राज्यों के बीच उत्पन्न विवादों का निपटारा करना
4. नागरिकों के मौलिक अधिकारों की रक्षा करना।

उपरोक्त कथनों में से कौन-सा/से सही है/हैं?
(a) 1, 2 और 3 (b) 2, 3 और 4
(c) 1, 3 और 4 (d) सभी

20. सर्वोच्च न्यायालय के न्यायाधीशों के लिए योग्यताओं पर ध्यान दें-
1. भारत का नागरिक हो।
2. प्रधानमंत्री की नजर में वह पारंगत विधिवेत्ता या कानून का विशेषज्ञ हो।
3. कम से कम 3 वर्ष तक किसी एक उच्च न्यायालय या लगातार दो या दो से अधिक ऐसे न्यायालयों का न्यायाधीश रह चुका हो।

उपरोक्त कथनों में से कौन-सा/से सही है/हैं?
(a) 1 और 2 (b) 2 और 3
(c) 1 और 3 (d) केवल 3

21. निम्न कथनों पर विचार करें-

1. सर्वोच्च न्यायालय का कोई भी न्यायाधीश अवकाश ग्रहण कर लेने के बाद देश के किसी भी न्यायालय या न्यायिक अधिकरण के समक्ष वकालत नहीं कर सकता।
2. न्यायिक अधिकरण के अंतर्गत श्रम न्यायालय, आयकर अधिकरण आदि आता है।

उपरोक्त कथनों में से कौन-सा/से सही है/हैं ?

(a) केवल 1 (b) केवल 2
(c) 1 और 2 (d) कोई नहीं

22. सर्वोच्च न्यायालय के प्रारम्भिक क्षेत्रधिकार से तात्पर्य है-

1. ऐसे मुकदमे जो किसी दूसरे न्यायालय में न जाकर, सीधे सर्वोच्च न्यायालय में आते हैं।
2. ऐसे मुकदमे जो जिला न्यायालय, उच्च न्यायालय से होते हुए सर्वोच्च न्यायालय में आते हैं।
3. ऐसे मुकदमे जो सर्वोच्च न्यायालय में आते ही नहीं।

उपरोक्त कथनों में से कौन-सा/से सही है/हैं ?

(a) केवल 1 (b) केवल 2
(c) 1 और 2 (d) कोई नहीं

23. निम्न कथनों पर विचार करें-

1. सर्वोच्च न्यायालय की स्थापना और गठन संविधान के अनुच्छेद 124 में है।
2. सर्वोच्च न्यायालय में तदर्थ न्यायाधीशों की नियुक्ति अनुच्छेद 127 में है।

उपरोक्त कथनों में से कौन-सा/से सही है/हैं ?

(a) केवल 1 (b) केवल 2
(c) 1 और 2 (d) कोई नहीं

24. संविधान द्वारा प्रदत्त मौलिक अधिकारों की व्याख्या और रक्षा करने का अधिकार प्राप्त है-

1. भारत के सर्वोच्च न्यायालय को
2. भारत के उच्च न्यायालय को
3. जिला न्यायालयों को

उपरोक्त कथनों में से कौन-सा/से सही है/हैं ?

(a) केवल 1 (b) केवल 2
(c) 1 और 2 (d) कोई नहीं

25. फौजदारी मामलों के उन विवादों में उच्च न्यायालय के निर्णय के विरुद्ध सर्वोच्च न्यायालय में अपील की जा सकती है। जिसमें-

1. उच्च न्यायालय ने नीचे के न्यायालय के किसी निर्णय को रद्द करके अभियुक्त को मृत्युदंड दे दिया हो।
2. उच्च न्यायालय ने नीचे के न्यायालय में चले रहे किसी विवाद को अपने यहां मंगवाकर अभियुक्त को मृत्युदंड दे दिया हो।
3. उच्च न्यायालय यह प्रमाणित कर दे कि मामला सर्वोच्च न्यायालय में अपील के योग्य है।

उपरोक्त कथनों में से कौन-सा/से सही है/हैं ?

(a) 1 और 2 (b) 2 और 3
(c) 1, 2 और 3 (d) 1 और 3

26. उच्च न्यायालय के संबंध में सही कथन है-

1. उच्च न्यायालय राज्यों के शीर्ष न्यायालय हैं।
2. संसद दो या दो से अधिक राज्यों के लिए एक उच्च न्यायालय की व्यवस्था कर सकती है।
3. उच्च न्यायालयों को भी संविधान तथा नागरिक अधिकारों का संरक्षक बनाया गया है।

उपरोक्त कथनों में से कौन-सा/से सही है/हैं ?

(a) 1 और 2 (b) 2 और 3
(c) 1, 2 और 3 (d) 1 और 3

27. उच्च न्यायालय के न्यायाधीश के संबंध में विचार करें-

1. न्यायाधीश राष्ट्रपति को अपना त्याग पत्र देकर पदमुक्त हो सकते हैं।
2. राष्ट्रपति किसी भी न्यायाधीश को सिद्ध दुराचार या अक्षमता के आरोप से हटा सकते है बशर्ते कि संसद के 2/3 बहुमत से इस संबंध में प्रस्ताव पास हो।

उपरोक्त कथनों में से कौन-सा/से सही है/हैं ?

(a) केवल 1 (b) केवल 2
(c) 1 और 2 (d) कोई नहीं

28. निम्नलिखित उच्च न्यायालय के राज्य क्षेत्रीय अधिकारिता के संबंध में विचार करें-

1. कोलकाता उच्च न्यायालय—पश्चिमी बंगाल, अंडमान और निकोबार द्वीप समूह
2. चेन्नई उच्च न्यायालय—तमिलनाडु, पांडिचेरी
3. गुवाहाटी उच्च न्यायालय—उत्तरी पूर्वी राज्य
4. केरल उच्च न्यायालय—केरल, लक्षद्वीप

उपरोक्त कथनों में से कौन-सा/से असत्य है/हैं ?

(a) 1 और 2 (b) 2 और 3
(c) 3 और 4 (d) कोई नहीं

29. उच्च न्यायालय के खंडपीठ के संबंध में विचार करें-

उच्च न्यायालय	खंडपीठ
1. मुम्बई उच्च न्यायालय	नागपुर, पणजी और औरंगाबाद
2. कोलकाता उच्च न्यायालय	पोर्ट ब्लेयर

3. इलाहाबाद उच्च न्यायालय लखनऊ
4. मध्य प्रदेश उच्च न्यायालय ग्वालियर, इंदौर

उपरोक्त कथनों में से कौन-सा/से सही है/हैं ?

(a) 1, 2 और 3
(b) 2, 3 और 4
(c) 1, 3 और 4
(d) सभी

30. जनहित याचिका को लोकप्रिय बनाने का श्रेय है-

(a) जस्टिस पी.एन भगवती
(b) न्यायमूर्ति कृष्णाअय्यर
(c) a और b
(d) कोई नहीं

31. जनहितवाद के उदय होने के कारणों पर विचार करें-

1. न्याय मिलने में देरी
2. व्यक्ति मुकदमा दायर कर सकता है जिसका विवाद के साथ प्रत्यक्ष संबंध है।
3. खर्चीली न्याय व्यवस्था
4. देश में बढ़ता हुआ भ्रष्टाचार, जन सामान्य के हितों की उपेक्षा, गरीबों का शोषण आदि।

उपरोक्त कथनों में से कौन-सा/से सही है/हैं ?

(a) 1, 2 और 3
(b) 2, 3 और 4
(c) 1, 2, 3 और 4
(d) 3 और 4

उत्तरमाला

1. (d)	**2.** (a)	**3.** (d)	**4.** (a)	**5.** (d)	**6.** (d)	**7.** (d)	**8.** (c)	**9.** (b)	**10.** (b)
11. (c)	**12.** (c)	**13.** (c)	**14.** (c)	**15.** (c)	**16.** (c)	**17.** (b)	**18.** (a)	**19.** (c)	**20.** (c)
21. (c)	**22.** (a)	**23.** (c)	**24.** (c)	**25.** (c)	**26.** (c)	**27.** (d)	**28.** (d)	**29.** (d)	**30.** (c)
31. (c)									

न्यायपालिकाः उच्च न्यायालय

1. निम्नलिखित कथनों पर विचार कीजिए-

1. भारत में उच्च न्यायालय के न्यायाधीश को हटाने के लिए रीति, उच्चतम न्यायालय के न्यायाधीश को हटाने की रीति के समान है।
2. उच्च न्यायालय का कोई स्थायी न्यायाधीश अपने पद से सेवानिवृत्ति के पश्चात भारत में किसी भी न्यायालय या किसी प्रतिधकारी के समक्ष अभिवचन नहीं कर सकता।

उपर्युक्त कथनों में से कौन सा/से सही है/हैं ?

(a) केवल 1
(b) केवल 2
(c) 1 और 2 दोनों
(d) न तो 1 और न ही 2

2. अंडमान व निकोबार द्वीप पर निम्नलिखित उच्च न्यायालयों में से किस एक का क्षेत्राधिकार है ?

(a) आंध्र प्रदेश
(b) कोलकाता
(c) चेन्नई
(d) ओडिशा

3. उच्च न्यायालय के न्यायाधीशों के वेतन और भत्ते दिए जाते हैं-

(a) भारत की समेकित निधि से
(b) राज्य की समेकित निधि से
(c) भारत की आकस्मिकता निधि से
(d) राज्य की आकस्मिकता निधि से

4. भारत में उच्च न्यायालयों के संबंध में निम्नलिखित कथनों पर विचार कीजिए-

1. देश में 21 उच्च न्यायालय हैं
2. उनमें से तीन का क्षेत्राधिकार एक राज्य से अधिक पर है
3. किसी भी संघ राज्य क्षेत्र का अपना उच्च न्यायालय नहीं है
4. उच्च न्यायालय के न्यायाधीश 62 वर्ष की उम्र तक पद धारित करते हैं

इनमें से कौन सा/कौन से वक्तव्य सही है/हैं ?

(a) 1, 2 और 4 (b) 2 और 3
(c) 1 और 4 (d) केवल 4

5. जब किसी उच्च न्यायालय का मुख्य न्यायाधीश प्रशासनिक हैसियत से काम करता है तो वह अधीन होता है-

(a) उच्च न्यायालय के अन्य न्यायाधीशों में से किसी की भी रिट अधिकारिता के
(b) भारत के मुख्य न्यायाधीश द्वारा प्रयुक्त विशेष नियंत्रण के
(c) राज्य के राज्यपाल की विवेकाधीन शक्तियों के
(d) इस विषय में मुख्य मंत्री को प्रदत्त विशेष शक्तियों के

6. निम्नलिखित कथनों पर विचार कीजिए-

1. जिले में उच्चतम दण्ड न्यायालय, जिला और सेशन न्यायाधीश का न्यायालय होता है।
2. जिला न्यायाधीश की नियुक्ति उच्च न्यायालय से परामर्श पर राज्यपाल द्वारा होती है।
3. जिला न्यायाधीश की नियुक्ति का पात्र होने के लिए किसी व्यक्ति को सात वर्ष या उससे अधिक अवधि का अधिवक्ता या प्लीडर अथवा संघ या राज्य की न्यायिक सेवा में सेवारत पदाधिकारी होना चाहिए।
4. यदि सेशन न्यायाधीश मृत्यु दण्ड का निर्णय दे तब मृत्यु दण्ड देने से पूर्व उच्च न्यायालय द्वारा उसका पुष्टिकरण अनिवार्य होता है।

उपरोक्त कथनों में से कौन-से सही हैं ?

(a) 1 और 2 (b) 2, 3 और 4
(c) 3 और 4 (d) 1, 2, 3 और 4

7. भारत के संविधान के अनुसार 'जिला न्यायाधीश' अभिव्यक्ति के अंतर्गत सम्मिलित नहीं होगा-

(a) मुख्य प्रेसीडेंसी मजिस्ट्रेट
(b) सेशन न्यायाधीश
(c) अधिकरण न्यायाधीश
(d) लघुवाद न्यायालय का मुख्य न्यायाधीश

8. उच्चतम न्यायालय के न्यायाधीशों की संख्या की वृद्धि करने की शक्ति किसके पास है ?

(a) प्रधानमंत्री
(b) राष्ट्रपति
(c) संसद
(d) विधि मंत्रालय

9. सर्वोच्च न्यायालय के न्यायाधीश.......के बाद भारत के राष्ट्रपति द्वारा हटाये जा सकते है-

(a) सी. बी. आई. की जांच
(b) भारत के मुख्य न्यायाधीश की जांच
(c) भारत की बार काउन्सिल की रिपोर्ट
(d) संसद में महाभियोग प्रस्ताव पारित होने

10. भारत के सर्वोच्च न्यायालय के कार्यवाहक मुख्य न्यायाधीश की नियुक्ति करता है-

(a) सर्वोच्च न्यायालय का मुख्य न्यायाधीश
(b) प्रधानमंत्री
(c) राष्ट्रपति
(d) विधि मंत्री

11. भारत के कार्यावाहक मुख्य न्यायाधीश की नियुक्ति कौन करता है?
(a) भारत का मुख्य न्यायाधीश
(b) राष्ट्रपति की पूर्व स्वीकृति से भारत का मुख्य न्यायाधीश
(c) राष्ट्रपति
(d) भारत के मुख्य न्यायाधीश के परामर्श से राष्ट्रपति

12. सर्वोच्च न्यायालय में तदर्थ न्यायाधीशों की नियुक्ति होती है, जब-
(a) कतिपय न्यायाधीश दीर्घकालीन अवकाश पर जाते है
(b) स्थाई नियुक्ति के लिए कोई उपलब्ध नहीं होता
(c) न्यायालय के समक्ष लम्बित वादों में असाधारण वृद्धि होती है
(d) न्यायालय के किसी सत्र के लिये न्यायाधीशों का कोरम नहीं होता

13. भारतीय संविधान का कौन अनुच्छेद संवैधानिक विवाद में सर्वोच्च न्यायालय के अपीलीय क्षेत्राधिकार से संबंधित है?
(a) अनुच्छेद 131
(b) अनुच्छेद 132
(c) अनुच्छेद 134 A को मिलाकर अनुच्छेद 132 को पढ़ना
(d) अनुच्छेद 134 A को मिलाकर अनुच्छेद 133 को पढ़ना

14. सर्वोच्च न्यायालय में न्यायाधीश नियुक्त होने के लिए व्यक्ति को कम-से-कम कितने वर्ष उच्च न्यायालय का एडवोकेट होना चाहिए?
(a) 20 (b) 10
(c) 8 (d) 25

15. निम्नलिखित में से कौन-से मामले उच्च न्यायालय और उच्चतम न्यायालय की अधिकारिता में आते है?
(a) केन्द्र व राज्यों के बीच विवाद
(b) राज्यो के परस्पर विवाद
(c) मूल अधिकारों का प्रवर्तन
(d) संविधान के उल्लंघन से संरक्षण

16. हाल ही में उच्चतम न्यायालय ने प्रवासी पंचाट निर्धारण अधिनियम 1983 को संविधान के किस अनुच्छेद के अन्तर्गत केन्द्र के पावन कर्तव्य के उल्लंघन पर असंवैधानिक घोषित किया है?
(a) अनुच्छेद-355
(b) अनुच्छेद-356
(c) अनुच्छेद-256
(d) अनुच्छेद-257

17. एक ऐसी याचिका जो न्यायपालिका द्वारा जारी की जाती है तथा जिसमें कार्यपालिका से कहा जाता है कि वह, वह कार्य करे जो उसे प्रदत्त शक्तियों के अंतर्गत करना चाहिये था, उस रिट (याचिका) को कहा जाता है-
(a) हेबियस कार्पस (b) मेंडमस
(c) प्रोहिबिशन (d) क्वावारण्टे

18. बाबरी मस्जिद/राम जन्म भूमि का विवाद जो इलाहाबाद उच्च न्यायालय (लखनऊ न्यायपीठ) के समक्ष है, का प्रकार है-
(a) परमादेश याचिका
(b) स्वत्वाधिकार मुकदमा
(c) क्षतिपूर्ति का दावा
(d) न्यायिक पुनरीक्षण याचिका

19. निम्नलिखित में से किसके अन्तर्गत भारत में सर्वप्रथम सर्वोच्च न्यायालय की स्थापना हुई?
(a) रेगुलेटिंग अधिनियम—1773
(b) चार्टर अधिनियम—1853
(c) भारत सरकार अधिनियम—1935
(d) भारतीय संविधान—1950

20. भारत के सर्वोच्च न्यायालय की स्थापना हुई थी-
(a) 1950 के संसद के एक अधिनियम द्वारा
(b) भारतीय स्वाधीनता अधिनियम, 1947 के अधीन
(c) भारत सरकार अधिनियम, 1935 के अधीन
(d) भारतीय संविधान के द्वारा।

21. सर्वोच्च न्यायालय के न्यायाधीशों की निम्न में से कौन-सी अहर्ता होनी चाहिए?
(a) वह किसी एक या अधिक उच्च न्यायालयों में लगातार कम से कम 5 वर्ष तक न्यायाधीश के रूप में कार्य कर चुका हो
(b) वह किसी एक या अधिक उच्च न्यायालयों में लगातार 10 वर्षों तक अधिवक्ता रहा हो
(c) वह एक पारंगत विधिवेत्ता हो
(d) उपर्युक्त में से कोई भी

22. सर्वोच्च न्यायालय में तदर्थ न्यायाधीशों की नियुक्ति किस देश की न्याय प्रणाली से प्रेरित है?
(a) ऑस्ट्रेलिया (b) कनाडा
(c) संयुक्त राज्य अमेरिका (d) फ्रांस

23. सर्वोच्च न्यायालय में तदर्थ न्यायाधीशों की नियुक्ति कौन कर सकता है?
(a) राष्ट्रपति
(b) सर्वोच्च न्यायालय के मुख्य न्यायाधीश के परामर्श से राष्ट्रपति
(c) सर्वोच्च न्यायालय का मुख्य न्यायाधीश
(d) राष्ट्रपति की अनुमति प्राप्त कर सर्वोच्च न्यायालय का मुख्य न्यायाधीश

24. भारत के सर्वोच्च न्यायालय का एक न्यायाधीश कितनी उम्र तक अपने पद पर बना रह सकता है?
(a) 65 वर्ष (b) 60 वर्ष
(c) 62 वर्ष (d) 58 वर्ष

25. सर्वोच्च न्यायालय के न्यायाधीश के विरुद्ध महाभियोग का प्रस्ताव पारित हो जाने पर पदच्युति का आदेश कौन जारी कर सकता है ?

(a) सर्वोच्च न्यायालय का मुख्य न्यायाधीश
(b) राष्ट्रपति
(c) लोकसभाध्यक्ष
(d) मंत्रिपरिषद

26. जब राष्ट्रपति और उपराष्ट्रपति दोनों के पद खाली हो, तब उनके काम कौन करेगा ?

(a) प्रधानमंत्री (b) गृहमंत्री
(c) भारत के मुख्य न्यायाधीश (d) लोकसभाध्यक्ष

27. सेवानिवृत्ति के पश्चात् सर्वोच्च न्यायालय के न्यायाधीश वकालत कर सकते है–

(a) केवल सर्वोच्च न्यायालय में
(b) केवल उच्च न्यायालय में
(c) सर्वोच्च न्यायालय तथा उच्च न्यायालय दोनों में
(d) किसी भी न्यायालय में नहीं

28. भारत में न्यायपालिका .... है–

(a) स्वतंत्र
(b) संसद के अधीन
(c) राष्ट्रपति के अधीन
(d) प्रधानमंत्री के अधीन

29. राष्ट्रपति और उपराष्ट्रपति के निर्वाचन में विवाद के मामलों को किसको प्रस्तुत किया जाता है ?

(a) मुख्य निर्वाचन आयुक्त
(b) संसद
(c) भारत का उच्चतम न्यायालय
(d) इनमें से कोई नहीं

30. भारत में न्यायिक पुनरीक्षण की शक्ति का प्रयोग किया जाता है–

(a) केवल सर्वोच्च न्यायालय द्वारा
(b) सर्वोच्च न्यायालय तथा उच्च न्यायालय द्वारा
(c) भारत के क्षेत्र में सभी न्यायालयों द्वारा
(d) भारत के राष्ट्रपति द्वारा

31. उच्चतम न्यायालय के न्यायिक पुनरीक्षण कार्य का क्या अर्थ है ?

(a) स्वयं अपने निर्णय का पुनरीक्षण
(b) देश में न्यायपालिका के काममकाज का पुनरीक्षण
(c) कानूनों की सांविधानिक वैधता का पुनरीक्षण
(d) संविधान का आवधिक पुनरीक्षण

32. न्यायिक पुनर्विलोकन का अर्थ है कि सर्वोच्च न्यायालय–

(a) को सभी प्रकरणों पर अंतिम अधिकार प्राप्त है
(b) राष्ट्रपति के विरुद्ध दोषारोपण कर सकता है
(c) उच्च न्यायालय द्वारा निर्णित प्रकरणों का समालोचना कर सकता है
(d) किसी भी राज्य के कानून को अवैध घोषित कर सकता है

33. न्यायालय के प्रारम्भिक क्षेत्राधिकार से तात्पर्य है–

(a) मृत्युदण्ड देने का अधिकार
(b) विदेशों में होने वाले मामलों की सुनवाई की योग्यता
(c) पहली बार (सीधे) मामलों की सुनवाई की योग्यता
(d) सरकार को कानूनी मामलों पर सलाह देने की शक्तियाँ

34. निम्नलिखित में से किस मामले को उच्च न्यायालय में प्रत्यक्ष रूप से दाखिल नहीं किया जा सकता है ?

(a) दो अथवा अधिक राज्यों के बीच विवाद
(b) मूल अधिकारों के अतिक्रमण के विरुद्ध मामला
(c) किसी व्यक्ति की सम्पत्ति दूसरे द्वारा बलपूर्वक अधिकृत होने के
(d) उपर्युक्त (a) और (b) दोनों

उत्तरमाला

1. (a) **2.** (b) **3.** (b) **4.** (d) **5.** (c) **6.** (d) **7.** (c) **8.** (c) **9.** (b) **10.** (c)
11. (c) **12.** (d) **13.** (c) **14.** (b) **15.** (c) **16.** (a) **17.** (b) **18.** (b) **19.** (c) **20.** (c)
21. (d) **22.** (d) **23.** (d) **24.** (a) **25.** (b) **26.** (c) **27.** (d) **28.** (a) **29.** (c) **30.** (a)
31. (c) **32.** (d) **33.** (c) **34.** (c)

नियंत्रक एवं महालेखा परीक्षक

1. भारतीय के संपरीक्षा एंव लेखा प्रणालियों का प्रधान कौन होता है ?
   (a) योजना आयोग
   (b) वित्त आयोग
   (c) भारत का नियंत्रण एवं महालेखा
   (d) भारत का महान्यायवादी

2. केन्द्र सरकार के व्यय को नियंत्रित करने की शक्ति किसमें निहित है ?
   (a) संसद में
   (b) राष्ट्रपति में
   (c) नियंत्रक एवं महालेखा परीक्षक में
   (d) केन्द्रीय वित्त मंत्री में

3. निम्नलिखित में वह कौन-सा अधिकारी है जो भारत सरकार के वित्तीय लेन-देनों में लेखाकरण के लिए जिम्मेदार होता है ?
   (a) वित्त सचिव
   (b) नियंत्रक एवं महालेखा परीक्षक
   (c) महालेखा नियंत्रक
   (d) अध्यक्ष, वित्त आयोग

4. भारत का नियंत्रक एंव महालेखा परीक्षक (C.A.G) किसके लिए मुख्य लेखाकार तथा लेखा परीक्षक के रूप में काम करता है ?
   (a) संघ सरकार के लिए
   (b) राज्य सरकार के लिए
   (c) संघ तथा राज्य सरकार के लिए
   (d) न संघ सरकार के लिए और न ही राज्य सरकार के लिए

5. लेखा परीक्षण का मुख्य उद्देश्य किसके व्यय पर नियंत्रण करना होता है ?
   (a) कार्यपालिका के (b) व्यवस्थापिका के
   (c) न्यायपालिका के (d) उपर्युक्त सभी के

6. भारत के केन्द्रीय स्तर पर लेखांकन तथा लेखा परीक्षण किसके अधिकार क्षेत्र में आता है ?
   (a) नियंत्रक एवं महालेखा परीक्षक
   (b) लोक लेखा समिति
   (c) अनुमान समिति
   (d) उपर्युक्त सभीं

7. भारत के नियंत्रक एवं महालेखा परीक्षक की नियुक्ति किसके द्वारा की जाती है ?
   (a) राष्ट्रपति
   (b) लोकसभाध्यक्ष
   (c) अध्यक्ष, योजना आयोग
   (d) वित्त मंत्री

8. भारत के नियंत्रक एंव महालेखा परीक्षक की नियुक्ति की अवधि कितनी होती है ?
   (a) 6 वर्ष
   (b) 65 वर्ष
   (c) 6 वर्ष या 65 की आयु तक जो भी पहले पूर्ण हो।
   (d) 64 वर्ष की आयु तक

9. कम्पट्रोलर एण्ड ऑडिटर जनरल सेवानिवृत होते हैं-
   (a) नियुक्ति के 6 वर्ष बाद या 65 वर्ष की आयु पूर्ण होने पर
   (b) नियुक्ति के 6 वर्ष बाद या 62 वर्ष की आयु पूर्ण होने पर
   (c) नियुक्ति के 5 वर्ष बाद या 62 वर्ष की आयु पूर्ण होने पर
   (d) नियुक्ति के 5 वर्ष बाद या 65 वर्ष की आयु पूर्ण होने पर

10. भारत के नियंत्रक एवं महालेखा परीक्षक को किस आधार पर पदच्युत किया जा सकता है ?
    (a) अक्षमता (b) कदाचार
    (c) असमर्थता (d) उपरोक्त सभी

11. भारत के नियंत्रण एवं महालेखा परीक्षक को किस प्रकार पद से हटाया जा सकता है ?
    (a) उसके विरुद्ध न्यायालय में अभियोग दाखिल करके
    (b) उच्चतम न्यायालय के न्यायाधीश को पद से हटाने की प्रक्रिया की तरह से
    (c) राष्ट्रपति से अपील करके
    (d) उसे किसी भी प्रकार नहीं हटाया जा सकता

12. नियंत्रक एंव महालेखा परीक्षक को पदमुक्त किया जा सकता है-
    (a) उसी प्रकार किस प्रकार राष्ट्रपति को हटाया जाता है
    (b) उसी प्रकार जिस प्रकार उच्चतम न्यायालय के न्यायाधीश को हटाया जाता है
    (c) सर्वोच्च न्यायालय के प्रतिवेदन पर राष्ट्रपति द्वारा
    (d) इनमें से कोई नहीं

13. किन आधारों पर दोषसिद्धि करने के बाद संसद के दोनों सदनों में दो तिहाई बहुमत से प्रस्ताव पारित कर भारत के नियंत्रक एवं महालेखा परीक्षक को पद से हटाया जा सकता है ?
    (a) कदाचार (b) अक्षमता
    (c) उपर्युक्त दोनों (d) उपर्युक्त में से कोई नहीं

14. निम्न में से किसे सेवानिवृत पदाधिकारी को सरकार के अधीन किसी पद पर नियुक्त करने पर वर्जना है ?
    (a) सर्वोच्च न्यायालय का मुख्य न्यायाधीश
    (b) भारत का महान्यायवादी
    (c) सालिसिटर जनरल ऑफ इण्डिया
    (d) कम्पटोलर एण्ड ऑडिटर जनरल

15. नियंत्रक एवं महालेखा परीक्षक अपना प्रतिवेदन किसे देता है ?
   (a) लोक लेखा समिति को
   (b) संसद को
   (c) राष्ट्रपति को
   (d) लोकसभा अध्यक्ष को

16. भारत का नियंत्रक एवं महालेखा परीक्षक अपना प्रतिवेदन देता है-
   (a) लोकसभा अध्यक्ष को
   (b) प्रधानमंत्री को
   (c) वित्त मंत्री को
   (d) राष्ट्रपति को

17. भारत के नियंत्रक एवं माहलेखा परीक्षक द्वारा प्रस्तुत प्रतिवेदन के आधार पर कौन-सी समिति कार्य करती है ?
   (a) लोक लेखा समिति
   (b) प्राक्कलन समिति
   (c) सरकारी उपक्रम समिति
   (d) विशेषाधिकार समिति

18. भारत का नियंत्रक एवं महालेखा परीक्षक निम्नलिखित में से किस समिति के मित्र, दार्शनिक और निर्देशक के रूप में कार्य करता है ?
   (a) लोक लेखा समिति
   (b) सरकारी उपक्रम समिति
   (c) प्राक्कलन समिति
   (d) सार्वजनिक उपक्रम समिति

19. भारत के नियंत्रक एवं महालेखा परीक्षक के बारे में सही कथन है-
   (a) इसकी नियुक्ति राष्ट्रपति द्वारा की जाती है।
   (b) उस पर महाभियोग चलाया जा सकता है।
   (c) वह केवल लोक उपक्रमों को लेखा परीक्षण कर सकता है।
   (d) भारत सरकार के मंत्रालयों का लेखा तैयार करता है।

20. निम्नलिखित कर्तव्यों में से कौन से एक का भारत के नियंत्रक एवं महालेखा परीक्षक द्वारा पालन नहीं किया जाता ?
   (a) भारत की संचित निधि से होने वाले सभी व्ययों का लेखा परीक्षण करना और उनके संबंध में प्रतिवेदन प्रस्तुत करना।
   (b) आकस्मिकता निधि और लोक लेखाओं से होने वाले सभी व्ययों की लेखा परीक्षा करना और उनके संबंध में प्रतिवेदन प्रस्तुत करना।
   (c) सभी व्यापार, निर्माण लाभ और हानि लेखाओं की लेखा परीक्षण करना और उनके संबंध में प्रतिवेदन प्रस्तुत करना।
   (d) सार्वजनिक धन की प्राप्ति और निर्गम का नियंत्रण करना और यह सुनिश्चित करना कि सार्वजनिक राजस्व राजकोष में जमा हो।

21. क्या भारत का नियंत्रक एवं महालेखा परीक्षक पद ग्रहाण के पूर्व शपथ लेता है ?
   (a) हां
   (b) नहीं
   (c) स्पष्ट नहीं है
   (d) कहा नहीं जा सकता

22. निम्नलिखित में से किसकी नियुक्ति लोकधन के व्यय की निगरानी के लिए संसदीय प्रहरी के रूप में की जाती है ?
   (a) महान्यायवादी
   (b) सॉलिसिटर जनरल
   (c) नियंत्रक एवं महालेखा परीक्षक
   (d) एडवोकेट जनरल

उत्तरमाला

1. (c) **2.** (c) **3.** (b) **4.** (c) **5.** (a) **6.** (a) **7.** (a) **8.** (c) **9.** (a) **10.** (d)
11. (b) **12.** (b) **13.** (c) **14.** (d) **15.** (b) **16.** (d) **17.** (a) **18.** (a) **19.** (a) **20.** (c)
21. (a) **22.** (c)

केंद्र–राज्य संबंध

1. भारत के संविधान से संबंधित, निम्नलिखित युग्मों में से कौन-सा एक सही सुमेलित नहीं है ?

(a) वन : समवर्ती सूची
(b) शेयर बाजार : समवर्ती सूची
(c) डाकघर बचत बैंक : संघीय सूची
(d) लोक स्वास्थ्य : राज्य सूची

2. सकारिया आयोग किसके अध्ययन के लिए गठित किया गया था ?

(a) राष्ट्रपति एवं राज्यपाल का संबंध
(b) केन्द्र राज्य संबंध
(c) राज्य एवं पंचायत निकाय संबंध
(d) राष्ट्रपति एवं प्रधानमंत्री का संबंध

3. 'संघ का यह कर्त्तव्य होगा कि वह बाह्य आक्रमण तथा आन्तरिक गड़बड़ी से प्रत्येक राज्य की रक्षा करे' ऐसा प्रावधान भारतीय संविधान के निम्न अनुच्छेदों में से किस एक में है ?

(a) अनुच्छेद 215 (b) अनुच्छेद 275
(c) अनुच्छेद 325 (d) अनुच्छेद 355

4. निम्न कथनों पर विचार कीजिए-

भारत में वित्तीय सौदों पर स्टांप शुल्क

1. राज्य सरकार द्वारा लगाया व वसूल किया जाता है।
2. कर विनियोजन संघ सरकार द्वारा किया जाता है।

इन कथनों में से कौन-सा/से कथन सही है/हैं ?

(a) केवल 1
(b) केवल 2
(c) दोनों 1 तथा 2
(d) दोनों में से कोई भी नहीं

5. निम्न कथनों पर विचार कीजिए-

वित्त आयोग का/के कार्य है/हैं-

1. भारत की संचित निधि से धन निकालने की अनुमति देना।
2. प्राप्त करों को राज्यों के भागों में बाँटना।
3. सहायता अनुदान के लिए राज्यों के आवेदनों पर विचार।
4. संघ सरकार तथा राज्य सरकारें बजट के प्रावधानों के अनुसार करों की उगाही कर रही है या नहीं, इसकी देखरेख करना तथा उस पर रिपोर्ट देना।

इन कथनों में कौन-सा/से सही है/हैं ?

(a) केवल 1 (b) 2 और 3
(c) 3 और 4 (d) 1, 2 और 4

6. निम्नलिखित में से कौन सा प्राधिकरण भारत की समेकित निधि में राज्यों का राजस्व का सहायताअनुदान देने वाले सिद्धांतों की अनुशंसा करता है ?

(a) वित्त आयोग
(b) अंतर्राज्यीय परिषद्
(c) केंद्रीय वित्त मंत्रालय
(d) लोक लेखा समिति

7. अंतर्राष्ट्रीय संधियों को भारत के किसी भाग अथवा सम्पूर्ण भारत में लागू करने के लिये संसद कोई भी कानून बना सकती है-

(a) सभी राज्यों की सहमति से
(b) बहुसंख्य राज्यों की सहमति से
(c) संबंधित राज्यों की सहमति से
(d) बिना किसी राज्य की सहमति से

8. जनवरी, 2000 में राज्यों के वित्तमंत्रियों की स्थायी समिति ने सभी राज्यों में समान दरें लागू करने की संस्तुति की थी-

(a) अतिरिक्त मूल्य कर के विषय में
(b) बिक्रीकर के विषय में
(c) स्टांप ड्यूटी एवं पंजीकरण शुल्क के विषय में
(d) कृषि-आयकर के विषय में

9. भारत में वित्त-आयोग का मुख्य कार्य है-

(a) केन्द्र तथा राज्य के बीच राजस्व का वितरण करना
(b) वार्षिक बजट तैयार करना
(c) राष्ट्रपति को वित्तीय मामलों पर परामर्श देना
(d) संघ एवं राज्य सरकारों के विभिन्न मंत्रालयों के लिए निधियों का विनिधान करना

10. निम्नलिखित में से किस कर का आरोपण केन्द्र करता है किन्तु संग्रह और विनियोजन राज्य करते हैं ?

(a) स्टाम्प शुल्क
(b) यात्री और माल कर
(c) संपदा शुल्क
(d) समाचार पत्रों पर कर

11. निम्नलिखित में से किससे विनिर्धारित होता है कि भारत का संविधान परिसंघीय है ?

(a) संविधान लिखित और अनम्य है
(b) न्यायपालिका स्वतंत्र है
(c) अवशिष्ट शक्तियों का केन्द्र में निहित होना
(d) केन्द्र और राज्यों के बीच शक्तियों का वितरण

12. निम्नलिखित में से कौन सा मद भारत के संविधान की समवर्ती सूची में है ?

(a) जनसंख्या नियंत्रण और परिवार नियोजन
(b) लोकस्वास्थ्य और स्वच्छता
(c) प्रतिव्यक्ति कर
(d) निखात निधि

13. क्षेत्रीय परिषदें, जिनका उद्देश्य विभिन्न राज्यों के बीच सहयोग सुनिश्चित करना है, के निर्माण का स्रोत है-

(a) राज्य पुनर्गठन अधिनियम 1956
(b) संविधान के प्रावधान द्वारा
(c) आपातकाल के दौरान किया गया 42वां संविधान संशोधन
(d) इनमें से कोई नहीं

14. राज्य सूची के किसी विषय पर संसद कानून बना सकती है तब जब-

1. आपातकाल लागू हो
2. यदि दो या दो से अधिक राज्य, राज्य सूची के किसी विषय पर संसद से कानून बनाने का अनुरोध करे।
3. यदि राज्य सभा इस आशय का प्रस्ताव पारित कर दे कि राज्य सूची का कोई विषय राष्ट्रीय महत्व का हो गया है।

उपरोक्त कथनों में से कौन-सा/से सही है/हैं ?

(a) 1 और 2 (b) 2 और 3
(c) 1 और 3 (d) 1, 2 और 3

15. राज्य सूची के किसी विषय पर केन्द्र सरकार कानून बना सकती है, यदि-

(a) सर्वोच्च न्यायालय संसद को आवश्यक प्राधिकार प्रदान करे।
(b) राष्ट्रपति राष्ट्रीय हित को ध्यान में रखते हुए अध्यादेश जारी करे।
(c) राज्य सभा दो तिहाई बहुमत से इस आशय का प्रस्ताव पारित करे कि राज्य सूची का कोई विषय राष्ट्रीय महत्व का हो गया है।
(d) संसद इस आशय का प्रस्ताव पारित करे कि ऐसा करना राष्ट्र हित में आवश्यक हो गया है।

16. भारतीय संघवाद की निम्नलिखित में से कौन-सी विशेषताएं सही हैं-

1. यह केन्द्र और राज्यों के बीच शक्तियों का विभाजन करता है।
2. यह एक स्वतंत्र न्यायपालिका की व्यवस्था करता है।
3. यह राज्य सभा में राज्यों के लिए समान प्रतिनिधित्व की व्यवस्था करता है।
4. इसके अन्तर्गत लिखित संविधान की व्यवस्था है।

उपरोक्त कथनों में से कौन-सा/से सही है/हैं ?

(a) 1, 2 और 4 (b) 2, 3 और 4
(c) 1, 2 और 3 (d) सभी

17. भारतीय संविधान की आत्मा एकात्मक है क्योंकि-

(a) कुछ परिस्थितियों में संसद राज्यों के लिए कानून बना सकती है।
(b) अखिल भारतीय सेवाओं की व्यवस्था है।
(c) संविधान में संशोधन प्रस्तावित करने की शक्ति केवल संघीय संसद में निहित है।
(d) उपर्युक्त सभी सही हैं।

18. राज्य सूची के किसी विषय पर संघीय व्यवस्थापिका तब तक कानून नहीं बना सकती जब तक कि-

(a) राष्ट्रपति द्वारा ऐसा कहा जाए।
(b) राज्य सभा द्वारा इस आशय का प्रस्ताव पारित किया जाए कि ऐसा करना राष्ट्रहित में आवश्यक हो गया है।
(c) लोकसभा अध्यक्ष यह प्रमाणित कर दे कि ऐसा करना आवश्यक है।
(d) राष्ट्रीय आपात की स्थिति हो।

19. निम्नलिखित में से कौन-कौन अखिल भारतीय सेवाएं हैं ?

1. भारतीय पुलिस सेवा
2. भारतीय प्रशासनिक सेवा
3. भारतीय विदेश सेवा
4. भारतीय वन सेवा

उपरोक्त कथनों में से कौन-सा/से सही है/हैं ?

(a) 1, 2 और 3 (b) 1, 2 और 4
(c) 1 और 2 (d) सभी

20. क्षेत्रीय परिषदों का मुख्य उद्देश्य है/हैं, यह सुनिश्चित करना कि-

1. राष्ट्रीय महत्व के तथा अन्य विषयों पर राज्यों के बीच सहयोग में वृद्धि।
2. विभिन्न राज्यों द्वारा पारित कानून एक दूसरे के विरुद्ध न हों।
3. राज्यों के सीमित संसाधनों का बेहतर उपयोग।

उपरोक्त कथनों में से कौन-सा/से सही है/हैं ?

(a) 1, 2 और 3 (b) 1 और 3
(c) 1 और 2 (d) केवल 1

21. भारत के राज्यों पर केन्द्र के बढ़ते नियंत्रण के लिए निम्नलिखित में से कौन-से कारक उत्तरदायी हैं ?

1. राज्यों में दृढ़ नेतृत्व का अभाव
2. दलीय अनुशासन पर बल
3. राज्यों की केन्द्र पर आर्थिक निर्भरता
4. क्षेत्रीय दलों का उदय

उपरोक्त कथनों में से कौन-सा/से सही है/हैं ?

(a) 1, 2 और 3 (b) 1 और 3
(c) 1 और 2 (d) केवल 3

22. संविधान के अनुसार 'अवशिष्ट शक्तियां' केन्द्र में निहित है, परन्तु किसी विषय के अवशिष्ट शक्तियों के अन्तर्गत आने या न आने का निर्धारण करने की अन्तिम शक्ति निहित है–

(a) संसद में (b) राष्ट्रपति में
(c) राज्यसभा में (d) सर्वोच्च न्यायालय में

23. केन्द्र-राज्य संबंधों को विशेष रूप से किस प्रसंग में 'म्यूनिसिपल संबंध' कहा गया है ?

(a) विधायन के क्षेत्र में राज्य पर केन्द्र के नियंत्रण के प्रसंग में
(b) वित्तीय मामलों में राज्य पर केन्द्र के नियंत्रण के प्रसंग में
(c) प्रशासनिक क्षेत्र में राज्य पर केन्द्र के नियंत्रण के प्रसंग में
(d) योजना प्रक्रम में राज्य पर केन्द्र के नियंत्रण के प्रसंग

24. भारत में केन्द्र की भांति राज्यों में भी मंत्रिमंडलीय शासन की स्थापना की गई है, जिसमें राज्यपाल–

1. मंत्रिपरिषद् की सलाह के अनुसार कार्य करता है
2. अपने विवेकाधीन कृत्यों में वह मंत्रिपरिषद् की सलाह मानने के लिए बाध्य नहीं है
3. राज्य के संवैधानिक प्रमुख और केन्द्र के अभिकर्त्ता के रूप में वह अपनी दोहरी भूमिका का निर्वाह करता है।
4. राष्ट्रपति के प्रसादपर्यन्त अपना पद धारण करता है।

(a) 1 और 4 सही है
(b) 1, 2, 3 और 4 सही है
(c) 1, 2 और 3 सही है
(d) 2, 3 और 4 सही है

25. निम्नलिखित का मिलान कीजिए–

	सूची-I	सूची-II
(A)	राज्यपाल किसी अपराध के लिए दोषी किसी व्यक्ति के दंड को क्षमा, कम, स्थगित या परिवर्तित कर सकता है	1.अनुच्छेद 213 के अधीन
(B)	राष्ट्रपति की भांति राज्यपाल भी अध्यादेश जारी कर सकता है	2.अनुच्छेद 161 के अनुसार
(C)	मृत्युदंड को केवल राष्ट्रपति क्षमा कर सकता है	3.अनुच्छेद 72(ग) के अधीन
(D)	राष्ट्रपति के विचार हेतु आरक्षित	4.अनुच्छेद 200 और 201 की व्यवस्था विधेयक

कूटः

	A	B	C	D
(a)	3	2	1	4
(b)	1	4	3	2
(c)	2	1	3	4
(d)	4	3	2	1

26. निम्नलिखित कथनों पर विचार कीजिए तथा नीचे दिए गए कूटों में से सही कूट का चयन कीजिए

1. भारतीय संविधान कठोरता एवं लचीलेपन का समन्वय है।
2. भारतीय संविधान, लिखित संविधानों में एक सर्वाधिक विशाल संविधान है।
3. भारतीय संविधान के अनुसार भारत राज्यों का यूनियन है।
4. भारत में इकहरी नागरिकता तो है, परन्तु इकहरी न्यायपालिका नहीं है।

कूटः

(a) 1, 2, 3 (b) 1, 3, 4
(c) 1, 2, 4 (d) 2, 3

27. निम्नलिखित में से किससे विनिर्धारित होता है कि भारत का संविधान परिसंघीय है ?

(a) संविधान लिखित और अनम्य है
(b) न्यायपालिका स्वतंत्र है
(c) अवशिष्ट शक्तियों का केन्द्र में निहित होना
(d) केन्द्र और राज्यों के बीच शक्तियों का वितरण

28. निम्नलिखित में से कौन सा मद भारत के संविधान की समवर्ती सूची में है ?

(a) जनसंख्या नियंत्रण और परिवार नियोजन
(b) लोकस्वास्थ्य और स्वच्छता
(c) प्रतिव्यक्ति कर
(d) निखात निधि

29. क्षेत्रीय परिदें, जिनका उद्देश्य विभिन्न राज्यों के बीच सहयोग सुनिश्चित करना है, के निर्माण का स्रोत है–

(a) राज्य पुनर्गठन अधिनियम 1956
(b) संविधान के प्रावधान द्वारा
(c) आपातकाल के दौरान किया गया 42वां संविधान संशोधन
(d) इनमें से कोई नहीं

30. राज्य सूची के किसी विषय पर संसद कानून बना सकती है तब जब–

1. आपातकाल लागू हो
2. यदि दो या दो से अधिक राज्य, राज्य सूची के किसी विषय पर संसद से कानून बनाने का अनुरोध करे।
3. यदि राज्य सभा इस आशय का प्रस्ताव पारित कर दे कि राज्य सूची का कोई विषय राष्ट्रीय महत्व का हो गया है।

उपरोक्त कथनों में से कौन-सा/से सही है/हैं ?

(a) 1 और 2 (b) 2 और 3
(c) 1 और 3 (d) 1, 2 और 3

31. राज्य सूची के किसी विषय पर केन्द्र सरकार कानून बना सकती है, यदि–

(a) सर्वोच्च न्यायालय संसद को आवश्यक प्राधिकार प्रदान करे।

(b) राष्ट्रपति राष्ट्रीय हित को ध्यान में रखते हुए अध्यादेश जारी करे।

(c) राज्य सभा दो तिहाई बहुमत से इस आशय का प्रस्ताव पारित करे कि राज्य सूची का कोई विषय राष्ट्रीय महत्व का हो गया है।

(d) संसद इस आशय का प्रस्ताव पारित करे कि ऐसा करना राष्ट्र हित में आवश्यक हो गया है।

उत्तरमाला

1. (b)	**2.** (c)	**3.** (d)	**4.** (a)	**5.** (b)	**6.** (a)	**7.** (d)	**8.** (b)	**9.** (a)	**10.** (a)
11. (d)	**12.** (a)	**13.** (a)	**14.** (d)	**15.** (c)	**16.** (a)	**17.** (d)	**18.** (b)	**19.** (b)	**20.** (d)
21. (a)	**22.** (d)	**23.** (d)	**24.** (c)	**25.** (d)	**26.** (a)	**27.** (d)	**28.** (a)	**29.** (a)	**30.** (d)
31. (c)									

राज्य सरकार

1. भारत के संविधान के निम्नलिखित अनुच्छेदों में से किसके अनुसार प्रत्येक राज्य की कार्यपालिका शक्ति का इस प्रकार प्रयोग किया जाएगा जिससे संघ की कार्यपालिका शक्ति के प्रयोग में कोई अड़चन न हो या उस पर कोई प्रतिकूल प्रभाव न पड़े ?

(a) अनुच्छेद 257 (b) अनुच्छेद 258
(c) अनुच्छेद 355 (d) अनुच्छेद 356

2. सूची-I (संविधान का अनुच्छेद) को सूची-II के साथ (अन्तर्वस्तु) से सुमेल कीजिए और सूचियों के नीचे दिये हुए कूटों का उपयोग करते हुए उत्तर का चयन कीजिए–

सूची-I	सूची-II
A. अनुच्छेद 54	1. भारत के राष्ट्रपति का निर्वाचन
B. अनुच्छेद 75	2. प्रधानमंत्री और मंत्रिपरिषद् की नियुक्ति
C. अनुच्छेद 155	3. राज्य के राज्यपाल की नियुक्ति
D. अनुच्छेद 164	4. राज्य के मुख्यमंत्री और मंत्रिपरिषद की नियुक्ति
	5. विधान सभाओं की संरचना

कूटः

	A	B	C	D
(a)	1	2	3	4
(b)	1	2	4	5
(c)	2	1	3	5
(d)	2	1	4	3

3. संविधान के अनुच्छेद 156 में उपबंध है कि राज्यपाल अपने पदग्रहण की तारीख से पांच वर्ष की अवधि तक पद धारण करेगा। इससे निम्नलिखित में से कौन सा निष्कर्ष निकाला जा सकता है ?

1. किसी राज्यपाल को उसकी पदावधि पूरी होने से पूर्व पद से नहीं हटाया जा सकता।
2. कोई राज्यपाल पांच वर्ष की अवधि के बाद अपने पद पर बना नहीं रह सकता।

नीचे दिए हुए कूट से सही उत्तर का चयन कीजिए–

कूटः

(a) केवल 1 (b) केवल 2
(c) 1 और 2 (दोनों) (d) दोनों ही नहीं

4. संविधान के मसौदे में निर्वाचित राज्यपालों के प्रावधानों की मूल योजना को छोड़ दिया गया था, क्योंकि–

(1) इसका तात्पर्य होता एक दूसरा निर्वाचन
(2) निर्वाचन प्रमुख राजनीतिक मुद्दों पर लड़ा जाता
(3) निर्वाचित राज्यपाल अपने को मुख्य मंत्री से बड़ा मानता
(4) राज्यपाल को संसदीय प्रणाली के अधीन ही कार्य करना था

इन कथनों में से कौन सही हैं ?

(a) 1 तथा 2 (b) 2 तथा 3
(c) 1, 3 तथा 4 (d) 2, 3 तथा 4

5. राज्य सरकार का कार्यकारी अध्यक्ष/संवैधानिक प्रमुख कौन है ?

(a) मुख्य मंत्री (b) राज्यपाल
(c) मुख्य मंत्री का सचिव (d) मुख्य सचिव

6. जम्मू एवं कश्मीर के राज्यपाल की नियुक्ति कौन करता है ?

(a) जम्मू कश्मीर का मुख्यमंत्री
(b) जम्मू एवं कश्मीर उच्च न्यायालय का मुख्य न्यायाधीश
(c) भारत का प्रधानमंत्री
(d) भारत का राष्ट्रपति

7. किसी भारतीय राज्य के राज्यपाल से संबंधित निम्नलिखित कथनों में कौन सा कथन सत्य नहीं है ?

(a) वह भारत के राष्ट्रपति द्वारा नियुक्त होता है
(b) वह एक से अधिक राज्यों का राज्यपाल हो सकता है
(c) वह पांच वर्ष तक पद पर रहता है
(d) यदि संबंधित राज्य की व्यवस्थापिका उसे पद से हटाये जाने का प्रस्ताव स्वीकार करती है तो वह पदावधि के पूर्व भी पदमुक्त किया जा सकता है

8. राज्यपाल के वेतन और भत्ते दिए जाते हैं–

(a) कन्सॉलिडेटेड फंड ऑफ स्टेट से
(b) कन्सॉलिडेटेड फंड ऑफ इण्डिया से
(c) कन्टिन्जेन्सी फंड ऑफ स्टेट से
(d) (a) और (b) दोनों द्वारा

9. स्वतंत्र भारत में किसी राज्य की राज्यपाल बनने वाली प्रथम महिला.................थीं।

(a) विजय लक्ष्मी पण्डित (b) सरोजिनी नायडू
(c) सुचेता कृपलानी (d) फतिमा बीबी

10. भारत में राज्य विधानपालिकाओं का उच्च सदन कौन–सा है ?

(a) विधानपालिका परिषद्
(b) विधानपालिका समिति
(c) राज्यपाल का कार्यालय
(d) इनमें से कोई नहीं

11. राज्य में दूसरे सदन की स्थापना करने से संबंधित कौन सी विधि है ?

(a) लोक सभा द्वारा साधारण बहुमत से पारित प्रस्ताव
(b) संबंधित राज्य के विधान सभा द्वारा पूर्ण बहुमत से पारित प्रस्ताव
(c) संबंधित राज्य के विधान सभा द्वारा साधारण बहुमत से पारित प्रस्ताव और पारित विधि द्वारा
(d) लोक सभा द्वारा पूर्ण बहुमत से पारित प्रस्ताव

12. राज्य के महाधिवक्ता की नियुक्ति कौन करता है ?
(a) राष्ट्रपति
(b) उच्च न्यायालय का मुख्य न्यायाधीश
(c) राज्यपाल
(d) राज्य लोक सेवा आयोग

13. राज्य की विधान सभा के सत्रावसान का आदेश किसके द्वारा दिया जाता है ?
(a) राज्यपाल (b) विधान सभा अध्यक्ष
(b) मुख्य मंत्री (d) विधि मंत्री

14. राज्यपाल अपना त्यागपत्र किसे देता है ?
(a) राज्य के मुख्यमंत्री को
(b) प्रधानमंत्री को
(c) संसद को
(d) राष्ट्रपति को

15. निम्नलिखित में से किसको महाभियोग के बिना हटाया जा सकता है ?
(a) भारत के राष्ट्रपति को
(b) भारत के मुख्य न्यायाधीश को
(c) किसी राज्य के राज्यपाल को
(d) मुख्य निर्वाचन आयुक्त को

16. जम्मू-कश्मीर के राज्यपाल को कौन नियुक्त करता है ?
(a) राज्य का मुख्यमंत्री
(b) भारत का राष्ट्रपति
(c) प्रधानमंत्री
(d) उच्च न्यायालय का मुख्य न्यायाधीश

17. किसी भारतीय राज्य के राज्यपाल से संबंधित निम्नलिखित में से कौन-सा कथन सही नहीं है ?
(a) वह भारत के राष्ट्रपति द्वारा नियुक्त होता है
(b) वह 5 वर्ष तक पद पर रह सकता है
(c) यदि संबंधित राज्य की विधायिका उसे पद से हटाये जाने के लिए प्रस्ताव पारित करती है तो वह पदमुक्त किया जा रहा है
(d) वह एक से अधिक राज्यों का राज्यपाल हो सकता है

18. राज्यों के गवर्नर संविधान के अन्तर्गत किसके प्रति अपने आचरण के लिए उत्तरदायी होते हैं ?
(a) राज्य के मुख्यमंत्री (b) संघ के प्रधानमंत्री
(c) राज्य विधानसभा (d) राष्ट्रपति

19. भारतीय संविधान के अनुसार, राज्यों की विधायिका में सम्मिलित है-
(a) विधान परिषद एवं राज्यपाल
(b) विधान सभा एवं विधान परिषद
(c) विधान सभा एवं राज्यपाल
(d) राज्यपाल, विधान सभा एवं विधान परिषद जहां इसका अस्तित्व है।

20. निम्नलिखित में से कौन भारत के राष्ट्रपति की इच्छा तक ही पद पर बना रहता है ?
(a) निर्वाचन आयुक्त
(b) राज्यपाल
(c) उच्चतम न्यायालय का न्यायाधीश
(d) लोकसभा अध्यक्ष

21. संविधान के अनुसार राज्यपाल पद पर नियुक्त होने के लिए क्या अर्हताएं होनी चाहिए ?
(a) वह भारत का नागरिक हो एवं 35 वर्ष की आयु पूरी कर चुका हो
(b) वह संसद या किसी राज्य के विधानमंडल का सदस्य न हो
(c) वह कोई अन्य लाभ का पद धारण न करता हो
(d) उपर्युक्त सभी

22. राज्यपाल की नियुक्ति से सम्बन्धित महत्वपूर्ण परम्परा है-
(a) एक राज्य में किसी अन्य राज्य के निवासी को ही राज्यपाल नियुक्त किया जाता है
(b) निर्वाचन में पराजित और अन्य प्रकार से अस्वीकार्य राजनीतिज्ञों को राज्यपाल के पद पर नियुक्त कर दिया जाता है
(c) राज्यपाल की नियुक्ति से पूर्व संघीय सरकार संबंधित राज्य के मुख्यमंत्री से परामर्श लेती है
(d) किसी राज्यपाल को उसका कार्यकाल समाप्त हो जाने के बाद सामान्य तौर पर फिर से नियुक्त नहीं किया जाता है

23. राज्यपाल अपने राज्य के विधान परिषद् (यदि विधानमण्डल द्विसदनीय है) में निम्न में किन क्षेत्रों से सम्बन्धित शक्तियों को मनोनीत कर सकता है ?
(a) कला और साहित्य
(b) विज्ञान
(c) सामाजिक सेवा व सहकारिता आंदोलन
(b) उपर्युक्त सभी

24. राज्यपाल को उसके पद एवं गोपनीयता की शपथ कौन दिलाता है ?
(a) राज्य उच्च न्यायालय का मुख्य न्यायाधीया
(b) राष्ट्रपति
(c) राज्य विधानसभा का अध्यक्ष
(d) उसे शपथ नहीं लेनी पड़ती

25. वर्ष 1970 में राष्ट्रपति ने किसकी अध्यक्षता में राज्यपाल का राज्य मंत्रिमंडल के साथ सम्बन्ध निश्चित करने के लिए एक समिति का गठन किया ?
(a) बी. विश्वनाथन
(b) एम.एम. धवन
(c) वी. गोपाला रेडडी
(d) भगवान सहाय

26. 'राज्यपाल सोने के पिंजरे में निवास करने वाली चिड़िया के समतुल्य है।' यह किसका कथन है?

(a) श्री प्रकाश (b) सरोजिनी नायडू
(c) धर्मवीर (d) जी. डी. तपासे

27. राज्यपाल के अभिभाषण का अर्थ है-

(a) विधानसभा का बजट अभिभाषण
(b) विधान परिषद् का बजट अभिभाषण
(c) विधानमण्डल के दोनों सदनों की संयुक्त बैठक में दिया गया भाषण
(d) विश्वविद्यालय के दीक्षांत समारोह का भाषण

निर्देश: निम्न प्रश्नांशों में दो वक्तव्य दिए गए हैं। एक को कथन कहा गया है और दूसरे को कारण

उपर्युक्त दोनों वक्तव्यों को पढ़कर सही उत्तर का चयन निम्न कूटों की सहायता से कीजिए।

कूट:

(a) A और R दोनों सही हैं तथा R, A का सही स्पष्टीकरण है।
(b) A और R दोनों सही हैं, परन्तु R, A का सही स्पष्टीकरण नहीं है।
(c) A सही है, परन्तु R गलत है।
(d) A गलत है, परन्तु R सही है।

28. कथन (A): राज्यपाल को राज्य लोकसेवा आयोग के सदस्यों को हटाने का अधिकार नहीं है।

कारण (R): राज्य लोक सेवा आयोग के सदस्यों की नियुक्ति राष्ट्रपति करता है।

29. राज्यपाल की स्वस्थ भूमिका है-

(a) राज्य के संवैधाानिक अध्यक्ष की
(b) केन्द्र एवं राज्य के मध्य कड़ी की
(c) केन्द्र के अभिकर्ता की
(d) इनमें से कोई नहीं

30. राज्यपाल को निम्नलिखित में से कौन-सी शक्ति प्राप्त नहीं है?

(a) मृत्यु के दण्डादेश के विरुद्ध क्षमादान का
(b) मृत्यु दण्ड के प्रतिलम्बन का
(c) मृत्यु दण्ड के परिहार या लघुकरण का
(d) इनमें से कोई नहीं

31. गवर्नर द्वारा जारी किया गया अध्यादेश किसके द्वारा मंजूर किया जाता है?

(a) राष्ट्रपति
(b) विधान परिषद के मंत्रियों द्वारा
(c) विधानमण्डल
(d) उपर्युक्त सभी

32. किसी राज्य के राज्यपाल को निम्नलिखित में से किसकी शक्ति प्राप्त नहीं है?

(a) विधान सभा का सत्रावसान करने का
(b) विधान सभा भंग करने का
(c) विधान सभा स्थापित करने का
(d) विधान सभा बुलाने का

33. राज्यपाल द्वारा जारी किये गये अध्यादेशों पर कौन-सी कार्यवाही आवश्यक होती है?

(a) राष्ट्रपति की स्वीकृति
(b) राज्य विधान मंडल की स्वीकृति
(c) लोकसभा की स्वीकृति
(d) प्रधानमंत्री की स्वीकृति

34. राज्य सरकार को बर्खास्त किया जा सकता है-

(a) राज्यपाल की सिफारिश पर राष्ट्रपति द्वारा
(b) राज्यपाल की सिफारिश पर प्रधानमंत्री द्वारा
(c) राज्यपाल की सिफारिश पर गृहमंत्री द्वारा
(d) भारत के प्रधानमंत्री द्वारा

35. सामान्यत: राज्यों के मुख्यमंत्री-

(a) विधान सभा के सदस्य होते हैं
(b) विधान परिषद् के सदस्य होते हैं
(c) विधान सभा में बहुमत दल का नेता होता है
(d) विधान परिषद् में बहुमत दल का नेता होता है

36. किसी राज्य के मंत्रिपरिषद् की बैठक की अध्यक्षता कौन करता है?

(a) राज्यपाल
(b) विधान सभाध्यक्ष
(c) मुख्यमंत्री
(d) मुख्य सचिव

37. राष्ट्रीय विकास परिषद् की बैठक में राज्य का प्रतिनिधित्व कौन करता है?

(a) राज्यपाल (b) मुख्यमंत्री
(c) विधान सभाध्यक्ष (d) कैबिनेट सचिव

38. राज्य का मुख्यमंत्री-

1. राज्य विधान सभा द्वारा चुना जाता है
2. मंत्रिपरिषद् के सदस्यों द्वारा नियुक्त किया जाता है
3. मंत्रिपरिषद् की शक्ति को निर्धारित करता है
4. मंत्रिपरिषद् का वेतन निर्धारित करता है

नीचे दिये गये कूटों में कौन सही हैं?

(a) II, एवं IV (b) I, III एवं IV
(c) केवल II (d) I एवं II

39. किसी भारतीय राज्य की प्रथम महिला मुख्यमंत्री बनी–
(a) सुचेता कृपलानी
(b) विजयालक्ष्मी पंडित
(c) नन्दिनी सत्पथी
(d) सरोजिनी नायडू

40. क्या राज्य विधानपरिषद् के लिए निर्वाचित कोई व्यक्ति मुख्यमंत्री बन सकता है ?
(a) संविधान में ऐसा कोई उपबंध नहीं है
(b) नहीं
(c) ऐसी कोई परम्परा स्थापित नहीं हुई है
(d) हां, यदि उसके दल का राज्य की विधानसभा में बहुमत है।

41. संविधान के अनुसार राज्य मंत्रिमपरिषद् में कितने सदस्य हो सकेंगे ?
(a) एक मुख्यमंत्री और 20 अन्य मंत्री
(b) एक मुख्यमंत्री और अन्य उतने मंत्री जितने राज्यपाल समय-समय पर नियुक्त करे
(c) विधानसभा की कुल सदस्य संख्या का 15% तक ही
(d) कुल 35 मंत्री।

42. भारत में राज्य विधानपालिकाओं का उच्च सदन कौन-सा है ?
(a) विधानपालिका परिषद्
(b) विधानपालिका समिति
(c) राज्यपाल का कार्यालय
(d) इनमें से कोई नहीं

43. निम्नलिखित राज्यों में कहां विधान परिषद् है/हैं ?
(a) केरल
(b) हिमाचल प्रदेश
(c) दिल्ली
(d) बिहार

उत्तरमाला

1. (d)	**2.** (a)	**3.** (d)	**4.** (c)	**5.** (b)	**6.** (d)	**7.** (d)	**8.** (a)	**9.** (b)	**10.** (a)
11. (d)	**12.** (c)	**13.** (a)	**14.** (d)	**15.** (c)	**16.** (b)	**17.** (c)	**18.** (d)	**19.** (d)	**20.** (b)
21. (d)	**22.** (c)	**23.** (d)	**24.** (a)	**25.** (d)	**26.** (b)	**27.** (c)	**28.** (c)	**29.** (b)	**30.** (a)
31. (c)	**32.** (a)	**33.** (b)	**34.** (a)	**35.** (c)	**36.** (c)	**37.** (b)	**38.** (c)	**39.** (a)	**40.** (c)
41. (c)	**42.** (a)	**43.** (d)							

पंचायती राजव्यवस्था

1. निम्नलिखित कथनों पर विचार कीजिए-

1. भारत के संविधान के भाग IX में पंचायतों से संबंधित उपबंध हैं और उसे संविधान (73वां संशोधन) अधिनियम, 1992 द्वारा अंत: स्थापित किया गया।
2. भारत के संविधान के भाग IX A में नगरपालिकाओं से संबद्ध उपबंध हैं तथा अनुच्छेद 243 Q के अनुसार प्रत्येक राज्य के लिए दो प्रकार की नगरपालिकाएं हो सकती हैं—नगरपालिका परिषद् और नगर निगम।

उपरोक्त कथनों में से कौन-सा/से सही है/हैं ?

(a) केवल 1 (b) केवल 2
(c) दोनों 1 और 2 (d) न ही 1 और न ही 2

2. एक कॉलेज का विद्यार्थी अपने नगर की नगर परिषद में चुने जाने का इच्छुक है। उसके नामांकन की वैद्यता अन्य शर्तों के साथ-साथ इस महत्वपूर्ण शर्त पर निर्भर होगी कि-

(a) वह अपने कॉलेज के प्राचार्य से अनुमति प्राप्त कर ले
(b) वह किसी राजनीतिक दल का सदस्य हो
(c) उसका नाम मतदाता सूची में सम्मिलित हो
(d) वह भारतीय संविधान के प्रति निष्ठा की घोषणा दाखिल करें

3. '..........लाखों-करोड़ों पुरुष एवं स्त्री श्रमिकों में, जो वास्तव में काम करते हैं, परस्पर हिस्सेदारी एवं सहयोगपूर्ण निष्पादन की भावना भर देना.........'

उपर्युक्त अंश संबंधित है

(a) सुनियोजित विकास से
(b) सामुदायिक विकास से
(c) पंचायती राज प्रणाली से
(d) एकीकृत विकास कार्यक्रम से

4. सूची-I (स्थानीय निकाय) को सूची-II (राज्य 1999 की स्थिति के अनुसार) के साथ सुमेलित कीजिए और सूचियों के नीचे दिए गए कूट का प्रयोग करते हुए सही उत्तर चुनिए-

सूची-I	**सूची-II**
A. उप-प्रभाग स्तर पर जिला परिषद्	1. आंध्र प्रदेश
B. मंडल प्रजा परिषद्	2. असम
C. जनजातीय परिषद्	3. मिजोरम
D. ग्राम पंचायतों का अभाव	4. मेघालय

कूट:

	A	B	C	D
(a)	2	1	4	3
(b)	1	2	4	3
(c)	3	2	1	4
(d)	2	1	3	4

5. 1993 में अधिनियमित नए पंचायती राज बिल में पहले से हटकर अनेक नए प्रावधान हैं। निम्नलिखित में से कौन-सा एक ऐसा प्रावधान नहीं है ?

(a) अन्य क्षेत्रों के साथ-साथ कृषि, ग्रामीण विकास, प्राथमिक शिक्षा और सामाजिक वानिकी के क्षेत्र में अनेक सम्मिलित दायित्व
(b) सभी पदों के लिए, उनके रिक्त होने पर, निर्वाचनों का आज्ञापक किया जाना
(c) पंचायतों में, एक-तिहाई पदों तक, महिलाओं का सांविधिक प्रतिनिधित्व
(d) पंचायत के सदस्यों के लिए नियमित पारिश्रमिक, ताकि उनकी समय पाबंदी और जवाबदेही सुनिश्चित हो

6. अक्तूबर 1959 में पंचायत राज भारत में सर्वप्रथम आरम्भ किया गया-

(a) राजस्थान में (b) तमिलनाडु में
(c) केरल में (d) कर्नाटक में

7. पंचायती राज व्यवस्था में शासन प्रणाली की संरचना क्या है ?

(a) ग्राम स्तर पर स्थानीय स्वशासन की एक-स्तरीय संरचना
(b) ग्राम और खंड स्तर पर स्थानीय स्वशासन की द्विस्तरीय संरचना
(c) ग्राम, खंड, और जिला स्तर पर स्थानीय स्वाशासन की त्रिस्तरीय संरचना
(d) ग्राम, खंड, जिला और राज्य स्तर पर स्थानीय स्वशासन की चतु:स्तरीय संरचना

8. भारत में स्थानीय शासन के विषय में निम्नलिखित में से कौन सा सही नहीं है ?

(a) भारतीय संविधान के अनुसार परिसंघीय प्रणाली में स्थानीय शासन जैसी कोई स्वतंत्र कोटि नहीं है
(b) स्थानीय निकायों के 30% स्थान स्त्रियों के लिए आरक्षित हैं
(c) स्थानीय शासन के लिए वित्त का उपबंध एक आयोग करता है
(d) स्थानीय निकायों के लिए निर्वाचन का निर्धारण एक आयोग करता

9. केन्द्र-राज्य संबंधों को विशेष रूप से किस प्रसंग में 'म्यूनीसिपल संबंध' कहा गया है ?

(a) विधायन के क्षेत्र में राज्य पर केन्द्र के नियंत्रण के प्रसंग में
(b) वित्तिय मामलों में राज्य पर केन्द्र के नियंत्रण के प्रसंग में
(c) प्रशासनिक क्षेत्रक में राज्य पर केन्द्र के नियंत्रण के प्रसंग में
(d) योजना प्रक्रम में राज्य पर केन्द्र के नियंत्रण के प्रसंग में

10. निम्न कथनों पर विचार करें-

1. पंचायती राज की संकल्पना सत्ता के विकेन्द्रीकरण से संबंधित है।
2. पंचायतों के माध्यम से गांवों का विकास करना, गांव की समस्याएं स्थानीय स्तर पर हल करना।
3. ग्रामीण समुदाय को प्रत्येक क्षेत्र में पूर्ण स्वावलम्बी बनाना है।
4. पंचायती राज की सफलता पर ही भारतीय लोकंतत्र का भविष्य निर्भर करता है।

उपरोक्त कथनों में से कौन-सा/से सही है/हैं ?

(a) 1, 2 और 3 (b) 2, 3 और 4
(c) 1, 2, 3 और 4 (d) 1, 3 और 4

11. बलवन्त राय मेहता समिति ने कितने स्तरीय पंचायती व्यवस्था स्थापित करने की सिफारिश की थी ?

(a) एक स्तरीय (b) द्वि स्तरीय
(c) तृतीय स्तरीय (d) चतुर्थ स्तरीय

12. प्रथम प्रधानमंत्री जवाहरलाल नेहरू ने पंचायती राज का सबसे पहला उद्घाटन कब किया था ?

(a) 2 अक्टूबर, 1958 को राजस्थान के नागौर जिले में
(b) 15 अगस्त, 1959 को राजस्थान के नागौर जिले में
(c) 2 अक्टूबर, 1959 को राजस्थान के नागौर जिले में
(d) 2 अक्टूबर, 1960 को राजस्थान के नागौर जिले में

13. अशोक मेहता समिति ने कितने स्तरीय पंचायती राज व्यवस्था की सिफारिश की थी ?

(a) एक स्तरीय (b) द्वि स्तरीय
(c) तृतीय स्तरीय (d) कोई नहीं

14. अशोक मेहता समिति ने पंचायती राज के संबंध में कौन-सा सुझाव दिया है ?

(a) पंचायती राज व्यवस्था को समाप्त किया जाए
(b) अनेक गांवों के लिए एक पंचायत की स्थापना की जाए
(c) जिला परिषद् और मंडल पंचायत नामक द्विस्तरीय पंचायती राज की व्यवस्था की जाए
(d) उपरोक्त में से कोई नहीं

15. 73वें संविधान संशोधन के संबंध में विचार करें-

1. राज्यों में त्रिस्तरीय पंचायत क्रमशः गांव स्तर, खंड स्तर व जिला स्तर पर गठन किया जाएगा।
2. पंचायत के सभी सदस्यों का चुनाव व्यस्क मताधिकार के आधार पर पाँच वर्ष के लिए किया जाएगा।
3. गांव स्तर के पंचायत के अध्यक्ष का चुनाव प्रत्यक्ष तथा खंड स्तर तथा जिला स्तर के पंचायत के अध्यक्ष का चुनाव अप्रत्यक्ष रूप से किया जाऐगा।
4. पंचायत के सभी स्तरों पर महिलाओं के लिए 33% तथा अनुसूचित जाति या जनजाति के सदस्यों के लिए उनके अनुपात में आरक्षण प्रदान किया जाऐगा।

उपरोक्त कथनों में से कौन-सा/से सही है/हैं ?

(a) 1, 2 और 3 (b) 2, 3 और 4
(c) 1, 3 और 4 (d) सभी

16. पंचायती राज व्यवस्था को विभिन्न राज्यों में कब लागू किया गया ?

सूची-I	सूची-II
A. 1959	1. तमिलनाडु
B. 1960	2. महाराष्ट्र
C. 1962	3. असम
D. 1963	4. राजस्थान

कूटः

	A	B	C	D
(a)	1	2	3	4
(b)	4	3	1	2
(c)	4	2	1	3
(d)	3	2	4	1

17. पंचायती राज से संबंधित समितियों का गठन कब किया गया ? सूची-I को सूची-II के साथ सुमेलित करें-

सूची-I	सूची-II
A. बलवंत राय मेहता समिति	1. 1986
B. अशोक मेहता समिति	2. 1985
C. जी.के.वी. राव समिति	3. 1957
D. एल.एम.सिंघवी समिति	4. 1977

कूटः

	A	B	C	D
(a)	1	2	3	4
(b)	3	4	2	1
(c)	2	3	4	1
(d)	3	1	2	4

18. 73वें संविधान संशोधन के संबंध में विचार करें-

1. संविधान संशोधन के द्वारा भाग 9 जोड़ा गया।
2. भाग 9 में 16 अनुच्छेद हैं।
3. 73वें संशोधन के बाद संविधान में 11वीं अनुसूची जोड़ी गई।
4. 73वें संविधान संशोधन में नगर पालिका को भी शामिल किया गया।

उपरोक्त कथनों में से कौन-सा/से सही है/हैं ?

(a) 1 और 2 (b) 2 और 3
(c) 3 और 4 (d) 1, 2 और 3

19. पंचायतें यदि समय से पहले भंग होती है तो कितने समय के भीतर उनका चुनाव होना अनिवार्य है?

(a) 2 वर्ष के अंदर (b) 1 वर्ष के अंदर
(c) 3 महीने के अंदर (d) 6 महीने के अंदर

20. पंचायत के चुनाव कराने हेतु निर्णय किसके द्वारा लिया जाता है?

(a) केन्द्र सरकार (b) राज्य सरकार
(c) जिला न्यायाधीश (d) चुनाव आयोग

21. भारत के संविधान में पंचायतों तथा नगरपालिकाओं से सम्बद्ध 73वें और 74वें संवैधानिक संशोधन जब हुए उस समय भारत के प्रधानमंत्री कौन थे?

(a) इन्दिरा गांधी (b) राजीव गांधी
(c) पी. वी. नरसिम्ह राव (d) वी. पी. सिंह

22. **कथन (A):** पंचायतों के प्रधान, प्रमुख तथा अध्यक्ष के पदों में महिलाओं के लिए जिनमें अनुसूचित जाति, अनुसूचित जनजाति तथा पिछड़ी जाति की महिलाएँ सम्मिलित हैं, आरक्षण से उनके क्रियाकलाप में एक सुस्पष्ट परिवर्तन आया है।

कारण (R): ग्रामीण क्षेत्रों की महिलाएँ इस आरक्षण की माँग लम्बे समय से कर रही थीं।

नीचे दिए गए कूट का प्रयोग कर अपना उत्तर चुनिए-

कूटः

(a) A तथा R दोनों सही हैं, और R, A की सही व्याख्या है
(b) A तथा R दोनों सही हैं, किन्तु R, A की सही व्याख्या नहीं है
(c) A सही है, किन्तु R गलत है।
(d) A गलत है, किन्तु R सही है।

23. भारत में पंचायती राज प्रतिनिधित्व करता है-

(a) शक्तियों का विकेन्द्रीकरण
(b) लोगों की हिस्सेदारी
(c) सामुदायिक विकास
(d) ये सभी

24. भारत में त्रिस्तरीय पंचायती राजतंत्र की सिफारिश की थी-

(a) अशोक मेहता समिति ने
(b) बलवंत राय मेहता समिति ने
(c) जी. के. वी. राव समिति ने
(d) एल. एम. सिंघवी समिति ने

25. जिस समिति की सिफारिश पर भारत में पंचायती राज की स्थापना की गई, उसका अध्यक्ष कौन था?

(a) अशोक मेहता (b) डॉ. इकबाल नारायण
(c) बलवंत राय मेहता (d) जगजीवन राम

26. पंचायती राज व्यवस्था के अध्ययन के लिए 1977 में किस समिति का गठन किया गया?

(a) डॉ. पी.वी.के. राव समिति
(b) बलवंत राय मेहता समिति
(c) अशोक मेहता समिति
(d) राजमन्नार समिति

27. संविधान का 73वां संशोधन संबंधित है-

(a) राष्ट्रपति पर महाभियोग से
(b) चुनाव आयोग की नियुक्ति से
(c) शैक्षणिक संस्थाओं में सीटों के आरक्षण से
(d) पंचायती राज प्रणाली से

28. संविधान के 73वें संशोधन ने प्रावधान किया है-

(1) पंचायतों के नियमित चुनाव कराने के लिये
(2) महिलाओं के लिये सभी स्तरों पर स्थानों के आरक्षण के लिये
(3) राज्य वित्त आयोग की संस्तुति के अनुसार पंचायतों को फन्ड्स का अनिवार्य रूप से हस्तांतरण
(4) 11वीं अनुसूची में दिये विषयों के संबंध में पंचायतों को शक्ति का अनिवार्य रूप से हस्तांतरण

नीचे दिये कूट में से सही उत्तर का चयन कीजिये-

(a) 1 और 2
(b) 1, 2 और 3
(c) 2, 3 और 4
(d) उपर्युक्त सभी

29. भारतीय संविधान का 73वां संशोधन प्रावधान करता है-

(a) पहली बार पंचायती राज का
(b) पंचायतों पर प्रशासकीय नियंत्रण हटाने का
(c) पंचायत चुनावों की विधि में परिवर्तनों का
(d) पंचायत चुनावों को आदेशात्मक तथा लोक सभा एवं विधान सभा चुनावों के समकक्ष बनाने का

30. महिलाओं को पंचायतों में आरक्षण भारतीय संविधान में संशोधन करके दिया गया है, वह है-

(a) 1992 का 70वां संशोधन
(b) 1992 का 73वां संशोधन
(c) 1992 का 74वां संशोधन
(d) 1994 का 7वां संशोधन

31. पंचायती राज की तिरिस्तरीय प्रणाली में आते हैं-

(a) ग्राम पंचायत, पंचायत समिति, ब्लॉक समिति
(b) ग्राम पंचायत, ब्लॉक समिति, जिला परिषद
(c) ब्लॉक समिति, जिला परिषद, पंचायत समिति
(d) ग्राम पंचायत, पंचायत समिति, जिला परिषद।

32. एक क्षेत्र पंचायत का क्षेत्र निर्धारित किया जाता है-
(a) राज्य चुनाव आयोग
(b) राज्य सरकार द्वारा
(c) मण्डल के आयुक्त द्वारा
(d) जनपद के जिलाधिकारी द्वारा

33. भारत में इनमें से कौन-सा विषय पंचायती राज संस्थाओं की शक्तियों के अन्तर्गत नहीं जात हैं ?
(a) भूमि-सुधारों का क्रियान्वयन
(b) न्यायिक पुनर्वीक्षण
(c) निर्धनता निवारण कार्यक्रमों का क्रियान्वयन
(d) इनमें से कोई नहीं

34. राज्य वित्त आयोग का गठन भारतीय संविधान के अंतर्गत किया जाता है-
(a) अनुच्छेद 243 (एच) के अनुसार
(b) अनुच्छेद 243 (वाई) के अनुसार
(c) अनुच्छेद 243 (जे) के अनुसार
(d) अनुच्छेद 243 (के) के अनुसार

35. पंचायती राज संस्थाओं की स्थापना किस स्तर पर नही की गई है-
(a) राज्य स्तर
(b) प्रखण्ड स्तर
(c) ग्राम पंचायत स्तर
(d) जिला स्तर

उत्तरमाला

1. (a)	**2.** (c)	**3.** (b)	**4.** (a)	**5.** (d)	**6.** (a)	**7.** (c)	**8.** (b)	**9.** (d)	**10.** (c)
11. (c)	**12.** (c)	**13.** (b)	**14.** (c)	**15.** (d)	**16.** (b)	**17.** (b)	**18.** (d)	**19.** (d)	**20.** (b)
21. (c)	**22.** (b)	**23.** (d)	**24.** (b)	**25.** (b)	**26.** (c)	**27.** (d)	**28.** (d)	**29.** (a)	**30.** (b)
31. (d)	**32.** (a)	**33.** (b)	**34.** (b)	**35.** (a)					

संवैधानिक निकाय

1. निम्नलिखित में से कौन सा आयोग भारत के संविधान के एक अनुच्छेद के अन्तर्गत सुस्पष्ट उपबंध के पालन में गठित हुआ?

(a) विश्वविद्यालय अनुदान आयोग
(b) राष्ट्रीय मानवाधिकार आयोग
(c) निर्वाचन आयोग
(d) केन्द्रीय सतर्कता आयोग

2. निम्नलिखित कार्यों पर विचार कीजिए-

1. स्वतंत्र तथा निष्पक्ष चुनावों का अधीक्षण, निदेशन तथा संचालन।
2. संसद, राज्यों की विधायिकाओं, राष्ट्रपति तथा उप-राष्ट्रपति के चुनावों की निर्वाचक नामावली तैयार करना।
3. चुनाव लड़ने वाले व्यक्तियों तथा राजनीतिक दलों को चुनाव चिह्न देना तथा राजनीतिक दलों को मान्यता देना।
4. चुनाव विवादों में अन्तिम निर्णय की उद्घोषणा।

उपरोक्त में से भारत के चुनाव आयोग के कौन-से कार्य हैं?

(a) 1, 2, और 3 (b) 2, 3 और 4
(c) 1 और 3 (d) 1, 2 और 4

3. भारत के संदर्भ में निम्नलिखित कथनों पर विचार कीजिए-

1. मुख्य चुनाव आयुक्त और अन्य चुनाव आयुक्तों को समान अधिकार प्राप्त हैं परन्तु मिलने वाले वेतन में असमानता है।
2. मुख्य चुनाव आयुक्त वही वेतन पाने का हकदार है जितना उच्चतम न्यायालय के न्यायाधीश को दिया जाता है।
3. मुख्य चुनाव आयुक्त को उच्चतम न्यायालय के किसी न्यायाधीश को हटाने के तरीके और कारणों के अतिरिक्त किसी अन्य तरीके और कारण से उसके पद से नहीं हटाया जा सकता।
4. चुनाव आयुक्त का कार्यकाल उसके पदभार संभालने की तारीख से पाँच वर्ष अथवा उसके 62 वर्ष की आयु प्राप्त कर लेने के दिन तक, जो भी पहले हो, होता है।

इनमें से कौन-कौन से कथन सही हैं?

(a) 1 और 2 (b) 2 और 3
(c) 1 और 4 (d) 2 और 4

4. संसद की किस समिति का सदस्य कोई मंत्री नहीं हो सकता है?

(1) लोक सेवा समिति (2) अनुमान समिति
(3) लोक उद्यम समिति (4) नई स्थायी संसदीय समितियां

उपर्युक्त में से सही का चयन कीजिए:

(a) केवल 1
(b) 1 और 2
(c) केवल 2
(d) उपरोक्त किसी भी समिति का सदस्य कोई मंत्री नहीं हो सकता

5. भारत के राजनीतिक दलों के संबंध में निम्नलिखित कथनों पर विचार कीजिए-

1. जनप्रतिनिधित्व अधिनियम, 1951 राजनीतिक दलों के पंजीकरण का प्रावधान करता है।
2. राजनीतिक दलों का पंजीकरण निर्वाचन आयोग करता है।
3. राष्ट्रीय स्तर का राजनैतिक दल वह है जिसे चार या अधिक राज्यों में मान्यता प्राप्त है।
4. 1999 के आम चुनाव में निर्वाचन आयोग द्वारा मान्यता प्राप्त 6 राष्ट्रीय और 48 राज्यस्तरीय दल थे।

इन कथनों में से कौन-कौन से सही हैं?

(a) 1, 2 और 4 (b) 1 और 3
(c) 2 और 4 (d) 1, 2, 3 और 4

6. लोकसभा में अनुसूचित जनजातियों के लिए जिस राज्य में सर्वाधिक आरक्षित सीटें हैं, वह है-

(a) बिहार (b) गुजरात
(c) उत्तर प्रदेश (d) मध्य प्रदेश

7. जन प्रतिनिधित्व (संशोधन) अधिनियम 1996 द्वारा निर्वाचन विधि में हुए हाल के संशोधनों के विषय में निम्नलिखित कथनों पर विचार कीजिए-

1. भारतीय राष्ट्रीय ध्वज अथवा भारत के संविधान के अपमान के अपराध के लिए किसी दोषसिद्धि के होने पर दोषसिद्धि की तिथि से छ: वर्षो के लिए संसद और राज्य विधान मंडलों के चुनाव लड़ने की अयोग्यता हो जाएगी।
2. लोकसभा के लिए चुनाव लड़ने हेतु अभ्यर्थी द्वारा जमा किए जाने वाले प्रतिभूति निक्षेप में वृद्धि की गई है।
3. कोई अभ्यर्थी अब एक से अधिक संसदीय निर्वाचन क्षेत्र से निर्वाचन के लिए खड़ा नहीं हो सकता।
4. चुनाव लड़ने वाले किसी अभ्यर्थी की मृत्यु हो जाने पर अब किसी निर्वाचन का प्रत्यादिष्ट नहीं किया जा सकता।

उपर्युक्त कथनों में से कौन से सही हैं?

(a) 2 और 3 (b) 1, 2 और 4
(c) 1 2, 3, 4 (d) 1 और 3

8. भारत के संविधान की निम्नलिखित में से कौन-सी अनुसूची में दल-बदल विरोधी कानून विषयक प्रावधान है?

(a) दूसरी अनुसूची
(b) पाँचवीं अनुसूची
(c) आठवीं अनुसूची
(d) दसवीं अनुसूची

9. दिनेश गोस्वामी समिति ने सिफारिश की थी-
(a) राज्य स्तरीय निर्वाचन आयोगों के गठन की
(b) लोकसभा के चुनाव के लिए सूची-पद्धति की
(c) लोक सभा के चुनाव के सरकारी निधीयन की
(d) लोकसभा के चुनाव में निर्दलीय प्रत्याशियों की अभ्यर्थता पर प्रतिबंध की

10. उस देश में आनुपातिक प्रतिनिधित्व आवश्यक नहीं है जहाँ-
(a) कोई आरक्षित निर्वाचन क्षेत्र नहीं है
(b) द्विदलीय प्रणाली विकसित हुई है
(c) पहला आए सब ले जाए (फर्स्ट-पास्ट-दी-पोस्ट) पद्धति प्रचलित है
(d) राष्ट्रपति और संसदीय शासन प्रणाली का सम्मिश्रण है

11. यदि लोकलेखा समिति का कोई सदस्य मंत्री नियुक्त हो जाता है, तो समिति से उसकी सदस्यता कब समाप्त हो जाएगी?
(a) 30 दिन के भीतर
(b) मंत्री पद पर नियुक्ति की तिथि से वह समिति का सदस्य नहीं रहेगा
(c) उसे 14 दिन के भीतर समिति की सदस्यता त्यागनी होगी
(d) सभापति की स्थिति में सदस्यता पर कोई आंच नहीं आएगी

12. किस समिति के अध्यक्ष पद पर विरोधी दल के सांसद को नियुक्त करने की परम्परा है?
(a) अनुमान समिति (b) लोक उद्यम समिति
(c) लोक लेखा समिति (d) उपर्युक्त में से कोई नहीं

13. भारत में निर्वाचन प्रक्रम के आरंभ के विषय में निम्नलिखित में से कौन-सा सही है?
(a) सरकार द्वारा निर्वाचन की सिफारिश और निर्वाचन आयोग द्वारा निर्वाचन की अधिसूचना जारी किया जाना
(b) निर्वाचन आयोग द्वारा निर्वाचन की सिफारिश और केन्द्र में गृह मंत्रालय द्वारा तथा राज्यों में गृह विभागों द्वारा निर्वाचन की अधिसूचना जारी किया जाना
(c) निर्वाचन आयोग द्वारा निर्वाचन की सिफारिश और राष्ट्रपति अथवा राज्य के राज्यपाल द्वारा निर्वाचन की अधिसूचना जारी किया जाना
(d) निर्वाचन की सिफारिश और उसकी अधिसूचना जारी किया जाना दोनों ही कार्यों का निर्वाचन आयोग द्वारा किया जाना

14. यदि किसी राज्य विधान सभा के निर्वाचन में निर्वाचित घोषित होने वाला प्रत्याशी अपनी निक्षिप्त राशि खो देता है तो उसका अर्थ है कि-
(a) मतदान बहुत कम हुआ
(b) बहुसदस्यीय निर्वाचन क्षेत्र के लिए निर्वाचन था
(c) निर्वाचित प्रत्याशी की अपने निकटतम प्रतिद्वंद्वी पर विजय बहुत कम मतों से थी
(d) निर्वाचन लड़ने वाले प्रत्याशियों की संख्या बहुत अधिक थी

15. **कथन (A):** भारत में केन्द्रीय लोकसभा और राज्यों की विधान सभाओं के निर्वाचन में सदस्यों का बहुमत पाने वाले राजनैतिक दल ही सरकार बनाते रहे हैं न कि मतों का बहुमत पाने वाले।

कारण (R): बहुमत प्रणाली पर आधारित निर्वाचनों में प्राप्त मतों की आपेक्षिक बहुलता के आधार पर ही परिणाम का निर्णय होता है।

16. 'निर्गम मत सर्वेक्षण' के विषय में कौन-सा कथन सही है?
(a) 'निर्गम मत सर्वेक्षण' अभिव्यक्ति का प्रयोग मतदाताओं के उस निर्वाचनोत्तर सर्वेक्षण को व्यक्त करता है जिससे यह पता चले कि मतदाताओं ने अपने मताधिकार का प्रयोग किस प्रत्याशी के पक्ष में किया
(b) 'निर्गम मत सर्वेक्षण' और 'जनमत सर्वेक्षण' एक ही बात है
(c) 'निर्गम मत सर्वेक्षण' वह युक्ति है जिससे मतदान के परिणामों के विषय में अधिकतम सही पूर्वानुमान किया जा सकता है
(d) 'निर्गम मत सर्वेक्षण' हाल ही में मुख्य निर्वाचन आयुक्त द्वारा निकाली गयी प्रशासनिक युक्ति है जिससे पररूपधारण करके मतदान रोका जा सकता है

17. भारत के निर्वाचन आयोग के निम्नलिखित में से कौन से कृत्य हैं?

1. लोक सभा के अध्यक्ष और उपाध्यक्ष तथा राज्य सभा के उपसभापति के पदों के लिए निर्वाचन करवाना
2. नगरपालिकाओं और नगर निगमों के लिए निर्वाचन करवाना
3. निर्वाचनों से उत्पन्न सभी संदेहों और विवादों का निर्णय कीजिए

नीचे दिए हुए कूटों से सही उत्तर का चयन कीजिए:

(a) 1 और 2 (b) 1 और 3
(c) 2 और 3 (d) कोई नही

18. भारत में विविध निर्वाचनों के लिए निम्नलिखित में से कौन-कौन सी निर्वाचन प्रणालियाँ स्वीकृत की गई हैं?
1. वयस्क मताधिकार के आधार पर प्रत्यक्ष निर्वाचन प्रणाली
2. एकल संक्रमणीय मत के द्वारा आनुपातिक प्रतिनिधित्व की प्रणाली
3. आनुपातिक प्रतिनिधित्व की सूची प्रणाली
4. अप्रत्यक्ष निर्वाचन की संचयी मतदान प्रणाली

नीचे दिए हुए कूटों से सही उत्तर का चयन कीजिए-

कूटः
(a) 1 और 2
(b) 1 और 3
(c) 1, 2 और 3
(d) 2, 3 और 4

19. निर्वाचन आयोग के संबंध में विचार करें-

1. संविधान के अनुच्छेद 324 से 329 तक निर्वाचन आयोग से संबंधित है।
2. निर्वाचन आयोग संसद व प्रत्येक राज्य की विधायिका के निर्वाचन का संचालन एवं राष्ट्रपति और उपराष्ट्रपति का निर्वाचन करवाता है।

उपरोक्त कथनों में से कौन-सा/से सही है/हैं ?

(a) केवल 1 (b) केवल 2
(c) 1 और 2 (d) कोई नहीं

20. निर्वाचन आयोग के संबंध में निम्न कथनों पर ध्यान दें-

1. मुख्य निर्वाचन आयुक्त का दर्जा उच्चतम न्यायालय के न्यायाधीश के समकक्ष होता है।
2. निर्वाचन अधिकारी का कार्यकाल 5 वर्ष का होता है।
3. मुख्य निर्वाचन आयुक्त को प्रधानमंत्री हटा सकता है।

उपरोक्त कथनों में से कौन-सा/से असत्य है/हैं ?

(a) केवल 1
(b) केवल 2
(c) केवल 3
(d) 2 और 3

21. निर्वाचन आयोग के कार्यों में शामिल है-

1. निर्वाचन सूची तैयार करना।
2. चुनाव में अनियमितताओं के विरुद्ध याचिकाओं को प्राप्त करना तथा सुनवाई के लिए अधिकरणों की नियुक्ति करना।
3. चुनाव में प्रत्याशियों द्वारा किए गए चुनावी खर्चो की जांच करना।
4. चुनाव के लिए आचार संहिता का निर्माण करना।

उपरोक्त कथनों में से कौन-सा/से सही है/हैं ?

(a) 1, 2 और 3
(b) 2, 3 और 4
(c) 1, 3 और 4
(d) उपरोक्त सभी

22. मुख्य निर्वाचन आयुक्त को पद से हटाया जा सकता है-

1. अक्षमता और सिद्ध कदाचार के आरोप पर संसद के दोनों सदनो से विशेष बहुमत द्वारा प्रस्ताव पारित होने पर।
2. मुख्य निर्वाचन आयुक्त को पद से हटाने के लिए वही विधि है जो उच्चतम न्यायालय के न्यायाधीश के लिए है।

उपरोक्त कथनों में से कौन-सा/से सही है/हैं ?

(a) केवल 1 (b) केवल 2
(c) 1 और 2 (d) उपरोक्त मे से कोई नहीं

23. चुनाव सुधारों से संबंधित दिनेश गोस्वामी समिति के सिफारिशों पर विचार करें-

1. रिक्त हुए स्थान के उपचुनाव एक वर्ष के भीतर होना अनिर्वाय है।
2. मतदाताओं को परिचय पत्र दिया जाए।
3. इलैक्ट्रोनिक वोटिंग मशीन का प्रयोग किया जाये।
4. जहां सीटें आरक्षित है वहां रोटेशन प्रणाली अपनायी जाए।

उपरोक्त कथनों में से कौन-सा/से सही है/हैं ?

(a) 1, 2 और 3 (b) 2, 3 और 4
(c) 3 और 4 (d) केवल 4

24. जन प्रतिनिधि संशोधन अधिनियम 1996 के अनुसार क्या व्यवस्था की गई है ?

1. एक व्यक्ति एक साथ लोक सभा तथा विधान सभा का चुनाव नहीं लड़ सकता।
2. जमानत की राशि पर परिवर्तन किया गया।
3. चुनाव के दौरान किसी राजनीतिक दल के उम्मीदवार की मृत्यु हो जाने पर भी चुनाव रद्द नहीं किया जाएगा।

उपरोक्त कथनों में से कौन-सा/से सही है/हैं ?

(a) 1, 2 और 3 (b) 1 और 2
(c) 2 और 3 (d) 1 और 3

25. निर्वाचन आयोग के कार्यों में शामिल है-

1. राष्ट्रपति, उपराष्ट्रपति, सामान्य चुनाव, संसद एवं विधानमंडलों के उपचुनाव करवाना।
2. राजनीतिक दलों को मान्यता देना।
3. राजनीतिक दलों और निर्दलीय उम्मीदवारों को चुनाव चिन्ह प्रदान करना।
4. देश में स्वतंत्र तथा निष्पक्ष चुनाव कराने की व्यवस्था करना।

उपरोक्त कथनों में से कौन-सा/से सही है/हैं ?

(a) 1, 2 और 3 (b) 2, 3 और 4
(c) 1, 3 और 4 (d) उपरोक्त सभी

26. निम्न कथनों पर विचार करें

1. यदि संसद के किसी सदस्य की योग्यता के संबंध में कोई विवाद उत्पन्न होता है तो राष्ट्रपति चुनाव आयोग की सलाह से उस विवाद का निर्णय कर सकता है।
2. यदि राज्य विधानमंडल के किसी सदस्य की योग्यता के संबंध में कोई विवाद उत्पन्न होता है तो राज्यपाल चुनाव आयोग की सलाह से उस विवाद का निपटारा कर सकता है।
3. दल बदल से संबंधित विवाद का निपटारा संबंधित सदन करता है।

उपरोक्त कथनों में से कौन-सा/से सही है/हैं ?

(a) 1, 2 और 3 (b) 1 और 2
(c) 2 और 3 (d) 1 और 3

27. तारकुंडे समिति की सिफारिशों पर ध्यान दें–

1. मताधिकार की आयु 21 वर्ष से घटाकर 18 वर्ष कर दी जाए।
2. राजनीतिक दलों के लिए आय के स्रोतों तथा व्यय का पूरा ब्योरा लिखित रूप में अनिवार्य कर दिया गया है।
3. चुनाव के दौरान उम्मीदवारों ने जो खर्च किये हैं उनकी जांच कराई जाए।
4. राजनीतिक दलों द्वारा उम्मीदवार पर जो खर्च किये जाते हैं उस खर्च को उम्मीदवार के खर्च में शामिल किया जाए।

उपरोक्त कथनों में से कौन-सा/से सही है/हैं ?

(a) 1, 2 और 3 (b) 1 और 2
(c) 3 और 4 (d) उपरोक्त सभी

उत्तरमाला

1. (c)	**2.** (a)	**3.** (b)	**4.** (c)	**5.** (d)	**6.** (d)	**7.** (b)	**8.** (d)	**9.** (b)	**10.** (b)
11. (c)	**12.** (c)	**13.** (a)	**14.** (d)	**15.** (a)	**16.** (a)	**17.** (d)	**18.** (a)	**19.** (c)	**20.** (d)
21. (d)	**22.** (c)	**23.** (b)	**24.** (a)	**25.** (d)	**26.** (a)	**27.** (d)			

अभ्यास प्रश्न
व्याख्यात्मक हल सहित

व्याख्यात्मक प्रश्न

1. कैबिनेट मिशन के सन्दर्भ में, निम्नलिखित में से कौन-सा/से कथन सही है/हैं ?

1. इसने एक संघीय सरकार
2. इसने भारतीय न्यायालयों की शक्तियों का विस्तार किया।
3. इसने आईसीएस में और अधिक भारतीयों के लिए उपबन्ध किया।

नीचे दिए गए कूट का प्रयोग कर सही उत्तर चुनिए-

(a) केवल 1
(b) 2 और 3
(c) 1 और 3
(d) कोई नहीं

2. भारत सरकार अधिनियम, 1919 ने निम्नलिखित में से किसको स्पष्ट रूप से परिभाषित किया ?

(a) न्यायपालिका एवं विधायिका (लेजिस्लेचर) के बीच शक्ति का पृथक्करण
(b) केन्द्रीय एवं प्रान्तीय सरकारों की अधिकारिता
(c) भारत के सेक्रेटरी ऑफ स्टेट एवं वाइसरॉय की शक्तियाँ
(d) उपर्युक्त में से कोई नही

3. 1919 के भारत शासन अधिनियम की निम्नलिखित मे से कौनसी प्रमुख विशेषता/विशेषताएं है/हैं ?

1. प्रांतों की कार्यकारिणी सरकार में द्वैध-शासन की व्यवस्था
2. मुसलमानों के लिए पृथक सांप्रदायिक निर्वाचक मंडलों की व्यवस्था
3. केंद्र द्वारा प्रांतों को विधायिनी शक्ति का हस्तांतरण

निम्नलिखित कूटों के आधार पर सही उत्तर चुनिए-

(a) केवल 1 (b) केवल 2 और 3
(c) केवल 1 और 3 (d) 1, 2 और 3

4. भारत के संविधान में केंद्र और राज्यों के बीच किया गया शक्तियो का विभाजन इनमें से किसमें उल्लिखित योजना पर आधारित है।

(a) मॉर्ले मिंटो सुधार, 1909
(b) मॉन्टेग्यू चेम्सफोर्ड अधिनियम, 1919
(c) भारत सरकार अधिनियम, 1935
(d) भारतीय स्वतंत्रता अधिनियम, 1947

5. भारत में उपनिवेशी शासन के संदर्भ में 1883 में इल्बर्ट बिल का उददेश्य था-

(a) जहां तक अदालतों की दांडिक अधिकारिता का संबंध था, भारतीय तथा यूरोपिय लोगों को बराबरी पर रोकना
(b) देशी प्रेस की स्वतंत्रतापर कड़ा अंकुश लगाना क्योंकि उसे उपनिवेशी शासकों का विरोधी समझा जाता था
(c) प्रशासनिक सेवा परीक्षाएं भारत में करवाना ताकि देशी भारतीयों को उसमें बैठने के लिए प्रोत्साहित किया जा सके
(d) शस्त्र एक्ट में संशोधन कर देशी भारतीयों को शस्त्र रखने की अनुमति देना

6. 1946 मे निर्मित अंतरिम सरकार में कार्यपालिका परिषद के उप सभापित थे-

(a) जवाहर लाल नेहरू
(b) डॉ. एस. राधाकृष्णन
(c) सी. राजगोपालाचारी
(d) डॉ. राजेंद्र प्रसाद

7. कथन (A): वेवेल योजना के अनुसार, कार्यकारी परिषद में हिंदू और मुस्लिम सदस्यों की संख्या समान होती थी।

कारण (R): वेवेल का विचार था कि ऐसी व्यवस्था से भारत का बंटवारा बन जाता।

(a) कथन और कारण दोनों सही हैं, और कथन कारण का सही स्पष्टीकरण है।
(b) कथन और कारण दोनों सही हैं, किंतु कथन कारण का सही स्पष्टीकरण नहीं है।
(c) कथन सही है, पर कारण गलत है।
(d) कथन गलत है, पर कारण सही ह।

8. निम्नलिखित कथनों पर विचार कीजिए-

1. तृतीय गोलमेज सम्मेलन के विचार-विमर्श की परिणति भारत सरकार अधिनियम, 1935 के पारित होने के रूप में हुई।
2. भारत सरकार अधिनियम, 1935 ने ब्रिटिश भारत के सूबों और भारतीय रियासतों के एक संघ पर आधारित आल इंडिया फेडरेशन के गठन का उपबंध किया।

उपर्युक्त कथनों मे से कौनसा/से सही है/हैं ?

(a) केवल 1
(b) केवल 2
(c) 1 और 2 दोनों
(d) न तो 1 और न ही 2

9. भारत के लिए संविधान की रचना हेतु संविधान सभा का विचार निम्नलिखित में से सर्वप्रथम किसने प्रस्तुत किया था ?

(a) स्वराज पार्टी ने 1934 में
(b) कांग्रेस पार्टी ने 1936 में
(c) मुस्लिम लीग ने 1942 में
(d) सर्वदलीय सम्मेलन ने 1946 में

10. निम्नलिखित में से कौन से कथन संविधान सभा के विषय में सत्य नहीं है?

1. वह वयस्क मताधिकार पर आधारित नही थी
2. वह प्रत्यक्ष निर्वाचन का परिणाम थी
3. वह बहुदलीय निकाय थी
4. उसने अनेक समितियों के माध्यम से कार्य किया

नीचे दिए गए कूटों से सही उत्तर का चयन कीजिए-

कूटः

(a) 1 और 2 (b) 2 और 3
(c) 1 और 4 (d) 1,2, 3 और 4

11. भारत के संविधान का प्रारूप तैयार करने वाली संविधान सभा के सदस्यों को-

(a) ब्रिटिश संसद द्वारा नामित किया गया
(b) गवर्नर-जनरल द्वारा नामित किया गया
(c) विभिन्न प्रांतों की विधान सभाओं द्वारा चुना गया
(d) भारतीय राष्ट्रीय कांग्रेस और मुस्लिम लीग द्वारा चुना गया

12. भारतीय इतिहास के संदर्भ में, प्रांतों से संविधान सभा के सदस्य-

(a) उन प्रांतों के लोगों द्वारा सीधे निर्वाचित हुए थे
(b) भारतीय राष्ट्रीय कांग्रेस तथा मुस्लिम लीग द्वारा नामित हुए थे
(c) प्रांतीय विधान सभाओं द्वारा निर्वाचित हुए थे
(d) सरकार द्वारा, संवैधानिक मामलों मे उनकी विशेषज्ञता के लिए चुने गए थे।

13. निम्नलिखित में से संविधान सभा की संघ संविधान समिति का अध्यक्ष कौन था?

(a) बी.आर. अंबेडकर
(b) जे.बी. कृपलानी
(c) जवाहर लाला नेहरू
(d) अल्लादी कृष्णास्वामी अय्यर

14. भारतीय संविधान सभा की प्रारूप समिति का अध्यक्ष कौन था?

(a) डॉ. भीम राव अम्बेडकर
(b) डॉ. राजेंद्र प्रसाद
(c) डॉ. सच्चिदानंद सिन्हा
(d) सी. राजगोपालाचारी

15. बी.आर. अंबेडकर का संविधान सभा में निर्वाचन हुआ था-

(a) पश्चिम बंगाल से
(b) बंबई प्रेसीडेंसी से
(c) तत्कालीन मध्य भारत से
(d) पंजाब से

16. भारत के संविधान में अंतर्राष्ट्रीय शांति और सुरक्षा की अभिवृद्धि का कहाँ उल्लेख है?

(a) संविधान की उद्देशिका में
(b) राज्य की नीति के निदेशक तत्वों में
(c) मूल कर्त्तव्यों में
(d) नवीं अनुसूची में

17. निम्नलिखित कथनों पर विचार कीजिए-

1. भारत के संविधान में 20 भाग हैं।
2. भारत के संविधान में कुल 390 अनुच्छेद हैं।
3. भारत के संविधान में 9वीं, 10वीं, 11वीं और 12वीं अनुसूचियों को संविधान (संशोधन) अधिनियम द्वारा जोड़ा गया।

उपरोक्त कथनों में से कौन-सा/से सही है/हैं?

(a) 1 और 2 (b) केवल 2
(c) केवल 3 (d) 1,2 और 3

18. 'भारत की प्रभुता, एकता और अखण्डता की रक्षा करें और उसे अक्षुण्ण रखें।' यह उपबन्ध किसमें किया गया है?

(a) संविधान की उद्देशिका
(b) राज्य की नीति के निदेशक तत्व
(c) मूल अधिकार
(d) मूल कर्तव्य

19. भारत के संविधान में 'कल्याणकारी राज्य' का आदर्श किसमें प्रतिष्ठापित है?

(a) उद्देशिका
(b) राज्य की नीति के निदेशक तत्व
(c) मूल अधिकार
(d) सातवीं अनुसूची

20. राज्य की नीति के निदेशक तत्वों के बारे में निम्नलिखित कथनों पर विचार कीजिएः

1. ये तत्व देश के सामाजिक-आर्थिक लोकतंत्र की व्याख्या करते हैं।
2. इन तत्वों में अन्तर्विष्ट उपबन्ध किसी न्यायालय द्वारा प्रवर्तनीय (एन्फोर्सिएबल) नहीं हैं।

उपर्युक्त कथनों में से कौन सा/से सही है/हैं?

(a) केवल 1 (b) केवल 2
(c) 1 और 2 दोनों (d) न तो 1 और न ही 2

21. भारत के संविधान के अनुसार निम्नलिखित में से कौन-सा, देश के शासन के लिए आधारभूत है?

(a) मूल अधिकार
(b) मूल कर्तव्य
(c) राज्य की नीति के निदेशक तत्व
(d) मूल अधिकार तथा मूल कर्तव्य

22. भारत के संविधान में राज्य के नीति निदेशक सिद्धांतों के अंतर्गत निम्नलिखित प्रावधानों पर विचार करें-

1. भारत के नागरिकों के लिए एक समान नागरिक संहिता।
2. ग्राम पंचायतों का संगठन
3. ग्रामीण क्षेत्रों में कुटीर उद्योगों को बढ़ावा देना
4. सभी श्रमिकों के लिए पर्याप्त अवकाश एवं सांस्कृतिक अवसर प्रदान करना।

उपरोक्त में से कौन राज्य के नीति निदेशक सिद्धांतों में गांधीवादी सिद्धांतों के रूप में प्रतिबिम्बित होता है/होते है-

(a) 1, 2 और 4 (b) 2 और 3
(c) 1, 3 और 4 (d) 1, 2, 3 और 4

23. निम्नलिखित कथनों पर विचार कीजिए-

1. भारत के संविधान में 76वें संशोधन के अंतर्गत राज्य द्वारा 6-14 वर्षों के आयु-वर्ग के बच्चों को निशुल्क तथा अनिवार्य शिक्षा उपलब्ध कराना मूल अधिकार बनाया गया।
2. सर्व शिक्षा अभियान के अतंर्गत ग्रामीण क्षेत्रों तक में कम्प्यूटर शिक्षा दिलाने का प्रावधान है।
3. शिक्षा, भारत के संविधान के 42वें संशोधन, 1976 द्वारा समवर्ती सूची में सम्मिलित की गई।

उपर्युक्त कथनों में से कौन सही है?

(a) 1, 2 तथा 3
(b) केवल 1 तथा 2
(c) केवल 2 एवं 3
(d) केवल 1 तथा 3

24. निम्नलिखित कथनों पर विचार कीजिए-

1. अनुच्छेद 301 संपत्ति के अधिकार से संबद्ध है।
2. संपत्ति का अधिकार एक विधिक अधिकार है किन्तु यह मूल अधिकार नहीं है।
3. भारत के संविधान में अनुच्छेद 300A उस समय केन्द्र में कांग्रेस सरकार द्वारा 44वें संविधान संशोधन से अंत: स्थापित किया गया।

उपरोक्त कथनों में से कौन-सा/से सही है/हैं?

(a) केवल 2 (b) 2 और 3
(c) 1 और 3 (d) 1,2 और 3

25. भारत के संविधान के निम्नलिखित कौन-से अनुच्छेद में उपबन्ध है कि चौदह वर्ष से कम किसी बालक को किसी कारखाने या खान में काम करने के लिए नियोजित नहीं किया जाएगा या किसी अन्य परिसंकटमय नियोजन में नहीं लगाया जाएगा?

(a) अनुच्छेद 24
(b) अनुच्छेद 45
(c) अनुच्छेद 330
(d) अनुच्छेद 368

26. सूची-I (भारत के संविधान के अनुच्छेद) को सूची-II (उपबन्ध) के साथ सुमेलित कीजिए तथा नीचे दिए गए कूट का प्रयोग कर सही उत्तर का चयन कीजिए-

सूची-I	सूची-II
A. अनुच्छेद 14	1. राज्य किसी नागरिक के विरुद्ध केवल धर्म, मूल वंश, जाति, लिंग, जन्मस्थान या इनमें से किसी के आधार पर कोई विभेद नहीं करेगा
B. अनुच्छेद 15	2. राज्य, भारत के राज्यक्षेत्र में किसी व्यक्ति को विधि के समक्ष समता से या विधियों के समान संरक्षण से वंचित नहीं करेगा
C. अनुच्छेद 16	3. 'अस्पृश्यता' का अंत किया जाता है और उसका किसी भी रूप में आचरण निषिद्ध किया जाता है
D. अनुच्छेद 17	4. राज्य के अधीन किसी पद पर नियोजन या नियुक्ति से संबंधित विषयों में सभी नागरिकों के लिए अवसर की समता होगी

कूट:

	A	B	C	D
(a)	2	4	1	3
(b)	3	1	4	2
(c)	2	1	4	3
(d)	3	4	1	2

27. भारतीय संविधान में समानता का अधिकार पांच अनुच्छेदों द्वारा प्रदान किया गया है। यह हैं

(a) अनुच्छेद 16 से अनुच्छेद 20
(b) अनुच्छेद 15 से अनुच्छेद 19
(c) अनुच्छेद 14 से अनुच्छेद 18
(d) अनुच्छेद 13 से अनुच्छेद 17

28. राज्य नीति के निदेशक सिद्धांतों को भारतीय संविधान में शामिल किए जाने का उद्देश्य है

(a) राजनैतिक प्रजातंत्र को स्थापित करना
(b) सामाजिक प्रजातंत्र को स्थापित करना
(c) गांधीवादी प्रजातंत्र को स्थापित करना
(d) सामाजिक और आर्थिक प्रजातंत्र को स्थापित करना

29. राज्य नीति के निदेशक सिद्धांतों के निम्नलिखित अनुच्छेदों में से कौन सा अन्तर्राष्ट्रीय शांति और सुरक्षा के संवर्धन से संबंधित है?

(a) 51 (b) 48 क
(c) 43 क (d) 41

30. निम्नलिखित में से किस एक अधिकार को डॉ. बी. आर. अम्बेडकर द्वारा संविधान की आत्मा कहा गया है?
(a) धर्म की स्वतंत्रता का अधिकार
(b) संपत्ति का अधिकार
(c) समानता का अधिकार
(d) संवैधानिक उपचार का अधिकार

31. सूची-I (भारतीय संविधान का अनुच्छेद) को सूची II (प्रावधान) से सुमेल कीजिए-

सूची-I	सूची-II
A. अनुच्छेद 16 (2)	1. किसी भी व्यक्ति को कानून के प्राधिकार के सिवाय उसकी संपत्ति से वंचित नहीं किया जाएगा।
B. अनुच्छेद 29 (2)	2. किसी भी व्यक्ति के साथ उसके वंश, धर्म अथवा जाति के आधार पर सार्वजनिक नियुक्ति के मामले में भेदभाव नहीं किया जा सकता।
C. अनुच्छेद 30 (1)	3. सभी अल्पसंख्यकों को, चाहे वे धर्म के आधार पर हों या भाषा के आधार पर, अपनी पसंद की शैक्षिक संस्थाएँ स्थापित करने और उन्हें संचालित करने का मौलिक अधिकार होगा।
D. अनुच्छेद 31 (1)	4. किसी भी नागरिक को धर्म, वंश, जाति, भाषा या इनमें से किसी भी आधार पर राज्य द्वारा सम्पोषित अथवा राज्य से सहायता प्राप्त करने वाली किसी भी शैक्षिक संस्था में प्रवेश से वंचित नहीं किया जाएगा।

कूटः

	A	B	C	D
(a)	2	4	3	1
(b)	3	1	2	4
(c)	2	1	3	4
(d)	3	4	2	1

32. निम्नलिखित कथनों में से कौन सा एक गलत है?
(a) गोवा को 1987 में पूर्ण राज्य का दर्जा प्राप्त हुआ
(b) दीव रूम्भात की खाड़ी में एक टापू है
(c) दमन और दीव को भारत के संविधन के 56वें संशोधन द्वारा गोवा से अलग किया गया
(d) दादरा और नगर हवेली 1954 तक फ्रांसीसी औपनिवेशिक शासन के अंतर्गत थे

33. निम्नलिखित कथनों पर विचार कीजिए-
1. भारत में किसी राज्य की विधान परिषद आकार में उस राज्य की विधान सभा के आधे से अधिक बड़ी हो सकती है।
2. किसी राज्य का राज्यपाल उस राज्य की विधान परिषद के सभापति को नामनिर्देशित करता है।

उपर्युक्त कथनों में से कौन-सा/से सही है/हैं?
(a) केवल 1 (b) केवल 2
(c) 1 और 2 दोनों (d) न तो 1 और न ही 2

34. निम्नलिखित कथनों पर विचार कीजिए-
1. भारतीय संघ की कार्यपालिका शक्ति प्रधानमंत्री में निहित है।
2. प्रधानमंत्री सिविल सेवा बोर्ड का पदेन अध्यक्ष होता है।

उपर्युक्त कथनों में से कौन-सा/से सही है/हैं?
(a) केवल 1 (b) केवल 2
(c) 1 और 2 दोनों (d) न तो 1 और न ही 2

35. निम्नलिखित कथनों पर विचार कीजिए-
1. राष्ट्रपति, भारत सरकार का कार्य अधिक सुविधापूर्वक किए जाने के लिए और मंत्रियों में उक्त कार्य के आवंटन के लिए नियम बनाएगा।
2. भारत सरकार की समस्त कार्यपालक कार्रवाइयाँ प्रधानमंत्री के नाम से की हुई कही जाएंगी।

उपर्युक्त कथनों में से कौन-सा/से सही है/हैं?
(a) केवल 1
(b) केवल 2
(c) 1 और 2 दोनों
(d) न तो 1 और न ही 2

36. निम्नलिखित में से कौन-सा/से मंत्रिमंडल सचिवालय का/के कार्य है/हैं?
1. मंत्रिमंडल बैठकों के लिए कार्यसूची तैयार करना।
2. मंत्रिमंडल समितियों के लिए सचिवालयी सहायता।
3. मंत्रलयों को वित्तीय संसाधनों का आंवटन।

नीचे दिए गए कूट का प्रयोग कर सही उत्तर चुनिए-
(a) केवल 1 (b) केवल 2 और 3
(c) केवल 1 और 4 (d) 1, 2 और 3

37. निम्नलिखित में से कौन-सी किसी राज्य के राज्यपाल को दी गई विवेकाधीन शक्तियाँ हैं?
1. भारत के राष्ट्रपति को राष्ट्रपति शासन अधिरोपित करने के लिए रिपोर्ट भेजना।
2. मंत्रियों की नियुक्ति करना।
3. राज्य विधानमंडल द्वारा पारित कतिपय विधेयकों को, भारत के राष्ट्रपति के विचार के लिए आरक्षित करना।

4. राज्य सरकार के कार्य संचालन के लिए नियम बनाना।

नीचे दिए गए कूट का प्रयोग कर सही उत्तर चुनिए-

(a) केवल 1 और 2 (b) केवल 1 और 3
(c) केवल 2, 3 और 4 (d) 1, 2, 3 और 2

38. भारत के संदर्भ में, संसदीय शासन-प्रणाली में निम्नलिखित में से कौन-सा/से सिद्धान्त संस्थागत रूप में निहित है/हैं?

1. मंत्रिमंडल के सदस्य संसद के सदस्य होते हैं।
2. जब तक मंत्रियों को संसद का विश्वास प्राप्त रहता है तब तक ही वे अपने पद पर बने रहते हैं।
3. राज्य का अध्यक्ष ही मंत्रिमंडल का अध्यक्ष होता है।

नीचे दिए गए कूट का प्रयोग कर सही उत्तर चुनिए।

(a) केवल 1 और 2 (b) केवल 3
(c) केवल 2 और 3 (d) 1, 2 और 3

39. निम्नलिखित कथनों पर विचार कीजिए:

1. केंद्र में मंत्रिपरिषद् संसद के प्रति सामूहिक रूप से उत्तरदायी होगी।
2. संघीय मंत्री भारत के राष्ट्रपति के प्रसादपर्यन्त पद धारण करेंगे।
3. विधि-निर्माण हेतु प्रस्ताव के बारे में प्रधानमंत्री, राष्ट्रपति को सूचित करेगा।

उपर्युक्त कथनों में से कौन-सा/से सही है/हैं?

(a) केवल 1 (b) केवल 2 और 3
(c) केवल 1 और 3 (d) 1, 2 और 3

40. भारत के संविधान के अनुसार भारत के राष्ट्रपति का यह दायित्व है कि वे संसद के समक्ष निम्न में से किसे रखें?

1. केन्द्रीय वित्त आयोग की अनुशंसाओं को
2. लोक लेखा समिति के प्रतिवेदन को
3. CAG के प्रतिवेदन को
4. अनुसूचित जाति के लिए राष्ट्रीय आयोग के प्रतिवेदन को

निम्नलिखित कोड का उपयोग कर सही उत्तर का चयन करें-

(a) केवल 1 (b) 2 और 4
(c) 1, 3 और 4 (d) 1, 2, 3 और 4

41. निम्नलिखित कथनों पर विचार कीजिए:

1. जवाहर लाल नेहरू मृत्यु के समय भारत के प्रधानमंत्री की चौथी पदावधि में थे।
2. जवाहर लाल नेहरू ने संसद सदस्य के रूप में रायबरेली का प्रतिनिधित्व किया।
3. भारत के प्रथम गैर-कांग्रेसी प्रधानमंत्री वर्ष 1977 में पद पर नियुक्त हुए।

उपर्युक्त कथनों में से कौन सा/से सही है/हैं?

(a) 1 और 2 (b) केवल 3
(c) केवल 1 (d) 1 और 3

42. भारत में संसदीय प्रणाली की सरकार है, क्योंकि-

(a) लोक सभा जनता द्वारा प्रत्यक्ष रूप से निर्वाचित होती है।
(b) संसद संविधान का संशोधन कर सकती है
(c) राज्य सभा को भंग नहीं किया जा सकता
(d) मंत्रिपरिषद, लोक सभा के प्रति उत्तरदायी है

43. निम्नलिखित कथनों पर विचार कीजिए-

1. राज्य सभा में धन विधेयक को या तो अस्वीकार करने या संशोधित करने की कोई शक्ति निहित नहीं है।
2. राज्य सभा अनुदानों की माँगों पर मतदान नहीं कर सकती है।
3. राज्य सभा में वार्षिक वित्तीय विवरण पर चर्चा नहीं हो सकती।

उपर्युक्त कथनों में से कौन-सा/से सही है/हैं?

(a) केवल 1 (b) केवल 1 और 2
(c) केवल 2 और 3 (d) 1, 2 और 3

44. जब संसद के दोनों सदनों की संयुक्त बैठक में कोई विधेयक निर्दिष्ट (रेफर) किया जाता है, तो इसे किसके द्वारा पारित किया जाना होता है?

(a) उपस्थित तथा मत देने वाले सदस्यों का साधारण बहुमत
(b) उपस्थित तथा मत देने वाले सदस्यों का तीन-चौथाई बहुमत
(c) सदनों का दो-तिहाई बहुमत
(d) सदनों का पूर्ण बहुमत

45. संघ की सरकार (यूनियन गवर्नमेंट) के सन्दर्भ में, निम्नलिखित कथनों पर विचार कीजिए:.

1. राजस्व विभाग, संसद में प्रस्तुत किये जाने वाले केन्द्रीय बजट को तैयार करने के लिए उत्तरदायी है।
2. भारत की संसद के प्राधिकरण (ऑथराइजेशन) के बिना कोई धन भारत की संचित निधि से निकाला नहीं जा सकता।
3. लोक लेखा से किए जाने वाले सभी संवितरणों (डिंसबर्समेंट्स) के लिए भी भारत की संसद के प्राधिकरण की आवश्यकता होती है।

उपर्युक्त कथनों में से कौन-सा/से सही है/हैं?

(a) केवल 1 और 2 (b) केवल 2 और 3
(c) केवल 2 (d) 1, 2 और 3

46. भारत में अविश्वास प्रस्ताव के विषय में निम्नलिखित कथनों पर विचार कीजिए-

1. भारत के संविधान में किसी अविश्वास प्रस्ताव का कोई उल्लेखन नहीं है।
2. अविश्वास प्रस्ताव केवल लोक सभा में ही पुन:स्थापित किया जा सकता है।

उपर्युक्त कथनों में से कौन-सा/से सही है/हैं?

(a) केवल 1 (b) केवल 2
(c) 1 और 2 दोनों (d) न तो 1 और न ही 2

47. निम्नलिखित में से कौन सी एक सबसे बड़ी संसदीय समिति है ?
(a) लोक लेखा समिति
(b) प्राक्कलन समिति
(c) सरकारी उपक्रम समिति
(d) याचिका समिति

48. निम्नलिखित कथनों पर विचार कीजिए:
1. राज्यसभा का सभापति तथा उपसभापति उस सदन के सदस्य नहीं होते।
2. जबकि राष्ट्रपति के निर्वाचन में संसद के दोनों सदनों के मनोनीत सदस्यों को मतदान का कोई अधिकार नहीं होता, उनको उपराष्ट्रपति के निर्वाचन में मतदान का अधिकार होता है।

उपर्युक्त कथनों में से कौन–सा/से सही है/हैं ?
(a) केवल 1 (b) केवल 2
(c) 1 और 2 दोनों (d) न तो 1 और न ही 2

49. यदि राज्य सभा किसी धन विधेयक में सारभूत संशोधन करती है, तो तत्पश्चात् क्या होगा ?
(a) लोक सभा, राज्य सभा की अनुशंसाओं को स्वीकार करे या अस्वीकार करे, इस विधेयक पर आगे कार्यवाही कर सकती है।
(b) लोक सभा विधेयक पर आगे कोई विचार नहीं कर सकती
(c) लोक सभा विधेयक को पुनर्विचार के लिए राज्य सभा को लौटा सकती है
(d) राष्ट्रपति विधेयक को पारित करने के लिए संयुक्त बैठक आहूत कर सकता है

50. निम्नलिखित कथनों पर विचार कीजिए–
1. भारत के संविधान में संशोधन केवल लोक सभा में एक विधेयक की पुन:स्थापना द्वारा ही प्रारंभ किया जा सकता है।
2. यदि ऐसा संशोधन संविधान के संघीय चरित्र में परिवर्तन की माँग करता है, तो संशोधन का अनुसमर्थन भारत के सभी राज्यों के विधानमंडल द्वारा किया जाना भी आवश्यक है।

उपर्युक्त कथनों में से कौन–सा/से सही है/हैं ?
(a) केवल 1 (b) केवल 2
(c) 1 और 2 दोनों (d) न तो 1 और न ही 2

51. निम्नलिखित कथनों पर विचार कीजिए–

भारत का महान्यायवादी
1. लोक सभा की कार्यवाही में भाग ले सकता है
2. लोक सभा की किसी समिति का सदस्य हो सकता है
3. लोक सभा में बोल सकता है
4. लोक सभा में मतदान कर सकता है

उपर्युक्त कथनों में से कौन–सा/से सही है/हैं ?
(a) केवल 1 (b) 2 और 4
(c) 1, 2 और 3 (d) केवल 1 और 3

52. भारतीय संसद में कार्य स्थगन प्रस्ताव का उद्देश्य है–
(a) सार्वजनिक महत्व के किसी महत्वपूर्ण मामले पर चर्चा की अनुमति माँगना
(b) विपक्षी सदस्यों को मंत्रियों से सूचनाएँ एकत्र करने देना
(c) अनुदान मांगों में किसी राशि विशेष की कटौती के लिए अनुमति मांगना।
(d) कुछ सदस्यों के असंगत अथवा हिंसक व्यवहार को रोकने के लिए कार्यवाही को स्थगित करना

53. निम्नलिखित कथनों पर विचार करें:
1. राज्य सभा में संघीय क्षेत्रों का प्रतिनिधित्व नहीं होता।
2. चुनावी विवादों में वाद निर्णय मुख्य चुनाव आयुक्त के क्षेत्राधिकार में आता है।
3. भारतीय संविधान के अनुसार संसद केवल लोकसभा तथा राज्यसभा को मिलाकर बनी है।

उपरोक्त में से कौन सही है ?
(a) केवल 1
(b) 2 और 3
(c) 1 और 3
(d) कोई नहीं

54. लोकसभा अध्यक्ष के कार्यालय के बारे में निम्नलिखित कथनों पर विचार करें–
1. वह राष्ट्रपति की इच्छा पर अपना कार्यभार संभालता/ती है।
2. चुनाव के समय उसका सदन का सदस्य होना आवश्यक नहीं, किन्तु चुनाव की तिथि से छह महीने के अंदर उसे सदन का सदस्य बनना पड़ता है।
3. अगर वह त्याग पत्र देना चाहता/चाहती है तो उसका त्यागपत्र उप–लोकसभा अध्यक्ष को संबोधित होगा।

उपरोक्त में से कौन सही है ?
(a) 1 और 2
(b) केवल 3
(c) 1, 2 और 3
(d) कोई नहीं

55. भारत के संविधान द्वारा राज्यसभा को निम्नलिखित में से कौन–सी विशेष शक्तियाँ प्रदान की गई हैं ?
(a) राज्य के वर्तमान क्षेत्र में परिवर्तन तथा राज्य के नाम में परिवर्तन
(b) इस आशय का प्रस्ताव पारित करना जिसमें संसद को राज्य सूची में कानून बनाने तथा एक या अधिक अखिल भारतीय सेवाएं सृजित करने की शक्ति प्रदान की गई हो।
(c) राष्ट्रपति की चुनाव प्रक्रिया में संशोधन करना तथा राष्ट्रपति की सेवानिवृत्ति के पश्चात उनकी पेन्शन निर्धारित करना।
(d) चुनाव आयोग के कार्यों का निर्धारण तथा चुनाव आयुक्तों की संख्या का निर्धारण

56. सार्वजनिक वित्त पर संसदीय नियंत्रण के निम्नलिखित में से कौन-से तरीके प्रचलित हैं ?

1. संसद के समक्ष वार्षिक वित्तीय विवरण प्रस्तुत करना।
2. विनियोग विधेयक के पारित होने के पश्चात ही कन्सोलिडेटेड फंड से राशि की निकासी करना।
3. पूरक अनुदानों तथा लेखामत संबंधी प्रावधान
4. संसदीय बजट कार्यालय द्वारा बृहद अर्थशास्त्रीय पूर्व सूचना तथा व्यय के विरुद्ध सरकार के कार्यक्रम का सावधिक अथवा कम से कम वर्ष मध्य समीक्षा
5. संसद में वित्त विधेयक की प्रस्तुति

नीचे दिए गए कूट का उपयोग कर सही उत्तर का चयन करें-

(a) 1, 2, 3 और 5 (b) 1, 2 और 4
(c) 3, 4 और 5 (d) 1, 2, 3, 4 और 5

57. लोकसभा तथा राज्यसभा के बीच गतिरोध दूर करने के लिए दोनों सदनों की संयुक्त बैठक आहूत की जाती है-

1. साधारण विधेयक के पारित होने के दौरान
2. वित्त विधेयक के पारित होने के दौरान
3. संविधान संशोधन विधेयक के पारित होने के दौरान

नीचे दिए गए कूट का उपयोग कर सही उत्तर का चयन करें-

(a) केवल 1 (b) 2 और 3
(c) 1 और 3 (d) 1, 2 और 3

58. निम्नलिखित कथनों पर विचार कीजिए-

1. लोक लेखा समिति का अध्यक्ष, लोक सभा अध्यक्ष द्वारा नियुक्ति किया जाता है।
2. लोक लेखा समिति में लोक सभा सदस्य, राज्य सभा सदस्य और उद्योग और व्यापार के कुछ जाने-माने व्यक्ति सम्मिलित होते हैं।

उपर्युक्त कथनों में से कौन सा/से सही है/हैं ?

(a) केवल 1 (b) केवल 2
(c) 1 और 2 दोनों (d) कोई नहीं

59. **कथन (A) :** भारत संघ में मंत्रि परिषद् संयुक्त रूप से लोक सभा और राज्य सभा, दोनों के प्रति उत्तरदायी है।

कारण (R) : लोक सभा और राज्य सभा दोनों के सदस्य संघीय सरकार में मंत्री बनने के लिए पात्रता रखते हैं।

कूट:

(a) A और R दोनों सही हैं, और R, A का सही स्पष्टीकरण है।
(b) A और R दोनों सही हैं, परन्तु R, A का सही स्पष्टीकरण नहीं है।
(c) A सही है, परन्तु R गलत है।
(d) A गलत है, परन्तु R सही है।

60. प्रथम लोक सभा के अध्यक्ष कौन थे ?

(a) हुक्म सिंह
(b) जी. वी. मावलंकर
(c) के. एम. मुंशी
(d) यू. एन. ढेबर

61. निम्न कथनों पर विचार कीजिए-

1. केवल राज्य सभा में यह शक्ति निहित है कि वह यह घोषणा करे कि राज्य सूची में से किसी विषय के संबंध में राष्ट्रीय हित में संसद विधि बना सकती है।
2. आपात की उद्घोषणा का अनुमोदन करने वाले संकल्प केवल लोक सभा द्वारा पारित किए जाते हैं।

उपर्युक्त कथनों में से कौन सा/ से सही है/हैं ?

(a) केवल 1 (b) केवल 2
(c) दोनों 1 तथा 2 (d) कोई नहीं

62. निम्नलिखित कथनों पर विचार कीजिए-

1. लोकसभा अध्यक्ष में यह शक्ति निहित है कि वह सदन को अनिश्चित काल तक स्थगित कर दे परन्तु सत्तावसान होने पर केवल राष्ट्रपति ही सदन को आहूत कर सकते हैं।
2. यद्यपि लोकसभा को भंग करने का राष्ट्रपति द्वारा औपचारिक आदेश न भी हो तब भी, ऐसी स्थिति छोड़कर जब लोकसभा समय से पहले भंग कर दी गयी हो या उसकी अवधि बढ़ा दी गई हो, पाँच वर्ष की अवधि खत्म हो जाने पर लोकसभा स्वत: भंग हो जाती है।
3. लोकसभा के भंग हो जाने के पश्चात भी 'सदन की अगली बैठक से एकदम ठीक पहले' तक लोकसभा के अध्यक्ष अपने पद पर आसीन रहते हैं।

उपरोक्त कथनों में से कौन-से सही हैं ?

(a) 1 और 2 (b) 2 और 3
(c) 1 और 3 (d) 1,2 और 3

63. भारत के लोक वित्त से संबंधित निम्नलिखित कथनों पर विचार कीजिए-

1. भारत के लोक लेखा से संवितरण संसद के मत के अधीन है।
2. भारत के संविधान में प्रत्येक राज्य के लिए संचित निधि, लोक लेखा और आकस्मिक निधि का उपबन्ध है।
3. रेल बजट में विनियोजन तथा संवितरण अन्य विनियोजनों और संवितरणों की तरह ही संसद के समान नियंत्रण के अधीन है।

उपरोक्त कथनों में से कौन-से सही हैं ?

(a) 1 और 2 (b) 2 और 3
(c) 1 और 3 (d) 1,2 और 3

64. भारतीय संसद् के संबंध में निम्नलिखित कथनों में से कौन-सा एक सही नहीं है ?

(a) विनियोजन विधेयक का, कानून बनने से पूर्व, संसद के दोनों सदनों द्वारा पारित होना अनिवार्य है

(b) विनियोजन अधिनियम के अधीन विनियोजन हुए बिना भारत के संचित निधि में से धन नहीं निकाला जा सकता

(c) नए कर प्रस्तावित करने के लिए वित्त विधेयक का होना आवश्यक है जबकि चालू करों की दर में बदलाव के लिए किसी अन्य विधेयक/अधिनियम की आवश्यकता नहीं है।

(d) राष्ट्रपति की सिफारिश के बिना कोई धन-विधेयक नहीं लाया जा सकता।

65. निम्नलिखित में से कौन लोकसभा के अध्यक्ष कभी भी नहीं रहे ?

(a) के.वी.के. सुन्दरम

(b) जी. एस. ढिल्लों

(c) बलिराम भगत

(d) हुकुम सिंह

66. निम्न कथनों पर विचार कीजिए-

1. भारत में संसद के दोनों सदनों की संयुक्त बैठक अनुच्छेद 108 में संस्वीकृत है।
2. लोकसभा तथा राज्यसभा की संयुक्त बैठक वर्ष 1961 में हुई थी।
3. भारतीय संसद के दोनों सदनों की दूसरी संयुक्त बैठक बैंक सेवा आयोग (निरसन) बिल को पारित करने के लिए हुई थी।

इन कथनों में से कौन से सही हैं ?

(a) 1 और 2 (b) 2 और 3

(c) 1 और 3 (d) 1,2 और 3

67. निम्न विधेयकों में से किस एक का भारतीय संसद के दोनों सदनों द्वारा अलग-अलग विशेष बहुमत से पारित होना आवश्यक है-

(a) साधारण विधेयक

(b) धन विधेयक

(c) वित्त विधेयक

(d) संविधान संशोधन विधेयक

68. निम्न कथनों में से कौन-सा एक सही है ?

(a) केवल राज्यसभा में ही, न कि लोकसभा में मनोनीत सदस्य हो सकते हैं

(b) राज्यसभा में आंग्ल-भारतीय समुदाय के दो सदस्यों को मनोनीत करने का संविधान में प्रावधान है

(c) किसी मनोनीत सदस्य की मंत्री के पद के लिए नियुक्ति पर संविधानीय वर्जना नहीं है

(d) मनोनीत सदस्य राष्ट्रपति तथा उप-राष्ट्रपति के चुनाव में मत दे सकता है।

69. निम्न कथनों पर विचार कीजिए-

1. लोक-लेखा तथा सार्वजनिक उपक्रमों की समितियों से राज्यसभा के सदस्य संबंधित होते हैं जबकि प्राक्कलन समिति के लिए सदस्य केवल लोकसभा से ही लिए जाते हैं।
2. संसदीय कार्य मंत्रलय कुल मिलाकर संसदीय कार्यों की मंत्रिमंडलीय समिति के निर्देशन में कार्य करता है।
3. विभिन्न मंत्रलयों में भारत सरकार द्वारा गठित समितियों, परिषदों, मंडलों तथा आयोगों के लिए संसदीय कार्य मंत्री संसद-सदस्यों को नामित करते हैं।

इनमें से कौन-सा कथन सही हैं ?

(a) 1 और 2 (b) 2 और 3

(c) 1 और 3 (d) 1,2 और 3

70. निम्न कथनों पर विचार कीजिए-

वित्त आयोग का/के कार्य है/हैं-

1. भारत की संचित निधि से धन निकालने की अनुमति देना।
2. प्राप्त करों को राज्यों के भागों में बाँटना।
3. सहायता अनुदान के लिए राज्यों के आवेदनों पर विचार।
4. संघ सरकार तथा राज्य सरकारें बजट के प्रावधानों के अनुसार करों की उगाही कर रही है या नहीं, इसकी देखरेख करना तथा उस पर रिपोर्ट देना।

इन कथनों में कौन-सा/से सही है/हैं ?

(a) केवल 1 (b) 2 और 3

(c) 3 और 4 (d) 1,2 और 4

71. भारतीय राजनीति के संदर्भ में, निम्नलिखित में से कौन सा कथन सही है ?

(a) योजना आयोग की जवाबदेही संसद के प्रति है

(b) राष्ट्रपति संसद के दोनों सदनों के सत्रधीन न होने पर ही अध्यादेश जारी कर सकते हैं।

(c) उच्चतम न्यायालय के न्यायाधीश के रूप में नियुक्ति की न्यूनतम निर्धारित आयु 40 वर्ष है।

(d) राष्ट्रीय विकास परिषद् में केन्द्रीय वित्त मंत्री और सभी राज्यों के मुख्य मंत्री होते हैं।

72. लोकसभा का कार्यकाल-

(a) किसी भी परिस्थिति में नहीं बढ़ाया जा सकता

(b) एक बार में छः महीने तक के लिए बढ़ाया जा सकता है

(c) आपातकाल की घोषणा के दौरान एक बार में एक वर्ष तक के लिए बढ़ाया जा सकता है

(d) आपातकाल की घोषणा के दौरान एक बार में दो वर्ष तक के लिए बढ़ाया जा सकता है।

73. निम्नलिखित कथनों में से कौन सा एक धन विधेयक के बारे में सही नहीं है?

(a) धन विधेयक संसद में दोनों में से किसी भी सदन में प्रस्तावित किया जा सकता है

(b) लोक सभा अध्यक्ष यह निर्णय करने के लिए अंतिम प्राधिकारी है कि कोई बिल धन विधेयक है या नहीं

(c) लोक सभा द्वारा पारित किसी धन विधेयक का राज्यसभा द्वारा 14 दिनों के अन्दर लौटाया जाना और विचारार्थ भेजा जाना आवश्यक है

(d) राष्ट्रपति किसी धन विधेयक को लोक सभा में पुनर्विचार के लिए नहीं लौटा सकता

74. अध्यक्ष सदन के किसी भी सदस्य को बोलने से रोक सकता है और अन्य किसी सदस्य को बोलने दे सकता है। यह घटना कहलाती है–

(a) मर्यादा (b) पक्षत्याग

(c) अंतर्प्रश्न (d) बैठ जाना

75. एक कॉलेज का विद्यार्थी अपने नगर की नगर परिषद में चुने जाने का इच्छुक है। उसके नामांकन की वैद्यता अन्य शर्तो के साथ-साथ इस महत्वपूर्ण शर्त पर निर्भर होगी कि–

(a) वह अपने कॉलेज के प्राचार्य से अनुमति प्राप्त कर ले

(b) वह किसी राजनीतिक दल का सदस्य हो

(c) उसका नाम मतदाता सूची में सम्मिलित हो

(d) वह भारतीय संविधान के प्रति निष्ठा की घोषणा दाखिल करें

76. केंद्र और राज्यों के बीच होने वाले विवादों का निर्णय करने की भारत के उच्चतम न्यायालय की शक्ति किसके अंतर्गत आती है?

(a) परामर्शी अधिकारिता के अंतर्गत

(b) अपीली अधिकारिता के अंतर्गत

(c) मूल अधिकारिता के अंतर्गत

(d) रिट अधिकारिता के अंतर्गत

77. भारत के उच्चतम न्यायालय में न्यायाधीशों की संख्या में वृद्धि करने की शक्ति किसमें निहित है?

(a) भारत का राष्ट्रपति

(b) संसद

(c) भारत का मुख्य न्यायमूर्ति

(d) विधि आयोग

78. निम्नलिखित कथनों में से कौन-सा एक सही है?

(a) भारत में एक ही व्यक्ति को एक ही समय में दो या अधिक राज्यों में राज्यपाल नियुक्त नहीं किया जा सकता

(b) भारत में राज्यों के उच्च न्यायालय के न्यायाधीश राज्य के राज्यपाल द्वारा नियुक्त किये जाते हैं, ठीक वैसे ही जैसे उच्चतम न्यायालय के न्यायाधीश राष्ट्रपति द्वारा नियुक्त किये जाते हैं

(c) भारत के संविधान में राज्यपाल को उसके पद से हटाने हेतु कोई भी प्रक्रिया अधिकथित नहीं है

(d) विधायी व्यवस्था वाले संघ राज्यक्षेत्र में मुख्यमंत्री की नियुक्ति उपराज्यपाल द्वारा, बहुमत समर्थन के आधार पर की जाती है।

79. राष्ट्रीय हरित न्यायाधिकरण अधिनियम, 2010 भारत में संविधान के निम्नलिखित में से किस प्रावधान की संगति में अधिनियमित किया गया?

1. अनुच्छेद 21 में जीवन के अधिकार के तहत स्वस्थ पर्यावरण का अधिकार
2. अनुच्छेद 275(1) के अंतर्गत अनुसूचित जनजातियों के कल्याण के लिए अनुसूचित क्षेत्रें में प्रशासन का स्तर उन्नत बनाने के लिए अनुदान संबंधी प्रावधान
3. अनुच्छेद 243(1) के अंतर्गत उल्लिखित ग्राम सभा की शक्तियाँ एवं कार्य

नीचे दिए गए कूट का उपयोग कर सही उत्तर का चयन करें–

(a) केवल 1 (b) 2 और 3

(c) 1 और 3 (d) 1, 2 और 3

80. भारतीय कानूनी प्रावधानों के अंतर्गत उपभोक्ता अधिकारों/विशेषाधिकारों के संबंध में निम्नलिखित में से कौन-सा कथन सही है/है?

1. उपभोक्ता खाद्य परीक्षण के लिए नमूना प्राप्त करने के लिए अधिकश्त है।
2. यदि कोई उपभोक्ता किसी उपभोक्ता फोरम में शिकायत दायर करता है उसके लिए कोई शुल्क देय नहीं होता।
3. किसी उपभोक्ता की मृत्यु की स्थिति में उसका कानूनी उत्तराधिकारी उसकी तरफ से उपभोक्ता फोरम में शिकायत दायर कर सकता है।

नीचे दिए गए कूट का उपयोग कर के सही उत्तर का चयन करें।

(a) केवल 1 (b) 2 और 3

(c) 1 और 3 (d) 1, 2 और 3

81. निम्नलिखित में से कौन सर्वोच्च न्यायालय के मूल क्षेत्रधिकार के अंतर्गत है?

1. भारत सरकार तथा एक या एकाधिक राज्यों के बीच कोई विवाद।
2. संसद के किसी सदन अथवा राज्य की विधायिका के चुनाव से संबंधित कोई विवाद।
3. भारत सरकार तथा किसी संघीय क्षेत्र के बीच कोई विवाद।
4. दो या दो से अधिक राज्यों के बीच कोई विवाद।

नीचे दिए गए कूट का उपयोग कर सही उत्तर का चयन करें–

(a) 1 और 2 (b) 2 और 3

(c) 1 और 4 (d) 3 और 4

82. सर्वोच्च न्यायालय की स्वायत्ता की रक्षा के लिए प्रावधान क्या है ?

1. सर्वोच्च न्यायालय के न्यायाधीशों की नियुक्ति करते समय भारत के राष्ट्रपति भारत के मुख्य न्यायाधीश से परामर्श करेंगे।
2. सर्वोच्च न्यायालय के न्यायाधीश केवल भारत के मुख्य न्यायाधीश द्वारा ही पद से हटाए जा सकते हैं।
3. न्यायाधीशों का वेतन कन्सोलिडेटेड फंड ऑफ इंडिया से दिया जाता है, जिसके लिए विधायिका को मतदान की जरूरत नहीं होती है।
4. भारत के सर्वोच्च न्यायालयों के अधिकारियों एवं कर्मचारियों की सभी नियुकितयां सरकार द्वारा भारत के मुख्य न्यायाधीश से परामर्श के पश्चात ही की जाती है।

निम्नलिखित में से कौन सही है–

(a) 1 और 3 (b) 3 और 4
(c) केवल 4 (d) 1, 2, 3 और 4

83. निम्नलिखित कथनों पर विचार कीजिए–

1. भारत में उच्च न्यायालय के न्यायाधीश को हटाने के लिए रीति, उच्चतम न्यायालय के न्यायाधीश को हटाने की रीति के समान है।
2. उच्च न्यायालय का कोई स्थायी न्यायाधीश अपने पद से सेवा-निवृत्ति के पश्चात भारत में किसी भी न्यायालय या किसी प्रातिधकारी के समक्ष अभिवचन नहीं कर सकता।

उपर्युक्त कथनों में से कौन सा/से सही है/हैं ?

(a) केवल 1 (b) केवल 2
(c) 1 और 2 दोनों (d) कोई नहीं

84. निम्नलिखित कथनों पर विचार कीजिए–

1. न्यायाधीश (जांच) विधेयक 2006 के अंतर्गत एक न्यायिक परिषद् को स्थापित करने का विचार है जो, भारत के मुख्य न्यायमूर्ति सहित उच्चतम न्यायालय के न्यायाधीश, उच्च न्यायालय के मुख्य न्यायमूर्ति और न्यायाधीशों के विरुद्ध शिकायतें स्वीकार करेगी।
2. घेरलू हिंसा से महिला संरक्षण अधिनियम, 2005 के अंतर्गत कोई महिला किसी प्रथम श्रेणी के न्यायिक मजिस्ट्रेट के पास अर्जी दाखिल कर सकती है।

उपर्युक्त कथनों में से कौन सा/से सही है/हैं ?

(a) केवल 1 (b) केवल 2
(c) 1 और 2 दोनों (d) कोई नहीं

85. **कथन (A):** भारत में प्रत्येक राज्य के राज्यक्षेत्र में एक उच्च न्यायालय विद्यमान है।

कारण (R): भारत के संविधान में प्रावधान है कि प्रत्येक राज्य में एक उच्च न्यायालय हो।

कूट:

(a) A और R दोनों सही हैं, और R, A का सही स्पष्टीकरण है।
(b) A और R दोनों सही हैं, परन्तु R, A का सही स्पष्टीकरण नहीं है।
(c) A सही है, परन्तु R गलत है।
(d) A गलत है, परन्तु R सही है।

86. जब भारतीय न्यायिक पद्धति में लोक हित मुकदमा लाया गया तब भारत के मुख्य न्यायामूर्ति कौन थे ?

(a) एम. हिदायतुल्लाह
(b) ए.एम. अहमदी
(c) ए.एस. आनन्द
(d) पी.एन भगवती

87. निम्न कथनों पर विचार कीजिए–

1. कोई व्यक्ति जिसने किसी उच्च न्यायालय के स्थाई न्यायाधीश के रूप में पद धारण किया है, उच्चतम न्यायालय के सिवाय भारत में किसी न्यायालय या किसी प्राधिकारी के समक्ष अभिवचन या कार्य नहीं कर सकता।
2. कोई व्यक्ति, भारत के किसी उच्च न्यायालय के न्यायाधीश के रूप में नियुक्ति के लिए अर्हित नहीं है यदि उसने भारत के राज्यक्षेत्र में कम से कम पाँच वर्ष तक न्यायिक पद धारण नहीं किया।

उपर्युक्त कथनों में से कौन सा/से सही है/हैं ?

(a) केवल 1 (b) केवल 2
(c) दोनों 1 तथा 2 (d) कोई नहीं

88. निम्नलिखित कथनों पर विचार कीजिए–

1. संसद भारत के उच्चतम न्यायालय की अधिकारिता को विस्तारित नहीं कर सकती क्योंकि उसकी अधिकारिता वहीं है जो संविधान ने प्रदान की है।
2. उच्चतम न्यायालय और उच्च न्यायालयों के अधिकारी और सेवक संबद्ध मुख्य न्यायमूर्ति द्वारा नियुक्त किए जाते हैं और न्यायालय का प्रशासनिक व्यय भारत की संचित निधि पर भारित होता है।

उपरोक्त कथनों में से कौन-सा/से सही है/हैं ?

(a) केवल 1 (b) केवल 2
(c) दोनों 1 और 2 (d) कोई नहीं

89. निम्नलिखित पर विचार कीजिए–

1. चल कोष्ठिकीय (मोबाइल सेल्युलर) कंपनियों के साथ विवाद
2. वाहन-दुर्घटना मामले
3. पेंनशन मामले

उपरोक्त में से किसके/किनके लिए लोक अदालतें होती हैं ?

(a) केवल 1 (b) 1 और 2
(c) केवल 2 (d) 1, 2 और 3

90. संविधान (98वां संशोधन) अधिनियम किससे सम्बद्ध है ?

(a) सेवा कर के विनियोजन तथा उगाही के लिए केन्द्र को अधिकार देना।
(b) राष्ट्रीय न्यायिक आयोग का गठन
(c) जनगणना 2001 के आधार पर निर्वाचन क्षेत्रें का पुनः समायोजन
(d) राज्यों के बीच नई सीमाओं का सीमांकन

91. भारत के संविधान के निम्नलिखित अनुच्छेदों में से किसके अनुसार प्रत्येक राज्य की कार्यपालिका शक्ति का इस प्रकार प्रयोग किया जाएगा जिससे संघ की कार्यपालिका शक्ति के प्रयोग में कोई अड़चन न हो या उस पर कोई प्रतिकूल प्रभाव न पड़े?

(a) अनुच्छेद 257
(b) अनुच्छेद 258
(c) अनुच्छेद 355
(d) अनुच्छेद 356

92. निम्नलिखित कथनों पर विचार कीजिए-

1. जिला में उच्चतम दण्ड न्यायालय, जिला और सेशन न्यायाधीश का न्यायालय होता है।
2. जिला न्यायाधीश की नियुक्ति उच्च न्यायालय से परामर्श कर राज्यपाल द्वारा होती है।
3. जिला न्यायाधीश की नियुक्ति का पात्र होने के लिए किसी व्यक्ति को सात वर्ष या उससे अधिक अवधि का अधिवक्ता या प्लीडर अथवा संघ या राज्य की न्यायिक सेवा में सेवारत पदाधिकारी होना चाहिए।
4. यदि सेशन न्यायाधीश मृत्यु दण्ड का निर्णय दे तब मृत्यु दण्ड देने से पूर्व उच्च न्यायालय द्वारा उसका पुष्टिकरण अनिवार्य होता है।

कूटः

(a) 1 और 2
(b) 2, 3 और 4
(c) 3 और 4
(d) 1, 2, 3 और 4

93. गुजरात में विधानसभा के चुनाव (वर्ष 2002 में) को स्थगित करने के चुनाव आयोग के निर्णय की विधिमान्यता पर उच्चतम न्यायालय की राय जानने के लिए राष्ट्रपति ने उच्चतम न्यायालय से अनुरोध भारतीय संविधान के कौन से अनुच्छेद के अन्तर्गत किया?

(a) अनुच्छेद 142
(b) अनुच्छेद 143
(c) अनुच्छेद 144
(d) अनुच्छेद 145

94. 'संघ का यह कर्त्तव्य होगा कि वह बाह्य आक्रमण तथा आन्तरिक गड़बड़ी से प्रत्येक राज्य की रक्षा करे'-ऐसा प्रावधान भारतीय संविधान के निम्न अनुच्छेदों में से किस एक में है?

(a) अनुच्छेद 215 (b) अनुच्छेद 275
(c) अनुच्छेद 325 (d) अनुच्छेद 355

95. भारत का उच्चतम न्यायालय कानून या तथ्य के मामले में राष्ट्रपति को परामर्श देता है-

(a) अपनी पहल पर
(b) तभी जब वह ऐसे परामर्श के लिए कहता है
(c) तभी जब मामला नागरिकों के मूलभूत अधिकारों से संबंधित हो।
(d) तभी जब वह मामला देश की एकता व अखण्डता के लिए खतरा पैदा करता हो।

96. भारतीय संसद किस रीति से प्रशासन पर नियंत्रण करती है?

(a) संसदीय समितियों के माध्यम से
(b) विभिन्न मंत्रलयों की परामर्शदात्री समितियों के माध्यम से
(c) प्रशासकों से आवधिक प्रतिवेदना भिजवा कर
(d) कार्यपालिका को रिट जारी करने के लिए बाध्य कर

97. भारत में उच्च न्यायालयों के संबंध में निम्नलिखित कथनों पर विचार कीजिए-

1. देश में 21 उच्च न्यायालय हैं
2. उनमें से तीन का क्षेत्राधिकार एक राज्य से अधिक पर है।
3. किसी भी संघ राज्य क्षेत्र का अपना उच्च न्यायालय नहीं है।
4. उच्च न्यायालय के न्यायाधीश 62 वर्ष की उम्र तक पद धारित करते हैं।

इनमें से कौन सा/कौन से वक्तव्य सही है/हैं?

(a) 1, 2 और 4 (b) 2 और 3
(c) 1 और 4 (d) केवल 4

98. अपनी नियुक्ति के समय भारत के प्रधानमंत्री-

(a) के लिए आवश्यक नहीं वह संसद के किसी सदन का सदस्य हो, किंतु नियुक्ति की तिथि से छह माह के अंदर किसी एक सदन का सदस्य बनना अनिवार्य है।
(b) के लिए आवश्यक नहीं कि वह संसद के किसी सदन का सदस्य हो ही, किंतु नियुक्ति की तिथि से छह माह के अंदर उसका लोकसभा सदस्य बनना अनिवार्य है।
(c) संसद के किसी एक सदन का सदस्य अवश्य हो
(d) लोकसभा का सदस्य अवश्य हो

99. निम्नलिखित संविधान संशोधन अधिनियमों में से किस एक में यह प्रावधान है कि केन्द्र और किसी राज्य के मंत्रिपरिषद का आकार, क्रमशः लोक सभा के सदस्यों की कुल संख्या व उस राज्य की विधान सभा के सदस्यों की कुल संख्या के 15% से अधिक नहीं होगा?

(a) 91वां (b) 93वां
(c) 95वां (d) 97वां

100. जब केन्द्रीय मंत्रिमंडल ने (वर्ष 2002 में) चुनावी सुधारों पर अध्यादेश में बिना किसी बदलाव के उसे राष्ट्रपति को वापिस भेजा तब राष्ट्रपति ने भारतीय संविधान के कौन से अनुच्छेद के अन्तर्गत उसे अपनी सहमति दी?

(a) अनुच्छेद 121 (b) अनुच्छेद 122
(c) अनुच्छेद 123 (d) अनुच्छेद 124

उत्तरमाला

1. (d)	**2.** (a)	**3.** (c)	**4.** (c)	**5.** (a)	**6.** (a)	**7.** (c)	**8.** (c)	**9.** (a)	**10.** (a)
11. (c)	**12.** (c)	**13.** (c)	**14.** (a)	**15.** (b)	**16.** (b)	**17.** (c)	**18.** (d)	**19.** (b)	**20.** (c)
21. (c)	**22.** (b)	**23.** (c)	**24.** (a)	**25.** (a)	**26.** (c)	**27.** (c)	**28.** (d)	**29.** (a)	**30.** (d)
31. (a)	**32.** (d)	**33.** (d)	**34.** (d)	**35.** (a)	**36.** (b)	**37.** (c)	**38.** (d)	**39.** (d)	**40.** (b)
41. (a)	**42.** (d)	**43.** (b)	**44.** (a)	**45.** (d)	**46.** (c)	**47.** (b)	**48.** (b)	**49.** (a)	**50.** (d)
51. (c)	**52.** (a)	**53.** (d)	**54.** (b)	**55.** (b)	**56.** (a)	**57.** (a)	**58.** (a)	**59.** (d)	**60.** (b)
61. (a)	**62.** (d)	**63.** (b)	**64.** (c)	**65.** (a)	**66.** (d)	**67.** (d)	**68.** (c)	**69.** (d)	**70.** (b)
71. (b)	**72.** (c)	**73.** (a)	**74.** (d)	**75.** (c)	**76.** (c)	**77.** (b)	**78.** (c)	**79.** (a)	**80.** (c)
81. (c)	**82.** (a)	**83.** (a)	**84.** (b)	**85.** (d)	**86.** (d)	**87.** (a)	**88.** (d)	**89.** (d)	**90.** (b)
91. (a)	**92.** (d)	**93.** (b)	**94.** (d)	**95.** (b)	**96.** (a)	**97.** (d)	**98.** (a)	**99.** (a)	**100.** (c)

व्याख्यात्मक हल

1. (d) केबिनेट मिशन भारत में संविधान की निर्माण की प्रक्रिया में सहयोग हेतु जुलाई 1946 में आया था। अत: प्रश्नगत दिये गये सभी विकल्प असत्य है।

2. (a) भारत सरकार अधिनियम 1919 में न्यायपालिका एवं विधायिका (लेजिसलेचर) बीच की शक्ति को पृथक किया जिस में सबसे महत्वपूर्ण भूमिका गर्वनर मोंटेक्यू चेम्सफोर्ड ने निभाई।

3. (c) भारत शासन अधिनियम 1919 ब्रिटिश संसद के द्वारा पारित अधिनियम था जिसका उददेश्य भारतीय शासन में भारतीयों की भागीदारी को बढ़ाना था। इस अधिनियम को भारत सचिव एडविन मॉन्टेग्यू एवं वायसराय लॉर्ड चेम्सफोर्ड के कार्यकाल में पारित किया गया। इस अधिनियम के द्वारा राज्यों में द्वैध शासन की स्थापना की गई। ऐसे प्रत्येक राज्य में राज्य के प्रशासन को दो श्रेणियों में बांटा गया-(अ) आरक्षित (ब) हस्तांतरित। इस प्रकार हस्तांरित विषयों के संबंध में केंद्र द्वारा प्रांतोंको विधायिनी शक्ति का हस्तांतरण किया गया।

जहां तक मुसलमानों के लिए पृथक सांप्रदायिक निर्वाचन व्यवस्था का प्रश्न है, तो यह प्रावधान 1909 के अधिनियम में ही कर दिया गया था। 1919 के अधिनियम में यह व्यवस्था न केवल जारी रही बल्कि इसे सिक्खों, यूरोपियों, भारतीय ईसाइयों एवं एंग्लो इंडियनों के लिए भी विस्तारित किया गया।

4. (c) ब्रिटिश शासनकाल के दौरान 1935 का भारत शासन अधिनियम पारित किया गया। जिसमें केंद्र और राज्यों के बीच शक्तियों का बंटवारा किया गया था तथा राज्य में द्वैध शासन समाप्त कर केंद्र में द्वैध शासन को लागू किया गया था। इसमें एकीकृत भारतीय संघ के निर्माण का प्रावधान रखा गया जिसके अंतर्गत ब्रिटिश भारत एवं देशी रियासतों से मिलकर भारतीय संघ का निर्माण किया जाना था तथापि रियासतों की अनिच्छा के कारण इस संघ का निर्माण नहीं किया जा सका।

5. (a) 1883 में लार्ड रिपन ने एक विधेयक का प्रस्ताव किया जिसे इल्बर्ट बिल कहा गया, इसके प्रावधानों के तहत भारतीय मजिस्ट्रेट भारत में बसे यूरोपीय अपराधियों क मुकदमों की भी सुनवाई कर सकते थे। इस प्रकार इस विधेकय का उददेश्य अदालतों की दांडिक अधिकारिता के संबंध में भारतीय तथा यूरोपीय लोगों को बराबरी पर लाना था।

6. (a) 24 अगस्त, 1946 को अंतरिम राष्ट्रीय सरकार की घोषणा इस व्यवस्था के साथ की गई कि अंतरिम सरकार 2 सितंबर, 1946 को कार्यभार संभालेगी। वायसराय इसमें कार्यपालिका परिषद का पदेन अध्यक्ष था तथा जवाहर लाल नेहरू को उपाध्यक्ष या उप सभापित बनाया गया।

7. (c) अक्टूबर, 1943 ई. में लार्ड लिनलिथगो के स्थान पर बिस्काउंट वेवेल वायसराय तथा गवर्नर जनरल नियुक्त किए गए। वे भारतीय सांविधानिक गतिरोध को दूर करने के उद्देश्य से मई, 1945 में लंदन गए। वहां उन्होंने भारतीय प्रशासन के संबंध में ब्रिटिश सरकार सेविस्तार से बात की तथा कुछ प्रस्ताव रखे। जून, 1945 में उन प्रस्तावों को वेवेल योजना के नाम से सार्वजनिक किया गया। वेवल योजना के प्रस्तावों मे कार्यकारिणी में मुसलमान सदस्यों की संख्या हिंदुओं के बराबर होगा, परिषद में वायसराय तथा कमांडर इन चीफ को छोड़कर सभी सदस्यों का भारतीय होना, शीघ्र ही शिमला में एक सम्मेलन का बुलाया जाना तथा युद्ध समाप्ति के पश्चात भारतीयों के द्वारा खुद का संविधान बनाया जाना इत्यादि प्रावधान शामिल थे। वेवेल योजना का उददेश्य राजनीतिक गतिरोध दूर करना, भारत को पूर्ण स्वशासन की दिशा में आगे बढ़ाना और सांविधानिक गतिरोध दूर करना था। इसका उददेश्य कहीं से भी हिंदू-मुस्लिम एकता को दृढ़ करना नहीं था जिससे भारत का विभाजन रुक सके। अत: कथन सत्य है, पर कारण गलत है।

8. (c) नवंबर-दिसंबर 1932 में लंदन में आयोजित तीसरे और अंतिम गोलमेज सम्मेलन में कांग्रेस ने भाग नहीं लिया था। इस सम्मेलन में भारत सरकार अधिनियम, 1935 के लिए एक ठोस योजना को अंतिम रूप मे पेश किया गया था। इसमें ब्रिटिश भारत के सूबों और भारतीय रियासतों के एक संघ पर आधारित आल इंडिया फेडरेशन के गठन का प्रावधान किया गया था।

9. (a) मई, 1934 में रांची में गठित स्वराज पार्टी ने आत्मनिर्णय के अधिकार की मांग की और एक प्रस्ताव पारित किया जिसमें कहा गया कि वयस्क मताधिकार के आधार पर निर्वाचित भारतीय प्रतिनिधियों की एक संविधान सभा होगी, जो संविधान का निर्माण करेगी। भारतीयों की ओर से संविधान सभा की मांग करने का यह प्रथम अवसर था।

10. (a) संविधान सभा के गठन के लिए राज्यों की विधान सभाओं का उपयोग निर्वाचक मंडल के रूप में किया गया। अत: संविधान सभा अप्रत्यक्ष निर्वाचन का परिणाम थी। यह निर्वाचन प्रारंभिक (राज्य विधान मंडलों का) स्तर पर वयस्क मताधिकार प्रणाली द्वारा किया गया था। संविधान सभा में अनेक दलों के लोग शामिल थे। इस सभा ने अपने कार्यो का संचालन करने के लिए समितियों का गठन किया था।

11. (c) विभिन्न प्रांतों के लोगों ने वयस्क मताधिकार के आधार पर विधान सभाओं का निर्वाचन किया। इन विधान सभाओं के सदस्यों द्वारा पुन: संविधान सभा के सदस्यों को निर्वाचन हुआ। इस प्रकार संविधान सभा के सदस्य विभिन्न प्रांतों की विधान सभाओं द्वारा अर्थात अप्रत्यक्ष निर्वाचन द्वारा निर्वाचित किए गए थे।

12. (c) कैबिनट प्रतिनिधिमंडल (1946) द्वारा सिफारिश की गई योजना के अनुसार प्रांतीय विधान सभाओं के सदस्यों द्वारा अप्रत्यक्ष निर्वाचन से संविधान सभा के सदस्य निर्वाचित हुए थे। 1935 के अधिनियम के अनुसार मताधिकार कर, शिक्षा एवं संपत्ति के आधार पर सीमित था।

13. (c) संविधान सभा ने 'संघ संविधान समिति' सहित कुल 8 प्रमुख समितियों का गठन किया था। संघ संविधान समिति के अध्यक्ष पं. जवाहर लाल नेहरू थे। मुख्य समितियां एवं उनके अध्यक्ष इस प्रकार हैं-

1. नियम समिति — डॉ. राजेन्द्र प्रसाद
2. संचालन समिति — डॉ. राजेन्द्र प्रसाद
3. रियासत समिति — डॉ. राजेन्द्र प्रसाद
(देशी रियासतों से वार्ता के लिए)
4. प्रारूप समिति — डॉ. भीम राव अंबेडकर
5. सलाहकार समिति — सरदार वल्लभ भाई पटेल

इस समिति की दो उपसमितियां थीं-

(क) मूल अधिकार उपसमिति — जे.बी. कृपलानी
(ख) अल्पसंख्यक उपसमिति — एच.सी. मुखर्जी

6. संघ शक्ति समिति — जवाहरलाल नेहरू
7. संघ संविधान समिति — जवाहरलाल नेहरू
8. प्रांतीय संविधान समिति — सरदार वल्लभभाई पटेल

15. (b) 1946 में संपन्न संविधान सभा के प्रारंभिक चुनाव में डॉ. भीमराव अंबेडकर अविभाजित भारत के बंगाल प्रांत के पूर्वी भाग से निर्वाचित हुए थे। बाद में यह क्षेत्र पाकिस्तान में चले जाने के कारण डा. अंबेडकर भारतीय गणराज्य के बंबई प्रेसीडेंसी के पूना संसदीय क्षेत्र से उपचुनाव में निर्वाचित होकर भारतीय संविधान सभा में सम्मिलित हुए। पूना सीट उनके लिए कांग्रेस के एम-आर. जयकर ने त्यागपत्र देकर रिक्त की थी। चूंकि विकल्प (a) में पश्चिम बंगाल है इसलिए यह अभीष्ट विकल्प नहीं हो सकता क्योंकि डॉ. अंबेडकर पूर्वी बंगाल से प्रथमत: निर्वाचित हुए थे। स्पष्ट है कि अभीष्ट विकल्प (b) है।

17. (c) भारत के संविधान में 24 भाग हैं और अनुच्छेदों की संख्या कुल मिलाकर 444 है।

18. (d) प्रश्न में उल्लिखित उक्ति 'भारत की प्रभुता, एकता और अखण्डता की रक्षा करें और उसे अक्षुण्ण रखें' भारत के संविधान में अनुच्छेद 51 (क) मूल कर्तव्यों से उदृधत है।

19. (b) भारत के संविधान में 'कल्याणकारी राज्य' का आदर्श भाग चार के अनुच्छेद-36 से 51 तक में किया गया है, जिसे संविधान निर्माताओं द्वारा 1937 में आयरलैंड के संविधान से लिया गया था।

20. (c) राज्य की नीति के निदेशक तत्व देश की सामाजिक आर्थिक लोकतंत्र की व्यवस्था करते है एवं ये तत्व संवैधानिक निदेश या विधायिका, कार्यपालिका और प्रशासनिक मामलों में राज्यों के लिए सिफारिशें मात्र ही है। अत: इन्हें किसी भी न्यायालय द्वारा राज्यों पर एनफोर्स नहीं किया जा सकता एवं ये प्रर्वतनीय नहीं है।

21. (c) भारतीय संविधान के अनुच्छेद 37 से राज्य के नीति निदेशक तत्व किसी न्यायालय द्वारा प्रवर्तनीय नहीं होंगे, किन्तु फिर भी इनमें अधिकथित तत्व देश के शासन में मूलभूत हैं एवं विधि बनाने में इन तत्वों को लागू करना राज्य का कर्तव्य होगा।

23. (c) केवल 2 और 3
6-14 वर्ष के बच्चों के लिये अनिवार्य एवं नि:शुल्क शिक्षा उपलब्ध कराना मूल अधिकार 86वें संविधान संशोधन के अंतर्गत किया गया।

24. (a) अनुच्छेद 301-व्यापार, वाणिज्य और समागम की स्वतंत्रता । 44वाँ संशोधन मोरारजी देसाई की जनता पार्टी सरकार द्वारा 1978 में लाया गया

27. (c) अनु. 13 में मौलिक अधिकारों से असंगतता रखने वाले विधियों की चर्चा है। अनु. 19-स्वतंत्रता का अधिकार। अनु. 20 भी स्वतंत्रता के अधिकार के संबंध में ही चर्चा करता है। अत: केवल अनु. 14, 15, 16, 17 और 18 में ही समता के अधिकार की चर्चा की गई है।

28. (d) मौलिक अधिकार जहाँ राजनैतिक लोकतंत्र की स्थापना करते हैं वहीं राज्य के नीति निदेशक तत्वों का लक्ष्य सामाजिक और आर्थिक लोकतंत्र की स्थापना है। इसमें सामाजिक और गांधीवादी दर्शन/विचारों के साथ-साथ आर्थिक आशय का समर्थन करने वाले सिद्धांत भी मौजूद हैं।

29. (a) अनु. 51 में अंतर्राष्ट्रीय शांति और सुरक्षा को बढ़ावा देने की बात की गई है। अनु. 48 A में वन, वन्य जीवन और पर्यावरण संरक्षण संबंधी बातें हैं। अनु. 43 A प्रबंधन में मजदूरों की भागीदारी की चर्चा करता है। अनु. 41 में काम और शिक्षा का अधिकार आदि वर्णित है।

30. (d) डॉ. बी. आर. अंबेडकर के अनुसार 'यह संविधान की आत्मा और जान है।'

32. (d) दादरा और नगर हवेली वर्ष 1961 तक पुर्तगाली औपनिवेशिक शासन के अन्तर्गत थे न कि फ्रांसीसी।

33. (d) विधानसभा के प्रतिनिधियों को प्रत्यक्ष मतदान से वयस्क मताधिकार द्वारा निर्वाचित किया जाता है, इसी उद्देश्य से इसकी संख्या 60 से 500 के मध्य निश्चित की गयी है, जो कि पूर्णत: स्पष्ट करता है कि राज्य की जनसंख्या, निर्वाचित सदस्यों की संख्या से परस्पर संबंधित है तथा राज्य के राज्यपाल द्वारा यह अधिकृत है कि वह विधान परिषद के सभापति को नाम निर्देशित कर सकें।

34. (d) भारतीय संघ की कार्यपालिका की शक्ति राष्ट्रपति, प्रधानमंत्री तथा उसकी मंत्रिपरिषद में निहित होती है एवं सिविल सेवा बोर्ड का पदेन अध्यक्ष प्रधानमंत्री नहीं होता है। अत: विकल्प (d) उपर्युक्त उत्तर सही है।

35. (a) भारत के संविधान में मूलभूत रूप से यह सिद्धान्त है कि मंत्रिमंडल के सदस्य संसद होते हैं व जब तक मंत्रिपरिषद् को लोकसभा का विश्वास रहता है, वे अपने पद पर बने रहेंगे, लेकिन राज्य का अध्यक्ष राष्ट्रपति है, जो मंत्रिमंडल का सदस्य नहीं होगा।

36. (b) भारत के संविधान के अनुच्छेद 75(2) से मंत्री राष्ट्रपति के प्रसादपर्यन्त कार्य करते हैं। अनुच्छेद 78 से विधि निर्माण हेतु प्रस्ताव के बारे में प्रधानमंत्री राष्ट्रपति को सूचित करेगा, लेकिन केन्द्र में मंत्रिपरिषद् संसद के प्रति नहीं लोक सभा के प्रति उत्तरदायी होती है।

38. (d) जवाहर लाल नेहरू की प्रधानमंत्री का कार्यकाल 1947-52, 52-57, 57-62, 62-64 संसद सदस्य के रूप में इलाहाबाद का प्रतिनिधित्व किया। प्रथम गैर कांग्रेसी प्रधानमंत्री मोरारजी देसाई थे।

41. (a) अनु. 54 में राष्ट्रपति के निर्वाचन हेतु निर्वाचक मंडल का उल्लेख है। अनु. 75 के अनुसार प्रधानमंत्री की नियुक्ति राष्ट्रपति करेगा और अन्य मंत्रियों की नियुक्ति राष्ट्रपति, प्रधानमंत्री की सलाह पर करेगा। अनु. 155 में कहा गया है कि राज्य के राज्यपाल को राष्ट्रपति अपने हस्ताक्षर और मुद्रा सहित अधिपत्र द्वारा नियुक्त करेगा। अनु. 164 के अनुसार मुख्यमंत्री की नियुक्ति राज्यपाल करेगा और अन्य मंत्रियों की नियुक्ति मुख्यमंत्री की सलाह पर करेगा। अनुच्छेद 170 में विधान सभाओं की संरचना की चर्चा है।

42. (d) भारत में संसदीय प्रणाली की सरकार इसलिए क्योंकि मंत्रिमंडल लोक सभा के प्रति उत्तरदायी होती है।

43. (b) धन विधेयक को स्वीकृत अथवा अस्वीकृत करने की शक्ति लोकसभा अध्यक्ष द्वारा संचालित की जाती है, तथा अनुदानों की मांग पर मतदान का अधिकार भी लोकसभा में ही निहित होता है, अत: विकल्प (b) ही उचित है।

44. (a) संसद के दोनों सदनों की संयुक्त बैठक में निर्दिष्ट विधेयक उपस्थित तथा मत देने वाले सदस्यों के साधारण बहुमत द्वारा ही पारित किया जाता है।

45. (d) संघ की सरकार से संबधित सभी कथन जिनका उल्लेख प्रश्नकाल में किया गया है, उपर्युक्त एवं सही है। अत: विकल्प (d) सही है।

46. (c) भारतीय संविधान में न तो विश्वास मत प्रस्ताव और न अविश्वास मत प्रस्ताव का कोई उल्लेख है। अनुच्छेद 75 में स्पष्ट रूप से कहा गया है कि मंत्रिपरिषद सामूहिक रूप से लोक सभा के प्रति उत्तरदायी होगी। अनुच्छेद 118 में लोक सभा और राज्य सभा को अपने-अपने कार्य संचालन नियम बनाने की शक्ति प्राप्त है। लोकसभा के कार्य संचालन नियम 198 के तहत कोई भी सदस्य स्पीकर को लिखित नोटिस देकर अविश्वास प्रस्ताव की सूचना दे सकता है। स्पीकर इस प्रस्ताव को पढ़कर सुनाते हैं तथा प्रस्ताव की स्वीकार्यता पक्ष या विपक्ष में अपना मत देने को कहते हैं। अविश्वास प्रस्ताव के पक्ष में 50 या इससे अधिक के पक्ष में होने पर इसे चर्चा के लिए स्वीकार कर लिया जाता है।

47. (b) लोक लेखा समिति 22 सदस्य (लोक सभा-15, राज्यसभा-7)

प्राक्कलन समिति. 30 सदस्य (केवल लोकसभा)

लोक उपक्रम समिति. 22 सदस्य (लोक सभा-15, राज्यसभा-7)

याचना समिति-15 सदस्य

48. (b) राज्य सभा का सभापति, उपराष्ट्रपति ही होता है, वह राज्य सभा का सदस्य नहीं होता, जबकि उपसभापति सदस्यों में से चुना जाता है।

राष्ट्रपति के निर्वाचन में संसद के दोनों सदनों के केवल निर्वाचित सदस्य एवं राज्यों की विधान सभाओं के निर्वाचित सदस्य जिसमें दिल्ली एवं पुदुचेरी सम्मिलित हैं, भाग लेते हैं। उपराष्ट्रपति को संसद के दोनों सदनों के सदस्य निर्वाचित करते हैं।

49. (a) भारतीय संविधान के अनुच्छेद 109 में धन विधेयकों के संबंध में विशेष प्रक्रिया हैं। इसमें स्पष्ट कहा गया है कि यदि राज्य सभा धन विधेयक में कोई अनुशंसा करती है, तो उसे लोक सभा स्वीकार या अस्वीकार कर सकती है। धन विधेयकों के संबंध में लोकसभा को आत्यन्तिक शक्ति है।

50. (d) भारत के संविधान के अनुच्छेद 368 के अनुसार-

1. संविधान के संशोधन के लिए विधेयक संसद के किसी भी सदन में प्रस्तुत किया जा सकता है।

2. यदि वह संशोधन संघीय चरित्र का है, तो संशोधन के लिए संसद के प्रत्येक सदन के 2/3 सदस्यों का बहुमत एवं कम-से-कम 50 प्रतिशत राज्यों के विधानमंडलों का अनुसमर्थन आवश्यक है।

58. (a) लोक लेखा समिति में सिर्फ लोक सभा एवं राज्यसभा से संबंधित सदस्य ही शामिल होते हैं।

59. (d) भारत संघ के मंत्रिपरिषद् सिर्फ लोकसभा के प्रति उत्तरदायी होता है।

60. (b) 1952 में लोकसभा के प्रथम अध्यक्ष बने

61. (a) केवल 1

62. (d) लोकसभा को आहुत किया जाना संसद के नए सत्र का आरंभ होता है। तत्संबंधी शक्ति केवल राष्ट्रपति को प्रदान की गई है (अनु. 85)। लोकसभा को दो प्रकार से भंग किया जा सकता है: (a) काल व्यतिक्रम द्वारा अर्थात इसके 5 वर्षीय कार्यकाल की समाप्ति पर (b) आपात काल में इसके कार्यकाल में की गई वृद्धि की समाप्ति पर (c) नई लोकसभा के गठन तक लोकसभाध्यक्ष पद पर बना रहता है।

63. (b) न्यायाधीशों के वेतन सरीखे नियत खर्चों के अतिरिक्त भारत की संचित निधि से किए जाने वाले तमाम व्यय संसद के मत के अधीन हैं। लेकिन भारत के लोक लेखा से व्यय हेतु ऐसी कोई बाध्यता नहीं है। अनु. 266 और 267 में क्रमश: संचित निधि, लोक लेखा तथा आकस्मित निधि की व्यवस्था है।

64. (c) किसी भी नए कर प्रस्ताव के लिए वित्त विधेयक की आवश्यकता होती है। जबकि वित्त विधेयक में सुझाए गए किसी भी परिवर्तन के लिए नए सिरे से संसद का मत लेना आवश्यक हो जाता है।

65. (a) हुकुम सिंह - 1962-1967, जी-एस. ढिल्लों - 1969-1975, बलिराम भगत - 1976-1977

66. (d) 1. अनु. 108 में संसद के दोनों सदनों की संयुक्त बैठक का प्रावधान है, तब i) जबकि एक सदन द्वारा पारित विधेयक दूसरे सदन द्वारा अस्वीकार कर दिया गया हो ii) अंततः दोनों सदनों में विधेयक में प्रस्तावित संशोधनों को लेकर मतैक्य नहीं बन पाता है iii) दूसरे सदन को विधेयक प्राप्त किए हुए 6 महीने गुजर चुके हैं और उसने विधेयक पारित भी नहीं किया है। 2. लोकसभा व राज्य सभा की पहली संयुक्त बैठक वर्ष 1961 में 'दहेज निषेध विधेयक' को पारित करने हेतु बुलाई गई थी। 3. दोनों सदनों की दूसरी संयुक्त बैठक 1967 में 'बैंकिंग सेवा आयोग (निरसन) विधेयक' को पारित करने के लिए संपन्न हुई थी।

67. (d) संविधान संशोधन विधेयक को भारतीय संसद के दोनों सदनों द्वारा अलग-अलग विशेष बहुमत से पारित होना आवश्यक है।

68. (c) (a) राज्य सभा में 12 लोकसभा में 2 आंग्ल-भारतीय सदस्य मनोनीत होते हैं। (b) आंग्ल-भारतीय सदस्यों का मनोनयन केवल लोकसभा के लिए होता है। राज्य सभा में केवल कला, विज्ञान, साहित्य तथा सामाजिक सेवा आदि क्षेत्रें में उल्लेखनीय कार्य कर चुके लोगों का मनोनयन होता है। (c) संविधानानुसार व्यक्ति-विशेष संसद का सदस्य बने बगैर भी मंत्री बन सकता है। उसे 6 महीनों के भीतर विधायिका की सदस्यता प्राप्त कर लेनी होगी। (d) अनु. 52 के अनुसार केवल राज्य व संघीय विधायिका के निर्वाचित सदस्य ही निर्वाचक मंडल के सदस्य होते हैं।

70. (b) संविधान के अनुच्छेद 280 में वित्त आयोग के गठन का प्रावधान किया गया है। वित्त आयोग के गठन का अधिकार राष्ट्रपति को दिया गया है जो प्रत्येक पाँच वर्ष के बाद इस आयोग का गठन करते हैं। इस आयोग में एक अध्यक्ष तथा चार अन्य सदस्य होते हैं। वित्त आयोग के कार्य संविधान के अनुसार इस प्रकार हैं—(1) केन्द्र एवं राज्य के मध्य करों के शुद्ध आगामों के वितरण के बारे में और राज्यों के बीच ऐसे आगामों के भाग के आवंटन के बारे में सिफारिश करना। (2) भारत की संचित निधि में से राज्यों के राजस्व में सहायता अनुदान को शामिल करने वाले सिद्धांतों के बारे में सिफारिश करना। (3) सुदृढ़ वित्तीय हित में राष्ट्रपति द्वारा आयोग को सौंपे गए किसी अन्य विषय के बारे में सिफारिश करना।

71. (b) (a) योजना आयोग, योजना निर्माण में कार्यपालिका को सहायता प्रदान करने के लिए, कार्यपालिका के निर्णय द्वारा गठित एक सलाहकारी निकाय है। दूसरी तरफ, 'कार्यपालिका' संसद के स्थान पर विधायिका के प्रति उत्तरदायी है। (b) अनु. 123 राष्ट्रपति को यह शक्ति प्रदान करता है कि यदि संसद के दोनों सदन सत्रधीन नहीं है तो वह अध्यादेश जारी कर सकता है। (c) उच्चतम न्यायालय के न्यायाधीश के लिए किसी न्यूनतम आयु सीमा का उल्लेख नहीं है। (d) राष्ट्रीय विकास परिषद में प्रधानमंत्री, संघीय मंत्रीपरिषद के सदस्य राज्यों के सभी मुख्यमंत्री गण तथा योजना आयोग के तमाम सदस्य शामिल हैं।

72. (c) अनु. 83 में कहा गया है कि आपातकाल की उद्घोषणा के दौरान लोकसभा का कार्यकाल एक बार में एक वर्ष की समयावधि तक बढ़ाया जा सकेगा।

73. (a) अनु. 109(1) के अनुसार धन विधेयक राज्य सभा में प्रस्तावित नहीं किया जा सकता।

75. (c) नगरपालिका चुनावों में किसी व्यक्ति की उम्मीदवारी हेतु उसकी उम्र का 21 वर्ष होना आवश्यक है।

78. (c) 1. एक ही व्यक्ति एक से अधिक राज्यों का राज्यपाल हो सकता है (अनुच्छेद 153)

2. उच्च न्यायालयों के न्यायाधीश राष्ट्रपति द्वारा नियुक्त किए जाते हैं (अनुच्छेद 217)

3. किसी संघ राज्य क्षेत्र में मुख्यमंत्री की नियुक्ति राष्ट्रपति करेगा। परंतु राज्यपाल को हटाने की प्रक्रिया का उपबंध नहीं है।

83. (a) उच्च न्यायालय का कोई स्थायी न्यायाधीश अपने पद से सेवा निवृत्ति के पश्चात भारत में किसी भी न्यायालय या किसी प्रातिधकारी के समक्ष अभिवचन कर सकता है। अनु. 217 (b) एवं अनु. 220

85. (d) भारत में 24 उच्चन्यायालय हैं।

87. (a) संविधान के अनुच्छेद 220 के अनुसार कोई भी व्यक्ति जिसने किसी उच्च न्यायालय में स्थायी न्यायाधीश के रूप में पद धारण किया है, उच्चतम न्यायालय के सिवाय भारत में किसी न्यायालय या किसी प्राधिकरण के समक्ष अभिवचन या कार्य नहीं कर सकता। साथ ही वही व्यक्ति किसी उच्च न्यायालय के न्यायाधीश के रूप में कार्य कर सकता है जिसने भारत के राज्य क्षेत्र के अंदर कम से कम 10 वर्षों तक न्यायिक पद धारण किया है।

88. (d) न ही 1 न ही 2

89. (d) 1, 2 और 3

90. (b) राष्ट्रीय न्यायिक आयोग का गठन

93. (b) अनु. 143- उच्चतम न्यायालय की राय जानने संबंधी राष्ट्रपति की शक्ति। (a) अनु. 142- उच्चतम न्यायालय की आज्ञाप्तियों व आदेशों का प्रवर्तन (c) अनु. 144- विधियों की संवैधानिक वैधता से संबंधित प्रश्नों के निबटारे के बारे में विशेष उपबंध (d) अनु. 145-न्यायालय के नियम

94. (d) अनु. 215- उच्च न्यायालय, अनु. 275- अनुदान आदि। अनु. 325- सार्वभौमिक व्यस्क मताधिकार

95. (b) अनु. 143 के तहत राष्ट्रपति उच्चतम न्यायालय की राय मांग सकता है और सलाह मांगे जाने पर ही न्यायालय अपना मत प्रकट करेगा। इस संदर्भ में न्यायालय के पास स्वयं पहल करने की कोई शक्ति नहीं है। राष्ट्रपति किसी भी विषय/मुद्दे पर परामर्श के लिए कह सकता है।

96. (a) संसद प्रशासन पर विभिन्न संसदीय समितियों के माध्यम से नियंत्रण कायम करती है। ऐसी कुछ प्रमुख समितियां हैं—लोक लेखा समिति, प्राक्कलन समिति, सरकारी उपक्रम समिति। प्रशासन पर प्रभावी नियंत्रण के लिए वर्ष 1993 में 17 स्थायी समितियों का गठन किया गया।

97. (d) (1) भारत में 24 उच्च न्यायालय हैं। (2) गुवाहाटी, कोलकत्ता, मुम्बई, पंजाब, हरियाणा और मद्रास उच्च न्यायालयों की अधिकारिता एक से अधिक राज्यों पर है। (3) दिल्ली, जो एक केन्द्रशासित प्रदेश है, का अपना उच्च न्यायालय है। (4) अनु. 217 के तहत उच्च न्यायालय का न्यायाधीश 62 वर्ष की आयु तक पद पर बना रह सकता है।

99. (a) यह 2004 में पारित हुआ।

100. (c) भारत के संविधान के अनुच्छेद 123 के अनुसार संसद के न चलने की स्थिति में अध्यादेश जारी करने की शक्ति राष्ट्रपति को प्रदान की गई है।